"十四五"职业教育国家规划教材

"十四五"卫生高等职业教育专科校院合作"双元"规划教材

供护理、助产及相关专业用

护理学基础

第2版

主 编

张先庚 唐布敏

副主编

江智霞 黄 丽 林晓莉 余 静 谢泽荣 王 芳

编 委（按姓名汉语拼音排序）

曹 冰（四川护理职业学院）	王 婧（贵州护理职业技术学院）
邓清红（四川护理职业学院）	王 琼（青海卫生职业技术学院）
高 菲（南阳医学高等专科学校）	王维维（唐山职业技术学院）
黄 芬（湖南环境生物职业技术学院）	王亚敏（广西科技大学）
黄 丽（乐山职业技术学院）	谢泽荣（四川大学华西医院）
江智霞（贵州护理职业技术学院）	杨安玲（昆明卫生职业学院）
林晓莉（山东中医药高等专科学校）	杨 娟（乐山职业技术学院）
刘 隔（菏泽医学专科学校）	杨润丽（重庆医科大学附属第一医院）
刘林峰（四川护理职业学院）	余 静（内江卫生与健康职业学院）
刘 琴（成都中医药大学）	张先庚（四川护理职业学院）
沈 艳（遵义医药高等专科学校）	张玉晶（洛阳职业技术学院）
唐布敏（遵义医药高等专科学校）	张泽菊（重庆医药高等专科学校）
王 芳（咸宁职业技术学院）	周玉华（广西卫生职业技术学院）

秘 书 邓清红 刘林峰

北京大学医学出版社

HULIXUE JICHU

图书在版编目（CIP）数据

护理学基础 / 张先庚，唐布敏主编 . —2 版 . —北京：北京大学医学出版社，2024.8

ISBN 978-7-5659-3132-1

Ⅰ.①护⋯　Ⅱ.①张⋯ ②唐⋯　Ⅲ.①护理学 – 高等职业教育 – 教材　Ⅳ.① R47

中国国家版本馆 CIP 数据核字（2024）第 081570 号

护理学基础（第 2 版）

主　　编：张先庚　唐布敏
出版发行：北京大学医学出版社
地　　址：（100191）北京市海淀区学院路 38 号　北京大学医学部院内
电　　话：发行部 010-82802230；图书邮购 010-82802495
网　　址：http://www.pumpress.com.cn
E - m a i l：booksale@bjmu.edu.cn
印　　刷：北京溢漾印刷有限公司
经　　销：新华书店
责任编辑：法振鹏　　责任校对：靳新强　　责任印制：李　啸
开　　本：850 mm×1168 mm　1/16　印张：31.5　字数：900 千字
版　　次：2019 年 10 月第 1 版　2024 年 8 月第 2 版　2024 年 8 月第 1 次印刷
书　　号：ISBN 978-7-5659-3132-1
定　　价：75.00 元

版权所有，违者必究

（凡属质量问题请与本社发行部联系退换）

第 2 轮修订说明

党和国家高度重视职业教育发展,《国家职业教育改革实施方案》《职业院校教材管理办法》《高等学校课程思政建设指导纲要》《习近平新时代中国特色社会主义思想进课程教材指南》《关于推动现代职业教育高质量发展的意见》《全国护理事业发展规划(2021—2025年)》等重要文件陆续发布,对卫生健康职业教育、高职专科护理人才培养及教材建设提出了更高的要求。

本套高职专科护理专业教材第 1 轮于 2018 年启动,北京大学医学出版社组织全国具有代表性的骨干院校共同建设。在教育部、国家卫生健康委员会相关机构和职业教育教学指导委员会的指导下,共编写出版教材 28 种,其中入选教育部"十三五"职业教育国家规划教材 11 种(教职成厅函〔2020〕20 号文)、"十四五"职业教育国家规划教材 15 种(教职成厅函〔2023〕19 号文)。

高质量的教材是实施教育改革、提升人才培养质量的重要支撑。为全面贯彻党的教育方针,深入贯彻党的二十大精神,落实立德树人的根本任务,更好地支持新时代卫生健康职业教育事业发展、服务于我国高职专科护理专业人才培养,北京大学医学出版社启动了高职专科护理专业教材第 2 轮修订编写工作。本轮教材共包含 27 种。全套教材均为北京大学医学出版社"十四五"规划教材。

第 2 轮教材修订编写工作"以学生为中心",对标教育部高职专科护理专业教学标准、护士执业资格考试大纲,以技术技能教育为根本,满足 3 个需要(学科需要、教学需要、行业需要),注重基本理论、基本知识和基本技能,内容以"必需、够用"为度,遵循学生认知规律,注重教学适用性,优化编写体例,深化产教融合,优化数字融合,强化思政融合,围绕"岗课赛证"综合育人机制建设,力争打造一套既满足多数院校教学实际,又适度引领教学,培根铸魂、启智增慧,适应新时代要求的精品高职专科护理专业教材。

本轮教材的修订编写得到了多方面的大力支持,参编院校教学管理部门提出了宝贵建议,职教专家精心指导、把关,临床护理学专家认真编写、审稿。他们为锤炼精品教材、服务教学改革、提高人才培养质量做出了贡献,在此一并表示感谢!

最后,希望广大师生多提宝贵意见,反馈使用信息,以使教材内容日臻完善。让我们共同为新时代高职专科护理教育发展和人才培养做出贡献!

前 言

护理学基础是高等职业教育护理类专业的基础核心课程,是培养学生掌握护理基础技术的关键课程,也是护理类专业学习临床课程的重要基石。课程贯彻执行卫生职业教育"以立德树人为根本,以服务发展为宗旨,以促进就业为导向"的指导思想。本教材的编写突出卫生职业教育与护理专业岗位胜任力的特点,坚持以标准为引领,以全面发展为基础,强化学生职业素质培养,为培养新时代高素质护理技术技能人才奠定坚实的基础。

本教材主要供高职专科护理、助产等专业使用。全书共21章,内容包括绪论、护士素质与护患角色、护理相关理论、护理程序、医院与住院环境、医院感染的预防与控制、入院和出院的护理、护理安全、清洁护理、休息与活动、生命体征的评估与护理、疼痛患者的护理、冷热疗法、饮食护理、排泄护理、给药、静脉输液与输血、标本采集、危重患者的护理及抢救技术、临终护理、医疗与护理文件。

本教材的编写严格遵循守正创新、德技并育、实用为本、够用为度的原则,对标《高等职业学校专业教学标准》和全国护士执业资格考试大纲,注重理实结合、产教融合、校企合作,保证教材的思想性、科学性、先进性、启发性、适用性。整个编写过程聚焦培养新时代高素质护理技能人才目标,融入思政元素、突出能力本位,强化"岗课赛证训"特色,配套数字资源,科学设计教材内容,充分体现职业教育培养特色,实现线下与线上混合式教学。与第1版教材相比,第2版教材主要有三大变化:一是编写体例创新,二是编写内容更新,三是教材资源更丰富、形象,全面提升教材编写质量。

本教材由24名高职专科院校护理教师和2名医院临床护理专家共同编写完成。编写队伍团结协作、严谨求实、精益求精的作风,为高效推动教材编写提供了保障。

在本教材编写的过程中,得到北京大学医学出版社、参编院校领导的鼎力支持,谨在此表示衷心的感谢!由于编者的水平及能力有限,对于书中存在的不足与疏漏之处,敬请使用本教材的师生及广大读者批评斧正。

张先庚　唐布敏

目 录

第一章 绪论 ... 1
第一节 护理学的发展史 ... 2
一、世界护理学发展史 ... 2
二、中国护理学发展史 ... 5
第二节 护理学概述 ... 7
一、护理学的概念 ... 7
二、护理学的地位和任务 ... 7
三、护理学的范畴和内容 ... 8
四、护理工作方式 ... 9
五、护理学基础课程学习方法 ... 10
第三节 护理学的基本概念 ... 10
一、护理学的四个基本概念 ... 10
二、四个基本概念的相互关系 ... 12

第二章 护士素质与护患角色 ... 15
第一节 护士职业素质 ... 16
一、职业素质的概念 ... 16
二、护士应具备的职业素质 ... 16
第二节 护患角色 ... 17
一、角色的概念 ... 18
二、角色特征 ... 18
三、角色转变 ... 18
四、护士角色及功能 ... 18
五、患者角色 ... 19
第三节 护患关系 ... 21
一、护患关系的概述 ... 21
二、护患关系的基本模式 ... 22
三、护患关系的基本过程 ... 22
四、护患关系的影响因素 ... 23
五、促进护患关系的技巧与方法 ... 24

第三章 护理相关理论 ... 28
第一节 需要层次理论 ... 29

一、概述 ··· 29
　　二、需要层次理论的主要内容和基本规律 ·· 30
　　三、需要层次理论在护理工作中的应用 ·· 31
　第二节　压力与适应理论 ·· 32
　　一、概述 ··· 32
　　二、压力与适应理论的内容 ·· 33
　　三、压力与适应理论在护理工作中的应用 ·· 34
　第三节　奥瑞姆的自理理论 ·· 35
　　一、奥瑞姆自理理论的内容 ·· 36
　　二、自理理论在护理工作中的应用 ··· 37
　第四节　纽曼的健康系统模式 ·· 38
　　一、健康系统模式的主要内容 ·· 38
　　二、健康系统模式与护理实践 ·· 40

第四章　护理程序 ·· 43
　第一节　护理程序的概述 ·· 44
　　一、护理程序的概念 ·· 44
　　二、护理程序的发展 ·· 44
　　三、护理程序的特点 ·· 45
　　四、护理程序的意义 ·· 45
　第二节　护理程序的步骤 ·· 46
　　一、护理评估 ··· 46
　　二、护理诊断 ··· 48
　　三、护理计划 ··· 51
　　四、护理实施 ··· 53
　　五、护理评价 ··· 55

第五章　医院与住院环境 ·· 59
　第一节　医院 ··· 59
　　一、概念 ··· 59
　　二、性质与任务 ·· 60
　　三、种类 ··· 60
　　四、组织机构 ··· 61
　　五、医院业务科室的设置和护理工作 ··· 61
　第二节　医院环境 ·· 64
　　一、医院环境的特点与分类 ·· 64
　　二、医院环境的调控 ·· 66

第六章　医院感染的预防与控制 ·· 73
　第一节　医院感染 ·· 74
　　一、概念和分类 ·· 74
　　二、发生原因 ··· 75

三、预防与控制 ··· 75
第二节 清洁、消毒与灭菌 ··· 76
　一、概念 ··· 76
　二、清洁、消毒和灭菌的方法 ··· 76
　三、消毒、灭菌效果监测与评价 ··· 83
　四、医院日常清洁、消毒和灭菌工作 ··· 84
第三节 手卫生 ··· 86
　一、概述 ··· 86
　二、洗手 ··· 86
　三、卫生手消毒 ··· 88
　四、外科手消毒 ··· 89
第四节 无菌技术 ··· 90
　一、概念 ··· 90
　二、无菌技术操作原则 ··· 90
　三、无菌技术基本操作方法 ··· 91
第五节 隔离技术 ··· 101
　一、隔离的基础知识 ··· 102
　二、隔离的种类及措施 ··· 104
　三、常用隔离技术 ··· 105
第六节 消毒供应中心 ··· 114
　一、消毒供应中心的设置与布局 ··· 114
　二、消毒供应中心的工作内容 ··· 114
　三、常用物品的保养 ··· 115

第七章 入院和出院的护理 · 119
第一节 入院护理 ··· 120
　一、入院护理的目的 ··· 120
　二、入院前的护理 ··· 120
　三、入病区后的初步护理 ··· 121
　四、患者床单位的准备 ··· 122
　五、分级护理 ··· 130
第二节 患者卧位的护理 ··· 131
　一、概述 ··· 131
　二、常用卧位 ··· 132
　三、卧位的变换 ··· 138
第三节 运送患者的护理技术 ··· 142
　一、轮椅运送技术 ··· 142
　二、平车运送技术 ··· 145
　三、担架运送技术 ··· 148
第四节 出院护理 ··· 148
　一、出院前的护理 ··· 149
　二、出院当日的护理 ··· 149

三、出院后护理 ·· 149

第八章　护理安全 ·· 152
第一节　护理安全的防范 ··· 153
　　一、概念 ·· 153
　　二、意义 ·· 153
　　三、护理安全防范的原则 ··· 153
第二节　患者安全 ·· 154
　　一、概念 ·· 154
　　二、影响患者安全的因素 ··· 154
　　三、患者安全管理 ··· 155
第三节　护士职业安全防护 ·· 162
　　一、概述 ·· 162
　　二、护理职业暴露的危险因素 ··· 163
　　三、常见护理职业暴露的防护措施 ····································· 164

第九章　清洁护理 ·· 173
第一节　口腔护理 ·· 174
　　一、评估 ·· 174
　　二、口腔的清洁护理 ··· 175
第二节　头发护理 ·· 179
　　一、评估 ·· 179
　　二、头发的清洁护理 ··· 179
第三节　皮肤护理 ·· 185
　　一、评估 ·· 185
　　二、皮肤的清洁护理 ··· 187
　　三、压力性损伤的预防和护理 ··· 191
第四节　会阴部护理 ··· 198
　　一、评估 ·· 199
　　二、会阴部的清洁护理 ·· 199
第五节　晨、晚间护理 ··· 201
　　一、晨间护理 ··· 202
　　二、晚间护理 ··· 202

第十章　休息与活动 ··· 205
第一节　休息 ··· 206
　　一、休息的概念 ·· 206
　　二、休息的意义 ·· 206
　　三、休息的条件 ·· 206
第二节　睡眠 ··· 207
　　一、睡眠的概念 ·· 207
　　二、睡眠的生理 ·· 207

三、促进患者休息与睡眠 ……………………………………………………… 208
　第三节　活动 …………………………………………………………………………… 211
　　一、活动的意义和种类 …………………………………………………………… 211
　　二、影响患者活动的因素 ………………………………………………………… 211
　　三、活动受限对机体的影响 ……………………………………………………… 212
　　四、满足患者活动的需要 ………………………………………………………… 213

第十一章　生命体征的评估与护理 ……………………………………………… 219
　第一节　体温的评估与护理 …………………………………………………………… 220
　　一、正常体温及生理性变化 ……………………………………………………… 220
　　二、异常体温的评估与护理 ……………………………………………………… 221
　　三、体温的测量 …………………………………………………………………… 224
　第二节　脉搏的评估与护理 …………………………………………………………… 228
　　一、正常脉搏及生理性变化 ……………………………………………………… 229
　　二、异常脉搏的评估与护理 ……………………………………………………… 229
　　三、脉搏的测量 …………………………………………………………………… 230
　第三节　呼吸的评估与护理 …………………………………………………………… 233
　　一、正常呼吸及生理性变化 ……………………………………………………… 234
　　二、异常呼吸的评估与护理 ……………………………………………………… 234
　　三、呼吸的测量 …………………………………………………………………… 236
　第四节　血压的评估与护理 …………………………………………………………… 237
　　一、正常血压及生理性变化 ……………………………………………………… 238
　　二、异常血压的评估与护理 ……………………………………………………… 238
　　三、血压的测量 …………………………………………………………………… 239

第十二章　疼痛患者的护理 ………………………………………………………… 244
　第一节　疼痛概述 ……………………………………………………………………… 244
　　一、疼痛的概念 …………………………………………………………………… 245
　　二、疼痛的原因及机制 …………………………………………………………… 245
　　三、疼痛的分类 …………………………………………………………………… 246
　　四、疼痛对个体的影响 …………………………………………………………… 246
　第二节　疼痛的影响因素 ……………………………………………………………… 248
　　一、内在因素 ……………………………………………………………………… 248
　　二、外在因素 ……………………………………………………………………… 249
　第三节　疼痛的管理 …………………………………………………………………… 249
　　一、疼痛的评估 …………………………………………………………………… 249
　　二、疼痛的治疗 …………………………………………………………………… 251
　　三、疼痛患者的护理 ……………………………………………………………… 252

第十三章　冷热疗法 ………………………………………………………………… 255
　第一节　概述 …………………………………………………………………………… 255
　　一、冷热疗法的效应 ……………………………………………………………… 256

二、影响冷热疗法效果的因素 ·· 256
第二节　冷疗法 ··· 257
　　一、冷疗法的作用 ·· 257
　　二、冷疗法的禁忌 ·· 258
　　三、冷疗的方法 ··· 258
第三节　热疗法 ··· 265
　　一、热疗法的作用 ·· 265
　　二、热疗法的禁忌 ·· 265
　　三、热疗的方法 ··· 266

第十四章　饮食护理 ··· 275

第一节　医院饮食 ·· 275
　　一、基本饮食 ·· 276
　　二、治疗饮食 ·· 276
　　三、试验饮食 ·· 277
第二节　一般饮食的护理 ·· 278
　　一、影响饮食的因素 ··· 278
　　二、患者饮食的护理 ··· 279
第三节　特殊饮食的护理 ·· 281
　　一、肠内营养 ·· 281
　　二、肠外营养 ·· 285

第十五章　排泄护理 ··· 288

第一节　排尿护理 ·· 289
　　一、排尿活动的评估 ··· 289
　　二、排尿异常的护理 ··· 291
　　三、协助排尿的护理技术 ··· 292
第二节　排便护理 ·· 300
　　一、排便活动的评估 ··· 300
　　二、排便异常的护理 ··· 302
　　三、协助排便的护理技术 ··· 304

第十六章　给药 ·· 315

第一节　给药的基本知识 ·· 316
　　一、药物的种类、领取和保管知识 ··· 316
　　二、给药的原则 ··· 317
　　三、给药的途径 ··· 318
　　四、给药的次数与时间 ·· 318
　　五、影响药物作用的因素 ··· 319
第二节　口服给药 ·· 321
　　一、给药指导 ·· 321
　　二、操作要点 ·· 322

第三节　注射给药 ··· 324
　一、注射原则 ·· 324
　二、注射前准备 ·· 325
　三、药液抽吸法 ·· 326
　四、常用注射法 ·· 328
第四节　雾化吸入法 ·· 339
　一、超声雾化吸入法 ·· 340
　二、氧气雾化吸入法 ·· 342
　三、定量吸入器吸入法 ··· 344
第五节　药物过敏试验法 ·· 345
　一、青霉素过敏试验 ·· 346
　二、头孢菌素过敏试验 ··· 349
　三、破伤风抗毒素过敏试验 ·· 350
　四、普鲁卡因过敏试验 ··· 351
　五、链霉素过敏试验 ·· 351
　六、结核菌素过敏试验 ··· 352
第六节　局部给药 ··· 353
　一、滴药法 ··· 353
　二、插入给药法 ·· 355
　三、皮肤给药法 ·· 356
　四、舌下给药法 ·· 357

第十七章　静脉输液与输血 ·· 360
第一节　静脉输液 ··· 361
　一、静脉输液的原理及目的 ·· 361
　二、静脉输液原则 ··· 362
　三、常用溶液的种类及作用 ·· 362
　四、常用输液部位 ··· 363
　五、常用静脉输液法 ·· 364
　六、输液速度及时间的计算 ·· 381
　七、常见输液故障及排除 ··· 382
　八、常见输液反应与护理 ··· 382
　九、输液微粒污染 ··· 386
第二节　静脉输血 ··· 387
　一、静脉输血的目的及原则 ·· 387
　二、血液制品的种类 ·· 388
　三、静脉输血的适应证与禁忌证 ··· 389
　四、血型鉴定及交叉配血试验 ··· 390
　五、静脉输血法 ·· 391
　六、自体输血和成分输血 ··· 394
　七、常见输血反应与护理 ··· 395
　八、输血反应和意外的监测与报告 ······································ 399

第十八章 标本采集 … 403

第一节 标本采集的意义和原则 … 404
一、标本采集的意义 … 404
二、标本采集的原则 … 404

第二节 各种标本采集法 … 405
一、血标本采集法 … 405
二、尿标本采集法 … 410
三、粪便标本采集法 … 412
四、痰标本采集法 … 414
五、咽拭子标本采集法 … 417
六、呕吐物标本采集法 … 418

第十九章 危重患者的护理及抢救技术 … 420

第一节 危重患者的护理 … 421
一、危重患者的病情评估 … 421
二、危重患者的支持性护理 … 424

第二节 危重患者常用的抢救方法 … 425
一、抢救室的组织管理 … 425
二、心肺复苏术 … 427
三、洗胃 … 431
四、清除呼吸道分泌物 … 437
五、氧气吸入法 … 442
六、人工呼吸器的使用 … 448

第二十章 临终护理 … 454

第一节 临终关怀 … 455
一、临终关怀的概念和意义 … 455
二、临终关怀的研究内容 … 455
三、临终关怀的理念和组织形式 … 456
四、临终关怀机构的服务项目 … 457

第二节 临终患者及家属的护理 … 458
一、临终患者的生理变化与护理 … 458
二、临终患者的心理反应与护理 … 459
三、临终患者家属的护理 … 460

第三节 死亡后护理 … 460
一、死亡的概念 … 460
二、死亡过程的分期 … 461
三、尸体护理 … 462
四、丧亲者的护理 … 464

第二十一章 医疗与护理文件 ········· 466

第一节 医疗与护理文件概述 ········· 467
一、医疗与护理文件的记录 ········· 467
二、医疗与护理文件的管理 ········· 468

第二节 医疗与护理文件的书写 ········· 469
一、体温单 ········· 469
二、医嘱单 ········· 470
三、出入液量记录单 ········· 475
四、特别护理记录单 ········· 476
五、病区交班报告 ········· 479
六、护理病历 ········· 481

主要参考文献 ········· 483

中英文专业词汇索引 ········· 484

第一章 绪 论

思 维 导 图

- 绪论
  - 护理学的发展史
    - 世界护理学发展史
      - 古代护理
      - 中世纪护理
      - 近代护理
      - 现代护理
    - 中国护理学发展史
      - 中国传统医学与护理发展史
      - 近代护理学的形成
      - 中国现代护理学的发展
  - 护理学概述
    - 护理学的概念
    - 护理学的地位和任务
    - 护理学的范畴和内容
      - 护理学的理论范畴和内容
      - 护理学的实践范畴和内容
      - 护理学基础课程的范畴与内容
    - 护理工作方式
      - 个案护理
      - 功能制护理
      - 小组制护理
      - 责任制护理
      - 系统化整体护理
    - 护理学基础课程学习方法
      - 关注第一课堂基础阵地,增强自主学习意识
      - 重视第二课堂延伸阵地,助力能力多元发展
      - 发挥第三课堂实践阵地,强化医者仁爱担当
  - 护理学的基本概念
    - 护理学的四个基本概念
      - 人-核心
      - 环境
      - 健康
      - 护理
    - 四个基本概念的相互关系

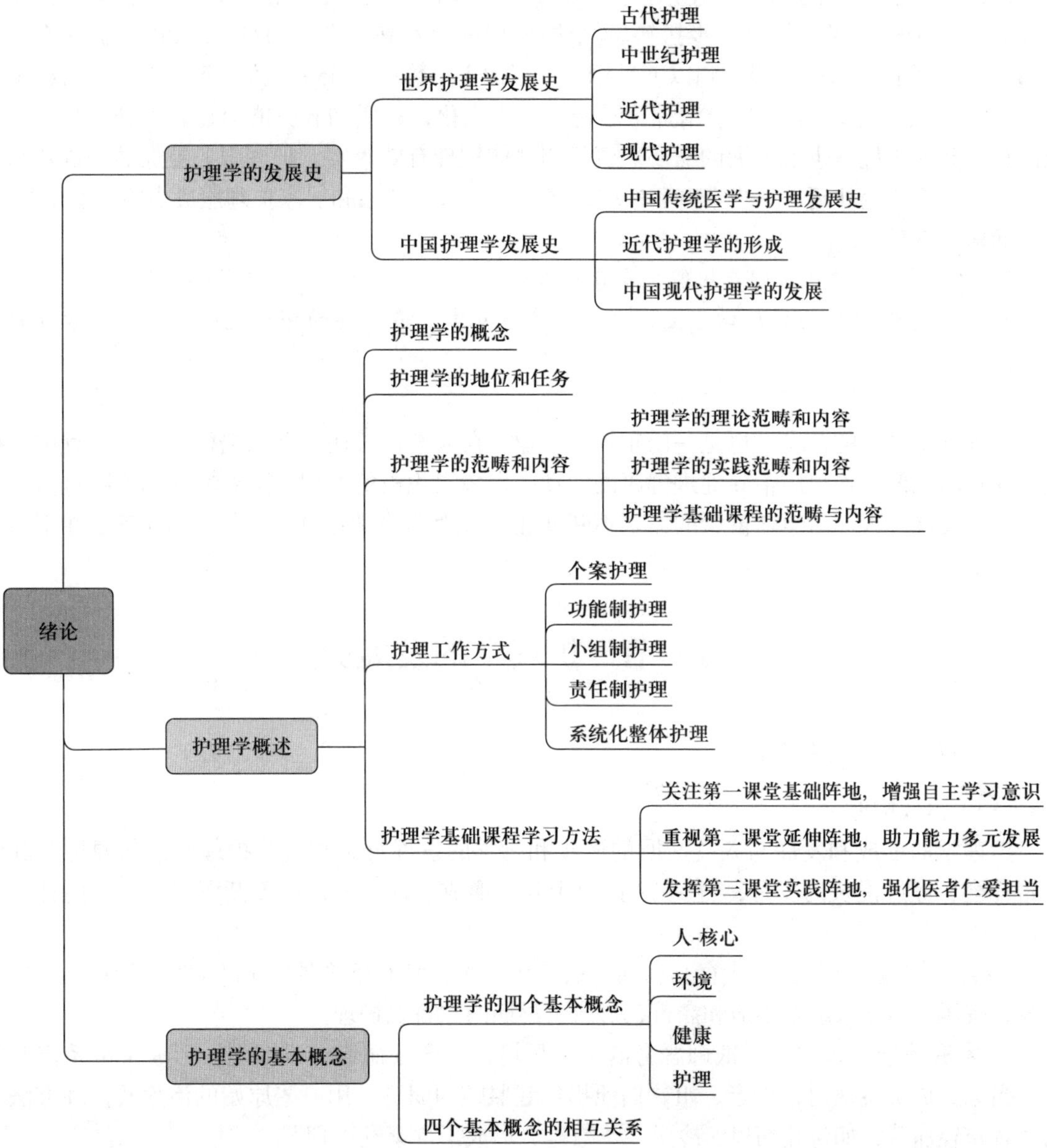

学习目标

1. 解释护理学、人、护理、环境、健康、疾病、亚健康。
2. 明确护理学发展各阶段的护理特点。
3. 阐释护理学4个基本概念之间的关系。
4. 陈述护理学的任务。
5. 了解护理学基础课程的学习内容。
6. 养成良好的职业素养，具有以人为本的服务理念、严肃认真的工作态度。

案例 1-1

2022年底，全国注册护士总量超过520万人，每千人口注册护士约3.7人，全国医护比为1∶1.18，医护比倒置问题进一步扭转。《全国护理事业发展规划（2021—2025年）》提出，到2025年，我国护理事业发展达到以下目标：全国护士总数达到550万人，每千人口注册护士数达到3.8人，护士队伍数量持续增加，结构进一步优化，素质和服务能力显著提升，基本适应经济社会和卫生健康事业发展的需要。责任制整体护理有效落实，护理服务更加贴近群众和社会需求。护理内涵外延进一步丰富和拓展，老年、中医、社区和居家护理服务供给显著增加。

问题与思考：
1. 护理学基础课程对培养护理人才有何意义？
2. 护理学基础作为护理学专业课程体系中最基本、最重要的课程之一，应如何学习好该课程？

护理既是古老的艺术，也是一门年轻的专业。在人类漫长而复杂的繁衍、发展过程中，护理学在预防保健、疾病防治、促进健康的活动中发挥了积极的作用。随着时代的不断进步、科学的飞速发展，人们对生命健康的需求不断增加，护理学的研究内容、范畴和任务也在不断地深入和发展。

第一节 护理学的发展史

一、世界护理学发展史

（一）古代护理

护理学的形成和发展与人类文明的进步和科学的发展息息相关。护理学的起源可追溯到原始社会，经过漫长的岁月，直到19世纪中叶才形成护理专业，并逐渐发展成为一门独立的学科。

1. **自我护理** 人类为了生存，在同自然界斗争的过程中经常会有外伤发生，最初人们使用抚摸、按压等动作来解除不适和痛苦，形成了早期的"自我护理"。

2. **家庭护理** 人类为了抵御恶劣的生存环境，逐渐按血缘关系聚居，形成了母系氏族社会。当家庭成员生病时，母亲、姐妹们便担负起照顾的职责，用一些原始的治疗及护理方法为伤病者减轻痛苦，如包扎伤口、冷敷、热敷等，形成了"家庭护理"。

3. **宗教护理** 人类早期对疾病缺乏科学认识，认为疾病是妖魔作祟或来自神灵的惩罚，于是产生了迷信，巫师应运而生，他们运用祷告求神、念咒文等方式为人治病。有的人将患病的信徒送往寺庙，由僧侣、修女承担治疗与照顾患者的工作，形成了所谓的"宗教护理"。

4. 医院护理　公元初年基督教兴起，教徒们在传播宗教信仰、广建修道院的同时，开展了医疗、济贫等慈善事业，并建立医院。一些献身于宗教事业的妇女在工作闲暇时间参与对老、弱、病、残者的护理，形成了早期的"医院护理"。

（二）中世纪护理

文艺复兴时期医学科学发展迅速，但这个时期的护理工作主要由那些为了谋生而又找不到其他工作的人来担任，这些人既无护理经验，又未经过培训，所以文艺复兴时期虽然文学、艺术、医学等有了极大的发展，但护理工作却停滞不前，进入护理历史的黑暗时期，长达200多年。

图1-1　弗罗伦斯·南丁格尔

（三）近代护理

1. 护理学创始人——南丁格尔　弗罗伦斯·南丁格尔（Florence Nightingale，1820—1910），英国德比郡人（图1-1）。1820年5月12日南丁格尔出生于意大利佛罗伦萨。她出生于一个名门富有之家，接受过优质教育。少女时代的南丁格尔就富有同情心和爱心，她从小时候便照看附近的患者、伤残者，因此对护理工作产生了极大的兴趣。

 考点提示

护理学的创始人是南丁格尔。

（1）护理职业生涯的开端：中世纪人们不能接受女性从事医疗工作，鄙视从事护理工作的人。南丁格尔的父母和亲朋均反对她做护士，但她不顾世俗的偏见和父母的反对，毅然投身于护理工作。1850年南丁格尔前往德国凯塞威尔斯城女执事训练所接受了3个月的护理训练。她考察了多个国家的护理工作，先后担任了伦敦患病妇女护理会监督、妇女医院院长等职。1853年8月12日，在慈善委员会的资助下，南丁格尔在伦敦哈雷街一号成立看护所，正式开始护理职业生涯。

（2）战争中的护理工作：1854—1856年爆发了克里米亚战争。记者报道了英国伤病员由于得不到有效的救护而伤亡惨重，死亡率竟然高达42%，英国朝野和社会极为震惊。南丁格尔闻讯后立即给陆军大臣写信，自愿带领护理人员前往战地医院救护伤病员。获准后，南丁格尔被政府任命为英军驻土耳其总医院妇女护士团团长。护士团由38名护士组成，她们于1854年10月21日离开伦敦奔赴克里米亚前线斯库塔里医院。她们排除重重困难，积极创造条件开展救护工作。①改善环境：清理垃圾，改善与维持医院环境清洁，减少细菌滋生。②清洁消毒：及时清洗纱布、绷带，进行煮沸消毒，降低感染率。③饮食护理：改善饮食，加强伤员营养，增强抵抗力。④心理护理：帮助伤员书写和阅读家信，以满足他们的思乡之情。建立战地阅览室，丰富伤员的业余生活，减轻伤员的心理压力。

南丁格尔经常在深夜手提油灯巡视病房，观察病情，抚慰伤员。她无私的奉献精神赢得了医护人员的信任和士兵们的敬重，士兵们亲切地称颂她为"提灯女神""克里米亚天使"。

通过南丁格尔和她的同事们夜以继日的辛勤工作，半年后，英军士兵的死亡率下降到2.2%。南丁格尔与同事们卓有成效的工作业绩轰动了整个英国，英国朝野为之震撼。自此，人们改变了对护士的看法，护理工作得到社会大众的认可与重视。

（3）对南丁格尔的功绩表彰：1867年，在伦敦滑铁卢广场，英国政府铸造了南丁格尔提灯铜像，把她的大半身像印在英国10英镑纸币的背面。1907年，英国政府为表彰南丁格尔的卓越贡献，爱德华七世亲自为其颁发最高国民荣誉功绩勋章，她是英国获得此项殊荣的第一位女性。

2. 南丁格尔对护理学的贡献

（1）首创科学的护理专业：南丁格尔为护理向科学化方向发展奠定了基础，确立了护理作为一门科学职业的宗旨。她认为护理既是一门艺术，又是科学，有其组织性和科学性。她确定了护理学的概念、护士的任务，提出公共卫生的护理思想，丰富了护理学的内容。

（2）首创科学的护理教育：通过克里米亚战争的实践，南丁格尔深刻感悟到从事护理工作的人必须是经过专门培训的专职护理人员。1860年6月南丁格尔在英国伦敦圣托马斯医院创办了世界上第一所正规的护士学校，采用了新的教育体制及方法来培养护士，注重培养护士的职业素质。

（3）著书立说：南丁格尔不断总结，共撰写了100多篇论文，其中《医院札记》《护理札记》阐述了她对改革医院管理及建筑方面的构思、意见和建议，叙述了环境、个人卫生、饮食等对患者的影响。后人将她的护理理论称为"环境学说"。

（4）创立护理制度：南丁格尔提出要采用系统化的管理方式进行管理，要求护理人员必须受过专门的培训，要求每个医院必须设立护理部。

3. 国际护理组织的产生　为促进各国护士的交流，国际护士会于1899年7月1日正式成立，当时称"万国护士会"，1900年正式定名"国际护士理事会（International Council of Nurses，ICN）"。芬威克当选第一任会长。

为纪念护理学的奠基人，1912年国际护士会决定将南丁格尔的诞辰日5月12日作为国际护士节。同年，国际红十字会在华盛顿举行的第九届代表大会上正式确定设立南丁格尔奖章，作为表彰各国优秀护士的最高荣誉奖，从1912年开始，每两年颁发一次。

知识链接

南丁格尔奖章

南丁格尔奖章是对"具有非凡的勇气和献身精神，致力于救护伤病员、残疾人或战争与灾害的受害者"或"在公共卫生或护理教育方面做出模范工作或富于首创精神"的护理人士的肯定。获奖者由所在国的国家红十字会或红新月会提名，然后由红十字国际委员会、红十字会与红新月会国际联合会（简称为"国际联合会"）和国际护士理事会组成的委员会评选。1912年，红十字国际委员会创立了弗罗伦斯·南丁格尔奖章，这是表彰在护理事业中做出卓越贡献人员的最高荣誉奖。每两年颁发一次。在今天，依然有无数优秀的护理工作者在他们的岗位上兢兢业业，甘于奉献，用行动诠释救死扶伤精神；继承和发扬护理事业的光荣传统。

（四）现代护理

从护理学的实践和理论研究来看，现代护理学的发展经历了3个阶段，即以疾病为中心、以患者为中心、以人的健康为中心的发展阶段。

1. 以疾病为中心发展阶段　随着自然科学的不断发展，生物医学模式的形成揭示了健康与疾病的关系，疾病是由于细菌或外伤等引起的机体组织结构改变和功能异常，从而形成了"以疾病为中心"的医学指导思想。

此阶段的护理特点是：①专业性质：护理已成为专门的职业。②医护关系：护理从属于医疗，护士是医生的助手。③护理方式：单纯执行医嘱和完成各项护理技术操作。④护理对象：局限于人的生理局部，忽略了人的整体性。⑤护理内容：单纯的疾病护理。⑥护理场所：医院。⑦理论体系：尚未形成独立的护理理论体系，主要依托于医学。⑧护理教育：护理教育模式、课程设置类同于医学教育，护理知识在课程中贯穿较少。

2. 以患者为中心发展阶段　随着系统论等诸多理论和学说的相继提出和确立，人们重新认识了疾病和健康的关系。1948年，世界卫生组织（WHO）提出了新的健康定义："健康不仅仅是没有躯体疾病，还要有完整的生理、心理状态和良好的社会适应能力"。1955年，美国护理学者莉迪亚·海尔（L.Hall）首次提出"责任制护理"，使护理有了科学的工作方法。1977年，美国医学家恩格尔（G.L.Engel）提出"生物 - 心理 - 社会医学模式"。这一新的医学模式引起了健康科学领域认识观的根本性变革，护理也发生了根本性的变革，从"以疾病为中心"开始转向"以患者为中心"的模式。

此阶段的护理特点是：①专业性质：强调护理是一门专业。②医护关系：护士与医生是合作伙伴。③护理方式：按照护理程序的工作方法对患者实施整体护理，满足患者的健康需要。④护理内容：单纯对患者实施疾病和生活护理，忽略了社会、文化等因素对机体的影响。⑤护理对象：患者个体。⑥护理场所：医院。⑦理论体系：逐步形成独立的护理理论知识体系，但不够完善。⑧护理教育：脱离了医学教育的教育模式与课程设置，建立了以患者为中心的教育和临床实践模式。

3. 以人的健康为中心发展阶段　随着疾病谱由细菌性疾病向与人的行为、生活方式相关的疾病（如心脑血管疾病、恶性肿瘤、糖尿病、精神病等）转变，人们的健康观念也发生了转变，人们主动寻求良好的健康行为，推动护理工作向"以人的健康为中心"发展。

此阶段的护理特点是：①专业性质：护理学成为现代科学体系中一门独立的、综合自然科学与社会科学，为人类健康服务的应用科学。②医护关系：医护既是合作伙伴，护士又具有独立性。随着护士角色多元化，护士不仅是医生的合作伙伴，还有独立诊断和处理人类健康问题的能力。③护理方式：按照护理程序的工作方法，对患者实施系统化整体护理，强调满足患者身、心、社会等多层次和多方位的需要，以促进患者恢复健康。④护理内容：从疾病和生活护理扩展到人的生命全过程的护理。⑤护理对象：由个体扩展到群体，包括患者、亚健康人群和健康人群。⑥护理场所：从医院扩展到家庭和社区。⑦理论体系：形成独立的护理理论体系，具有雄厚的护理理论基础，有良好的科研体系，并有专业自主性。⑧护理教育：形成了完善的教育体制。完善中等护理专业教育，重视继续教育，发展护理高等教育。

二、中国护理学发展史

（一）中国传统医学与护理发展史

1. 中国传统医学与护理　中国传统医学的特点是医、药、护不分，传统医学中的"三分治，七分养"，"养"就是指护理，护理寓于医学之中。春秋时代名医扁鹊提出的"切脉、望色、听声、写形、言病之存在"就是护理观察病情的具体方法；秦汉时期的《黄帝内经》记载了许多护理原则，如"病热少愈，食肉则复，多食则遗，此其禁也"阐述了高热患者的饮食护理；唐代杰出医药学家孙思邈所著的《备急千金药方》一书提出了"凡衣服、巾、栉、枕、镜不宜同用之"的预防、隔离知识，还首创了葱管导尿术，这是现代护理导尿术的雏形；宋代名医陈自明著《妇人大全良方》对孕妇产前、产后护理提供了许多宝贵资料；明代巨著《本草纲目》的作者李时珍给患者看病时，还为患者煎药、送药、喂药。

2. 中国传统医学中的护理内容与实践　中国传统医学中涉及护理的内容很多，经过漫长的实践与发展，大致分为生活护理、饮食护理、情志护理、养生保健、药物护理、专科护理等内容，这些内容都是由医家及助手完成，没有专门从事护理的人和职业。

（1）生活护理：生活护理是传统医学中护理最基本和最重要的护理内容，在"天人合一"思想指导下，其非常重视人体与自然环境的密切关系，提出人们的生活起居应根据节气变化而调整，并根据人体气血阴阳、五脏六腑及疾病的寒热虚实与四时、节气的关系，采取相应护理措施。

（2）饮食护理：饮食护理是传统医学中护理的重要组成部分，饮食护理与人体健康之间有密切关系，重视饮食卫生、饮食调护、饮食治疗对健康的作用，强调日常饮食的禁忌与注意事项。《黄帝内经》最早提出均衡饮食是疾病护理尤为重要的观点。

（3）情志护理：传统医学认为七情，即喜、怒、忧、思、悲、恐、惊是精神活动的外在表现，七情失衡会引起人的阴阳失调、气血不和、经络阻塞等，七情调和，则心情舒展、气血调和、促进病愈。可见，以七情为核心的情志即精神和心理对疾病的发展与转归起着重要作用，强调疾病护理过程中要重视情志护理。

（4）药物护理：传统医学以中药治疗为特色，煎药、给药的实践、方法及用药后的观察是护理的重要内容。同时，提出内服、外用等不同药物服用方法不同，效果与反应也不同。

（5）专科护理：传统医学非常重视母婴、妇女、养生等专科护理，对孕产妇、养生等不同对象的情志、饮食、起居、用药等均有不同，医书记载有极为丰富的论述，非常值得学习推广和创新。

（二）近代护理学的形成

1. 护理专业队伍的形成　我国近代护理学的形成和发展主要受西方护理学的影响。随着西医传入，1888年，美籍约翰逊女士（E.Johnson）在福州医院开办了我国第一所护士学校，为中国培养了最早的护理人员，并逐渐形成了我国的护理专业队伍。

2. 护理工作的发展　1909年，中国护理界的群众性学术团体"中华护士会"在江西牯岭正式成立，1936年改为中华护士学会，1964年改为中华护理学会。学会的主要任务是制订护理教学计划，编译及修订教材，办理全国护士学校的注册，组织全国护士统一毕业会考和颁发执照，编辑、出版护理书籍等。1920年，《护士季报》创刊，这是我国第一份护理专业报刊。1922年，中华护士会加入国际护士会，成为国际护士会第十一个会员单位。

（三）中国现代护理学的发展

1. 护理实践　护理实践包括基础护理和专科护理两个方面。基础护理内容从满足患者的治疗需要发展到满足患者的生理、心理需要。专科护理的内容从协助医生诊治疾病发展到主动收集患者的有关资料，找出健康问题，解决健康问题。重症监护、器官移植、介入治疗等专科护理已发展成熟。护理工作的范围扩展到家庭和社区。

2. 护理教育　1950年，国家卫生部召开了第一届全国卫生工作会议，将护理教育列为中专教育之一，纳入正规教育体系，制订全国统一教学计划，编写统一教材。1980年2月，国家卫生部颁发关于《中等卫生学校三年制医生、护士、药剂专业学生基本技能训练项目（草案）》，推动了护理教育事业的发展。1983年，天津医学院率先在国内开设了五年制护理本科专业，毕业授予学士学位。1984年1月，卫生部和教育部联合召开了全国高等护理专业教育座谈会，明确了高等护理教育的地位和作用。1985年，全国11所医学院校设立了护理本科专业。1992年，北京、上海等地开始了护理硕士研究生的教育，由此完善了中专、大专、本科、硕士、博士等多个教育层次，形成了完整的护理教育体系。1997年，中华护理学会在无锡召开继续护理教育座谈会，制定了继续护理教育的法规，使继续护理教育走向制度化、规范化、标准化。

3. 护理科研　随着护理教育的发展，护理人员的科研能力、学术水平不断提高。护理科学研究在选题的先进性、方法的科学性、结果的准确性、讨论的逻辑性等方面均有较大进展。

各种护理期刊相继创刊，护理论著、护理教材相继出版，标志着护理学已成为一门独立的学科。1993年，中华护理学会设立了护理科技进步奖，每两年评选一次。护理学科的发展迈入了健康发展的轨道。

4. 护理管理

（1）建立晋升考核制度：1979年，国务院批准卫生部颁发的《卫生技术人员职称及晋升条例》，明确规定了护士的技术职称：高级技术职称为主任护师、副主任护师，中级技术职称为主管护师，初级技术职称为护师、护士。根据这一条例，各省、市、自治区制订了护士晋升考核的具体内容和方法，护士的社会地位和待遇不断提高。

（2）建立护士执业注册制度：1993年，国家卫生部颁发了第一个关于护士执业和注册的部长令与《中华人民共和国护士管理办法》。1995年6月，全国举行首届护士执业考试，考试合格者获得护士执业证书，方可申请注册。2008年，国务院颁布《中华人民共和国护士条例》、卫生部颁发《护士执业注册管理办法》并于2008年5月12日起施行，护士执业管理正式走上法制轨道。

第二节　护理学概述

一、护理学的概念

护理学是一门生命科学中以自然科学和社会科学为理论基础，研究有关人类预防保健、疾病治疗、恢复和促进健康的护理理论、知识、技能及其发展规律的综合性的应用科学。护理学包含了自然科学、社会及人文科学知识。

二、护理学的地位和任务

（一）护理学的地位

1. 护理学的学科地位　护理学是医疗科学中的一门独立学科，它与医学、药学、营养学等共同组成医学领域。在卫生保健事业中，护理学与临床医学、预防医学起着同等重要的作用。护理学的内容及范畴涉及影响人类健康的生物、社会、心理、文化及精神等各个方面。在维护和促进人类健康中具有重要作用。

2. 护理学基础的课程地位　护理学基础是护理学科的基础，是护理学专业课程体系中最基本、最重要的课程之一，也是护理学专业学生（以下简称护生）在学校学习期间的必修课程，在护理教育教学中发挥着重要的作用。护理学基础是护生学习临床专业课（如内科护理学、外科护理学、妇产科护理学、儿科护理学等）的必备前期课程，为临床各专科护理提供了必要的基础知识和基本技能。

（二）护理学的任务

1. 促进健康　促进健康的目标是帮助服务对象维持最佳的健康水平或健康状态。护理活动包括发挥人的主动性，让服务对象对自己的健康负责、建立健康的生活方式、合理平衡膳食、适当运动和休息与睡眠以及定期检查身体等。

2. 预防疾病　预防疾病的目标是通过预防措施帮助护理对象达到最佳的健康状态。护理活动包括开展妇幼保健的健康教育、增强服务对象机体的免疫力、帮助服务对象预防各种传染病、向服务对象提供疾病自我监测的技术、建立临床和社区的保健设施等。

3. 恢复健康　恢复健康是帮助服务对象在患病后或出现影响健康的问题后，改善其健康水平和状况。护理活动包括为服务对象直接提供护理，例如执行医嘱为服务对象进行药物治疗、生活护理，进行生命体征测量等，也包括与其他医技人员一起对服务对象进行康复活动，帮助服务对象改善健康状况，并力争达到最佳境界。

4. 减轻痛苦　减轻痛苦是运用所学的护理知识和技能在工作中帮助处于疾病状态的服务对

象解除身心痛苦，从而使他们战胜疾病。护理活动包括帮助服务对象尽可能舒适地带病生活，提供必要的支持，以帮助他们应对功能减退或丧失，直到安静地面对死亡，使其有尊严地走完人生旅程。

三、护理学的范畴和内容

（一）护理学的理论范畴和内容

护理理论主要包括护理的基本概念、护理模式和护理学发展中引用的其他学科的理论，如社会学、伦理学、心理学、管理学等。这些理论用科学的方法解释护理现象，从科学的角度说明护理工作的性质，表明护理知识的范围和体系，确立以理论为基础的护理理念和价值观，为护理专业的发展指明了方向。

（二）护理学的实践范畴和内容

1. 临床护理　临床护理包括基础护理和专科护理，基础护理是专科护理的基础。

（1）基础护理：基础护理以护理学的基本理论、基本知识和基本技能为基础，结合患者生理、心理特点和治疗康复的需求，满足患者的基本需要，如基本护理技能操作、生活护理、饮食与营养护理、病情观察等。

（2）专科护理：以护理学及相关学科理论为基础，结合临床专科特点及诊疗要求，对患者进行身心整体护理。专科护理分内科、外科、妇产科、儿科、精神科以及中医护理等。根据各专科的特点，实施不同的技术操作，如从事呼吸系统疾病护理时，要熟练掌握呼吸机的使用技能。

2. 社区护理　社区护理的服务对象是一定范围内的家庭和社区人群，护士为其提供促进健康、预防疾病、早期诊断、早期治疗、减少残障等服务，提高社区人群的健康水平，包括疾病预防、妇幼保健、家庭护理、健康教育、健康咨询和预防接种等工作。

3. 护理教育　护理教育分为基本护理教育、毕业后护理教育和继续护理教育3大类。基本护理教育包括专科教育、本科教育和研究生教育；毕业后护理教育包括提升学历教育、规范化培训；继续护理教育是对从事护理工作的在职人员提供以学习新理论、新知识、新技术、新方法为目的的终身教育。

4. 护理管理　护理管理是应用现代管理学的理论和方法对护理工作进行科学的计划、组织、指导、实施与控制。护理管理是以患者为中心，以护理质量为核心，为患者提供优质护理服务的工作过程，分为护理行政管理和护理业务管理两部分。护理管理的研究范畴包括医疗管理体制的建立、专业政策和法规的制定、各种组织结构的设置、人力资源的管理、资金的管理、工作质量的控制和保证等。

5. 护理科研　护理科研对护理学知识体系的发展有深远的影响，是用科学的方法探索未知，回答和解决护理领域的问题，直接或间接地指导护理实践的过程，从而推动护理学科的发展。护理科研包括护理理论、护理新技术和新方法的科学研究等。

（三）护理学基础课程的范畴与内容

护理学基础是临床专科护理的基础课程，具有丰富的科学内涵。在护理学基础的课程中，护生将学习从事护理工作所必需的护理基本理论、基本知识和基本技能。由于基础护理工作是临床各专科护理的基础，并贯穿于满足患者对健康需求的始终，因此其内容包括患者的生活护理、满足患者治疗需要的护理、患者病情变化的观察技术和健康教育技术等。具体内容包括：绪论、护士素质与护患角色、护理相关理论、护理程序、医院与住院环境、医院感染的预防与控制、入院和出院的护理、护理安全、清洁护理、休息与活动、生命体征的评估与护理、疼痛患者的护理、冷热疗法、饮食护理、排泄护理、给药、静脉输液与输血、标本采集、危重患者的护理及抢救技术、临终护理、医疗与护理文件。

四、护理工作方式

护理工作方式是护理人员在护理工作过程中的人员组织形式和工作任务的分配方式。临床护理工作方式主要有个案护理、功能制护理、小组制护理、责任制护理、系统化整体护理等。

（一）个案护理

个案护理（case care）即专人负责，由一名护士护理一名患者，全程对患者进行个体化整体护理的方式。个案护理主要适用于危重患者或一些特殊患者以及临床教学需要。优点：护士可以与患者直接交流，全面了解患者的需要，护士的责任感增强。缺点：需要的护理人员数量多，费用相对大。

（二）功能制护理

功能制护理（functional nursing）以完成医嘱和执行各项护理常规的基础护理内容为主要工作内容，护士们被分为"治疗护士""主班护士"等，对患者进行流水作业。优点：工作任务分配明确，组织严明，节省人力，可有效达到各项既定工作目标。缺点：为患者提供的各种护理活动相互分离，忽略了患者心理和社会方面的需求及满足的程度。护士们难以发挥主动性和创造性。

（三）小组制护理

小组制护理（group nursing）是将护士进行分组，由不同级别的护理人员组成小组，组长负责制订护理计划和措施，安排成员对患者进行整体护理，完成工作任务。优点：充分发挥各级护士的功能，培养和发挥护士的团队合作精神，为患者提供综合性护理服务。缺点：护士个人责任感相对较弱。

（四）责任制护理

责任制护理（primary nursing）以患者为中心，每位患者由一名责任护士负责，对患者实行 8 小时在岗，24 小时负责制，责任护士有计划、有目的地进行整体护理，使患者从入院到出院的全过程完全由责任护士负责全面计划并组织实施。责任护士以护理程序为基本工作方法，对所负责的患者及其家庭进行生理、心理和社会等全面评估，与护理对象共同制订护理计划。当责任护士不在班时，由其他护士完成对患者的治疗与护理，以实现对患者的连续性护理。责任护士还要对护理活动的结果进行评价，并为患者提供出院指导。优点：责任明确，自主性增强，能全面了解患者情况，为患者提供整体、连续、个性化护理。缺点：护士工作的心理压力和风险明显增加。

（五）系统化整体护理

系统化整体护理（systematic holistic nursing）是以护理对象为中心，根据护理对象的需求和特点，为护理对象提供生理、心理、社会等全面的帮助和护理，为护理对象解决现存的或潜在的健康问题，达到恢复健康、增进健康的护理实践活动。优点：护士的个人主动性、潜能、积极性得到发挥。患者得到优质服务，体现了护士的自身价值。缺点：需要的护士数量多，对护士自身的素质要求全面、综合。

 考点提示

护理工作方式。

五、护理学基础课程学习方法

护理学基础课程是一门实践性很强的课程，学生在学习过程中除了聆听授课教师理论讲授及观摩操作示范以外，首先应明确作为医学生自身承载的"敬佑生命、救死扶伤、甘于奉献、大爱无疆"的使命，通过聚焦"三类课堂"，注重个人在整个课程学习过程中的自主性。

（一）关注第一课堂基础阵地，增强自主学习意识

第一课堂即通常意义上在多媒体理论教室或者实训室开展教学的课堂，包括课前、课中、课后三段式学习。

1. 课前任务导学　首先，构建学习小组，打造"一对一"帮学课堂。其次，小组明确分工，以教材、精品在线课程、文献中的真实护理病案为载体，预习教学内容，明确学习目标。结合教材中的引导问题、课前教师预设问题、小组自设问题等，查阅文献等相关资料，自主探究学习，提升学习成就感，增强学习内驱力。

2. 课中任务研学　①结合教师对课前任务学习成果的展示，明确个人在课程教学内容中的薄弱点；②结合教师在课堂中创设的教学情境或引入的临床典型案例，根据任务性质可开展小组讨论式学习或角色扮演式情景模拟学习，真切地感受医院的工作情境；③成果展示阶段，学生相互解答疑惑，找出存在问题，另外在教师指导纠错时，学生可仔细聆听教师点评并查找不足，对尚未掌握的知识点或技能要点进行补充及强化，培养临床思维。

3. 课后任务拓学　及时复习理论知识，完成课后习题测试以及精品在线课程学习等任务，同时查阅文献，拓展知识的深度；有效利用开放的护理实训室，强化操作技能；积极参加学校组织的医院临床见习，对接工作岗位任务，虚心接受临床护理带教老师的指导，巩固专业知识和技能。

（二）重视第二课堂延伸阵地，助力能力多元发展

第二课堂是指校内以活动为载体的课堂，如专业社团等。可积极参加所在学校为学生提供的多样化自主参与、合作交流、实践能力的平台，例如护理专业社团活动、技能操作比赛、校园演讲比赛等。通过参加此类活动，一方面进一步领略专业的魅力，提升个人学习自主性；另一方面可通过多样化的活动培养个人的人际交流能力、团队合作意识等，在活动中巩固和应用所学的知识和技能，提升学习效果和综合素养。

（三）发挥第三课堂实践阵地，强化医者仁爱担当

第三课堂是指以研学基地等校外教育服务设施和志愿者服务、社区服务为活动载体的课堂。学生可通过学校的青年志愿者服务项目、班级团日活动等途径，走进社区、走进养老院等。积极主动参与社会公益事业、为他人服务的活动，一方面可以提升个人的基础技能操作能力；另一方面可以培养学生个人的社会责任感、公民意识和道德观念；最后，还能够提升不同情境下个人对病患需求的感知能力，反思人际相处模式，进而提升在基础护理操作中的人际沟通的实践应用能力。

第三节　护理学的基本概念

一、护理学的四个基本概念

护理学是生命科学领域中一门独立的学科，具有自己独特的理论体系。人、环境、健康和护理这四个基本概念构成了现代护理理论的基本框架。护理工作的内容、实践范畴、研究领域、护士的角色功能以及专业行为均围绕这四个基本概念展开。

（一）人

1. 人的概念　不同领域对人（people）的认识和诠释不尽相同，各有侧重点。自然科学认为人是依自然规律产生，具有五官百骸，区别于其他动物的自然人；哲学认为人是一切社会关系的总和；社会学认为人是具有自然和社会双重属性的完整意义上的社会人。

2. 人的特点

（1）整体性：人是由生理、心理、社会等综合因素组成的整体的人，各因素之间相互联系、相互依赖、相互作用。任何一个组成部分的不适或失调都会影响其他部分，甚至整体。

（2）双重属性：人具有自然属性和社会属性。人的自然属性指人在自然环境中产生并生存，是一个生物有机体，和其他生物一样受生物规律的控制。人的社会属性表现在人是一个有思想、善思维、有情感、生活在社会中的人。因此，人具有双重属性。

（3）多层次需要性：人除有基本的生理、安全需要外，还有情感、认知、社会与精神等多层次的需要。只有这些需要得到满足，人的身心才能处于生长、成长与发展的最佳状态。

（4）开放性与动态性：人不是孤立存在的。人不仅与周围环境之间不断地进行着物质、能量和信息的交换，同时人体内部各个系统之间也不断地进行着物质、能量和信息的交换。人的基本目标是保持机体内环境的平衡，以适应外环境的不断变化，促进内、外环境平衡，从而维持机体健康。

（5）成长性与发展性：人的一生（从出生到死亡）具有成长性与发展性。人的成长有一定的规律性、阶段性与顺序性。发展有不均衡性、差异性。不同的阶段有不同的成长与发展特点。

（6）主动性与适应性：人具有思想性、主动性与适应性。人对自身身心功能状态有意识和监控能力，对自己的活动具有自主选择与调节的能力，能主动地调适内环境，改造外环境，促进机体适应，创造一个安全、舒适的环境，从而维持健康。

（二）环境

1. 环境的概念　广义的环境（environment）是指围绕着人类的空间以及其中可以直接或间接影响人类生活和发展的各种因素的总和。狭义的环境是指人类机体的内环境（生理环境和心理环境）和外环境（自然环境和社会环境）。内环境和外环境之间不断地进行物质、信息和能量的交换，保持内、外环境动态平衡，从而维持健康水平。

2. 环境对健康的影响

（1）环境对健康的促进：良好的环境能维持与促进人类的健康，预防与减少疾病的发生。①自然环境：清新的空气、充足的氧气、安全的饮用水、充足与平衡的食物等，可以满足人们最基本的生理需要，增强人们的免疫力，预防与减少疾病的发生。②社会环境：良好的经济条件、人际关系、文化教育可以提高人们的健康信念，改变危害健康的行为，养成良好的健康促进行为。

（2）环境对人的健康的影响：环境作为压力源对人类健康产生重要的影响。良好的环境能够帮助患者康复，促进人的健康。不良的环境则给人的健康造成危害。人类所患的疾病中不少是由环境中的致病因素引起的，因此护士应掌握环境与健康有关的知识，为患者创造良好的生活、休养环境。

（三）健康

1. 健康的概念

（1）健康（health）的概念：不同的历史条件下，人们对健康的认识不同。1948年世界卫生组织（WHO）对健康的定义是：健康不仅是没有躯体疾病，还要有完整的生理、心理状态和社会适应能力。1990年世界卫生组织对健康的概念做了补充和完善，即健康包括"躯体健康、心理健康、社会适应良好和道德健康"。

（2）亚健康（subhealth）的概念：世界卫生组织将机体无器质性病变，但是有一些功能改变，介于健康与疾病之间的状态称为"第三状态"，我国将其称为"亚健康状态"。处于亚健康状态的人的机体虽然没有器质性病变，但身体或器官中已经有危害因素的存在。

（3）疾病（disease）的概念：疾病是机体在一定的内、外因素作用下出现的一定部位的功能、代谢或形态结构的改变，表现为损伤与抗损伤的过程，是机体内部以及机体与环境之间平衡的破坏或正常状态的偏离。

2. 健康与疾病的关系

（1）可互相转化：健康与疾病是生命过程中的一对矛盾统一体，这对矛盾随时在变化，在一定条件下可互相转化。

（2）无明显界限：健康与疾病是动态的，不是"非此即彼"的关系，两者之间可有一个过渡阶段，即"亚健康"状态。

（3）两者可并存：现在认为，健康与疾病可同时存在于一个个体身上，即一个人可能在生理、心理、社会的某方面处于低水平的健康甚至是疾病状态，但在其他方面却是健康的。如肢体残障的人身残志坚，可将其他方面进行调整，扬长避短，充分发挥潜能，达到个体健康的最佳状态，同样可为人类和社会做出贡献。

（四）护理

1. 护理的概念　1980年美国护士学会（ANA）对护理（nursing）的定义是：护理是诊断和处理人类对现存的或潜在的健康问题的反应。

2. 护理的内涵

（1）照顾：照顾是护理永恒的主题。照顾患者或服务护理对象是护理永远的核心。

（2）帮助：护患之间的帮助性关系是护士用以与护理对象互动，以减轻病痛、促进及恢复健康的手段，这种帮助性关系是双向的。护士和护理对象是一种帮助与被帮助、服务者与被服务者之间的关系，这就要求护士以自己特有的专业知识、技能与技巧提供帮助与服务，满足护理对象特定的需要，与其建立起良好的帮助性关系。同时，护士在帮助护理对象的过程中也不断拓展、提高自身的专业知识，积累工作经验，护士整体素质得以提升。

（3）人道：护士是人道主义忠实的执行者。在护理工作中提倡人道，充分体现以人为本的服务理念，要求护士视每一位护理对象为具有个性特征的个体、有各种需要的人，从而尊重个体，注重人性。同时，要求护士对待护理对象一视同仁，救死扶伤，为人类的健康服务。

 考点提示

护理学的四个基本概念。

二、四个基本概念的相互关系

人、环境、健康、护理是护理学的基本概念，这四个概念之间相互联系、相互作用，缺一不可。人是护理的服务对象，人的健康是护理的中心。人与环境之间进行着持续不断的相互作用，以达到促进、维护或恢复健康的目标。如果环境的变化超出了人的代偿能力，人的健康就会向不良的方向发展。护理的任务是创造良好的环境并帮助护理对象适应环境，从而达到最佳健康状态。

思政园地

94岁中国护士章金媛荣获2023年"国际成就奖"

1948年以来，章金媛在江西省从事临床护理工作40余年。退休后，于1999年开始，她开拓性地建立了社区志愿服务体系，将护理专业实践延伸到社区。截至2023年，在章金媛的感召下，队伍从最初的17名退休护士发展到现在的19 000多名志愿者，先后为350多个社区的70余万人提供爱心服务，并将服务模式延伸至全国19个省、市、自治区及美国、日本等地。94岁高龄的章金媛至今仍然活跃在志愿服务的第一线，个人累计志愿服务时数达26 000多小时。她发起创建了具有示范作用的社区-医院-家庭-志愿者"四位一体模式"、居家养老（全患者、全家庭、全护理、全方位、全过程）连锁服务模式和"智慧养老服务"平台。章金媛积极弘扬红十字及志愿服务精神，坚持为社区居民无偿开展预防保健、公共卫生、健康宣教、救护培训及济困助残、临终关怀、关爱留守妇女儿童等72项综合服务活动，把健康生活带进千家万户。

2023年，由中华护理学会推荐的章金媛，荣获由国际护士会及佛罗伦萨南丁格尔国际基金会评选的2023年"国际成就奖"，章金媛是2023年"国际成就奖"的全球唯一获奖者，也是中国获此殊荣的第一人。

自 测 题

一、选择题

1. 我国第一所护士学校建立的时间和地点为
   A. 1887年，上海　　B. 1921年，北京　　C. 1912年，江西
   D. 1888年，福州　　E. 1835年，广东

2. 中华护士会成立于
   A. 1835年，广东　　B. 1888年，福州　　C. 1909年，江西
   D. 1921年，北京　　E. 1922年，上海

3. 自1964年起，中国护理界的群体性学术团体改名为
   A. 中华护理学会　　B. 中华护士学会　　C. 中华护士会
   D. 中国护士学会　　E. 中国护士会

4. 1948年，WHO对健康的定义不包括
   A. 躯体没有疾病　　B. 有完整的生理状态　　C. 有完整的心理状态
   D. 有一定的劳动力　　E. 有社会适应能力

5. "生物-心理-社会医学模式"的提出者是
   A. 罗伊　　B. 恩格尔　　C. 奥瑞姆
   D. 马斯洛　　E. 莉迪亚

6. 护理四个基本概念的核心是
   A. 人　　B. 环境　　C. 健康
   D. 护理　　E. 疾病

7. 护理的对象是
   A. 患病的人　　B. 健康的人　　C. 所有的人

D. 有残疾的人　　　　　　　E. 有心理障碍的人
8. 以疾病为中心的护理特点是
   A. 医护双方是合作的伙伴　　　　B. 重视整体、忽视局部
   C. 重视高等护理教育　　　　　　D. 护理从属于医疗
   E. 实施整体护理
9. 以患者为中心的护理特点是
   A. 贯彻责任制护理工作方法　　　B. 护士是医生的助手
   C. 护理教育类同高等医学教育　　D. 护理方法是执行医嘱的常规护理
   E. 系统化地贯彻护理程序
10. 以人的健康为中心的护理特点是
    A. 护理教育开始摆脱类同高等医学教育
    B. 忽视人的整体性
    C. 开始强调护理是一门专业
    D. 护理工作必须按常规护理进行
    E. 护理对象是所有人

二、名词解释

护理学

三、简答题

1. 简述国内外护理学发展史。
2. 简述护理学四个基本概念之间的关系。
3. 简述护理学基础课程在护理学中的重要地位。

四、论述题

通过对绪论的学习，请谈谈你对护理专业的认识与学习规划。

（张先庚）

第二章 护士素质与护患角色

思 维 导 图

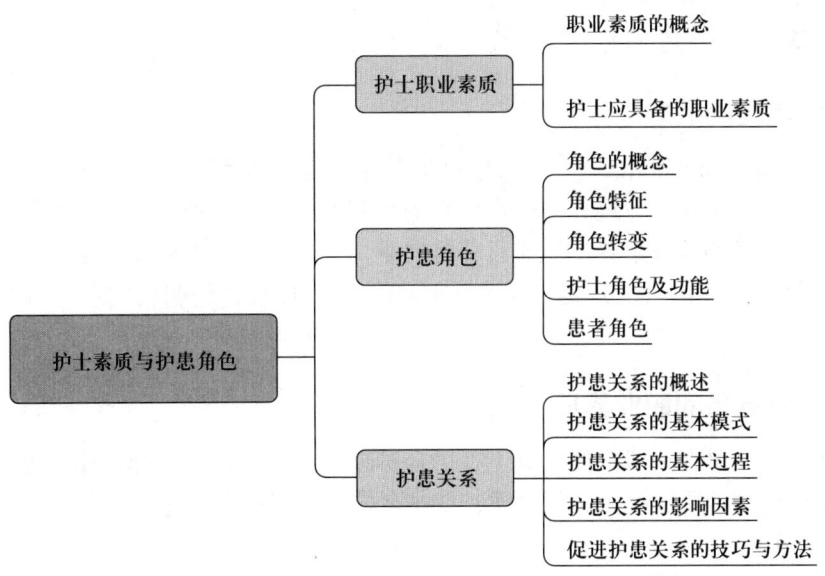

学习目标

1. 解释职业素养、护士角色、护士角色及功能、患者角色、护患关系。
2. 知道角色的特征、护患关系的性质和影响因素。
3. 描述护士及患者角色的功能、护患关系的基本过程。
4. 熟记护士的素质、护患关系的基本模式。
5. 能有效应用护患关系的技巧。
6. 养成良好的职业素养和慎独修养,具有以人为本的服务理念,严肃、认真的工作态度。

　　护理工作是护士(nurse)与患者(patient)为了达到医疗护理的共同目标而发生的互动过程,护士与患者之间需要建立良好的护患关系。护患双方不同的文化背景、人格特征和社会地位等因素,不仅会影响护士与患者之间的关系和护理工作的顺利开展,还会影响患者疾病的康复。因此,护士必须认识和了解护士与患者角色及其功能,建立和发展良好、和谐的护患关系,适应各种护士角色,发挥角色功能,满足社会的期待,为护理对象提供个性化的优质服务。

第一节 护士职业素质

案例 2-1

患者，男性，56岁。术后3天，护士嘱其尽早下床活动，患者感觉自己病情依旧严重，不予配合，护士很无奈，把情况反馈给护士长。护士长来到病房，向患者耐心解释早下床的好处及方法。患者听后表示愿意配合，同意下床。

问题与思考：
1. 该护士应该怎么做？护士应具备的职业素质有哪些？
2. 该患者出现哪些角色适应不良？
3. 本阶段属于护患关系的哪一种模式？

一、职业素质的概念

职业素质（professional quality），又称职业素养，是劳动者对社会职业了解与适应能力的一种综合体现，也就是在从业过程中表现出来的与职业息息相关的态度、行为和能力。个体行为的总和构成了自身的职业素养，职业素养是内涵，个体行为是其外在表象。职业素养是人类在社会活动中需要遵守的行为规范，是人才选用的第一标准，是职场制胜、事业成功的第一法宝。

二、护士应具备的职业素质

护士的职业素质是在一般素质基础上，结合护理专业特性，对护理工作者提出的特殊素质要求，包括思想道德素质、科学文化素质、专业素质、心理素质和身体素质。

（一）思想道德素质

1. **思想政治素质** 热爱祖国、热爱人民、热爱护理事业。具有崇高的理想、高尚的思想情操、正确的人生观和价值观，正确认识护理职业价值，具有全心全意为人类健康服务的奉献精神。

2. **职业道德素质** 救死扶伤的人道主义理念，诚实的品格、较高的慎独修养和崇高的护理道德，自尊、自信、自爱、自强。

知识链接

慎 独

"慎独"即"慎其独"，最早出现在《大学》和《中庸》，是儒家重要的修身方法，有其形成的渊源，历代学者对其释义各有阐述，"慎独"的达成在当今时代具有重要价值。

慎独（restraining in privacy）是伦理学中的一个概念，是道德修养的较高境界。慎独是指人在独处时仍能坚持自己的道德信念，自觉地遵循道德准则。由于护理工作的特殊性，慎独就是要求护士在无人注意、无人监督的独处情况下，自己的行为也要谨慎，要强化自律意识，恪守工作规范。慎独应成为护士必备的一种美德。

（二）科学文化素质

护士应具有一定的文化修养和自然科学、社会科学、人文科学等多学科知识，为深入理解医学、护理学理论打下坚实的基础。随着护理学不断发展，护理理论体系不断完善，工作内容不断拓展，需要护士具有丰富的科学文化知识。

（三）专业素质

1. 专业知识　护士要掌握坚实的基础医学、临床医学、护理专业理论知识，构建科学的护理知识体系，预见和处理护理对象现存的和潜在的健康问题。

2. 专业能力

（1）规范、娴熟的操作技能：护士应具有规范、娴熟的护理操作技能，为患者提供安全的护理服务，减轻患者痛苦，有效地提高工作效率，提高患者满意度。

（2）敏锐的观察能力：在临床实践中，患者的病情复杂多变，细微的变化往往提示疾病的发生、发展，有时预示着严重的并发症，护士应细心观察患者病情的动态变化，准确、全面地收集患者的资料，及时发现患者现存和潜在的健康问题。

（3）较强的分析问题和解决问题的能力：护士面对护理对象的各种健康问题，应运用护理程序的工作方法，认真分析和判定问题的优先顺序，当机立断，科学决策，采取适当的护理措施加以解决。

（4）机智、灵活的应变能力：护理对象的性格特征千差万别，病情发展变化快，因此护士同样的态度、语言和工作方法不一定适用于所有的患者。在护理工作中，护士要根据患者的具体情况，灵活、机智地应对，为患者提供个性化的护理，最大限度地满足患者的需要。

（5）评判性思维：是一种理性思维，是反思和推理的过程。护士的工作环境复杂多变，要面对患者许多不断变化的护理问题，应通过比较提出质疑，弄清事实，分析问题等再认识的过程，从中选择解决问题的最佳方法。

（6）终身学习和科研创新能力：为适应现代医学模式的转变，护士要不断关注护理学科新的发展变化，在工作中不断积累经验，养成终身学习的良好习惯，不断钻研进取，提高自身科研及创新能力，及时补充自己知识体系中的不足，为提高工作效率和增强护理效果，形成一定的专业知识储备。

（7）较强的沟通能力：护理服务的对象是人，人的心理状态多种多样，护士应该掌握与人沟通的技巧，善于抓住患者的主要心理特征。根据患者的具体情况，灵活运用恰当的沟通技巧为患者提供有效的心理支持，让护理对象更多地参与护理活动。

（四）心理素质

护士应具有健康的心理、良好的精神面貌，性格乐观、开朗，情绪稳定，真诚、热情、宽容、豁达，在工作中团结协作、相互尊重、具有良好的人际关系，并始终保持平和的心态，以良好的心境影响患者。

（五）身体素质

护士应具有健康的体魄、充沛的精力、整洁大方的仪表和端庄稳重的行为举止，具有良好的耐受力、敏捷的反应力和始终如一的工作热情，为患者提供优质护理服务。

 考点提示

护士的职业素质。

第二节　护患角色

护士作为人类健康的守护者，被社会赋予了多元化角色，需履行多重角色功能，在医疗、护理及健康教育等活动中发挥重要的作用。

一、角色的概念

角色（role）原为电影、戏剧中的术语，其含义为处于一定社会地位的个体或群体，在实现与这种地位相联系的权利与义务中所表现出的符合社会期望的行为和态度的总模式。换言之，角色是一个人在某种特定的场合下的义务、权利和行为准则。

二、角色特征

1. 角色具有多重性　是指当多种角色集于某个体一身时该个体所处的位置，也称复式角色或角色集。每个社会成员都有多重角色，但主要承担的是职业和家庭中的角色。

2. 角色之间相互依存　任何角色在社会中都不是孤立存在的，而是与其他角色相互依存。要形成某一角色，必须有互补角色作为这个角色的补充。某一角色的实现必须通过角色间的互动关系才能得以完成。如完成教师角色，必须有另一种学生角色存在，两者相互依存，发生互动关系。

3. 角色期待　社会对每一个角色均有"角色期待"。角色期待是指一个人在社会系统中的行为态度要符合角色要求，其周围的人也总是按照社会角色的一般模式对他的态度、行为方式寄予期望。如护士要有良好的职业道德，学生要具有良好的学习品质。个体根据自身对角色期待的认识完成角色行为。若个体行为符合角色期待，则社会或群体能和谐、圆满地共同生活。反之，则导致角色冲突。

三、角色转变

角色转变（role transition）是指个体承担并发展一种新角色的过程。每个人的一生都会获得多种角色，当个体承担并发展一种新角色时，就会存在一个角色转变问题。例如护理专业学生刚刚毕业从事临床护理工作时，就面临角色转变，需要通过系统学习培训，素质及能力有所提高，才能适应新角色。角色转变是一种正向成长。在这个过程中，个体必须通过不断思考、学习与实践，才能逐步了解社会对新角色的期待，从而改变自己的情感、态度、行为，以适应新角色的要求，完成角色转变。

四、护士角色及功能

（一）护士角色

护士角色（nurse role）指护士应具有的与职业相适应的社会行为模式。护士角色的形成源于社会对护士职业的期望和要求。护士作为一种社会角色，有着防治疾病、护理患者的职责，必须具有相应的道德品质、专业能力。自南丁格尔首创护理专业以来，护理学从深度和广度上得到了长足的发展，护士的形象也发生了根本性的变化，由疾病照顾者转变为健康护理者。当代护士被社会赋予了多元化的角色，在护理实践中发挥着多重角色功能。

（二）护士角色功能

1. 照顾者　护士的独特功能是在人们不能自行满足其基本需要时，提供各种护理照顾。护士要运用护理程序的方法对护理对象实施满足健康需要的护理活动，如呼吸维持、营养供给、排泄护理，护士运用专业知识满足护理对象生理、心理、社会、文化、精神等需求，以促进健康。

2. 计划者　护士运用护理专业知识和技能，收集护理对象的生理、心理、社会等相关资料，评估护理对象的健康状况，找到健康问题，为其制订全面、切实可行的护理计划，按照计划有序地实施护理。

3. **健康教育者** 护士可以在医院、家庭、社区针对护理对象的健康行为意识完成其教育者的职能,向其传授生活保健、疾病预防和康复知识,以改善人们的健康状态和健康行为,从而提高护理对象的健康水平。如护士对患糖尿病、高血压、心脑血管疾病的患者进行饮食、日常生活和用药等方面的指导。

4. **健康协调者** 患者所需要的医疗护理服务来自于诊断、治疗、护理、保健等多个医疗专业,它们之间的工作应该整体协调统一,才有利于患者康复。在对患者服务的过程中,护士需联系并协调这些健康保健系统人员,工作互相配合,顺利进行,以保证护理对象获得最适宜的整体性医护照顾。

5. **护理管理者** 在临床护理工作中,护士必须有计划地对日常工作中的人、财、物、信息、时间、空间等进行组织和管理。合理利用这些资源,提高工作效率,使护理对象得到优质服务。

6. **健康咨询者** 护士运用专业知识,解答护理对象有关健康问题的咨询,提供相关的信息,给予情绪支持及健康指导,有利于护理对象认识自身健康问题并参与自我保健和康复活动或适应患者角色配合治疗,从而提高生命质量。

7. **护理研究者** 护理事业的发展和护理水平的提高与护士科研能力密不可分。护士要通过研究来验证护理理论知识和技能方法,推广循证护理,提高护理质量。通过研究扩展学科知识,发展新技术,为减轻患者痛苦和提高工作效率做贡献,用研究理念促进学科发展。

8. **代言人和保护者** 护士是护理对象权益的维护者,有责任解释并维护其权益不受侵犯和损害。护士如发现不道德、不合法的事情时,应捍卫护理对象的利益。对一些难以表达自己意见者,护士有义务反映其要求,并与有关人员联系和沟通,为护理对象解决困难,尽量满足其需求。

当今社会,人们对护士的角色期待越来越多。为满足角色期待,护士必须加强角色学习,努力塑造并完善自己,以适应护理工作需求。护士角色学习是个人根据社会赋予的角色期待,明确角色行为,并通过系统学习和护理实践完成角色功能的全过程。

 考点提示

护士的角色功能。

五、患者角色

(一)概念

患者角色(patient role)是社会对患者所期望的行为模式。一个人患病后就获得了患者角色,可以享受应有的权利,履行应尽的义务。原有的社会角色部分或全部被患者角色所替代。

(二)特征

美国著名社会学家帕森斯(Parsons)将患者角色特征概括为以下 4 个方面。

1. **可酌情免除正常的社会角色所承担的职责** 即患者可从正常时承担的社会角色中解脱出来。如不能期望患者做平常所做的工作或履行他们做父母或子女的职责。免除的程度取决于疾病的性质和严重程度。医生的临床诊断是患者角色合法的证明。

2. **对陷入疾病状态没有责任,有权利获得帮助** 患病不以患者意志为转移,患者对患病状态无能为力,因而可免除因疾病所造成问题的责任。患者需要受到照顾,也有权利获得医护帮助。

3. **有责任恢复健康** 社会和家庭要求每位患者都要主动恢复健康并承担应尽的责任。疾病常给患者带来痛苦、不适甚至死亡，因此在医疗和护理活动中，患者不能凭自己意愿行事，必须配合医护人员，争取早日恢复健康。

4. 配合医护人员治疗疾病的协作性　患者应主动寻求专业技术上的帮助，通常是医护人员的帮助，并应在恢复健康的过程中与医护人员合作，共同战胜疾病。在疾病治疗和护理过程中，患者必须与医护人员合作，严格遵守治疗和护理原则，积极配合治疗，如遵医嘱按时服药、休息、治疗、适当运动等。

（三）患者角色适应不良

1. 角色行为缺如　指患者没有进入角色，不愿意承认自己是患者，不能很好地配合医疗和护理。这是一种心理防御的表现，常发生于由健康角色转向患者角色及疾病突然加重或恶化时。患者角色缺如不利于治疗和护理。

2. 角色行为冲突　指患者在适应患者角色的过程中，与其原有的角色发生心理冲突而引起行为矛盾，往往是患者其他社会角色需要过强所致。角色行为冲突表现为焦虑、茫然、愤怒或悲伤，这是一种视疾病为挫折的心理表现。如生病的学生因担心疾病影响学习，表现出焦虑、烦躁情绪，造成学生角色与患者角色冲突。

3. 角色行为强化　是患者对自己所患疾病产生过度心理反应的行为特征，表现为安于患者角色，不想出院，对康复后将要承担的社会角色缺乏信心，产生退缩和依赖心理，过分寻求帮助。角色行为强化常发生于由患者角色转向社会角色时，这对康复期患者恢复常态社会角色十分不利。

4. 角色行为消退　指一个人已适应患者角色，但由于某些原因又重新承担起本应免除的社会角色的责任，放弃患者角色。如一位患子宫肌瘤的母亲，住院准备择期手术，但由于孩子发热无人照顾，毅然出院照顾孩子，此时患者母亲角色占据主要地位，患者角色消退。

5. 角色行为异常　指患者受病痛折磨感到悲观、失望，加之不良环境而导致患者出现固执、易怒、攻击、厌世、自杀等异常行为。

 考点提示

患者角色适应不良。

（四）权利和义务

患者角色有其特定的权利与义务。患者应明确自己的权利与义务，更好地参与医护活动。护士应尊重患者的权利，提高护理工作质量。

1. 患者的权利

（1）免除一定社会责任和义务的权利：患者有权根据疾病性质、病情严重程度要求免除或部分免除正常的社会角色所应承担的责任。

（2）享受平等医疗、护理、保健的权利：恢复健康是每位患者的权利和义务，无论患者的地位、职业、经济状况等有多大差别，他们享受医疗、护理、保健的权利是平等的。护士应尊重患者的权利，一视同仁，给予平等的服务。

（3）知情同意的权利：患者有权了解有关自己所患疾病的所有信息，包括疾病的诊断、检查、治疗、护理、预后、医疗费用等，并且在知情的基础上有权做出接受或拒绝的决定。因此，医护人员应尽可能向患者提供有关信息，在给患者实施治疗及护理前，给予充分的说明，包括方法、目的、注意事项、风险等，取得患者认可后，才能进行治疗及护理活动。

（4）隐私保密、人格受到尊重的权利：生理缺陷、传染病、性病、家族性遗传病等患者的资料属个人隐私，在医疗及护理过程中应得到保护。患者的尊严、文化、宗教背景应受到尊重，尤其是对有严重缺陷、残疾者以及性病、获得性免疫缺陷综合征（艾滋病）患者，更应注意对其人格权利的保护，不得歧视、遗弃、侮辱等。

（5）自主选择权：患者有权利根据自己意愿选择为其诊疗的医院、医护人员、治疗方案、护理措施等。在就医过程中，无论是医生、护士，还是父母、儿女，都应尊重患者本人意愿。

（6）监督与维护自己医护权益实现的权利：患者在享有平等医疗权利的同时，也享有监督与维护这种权利实现与否的权利，患者有权监督医院对其实施的医疗、护理工作等。在患者的医疗权利受到侵犯或出现医源性损伤行为时，患者有权向有关部门投诉，以获得相应的赔偿。

2. 患者的义务　患者在享受上述权利时，也应承担应尽的义务。

（1）及时寻求医护帮助的义务。
（2）如实陈述病情、准确提供健康资料的义务。
（3）积极配合医护活动的义务。
（4）按时、足额支付医疗费用的义务。
（5）遵守医院各项规章制度的义务。
（6）尊重医疗保健人员的义务。
（7）病愈后及时出院及协助医院进行随访工作的义务。

 考点提示

患者的权利和义务。

第三节　护患关系

在医院这个特定的环境中，护士与患者的关系是护士诸多人际关系中最重要的关系。在护理实践中，和谐的护患关系是护士人际关系的核心，影响其他人际关系和护理效果。因此，护士应重视和处理好这种关系，提高护理质量。

一、护患关系的概述

1. 护患关系的概念　护患关系是指在医疗护理实践中，护理人员与患者之间产生和发展的一种工作性、专业性、帮助性的人际关系。

2. 护患关系的性质

（1）帮助与被帮助人际关系：在医疗护理服务过程中，护士与患者通过提供帮助和寻求帮助形成特殊的人际关系。护士为患者提供服务，履行帮助职责；而患者作为被帮助者则是寻求帮助，希望满足需求。护患关系不仅代表护士与患者个人间的关系，而且体现了医疗辅助帮助系统和患者被帮助系统之间的关系。其中任何一个个体的态度、情绪和责任心都会影响医疗护理工作的质量和护患关系。

（2）专业性人际关系：是指在护理实践中，以专业活动为主线，以解决患者的健康问题为中心，满足患者需要为主要目的的一种专业性的人际关系。

（3）治疗性工作关系：是指在护理实践中，护士通过有目的、有计划、有实施、有评价的护理活动来帮助患者解决健康问题，满足患者需要，从而建立治疗性人际关系。护士与患者之间的人际交往是一种职业行为，是护理工作的需要。建立良好的护患关系是护士职业的需求，更是护士的基本责任与义务。

（4）多元化互动关系：从护患关系的建立到关系终结整个过程中，护理活动始终受到家属、医生、同事、朋友等多重人际关系的影响，他们从不同角度、以多方位的互动方式影响护患关系，从而影响护理效果。

二、护患关系的基本模式

护患关系模式受医学模式和文化背景的影响而有所不同，在临床护理工作中，根据护患双方在共同建立发展护患关系过程中，双方所发挥的主导作用程度的不同、各自所具有的心理状态的不同，将护患关系分为主动—被动型、指导—合作型、共同参与型三种基本模式。

（一）主动—被动型

1. 特点　这是一种传统的护患关系模式，是以生物医学模式及以疾病护理为中心的护理模式为指导思想。其特点是"护士为患者做治疗"，模式关系的原型为"母亲与婴儿"的关系。在护理活动中，护士处于主导地位，患者处于完全被动和接受的从属地位。患者只有服从护士的决定，而不会提出任何异议。这种模式特征是"我为患者做什么"，只强调护士对患者单方面的作用和影响。

2. 适用对象　此模式适用于难以表达主观意志的患者，如昏迷、休克、全身麻醉未清醒、危重、婴幼儿、智力低下及精神障碍等患者。此类患者一般无法参与表达意见，需要护士发挥积极主动作用。

（二）指导—合作型

1. 特点　这是一种以生物-心理-社会医学模式及以患者为中心的护理模式为指导思想的护患关系模式。其特点是"护士告诉患者应该做什么及怎么做"，模式关系的原型为"母亲与儿童"的关系。在护理活动中，护患双方都有主动权，但护士仍处于主导地位，具有决策权。这种模式的特征是"告诉患者做什么""教会患者做什么"，患者以执行护士的意志为基础，主动配合护理活动，同时可向护士提供有关自己的疾病信息，针对护理方案和措施提出意见或建议。

2. 适用对象　此模式适用于急性患者和外科手术后恢复期的患者。如神志清楚但病情较急、较重、病程短的患者。患者希望在护士的指导下，充分发挥自己的主观能动性，以便更好地、积极配合治疗和护理，从而有利于提高护理成效。

（三）共同参与型

1. 特点　这是一种以健康为中心的护患关系模式。其特点是"护士协助患者进行自我护理"。模式关系的原型为"成人与成人"的关系。在护理活动中，护士常以"同盟"形象出现。护患双方具有大致同等的主动性和权利，共同参与护理措施的决策与实施。患者不仅是合作，而是积极主动参与护理讨论，在力所能及的范围内自己独立完成某些护理措施。这种模式特征是"和患者商量做什么"，护士尊重患者的权利，与患者商定护理计划，体现双方之间平等合作的双向作用。

2. 适用对象　此模式适用于具有一定文化知识的慢性病患者、康复期患者、受过良好教育的患者。由于患者对自己的健康状况有充分的了解，把自己看成是战胜疾病、恢复健康活动的主体，有强烈的参与意识。

三、护患关系的基本过程

护患关系是以患者康复为目的的特殊人际关系，良好的护患关系从建立到终止有一个发展的基本过程，一般分为三个阶段，每个时期都有其建立的主要任务。

（一）初始期：观察熟悉阶段

此阶段始于护士与患者初次见面时，以及相互接触的最初阶段，到正式合作为止。即从相识到相互了解的过程。

1. 主要任务　护士与患者初识阶段的主要任务是护患双方开始建立信任关系,确认患者的需要。
2. 具体做法和要求　护士在了解和收集患者基本信息的基础上,以良好的职业形象呈现在患者面前,先做自我介绍,解释所负责的工作,介绍所负责的医生、病区环境、医院规章制度、病房室友等。态度真诚,体现爱心、责任心、同情心,建立一个有助于增进患者自尊的环境,取得患者的信任。通过接触相互了解,收集有关患者的健康资料,找出健康问题,初步制订护理计划。护士在与患者交往过程中所展现的仪表、言行和态度都将对护患之间建立信任关系产生决定性的作用。

(二) 工作期: 信任合作阶段

此阶段是护士与患者在相互信任的基础上开始护患合作过程,是护士为患者实施治疗护理的阶段。护士通过完成各项护理工作,帮助患者接受治疗和护理,双方密切配合,也称相互合作期。

1. 主要任务　是护士在实施护理措施的过程中,通过高尚的护理职业道德、熟练的护理技术和良好的服务态度,赢得患者的信任,取得患者的合作,解决患者各种身心问题,满足患者的需要,最终达到护理目标。
2. 具体做法和要求　护士应尊重患者,与患者共同协商并鼓励患者参与护理计划制订和护理活动的实施,以增进其自主性,减少对护理的依赖,并根据患者的具体情况不断修改及完善护理计划。此阶段护士的专业知识和技能、良好的工作态度是保证良好护患关系的基础。

(三) 结束期: 终止评价阶段

通过护患之间的密切合作,达到预期的护理目标后,护患关系进入终止阶段。此阶段是指从患者康复,护理问题解决,护理目标达到起至患者出院这段时间。

1. 主要任务　护士与患者共同评价护理目标的完成情况,并根据尚存的问题或可能出现的问题制定相应的对策及健康教育指导。
2. 具体做法和要求　在进入本阶段时,护士应先了解可能出现的问题,拟订解决方案,征求患者意见,以便后期改进工作。为准备终止护患关系,本期需要对护理工作进行反馈评价,主要内容包含护理目标完成情况、目前健康状况的接受程度、对护理服务的满意度等,并为患者拟订出院计划、康复计划,提供相应的健康教育指导,预防出院后由于健康知识的缺乏而出现某些并发症。此外,由于住院期间双方良好护患关系的建立和合作,会使患者产生不同程度的情感,这种情感往往会导致患者对护士产生某种程度的依赖,因此护士应了解患者的心理感受,帮助其恢复信心,愉快出院,从而圆满结束护患关系。

 考点提示

护患关系的基本模式、基本过程。

四、护患关系的影响因素

(一) 信任危机

信任感是建立良好护患关系的前提和基础,护士是主要因素,良好的态度、认真负责的精神、扎实的专业知识和娴熟的职业技能是赢得患者信任的重要保证,若态度冷漠、技术差错、失误等均会失去患者的信任,严重影响护患关系的建立和发展。护士因素主要有:

1. 职业道德修养　良好的职业道德是建立和发展护患关系的基础。职业道德主要包含对事业和对患者利益的忠诚,对工作的审慎负责,对患者疾苦的同情和重视等。

2. 服务态度　护士服务态度是影响护患关系的重要因素。优质的服务态度体现在微笑服务、礼貌用语、仪表端庄、行为举止规范。尊重、关注和爱护患者，均有利于双方建立良好护患关系。

3. 业务能力　丰富的理论知识和精湛的业务能力是优秀护士的必备条件。护理业务不精，就无法为患者提供精湛的技术服务、相应的健康教育指导，也必然容易导致护理差错失误和医疗纠纷，从而导致护患关系紧张。

（二）角色模糊

角色模糊是指护士或患者由于对自己充当的角色不明确或缺乏真正的理解而呈现的状态。如护士不能积极主动地为患者提供帮助，或患者不积极参与康复护理，不服从护士的管理等，均可能导致护患沟通障碍、护患关系紧张。影响患者的因素主要有：

1. 传统观念的偏见　由于受传统观念的影响，人们对护理工作存有偏见，不能理解艰苦、繁重、责任重大的护理工作性质。认为护士知识水平不如医生，只是单纯做伺候人的事情，因此认为护理工作不重要，对护士信任度降低，不能很好地配合护理工作。

2. 生理心理因素　由于疾病的病理性改变，患者承受病痛折磨，以及陌生的环境、人、物和事等，均会引起其心态发生一系列变化。导致对事物的认知和分析产生偏差，易与护士发生认知分歧，影响护患关系的良性发展。

（三）责任不明

责任不明与角色模糊密切相关。由于护患双方对自身的角色功能认识不清，不了解自己所应承担的责任和义务，从而导致护患关系冲突。护患责任不明主要表现为两个方面：一方面是对患者的健康问题，应由谁来承担责任；另一方面是对于改善患者的健康状况，谁来承担责任。

（四）权益影响

寻求安全、优质的健康服务是患者的正当权益。因为疾病导致患者部分或全部丧失自理能力，而多数患者缺乏专业知识和受疾病因素的影响，往往依赖医护人员的帮助来维护自己的权益。由于护患关系中护士处于主导地位，在处理护患双方权益争议时易倾向于护士自身和医院的利益，忽视患者的利益。但是随着社会的进步，患者的维权意识增强，对护士的护理服务需求提高，在心理、社会、精神等多方面提出更多要求，但有个别患者则过度维权，提出不切实际的过分要求，如过分关注自身健康、依赖性增强等，常对医疗费用、治疗效果及专业人员操作产生质疑，从而影响护患关系。如患者对护理工作性质的不了解，对护士的要求与护士安排的护理工作发生冲突，必然导致患者对护理工作产生不满。

（五）理解差异

由于护患双方在年龄、职业、教育程度、生活环境等方面的差异性，在交流沟通中往往容易产生不同的意见和观点，从而影响护患关系。

除上述几个主要因素外，良好护患关系的建立还受到环境因素和社会因素的影响。

五、促进护患关系的技巧与方法

1. 护士主动沟通交流，为患者提供疾病信息　在促进护患关系向良性方向发展的过程中，护士处于主导地位，因此护士应主动与患者沟通，为患者提供有关疾病相关信息的同时，应用人文服务技巧增强患者对护士角色功能的认知，促进护患双方对角色的理解，有利于良好护患关系的建立。

2. 尽快建立信任关系，避免和减少意见分歧　信任感是建立良好护患关系的前提。护士应以良好的言行和高度负责态度，通过爱心、耐心、责任心和同情心，增强患者对自身的信任感。相互信任的双方能营造一种支持性的交流气氛，患者能主动提供相关疾病信息，积极配合治疗护理；护士能充分理解患者的生理心理健康问题，保障其合法权益。

3. 不断提高业务能力水平，维护双方权益　精湛的业务能力不仅可以增加患者的信任感，也是保障护患双方合法权益的重要条件。护士是维护患者权益的主导者，因此在其职业发展规划中，应注重不断提高自身业务素质和能力，为患者提供安全、优质的护理服务。

4. 注重职业道德修养，提高患者安全感和信任感　护理职业道德是建立和发展良好护患关系的基础。护士应以社会对护士职业的期望为标准，不断提高自身职业道德修养，具有精湛的业务技术和能力，良好稳定的心理素质，注重护理安全文化理念，避免责任冲突，解除护患交往中患者的阻抗心理，促进护患关系良性发展。

考点提示

促进护患关系的技巧。

知识链接

中华护理学会《护士守则》

第一条　护士应当奉行救死扶伤的人道主义精神，履行保护生命、减轻痛苦、增进健康的专业职责。

第二条　护士应当对患者一视同仁，尊重患者，维护患者的健康权益。

第三条　护士应当为患者提供医学照顾，协助完成诊疗计划，开展健康指导，提供心理支持。

第四条　护士应当履行岗位职责，工作严谨、慎独，对个人护理判断及职业行为负责。

第五条　护士应当关心爱护患者，保护患者的隐私。

第六条　护士发现患者的生命安全受到威胁时，应当积极采取保护措施。

第七条　护士应当积极参与公共卫生和健康促进活动，参与突发事件的医疗救护。

第八条　护士应当加强学习，提高职业能力，适应医学科学和护理专业的发展。

第九条　护士应当积极加入护理专业团体，参与促进护理专业发展的活动。

第十条　护士应当与其他医务工作者建立良好关系，密切配合、团结协作。

思政园地

不忘初心，牢记使命

1974年6月的一天，周恩来总理刚做完手术就起身翻看文件资料。资料反映山西省一个山区的食盐比城市贵一分钱。他躺在病床上，立即给李先念副总理打电话："无论如何要想办法解决这个问题，一定要让山区群众吃上盐。"1974年12月，病情刚有缓解，他不顾自己重病在身，从北京飞往长沙与毛主席面谈，商定四届人大领导班子人选。在身患绝症的情况下，周总理不顾医生的嘱咐，依然担负着连健康的人都难以承受的极为繁重的工作。他这时常说的一句话就是：我只有8个字"鞠躬尽瘁，死而后已"。周总理离世时体重不到60斤。他将自己毕生的精力全部奉献给了党和国家的事业。

作为患者，周总理的做法属于患者角色适应不良中的患者角色行为缺如或患者角色消退，但他的精神值得我们学习，我们要像周总理那样，始终保持对党、对人民、对社会主义事业无限忠诚的政治品质。坚持不忘初心、牢记使命，始终高举中国特色社会主义伟大旗帜，坚定中国特色社会主义道路自信、理论自信、制度自信、文化自信，为人民谋幸福、为民族谋复兴，为进行伟大斗争、建设伟大工程、推进伟大事业、实现伟大梦想不断贡献力量。

自 测 题

一、选择题

1. 患者，男性，68岁。因左下肢骨折住院3周，护士与患者及其家属共同研究和讨论患者出院后功能锻炼问题，此时护士最主要的角色是
   A. 照顾者　　　　　B. 教育者　　　　　C. 咨询者
   D. 计划者　　　　　E. 代言人

2. 患者，女性，50岁。因肢体瘫痪生活自理困难，为使其舒适，护士将她的污单更换为清洁被单。此时护士的角色是
   A. 照顾者　　　　　B. 教育者　　　　　C. 咨询者
   D. 计划者　　　　　E. 代言人

（3～4题共用题干）

患者，女性。教师，22：00因车祸致头部外伤急诊入院。

3. 医生对患者进行体格检查后，确定患者病情平稳便去休息，值班护士担心患者，加强巡视，30分钟后，发现患者烦躁不安，一侧瞳孔散大，请医生检查，诊断为脑出血，行急诊手术，患者转危为安。请分析，该值班护士具有哪项突出的专业能力
   A. 规范的操作能力　　　　　　B. 解决问题的能力
   C. 细致的观察能力　　　　　　D. 较强的科研能力
   E. 机智的应变能力

4. 凌晨1：00，患者术后回病房，麻醉未清醒，患者多组输液，护士一丝不苟地查对用药并严格无菌操作，确保患者用药安全，此行为表示该护士具有哪项职业道德素质
   A. 较强的实践能力　　　　　　B. 情绪稳定
   C. 充沛的精力　　　　　　　　D. 较高的慎独修养
   E. 高尚的思想情操

二、简答题

1. 简述专业护理人员的心理素质要求。
2. 简述护患关系的影响因素。

三、案例分析

患者，男性，50岁。平时性情急躁，嗜好吸烟、高盐高脂饮食，3年前被诊断为高血压，

入院当日患者与儿子争执后,意识不清入院,李护士为责任护士。

请回答:

(1)此时护患关系处于哪个时期?

(2)护士在这个时期护患关系的具体做法和要求是什么?

（王　琼）

第三章 护理相关理论

思 维 导 图

第三章数字资源

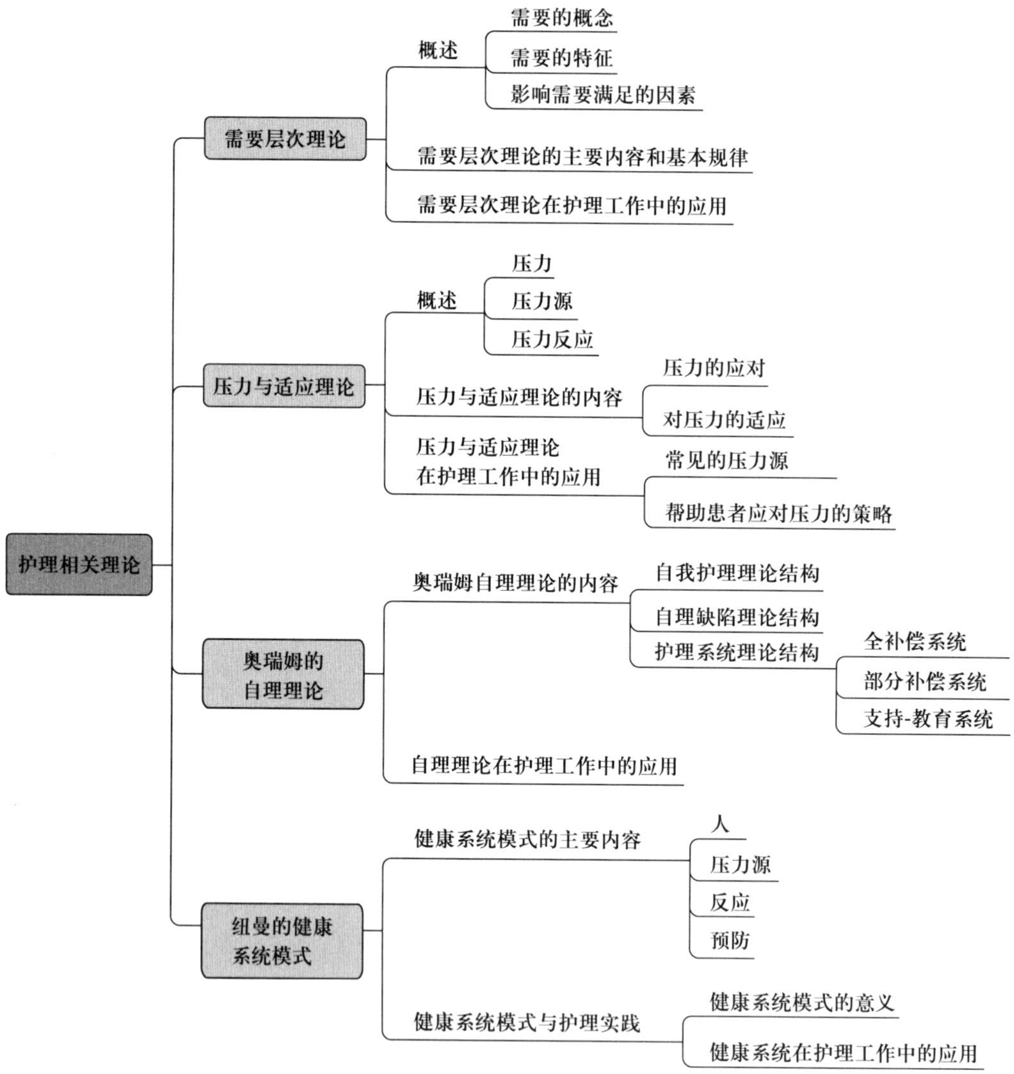

- 护理相关理论
  - 需要层次理论
    - 概述
      - 需要的概念
      - 需要的特征
      - 影响需要满足的因素
    - 需要层次理论的主要内容和基本规律
    - 需要层次理论在护理工作中的应用
  - 压力与适应理论
    - 概述
      - 压力
      - 压力源
      - 压力反应
    - 压力与适应理论的内容
      - 压力的应对
      - 对压力的适应
    - 压力与适应理论在护理工作中的应用
      - 常见的压力源
      - 帮助患者应对压力的策略
  - 奥瑞姆的自理理论
    - 奥瑞姆自理理论的内容
      - 自我护理理论结构
      - 自理缺陷理论结构
      - 护理系统理论结构
        - 全补偿系统
        - 部分补偿系统
        - 支持-教育系统
    - 自理理论在护理工作中的应用
  - 纽曼的健康系统模式
    - 健康系统模式的主要内容
      - 人
      - 压力源
      - 反应
      - 预防
    - 健康系统模式与护理实践
      - 健康系统模式的意义
      - 健康系统在护理工作中的应用

学习目标

1. 解释需要、压力、压力源、压力反应、适应、自理缺陷。
2. 描述需要层次理论、压力与适应理论、自理理论及健康系统模式在护理工作中的应用；

阐述弹性防线、正常防线和抵抗防线之间的关系。

3. 熟记需要层次理论的基本规律、压力的应对措施。

4. 能运用护理相关理论分析问题、解决问题。

5. 培养学生具有整体护理观念和良好的职业道德，增强人文关怀意识。

护理相关理论是在护理实践中产生并经过护理实践验证的理论认识体系，是对护理现象和活动的本质与规律的正确反映，如需要层次理论、压力与适应理论及自理理论等。这些理论用科学的方法解释护理现象，并与护理专业知识相互渗透，从而丰富和完善了护理专业。

第一节 需要层次理论

患者，女性，27岁，未婚，1周前因烧伤急诊入院，诊断为重度烧伤伴吸入性烧伤。入院时患者神志清，焦虑、紧张、疼痛、烦躁不安。面、颈、前胸、双上肢Ⅱ度烧伤面积达36%，体温36.8 ℃，脉搏98次/分，呼吸30次/分，血压98/56 mmHg，伴呼吸困难。

问题与思考：

1. 患者在入院时有哪些需要？
2. 护士首先应满足患者何种需要？

人是护理服务的对象，具有维持生存和健康最基本的需求，如饮食、休息、睡眠等。如果人的需求未得到满足，将会出现机体失衡而导致疾病。通过人类基本需要层次理论，预测并满足护理服务对象的需要，维持和促进服务对象的健康。

一、概述

（一）需要的概念

需要（need）又称需求，是个体或群体对其生存、发展条件所表现出来的依赖状态，是人脑对生理需求和社会需求的反映，是人的心理活动与行为的基本动力。人的基本需要是指所有人得以生存的共同需要，包括生理、心理、社会等方面。

（二）需要的特征

1. **对象性** 人的任何需要都会指向一定的对象，这个对象可以是物质的，如食物、水分等；也可以是精神的，如关爱、审美等。无论是物质的需要还是精神的需要，都必须有一定的外部条件才能获得满足。

2. **发展性** 需要是个体生存发展的必要条件。个体在经历不同发展阶段过程中，都有不同的优势需要，如婴儿期主要是生理需要，少年期有受尊重的需要。

3. **无限性** 需要并不会因为暂时的满足而终止。当一个需要满足后，个体又会产生新的需要。

4. **社会和历史制约性** 人在一生中有各种各样的需要，但并不是每一种需要都能得到满足。需要的产生和满足是受个体所处的环境条件和社会发展水平制约的，同时也受到所处的经济、文化等条件的制约。

5. **独特性** 人的需要有相同的方面，也有不同的方面。这种需要的独特性取决于个体的遗传、环境等因素。因此，护理人员要仔细观察服务对象的特殊需要，有针对性、及时合理地给予满足。

6. 整体关联性　人的各种需要是一个相互联系、相互作用、相互影响的整体，一种需要的满足会影响另一种需要的存在和发展，各种需要既互为条件，又互为补充。如安全的需要应以生理需要为基础，而安全需要的满足又可作为生理需要满足的补充。

（三）影响需要满足的因素

需要的满足受个体自身内在因素及其所处的外部环境的影响和限制，个体的内在因素包括生理和心理等方面，外部环境包括物理环境和社会文化环境。

1. 内在因素

（1）生理因素：包括疲劳、疼痛、疾病、生理缺陷等。如肺部疾病会影响机体对氧气需要的满足，生理缺陷容易产生自卑等情绪反应。

（2）情绪因素：情绪状态与个体躯体功能密切相关，焦虑、恐惧、愤怒等情绪会导致厌食、失眠，从而影响个体各种需要的满足。

（3）认知因素：认知水平影响个体对信息的接受、理解和应用，进而影响个体对自身需要的认识和满足，如婴幼儿、认知障碍的患者。

（4）其他个人因素：人的信仰、价值观、个性特点、生活习惯等会影响个体基本需要的满足程度及方式，如长期素食者可能影响营养需要的满足。

2. 外在因素

（1）环境因素：环境中的某些物理、化学、生物因素会影响人的基本需要，如噪声影响休息、陌生的环境降低安全感。

（2）社会因素：经济、社会事件、物质的供应状态等影响各种需要的满足，人际关系紧张、与亲人分离等会导致个体缺乏爱与归属感。

（3）文化因素：社会道德、文化习俗等会影响个体的认识和满足方式，如农村与城市的人在满足需要的方式上有所差异。

二、需要层次理论的主要内容和基本规律

（一）主要内容

> **知识链接**
>
> **亚伯拉罕·哈罗德·马斯洛简介**
>
> 亚伯拉罕·哈罗德·马斯洛（Abraham Harold Maslow,1908—1970）生于纽约市布鲁克林区。美国社会心理学家、人格理论家和比较心理学家，人本主义心理学的主要发起者和理论家，心理学第三势力的领导人。1934年获得心理学博士学位，1937年任纽约布鲁克林学院副教授，1951年被聘为布兰戴斯大学心理学教授兼系主任，1969年离任成为加利福尼亚劳格林慈善基金会第一任常驻评议员。第二次世界大战后转到布兰戴斯大学任心理学教授兼系主任，开始对健康人格和自我实现者的心理特征进行研究。

马斯洛认为，人的基本需要有高低之分，他将人的基本需要按其重要性和发生的先后次序，由低到高分为五个层次，并用"金字塔"形状加以描述（图3-1），从而形成了人的基本需要层次理论。

1. 生理的需要（physiological needs）　是人类与生俱来的最基本的维持人的生命与生存的需要，包括食物、空气、睡眠、排泄、休息、避免疼痛等。

2. 安全的需要（safety needs）　指安全感、避免危险、生活稳定、有保障。其包括生理和

心理安全两部分。生理安全是个体需要处于生理上的安全状态，需要受到保护，避免身体上的伤害；心理安全是指个体需要有一种心理上的安全感，希望得到别人的信任，避免恐惧、焦虑等不良情绪。

3. 爱与归属的需要（love and belongingness needs） 是指个体需要去爱别人，去接纳别人，同时也需要被别人爱，被集体接纳，从而建立良好的人际关系，产生所属团体的归属感。

4. 自尊的需要（self-esteem needs） 个体对自己的尊严和价值的追求。自尊有双重含义，一层含义是拥有自尊心，有自我依赖，接纳自己，视自己是一个有价值的人；另一层含义则是被他人尊敬，得到他人的认同和重视。尊重的需要得到满足，使人产生自信，感到有价值、有能力。尊重需要得不到满足，人便会产生自卑、无能等感觉。

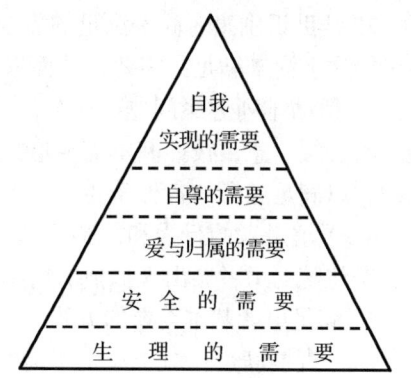

图 3-1　马斯洛人类基本需要层次理论示意图

5. 自我实现的需要（self-actualization needs） 是指一个人有充分发挥自己才能与潜力的要求，是力求实现自己理想和抱负的需要，并借此得到满足感。它是最高层次的需要。

（二）基本规律

1. 按层次顺序逐渐上升　通常一个层次的需要被满足或基本满足后，更高层次的需要才会出现，并逐渐明显。

2. 各种需要得到满足的时间不同　维持生存所必需的低层次需要必须立即和持续地予以满足，如氧气必须立即满足，而爱与归属、尊重、自我实现的需要可暂缓满足，但这些需要始终存在，不可忽视。

3. 各层次需要间可相互影响　有些高层次需要并非生存所必需，但它的满足可提高生活质量。如爱与归属的需要没有得到满足，就会引起焦虑、抑郁等，进而产生厌食、失眠等问题，间接地影响生理需要的满足。

4. 各层次的需要可出现重叠，甚至出现颠倒现象　一般情况下，较高层次的需要是随着较低层次需要的不断满足和基本满足后，它才会逐渐出现并发展。因此，同一时期个体内可存在多种基本需要，但不同的人在不同条件下各种需要会出现层次超越、层次颠倒现象，如革命烈士牺牲小我，完成大我。

5. 人类基本需要的满足程度与健康状况成正比　当一个人的需要大部分得到满足时，个体将处于一种平衡的健康状态。反之，基本需要得不到满足，个体就可能陷入焦虑、紧张等负性情绪中，影响健康。

6. 层次越高的需要，其需要满足方式的差异越大　低层次需要满足的方式基本相同，但随着需要层次的不断提高，其满足的方式就会有差异，如人们对空气、食物的满足方式基本相同，而对自我实现的满足却因人的性格、教育水平和社会文化背景等不同而差异较大。

 考点提示

需要层次理论的主要内容及基本规律。

三、需要层次理论在护理工作中的应用

1. 指导护士系统收集患者的资料　需要层次理论可作为护士评估患者资料的理论框架，借助这个理论护士可系统收集和整理资料，避免资料遗漏。

2. 帮助识别患者尚未满足的需要　人的基本需要层次论有助于帮助护士评估并识别患者在各个层次上尚未满足的需要，从而采取有效的护理措施解决患者存在的问题。

3. 帮助排列健康问题的优先顺序　护士依据马斯洛基本需要层次理论，识别健康问题的轻、重、缓、急，按照基本需要层次理论的内容及其层次间的关系，确定需要优先解决的健康问题，以满足患者的各种需要。

4. 了解患者的行为和情感　基本需要层次理论有助于护士领悟和理解患者的行为和情感。如长期住院的患者会出现孤独的情绪，此时应满足患者爱与归属的需要。

5. 满足患者基本需要的方式

（1）直接满足：对于完全不能满足自理需要的患者，如昏迷、严重智力障碍、婴幼儿等，护士应及时采取有效的护理措施为患者提供全面的帮助，满足其各方面的需要。

（2）协助满足：对于一些尚有或部分恢复满足自理需要的患者，护士应根据患者的具体情况协助其完成部分自理活动，鼓励患者完成力所能及的活动，提高患者的自理力，促进其早日康复。

（3）间接满足：对于基本能够满足自理需要，但缺乏专业知识和技术的患者，护士可通过健康教育、康复咨询、专业技术指导等途径帮助他们掌握自我护理知识，增强自我护理能力，间接地满足其需要。

 考点提示

需要层次理论在护理工作中的应用。

第二节　压力与适应理论

压力是每个人在一生中都会有的体验。随着现代社会生活节奏的加快，人们对生活中的压力感受越来越明显。某些心身疾病，如溃疡病、高血压等与压力密切相关。因此，护士应运用压力与适应理论，观察和预测患者的心理及生理反应，并采取各种护理措施避免和减轻压力对护理对象的影响，提高护理对象的身心适应能力，促进其身心康复。

一、概述

（一）压力

压力（stress）又称应激或紧张，压力是个体对作用于自身的内、外环境刺激做出认知评价后引起的一系列非特异性的生理及心理紧张性反应状态的过程。压力具有双重作用，既可对个体产生积极作用，也会产生消极作用。

（二）压力源

压力源（stressor）又称应激源，是指任何能使个体产生压力反应的内、外环境的刺激。压力源按其性质可分为以下4类。

1. 躯体性压力源　指对个体直接产生刺激作用的各种刺激物，包括生理病理因素、理化因素、生物因素等，如月经期、疾病、手术等。

2. 心理性压力源　主要指来自大脑中的能产生刺激作用的各种紧张信息，如焦虑、恐惧、挫折等。

3. 社会性压力源　指因各种社会现象及人际关系而产生压力的刺激，如人际关系紧张、失业等。

4. 文化性压力源　指因文化环境的改变而产生的刺激。如个体从一个熟悉的文化环境到另一个陌生的文化环境中常出现的紧张、焦虑等不适应反应。

（三）压力反应

压力反应（stress response）是机体面对压力源时所产生的一系列身心表现。压力反应主要表现在以下几方面。

1. 生理反应　如心率加快、血压升高、呼吸加快、肌张力增加、免疫力降低等。
2. 心理反应　主要包括心理冲突、情绪反应等。①心理冲突是指两种或两种以上不同方向的动机、情绪、态度、目标及反应同时存在，个体难以抉择，表现为不安、痛苦的心理状态。②情绪反应是指人因喜、怒、哀、恐时所表现出的反应，如焦虑、忧郁、否认、发怒、怀疑、依赖、自卑、孤独、恐惧、注意力不集中等。
3. 认知反应　负面的认知反应主要表现为悲观、失去自信、忧虑、多疑、注意力分散、记忆力下降等。
4. 行为反应　负面的行为反应主要表现为逃避与回避、敌对与攻击、退化与依赖、固执与僵化、物质滥用等。

人们面对压力时常会出现多种压力反应，应激状态下出现的压力反应常有以下规律：①多种压力源可以引起同一种压力反应；②一种压力源可以引起多种压力反应；③不同的人对同样的压力源反应有差异，但几乎所有人在面对极端压力源（如地震、火灾等灾难性事件）时，反应都是相同的。

 考点提示

压力、压力源的概念，压力源的分类。

二、压力与适应理论的内容

（一）压力的应对

个体应对压力的反应型态取决于个体对压力的感知、应对能力和条件。通常情况下，应对压力能力较强的人对多种压力源并不感知，甚至认为是适当的。反之，应对能力弱的人经受压力时易产生焦虑，甚至导致身心疾病。应对的重点在于预防压力的产生，应对压力和减轻压力对健康的影响，常见的压力应对措施有以下几种。

1. 正确评价压力源　不同的人有不同的价值观、人生观，面对相同的压力会有不同的反应。因此，人们认清压力事件的性质，正确分析事件的来龙去脉，是寻找出解决问题的关键因素。
2. 去除压力源　避免机体与压力源接触或去除已接触的压力源，如远离过冷、过热的物体，避免吃易致过敏的食物等。躯体性的压力源易去除，但心理社会性的压力源较难去除。因此，人们应采取积极有效的措施来应对压力源，如建立良好的人际关系、将压力化整为零等。
3. 增强个体的抗压能力　一方面，人们可通过合理的营养、运动、休息等增强机体的抵抗力；另一方面，通过总结过去应对压力的经验和技巧，采用积极的应对方式，减少压力对机体造成的不良影响。
4. 运用心理防御机制　心理防御机制是一种针对应激事件提供心理保护的无意识行为，其功能类似生理上的免疫系统。机体常用的心理防御机制有：

（1）退化：个体的行为回到以前的发展阶段，而不适合目前的发展阶段。如一个成年人遇到某种事情，坐在地上大哭大闹。

（2）合理化：从多个理由中选出合乎自己需要的理由加以强调，以维持自尊和避免内疚，如"吃不到葡萄说葡萄酸"。

（3）否认：拒绝承认那些会对自身造成威胁的事实，是个体面临突如其来事件的常见反应，当个体听说自己身患癌症时，拒绝承认自己患有癌症。

（4）转移：将对某一对象的情感或行为转移到另一个较能接受的代替对象身上。

（5）升华：将自己被压抑的原始冲动或欲望，用符合社会要求的建设性方式表达出来。

（6）反向行为：对一些不敢正视的动机或行为加以否认，采取与自己意愿完全相反的态度及行为。

（7）潜抑：将不被意识所接受的感情、思想及冲动，不自觉地抑制到潜意识中去。

5. 应用各种压力管理技巧　压力管理技巧能帮助患者改善由压力带来的情绪上的不快或症状，如用听音乐、深呼吸、讲笑话、肌肉放松训练等方式缓解压力。

6. 寻求支持系统的帮助　当压力强度过大时，通过以上方法不能有效缓解压力，也可寻求家人、朋友及专业人员等的帮助，增强个人的应对能力，促进身心健康。

（二）对压力的适应

1. 适应的概念　适应（adaptation）是指压力源作用于机体后，机体为保持内环境的平衡而做出改变的过程。适应是所有生物体的特征，是应对的最终目的。

2. 适应的层次　人类作为一种社会生物体，适应较其他生物体更为复杂，包括生理、心理、社会文化及技术四个层面的适应。

（1）生理适应：是指机体通过调整体内生理功能来适应外界环境的变化对机体需求的增加。①代偿性适应：外界对人体的需求增加或改变时，人体就会做出代偿性的变化。如进行慢跑锻炼时，初期会感到心跳加快、呼吸急促、肌肉酸痛等不适，但坚持一段时间后，这些感觉就会逐渐消失。②感觉适应：指人体对某种固定情况的连续刺激而引起的感觉强度的减弱。如持续嗅某一种气味，感觉强度会逐渐降低，人们很快就习惯了这种气味而适应。另外，适应有时可表现为感觉灵敏度的降低，如"入芝兰之室，久闻而不闻其香"正是适应的表现。

（2）心理适应：是指人们感到心理有压力时调整自己的态度去认识压力源，摆脱或消除压力，以恢复心理上的平衡。如癌症护理对象平静接受病情，积极配合治疗；丧失亲人后从悲痛中解脱出来面对生活等都是良好的心理适应。

（3）社会文化适应：是指调整个人的行为，使之与各种不同的群体或其他文化相协调。包括与所处的家庭、专业集体、社会集团等的信念、习俗及规范相适应。如"入乡随俗"就是一种社会文化的适应。

（4）技术适应：是指人们运用科学技术，改变周围环境，控制自然环境中的压力源。

 考点提示

适应的概念及层次。

三、压力与适应理论在护理工作中的应用

（一）常见的压力源

1. 陌生的环境　患者对医院环境的陌生，饮食不习惯，对负责自己的医生和护士不熟悉，对住院的作息制度不适应等。

2. 疾病的威胁　护理对象感受到严重疾病造成的威胁，担心可能罹患了难治或不治之症，或即将手术，有可能致残等。

3. 信息的缺少　患者对所患疾病的诊断、治疗及即将采取的护理措施不清楚，对医护人员

所说的医学术语不能理解,自己提出的问题不能得到医护人员耐心的解答等。

4. 自尊的丧失　患者因疾病丧失自理能力而依赖他人的照顾,不能独立完成进食、如厕、穿衣等日常活动,不能按自己的意志行事等。

5. 与外界隔离　患者与所熟悉的家庭环境、工作环境隔离,不能与家人和朋友谈心,与病友、护士之间无共同语言、缺乏沟通,感到自己不被医护人员重视等。

(二) 帮助患者应对压力的策略

1. 营造轻松的治疗环境　护士应为患者营造一个整洁、安全、安静、舒适的病室环境。热情主动接待患者,介绍自己、主治医生、同室病友及医院的环境和规章制度,消除患者因恐惧、不安和孤独带来的心理压力。

2. 协助适应患者角色　护士对患者要表示接纳、尊重、关心和爱护,使其尽快适应患者角色。

(1) 心理疏导：鼓励患者通过各种方式宣泄内心的感受及痛苦,如用语言、书信、活动等形式宣泄心理压力。

(2) 鼓励参与：对住院患者激发其兴趣,克服依赖心理,让患者参与治疗和护理计划,使疾病得到早日康复。

(3) 培养自立：对恢复期患者要避免患者角色强化,激励患者对生活树立信心,早日重返社会。

3. 提供有关疾病的信息　护士将有关疾病的诊断、治疗、护理及预后等方面的信息及时恰当地告知护理对象,减少患者的焦虑及恐惧情绪,并增加患者的自我控制及安全感。

4. 协助保持良好的自我形象　患者因疾病的影响自理能力下降,有的不能正常进行洗漱、进食等。活动也受到一定限制,常使患者感到失去自我而自卑。护士应尊重、关心、照顾患者,协助其生活护理,保持患者整洁的外表,改善自我形象,使其获得自尊和自信。

5. 协助患者建立良好的人际关系　护士应鼓励患者与医护人员、同室病友交往,融洽相处。动员社会支持系统如同事、亲人等的关心、帮助,使患者感到周围人对他的关爱和重视,从而达到心理平衡。

考点提示

压力与适应理论在护理工作中的应用。

第三节　奥瑞姆的自理理论

自理理论是由美国著名护理理论家多萝西娅·奥瑞姆(Dorothea E. Orem)于1971年提出的,论述了人的自我护理需求、自理缺陷与护理的关系,提出护理的目标就是最大限度地维持及促进护理对象的自理。

知识链接

多萝西娅·奥瑞姆简介

多萝西娅·奥瑞姆(Dorodthea E. Orem)1914年生于美国马里兰州,1932年完成初级护理教育,后来于1939年和1945年分别获得美国天主教大学的护理学学士、教育学硕士学位，1976年获得乔治城大学的荣誉博士学位。奥瑞姆曾任临床护士、护士长、带实习教师、护理部主任、护理教育咨询专家、护理研究者等；1957年受聘于国家卫生教育福利部教育司，主管临床护士的培训工作。1971年发表代表作《护理：实践的概念》，她在该书中系统地阐述了自理模式理论的内容，为后人留下了丰厚的护理理论财富。

一、奥瑞姆自理理论的内容

奥瑞姆的自理理论由三个部分组成，即自我护理理论结构、自理缺陷理论结构和护理系统理论结构。

（一）自我护理理论结构

奥瑞姆在自我护理理论结构中，主要阐述了什么是自我护理，人有哪些自理需求。自我护理理论结构主要包括自理、自理能力、治疗性自理需要和自理总需要四个基本概念。

1. 自理（self-care） 即自我护理，是个体为了维持生命、健康和功能完好而采取的一系列自发性调节行为和自我照顾活动。一般正常成年人都能自理，婴幼儿及健康受到影响的个体除外，如患者、残疾人需要不同程度的帮助。

2. 自理能力（self-care agency） 是个体所具有的从事自我照顾的能力，是一个身心发展趋于成熟或已成熟的人所具有的一种综合能力。自理能力与年龄、发展情况、生活经历、社会文化、健康状况以及可得到的条件相关，人们通过学习可不断地提高和发展自理能力，但同一个体在不同时期、不同情况下，其自理能力可能不同。

3. 治疗性自理需要（therapeutic self-care demand） 是患者在治疗期内采取有效方式进行一系列相关治疗护理行为活动以满足自理需要。

4. 自理总需要（self-care requisites） 是指个体为了满足自理需要而采取的所有活动，包括一般性的、成长发展的和健康不佳时的自理需要。

（1）一般性的自理需要：指与生命过程和维持人的结构功能的整体性有联系的需要，所有人在生命周期的各发展阶段都需要的一些直接提供自我照顾的活动。如摄取足够的空气、水和食物，维持活动和休息的平衡，独处和与人共处的平衡等。

（2）成长发展的自理需要：指在生命发展过程中各阶段特定的自理需要以及在某种特殊情况下出现的新的需求。如婴幼儿期的预防接种、良好饮食和排泄习惯的需要，失学、失业、失去亲人等生活事件发生时产生的自理需要。

（3）健康不佳时的自理需要：指在疾病、损伤和特殊病理变化等情况下或在诊疗过程中产生的自理需要，如腿部骨折需要持拐杖行走等。

（二）自理缺陷理论结构

自理缺陷理论是奥瑞姆自理理论的核心部分，主要阐述了人什么时候需要护理。奥瑞姆认为在某一特定的时间内，个体有特定的自理能力及自理需要，当个体的这种自理需要大于自理能力时，就会出现自理缺陷。这时个体为恢复平衡就需要借助外界力量（即护士）的帮助（图3-2）。

（三）护理系统理论结构

奥瑞姆在护理系统理论结构中指出，护理活动依据自理需要和自理能力缺陷程度而定，为了有助于确立护理职责范围及护士和护理对象的角色与行为，根据护理对象的

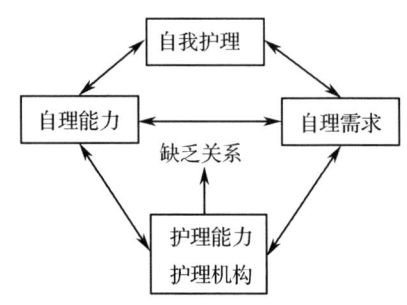

图3-2 奥瑞姆自理缺陷理论结构示意图

自理需求和自理能力的不同设计了三种补偿系统，即全补偿系统、部分补偿系统和支持-教育系统（图3-3）。

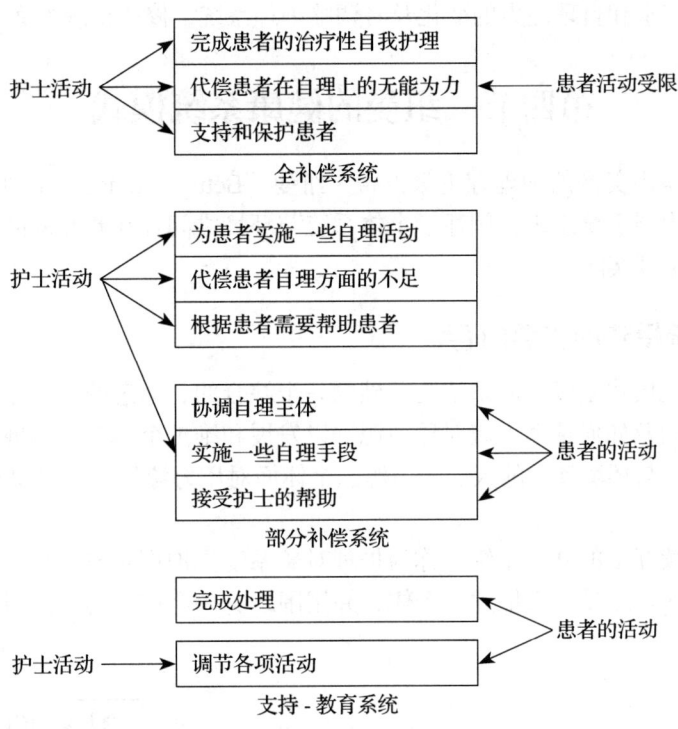

图 3-3　奥瑞姆护理系统理论结构示意图

1. 全补偿系统（wholly compensatory system）　护理对象完全没有能力自理，需要护士进行全面帮助。适用于病情危重需绝对卧床休息、昏迷、智能低下及高位截瘫等护理对象。

2. 部分补偿系统（partly compensatory system）　根据个体自理能力的不同，护士给予适当的帮助，以满足需要。如近期手术后的护理对象在如厕及走路等方面需要协助。

3. 支持-教育系统（supportive-educative system）　患者有能力执行或学习一些必需的自理方法，但须在护士的帮助、支持、指导、教育下才能完成，以此提高自理能力。如糖尿病患者通过学习掌握检查尿糖的方法等。

奥瑞姆认为护理系统是一个动态的行为系统，护理系统的选择主要是依据患者的自理需要和自理能力。同一患者在不同阶段自理能力不同，选择的护理系统亦不同。

 考点提示

自理结构、自理缺陷结构、护理系统结构的临床应用。

二、自理理论在护理工作中的应用

奥瑞姆的自理模式被广泛地应用于整体护理实践中，指导护理人员按照护理程序实施护理是自理模式护理应用的核心，奥瑞姆认为护理程序分为以下3个步骤。

1. 评估患者的自理能力和自理需要　护理人员通过收集资料判断患者是否自理缺陷、存在哪些方面的自理缺陷及引起自理缺陷的原因，然后确定患者需要哪些护理帮助。在此阶段，必须评估服务对象及家属的自理能力，以便使他们参与护理活动，尽快达到自理。

2. 设计恰当的护理系统　根据患者的自理需要和自理能力，选择一个适宜的护理系统，并结合患者治疗性自理需求制订详细的护理计划以达到恢复和促进健康、提升自理能力的目的。

3. 实施护理计划和评价　在实施护理计划过程中，护士要观察患者的反应，评价护理效果，根据患者自理需求和自理能力的变化及时调整护理系统，修改护理方案。

第四节　纽曼的健康系统模式

健康系统模式是由美国的护理理论家贝蒂·纽曼（Betty Neuman）于20世纪70年代提出的，主要是围绕压力与系统组织，阐述了个体系统与环境之间存在着互动的关系，广泛用于指导社区护理及临床护理实践。

一、健康系统模式的主要内容

纽曼的健康系统模式是以开放系统为基础的一个综合的、动态的护理概念性框架，主要考虑压力源对人的作用及如何帮助人应对压力源，以发展和维护个体最佳的健康状态。模式重点阐述了四部分内容：与环境互动的人、压力源、个体面对压力源的反应以及对压力源的预防。

（一）人

人是与环境持续互动的开放系统，称为护理对象系统。护理对象系统可以是个体，也可以是家庭、群体和社区。纽曼着重描述了个体，并用围绕着一个核心的一系列同心圆来表示其结构（图3-4）。

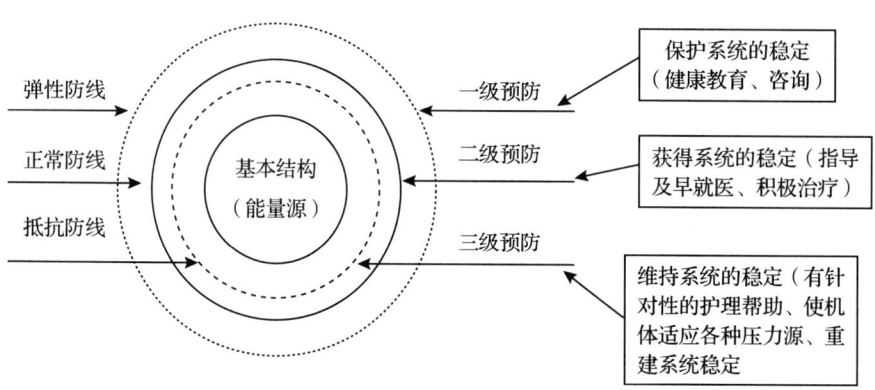

图3-4　纽曼健康系统模式示意图

1. 基本结构　位于核心部分，是机体的能量源。由生物体共有的生存基本要素组成，包括解剖结构、生理功能、自我结构、基因类型、反应类型、认知能力、体内各亚系统的优势与劣势等。基本结构和能量源受人的生理、心理、社会文化、精神与发展这5个方面功能状态及其相互作用的影响和制约。当能量源储存大于需求时，个体保持机体的稳定与平衡。机体具有3道防线抵抗有害因素的干扰，维持自身系统的稳定与完整。

2. 弹性防线　是机体的第一层防线，为最外层虚线，位于机体正常防线之外，充当机体的缓冲器和滤过器，常常是动态和变化的。弹性防线的主要功能是：防止压力源入侵，缓冲、保护正常防线。当机体受到刺激后，弹性防线可在短期内快速发生变化。一般来说，弹性防线距正常防线越远，弹性防线离核心部分越宽，缓冲、保护作用就越强。弹性防线受个体生长发育、身心健康状况、认知能力、社会文化、精神信仰等因素影响。良好的饮食、睡眠、作息规律、适当运动均可增强防御效能，而失眠、营养不足、生活欠规律、身心压力过大等有害因素均可削弱其防御效能。

3. 正常防线　是机体的第二层防线，为弹性防线内层的实线圈，位于弹性防线和抵抗线之间，是防御系统的主体，代表个体平衡状态和适应水平。正常防线是人在生命历程中建立起来的健康状态或稳定状态，它是个体在生长发育及与环境互动过程中，对环境中压力源不断调整、应对和适应的结果。正常防线的强弱与个体在生理、心理、社会文化、精神与发展等方面对环境中压力源的适应与调节程度有关。正常防线也可伸可缩，但变化速度比弹性防线慢。当健康水平增高时，正常防线扩展；健康状态恶化，正常防线萎缩。当压力源侵犯到正常防线，个体可表现出稳定性降低和产生疾病。

4. 抵抗防线　是机体的第三层防线，位于基本结构外层的虚线圈，是核心的防卫屏障。其主要功能是保护机体基本结构的稳定、完整及正常功能。它由支持基本结构和正常防线的一系列已知和未知因素组成，如免疫功能、遗传特征、生理机制、应对行为等。当压力源入侵正常防线时，抵抗防线被无意识地激活，若抵抗防线功能能有效发挥，则可促使个体恢复到正常防线的健康水平。反之，若抵抗防线功能失效，则导致个体能量耗竭，甚至死亡。

以上机体防御机制，既有先天的，也有后天习得的，抵抗效能取决于个体心理、生理、社会文化、精神、发展5个变量的相互作用。当个体遇到压力源时，弹性防线被首先激活；若弹性防线抵抗无效，则正常防线被侵犯激活，压力反应随即出现；若正常防线也衰竭无效，此时抵抗防线就被激活，若抵抗有效，个体又恢复健康；抵抗无效，则出现疾病甚至死亡。三道防线中，弹性防线保护正常防线，抵抗防线保护基本结构。

（二）压力源

压力源为可引发紧张及潜在的引起系统失衡的所有刺激，系统需要应对一个或多个压力源，纽曼健康系统模式将压力源分为以下3种。

1. 内在的　指来自个体内与内环境有关的压力，如愤怒、悲伤、焦虑、疼痛、失眠、自我形象紊乱、自尊紊乱等。

2. 人际的　指来自两个或多个个体之间的压力，如夫妻、上下级或护患关系紧张等。

3. 外在的　指来自个体外部的压力，如环境陌生、经济状况欠佳、社会医疗保障体系不够完善等。

（三）反应

纽曼认同"压力学之父"塞利提出的压力可导致全身适应综合征、局部适应综合征和压力反应的三阶段学说，指出压力反应不仅仅局限在生理方面，而是生理、心理、社会文化、精神与发展多方面的综合反应。

（四）预防

纽曼认为护理的目的是通过护理干预来维持和恢复机体系统的平衡，护士应根据个体对压力源的反应采取不同水平的干预，控制压力源或增强人体各防卫系统的功能。她提出了3个级别的预防措施，特别强调了一级预防的作用。

1. 一级预防　是保护系统的稳定。当怀疑或发现压力源确实存在，而压力反应尚未发生时所采取的预防措施。一级预防的目的是防止压力源侵入弹性防线，保持机体系统的稳定，促进及维护个体的健康。主要措施可采取减少或避免与压力源接触，巩固弹性防线和正常防线的干预。如对健康人群进行健康教育、做好灾害性事件防范和心理干预，可提高预防疾病的发生。

2. 二级预防　是获得系统的稳定。当压力源穿过正常防线，个体表现出压力反应所采取的治疗措施。此时压力源已侵入正常防线，系统的动态平衡被破坏，机体出现症状或体征。二级预防的目的是减轻和消除反应、恢复个体稳定性并促使其恢复到健康状态。主要措施是为增强抵抗防线进行的干预，如早发现疾病，及时进行治疗。

3. 三级预防　是维持系统的稳定。当经过积极有效治疗后机体达到基本稳定状态时所采取的护理措施。三级预防的目的是进一步维持系统稳定、减少后遗症,防止复发。主要措施是帮助护理对象彻底康复及重建功能,加强护理措施来进行干预。如对患者进行健康教育,提供康复条件等。

 考点提示

纽曼三级预防的临床应用。

二、健康系统模式与护理实践

(一)健康系统模式的意义

1. 促进了现代护理观的形成。纽曼对护理学四个基本概念的解释:

(1)人:人是一个多维的、整体的开放系统,包括生理、心理、社会文化、精神、发展5个层面。这5个层面的变量彼此关联,相互影响,并与环境中的压力源持续互动。护理学中人的范围不能仅局限在个体,还应该包括家庭、群体、社区。对人的诠释和人的整体观是纽曼健康系统模式的核心内容。

(2)环境:环境是任何特定时间内影响个体和受个体影响的所有内外因素。包括内部、外部及人际的压力源。个体在不断适应内、外环境刺激的过程中,不断创造、改造环境,使环境更利于人的健康。

(3)健康:健康就如一种"活能量",当机体产生和储存的能量多于消耗时,个体的完整性、稳定性增强,保持健康;当能量产生与存储不能满足机体所需时,个体的完整性、稳定性减弱,健康渐逝,机体生病并逐渐走向衰竭、死亡。

(4)护理:护理是通过有目的的干预减少影响健康的压力因素,帮助系统减少压力源和减轻压力反应,从而维持及恢复系统的平衡与稳定,最大限度地保持护理对象平衡、满足及和谐的健康状态。

2. 指导护士全面、系统地看待护理对象 机体具有三重防线抵抗有害压力源的干扰,维持自身系统的稳定和完整。护士应通过生理、心理、社会文化、精神、发展5个层面了解、收集资料,用系统的观点看待护理对象,根据压力源对机体的影响程度进行排序,并制订出相应的预防措施,更好地实施整体护理。

3. 帮助护理对象维护和保持健康 护士应根据个体对压力源的反应采取不同的"三级预防保健护理"干预。护理的最终目标不仅是维持和促进个体高水平的健康,更重要的是面向家庭、面向社区,最终提高整个人类社会的健康水平。

(二)健康系统模式在护理工作中的应用

纽曼发展了以护理诊断、护理目标和护理结果为步骤的独特的护理工作方法,反映了系统论思想,认为系统进程和护理措施都是有目的的、有方向的。

1. 护理诊断 护士首先需要对个体的基本结构、各防线的特征以及各种压力源进行评估,然后再收集并分析个体对压力源的反应及其相互作用等资料,最后就其中的健康问题作出诊断并排出优先顺序。

2. 护理目标 护士以保存能量,恢复、维持和促进个体稳定性为护理原则,与患者及家属一起,共同制订护理干预措施并设计预期护理结果。纽曼强调应用一级、二级、三级预防原则来规划和组织护理活动。

3. 护理结果 是护士对干预效果进行评价并验证干预有效性的过程。评价内容包括个体内、外及人际因素是否发生了变化,压力源本质及优先顺序是否改变,机体防御功能是否有所增强，压力反应症状是否得以缓解等。

自 测 题

一、选择题

1. 不符合马斯洛的人类基本需要层次理论的内容是
   A. 人类的基本需要包括从低到高的五个层次
   B. 低层次的需要相对满足后就将向高一层次的需要发展
   C. 越到高层的需要，得到满足的百分比越少
   D. 五个层次满足的顺序是完全固定不变的
   E. 人类基本需要被满足的程度与健康程度成正比

2. 按照人类基本需要层次论原则排列护理计划的优先顺序，正确的是
   A. 水电解质平衡、感官刺激、发挥自我潜能、受到赞扬、友情
   B. 氧和循环、活动和锻炼、免受伤害、良好的护患关系、有尊严
   C. 尊重、活动和锻炼、营养、感官刺激、友谊、与家人关系和睦
   D. 活动和锻炼、增加生活乐趣、营养、有尊严、友情、被他人认可
   E. 氧和循环、免受伤害、正常的体温、营养、娱乐、友谊、受尊重

3. 个体对所承受压力而产生的一系列非特异性反应称为
   A. 压力反应　　　　　B. 压力适应　　　　　C. 压力应对
   D. 心理防御机制　　　E. 心理应对机制

4. 奥瑞姆自理理论的核心是
   A. 自理　　　　　　　B. 自理力量　　　　　C. 自理理论
   D. 自理缺陷理论　　　E. 护理系统理论

5. 根据奥瑞姆的自理理论，下列哪类患者可以采用支持教育系统
   A. 昏迷　　　　　　　B. 腹部术后3天　　　C. 门诊慢性高血压患者
   D. 高位截瘫　　　　　E. 精神分裂症

6. 以下哪项是纽曼认为的机体能量源
   A. 弹性防线　　　　　B. 正常防线　　　　　C. 抵抗防线
   D. 基本结构　　　　　E. 压力源

7. 纽曼的健康系统模式认为护士对患者实施健康教育属于下列哪级预防
   A. 初级预防　　　　　B. 一级预防　　　　　C. 二级预防
   D. 三级预防　　　　　E. 四级预防

8. 患者，女性，34岁。因乳腺癌接受乳腺癌根治术，手术很成功。但术后患者常有自卑感，不愿见人。根据人类基本需要层次理论，护士应特别注意满足患者
   A. 自我实现的需要　　B. 爱与归属的需要　　C. 生理的需要
   D. 尊重的需要　　　　E. 安全的需要

9. 患者，女性，26岁。大学毕业初次到美国留学，由于语言、风俗习惯、信仰、社会价值观等方面的改变对其产生的心理刺激属于以下哪种压力源
   A. 躯体性　　　　　　B. 心理性　　　　　　C. 社会性
   D. 文化性　　　　　　E. 技术性

（10～11题共用题干）

患者，女性，46岁。健康普查时发现左侧乳房有小肿块，无痛，肿块质硬，不易推动。复诊检查后确诊为"乳腺癌"，住院手术治疗。患者非常沮丧，烦躁不安，常常哭泣，家属不能长时间陪伴。

10. 护士实施护理操作前，因未清晰地向患者解释而导致患者紧张的压力源属于
   A. 疾病严重程度　　　　B. 住院环境陌生　　　　C. 缺乏相关信息
   D. 失去部分自由　　　　E. 与家人分离

11. 护士协助患者适应的策略中，不妥的一项是
   A. 详细讲解乳腺癌知识　　　　　　B. 针对实际情况解决问题
   C. 及时提供相关信息　　　　　　　D. 提供适宜的休养环境
   E. 调动社会支持系统

二、简答题

1. 简述马斯洛的人的需要层次理论的基本规律。
2. 请列出压力源的分类。
3. 简述奥瑞姆护理系统结构的内容及在护理工作中的应用。

三、案例分析

患者，男性，46岁，科技人员，有心血管疾病家族史。平时健康状况良好，但近期因工作压力大，单位里上下级关系不融洽，开始出现疲惫、失眠、食欲欠佳、急躁易怒、血压波动时高于正常范围。两天前到门诊检查，血压150/95 mmHg。

请为该患者制订合理的护理干预措施。

（唐布敏　沈　艳）

第四章 护理程序

思 维 导 图

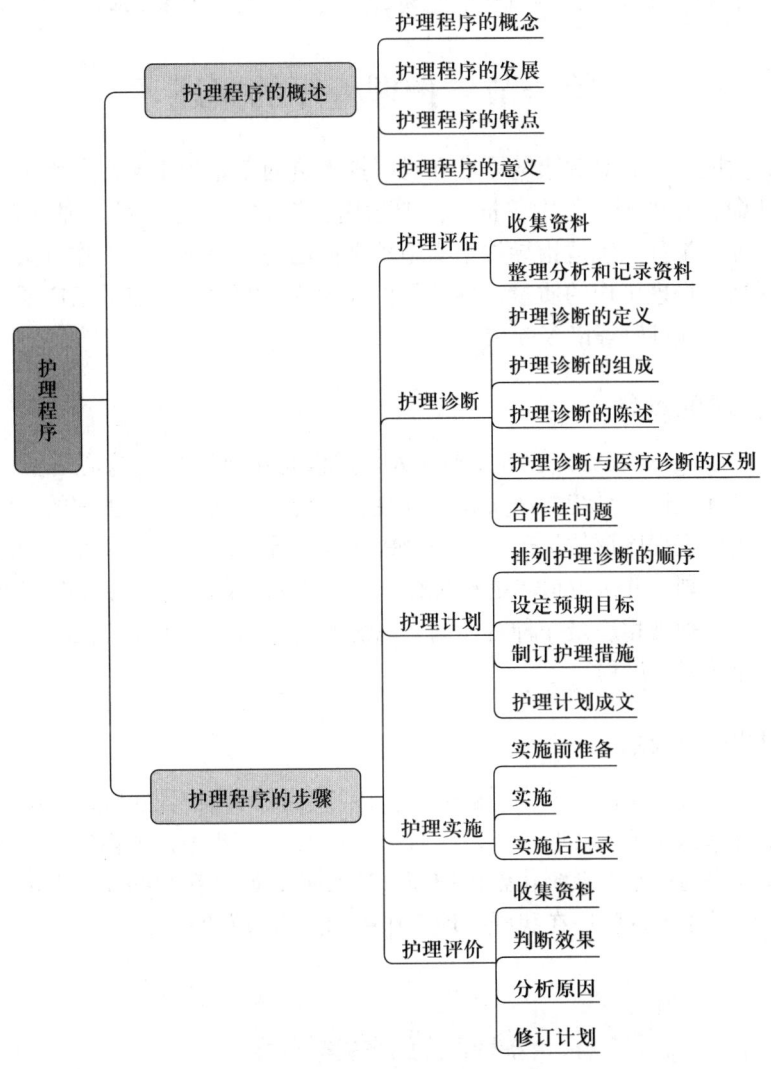

> 学习目标
>
> 1. 解释护理程序、护理诊断、护理计划及合作性问题。
> 2. 知道护理程序的特点及意义。
> 3. 熟记护理评估的方法与内容、护理诊断的组成与陈述方式。

4. 描述护理计划、护理实施、护理评价的内容。
5. 正确书写护理诊断和护理目标。
6. 养成良好的职业素养,具有以人为本的服务理念,严肃认真、一丝不苟的工作态度。

案例 4-1

患者,女性,50 岁,因全身乏力、右上腹不适等症状入院,诊断为"肝硬化"。护理体检:体温 39.8 ℃,脉搏 90 次 / 分,呼吸 24 次 / 分,血压 126/86 mmHg,神志清楚,精神萎靡,腹部明显膨隆,可见轻度静脉曲张,双下肢凹陷性水肿。

问题与思考:
1. 如何收集该患者的资料?
2. 该患者存在的主要护理问题有哪些?请针对首优问题制订相应的护理措施。

第一节　护理程序的概述

随着社会的发展,人们对健康的需求和对医护人员的期望越来越高,而护士肩负着人类健康照护的重要使命,在护理工作中,护士需要运用科学的工作方法对护理对象开展整体护理。护理程序就是一种科学且系统地指导护士实施护理活动的思想方法及工作方法。护理程序的产生与广泛应用提高了护理工作的质量,推动了护理专业化的发展,目前已广泛应用于临床护理实践、护理教育、护理科研等诸多领域。

一、护理程序的概念

护理程序(nursing process)是指导护理人员以满足护理对象的身心需要,恢复或增进护理对象的健康为目标,运用系统方法实施连续性、计划性、全面整体护理的一种理论与实践模式。护理人员运用护理程序评估护理对象的健康状况,确认现存的或潜在的健康问题,制订适合护理对象的护理计划,并采取适当的护理措施以解决确认的问题,使护理对象恢复健康或达到最佳的健康状态。护理程序是一种有计划、系统而科学的护理工作方法,是一个动态的、具有决策和反馈功能的工作过程。

二、护理程序的发展

在 20 世纪 50 年代中期,护理程序被提出,1977 年被列为护理实践的标准。美籍华人学者李式鸾博士在 20 世纪 80 年代初期来华讲学时引入我国。1994 年,美籍华人袁剑云博士开始在我国推广以护理程序为核心的系统化整体护理,2002 年,她又在我国介绍以护理程序为基本框架的临床路径,促进了护理程序在我国护理工作中的运用与发展。

知识链接

护理程序的产生与完善

1. 起源　1955 年,美国护理学者 Lydia Hall 首先提出以患者为中心实施护理,她认为护理工作应该是一种"按程序进行的工作"。

2. 产生　1961 年,美国护理学家奥兰多(Orlando I.J.)在著作《护士与患者的关系》中首次使用了"护理程序"一词,并提出了护理程序工作的三个步骤:患者的行为、护士的反应、护理活动的有效计划。

3. 进展　1967年，尤拉（Yura）和沃尔什（Walsh）完成并出版了第一本权威性的教科书《护理程序》，将护理程序确定为评估、计划、实施和评价四个步骤。

4. 规范　1973年，北美护理诊断协会（NANDA）成立，在第一次会议召开之后，许多护理专家提出应将护理诊断作为护理程序的一个独立步骤。同年，盖比（Gebbie）和拉文（Lavin）将护理诊断增加在护理程序中，使之成为五个步骤。1977年，美国护士协会（ANA）将护理程序规定为评估、诊断、计划、实施和评价五个步骤。

三、护理程序的特点

1. 目的性　护理程序的目的是保证护士为护理对象提供高质量的、以人为中心的整体护理。

2. 个体性　护士运用护理程序需要充分考虑护理对象的个体特性，根据其生理、心理和社会等方面的具体需求制订个体化的护理方案，充分体现以人的健康为中心的护理理念。

3. 动态性　护理程序的五个步骤虽然是固定的，但每个步骤的执行及其结果却因患者的不同或同一患者所处的情况不同而变化。护士需要根据患者反应的变化，不断地、重复地使用护理程序组织开展护理工作。

4. 科学性　护理程序的运用需要护士具备多学科的知识。护理程序体现了现代护理学的理论观点，并运用其他学科相关理论，如系统论、信息论、需要层次论等学说为理论基础。

5. 普遍性　不管护理对象是个人、家庭还是社区，护理场所是医院，还是其他健康服务机构，护士都可以运用护理程序的方法开展护理服务。

四、护理程序的意义

1. 对护理专业的意义　护理程序的应用是护理专业化的重要标志之一，它规范了护理的工作方法和专业行为，使护理工作的科学性、专业性和独立性得以真正体现，促进了护理专业的发展。护理程序对护理管理者也提出了更高的要求，促使临床护理质量评价进行新突破。护理程序对护理教育的改革也具有重要的指导意义，促进教学模式发生根本性转变。护理程序同时也推进了护理科研的进步与发展。

2. 对护理对象的意义　护理程序的应用使护理对象成为直接受益者。护理程序的运用使护理对象在生理、心理、社会等方面，获得系统、全面、个体化的健康照顾，享受到高质量的护理服务。护理程序在应用过程中强调护理对象及家属的参与，护理人员通过多种健康教育方法，为护理对象及其家属传授疾病相关的防治和护理知识与技能，提高了护理对象及其家属的健康参与意识和健康照顾能力，让其成为护理程序的最大受益者。

3. 对护理人员的意义　护理程序的临床应用，使护理人员的自主性、决策性、评判性思维和创造性思维能力得以充分发挥，摆脱了被动执行医嘱的角色，由医生的助手转变成医疗工作中的合作伙伴，提高了护理人员的工作成就感和自身价值认同感。护理程序的运用能培养护理人员沟通交流能力、独立发现问题、解决问题、临床护理决策等能力，有利于护理人员综合素质的整体提升。

第二节　护理程序的步骤

护理程序包括五个步骤：评估、诊断、计划、实施和评价（图4-1）。

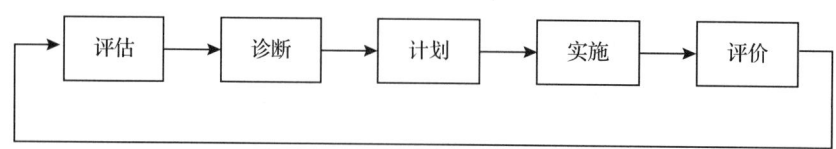

图4-1　护理程序五个步骤及相互关系

护理程序的主要工作内容，见表4-1。

表4-1　护理程序的步骤及主要工作内容

步骤	主要工作内容
评估	收集、整理、分析、记录患者资料
诊断	确定护理诊断（护理诊断名称、相关因素等）
计划	排列护理诊断的顺序、确定护理目标、制订护理措施、形成护理计划
实施	实施前准备、实施、书写护理记录
评价	收集资料、患者结果状态与目标比较、分析预期目标未实现的原因、修订计划

一、护理评估

护理评估（nursing assessment）是护理程序的第一步，是护士系统、全面地收集护理对象的资料并加以整理分析的过程。它是确立护理诊断和制订有效护理措施的基础，也是评价护理效果的参考。护理评估从护士与护理对象一见面开始，直至护理活动结束，贯穿于护理工作的始终。护理评估包括收集资料、整理分析和记录资料。

（一）收集资料

1. 收集资料的目的　①为正确确立护理诊断提供依据。②为制订合理的护理计划提供依据。③为评价护理效果提供依据。④为护理教学和科研积累资料。

2. 资料的来源

（1）直接来源：护理对象（如患者）是资料的主要来源。直接来源的资料是通过患者的主诉、对患者的观察及体检等所获得的资料。

（2）间接来源：①与患者相关的人员，如家属、朋友、陪护等。②其他健康保健人员，如医生、营养师等。③目前或既往的健康记录或病历，如儿童预防接种记录、健康体检记录或病历记录。④医疗、护理的相关文献记录，如各种检查报告和相关文献。

3. 资料的类型　按照来源，资料分为主观资料和客观资料。

（1）主观资料：即患者的主诉，包括患者对其所经历、所感觉、所思考、所担心内容的诉说。如"我头晕脑胀""我肚子痛""我担心以后无法正常走路"等。

（2）客观资料：通过视、触、叩、听、嗅等方法或借助医疗仪器检查所获得的有关患者症状和体征的资料，如"血压80/60 mmHg""口唇发绀""心脏杂音""腹部肿块"等。

4. 资料的内容

（1）一般资料：包括姓名、性别、出生日期、民族、职业、婚姻状况、文化程度、家庭住址及联系人等。

（2）现在健康状况：包括此次发病情况、目前主要的不适及饮食、营养、排泄、睡眠、自理、活动等方面的改变。

（3）既往健康状况：包括既往患病史、住院史、手术史、过敏史等，女性患者还应了解月经史和生育史。

（4）家族史：家族成员有无与患者类似的疾病史或家庭遗传病史。

（5）护理体检情况：如生命体征、营养状况、意识状态等。

（6）实验室及其他检查结果。

（7）目前的治疗及用药情况。

（8）心理状况：包括对疾病的认识和态度，康复的信心，患病后精神、行为及情绪的变化，患者的人格类型，应对能力等。

（9）社会情况：包括职业及工作情况、目前享受的医疗保健待遇、经济状况、家庭成员对患者的态度和对疾病的了解、社会支持系统状况等。

（10）近期生活中的应激事件：如是否有丧偶、离异、失业等。

5. 收集资料的方法

（1）观察：护士通过视觉、触觉、听觉、嗅觉等感觉器官及辅助工具获取患者及患者所处环境的信息，并对信息价值进行判断。常用的观察方法有四种。①视觉观察：是护士通过眼睛观察病情、了解患者一般情况的检查方法，如观察患者的营养发育状况、精神状态、面容与表情、皮肤黏膜、呼吸节律和频率、四肢活动能力等。②触觉观察：是护士通过手的感觉来判断患者某些器官或组织的物理特征的检查方法，如脉搏搏动、皮肤的温度和湿度、脏器的形状和大小、肿块的位置及表面性质等。③听觉观察：护士通过耳朵辨别患者的各种声音，如患者语调改变、呼吸的声音、咳嗽声音等，护士还可借助听诊器听患者的心音、呼吸音及肠鸣音等。④嗅觉观察：护士通过嗅觉辨别发自患者体表、呼吸道、胃肠道或呕吐物、排泄物等的异常气味，以判断疾病的性质和变化。

（2）交谈：护士与患者及其家属的交谈是一种有目的的活动，目的在于通过交谈获得患者有关的资料和信息。护士在交谈时应注意护理对象的反馈，以确认交谈内容准确无误。

（3）护理体检：护士运用视诊、触诊、叩诊、听诊、嗅诊等体格检查技术，对护理对象进行全面的体格检查。护理体检的侧重点放在护理评估出现问题的方面。

（4）查阅：查阅患者的病历（门诊、住院、转院病历）及文献资料等。

（二）**整理分析和记录资料**

整理资料是对收集到的资料进行核实、筛选、分析、记录的过程。

1. 资料的核实　为保证所收集的资料真实、准确，需要重新核对、确认。如某产妇自诉"母乳不足"，护士观察却发现乳汁分泌充分，但乳头内陷，孩子因吸吮困难而哭泣，借助吸乳器哺乳后孩子再没啼哭，说明该产妇乳汁分泌充足。

2. 资料的分析　对收集的资料进行加工、筛选、分析并找出健康问题，为确立护理诊断做准备。

3. 资料的记录　记录资料的表格可根据各医院或同一医院中各病区的特点自行设计。但无论格式如何，在记录中均应注意以下问题：

（1）所记录的资料要反映事实，应客观地记录护理对象的诉说和临床所见，不可带有自己的主观判断和结论。如对疼痛的记录，写"患者疼痛严重"就不如"患者述'我从没像这样痛过'"好，因为"严重"对不同的人具有不同的含义，主观资料的记录尽量引用患者原话。

（2）避免使用模糊不清的、无法衡量的词，如"食量小""睡眠不好"等，应使用具体可量化的词描述，如"每日主食3两，早、中、晚各1两"，"每日睡眠3~4小时，白天疲乏无力"。

（3）资料描述应清晰、简洁，客观资料应正确使用医学术语，避免出现错别字。

 考点提示

资料的来源、类型及收集方法。

二、护理诊断

护理诊断是护士对评估结果进行分析和判断的过程。

（一）护理诊断的定义

护理诊断（nursing diagnosis）是关于个人、家庭、社区对现存的或潜在的健康问题或生命过程反应的一种临床判断。

（二）护理诊断的组成

北美护理诊断协会（North American Nursing Diagnosis Association，NANDA）规定每个护理诊断由名称、定义、诊断依据、相关因素4个部分组成。

1. **名称**　是对护理对象健康状态或疾病反应的概括性描述。从名称判断上可将护理诊断分为以下3种类型：

（1）现存的护理诊断：指对个人、家庭或社区现存的健康状况或生命过程反应的描述，即目前已经存在的健康问题，如"体温过高""皮肤完整性受损""焦虑"。

（2）危险的（潜在的）护理诊断：是对一些易感个人、家庭或社区的健康状况或生命过程可能出现的反应的描述。这类护理诊断一般存在危险因素，目前虽然尚未发生问题，如果不采取护理措施，就会在后期发生的问题。如"有受伤的危险""有皮肤完整性受损的危险"。这一类护理诊断需要护士具有预见性，当患者有导致易感性增加的危险因素存在时，护士要能够预测到可能会出现哪些问题，并及时采取措施预防问题的发生。

（3）健康的护理诊断：指个人、家庭或社区具有加强健康以达到更高水平潜能的描述。如"母乳喂养有效""潜在的精神健康增强""潜在的婴儿行为调节增强"等。

2. **定义**　是对护理诊断名称的一种清晰、准确的描述和解释，并以此与其他诊断相鉴别。每一个护理诊断都有自己特征性的定义，即使有些护理诊断从名称上看很相似，但仍可从各自的定义中发现彼此的差别。如"便秘"是指个体处于一种正常排便习惯发生改变的状态，其特征为排便次数减少和（或）排出干硬便；"感知性便秘"是指个体自我诊断为便秘，并通过滥用缓泻剂、栓剂和灌肠以保证每日排便；"结肠性便秘"是指个体因食物残渣通过停滞，以致其排泄物以干硬便为特征。

3. **诊断依据**　是作出护理诊断的临床判断标准。诊断依据常是患者所具有的症状、体征以及有关病史。护士在作出某个护理诊断时，一定要参照诊断依据。诊断依据分为必要依据、主要依据和次要依据。

（1）必要依据：即形成护理诊断时必须存在的症状、体征及有关病史，是护理诊断成立的必要条件。

（2）主要依据：即作出护理诊断时通常需要存在的依据。

（3）次要依据：即对作出护理诊断有支持作用，但不一定每次作出该诊断时都存在的依据。

4. **相关因素**　指促成护理诊断成立和维持的原因或情境。现存的和健康的护理诊断有相关因素。而危险的护理诊断，相关因素即危险因素，即那些使患者对某种危险的易感性增加的因素，如生理、心理、遗传、化学因素及不健康的环境因素等。

相关因素可以来自以下5个方面：

（1）疾病方面：如"体温过高"的相关因素可能是肺部感染。

（2）心理方面：如"活动无耐力"可能是病后患者处于较严重的抑郁状态而导致。

（3）治疗方面：如"有跌倒的危险"可能是由于服用抗高血压药盐酸哌唑嗪易引发直立性低血压。

（4）情境方面：涉及环境、有关人员、生活经历、生活习惯、角色等方面的因素。如"营养失调：高于机体需要量"的相关因素可能是不良的饮食习惯，如晚餐进食过多、饱餐后静坐或饮食结构不合理、脂类摄入过多等。

（5）成熟发展方面：是指与年龄相关的各方面，包括认知、生理、心理、社会、情感的发展情况，比单纯年龄因素所包含的内容更广。如老年人发生便秘常与活动减少、肠蠕动减慢有关。

护理诊断的相关因素往往不只来自一个方面，可以涉及多个方面。如睡眠型态紊乱可以因术后切口疼痛、焦虑、连续24小时输液、住院后环境改变或环境嘈杂引起。若为儿童，还可因为独自睡觉怕黑引起。总之，一个护理诊断可以有多个相关因素，确定相关因素可以为护理措施的制订提供依据。

（三）护理诊断的陈述

护理诊断的陈述包括3个结构要素，即问题（problem，P）、相关因素（etiology，E）、症状与体征（signs and symptoms，S）。

1. 常见的3种陈述方式

（1）三部分陈述：即PSE公式，多用于现存的护理诊断。例如，体温过高（P）：T 39.5 ℃、面色潮红（S），与肺部细菌感染有关（E）。又如，焦虑（P）：自诉感到担忧、难以入睡（S），与次日即将接受手术有关（E）。

（2）两部分陈述：即PE公式，只有护理诊断名称和相关因素，无症状和体征。多用于危险的（潜在的）护理诊断。例如，有摔倒的危险（P）：与视力障碍有关（E）。又如，有皮肤完整性受损的危险（P）：与瘫痪长期卧床有关（E）。

（3）一部分陈述：即P公式，用于健康的护理诊断。例如，母乳喂养有效（P）。

2. 护理诊断陈述时的注意事项

（1）应使用NANDA认可的护理诊断名称，不可与医疗诊断或者疾病的症状等混淆。

（2）一个护理诊断只针对一个护理问题。

（3）护理诊断陈述时不应含有易引起法律纠纷的描述。如皮肤完整性受损：与护士翻身不勤有关。

（4）知识缺乏的陈述应为：知识缺乏：缺乏……的知识。

（5）相关因素应使用"与……有关"的方式陈述。

（6）每个护理诊断都应明确相关因素。相关因素应是导致此护理诊断出现的最直接原因，而护理措施的制订是针对相关因素进行的。例如，"清理呼吸道无效：与体弱、咳嗽无力有关"就比"清理呼吸道无效：与肺气肿伴感染有关"更直接、更具针对性。另外，同一护理诊断可因相关因素的不同而具有不同的护理措施，例如，"清理呼吸道无效：与术后切口疼痛有关"和"清理呼吸道无效：与痰液黏稠有关"，这两个护理诊断虽然都是"清理呼吸道无效"的问题，但前者的护理措施是帮助患者在保护切口、不加重疼痛的前提下将痰咳出，后者则要采取措施稀释痰液使患者将痰咳出。由此可见，只有相关因素正确，才能选择有效的护理措施。

（7）陈述护理诊断时，应避免将临床表现与相关因素相混淆。例如，"疼痛：胸痛，与心绞痛有关"应改成"疼痛：胸痛，与心肌缺血及缺氧有关"。再如，"睡眠型态紊乱：与醒后不易入睡有关"，醒后不易入睡是睡眠型态紊乱的临床表现之一，而非相关因素，所以该陈述是错误的，可改为："睡眠型态紊乱：与环境改变有关"。

（8）有时相关因素从已有的资料分析中无法确定，则可以写成"与未知因素有关"，护士需进一步收集资料，以明确相关因素。

 考点提示

护理诊断的陈述。

（四）护理诊断与医疗诊断的区别

医疗诊断是用于确定一种具体疾病或病理状态的医疗术语。明确护理诊断和医疗诊断的区别对护理人员非常重要，这关系到如何区分护理和临床医学这两个专业，关系到如何界定医、护各自的工作范畴和应负的法律责任。护理诊断和医疗诊断的区别见表4-2。

表4-2 护理诊断和医疗诊断的区别

项目	护理诊断	医疗诊断
定义	对个人、家庭、社区现存的或潜在的健康问题或生命过程反应的一种临床判断	对个体病理生理变化的一种临床判断
描述内容	个体对健康问题的反应，随患者的反应而变化	一种疾病，其名称在病程中保持不变
职责范围	护理职责范围内进行	医疗职责范围内进行
决策者	护士	医生
举例	急性疼痛：胸痛，与心肌缺血缺氧有关	冠状动脉粥样硬化性心脏病（冠心病）

（五）合作性问题

在临床护理工作中常遇到这样的情况，护士所面临的患者问题尚未被目前NANDA的护理诊断所涵盖，而这些问题确实需要护理提供干预或措施，为了试图解决这一类问题，1983年琳达·华尔·卡本尼托（Lynda Juall Carpenito）提出了合作性问题这个概念。她认为，需要护士提供护理的问题可分为两大类：一类是经护士的护理措施就可以解决的，属于护理诊断；另一类则需要与其他健康保健人员（尤其是医生）共同合作解决的，属于合作性问题。

合作性问题是需要护士进行监测，以及时发现其发生和发展的一些潜在并发症（potential complication，PC），是需要护士运用医嘱和护理措施共同处理，以减少其发生的问题。需要注意的是，并非所有的并发症都属于合作性问题。有些并发症可以通过护理措施得以预防或处理，属于护理诊断，如长期卧床致皮肤受压时，"有皮肤完整性受损的危险"。只有那些护士不能预防和独立处理的并发症才是合作性问题，如手术后患者切口出血是需要密切关注的问题。术后切口出血主要与术中切口结扎缝合不良有关，护理措施无法预防其发生，对这个合作性问题应陈述为"潜在并发症：出血"，护士的主要职责是严密观察切口是否有出血发生。

合作性问题有固定的陈述方式，即"潜在并发症（PC）：××"。例如，潜在并发症：肺栓塞；潜在并发症：失血性休克。

护理诊断与合作性问题的区别见表4-3。

表 4-3　护理诊断与合作性问题的区别

项目	护理诊断	合作性问题
描述内容	对个人、家庭、社区现存的或潜在的健康问题或生命过程反应的一种临床判断	个体脏器的病理生理改变所致的潜在并发症
护理措施	减轻或消除病痛，促进健康	观察病情变化，监测和预防并发症的发生，医护共同干预
决策者	护理人员	医护双方
预期目标	需要提出预期目标	不需要，护理职责范围内无法独立解决
举例	皮肤完整性受损：与长期卧床有关	潜在并发症：失血性休克

三、护理计划

护理计划（nursing planning）是针对护理诊断制订的具体护理措施，是进行护理活动的指南。制订护理计划包括 4 个步骤：排列护理诊断的优先顺序、设定预期目标、制订护理措施、护理计划成文。

（一）排列护理诊断的顺序

当患者出现多个护理诊断或问题（包括合作性问题）时，为便于护理对象健康问题及时、有效解决，在计划阶段，应根据急、重、缓、轻排列出问题解决的先后顺序，保证护理工作有序进行。

1. 排序原则

（1）优先解决直接危及生命，须立即解决的问题。

（2）按马斯洛的需要层次理论，先解决低层次问题，再解决高层次问题。

（3）在不违反治疗、护理原则的基础上，可优先解决患者主观上迫切需要解决的问题。

（4）优先解决现存问题，但不要忽视潜在问题。

2. 排列顺序

（1）首优问题：指直接威胁患者的生命、必须立即解决的问题。如气体交换受损、体液不足、心排血量减少等问题，如果不及时采取措施，将直接威胁患者的生命。急、危重患者在紧急状态下，常可能同时存在多个首优问题。

（2）中优问题：指虽不直接威胁患者的生命，但可带来身体上或心理上的痛苦，严重影响健康的问题。如有感染的危险、腹泻、语言沟通障碍、尿失禁等。

（3）次优问题：指人们在应对发展和生活中变化时所产生的问题，与此次发病关系不大，不属于此次发病所反映的问题。这些问题并非不重要，而是指在安排护理工作时可稍后考虑。如急性心肌梗死的患者伴有肥胖，存在"营养失调：高于机体需要量"，与此次发病没有直接联系的护理问题，在急性期护士会把这一问题列为次优问题，待患者进入恢复期再进行处理。

 考点提示

护理诊断排序。

（二）设定预期目标

预期目标即护理目标，指护理对象接受护理后期望能达到的健康状态，包含功能、认知、行为及情感（或感觉）等方面。

例如：①功能改变方面，活动无耐力：与长期卧床有关。目标：1周后患者自行行走200 m而不出现心悸、气短、头晕等表现。②认知改变方面，知识缺乏：缺乏预防胰腺炎复发的知识。目标：出院前患者能复述引起胰腺炎复发的两个因素。③行为改变方面，体液过多：与心功能不全致体循环淤血有关。目标：1周内患者能自觉摄入低盐饮食。④情感（或感觉）改变方面，焦虑：与心绞痛反复多次发作有关。目标：3日内患者主诉不安、担心的感觉减轻。每一个护理诊断可同时有包括功能、认知、行为或情感方面的多个目标。

1. 目标的陈述方式　常包括以下5个部分：

（1）主语：是指护理对象或护理对象的一部分，如患者、患者的体温等。在目标陈述中，护理对象作为主语可以被省略。

（2）谓语：是行为动词，指主语将要完成且能被观察到的行为。

（3）行为标准：是指主语完成行为所要达到的程度，包括时间、距离、速度、次数等。

（4）条件状语：是指主语在完成某行为所处的条件状况，不一定在每个目标中都出现。

（5）时间状语：指主语应在何时达到目标中陈述的结果，即进行评价的时间。

例如：<u>4周后</u>　<u>患者</u>　<u>借助双拐</u>　<u>能行走</u>　<u>100米</u>。
　　　时间状语　主语　条件状语　　谓语　　行为标准

　　　<u>2小时后</u>　<u>患者体温</u>　<u>下降至</u>　<u>正常范围</u>。
　　　时间状语　　主语　　　谓语　　行为标准

2. 目标的种类　根据实现目标所需时间长短，目标可分为短期目标和长期目标。

（1）短期目标：指在较短时间内（一般1周之内）可达到的目标。如"1周内体重下降1 kg"。

（2）长期目标：指需要较长时间（一般1周或以上）才能实现的目标。长期目标往往需要一系列短期目标才能实现，如"在出院之前患者学会自行注射胰岛素"。

3. 制订目标时的注意事项

（1）目标的主语一定是护理对象或护理对象的一部分，而不能是护士。

（2）目标中只能出现一个行为动词。

（3）目标应是可测量、可评价的。行为标准应尽量具体，避免使用含糊、不明确的词句，如减少、增强、了解、适量等。

（4）目标应是护理范畴内的，可以通过护理措施达到。

（5）目标应切实可行，要在患者能力可及的范围内，考虑其身心状况、智力水平、既往经历及经济条件等。

（6）鼓励患者参与目标的制订，这样可以提升护理对象对健康管理的认知，促使其成为自我健康的第一责任人。

 考点提示

护理目标陈述。

（三）制订护理措施

护理措施（nursing intervention）是护士帮助护理对象实现预定目标所采取的具体工作方案，也可称为护嘱。护理措施的制订是护理人员运用自身的专业知识和实践经验，围绕护理对象的护理诊断，运用评判性思维做出的综合决策过程。

1. 护理措施的类型　护理措施可分为以下3类：

（1）独立性护理措施（independence care measures）：指不依赖医嘱，护士能够独立提出和采取的措施。如护士评估患者长期卧床容易导致"皮肤完整性受损"，护士则定期为患者翻身即属于独立的护理措施。

（2）合作性护理措施（cooperative care measures）：指护士与其他健康保健人员相互合作采取的措施，如患者出现"营养失调：高于机体需要量"的问题时，护士为帮助患者恢复理想的体重而跟营养师或运动医学专家商讨，并将他们的意见融入护理计划中。

（3）依赖性护理措施（dependency care measures）：指护士遵照医嘱执行的护理活动。如遵医嘱给药等。

2. 制订护理措施的原则与注意事项

（1）护理措施应有针对性：护理措施应针对护理目标制订，否则即使护理措施没有错误，也无法实现目标。

（2）护理措施必须具有科学性：护士应以循证护理为基础，运用最新的科学证据，结合个人技能和临床经验，充分考虑护理对象的需要，选择并制订恰当的护理措施。

（3）护理措施应与其他医疗措施保持一致：制订措施时，应参阅医嘱和相关记录。意见不同时，应与其他医务人员协商，达成共识。

（4）护理措施应切实可行、因人而异：制订措施时需考虑以下3个方面：①针对护理对象的具体情况。②护理人员的构成情况，如是否有足够的人员，护理人员的知识水平、技术水平是否能胜任并实施所制订的措施等。③医院的设施、设备是否能够满足。

（5）护理措施应明确、具体、全面：护理措施要明确执行时间、具体内容、方法，便于措施的执行和检查。

 考点提示

护理措施的类型。

（四）护理计划成文

护理计划成文是将护理诊断、目标、措施等按一定格式书写出来。这不仅为护理程序的下一步实施提供指导，也有利于护士之间及护士与其他医务人员之间的沟通与交流。不同医院书写护理计划的格式不尽相同，很多医院将护理计划制成表格形式，内容一般包括日期、护理诊断、预期目标、护理措施及效果评价等内容（表4-4）。

表4-4 护理计划单

科别：　　　病区：　　　床号：　　　姓名：　　　年龄：　　　性别：　　　住院号：

日期	护理诊断	预期目标	护理措施	效果评价	停止时间	护士签名

四、护理实施

护理实施（nursing implementation）是将护理计划付诸实践的过程。所有的护理问题都需要通过实施各种护理措施得以解决。实施过程包括实施前准备、实施和实施后记录3个部分。在某些特殊情况下，如遇到急诊患者或病情突然变化的患者，护士只能先在头脑中迅速形成一个初步护理计划,立即采取紧急救护措施,事后补上完整的护理计划。

（一）实施前的准备

这一阶段要求护士思考与实施有关的几个问题：

1. **做什么（what）** 包括回顾已制订好的护理计划,以保证其内容与护理对象目前情况相符合,是合适的、安全的。然后将实施的护理措施进行组织。每一次接触护理对象,护士要执行多项措施,而这些措施可能对应着不同的护理诊断,因此在实施前应将它们集中组织起来。如到患者床旁准备按顺序做以下工作：评估昨晚睡眠情况、查看受压部位皮肤情况、静脉穿刺滴注抗生素、记录患者尿量。

2. **谁去做（who）** 确定护理措施是由护士做还是其他医务人员做。如果是由护士做,由哪一层次或级别的护士做,是一个护士做还是多个护士合作。

3. **怎样做（how）** 即实施时使用什么技术或技巧,如需用到基础护理操作或仪器操作,则应将操作步骤回顾一遍。如需用到沟通技巧,则应考虑在沟通中可能会出现哪些问题,如何应对。

4. **何时做（when）** 根据服务对象的具体情况、健康状态,选择执行护理措施的时机,如有关饮食的健康教育可安排在家属探视时进行。

5. **何处做（where）** 确定实施护理措施的场所,对涉及患者隐私的操作,更应该注意环境的选择。

（二）实施

实施是护士运用操作技术、沟通技巧、观察能力、合作能力和应变能力去执行护理措施的过程。这个过程不仅使护理诊断得以解决,也培养了护士的能力,增加了工作经验,并有利于建立良好的护患关系。执行护理措施的同时,护士要对患者的病情及患者对疾病的反应进行评估,并对护理的效果进行评价。因此,实施过程也是评估和评价的过程。

（三）实施后记录

1. **记录的意义** ①记录患者接受护理期间的全部经过。②有利于其他医护人员了解该患者的情况。③可作为护理质量评价的一项内容。④可为以后的护理工作提供资料和经验。⑤记录是护理工作过程的直接体现。

2. **记录方法** 护理人员应及时、准确地记录护理对象的健康问题及病情变化,记录要求客观、简明扼要、重点突出,使用专业术语,不得漏记、无涂改。护理记录可采取文字描述或填表,在相应项目上画"√"的方式。护理记录的方式有多种,目前比较常用的是 PIO 格式（即问题、措施、结果）、SOAP 格式（即主观资料、客观资料、评估分析、处理计划）、SOAPIE 格式（即主观资料、客观资料、评估、计划、实施、评价）等。PIO 记录格式见表 4-5。

表 4-5 护理记录单（PIO 格式）

科别： 床号： 姓名： 年龄： 性别： 住院号：

日期	时间	护理记录	签名
2020-10-10	9:00	P：气体交换受损：与肺气肿引起的有效通气面积减少和肺部感染有关	王琳
		I：1. 持续低流量双侧鼻导管给氧 2 L/min	
		2. 严密监测生命体征及 SpO_2 变化,及时采集血气分析,立即送检	
		3. 遵医嘱予以头孢曲松钠 4 g ivgtt. bid,及时准确用药,观察药物效果和副作用	
2020-10-10	18:00	O：患者胸闷、憋气、呼吸困难症状消失,感到舒适	王琳

五、护理评价

护理评价（nursing evaluation）是将实施后护理对象的健康状态与预期目标进行比较，按评价标准对护士执行护理程序的效果、护理质量做出评定的过程。护理评价是护理程序的最后一步，但它贯穿护理程序的全过程。评价并不意味着护理程序的结束，相反，通过评价会发现新问题、做出新诊断和计划，或对以往方案进行修改，使护理程序循环往复地进行下去。评价通常包括收集资料、判断效果、分析原因、修订计划4个步骤。

（一）收集资料

收集有关护理对象目前健康状态的资料，资料的具体内容和收集方法参照本节前面的护理评估中的收集资料。

（二）判断效果

在目标陈述中所规定的评价时间到达后，将护理对象目前的健康状况与预期目标中的状况进行比较，以判断预期目标的实现程度。目标实现的程度有以下3种：

1. 目标完全实现。
2. 目标部分实现。
3. 目标未实现。

例如，预定目标为："1周后患者能自行注射胰岛素"。1周后的评价结果为：患者规范操作，完成了自行注射胰岛素，则目标完全实现。若患者除定位不准确外，其余操作规范，则目标部分实现。若患者不能规范操作，则目标未实现。

（三）分析原因

通常目标未实现的原因有以下几个方面：

1. 收集的资料是否真实、正确、全面。
2. 护理诊断是否正确。导致护理诊断不正确的原因常包括：①资料收集有误。②没有严格按照诊断依据提出护理诊断。③相关因素不正确。④混淆了危险的护理诊断与合作性问题。
3. 制订的目标是否正确，是否具有针对性，是否切实可行。如目标超出护士或患者的能力和条件，使目标无法实现。
4. 护理措施是否恰当，执行是否有效。
5. 患者的病情是否发生了变化。
6. 患者及家属是否配合。

（四）修订计划

护理计划不是一成不变的，需根据护理对象情况的变化而及时调整。

1. 停止　护理目标已完全实现，则停止相应的护理措施。
2. 继续　若目标、措施正确，护理问题有一定程度改善，但未彻底解决，则继续执行计划。
3. 修正　护理目标若部分实现和未实现，要分析、寻找原因，修正不恰当的诊断、目标、措施。
4. 增加　在评价过程中出现新的健康问题，应将护理诊断、预期目标和护理措施添加到护理计划中。
5. 取消　原有的潜在问题若未发生，通过进一步收集资料，评估患者的护理问题的危险性已经不存在了，则可取消相应诊断、目标、措施等。

知识链接

评判性思维

评判性思维（critical thinking），也称为批判性思维，是指个体在复杂的情景中，灵活运用已有的知识和经验，对问题及解决方法进行选择、识别、假设，在反思的基础上进行分析、推理、做出合理判断和正确取舍的高级思维方法。20世纪80年代后被逐渐引入护理领域，经过多年的发展，评判性思维已成为护理学科重要的组成部分，是当今护士应当具备的基本核心能力。护理程序的正确应用离不开评判性思维，护理程序每一个步骤都需要护士运用评判性思维的方法去思考，并创造性地开展工作和解决问题。

思政园地

护理程序与马克思主义哲学思想

护理程序包括评估、诊断、计划、实施和评价五个步骤，是指导护理工作的一种系统而科学的方法。马克思主义是我们立党立国的根本指导思想，是无产阶级实现自身解放的科学的世界观和方法论。两者均属于方法论。马克思主义哲学思想对培养护理人员的科学思维和循证理念具有极其重要的指导意义。

护理评估阶段：人像一个黑箱系统，护理人员需要通过观察外在表现来分析护理对象的真实健康状况。

护理诊断阶段：护理人员需要"通过现象看本质"，确定出护理问题。

护理计划阶段：护理人员需要"分析主要矛盾和次要矛盾"。面对多个护理诊断，护理人员必须抓准主要矛盾，也就是首优问题，并及时采取积极有效的措施，挽救生命。

护理实施阶段：护理人员需要"对具体问题作具体分析"。在实施护理计划时，不能盲目执行，要根据患者病情的动态变化及其意愿，具体问题具体分析，对患者实施个性化护理。

护理评价阶段：要对整个护理过程进行反思，结合患者及其家属的意见和满意度，对将来的工作进行整改。

护理程序的运用过程也是护理人员在运用马克思主义哲学思想，培养自身科学思维和循证护理理念、树立正确的专业价值观的过程。

自 测 题

一、选择题

1. 下列护理诊断的陈述中，错误的是
   A. 如厕自理缺陷：与术后切口疼痛有关
   B. 皮肤完整性受损：与长期卧床有关
   C. 胸痛：与胸闷、憋气有关
   D. 睡眠型态紊乱：与睡眠环境嘈杂有关
   E. 便秘：与生活方式改变有关
2. 以下对护理目标陈述正确的是
   A. 教会患者有效的呼吸方法

B. 每日用轮椅推患者外出活动半小时

C. 护士3天内解除患者的便秘痛苦

D. 患者在家属搀扶下行走50 m

E. 住院期间使患者不发生压力性损伤

3. 患者，男性，20岁。因高热、咳嗽入院，诊断为"大叶性肺炎"。以下是护理评估收集到的患者资料，其中属于主观资料的是

    A. 体温39.5 ℃   B. 咳白色痰   C. 急性病容

    D. 咽喉疼痛   E. 听诊双肺啰音

4. 患者，男性，55岁。因严重脑外伤收入院。护士判断患者存在以下健康问题，其中应优先解决的是

    A. 皮肤完整性受损   B. 尿失禁

    C. 低效性呼吸型态   D. 营养失调：低于机体需要量

    E. 语言沟通障碍

5. 患者，男性，50岁。以"急性阑尾炎"收住院。入院观察患者呈急性面容，蜷曲体位。这种收集资料的方法属于

    A. 视觉观察法   B. 触觉观察法   C. 听觉观察法

    D. 嗅觉观察法   E. 味觉观察法

6. 患儿，2岁，因支原体肺炎入院，平时由保姆照顾，此时收集资料的主要来源应是

    A. 患儿母亲   B. 患儿自己   C. 患儿的病历

    D. 文献资料   E. 患儿保姆

7. 患者，女性，23岁。因急性心肌炎入院，护士进行评估收集资料，以下全部属于主观资料的是

    A. 气促、心悸、心动过速   B. 心悸、疲乏、周身不适

    C. 心动过速、气促、发热   D. 发热、疲乏、速脉

    E. 心动过速、烦躁

8. 患者，男性，40岁。出租车司机。因肺炎球菌性肺炎入院，患者咳嗽，呼吸困难，自觉头胀痛，恶心，不思饮食，全身无力。体温39.2 ℃，脉搏120次/分，呼吸浅快，皮肤口唇发绀。希望医生尽快治好疾病回去工作。排列在首位的护理诊断应该是

    A. 舒适的改变：疼痛   B. 气体交换受损   C. 活动无耐力

    D. 体温过高   E. 焦虑

（9～10题共用题干）

患者，女性，60岁。因2型糖尿病入院治疗，现症状缓解即将出院。患者来自农村，小学文化。出院前护士需教会患者自行注射胰岛素的方法。

9. 对该患者最合适的护理诊断是

    A. 有血糖潜在升高的可能   B. 有感染的可能

    C. 知识缺乏   D. 不合作

    E. 无能为力

10. 为该患者制订护理目标，正确的陈述是

    A. 每餐前30分钟注射胰岛素1次

    B. 在护士指导下7日内学会自己注射胰岛素

    C. 教会患者自行注射胰岛素的方法

D. 定期到医院复查血糖

E. 维持血糖在正常水平

（11～13题共用题干）

患者，女性，22岁。患者3小时前在户外游玩时突然张口喘息、大汗淋漓而急诊入院。体格检查：T：36.8℃，R：30次/分，BP：118/74 mmHg，神志清醒，精神紧张，端坐位，口唇发绀，双肺叩诊过清音，双肺野闻及广泛哮鸣音，呼气明显延长，有奇脉。患者自幼常在春季发生阵发性呼吸困难，其母有支气管哮喘病史。

11. 医生确诊该患者为支气管哮喘，则该患者入院时的首优问题是

  A. 低效性呼吸型态   B. 气体交换受损   C. 有窒息的危险

  D. 有体液不足的危险   E. 恐惧

12. 患者5小时后能平卧休息，呼吸困难缓解，针对首优问题评价后的处理方案是

  A. 停止   B. 继续   C. 修正

  D. 取消   E. 保留部分增加新诊断

13. 下列属于独立性护理措施的是

  A. 记录液体出入量   B. 沐舒坦雾化吸入

  C. 与营养师合作制订营养方案   D. 抽血做血气分析

  E. 指导有效咳嗽

二、简答题

1. 简述合作性问题的概念和陈述方式。
2. 简述护理诊断与医疗诊断的区别。

三、案例分析

患者，杨某，连续发热3天，服退热药后出汗多，体温下降，但不久又发热，并有咳嗽，痰多黏稠，咳时伴有胸痛，经私人诊所用大量青霉素静滴2天无效而入院，护理检查：T 39.5℃，P 120次/分，R 24次/分，BP 114/62 mmHg，体重50 kg。呼吸规则，听诊：两肺下部有干、湿啰音，大便每天4～5次，便稀无黏液，小便量少，其余正常。WBC：10×10^9/L，X线：双肺下侧有片状浸润阴影，伴有胸腔积液。入院后给红霉素1 g，ivgtt，bid。

请回答：

（1）请给该患者提出至少5个护理诊断，并排列诊断的优先顺序。

（2）选择其中一个护理诊断并制订一份护理计划。

（黄　丽）

第五章　医院与住院环境

思 维 导 图

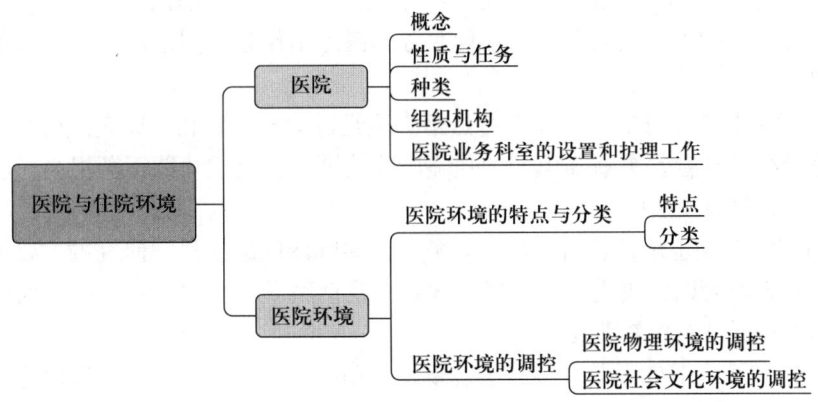

学习目标

1. 说出医院的任务和分类。
2. 比较医院各业务科室护理工作的内容。
3. 描述医院环境调控的有关要素。
4. 能正确接诊门急诊和病区患者。
5. 具备良好人文关怀素养及严谨的工作态度，形成以人为本的护理服务理念。

第一节　医　院

医院是以向人提供医疗护理服务为主要目的的医疗机构。护理服务对象不仅包括患病的人，也包括健康的人。服务内容涉及人生命周期各个阶段的生理、心理、社会、精神、文化等多个层面。环境与人类的健康密切相关，良好的医疗环境对治疗和康复起到积极的促进作用。护理人员应充分利用环境中的有利因素，消除和改善环境中的不利因素，为服务对象营造一个安全、舒适、整洁、安静的治疗环境，满足患者的需要，促进患者康复。

一、概念

医院（hospital）是指配有一定数量的病床设施、医务人员和必要的医疗设备，医务人员运用医学理论与技术对广大民众或社会特定人群进行治病、防病的场所，并为其提供诊治和护理服务的医疗卫生机构。

二、性质与任务

（一）性质

根据卫生部1982年颁布实施的《全国医院工作条例》，医院的基本性质是"医院是治病、防病，保障人民健康的社会主义卫生事业单位，必须贯彻国家的卫生工作方针、政策，遵守政府法令，为社会主义现代化建设服务"。

（二）任务

《全国医院工作条例》明确了医院的任务："以医疗工作为中心，在提高医疗质量的基础上，保证教学和科研任务的完成，并不断提高教学质量和科研水平。同时做好扩大预防、指导基层和计划生育的技术工作"。

1. 医疗工作是医院的主要任务　医院的医疗工作以诊治和护理两大工作为主体，与医技部门密切配合，为患者提供优质的医疗与护理服务。医疗工作分为门诊医疗、急诊医疗、住院医疗和康复医疗。

2. 教育教学　医学教育的一个显著特点是必须经过学校教育和临床实践两个阶段。在职人员需要不断接受继续教育，更新知识和加强临床技能训练，这样才能不断提高其服务理念与技术水平，适应医学科技发展的需要。

3. 科学研究　医院也承担着科学研究任务，许多临床问题是科学研究的主要课题。通过开展科研工作，一方面可以解决临床上的疑难问题，推动医学事业发展；另一方面也可将科研成果充实到教学中，促进医疗教学发展。

4. 预防保健和社区卫生服务　各级医院要发挥预防保健功能，开展社区医疗和家庭卫生服务；指导基层做好计划生育、妇幼保健工作；进行健康咨询、健康教育、疾病普查等工作。发挥提高社区居民的自我保健意识和生活质量，提高全民健康素质的作用。

三、种类

根据医院的任务、服务范围、服务对象、技术力量等不同划分条件，可将医院分为不同类型（表5-1）。

表 5-1　医院的分类

划分方法	医院类型
按收治范围	综合性医院、专科医院、康复医院、职业病医院
按特定任务和服务对象	部队医院、企业医院、医学院校附属医院
按医院所在地	城市医院、农村医院
按所有制	全民所有制医院、集体所有制医院、个体所有制医院、中外合资医院
按卫生部分级管理制度	一级医院、二级医院、三级医院

根据医院的功能、任务、设施条件、技术力量、医疗服务质量和科学管理的综合水平，将其分为三级（一、二、三级）、十等（每级设甲、乙、丙三等，三级医院增设特等），实行医院标准化管理和目标管理。各级医院的功能和任务见表5-2。

表 5-2 医院分级

级别	功能	任务
一级医院	直接向具有一定人口（≤10万）的社区提供医疗、预防、保健和康复服务的基层医疗卫生机构，如乡镇卫生院、城市街道医院	直接对群众提供一级预防，对多发病、常见病进行管理，对疑难重症进行正确转诊，同时协助上级医院做好住院前后的服务
二级医院	向多个社区（其半径人口一般在10万以上）提供综合医疗卫生服务和承担一定教学、科研任务的地区性医院，如一般市、县医院	提供医疗护理、预防保健和健康服务，参与指导对高危人群的监测，接受一级医院转诊；指导一级医院的业务，进行一定程度的教学和科研
三级医院	向全国及跨地区、省、市提供更高层次的医疗卫生服务，是全面医疗、护理、教学与科研相结合的医疗预防技术中心，如国家、省、市直属的市级医院及医学院附属医院	提供全面连续的医疗护理、预防保健、康复服务和高水平的专科医疗服务，解决危重及疑难病症，接受二级医院转诊，对下级医院进行指导和培训，并承担教学、科研任务

四、组织机构

不同级别的医院在机构的设置规模上有所不同。医院的组织机构分为医院的行政管理组织机构和医院的业务组织机构两大类。院内的组织系统依据其职能可分为党群组织系统、行政管理组织系统、临床业务组织系统、护理组织系统和医技组织系统。在大型医院的组织系统中，为进一步做好协调和联系各部门的工作，也可增设某些管理系统，如专家委员会、院务会等以专家为主的智囊团组织，为医院管理者的决策提供参考意见或协调各职能部门的工作。

五、医院业务科室的设置和护理工作

（一）门诊部

门诊部是医院的服务窗口，是集诊查、治疗、处置、日常医疗与保健、科研教学、心理咨询、卫生宣传教育、计划免疫及行政管理于一体的功能部门。门诊部具有来往人员多、流动性大、病种复杂、就诊时间短等特点。医务人员的技术水平和服务质量直接影响患者就医质量和医院的社会形象。医务人员应坚持"以患者为中心"，提供优质服务，使患者得到满意的治疗及护理，优化门诊流程，增加便民措施，做到布局合理、设施安全、标志醒目，并保持环境整洁、安静。

1. 门诊部的设置和布局 门诊部设有挂号室、收费室、候诊室、分科诊室、药房、治疗室、换药室、检验科、放射科等其他辅助检查室。其中，诊室内配置有诊察床及遮隔设施、诊断桌、洗手设施，诊断桌上备有检查检验申请单、处方及各种检查用具。治疗室内配备有氧气、吸引装置、急救药品等急救设备。

门诊部的环境应体现以人为本、患者至上的理念，做到安静、整洁、明亮、绿化、美化和布局合理，各种标志和路牌应醒目，就医程序简便、快捷。门诊大厅应设立导诊处，配置多媒体查询屏及电子显示屏，使就诊者能及时获得医疗服务信息。各科候诊室应宽敞、舒适，布局及装饰突出专科特色，备有常见病预防和康复等宣传读物，使患者感到舒适、亲切。

2. 门诊部的护理工作

（1）预检分诊：预检分诊工作需由实践经验丰富的护士担任，在简明扼要地询问病史、观察病情和护理体检的基础上对患者进行评估，做出初步判断，给予合理的分诊挂号指导。对疑似传染病或传染病患者实行严格的隔离措施，防止传染病传播及扩散。

（2）安排候诊与就诊：患者挂号后，分别到各科门诊候诊室依次等候就诊。护士维持好诊疗秩序，做好相应护理工作。①做好开诊前的准备，整理候诊厅和各诊疗室环境，保持适宜的温度及湿度，备齐诊疗用物并保证其性能良好。②开诊后，按挂号先后顺序安排就诊，整理初诊和复诊病历，收集及整理各种辅助检查报告单。③给予患者就诊前的指导和必要的准备工作，如测量并记录生命体征、血糖，指导女性患者妇科检查前排空膀胱等。④密切观察候诊患者的病情变化，遇有病情加重的患者，如高热、呼吸困难、剧烈疼痛等，应立即安排就诊或送急诊科处理，必要时配合医生进行抢救。对于病情较重或年老体弱的患者，可适当调整就诊顺序。⑤指导就诊患者正确留取标本，耐心解答患者及家属提出的有关问题。⑥做好就诊后各诊室和候诊大厅的用物整理及终末消毒工作。

（3）健康教育：利用候诊时间开展形式多样的健康教育。护士应根据就诊专科性质，采用宣传手册、挂图、广播、视频等形式，将该专科常见病和多发病的预防、治疗及康复等知识对患者进行健康教育。

（4）实施治疗：执行需在门诊进行的治疗，如各种注射、换药、导尿、灌肠、穿刺、引流等。应严格遵守查对制度和操作规程，确保治疗安全、有效。

（5）消毒和隔离：门诊是患者的集散地，病种多而复杂，人群流动性大，极易发生交叉感染。对于传染病或疑似传染病患者，应及时安排到隔离门诊就诊，并按规定做好疫情报告及消毒隔离工作。

（6）预防保健：经过专门培训的护士可参与各类保健门诊的咨询和诊疗工作，开展健康体检、预防接种、疾病普查、健康教育等工作。

（二）急诊科

急诊科是抢救急、危、重症患者的重要场所，是抢救生命的第一线。急诊科护理的技术管理应最优化、标准化、程序化、制度化；组织管理应保证抢救工作及时、准确、有效。急诊科护士应具备各种急救知识和技术，抢救技术熟练，动作敏捷，素质良好。

1. 急诊科的设置与布局　急诊科设有护士站、预检处、诊疗室、抢救室、监护室、观察室、清创室、治疗室、处置室等，并配有挂号室、药房、辅助检查室、收费室、急诊超声室、急诊CT室等，形成一个相对独立的单元，以保证患者尽快得到抢救。急诊科的环境应宽敞、明亮、整洁、安静和便利，配有专用电话、急救车、平车和轮椅等运送工具；设有专用通道通往手术室及住院部各临床科室；各种标志清晰、突出，路标指向清楚，夜间照明明亮，以保证患者尽快得到救治。

2. 急诊科的护理工作

（1）分诊：①分诊护士通过"一问、二看、三检查、四分诊"的顺序，快速、准确地做出判断，立即通知相关专科医生进行诊治。②需要立即展开抢救的急、危、重症患者，应立即送往抢救室进行抢救。③遇患有或疑似患传染病的患者，应将其安排到隔离室就诊。④遇有意外灾害事故，应立即通知医院相关部门组织抢救。⑤遇涉及法律问题的患者，应迅速通知科主任、护士长、医务科、保卫科及公安部门，并积极抢救，做好自我保护，提高警惕。

（2）抢救工作

1）物品准备：包括一般物品、无菌物品、抢救设备、急救药品和通信设备。一切急救药品和物品应做到"五定"，即定品种数量、定点放置、定人保管、定期消毒灭菌、定期检查维修。抢救物品的完好率达到100%。所有护士应熟练掌握急救物品和设备的性能和使用方法，并能排除一般故障。抢救室内的物品不得外借，值班护士应班班交接，急救器械和药品应配有简明扼要的使用说明卡。急救常用设备及物品见表5-3。

表 5-3　急救常用设备及物品

种类	名称
诊疗物品	血压计、听诊器、开口器、压舌板、舌钳、手电筒、止血带、输液架、吸氧管、吸痰管、胃管等
无菌物品	各种穿刺包、急救包、各种无菌手术包、各种无菌敷料包、各种型号的注射器、输液器、输血器、气管插管包、导尿包、无菌手套等
急救器械	抢救车、简易呼吸器、氧疗设备、吸引设备、多功能生命体征监测仪、电除颤器、心脏起搏器、呼吸机、超声波诊断仪、洗胃机、心电图机、血气分析仪、血液净化仪、体外起搏器、输液泵、注射泵、肠内营养输注泵及各种急救用具等
急救药品	中枢神经兴奋药、强心药、利尿药、镇痛镇静药、血管扩张药、抗心律失常药、拟肾上腺素药、抗胆碱药、止血药等，此外还有解毒药以及纠正水、电解质代谢紊乱及调节酸碱平衡药等
通信设备	传呼系统、电话、对讲机等

2) 抢救配合：①严格按急诊服务流程与规范实施抢救。在医生到达前，护士应根据病情给予紧急处理，如保持呼吸道通畅、吸氧、止血、配血、体位固定、建立静脉输液通道、进行基础生命支持等。医生到达后，立即向医生汇报处理情况，正确执行医嘱，密切观察患者病情变化，及时判断抢救效果。②做好抢救记录。抢救记录的内容包括患者病情变化情况、抢救时间及措施、参加抢救的医务人员姓名等，并且明确患者、医生到达时间，抢救措施落实时间。一般情况下，医生不得下达口头医嘱。但因抢救急危患者需要下达口头医嘱时，护士应当复诵一遍，双方确认无误后执行。抢救结束后，医生应即刻据实补记医嘱。③认真执行查对制度。各种急救药品需经两人核对无误后方可弃去。输液空瓶、输血空袋等应集中放置，以便进行统计和查对。

(3) 病情观察：急诊科设有观察室，供需在急诊科治疗和留院观察的患者使用。急诊观察时间一般为 3～7 日。

1) 入室登记，建立病历，填写各项记录并书写留院观察报告。
2) 主动巡视和观察患者病情变化，及时处理医嘱，做好基础护理工作，预防并发症。
3) 做好急诊室的护患沟通工作，给予患者心理护理，并耐心向家属解释，取得家属的理解和信任。
4) 维护观察室环境整洁和安静，保障患者休息，确保医疗护理工作顺利进行。

 考点提示

不同科室的护理工作者能正确接诊不同类型的患者。

(三) 病区

病区是住院患者接受诊疗、护理及康复休养的场所。病区的设置、布局和管理直接影响医院各项任务的完成和服务质量的高低。因此，护士应为患者创设一个安全、舒适的物理环境及和谐的社会环境，保证医院各项任务顺利完成，促使患者早日康复。

1. **病区的设置和布局**　每个病区设有病室、抢救室、治疗室、换药室、医生值班室、护士站、会议室、配膳室、仓库、盥洗间、浴室、厕所、处置室、医护休息室及示教室等。有条件的病区还可设置患者康复室、娱乐室及会客室等。根据医院条件，每个病区设 30～40 张床位，每间病室设 2～4 张床位，两床间的距离不少于 1 m，床与床之间设隔帘，有利于开展护理工作及保护患者的隐私。

2. 病区的护理工作　病区护理工作的核心是以患者为中心，运用护理程序对患者实施整体护理，为患者提供优质服务，满足其生理、心理和社会需要，促使患者早日康复。病区护理工作有以下主要内容：

（1）评估患者健康状况，合理制订护理计划，全面落实护理措施，及时评价护理效果，并适时补充及修改护理计划。

（2）执行医嘱，协助医生完成各项诊疗、抢救和护理工作，杜绝各种差错及事故的发生。

（3）巡视病房，进行病情观察，了解患者病情变化及治疗效果。如发现异常情况，及时处理并报告。

（4）做好患者的生活护理，满足患者舒适、清洁、安全方面的需要。

（5）了解患者心理需求及变化，及时进行心理护理。

（6）做好病区消毒和隔离工作，预防医院内感染的发生。

（7）做好患者的入院介绍、在院健康教育和出院指导。组织患者学习、宣传卫生知识和住院规则。

（8）协助患者办理入院、出院、转科及转院手续。

（9）及时、准确、清晰、客观地书写各种护理文书，并按要求保管。

（10）认真做好病区环境管理工作，避免和消除一切不利于患者康复的环境因素。

（11）参加护理教学和科研工作，不断提高临床护理的质量和水平。

第二节　医院环境

案例 5-1

患者，男性，65岁。于5天前洗澡后受凉，出现寒颤，体温高达40 ℃，伴咳嗽、咳痰，痰量不多，为白色黏痰。无胸痛，无痰中带血，无咽痛及关节痛。病后纳差，睡眠差，大小便正常，体重无变化。既往体健，个人史、家族史无特殊。体格检查：T 38.5 ℃，P 100次/分，R 20次/分，BP 120/80 mmHg。

问题与思考：

1. 针对此患者，护士应如何调控病区物理环境？
2. 从医院社会环境角度出发，如何促进患者舒适？

随着现代医学模式的确立，医院的功能从单纯的治疗疾病的场所向集预防、治疗、保健、康复等多种功能为一体的健康服务中心转变。提供安全、舒适的治疗环境是护士的重要职责之一。医院环境的安排和布置都要以服务对象为中心，并考虑环境的舒适与安全，尽量减轻服务对象的痛苦，促进其康复。

一、医院环境的特点与分类

（一）医院环境的特点

医院是对特定的人群进行防病治病的场所，是专业人员在以治疗为目的的前提下创造的一个适合患者恢复身心健康的环境。医院环境是医务人员为患者提供医疗和护理服务的场所。个体在生命过程中都有可能接触医院环境，医院环境不仅可以影响患者在就医期间的心理感受，还可以影响患者疾病恢复的程度与进程，也是影响医疗护理质量和患者满意度的重要因素。安全、舒适、优美的医院环境适合患者恢复健康。良好的医院环境应具备以下特点：

1. **服务专业性**　由于护理人员在提高医疗服务质量中起相对独立的作用，现代医院要求护理人员要具有全面的专业理论知识、熟练的操作能力和丰富的临床经验，能够科学地照顾患者，为其提供专业的生活护理、精神护理、营养指导等服务，并在新技术、新专业不断发展的同时，进一步满足患者多方位的健康需求。

2. **安全舒适性**　医院是患者治疗疾病、恢复健康的场所，首先应满足患者的安全需要。

（1）治疗性安全：患者的安全舒适感首先来源于医院的物理环境，包括空间、温度、湿度、空气、光线、噪声的适量控制、清洁卫生的维持等。医院的建筑设计、医疗设备配置、环境布局应符合有关标准，安全设施齐备完好，治疗和护理过程中避免患者发生损伤。

（2）生物环境安全：在治疗性医疗环境中，致病菌及感染源的密度相对较高，因此应加强对医院环境的管理，建立完善的院内感染监控系统，健全有关制度并严格执行，避免发生院内感染和疾病传播，保证医院生物环境的安全性。

（3）心理安全：良好的医患、护患关系能有效减轻或消除患者的压力，有助于提高治疗效果并加速患者的康复进程。因此，医护人员应积极为患者营造良好的人际关系氛围，与患者建立和睦的人际关系，加强对患者的心理支持，满足患者获得尊重及爱与归属的需要，以增加患者的心理安全感。

3. **管理统一性**　医院医疗服务面广，分工协作部门复杂多样，在"一切以患者为中心"的思想指导下，医院根据具体情况制定院规，统一管理，保护患者及医院工作人员的安全，提高工作效率和质量。如在病区护理单元中，应具体做到：

（1）病室整洁，物品配备和环境布局以满足患者需求和方便使用为原则。

（2）协助做好患者的生活护理工作，保持患者良好的卫生状况。

（3）工作人员衣帽整洁，仪表端庄，遵守医院各项规章制度，尽量减少噪声，给患者提供安静的休养空间。

（4）治疗后用物及时撤去，排泄物、污染物及时清除。

（5）正确分类并处理医疗垃圾和生活垃圾。

4. **文化特殊性**　医院文化有广义和狭义之分。广义的医院文化包括医院硬文化和医院软文化两大方面。医院硬文化主要是指医院内的物质状态，如医疗设备、医院建筑、医院环境、医疗技术水平和医院效益等有形的东西，其主体是物。医院软文化是指医院在历史发展过程中形成的具有本医院特色的思想、观念等意识形态，行为模式和与之相适应的制度和组织结构，其主体是人。医院硬文化是医院软文化形成和发展的基础，医院软文化对医院硬文化具有指导和促进作用，两者有机整合，相互制约，相互转化。狭义的医院文化是指医院在长期医疗活动中逐渐形成的以人为核心的文化理论、价值观念、生活方式和行为准则等。适宜的医院文化是构建和谐医患关系的必要条件，构建医院文化正在日益由表层的物质文化向深层的精神文化渗透，将"以患者为中心"的服务理念融入医院管理中是医院组织文化建设的关键。

（二）医院环境的分类

医院环境按环境性质划分，可分为物理环境和社会文化环境；按环境地点划分，可分为门诊环境、急诊环境和病区环境。

1. **按环境性质划分**

（1）物理环境：指医院的建筑设计、基础设施以及院容院貌等为主的物质环境，属于硬环境。它是表层的、具体的、有形的，包括视听环境、嗅觉环境、诊疗单元、仪器设备、工作场所等。物理环境是医院存在和发展的基础。

（2）社会文化环境：医院是社会的一个特殊的组成部分，良好的医院社会环境作为医院文化建设的重要载体和表现形式，是医院提供人性化服务和落实"一切以患者为中心"理念的切实举措。医院的社会文化环境包括：

1）医疗服务环境：指以医疗护理技术、人际关系、精神面貌及服务态度为主的人文社会环境，属于软环境。它是深层次的、抽象的、无形的，包括学术氛围、服务理念、人际关系、文化价值等。医疗服务环境的好坏可以促进或制约医院的发展。

2）医院管理环境：包括医院的规章制度、监督机制及各部门协作的人际关系等，也属于软环境。

医院管理环境应坚持以人为本，满足患者需求，体现医院文化，并有利于提高医疗和护理工作效率。

2. 按环境地点划分

（1）门诊环境：门诊是医疗工作的第一线，它作为医院重要的窗口之一，是医院直接对患者进行诊断、治疗和开展预防保健的场所。门诊环境具有患者数量多、人群流动性强、人群病种多、就诊时间短、病情观察受限、诊疗环节错综复杂等特点。

（2）急诊环境：急诊科是抢救急、危、重症患者的重要场所，对生命垂危的患者及意外灾害事件，能提供快速、高效的服务，是城市急救网络的基本组成部分，在医疗服务中占有重要地位。急诊环境的管理应达到标准化、程序化、制度化。

（3）病区环境：病区是医务人员为患者提供医疗服务的主要功能区，是住院患者在医院接受治疗、护理及休养的主要场所，是医护人员全面开展医疗、预防、教学、科研活动的重要基地。清洁、整齐、舒适、安静的病区环境有助于患者保持稳定的心理状态，促进患者身心健康，并显著提高医疗护理质量。

二、医院环境的调控

医院的环境直接影响患者的身心舒适和治疗效果。患者在医院希望得到最佳医疗服务，并能够在安全、舒适的环境中接受诊疗和安心休养。因此，创造与维护适宜的医院环境是护理人员的重要职责。当医院环境不能满足患者康复需求时，护理人员应采取适当的措施对其进行调控。

（一）医院物理环境的调控

医院的物理环境是影响患者身心舒适的重要因素，它关系患者的治疗效果和疾病的转归。适宜的病室温度、湿度和通风条件以及安静的病室环境对患者病情恢复具有重要作用。因此，适当调控医院的物理环境，使之保持整洁、舒适、安全和美观是护士的重要职责。适宜的环境应考虑下列因素：

1. 空间 医院在为患者安排空间时，必须考虑患者整体的需要。要尽可能在医院条件许可的情况下，综合考虑不同病情、不同层次、不同人群的需要，保证患者有适当的空间，同时方便治疗和护理操作的进行。一般情况下，每个病区以30～40张病床为宜，每间病室宜设2～4张病床，尽量配有卫生间，病床之间的距离不得少于1 m。

2. 温度 适宜的温度有利于患者休息、治疗及护理工作的进行。在适宜的室温下，患者可以感到舒适、安宁，能减少消耗，利于散热，并可减轻肾负担。室温过高会使神经系统受到抑制，干扰消化和呼吸功能，不利于体热散发，影响体力恢复；室温过低会使人畏缩、缺乏动力、肌紧张而产生不安，也会使患者受凉。适宜的环境温度标准因人而异，如年纪较大、活动量较少的患者要比年纪较轻、活动量较大的患者所要求的温度高。一般来说，普通病室温度保持在18～22 ℃为宜，新生儿病房、老年病房、产房、手术室以22～24 ℃为宜。

考点提示

不同疾病患者对物理环境有不同的要求。

病室应配备室温计,以便护士能随时评估室内温度并加以调节,满足患者身心舒适的需要。由于季节的变换,气温差别很大,除依据气温变化适当增减患者的盖被及衣服外,护士应充分利用医院的设施条件,密切结合患者病情,对病室温度进行调节。夏季气温较高,使用空气调节器是调节室温的最好方法,或者通过打开门窗增加室内空气流通,加快体热散发速度,促进患者舒适。冬季气温较低,除采用空气调节器调节室温外,也可采用暖气等设备保持病室温度。此外,护士在执行各项护理操作时,应尽量避免患者不必要的暴露,以防患者受凉。

3. 湿度 湿度会直接影响皮肤表面的蒸发散热,从而影响人体舒适感。适宜的病室湿度为50%~60%。湿度过高或过低都会给患者带来不适感。湿度过高时,蒸发作用减弱,可抑制排汗,患者感到潮湿、气闷,尿液排出量增加,肾负担加重;湿度过低时,空气干燥,人体蒸发大量水分,可引起口干舌燥、咽痛、烦渴等表现,对呼吸道疾患或气管切开患者尤为不利。

病室应配备湿度计,以便护士能随时评估室内湿度并加以调节,满足患者身心舒适的需要。当室内湿度大于室外时,使用空气调节器是调节室内湿度的最好方法。无条件时,可通过打开门窗增加室内空气流通以降低湿度。室内湿度过低时,可以在地面上洒水,冬季可以在暖气上安放水槽、水壶等,以达到提高室内湿度的目的。

4. 通风 通风可以增加室内空气流动,改变室内温度和湿度,促进皮肤的血液循环,加速皮肤汗液蒸发和热量散失,提高患者的舒适感。通风是减轻室内空气污染的有效措施,它能在短时间内置换室内空气,降低空气中微生物的密度。通风效果受通风面积(门窗大小)、室内外温差、通风时间及室外气流速度的影响,一般通风30分钟即可达到置换室内空气的目的。

5. 噪声 噪声不但使人不愉快而且对健康不利,严重的噪声会引起听力损害甚至导致听力丧失。其危害程度视音量的大小、频率的高低、持续时间的长短以及个人的耐受性而定。个体对噪声的耐受性与患者的性格、职业、病情轻重程度、心理状态、既往经验及个体敏感性等密切相关,它可造成患者生理和心理上的应激反应。医院周围环境的噪声虽非护士所能控制,但护士应尽可能地为患者创造安静的环境。患病时,人适应噪声的能力减弱,少许噪声即会影响患者情绪,使患者感到疲倦和不安,影响其休息和睡眠,甚至导致病情加重。减少噪声,可使患者得到很好的休息,有利于患者康复。工作人员在说话、行动与工作时应尽可能做到"四轻",即说话轻、走路轻、操作轻、关门轻。

(1)说话轻:说话声音不可过大,护士应该评估自己的音量并且保持适当的音量。但也不可耳语,以免使患者产生怀疑、误会与恐惧。

(2)走路轻:走路时脚步要轻巧,或穿软底鞋防止走路时发出不悦耳的声音。

(3)操作轻:操作时动作要轻稳,处理物品与器械时应避免相互碰撞,尽量避免制造不必要的噪声。推车轮轴应定时滴注润滑油,以减少摩擦时发出的噪声。

(4)关门轻:病室的门窗应定期检查维修;开关门窗时,随时注意轻开轻关,不要人为地制造噪声。

知识链接

噪 声

噪声的单位是分贝（dB），根据世界卫生组织规定的噪声标准，白天病室较理想的强度是 35～40 dB。噪声强度在 50～60 dB 时，即能产生相当的干扰。突发性噪声，如爆炸声、鞭炮声、警报声等，其频率高、音量大，虽然这些噪声持续时间短，当其强度高达 120 dB 以上时，可造成听力损失，甚至永久性失聪。个体长时间处于 90 dB 以上高音量环境中，能导致耳鸣、血压升高、血管收缩、肌紧张，以及出现焦躁、易怒、头痛、失眠等症状。

6. 光线　病室光源有自然光源和人工光源。日光是维持人类健康的要素之一。太阳辐射的各种光线，如可见光、红外线、紫外线等都具有很强的生物学作用。适量的日光照射能使照射部位温度升高、血管扩张、血流增快，有利于改善皮肤的营养状况，使人食欲增加、舒适愉快。紫外线有强大的杀菌作用，并可促进机体内部合成维生素 D，因此病房内宜经常开启门窗，让阳光直接射入，或协助患者到户外接受阳光照射。另外，日光的变化可减少患者与外界的隔离感。

为了满足病室夜间照明及保证特殊检查、治疗及护理的需要，病室必须备妥人工光源，光源的设计及亮度可依其作用进行调节。楼梯、药柜、抢救室、监护室内的灯光要明亮；普通病室除一般吊灯外，还应有地灯装置，这样既不打扰患者的睡眠，又可以保证夜间巡视工作的进行；病室内还应有一定数量的立式鹅颈灯，以适用于不同角度的照明，为特殊诊疗提供方便。

7. 装饰　病室是患者在医院停留时间最长的空间，病室布置应简单、整洁、美观。这样不但可以增进患者身心舒适，还可以使患者精神愉悦。现代医院不仅按各病室不同需求来设计并配备不同颜色，还应用各式图画、各种颜色的窗帘、被单等来布置患者单位，如儿科病室的床单和护士服使用暖色，使人感到温馨甜蜜。医院环境的颜色如调配得当，不仅可促进患者身心舒适，还可以产生积极的医疗效果。

 考点提示

向患者提供安全而有效的治疗和康复环境。

知识链接

色彩与情绪的关系

颜色	情绪
蓝色	安静、理性、智慧
绿色	清新、平和、充满生机
黄色	温暖愉悦、轻松明快
红色	激情澎湃
白色	平静、纯洁
紫色	神秘、浪漫

（二）医院社会文化环境的调控

医院是社会的一部分。医院的主要任务是对公众的健康问题或健康需要提供协助或服务，担负着预防、诊断及治疗疾病、促进康复、维护健康的任务。为了保证患者能获得安全、舒适的治疗环境，得到适当的健康照顾，必须为患者创造和维持良好的医院社会文化环境。

1. 人际关系　人际关系在医院环境中具有重要的作用，它可以直接或间接地影响患者的康复。患病时，患者通常会伴随情绪及行为上的变化，表现为害怕、焦虑、孤独、依赖、烦躁不安、缺乏自尊等。在日常活动中与他人接触往来，能为个人带来满足感和价值感，当患者因病无法参与日常活动时，常常会有挫折感、缺乏自信心，甚至会感到被隔离。因此，护士在为患者提供护理照顾时，既要考虑患者生理方面的需要，又要考虑患者心理、社会方面的需要。对住院患者来说，影响其身心康复的重要人际关系包括护患关系和病友关系。

（1）护患关系：良好的护患关系有助于患者身心的康复。护士是护患关系中处于相对主动地位的群体，只有不断提高其心理素质，培养其人道主义情感，才能与患者群体建立良好的护患关系，并从根本上体现以患者为中心的服务宗旨及整体护理理念。因此，在具体的医疗护理活动中，护士要做到不分民族、信仰、性别、年龄、职业、职位高低、远近亲疏，对所有患者一视同仁。

护士与患者之间不断通过各种方式表达自己的身心感受并感知对方表达的感受，彼此产生着具有反馈作用的相互影响。但护患之间相互影响的力量是不平衡的，护士的影响力明显大于患者，主要体现在以下几个方面：

1）语言：护患之间，语言是特别敏感的刺激物。它能影响人的心理及整个机体状况，尤其对人的健康具有重要作用，可作为生理和心理的治疗因素，也是心理护理的重要手段。

工作中，护士应善于运用语言，发挥语言的积极作用，维护患者的自尊，减轻患者的陌生感，消除患者的紧张、焦虑情绪，帮助患者建立对医护人员的信任感，使患者正确认识和对待自身疾病，缓解消极情绪，肯定自身价值。护士应根据患者的年龄、个性、心理特征，调整自己说话的方式和语气，对心理压力大的患者要提供良好的情感支持，减少患者的紧张心理，说话语气要亲切、自然，语速要缓慢、有停滞，冷静地倾听后给予反馈，从而建立良好的护患关系，让患者感到护士的诚恳、友好与善意，赢得患者的信任，促进患者康复，提高护理质量。

2）行为：行为是人的思想支配下的活动，是思想的外在表现，也是人际交流的方式。不同患者的不同行为表现，是护士认识疾病、进行诊疗护理的主要依据，患者行为所传递的信息对医务人员判断病情及确定治疗护理措施具有重要意义。

在护理活动中，护理人员的技术操作及其行为受到患者的关注，是患者对自身疾病和治疗效果认识的重要信息来源。因此，护士要亲切自然、精神饱满、着装得体、举止大方，操作时要稳、准、轻、快，消除患者的疑虑，带给患者心理上的安慰。

3）情绪：护士在工作中的情绪对患者有很大的感染力，护士的积极情绪可使患者乐观开朗，消极情绪会使患者变得悲观焦虑。因此，护士要在自我情绪认知的基础上，学会控制情绪，掌握自我调整和自我安慰的方法，寻找正确的压力释放途径，将不良情绪适当转移和宣泄，提高对挫折的承受能力，并时刻以积极的情绪感染患者，为患者提供积极乐观、心身愉悦的治疗环境。

4）工作态度：护士的工作态度对护患关系的发展和患者的身心健康具有重要影响。在护理工作中，护士应通过积极的工作态度来取得患者的信任。严肃认真、一丝不苟的工作态度可使患者获得安全感和信任感；真诚、热情、友善的态度可使患者感受到温暖并获得患者的支持，促进护患关系的良性发展，有助于患者身心健康的恢复。

（2）病友关系：病区中的每个人都是社会环境中的一员，在共同的治疗康复生活中相互影响。病友们在交谈中常涉及疾病疗养常识、生活制度等内容，起到了义务宣传员的作用。此外，病友间的相互帮助与照顾，有利于增进病友间的友谊与团结，创造和谐的病室氛围。

病友们在共同的住院生活中自然形成了新的社会环境，表现为不同的病室群体气氛。有的表现为积极的群体气氛，同病室病友之间彼此关心照顾，与医护人员关系融洽，配合密切，患者心情愉快，对医疗、护理的满意度较高；有的则表现为消极的群体气氛，虽同住一病室，病友之间交往较少，彼此缺乏关照，相互间无愉快感受，患者感到寂寞、孤独、度日如年，对治疗护理知识被动接受，缺乏主动参与的热情。护士应协助病友间建立良好的情感交流，并善于觉察某些消极情绪的出现，耐心解释，正确引导。

群体气氛是集中每个人的表现而形成的，而每个人又受群体气氛的影响。新入院的患者，由于对身处的环境陌生，会产生不同程度的焦虑。护士应通过营造愉快、和谐的气氛来感染新入院患者，引导其保持乐观向上的情绪。护士是患者所处环境的主要调节者，应善于利用病友间的互助精神，利用群体中的积极因素，调动患者的乐观情绪，使群体气氛有利于医疗和护理工作的开展。因此，病室气氛与护理工作有着密切关系。

 考点提示

用社会文化环境要素帮助患者适应医院环境。

2. 医院规章制度　医院规章制度既是对患者的指导，又是对患者的约束，因而会对患者产生一定的影响。协助患者熟悉医院各项规章制度，可帮助患者适应医院环境，保证诊疗护理工作的正常进行，便于预防和控制院内感染工作的实施，同时也保证了患者获得良好的休息环境，以达到帮助患者尽快恢复健康的目的。护士在对患者进行指导时，具体应做到：

（1）耐心解释，取得理解：向患者和家属耐心解释每一项院规的内容和执行各项院规的必要性，以取得患者的主动配合，使其自觉遵守医院的各项规章制度。

（2）维护患者的自主权：住院后患者较难适应的是不能按照自己的意愿进行活动，凡事都需要遵守医院规则，服从医护人员的安排，处于被动服从地位，容易产生压抑感。因此，护士应让患者对其周围的环境具有一定的自主权，在维护院规的前提下，尽可能让患者拥有其个人的环境，并对患者的居住空间表示尊重，包括在进入病室时应先敲门，帮助患者整理床单位或衣物时应先取得患者的同意等。

（3）满足患者需求，尊重探视人员：在患者中开展人性化服务，让患者切身感受到作为人的尊严和自由，已成为各医院的共识。因此，护士要尊重前来探视的患者亲属和朋友。患者的家属和亲朋好友可满足患者对安全感、爱与归属感及自尊的需要，带给患者心理支持与帮助，减少患者的孤独寂寞与隔离。如果探视者不受患者欢迎，或探视时间不合适，影响了医疗护理工作，则要劝阻和限制。

（4）尊重患者的隐私权：尊重患者的隐私权是良好护患关系得以维持的重要保证，是取得患者信任和主动合作的重要条件。护士应当尊重、关心、爱护患者，保护患者的隐私。为患者做治疗和护理时，应适当地遮挡患者、避免不必要的暴露；对患者的个案讨论、诊断鉴定、检查结果、治疗记录，护士有义务为患者保密。

（5）鼓励患者自我照顾：因病导致生活自理能力下降或被限制了活动，生活需依赖他人照顾的患者往往存在较重的思想负担。因此，在患者病情允许的情况下，护士应积极创造条件并鼓励患者自我照顾，增强患者战胜疾病的信心，提高患者的自护能力，促进患者康复。

（6）实施健康教育：健康教育是护士针对住院患者的生理、心理、文化和社会适应能力而进行的护理活动，它是通过向患者传授其所患疾病的有关医疗、护理方面的知识与技能，调动患者积极参与自我护理和自我保健，达到恢复健康的目的。随着社会的进步和人们健康意识的转变，患者健康教育在护理工作中占有越来越重要的位置。在做各种检查、治疗或护理工作之前或过程中，应给予患者适当的解释与心理支持，使患者了解医护人员实施这些措施的目的和方法。在对患者进行健康教育的过程中，护士不仅要将防病治病的知识传授给患者，更重要的是善于耐心倾听患者的倾诉，并且对患者的倾诉作出及时的、适当的反应。同时，还应允许并鼓励患者参与决策，以增强其自我价值感和控制能力。这样可以减少患者对治疗、手术、检查等的恐惧心理，使其能主动、积极地配合治疗和护理工作，促进患者早日康复。

自 测 题

一、选择题

1. 产妇的病室环境要求，以下错误的是
   A. 室温 18～22 ℃
   B. 室内相对湿度为 50%
   C. 定时通风，每次约 30 min
   D. 午休和睡眠时室内光线宜柔和、暗淡
   E. 病室内可放置鲜花、盆景

2. 气管切开患者的病室环境要求，以下错误的是
   A. 室温 18～22 ℃
   B. 室内相对湿度为 30%～40%
   C. 定时通风，每次 30 min
   D. 病室走廊摆放绿色植物
   E. 适量日光照射，光线柔和

3. 门诊护士小李今日在工作中，经询问病史和护理体检发现一位发热患者，随即引导其到发热门诊就诊，此项工作属于门诊护理的哪项工作内容
   A. 预检分诊   B. 安排候诊与就诊   C. 健康教育
   D. 消毒和隔离   E. 预防保健

4. 某患者因肺炎被收入院，目前显示病室的湿度为30%，此种环境下患者可能出现以下哪种情况
   A. 寒冷不适   B. 闷热难受，肾负担加重
   C. 疲惫、焦躁、头痛、耳鸣   D. 失眠、血压升高
   E. 口干舌燥、咽痛、烦渴

5. 患者，男性，42岁。因上腹部慢性疼痛前来就诊，门诊护士首先需要完成
   A. 预检分诊   B. 安排候诊与就诊   C. 健康教育
   D. 消毒和隔离   E. 预防保健

6. 护士在门诊候诊室巡视时发现一患者精神不振，诉肝区疼痛，食欲差，巩膜黄染，此时护士应
   A. 转急诊室就诊   B. 安排提前就诊
   C. 安排隔离门诊就诊   D. 给患者测生命体征
   E. 做好心理护理

二、简答题

1. 医院的物理环境有哪些？简述物理环境的具体要求。
2. 简述门诊护士的工作内容。

三、案例分析

患者，男性，55岁。咽喉部肿瘤行气管切开术，因对病情恐惧、医院环境的陌生，近期夜间常无法入睡，白天精神不佳。

请回答：

（1）安置该患者时，病室环境设置要求是什么？
（2）护士应如何帮助该患者？

（刘　琴）

第六章 医院感染的预防与控制

思维导图

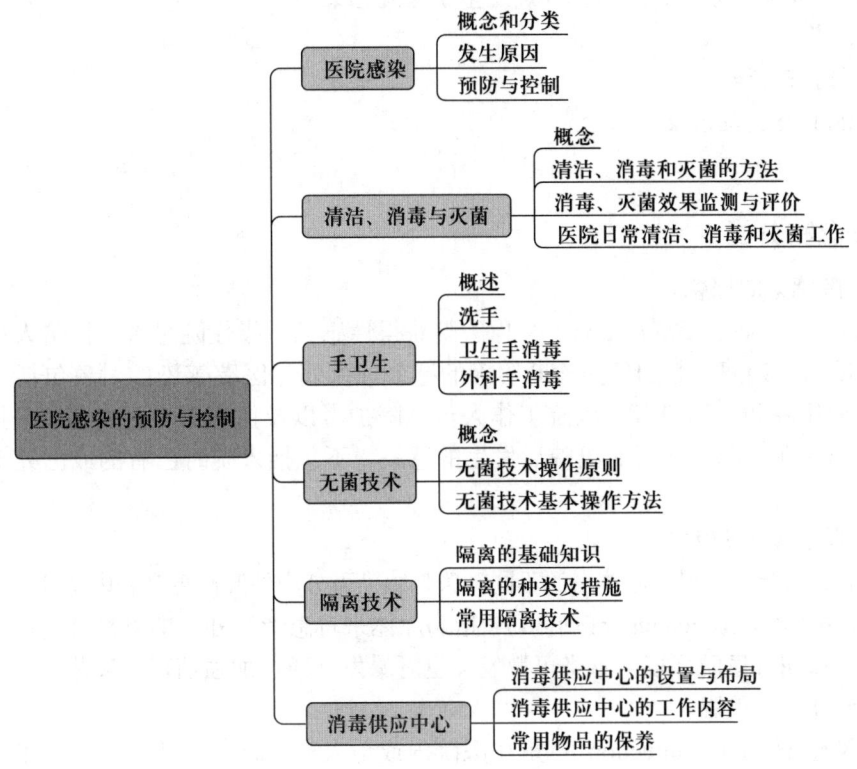

学习目标

1. 解释医院感染、清洁、消毒、灭菌、无菌技术和隔离技术的概念。
2. 知道医院感染的分类、发生原因及预防措施。
3. 描述供应室的工作内容。
4. 熟记化学消毒剂的使用原则，常用物理和化学消毒、灭菌的方法；无菌技术的操作原则，隔离技术的原则，常用物品的保养。
5. 正确实施常用物理、化学消毒灭菌方法，能规范地完成各项无菌技术操作及隔离技术操作。
6. 具有无菌观念和隔离观念，在护理工作中能树立严谨、细致的工作作风，具有爱伤观念，养成良好的职业素质。

医院内人群密集，病原微生物聚集且种类繁多，加上各种新型医疗技术的广泛应用以及抗生素和免疫抑制药的大量使用，导致医院感染的发生率逐年增加，控制医院感染已成为现代化医院质量管理的重要目标之一。因此，护士应掌握医院感染防护的知识和技能，以避免或减少医院感染的发生。

第一节　医院感染

案例 6-1

患者，男性，68岁，因前列腺肥大、排尿困难入院，护士遵医嘱给予导尿术，导尿术后第3天患者出现了尿频、尿急、尿痛，怀疑发生了医院感染。

问题与思考：
1. 什么是医院感染？
2. 应如何预防医院感染？

一、概念和分类

（一）医院感染的概念

医院感染（nosocomial infection）又称医院获得性感染，指住院患者、探陪人员及医院工作人员在医院活动期间引起的任何诊断明确的感染或疾病。医院感染的对象包括一切在医院活动的人，如住院和门诊患者、医院工作人员、陪护者以及探视者。医院感染包括在住院期间发生的感染和在医院内获得而出院后发生的感染，不包括入院时已有的或已处于潜伏期的感染。

（二）医院感染的分类

根据患者在医院中获得病原体来源不同，医院感染可分为外源性感染和内源性感染两大类。

1. 外源性感染（exogenous infection）　指病原体来自患者体外，即来自其他住院患者、医务人员、陪护家属和医院环境。感染可散发，也可暴发。通过加强消毒、灭菌、隔离措施和宣传教育可得到预防和控制。

（1）交叉感染（cross infection）：是在医院内或他人处（患者、带菌者、工作人员、探视者、陪护者）获得而引起的直接感染。

（2）环境感染（environmental infection）：是由污染的环境（空气、水、医疗用具及其他物品）造成的感染。如由于手术室空气污染造成患者术后切口感染，注射器灭菌不严格引起乙型肝炎流行等。

2. 内源性感染（exdogenous infection）　指病原体来自患者自身储菌库（皮肤、口咽、泌尿生殖道、肠道）的正常菌群或条件致病菌引起的感染。正常情况下，病原体对人体无感染力而不致病，但当人的健康状况不佳、免疫功能受损、正常菌群发生移位以及抗生素应用不合理时，就可引起感染。

 考点提示

医院感染的概念、分类。

二、发生原因

（一）医院环境因素

医院内存在着大量的病原体，各类患者聚集，病原微生物来源广泛，增加了感染的机会。

（二）感染链存在，易感人群增多

医院感染的形成必须具备三个基本条件：感染源、感染途径和易感宿主。医院内易感人群（如慢性疾病、化疗患者、年老及体弱者）数量多，患者由于自身抵抗力下降，免疫功能受损而易诱发感染。

（三）不合理使用抗生素

大量新型抗生素的开发和应用，如不合理使用，导致人体的菌群失调，增加了内源性感染的机会，并使一些细菌产生耐药性。耐药菌株的增加使抗菌药疗效降低，致使病程延长，感染机会增多。

（四）介入性诊治手段广泛应用

在疾病的诊断和治疗过程中，各种侵入性的操作（如内镜、动脉及静脉导管、气管插管、脏器移植及介入治疗）增多，这些诊治活动在一定程度上破坏了人体正常的防护屏障，损伤了机体的防御系统，增加了患者因器械污染、皮肤黏膜损伤等诱发感染的机会。

（五）医院感染管理制度不健全

医院感染管理制度不健全，管理力度不足，医务人员对医院感染不重视，在实际操作过程中不注意消毒和隔离等，导致医院感染发生的可能性增大。

三、预防与控制

医院感染的预防原则是控制感染源、切断感染途径、保护易感人群。

（一）建立三级监控体系

在医院感染管理委员会的领导下，建立层次分明的三级医院感染护理管理体系。一级管理：病区护士长和兼职监控护士；二级管理：科护士长；三级管理：护理部副主任，为医院感染管理委员会副主任。通过三级护理管理体系加强医院感染管理，评估感染发生的危险性，做到预防为主，及时发现、及时汇报、及时处理。

（二）健全、落实各项制度

1. 管理制度　对患者入院、住院和出院阶段，采取随时、终末和预防性消毒制度，严格执行清洁卫生制度、消毒隔离制度、供应室物品消毒隔离制度以及感染管理报告制度等。

2. 监测制度

（1）消毒及灭菌效果的监测：如对使用中的消毒剂、灭菌剂、压力蒸汽灭菌、环氧乙烷气体消毒、紫外线照射消毒等消毒及灭菌效果的监测。

（2）感染高发区域的消毒卫生标准监测：如手术室、供应室、产房、母婴室、新生儿室、器官移植室、血液透析室、ICU、治疗室、换药室等的消毒卫生标准的监测工作应常规、定期、定点、定项目地进行。对感染的记录，要求详细、具体，并以病房为单位定期统计分析。

3. 消毒质控标准　如医院内空气消毒、物品表面消毒、各种管道装置的消毒和医护人员手的消毒均应符合国家卫生行政部门所规定的医院消毒卫生标准。

（三）合理使用抗生素

对抗生素的使用应严格掌握指征，根据药物敏感试验选择敏感抗生素，选择合适的剂量、合理的给药途径和疗程，一般不宜预防性使用抗生素。

（四）医院建筑布局及设施应合理

医院建筑布局应符合消毒隔离制度的要求。如门诊部各功能科室的设置应符合患者就诊的流程，让就诊患者呈单向流动，避免患者之间交叉接触；门诊和病区中均应设置足够的洗手设备，便于医务人员和患者随时洗手。凡是与患者直接接触的科室，均应设置物品处置室，将患者接触过的物品先消毒达到无害化，再进一步处理。

（五）控制感染源和易感人群

合理限制探视者和陪护人员的数量；医务人员定期进行健康检查；对于易感患者，仔细检查和明确患者的潜在病灶和带菌状态，并及时给予适当治疗；对感染危险指数高的患者，采取保护性隔离和选择性去污措施，控制内源性感染的发生。

（六）加强医院感染教育，强化医务人员在医院感染管理中的职责

加强医务人员和全院其他部门工作人员的医院感染教育，提高医护人员预防医院感染的意识，严格执行消毒隔离制度及各项医疗护理操作规程，履行在医院感染管理中的职责。

第二节　清洁、消毒与灭菌

一、概念

1. 清洁（clean）　是指用清水、清洁剂及机械洗刷等物理方法消除物体表面的污垢、尘埃和有机物，其作用是去除和减少微生物，但不能杀灭微生物。清洁适用于医院地面、墙壁、家具、医疗及护理用品等物体表面的处理。

2. 消毒（disinfection）　是指清除或杀灭传播媒介上的病原微生物，使之达到无害化的处理。

3. 灭菌（sterilization）　是指清除或杀灭传播媒介上的所有微生物（包括芽孢），使之达到无菌程度。灭菌适用于需进入人体内部的医用器材（如手术器械）的处理。

 考点提示

消毒、灭菌的概念。

二、清洁、消毒和灭菌的方法

（一）清洁的方法

将物品用清水洗净或用洗涤剂等刷洗，除去污秽，再用清水洗净。清洁常用于医院地面、墙壁、家具等的清洁以及物品消毒及灭菌前的准备。对于特殊污渍，清洁前应先进行相应处理。如碘酊污渍用乙醇擦拭；甲紫污渍用乙醇或草酸擦拭；高锰酸钾污渍用维生素 C 或 0.2%～0.5% 过氧化氢浸泡后洗净；陈旧血渍用过氧化氢溶液浸泡后洗净。

（二）物理消毒及灭菌的方法

1. 热力消毒灭菌法（heating disinfection and sterilization）　是利用热力破坏微生物的蛋白质、核酸、细胞壁和细胞膜，从而导致其死亡，达到消毒及灭菌的目的。热力消毒灭菌法包括湿热法和干热法。前者由空气和水蒸气导热，传热快，穿透力强；后者由空气导热，传热较慢。

（1）燃烧灭菌法（burning sterilization）：属于干热法，是一种简单、迅速、彻底的灭菌方法。燃烧灭菌法常用于无保留价值的污染物品，如污染的纸张，某些特殊感染（如破伤风梭

菌、铜绿假单胞菌、气性坏疽芽孢杆菌等感染）的敷料处理，医用垃圾和病理标本等的处理；微生物实验室接种环的灭菌及培养试管口和塞子的消毒；某些金属器械（如换药镊），搪瓷类物品（如换药碗）等，在急用或无条件用其他方法灭菌时也可用此法处理。

1）方法：①对于器械类，放在火焰上烧灼 20 s；②对于容器类，倒入少量 95% 乙醇，缓缓转动容器，使其分布均匀，然后点火燃烧至熄灭，时间应超过 3 min；③开启或封闭培养试管时，将塞子和试管口放在火焰上旋转烧灼 2～3 次；④特殊感染的敷料和无保留价值的污染物品可直接投入焚烧炉内焚烧。

2）注意事项：①燃烧时须远离易燃及易爆物品，如氧气、汽油、乙醚；②在燃烧过程中不得添加乙醇等燃料，以免引起灼伤或火灾；③贵重器械及锐利刀剪不宜采用此法灭菌，以免损坏器械或使锋刃变钝。

（2）干烤法（dry roasting）：属于干热法，热力通过空气对流和介质传导进行灭菌，效果可靠。消毒：箱温 120～140 ℃，时间 10～20 min。灭菌所需的温度和时间应根据物品种类和烤箱的类型来确定，一般为箱温 160 ℃，时间 2 h；箱温 170 ℃，时间 1 h；箱温 180 ℃，时间 30 min。干烤法适用于耐热、不耐湿、蒸汽或气体不能穿透物品的灭菌，如油剂、粉剂、软膏、金属、玻璃、搪瓷物品等的消毒或灭菌。

（3）煮沸消毒法（boiling disinfection）：属于湿热法，将需消毒物品放入水中，煮至 100 ℃，维持 5～10 min 可杀灭细菌繁殖体，达到消毒效果。在水中加入 2% 碳酸氢钠，可提高水的沸点至 105 ℃，既增强灭菌效果，又有去污、防锈的作用。煮沸消毒法适用于耐高温、耐潮湿的物品（如金属、搪瓷、玻璃、橡胶类）的消毒及灭菌，不能用于外科手术器械的灭菌。

1）方法：将物品刷洗干净，全部浸没在水中，然后加热煮沸，待水沸后计时。

2）注意事项：①煮沸消毒前应将物品洗刷干净，并全部浸没于水中；②物品不宜放置过多，一般不超过容器的 3/4；③消毒时间从水沸后开始计时，若中途加入物品，则应从水沸后重新计时；④有轴节的器械及带盖的容器应打开，大小相同的碗、盆不能叠放，不透水的物品应垂直放置；⑤玻璃类物品应用纱布包好放入冷水中煮沸，注射器应抽出内芯；⑥橡胶或丝线类物品用纱布包裹，待水沸后放入，煮沸 3～5 min 取出，空腔导管应在腔内充满水；⑦高山地区海拔高度每增高 300 m，需延长煮沸时间 2 min，或采用高压煮锅；⑧金属器械煮沸消毒后要及时取出，以免生锈。

（4）压力蒸汽灭菌法（pressure steam sterilization）：属于湿热法，利用高温、高压下的饱和蒸汽杀灭所有微生物及芽孢。其灭菌效果最可靠，为医院首选的灭菌方法。压力蒸汽灭菌法常用于耐高温、耐高压、耐潮湿的物品（如各类器械、敷料、搪瓷、橡胶、玻璃制品及溶液等）的灭菌。

1）分类：根据排放冷空气的方式和程度的不同，将压力蒸汽灭菌法分为下排气压力蒸汽灭菌法（包括手提式压力蒸汽灭菌器和卧式压力蒸汽灭菌器）和预真空压力蒸汽灭菌法。

2）方法：①手提式压力蒸汽灭菌器为一金属圆筒，分内、外两层，盖上有排气阀、安全阀和压力表（图 6-1）。这种压力蒸汽灭菌器便于携带，使用方法简单，适用于基层医疗单位使用。②卧式压力蒸汽灭菌器下部有排气孔，灭菌时从灭菌器上部输入蒸汽，利用冷热空气的比重差异，迫使容器内的冷空气自底部排气孔排出，使容器内的压力和温度升高（图 6-2）。工作参数：压力 103～137.3 kPa，温度 121～126 ℃，时间 15～30 min，可达到灭菌目的。③预真空压力蒸汽灭菌器配有真空泵和空气过滤装置，先将灭菌柜内空气抽出，再输入蒸汽，在负压状态下，饱和蒸汽能迅速穿透物品进行灭菌。工作参数：压力 205 kPa，温度 132 ℃，4～5 min 即达到灭菌效果。

3）注意事项：①卧式压力蒸汽灭菌器物品包 30 cm×30 cm×25 cm，预真空压力蒸汽灭

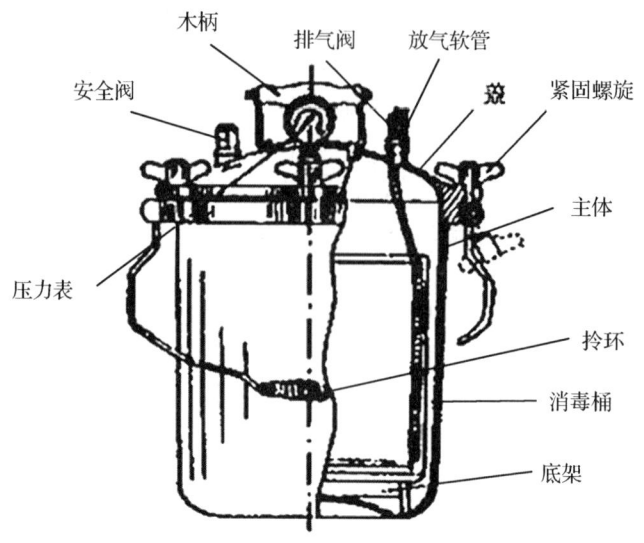

图 6-1 手提式压力蒸汽灭菌器

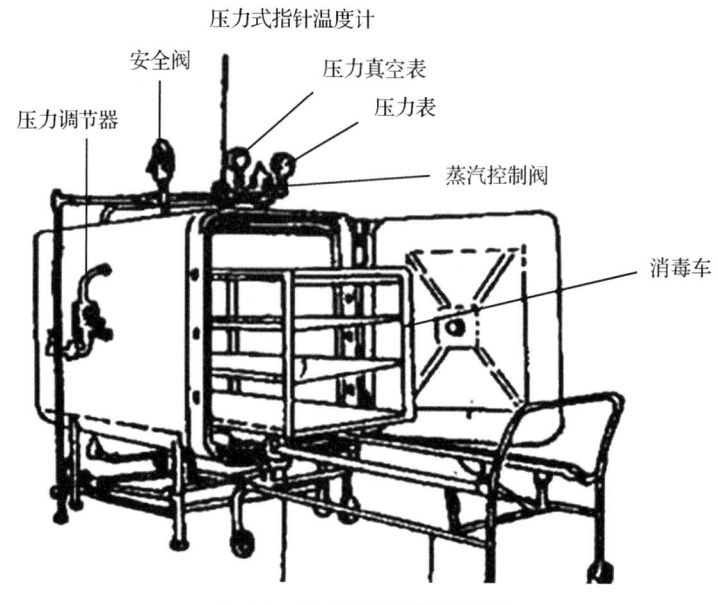

图 6-2 卧式压力蒸汽灭菌器

菌器物品包 30 cm×30 cm×50 cm。②各包摆放时应留有空隙，以利蒸汽流通、穿透。卧式压力蒸汽灭菌器的装载量不应超过柜室容积的 80%；预真空压力蒸汽灭菌器的装载量不应超过柜室容积的 90%。③盛装物品的容器应有孔，容器有盖须打开，以利蒸汽进入。④同类材质的器械、器具和物品应置于同一批次进行灭菌；材质不相同时，布类物品应放在金属、搪瓷类物品之上，以免布类受潮，影响灭菌效果。⑤定期监测灭菌效果。

2. 光照消毒法（illumination disinfection） 又称辐射消毒法（radiosterilization），主要是通过紫外线的杀菌作用，使菌体蛋白质发生光解、变性，导致细菌死亡。

（1）日光暴晒消毒法（sunshine disinfection）：日光具有热、干燥和紫外线的作用，有一定的杀菌效果，常用于床垫、毛毯、棉胎、衣服和书籍等的消毒。

1）方法：将物品直接放在阳光下暴晒 6 h。

2）注意事项：每 2 小时翻动物品 1 次，使物品各面均能受到日光照射。

（2）紫外线灯照射消毒法：紫外线灯是人工制造的低压汞石英灯。通电后，汞气化放电而产生紫外线，受紫外线照射的氧气电离产生臭氧，发挥杀菌作用。紫外线的杀菌效力与其波长有密切关系，杀菌的最佳波长是 253.7 nm。常用的紫外线灯有 15 W、20 W、30 W、40 W 4 种，还有低臭氧紫外线灯、高臭氧紫外线灯和高强度紫外线灯。

1）杀菌机制：①破坏菌体蛋白质中的氨基酸，使菌体蛋白质光解变性；②使微生物的 DNA 失去转化能力；③降低细菌体内氧化酶的活性，使氧化能力丧失；④使空气中的氧电离产生具有极强杀菌作用的臭氧。

2）杀菌特点：①紫外线对杆菌杀菌力强，对球菌杀菌力弱，对真菌、酵母菌杀菌力更弱，对生长期细菌敏感，对芽孢敏感性差；②紫外线的辐射能量低，穿透力弱，不能穿透液体、玻璃、尘埃、纸张及其他固体物质，仅能杀灭照射到物体表面的微生物。

3）方法：可采用悬吊式灯管照射、移动式灯架照射和紫外线消毒灯照射。①空气消毒：每 10 m² 地面面积安装 1 支 30 W 的紫外线灯，有效距离不超过 2 m，照射时间不少于 30 min；②物品消毒：将物品摊开或挂起，以减少遮挡，扩大照射面积。有效距离为 25～60 cm，照射时间不少于 30 min。

4）注意事项：①保持室内清洁、干燥，室内温度 20～40 ℃，相对湿度 40%～60%，温度及湿度过高或过低均可影响消毒效果；②保持紫外线灯清洁，灯管表面一般每 2 周用无水乙醇棉球擦拭，发现有污垢应随时擦拭；③被消毒的物品应定时翻动，使物品的各面均能受到直接照射；④注意保护眼及皮肤，一般在患者离开病房时使用，若患者卧床，使用时双眼应戴墨镜，或用纱布遮盖，肢体用被单遮盖，防止发生角膜炎、结膜炎及皮肤红斑；⑤消毒时间应从灯亮 5～7 min 后开始计时，关灯后如需再开启，应间隔 3～4 min；⑥为保证消毒效果，应定期检测灯管照射强度及杀菌效果。

（3）臭氧灭菌灯（ozone sterilization lamp）（电子灭菌灯）：可杀灭细菌繁殖体、病毒、芽孢、真菌，并可破坏肉毒杆菌毒素。臭氧灭菌灯主要用于空气、医院污水和物品表面消毒。

1）方法：①空气消毒，采用 30 mg/m³ 浓度的臭氧，15 min 达到消毒效果，消毒后 30 min 人员方可进入。可用于手术室、病房、工厂的无菌车间的空气消毒；②物品表面的消毒，臭氧浓度 30 mg/m³，相对湿度 ≥ 70%，60～120 min 达到消毒效果。

2）注意事项：①臭氧对人体有害，国家规定大气中允许浓度为 0.2 mg/m³；②臭氧为强氧化剂，对多种物品有损坏作用，可使铜片出现绿色锈斑，使橡胶老化、变色、弹性降低，甚至变脆、断裂，使织物漂白褪色等，使用时应注意。

3. 电离辐射灭菌法　是利用 γ 射线、伦琴射线或电子加速器产生高能电子束的辐射进行灭菌。由于电离辐射灭菌是在常温下灭菌，故又称为"冷灭菌"。电离辐射灭菌法可用于金属、橡胶、塑料、高分子聚合物（如一次性注射器、输液器、输血器、聚乙烯心瓣膜等）、精密医疗器械和生物医学制品等的灭菌。

4. 微波消毒灭菌法　微波是一种频率高、波长短的电磁波。微波消毒灭菌法具有节能、无污染、作用快速、作用温度低等特点。微波可穿透玻璃、塑料薄膜与陶瓷等物质，但不能穿透金属表面，常用于食品、餐具、医疗文件、药品及耐热非金属材料器械的消毒及灭菌。一般物品在功率为 5～10 kW 的微波炉中，持续 3～15 min 即可达到灭菌效果。

5. 等离子体灭菌法　是利用氧化氮气或氧、氮、氩等混合气体，在特制的容器内进行辉光放电，产生低温等离子体进行灭菌，适用于注射器、导管等一次性医疗用品的灭菌。其优点是无毒性残留，灭菌时间短，低热不损坏灭菌材料。

6. 自然净化法　大气、地面、物体表面和水中的病原微生物，经日晒、风吹、干燥等，不需人工消毒常也可达到无害状态,这就是大自然的净化作用,称为自然净化法。如病室定时开窗通风,使室外新鲜空气替换室内污浊空气,能减少室内空气中微生物的含量。医院常用的枕芯、被褥、床垫、毛毯、书报等物品通过日光暴晒消毒。

7. 空气过滤器（air filter） 又称层流装置（laminar flow device）,可除掉空气中直径为 0.5～5 μm 的尘埃,达到净化空气的目的。空气过滤器适用于手术室、静脉输液配置中心、血液透析室、保护性隔离病室等。

 考点提示

物理消毒灭菌法的方法、注意事项。

（三）化学消毒灭菌法

化学消毒灭菌法是指利用化学药物渗透到细菌体内,使菌体蛋白质凝固变性,酶蛋白失去活性,抑制细菌代谢或破坏细胞膜的结构,改变其通透性,使细菌胞体破裂、溶解,从而达到消毒及灭菌的目的。

1. 消毒剂的种类 根据消毒剂消毒效果的强弱,可分为以下4类。

（1）灭菌剂：是能杀灭一切微生物（包括芽孢和真菌孢子）,使物品达到灭菌要求的消毒剂,如环氧乙烷、戊二醛。

（2）高效消毒剂：能杀灭一切细菌繁殖体（包括分枝杆菌）、病毒、真菌及其孢子和绝大多数细菌芽孢的消毒剂,如过氧乙酸、过氧化氢、部分含氯消毒剂。

（3）中效消毒剂：是能杀灭细菌繁殖体、结核分枝杆菌、病毒,不能杀灭芽孢的消毒剂,如醇类、碘类、部分含氯消毒剂。

（4）低效消毒剂：是仅能杀灭细菌繁殖体、亲脂性病毒,达到消毒要求的消毒剂,如酚类、季铵类消毒剂。

2. 化学消毒剂的使用原则

（1）合理使用,若能采用物理消毒灭菌方法的,则不使用化学消毒灭菌法。

（2）根据物品的性能及微生物的特性选择合适的消毒剂。

（3）严格掌握消毒剂的有效浓度、消毒时间及使用方法。

（4）消毒剂应定期更换,易挥发的消毒剂要加盖盛放,并定期检测、调整其浓度。

（5）需消毒的物品应洗净、擦干,浸泡时打开物品的轴节或套盖,将物品浸没于消毒液中,有管腔的物品,管腔内应注满消毒液。

（6）浸泡消毒后的物品,在使用前需用无菌蒸馏水或生理盐水冲洗,气体消毒剂消毒后的物品,待气体挥发后再使用,以免消毒剂刺激人体组织。

（7）消毒液中勿放置纱布、棉花等,因其可吸附消毒剂而降低消毒效力。

3. 化学消毒剂的使用方法

（1）浸泡法：将物品浸泡于消毒液中,在标准的浓度与时间内达到消毒及灭菌作用。浸泡法适用于耐湿不耐热的物品消毒,如人体体表、锐利器械、化学纤维制品、精密仪器。

（2）喷雾：用喷雾器将消毒液均匀喷洒在空气中和物体表面,在标准的浓度内达到消毒作用。喷雾用于空气和物品表面（如墙壁、地面）的消毒。

（3）擦拭法：用消毒液擦拭物品表面,在标准浓度内达到消毒作用。擦拭法用于桌椅、墙壁、地面等的消毒。

（4）熏蒸法：将消毒剂加热或加入氧化剂使之气化,在标准浓度与时间内达到消毒及灭菌作用。熏蒸法用于空气及物品的消毒。

1）空气消毒：将消毒剂加热或加入氧化剂进行熏蒸，按规定的时间关闭门窗，消毒完毕打开门窗通风换气。常用的空气消毒剂及消毒方法见表 6-1。

表 6-1　空气熏蒸消毒法

消毒剂	剂量	消毒方法	消毒时间
2% 过氧乙酸	8 ml/m³	加热熏蒸	密闭门窗 30～120 min
纯乳酸	0.12 ml/m³	加等量水，加热熏蒸	密闭门窗 30～120 min
食醋	5～10 ml/m³	加热水 1～2 倍，加热熏蒸	密闭门窗 30～120 min

2）物品消毒：将被消毒物品置于甲醛消毒箱进行消毒，常用于不耐湿、不耐高温的物品（如精密仪器、血压计、听诊器、传染病患者用过的票证及书报）的消毒。

考点提示

化学消毒剂的使用原则、方法。

4. 常用化学消毒剂　见表 6-2。

表 6-2　常用化学消毒剂

名称	效力	作用原理	使用范围、浓度	注意事项
环氧乙烷（又名氧化乙烯）	灭菌剂	与菌体蛋白质结合，使酶代谢受阻而导致死亡；能杀灭细菌、真菌、病毒、立克次体和芽孢	①适用于不耐高温高压、易腐蚀的各种精密仪器、导管、植入物、化纤、器械等的熏蒸消毒灭菌；②常用灭菌浓度为 800～1200 mg/L，温度为 54±2 ℃，相对湿度为 60%±10%，时间为 2.5～4 h	①易燃、易爆且有一定毒性，须严格遵守安全操作程序；②放置阴凉通风、无火源及电源开关处，严禁放入冰箱；③贮存温度不可超过 40 ℃，以防爆炸；④灭菌后的物品应清除环氧乙烷残留量后方可使用；⑤每次消毒灭菌，应进行效果检测及评价
戊二醛	灭菌剂	与菌体蛋白质反应，使之灭活；能杀灭细菌、真菌、病毒和芽孢	①适用于不耐高温的医疗器械消毒，如内镜、肺活量测定管、透析器、传感器、麻醉和呼吸治疗设备、重复使用的塑料导管；②常用浓度为 2% 溶液，加盖浸泡 20～45 min 达到消毒，浸泡 10 h 达到灭菌效果	①浸泡金属类物品时，加入 0.5% 亚硝酸钠防锈；②定期检测浓度，每周过滤 1 次，每 2 周更换 1 次；戊二醛一经碱化，其稳定性降低，应加盖并现配现用；③内镜连续使用，需间隔消毒 10 min，每天使用前后各消毒 30 min，消毒后用冷开水洗净；④灭菌后的物品，在使用前用无菌蒸馏水冲净
过氧乙酸	灭菌剂	能产生新生态氧，将菌体蛋白质氧化，使细菌死亡；能杀灭细菌、真菌、芽孢、病毒	①适用于耐腐蚀物品、皮肤及环境等的消毒灭菌；②常用浓度：0.02% 溶液用于黏膜冲洗消毒；0.2% 溶液用于皮肤消毒；浸泡消毒用 0.2%～1% 溶液，时间 30～60 min；0.2%～0.4% 溶液用于环境喷洒消毒，0.2%～6% 溶液用于隐形眼镜、眼压镜、呼吸器和内镜消毒；6%～25% 溶液可作为灭菌剂	①对金属及棉织物有腐蚀性，消毒后及时冲洗干净；②易氧化分解而降低杀菌力，故需加盖及现配现用；③刺激性强，配制时要戴口罩和橡胶手套；④存放于阴凉避光处，防止高温引起爆炸

续表

名称	效力	作用原理	使用范围、浓度	注意事项
福尔马林（37%~40%甲醛）	灭菌剂	能使菌体蛋白质变性，酶活性丧失；能杀灭细菌、真菌、芽孢和病毒	①适用于对湿热敏感、不耐高温和高压的医疗器械的消毒灭菌；②常用量：以消毒为100 g/L、灭菌为500 g/L进行计算。常用熏蒸法：调节消毒箱内温度为52~56 ℃，相对湿度为70%~80%，加热产生甲醛气体，将箱密封3 h以上	①熏蒸穿透力弱，物品应分开摊放或挂起；②温、湿度对消毒效果有明显影响，应严格控制；③对人有一定毒性和刺激性，消毒后可用抽气通风或氨水中和法去除残留气体；④甲醛有致癌作用，不宜用于室内空气消毒
碘酊	高效消毒剂	使细菌蛋白质氧化变性；能杀灭大部分细菌、真菌、芽孢和原虫	①适用于注射部位、手术、创面周围等的皮肤消毒；②常用浓度：2%溶液用于皮肤消毒和一般皮肤感染，作用1 min后，用75%乙醇脱碘	①刺激性强，不能用于黏膜消毒；②碘过敏者禁用；③对金属有腐蚀性；④禁止与红汞同时涂用，以免产生汞中毒；⑤保存需加盖
含氯消毒剂：漂白粉、漂白粉精、次氯酸钠、84消毒液等	高浓度时为高效消毒剂，低浓度时为中效消毒剂	在水溶液中放出有效氯，破坏细菌酶的活性而致其死亡；能杀灭各种致病菌、病毒、芽孢	①适用于餐具、环境、水、疫源地等的消毒；②常用浓度：0.15%溶液用于饮水消毒；对细菌繁殖体污染的物品用含有效氯0.02%的溶液浸泡10 min以上，物品表面用含有效氯0.05%的溶液均匀喷洒，时间30 min以上；对乙肝病毒、结核分枝杆菌和细菌芽孢污染的物品用含有效氯0.2%的溶液浸泡30 min以上，物品表面用含有效氯0.2%的溶液均匀喷洒，时间60 min以上；排泄物5份加干粉1份搅拌后放置2~6 h	①消毒剂保存在密闭容器内，置于阴凉、干燥、通风处，减少有效氯的丧失；②配制的溶液性质不稳定，应现配现用；③有腐蚀及漂白作用，不宜用于金属制品、有色衣物及油漆家具的消毒；④定期更换消毒液
过氧化氢	高效消毒剂	过氧化氢遇到组织中的过氧化氢酶时，迅速分解而释放出新生态氧，能杀菌、除臭、除污等	①适用于丙烯酸树脂制成的外科埋植物、不耐热的塑料制品、餐具、服装、饮水等消毒，以及外科冲洗伤口；②常用浓度：3%过氧化氢溶液	①存放于阴凉、通风处，使用前测定有效含量；②稀释液不稳定，应现配现用；③不可与还原剂、强氧化剂、碱、碘化物混合使用；④有腐蚀及漂白作用；有刺激性，防止溅入眼中等；⑤消毒被血液、脓液污染的物品，应适当延长消毒时间
聚维酮碘	中效消毒剂	破坏细胞膜的通透性，使蛋白质漏出或与细菌酶蛋白起碘化反应使之失活；能杀灭细菌、病毒等	①适用于皮肤、黏膜等的消毒；②常用浓度：0.5%~2.0%聚维酮碘溶液用于手术部位、注射部位的皮肤消毒、手术前刷手（擦2遍，时间2~3 min）；0.05%聚维酮碘溶液用于黏膜及伤口冲洗，时间3~5 min；0.05%~0.1%聚维酮碘溶液用于浸泡清洗并晾干后的物品，时间30 min	①聚维酮碘稀释后稳定性差，宜现用现配；②置于阴凉、避光处，防潮、密闭保存；③对二价金属制品有腐蚀作用，不用于相应金属制品的消毒；④皮肤消毒后不用乙醇脱碘

续表

名称	效力	作用原理	使用范围、浓度	注意事项
乙醇	中效消毒剂	使菌体蛋白质脱水、凝固变性，干扰细菌的新陈代谢而导致死亡，但对肝炎病毒及芽孢无效	①适用于皮肤、物品表面、医疗器械的消毒；②常用浓度：75%溶液用于消毒皮肤或物品表面，也可用于锐利金属器械及体温计浸泡消毒5~10 min以上；95%溶液可用于燃烧灭菌	①易挥发，须加盖保存，定期测定有效浓度，浓度超过80%或低于70%，消毒效果降低；②有刺激性，不宜用于黏膜及创面的消毒；③易燃，避火保存
氯己定（洗必泰）	低效消毒剂	破坏细菌细胞膜的酶活性，使胞浆膜破裂；对细菌繁殖体有较强的杀菌作用，但不能杀灭芽孢、分枝杆菌和病毒	①适用于皮肤、黏膜、创面的消毒；②常用浓度0.05%~0.1%溶液用于冲洗阴道、膀胱、伤口、黏膜、创面消毒或擦洗外阴部；4%溶液用于擦拭手术和注射部位皮肤，擦2遍，时间2~3 min	①与肥皂、洗衣粉等阴离子表面活性剂有拮抗作用，不可与其前后和（或）混合使用；②易受有机物影响，消毒部位应先清洁干净再使用，以免影响消毒效果
苯扎溴铵（新洁尔灭）	低效消毒剂	吸附带负电荷的细菌，破坏细胞膜，最终导致菌体自溶死亡，又可使菌体蛋白质变性而沉淀；对细菌繁殖体有杀灭作用，但不能杀灭结核分枝杆菌、芽孢和亲水性病毒	①适用于皮肤、黏膜及金属器械消毒；②常用浓度：0.1%溶液用于皮肤及黏膜消毒 0.1%~0.2%溶液用于金属器械（加入0.5%亚硝酸钠以防锈）消毒，浸泡30 min	①②同氯己定；③对铝制品有破坏作用，故不可用铝制品盛装

三、消毒、灭菌效果监测与评价

（一）消毒卫生标准

1. 各类环境空气、物体表面、医务人员手的消毒卫生标准见表6-3。

表6-3 各类环境空气、物体表面、医务人员手消毒卫生标准

环境类别	所涉范围	标准（cfu/cm^2）		
		空气	物体表面	医务人员手
Ⅰ类	层流洁净手术室、层流洁净病房	≤10	≤5	≤5
Ⅱ类	普通手术室、产房、婴儿室、早产儿室、普通保护	≤200	≤5	≤5
Ⅲ类	儿科病室、妇产科检查室、注射室、换药室、供应室清洁区、急诊室、化验室、各类普通病房和诊室	≤500	≤10	≤10
Ⅳ类	传染科病房	-	≤15	≤15

2. 不得检出乙型溶血性链球菌、金黄色葡萄球菌及其他致病性微生物。母婴同室、早产儿室、婴儿室、新生儿室及儿科病室的物品表面和医务人员的手上不得检出沙门菌。

（二）医疗用品消毒效果监测

1. 进入人体无菌组织、器官或接触破损皮肤、黏膜的医疗用品不得检出任何微生物。
2. 接触黏膜的医疗用品细菌菌落总数应≤20 cfu/g 或 100 cm^2，不得检出致病性微生物。
3. 接触皮肤的医疗用品细菌菌落总数应≤200 cfu/g 或 100 cm^2，不得检出致病性微生物。

（三）消毒液的监测

1. 定期测定消毒液中的有效成分，应符合规定的含量。
2. 使用中的消毒液含菌量应≤100 cfu/ml，不得检出致病性微生物。

（四）压力蒸汽灭菌效果的监测

1. 物理监测法（physical monitoring method）　使用150 ℃或200 ℃的留点温度计，使用前将留点温度计甩至50 ℃以下，放入需灭菌的包内，灭菌后检查其读数是否达到灭菌温度。
2. 化学监测法（chemical monitoring method）　是将化学指示卡放在待灭菌物品包的中央部位，在包的外面粘贴化学指示胶带，在一个灭菌周期结束后，检查化学指示胶带（卡），若颜色变黑，表示达到灭菌效果。
3. 生物监测法（biological monitoring method）　是利用对热耐受力较强的非致病性嗜热脂肪杆菌芽孢作为指示剂，制成每片含106个嗜热脂肪杆菌芽孢的菌纸片，使用时将10片菌纸片分别放于灭菌器四角及中央，待灭菌完毕，用无菌镊取出放入培养基内，在56 ℃温箱中培养48 h至1周，若全部菌纸片均无细菌生长，则表示灭菌合格。

> **知识链接**
>
> **B-D试验监测**
>
> B-D试验监测是专门用于预真空（包括脉冲真空）压力蒸汽灭菌器冷空气排除效果的检测。真空型灭菌器每日灭菌前须空锅做B-D试验，B-D试纸变色均匀，合格后方可使用。如果B-D试纸变色不均匀，为不合格。B-D试验只能说明预真空高压蒸汽灭菌器排除冷空气的效果，不能说明灭菌是否合格，即不能代替生物监测。

四、医院日常清洁、消毒和灭菌工作

（一）医院环境

1. 环境空气消毒　从空气消毒的角度，可将医院环境分为4类，可采用的空气消毒方法如下。

（1）Ⅰ类环境：包括层流洁净手术室、层流洁净病房和无菌药物制剂室等。要求空气中的细菌总数≤10 cfu/m^{3}且未检出致病菌。只能采用层流设备，才能使空气中的微生物达到此标准。

（2）Ⅱ类环境：包括普通手术室、产房、婴儿室、早产儿室、普通保护性隔离室、重症监护病房等。要求空气中的细菌总数≤200 cfu/m^{3}且未检出致病菌。Ⅱ类环境为有人房间，必须采用对人无毒无害，且可连续消毒的方法，可选用循环风紫外线空气消毒器和静电吸附式空气消毒器进行空气消毒。

（3）Ⅲ类环境：包括儿科病房、妇产科检查室、注射室、换药室、治疗室、供应室消毒区、急诊室、化验室、各类普通病室和房间。要求空气中的细菌总数≤500 cfu/m^3。可采用Ⅱ类环境空气消毒的方法，还可采用臭氧消毒、紫外线灯管、化学消毒剂熏蒸或喷雾、中草药空气消毒剂等空气消毒方法，消毒时要求人离开房间。

（4）Ⅳ类环境：包括传染病科及病区，可采用Ⅲ类环境中空气消毒的方法。

2. 物品表面消毒　医疗环境中的各种物体表面的消毒要符合细菌学检测要求。根据规定，Ⅰ、Ⅱ类环境要求物体表面的细菌总数≤5 cfu/cm^2，Ⅲ类环境物体表面的细菌总数≤10 cfu/cm^2，Ⅳ类环境物体表面的细菌总数≤15 cfu/cm^2。消毒方法包括以下几种。

（1）地面消毒：①在地面没有明显污染情况下，通常采用湿式清扫，用清水拖地，每日1或2次；②当地面受到病原菌污染时，通常采用一定浓度的含氯消毒液或过氧乙酸进行湿拖擦洗或喷洒地面。

（2）墙面消毒：医院墙面一般不需要进行常规消毒。当受到病原菌污染时，可采用一定浓度的含氯消毒液或过氧乙酸进行擦拭或喷洒，墙面消毒高度一般为2～2.5 m。

（3）病房各类用品表面的消毒：①病房内用品（如凳子、床头柜等）一般情况下只需进行日常的清洁工作，用清洁的湿抹布或季铵盐类消毒液擦拭各种用品的表面，每日1次；②当室内各种用品的表面受到病原菌的污染时，可采用一定浓度的含氯消毒液或过氧乙酸进行擦拭或喷洒，还可用紫外线灯照射消毒。

（4）床单位的消毒：床单位包括病床、床垫、枕芯、毛毯、棉被、床单等，一般情况下，在日光下曝晒6 h以上可达到消毒目的。可用紫外线灯照射消毒或床单位臭氧消毒器消毒。

（二）**被服类消毒**

每个病区应有3个衣被收集袋，分别收放有明显污染的患者衣被、一般患者衣被、医务人员的工作服与帽及值班被服。一次性使用衣被收集袋用后焚烧；非一次性使用的衣被送洗衣房。清洗、消毒的方法：①棉织品一般洗涤后高温消毒；②工作服及值班室被服应与患者的被服分开；③感染者被服与普通患者被服分开清洗和消毒。

（三）**器械类物品的清洁、消毒和灭菌**

1. 凡穿过皮肤或黏膜进入无菌组织或器官内部，或与破损的皮肤组织、黏膜密切接触的器材和用品，如手术器械和用品、心导管、注射的药物和液体、导尿管等要达到灭菌，首选压力蒸汽灭菌法灭菌。

2. 与皮肤、黏膜接触，而不进入无菌组织内的器械（如喉镜、胃镜、体温计等）要达到灭菌或高效消毒。可选用消毒或高效化学消毒剂，如环氧乙烷、2%戊二醛等。

3. 与完整皮肤接触的物品（如便盆、床头柜、毛巾、地面、餐具、血压计袖带等），清洗干净或选用低效消毒剂浸泡消毒即可。

（四）**医疗废物的处理**

1. 分类

（1）医疗垃圾：①感染性废物指携带病原微生物、具有引发感染性疾病传播危险的医疗废物，如被患者血液、体液、分泌物污染的棉球、棉签、纱布等、一次性医疗器械等；②病理性废物指手术及其他诊疗过程中产生的废弃的人体组织、器官和医学实验动物的组织尸体等；③损伤性废物指能够刺伤或割伤人体的废弃的各类医用锐器，如手术刀、医用针头、玻璃安瓿等；④药物性废物指过期、被淘汰、变质或被污染的废弃的药品，如抗生素、废弃的血液制品等；⑤化学性废物指具有毒性、腐蚀性、易燃及易爆性的废弃化学物品，如废弃的过氧乙酸、戊二醛等化学消毒剂，废弃的水银血压计等。

（2）生活垃圾：指患者生活过程中产生的排泄物及垃圾，包括剩余的饭菜、果皮、粪、尿等排泄物。

2. 处理　按要求分类收集，建立严格的污物入袋制度。各科负责对本科室产生的医疗废物进行分类收集，不得混合收集，严禁将医疗废物混入其他废物和生活垃圾内。医疗废物收集点应设在病区的污染端，利于废物的收集。黄色袋装医用垃圾；红色袋装放射垃圾；损伤性废物置于医疗废物专用的黄色锐器回收盒内;黑色袋装生活垃圾。

第三节 手 卫 生

一、概述

(一)手卫生的概念

手卫生是医务人员在从事职业活动过程中的洗手、卫生手消毒和外科手消毒的总称。

(二)手卫生的管理

《医务人员手卫生规范》是医疗机构在医疗活动中管理和规范医务人员手卫生的行动指南。

1. 制定管理制度 手卫生是降低医院感染最可行、最重要的措施。因此,医院应制定相应的手卫生管理制度,并严格执行落实。

2. 配备设备 医院应配备有效、便捷、规范的手卫生设施,为医务人员执行手卫生措施提供必要条件。

3. 定期培训 应定期进行相关培训,为医务人员能掌握必要的手卫生知识和技能,增强无菌观念和自我保护意识提供保障。

4. 加强督导 应加强对医务人员及其他部门人员手卫生工作的指导和监督,包括手卫生、速干手消毒液等的管理,以提高医务人员手卫生的依从性。

5. 效果监测 加强手卫生效果的监测,每季度对重点部门如手术室、产房、导管室、层流洁净病房、骨髓移植病房、重症监护病房、新生儿室、烧伤病房、母婴室等部门工作人员进行手消毒的效果监测。当怀疑医院内感染暴发与医务人员手卫生有关时,应立即进行监测,并进行相应的致病菌微生物检测。手卫生消毒后,要求监测的细菌菌落数 $\leqslant 10\ cfu/cm^2$;外科手消毒后,要求监测的细菌菌落数 $\leqslant 5\ cfu/cm^2$。

(三)手卫生设施

1. 流动水洗手设施 水龙头应位于洗手池适当位置,开关最好为非手触式。
2. 清洁剂 如肥皂、皂液或含杀菌成分的洗手液,另备盛放清洁剂的容器。
3. 干手物品 干毛巾、干手机及擦手纸,另备盛放擦手纸或干毛巾的容器。如用干毛巾,需一用一消毒。
4. 速干手消毒剂 应选用符合国家有关规定的、含有醇类和护肤成分的手消毒液。如乙醇、异丙醇、氯己定、聚维酮碘等,剂型包括水剂、凝胶和泡沫型。消毒液应无异味、无刺激,宜采用一次性包装,医务人员对选用的手消毒液有良好的接受性。

二、洗手

医务人员用流动水和洗手液(肥皂)揉搓双手,去除手部皮肤污垢、碎屑和部分微生物的过程。

➲ 护理评估
1. 评估手卫生 接触的病种,手的污染程度。
2. 评估用物 洗手设备完善,用物齐全。
3. 评估环境 整洁、宽敞、安全,物品放置合理。

➲ 护理计划
1. 目的 除去手上污垢及沾染的致病菌,避免污染无菌物品及清洁物品,有效地避免传染和交叉感染。

2. 准备

（1）护士准备：衣着整洁，修剪指甲，取下手上的饰物及手表。

（2）用物准备：洗手设备（若无此设备，可备消毒液、清水各一盆），洗手液，干手机，干手巾或纸巾。

（3）环境准备：清洁、宽敞。

⊃ 护理实施

洗手法实施，见表6-4。

表6-4 洗手法

护理实施	流程简释	要点说明
湿润双手	打开水龙头，调节合适的水流、水温，浸湿双手	• 水龙头最好是感应式开关
取洗手液	取适量的洗手液或肥皂液于手掌	
揉搓双手	按"七步洗手法"认真揉搓双手：①掌心对掌心，两手并拢相互搓擦；②掌心对手背，手指交错相互搓擦（交换）；③掌心相对，手指交叉沿指缝相互搓擦；④用一手握另一手拇指旋转搓擦（交换）；⑤弯曲一手手指各关节，在另一手掌心旋转搓擦（交换）；⑥指尖在掌心转动搓擦（交换）（图6-3）；⑦必要时揉搓手腕，双手交替进行	• 每步揉搓时间不少于10~15 s，范围至腕上10 cm • 揉搓步骤不分先后
冲洗双手	打开水龙头，让流动水自腕部流向指尖进行冲洗，避免溅湿工作服，冲净后关闭水龙头	• 冲洗时，肘关节高于腕关节，污水从指尖流下
擦干双手	用纸巾自上而下擦干或用干手机烘干双手	• 若为小毛巾，应保持清洁、干燥，避免沾湿

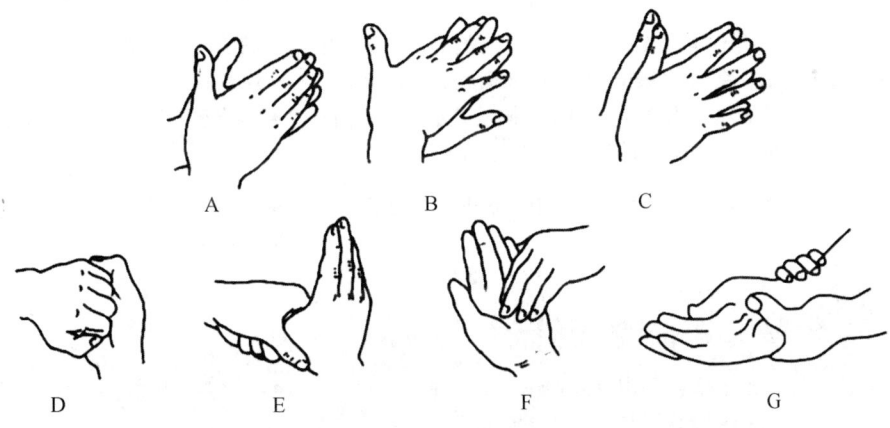

图6-3 洗手法

A. 掌心对掌心，两手并拢相互搓擦；B. 掌心对手背，手指交错相互搓擦（交换）；C. 掌心相对，手指交叉沿指缝相互搓擦；D. 用一手握另一手拇指旋转搓擦（交换）；E. 弯曲一手手指各关节，在另一手掌心旋转搓擦（交换）；F. 指尖在掌心转动搓擦（交换）；G. 揉搓手腕，双手交替进行

⊃ 护理评估

1. 严格遵守隔离原则。

2. 操作正确、规范，未污染，做到有效防护。

⊃ **注意事项**

洗手之前,应摘除手部饰物并修剪指甲,洗手要反复揉搓双手至少 15 s,范围至手腕上 10 cm。

三、卫生手消毒

医务人员用手消毒剂揉搓双手,以减少手部暂居菌的过程。

⊃ **护理评估**

1. 评估手卫生　接触的病种,手的污染程度。
2. 评估用物　洗手设备完善,用物齐全。
3. 评估环境　整洁、宽敞、安全,物品放置合理。

⊃ **护理计划**

1. 目的　清除手上污垢及沾染的致病菌,防止传染和交叉感染,避免污染无菌物品及清洁物品。
2. 准备
(1)护士准备:衣着整洁,修剪指甲,取下手上的饰物及手表,卷袖过肘。
(2)用物准备:流动水洗手设备,肥皂液或消毒液手盆,消毒手刷,干手机或消毒小毛巾或纸巾。
(3)环境准备:清洁、宽敞。

⊃ **护理实施**

卫生手消毒,见表6-5。

表6-5　卫生手消毒

护理实施	流程简释	要点说明
▲刷手法		
湿润双手	打开水龙头湿润双手	• 水龙头最好是感应式开关
刷手	用刷子蘸取消毒液,按前臂、腕部、手背、手掌、手指、指缝、指甲顺序彻底刷洗,每只手刷30 s,用流动水冲净,同法换刷另一只手。按上述顺序再刷1遍,共刷2 min	• 刷洗范围应超过被污染的范围 • 注意刷净指甲、指缝和皮肤皱褶处 • 用流水冲洗时,让流水自前臂向指尖冲洗
擦干双手	用纸巾自上而下擦干或用干手机烘干双手	• 若为小毛巾,应保持清洁、干燥,避免沾湿
▲消毒液浸泡法		
浸泡双手	将双手浸泡于消毒液中	
擦洗双手	用小毛巾或手刷反复擦洗,每只手1 min,共2 min;或两手相互揉搓2 min	• 注意擦洗指甲、指缝和皮肤皱褶处
擦干双手	流水冲净消毒液,擦干或用干手机烘干双手	

⊃ **护理评价**

1. 操作程序正确,手的各部位都已洗到。
2. 洗手后,手上未检出致病性微生物。

⊃ **注意事项**

1. 刷手时,衣服不可接触水池,以免隔离衣污染洗手池边缘或消毒盆。

2. 用流动水冲洗时，腕部要低于肘部，使污水流向指尖，防止水流入衣袖。
3. 肥皂液应每日更换，手刷及容器应每日消毒。

四、外科手消毒

外科手术前医护人员用流动水和洗手液揉搓冲洗双手、前臂至上臂下 1/3，再用手消毒剂清除或者杀灭手部、前臂至上臂下 1/3 暂居菌和减少常居菌的过程。

● 护理评估
1. 评估手卫生　手的污染程度，手部皮肤有无破损、感染。
2. 评估用物　设备完善，用物齐全。
3. 评估环境　整洁、宽敞、安全，物品放置合理。

● 护理计划
1. 目的　清除指甲、手、前臂的污垢和暂居菌，将常居菌减少到最低程度，抑制微生物的快速再生。
2. 准备
（1）护士准备：衣着整洁，修剪指甲，取下手上的饰物及手表，卷袖过肘。
（2）用物准备：洗手液、消毒液、无菌毛巾或一次性消毒纸巾。
（3）环境准备：清洁、宽敞。

● 护理实施
外科手消毒，见表 6-6。

表 6-6　外科手消毒

护理实施	流程简释	要点说明
湿润双手	打开水龙头，调节合适的水流、水温，浸湿双手、前臂至上臂下 1/3	● 水龙头最好是感应式开关
取洗手液	取适量的洗手液均匀涂抹双手、前臂至上臂下 1/3	
揉搓双手	进行手臂清洁处理：①掌心对掌心，两手并拢相互搓擦；②掌心对手背，手指交错相互搓擦（交换）；③掌心相对，手指交叉沿指缝相互搓擦；④用一手握另一手拇指旋转搓擦（交换）；⑤弯曲一手手指各关节，在另一手掌心旋转搓擦（交换）；⑥指尖在掌心转动搓擦（交换）（图 6-1）；⑦揉搓双手、前臂至上臂下 1/3，双手交替进行	● 每步揉搓时间不少于 10~15 s
冲洗双手	打开水龙头，流动水沿指尖→双手→前臂→肘部→肘上 1/3，避免溅湿工作服，冲净后关闭水龙头	● 冲洗时，流动水向一个方向冲洗、不可来回冲洗，始终保持指尖向上
擦干双手	取无菌干手纸（灭菌小毛巾）擦干双手，旋转依次擦干腕部、前臂和上臂下 1/3；同法擦干另一只手	● 不可往返擦拭
消毒双手	①取适量消毒液于左手掌心，右手指尖于左手掌内擦洗；左手掌将剩余的洗手消毒液均匀涂抹右手、前臂至上臂下 1/3 ②取适量消毒液于右手掌心，左手指尖于右手掌内擦洗；右手掌将剩余的洗手消毒液均匀涂抹左手、前臂至上臂下 1/3 ③最后再取适量消毒液按 7 步洗手法充分揉搓双手	● 消毒后的手、臂、肘等不可触及其他部位，如触及视为污染，必须重新刷手、消毒双手

◆ 护理评价
1. 操作正确，规范。
2. 严格遵守外科手消毒原则。

◆ 注意事项
1. 认真清洗指甲、指尖、指缝和指关节等易污染的部位。
2. 手消毒时间不少于3~5分钟。
3. 使用无菌擦手巾或一次性无菌纸巾按要求擦干双手，擦手巾应当一用一消毒。
4. 冲洗双手时避免溅湿衣裤，若溅湿，应立即更换。
5. 冲洗时水由指尖流向肘部，避免倒流。

第四节 无菌技术

一、概念

1. 无菌技术（aseptic technique） 是指在医疗、护理操作中，防止一切微生物侵入人体和防止无菌物品、无菌区域被污染的技术。
2. 无菌区（aseptic area） 是指经灭菌处理后未被污染的区域。
3. 非无菌区（non-aseptic area） 是指未经灭菌处理或虽经灭菌处理但又被污染的区域。
4. 无菌物品（aseptic supplies） 是指经过灭菌处理后保持无菌状态的物品。
5. 非无菌物品（non-aseptic supplies） 是指未经灭菌处理或虽经灭菌处理后又被污染的物品。

二、无菌技术操作原则

1. 操作环境符合要求　保持无菌操作环境清洁、宽敞，操作前30分钟停止清扫工作并减少人员走动，防止尘埃飞扬导致污染。操作台清洁、干燥、平坦，物品布局合理。
2. 工作人员着装符合规范　无菌操作前，工作人员应着装整洁、修剪指甲，洗手、戴口罩，必要时穿无菌衣、戴无菌手套。
3. 无菌物品合理放置
（1）无菌物品和非无菌物品应分开放置，无菌物品必须存放于无菌容器或无菌包内，一经取出，即使未用也不可放回容器（包）内。
（2）无菌包外需注明物品名称、灭菌日期，并按失效期先后顺序摆放和取用。
（3）无菌包的保存期与储存环境的温度、湿度及包装材质有关，无菌包的有效期一般为7天；使用纺织品材料包装的无菌物品有效期一般为14天；医用一次性纸袋包装的无菌物品，有效期为1个月；由医疗器械生产厂家提供的一次性使用无菌物品遵循包装袋上标识的有效期。无菌包过期、包装受潮或外包装受损时，均应重新灭菌。
4. 严格执行操作规范
（1）取、放无菌物品时，须使用无菌持物钳（镊）。
（2）未经消毒的用物、手、手臂不可触及无菌物品或跨越无菌区。
（3）无菌操作时，操作者身体与无菌区域保持一定距离，手和前臂应在肩以下、腰部或操作台面以上视野范围内。
（4）一切无菌操作均应使用无菌物品，禁用未经灭菌或疑有污染的物品。
（5）一套无菌物品仅供一位患者使用一次。

考点提示

无菌技术操作原则。

三、无菌技术基本操作方法

（一）无菌持物钳（镊）的使用方法

⊃ 护理评估

1. 评估无菌物品

（1）根据夹取物品的种类选择合适的无菌持物钳（镊）。

（2）无菌物品包装是否完好、标识是否清楚、有无潮湿，检查灭菌有效期及化学指示胶带颜色变化情况。

2. 评估环境　环境整洁，光线明亮，操作区域宽敞，操作台清洁、干燥，符合无菌操作原则的基本要求。

⊃ 护理计划

1. 目的　用于取、放和传递无菌物品。

2. 准备

（1）护士准备：衣帽整洁，修剪指甲，洗手，戴口罩。

（2）用物准备：无菌持物钳（镊）。

临床常用的无菌持物钳（镊）有3种（图6-4）。①卵圆钳：用于夹取刀、剪、镊、治疗碗、弯盘等；②三叉钳：用于夹取较大或较重的物品，如瓶、罐、盆、骨科器械等；③镊子：有长、短两种，用于夹取针、棉球、纱布等。

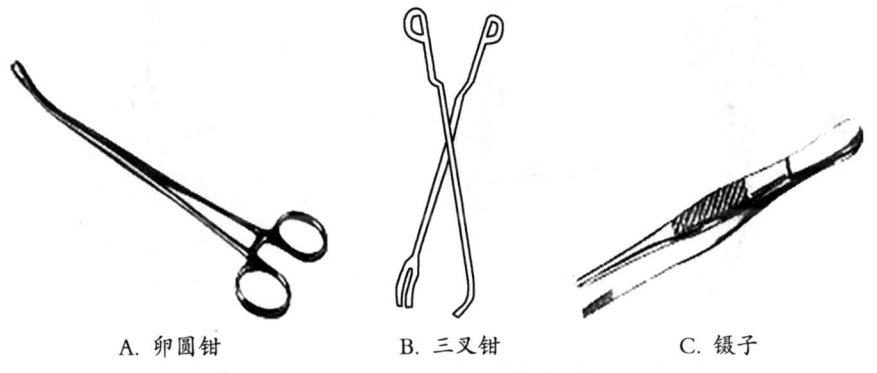

A. 卵圆钳　　　B. 三叉钳　　　C. 镊子

图6-4　无菌持物钳（镊）的种类

无菌持物钳（镊）的存放：有浸泡法和干燥法。①浸泡法：将无菌持物钳（镊）浸泡于盛有消毒液的广口带盖容器内，消毒液浸没无菌持物钳轴节以上2~3 cm或镊子长度的1/2，每个容器放置一把无菌持物钳（镊）。无菌持物钳（镊）及浸泡容器应定期消毒，在一般病区每周清洁、消毒1~2次，同时更换消毒液，在手术室、门诊换药室、注射室等使用频率较高的科室应每日清洁、灭菌1次；②干燥法：将无菌持物钳（镊）直接放于广口带盖容器内，也称干罐法，常用于手术室存放。干罐法每4~6小时更换1次。此外，提倡无菌持物钳（镊）单个包装，方便一次性使用。

（3）环境准备：清洁、宽敞、明亮、定期消毒。

◐ 护理实施

无菌持物钳使用方法实施，见表6-7。

表6-7 无菌持物钳使用方法实施

护理实施	流程简释	要点说明
检查标识	检查并核对名称、有效期、灭菌标识，无菌物品包装是否完好、有无潮湿	• 确保在有效期内，第一次使用，应记录打开日期、时间并签名，4 h内有效
开盖取钳	打开盛放无菌持物钳的容器盖，手持无菌持物钳上1/3处，闭合钳端，将钳移至容器中央，垂直取出，关闭容器盖（图6-5 A）	• 手不可触及容器口边缘和内面 • 盖闭合时，不可从盖孔中取、放无菌持物钳
正确使用	使用时保持钳端闭合向下，在腰部以上视线范围内活动，不可倒转向上（图6-5 B）	• 保持无菌持物钳的无菌状态
放钳盖盖	使用后闭合钳端，打开容器盖，快速垂直放回容器，盖好容器盖	• 防止无菌持物钳在空气中暴露过久导致污染

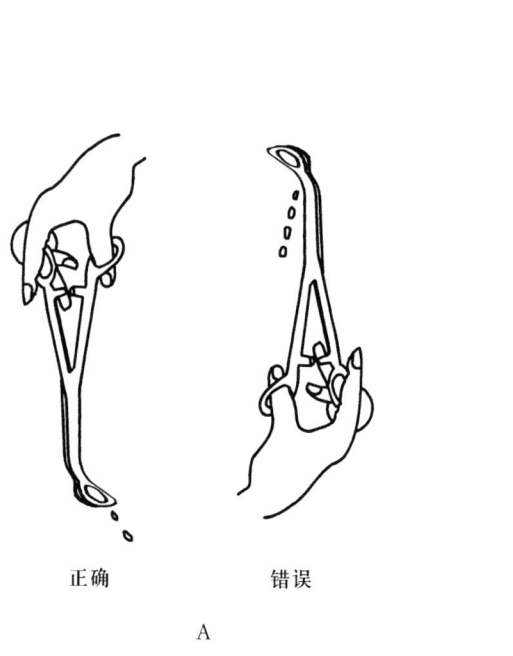

正确　　　错误
A　　　　　　　　　　　B

图6-5 使用无菌持物钳
A. 取无菌持物钳；B. 保持钳端向下

◐ 护理评价
1. 严格遵守无菌操作原则。
2. 操作正确、规范，无菌持物钳及无菌物品未污染。

◐ 注意事项
1. 严格遵守无菌操作原则。
2. 盛放持物钳的容器应大口有盖，且每个容器只能放一把无菌持物钳；取放无菌持物钳时应先闭合钳端，不可触及容器口边缘；使用过程中，始终保持钳端向下；如需到远处夹取无菌物品，应连同容器一起搬移，就地使用。

3. 无菌持物钳只能用于夹取或传递无菌物品，不可用于夹取油纱布，防止油粘于钳端而影响消毒效果。不可用于换药或消毒皮肤，以防被污染。

4. 使用干燥法保存时，应每 4 小时更换 1 次。

5. 无菌持物钳一经污染或可疑污染，应重新灭菌。

考点提示

无菌持物钳（镊）存放、使用和注意事项。

（二）无菌容器的使用方法

⊃ 护理评估

1. 评估无菌物品

（1）无菌物品的种类及有效期。

（2）无菌物品包装是否完好、标识是否清楚、有无潮湿，检查灭菌有效期及化学指示胶带颜色变化情况。

2. 评估环境　环境整洁，光线明亮，操作区域宽敞，操作台清洁、干燥，符合无菌操作原则的基本要求。

⊃ 护理计划

1. 目的　用于盛放无菌物品并保持其无菌状态。

2. 准备

（1）护士准备：衣帽整洁，修剪指甲，洗手，戴口罩。

（2）用物准备：盛有无菌持物钳的无菌罐、盛放无菌物品的容器。常用的无菌容器有无菌盘、盒、罐、无菌储槽等。无菌容器内盛放棉球、纱布、灭菌器械等。

（3）环境准备：清洁、宽敞、明亮、定期消毒。

⊃ 护理实施

无菌容器的使用方法实施，见表 6-8。

表 6-8　无菌容器的使用方法实施

护理实施	流程简释	要点说明
检查标识	检查并核对无菌容器和无菌持物钳的名称、灭菌日期、失效期、灭菌标识	• 同时检查无菌持物钳，确保在有效期内
开盖放稳	打开容器盖（图 6-6），平移离开容器，盖内面向上置于稳妥处或拿在手中	• 盖子不得在无菌容器上方翻转，以防灰尘落于容器内造成污染 • 开、关盖时，手勿触及容器盖的边缘内面，盖内面不可触及任何非无菌区域
持钳取物	用无菌持物钳从无菌容器中夹取物品	• 无菌持物钳不可触及容器边缘
取物盖盖	取物后立即将盖由近向远或从一侧向另一侧盖严	• 避免无菌物品在空气中暴露过久
持托容器	手持无菌容器时（如无菌治疗碗）应托住容器底部（图 6-7）	• 第一次使用，应记录开启日期、时间并签名，24 h 内有效

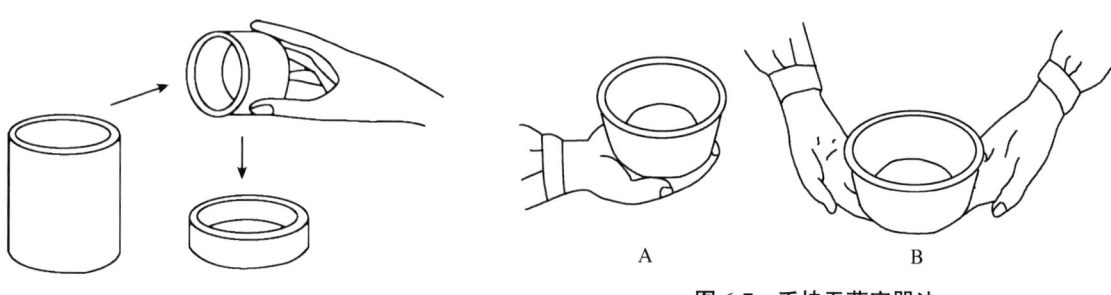

图 6-6 打开无菌容器盖

图 6-7 手持无菌容器法
A. 单手持无菌容器；B. 双手持无菌容器

⊃ **护理评价**
1. 严格遵守无菌操作原则。
2. 操作正确、规范，无菌容器及无菌物品未污染。

⊃ **注意事项**
1. 严格遵守无菌操作原则。
2. 持无菌容器时应托住底部，手指不可触及无菌容器的内面及边缘。
3. 从无菌容器内取出的无菌物品，虽未使用，但不得再放回无菌容器。
4. 无菌容器应定期灭菌；一经打开，使用时间不超过 24 小时。

 考点提示

无菌容器的使用、注意事项。

（三）无菌包的使用方法

⊃ **护理评估**

1. 评估无菌物品
（1）无菌包的名称。
（2）无菌包的包装是否完好、标识是否清楚、有无潮湿，检查灭菌有效期及化学指示胶带颜色变化情况。

2. 评估环境　环境整洁，光线明亮，操作区域宽敞，操作台清洁、干燥，符合无菌操作原则的基本要求。

⊃ **护理计划**

1. 目的　保持无菌物品的无菌状态。
2. 准备
（1）护士准备：衣帽整洁，修剪指甲，洗手，戴口罩。
（2）用物准备：①无菌持物钳及容器、盛放无菌包等物品的容器或区域；②无菌包内放无菌治疗巾、敷料及器械等（图 6-8）；③治疗盘、记录纸、笔。
（3）环境准备：清洁、宽敞、明亮、定期消毒。

⊃ **护理实施**

无菌包使用方法实施，见表 6-9。

第六章 医院感染的预防与控制

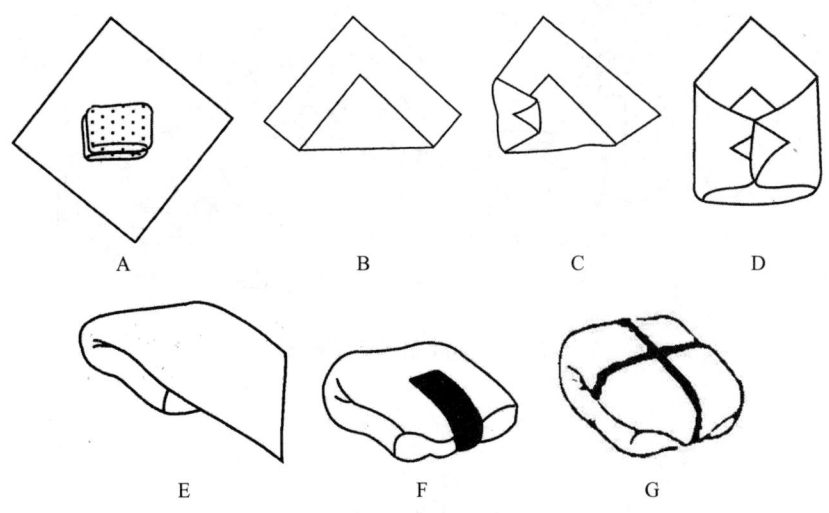

图 6-8 无菌包包扎法

A. 将灭菌物品放于包布中央；B. 用近侧一角盖住物品；C. 一角先盖上并将角尖外翻；D. 盖上另一角并将角尖外翻；E. 盖上最后一角；F. 用化学指示胶带贴妥；G. 包扎的另一种方法为十字包扎法

表 6-9 无菌包使用方法实施

护理实施	流程简释	要点说明
▲取部分物品		
检查核对	检查并核对无菌包名称、灭菌日期、有效期、灭菌标识，有无潮湿或破损	• 应同时检查无菌持物钳，确保在有效期内；如标记模糊或已过期，包布潮湿、破损，则不可使用
开无菌包	放置：将无菌包平放于清洁、干燥、平坦处开包，先捏住包布外角向远端打开上层包布，再揭开左右两角，最后打开近侧一角	• 包布不可低于腰部及操作台平面以下，手不可触及包布的内面 • 不可跨域无菌区，若不慎污染包内物品或包布潮湿，应重新灭菌处理
持钳取物	取物：用无菌持物钳取出无菌物品，置于事先备好的无菌区内	
整理记录	若包布内物品未取完，应按原折痕折叠，并注明开包日期及时间并签名	• 表示此包已开过，所剩物品 24 h 内有效
▲取全部物品		
检查核对	检查并核对无菌包名称、灭菌日期、有效期、灭菌标识，有无潮湿或破损	
开包取物	开包：一手托包，另一手打开包布四角并捏住，包布包住手稳妥地将包内物品置于无菌区内（图 6-9）	• 开包时手不可触及无菌物品，投放时包布无菌面朝向无菌区域
整理放置	整理：将包布折叠放置	

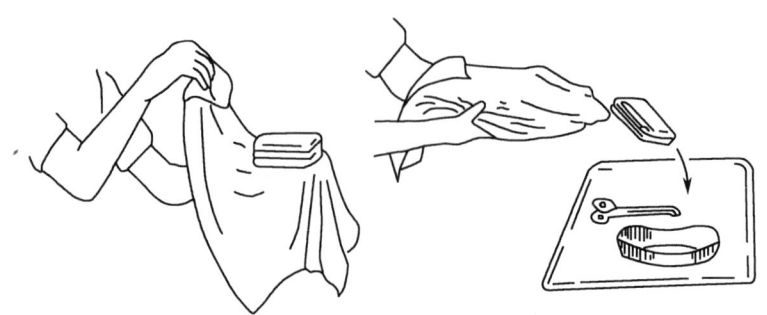

图 6-9 取出包内全部物品

◐ 护理评价

1. 严格遵守无菌操作原则。
2. 操作正确、规范，无菌包及无菌物品未被污染。
3. 开包日期及时间记录准确。

◐ 注意事项

1. 严格遵循无菌操作原则。
2. 打开、关闭无菌包时，手只能接触包布四角的外面，不可触及包布内面，不可跨越无菌区。
3. 包布内物品未用完，未被污染，应按原折痕包好，系带横向扎好，注明开包日期及时间，24 h 之内可以使用。
4. 无菌包的有效期为 7～14 日。若过期、被污染或包布受潮、破损，则需重新灭菌。

 考点提示

无菌包的使用、注意事项。

（四）铺无菌盘法

◐ 护理评估

1. 治疗项目，无菌物品有效期。
2. 评估环境　环境整洁，光线明亮，操作区域宽敞，操作台清洁、干燥，符合无菌操作原则的基本要求。

◐ 护理计划

1. 目的　将无菌治疗巾铺在清洁干燥的治疗盘内，形成一无菌区，放置无菌物品，供治疗及护理用。
2. 准备

（1）护士准备：衣帽整洁，修剪指甲，洗手，戴口罩。

（2）用物准备：①无菌持物钳（镊）及容器、盛放无菌治疗巾的无菌包、治疗盘、无菌物品；②记录纸、笔。

无菌治疗巾的折叠方法有两种（图 6-10）。①横折法：将治疗巾横折后纵折，再重复一次；②纵折法：将治疗巾纵折两次，再横折两次，开口边向外。

（3）环境准备：清洁、宽敞、明亮、定期消毒。

◐ 护理实施

铺无菌盘法实施，见表 6-10。

第六章 医院感染的预防与控制

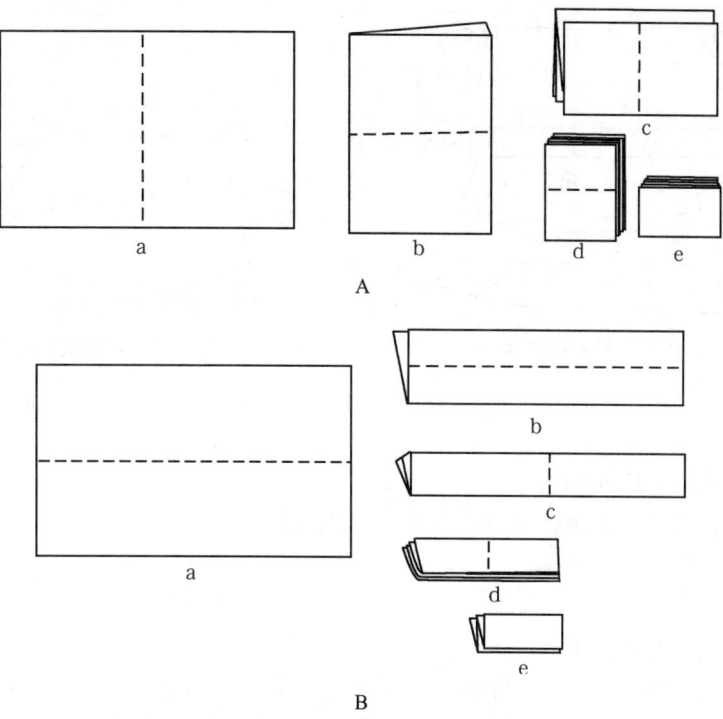

图 6-10 无菌治疗巾的折叠方法
A. 治疗巾横折法；B. 治疗巾纵折法

表 6-10 铺无菌盘法实施

护理实施	流程简释	要点说明
检查核对	检查并核对无菌包和无菌持物钳等无菌物品名称、灭菌日期、有效期、灭菌标识，有无潮湿或破损	
单层底铺盘法和双层底铺盘法		
▲单层底铺盘法	（1）开包铺巾：打开无菌包，用无菌持物钳取一块治疗巾放在清洁的治疗盘内，双手捏住治疗巾一边外面两角，轻轻抖开，双折铺于治疗盘上，将上面扇形折至对侧（图 6-11），开口边向外，治疗巾内面构成无菌区 （2）放置：无菌物品 （3）盖巾：调整无菌物品于治疗盘中间，双手捏住扇形折叠层治疗巾的外面，对齐上下层边缘遮盖物品，将开口处向上翻折 2 次，两侧边缘分别向下折 1 次	● 打开包布后，注意保持包内无菌，手不可触及无菌巾内面 ● 避免跨越无菌区 ● 边缘不能漏出治疗盘外
▲双层底铺盘法	（1）开包铺巾：打开无菌包，用无菌持物钳取一块治疗巾放在清洁的治疗盘内，双手捏住治疗巾一边外面两角，轻轻抖开，由远到近，三折成双层底，上层呈扇形（图 6-12），开口向外，治疗巾内面构成无菌区 （2）放置：无菌物品 （3）盖巾：调整无菌物品于治疗盘中间，拉平扇形折叠层，盖于物品上，边缘对齐	
记录签名	记录铺盘日期、时间并签名	● 铺好的无菌盘 4 h 内有效

图6-11 单层底铺盘法　　　　图6-12 双层底铺盘法

● 护理评价
1. 严格遵守无菌操作原则。
2. 操作正确、规范，无菌区域及无菌物品未被污染。
3. 铺盘日期及时间记录准确。

● 注意事项
1. 严格遵守无菌操作原则。
2. 铺无菌盘的区域必须清洁、干燥，无菌巾避免潮湿、污染。
3. 铺盘时，非无菌物品和身体应与无菌盘保持适当距离，手不可触及无菌巾内面，不可跨越无菌区。
4. 铺好的无菌盘应尽早使用，有效期不超过4小时。

 考点提示

铺无菌盘的方法、注意事项。

（五）无菌溶液取用方法

● 护理评估
1. 评估无菌物品　无菌溶液的名称、浓度、剂量、有效期，检查瓶盖有无松动，瓶颈有无裂缝，药液有无沉淀、浑浊、变质等。
2. 评估环境　环境整洁，光线明亮。

● 护理计划
1. 目的　保持无菌溶液的无菌状态，供治疗及护理使用。
2. 准备
（1）护士准备：衣帽整洁，修剪指甲，洗手，戴口罩。
（2）用物准备：①无菌溶液、启瓶器、弯盘；②盛装无菌溶液的容器；③治疗盘内盛棉签、消毒液、笔，必要时备盛有无菌持物钳的容器、无菌纱布及容器。
（3）环境准备：清洁、宽敞、明亮、定期消毒。

● 护理实施
取用无菌溶液方法实施，见表6-11。

● 护理评价
1. 严格遵守无菌操作原则。
2. 操作正确、规范，无菌溶液未被污染。开瓶日期及时间记录准确。

表 6-11 取用无菌溶液方法实施

护理实施	流程简释	要点说明
检查核对	（1）检查并核对瓶签上的药名、剂量、浓度和有效期 （2）检查瓶盖有无松动、瓶身有无裂痕 （3）检查溶液有无沉淀、浑浊或变色	• 取无菌溶液瓶时，注意擦净瓶外灰尘，同时需查对无菌持物钳、无菌纱布等物品的有效期
开启瓶盖	用启瓶器撬开瓶盖，消毒瓶塞，待干，打开瓶塞	• 手不可触及瓶口及瓶塞内面 • 避免沾湿瓶签
冲洗瓶口	另一手握瓶签拿起瓶子，先倒少量溶液于弯盘中，旋转冲洗瓶口（图 6-13）	
倒取溶液	在冲洗瓶口原处倒所需液体量于无菌容器中	• 倒液时勿使瓶口接触容器口周围，避免溶液溅出
盖塞记录	（1）倒好溶液后立即塞好瓶塞 （2）在瓶签上注明开瓶时间、日期并签名	• 必要时消毒后盖好，以防溶液污染 • 溶液已开启未用完且未被污染，可保存 24 h，余液只可作清洁使用

➲ 注意事项

1. 严格遵循无菌技术操作原则。
2. 不可将物品伸入无菌溶液瓶内蘸取溶液；倾倒液体时，不可直接接触无菌溶液瓶口；已倒出的溶液不可再倒回瓶内，以免污染剩余溶液。
3. 已开启的溶液瓶内的溶液未被污染，24 小时内有效，余液只用于清洁操作。

 考点提示

无菌溶液取用、注意事项。

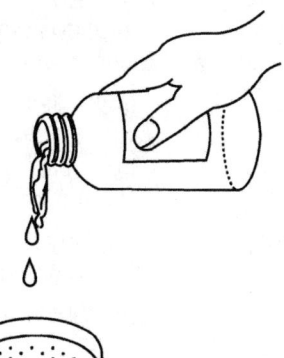

图 6-13 冲洗瓶口

（六）戴、脱无菌手套

➲ 护理评估

1. 评估用物　选择合适型号的手套。手套包完整、干燥。核对手套包的名称、型号及灭菌日期。
2. 评估环境　环境整洁，光线明亮。

➲ 护理计划

1. 目的　预防病原微生物通过医务人员的手传播疾病和污染环境，适用于医务人员进行严格无菌操作时，接触患者破损皮肤、黏膜时，接触免疫力极度低下的患者时。
2. 准备

（1）护士准备：衣帽整洁，修剪指甲，洗手，戴口罩。

（2）用物准备：无菌手套、0.9% 生理盐水。无菌手套的放置方法见图 6-14。

（3）环境准备：清洁、宽敞、明亮、定期消毒。

➲ 护理实施

戴无菌手套法实施，见表 6-12。

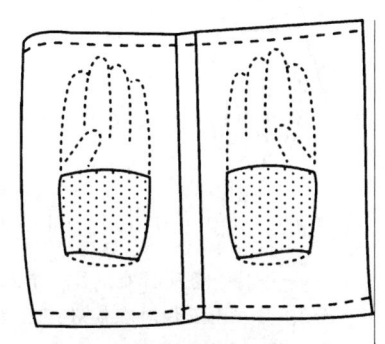

图 6-14 无菌手套的放置方法

表 6-12 戴无菌手套法实施

护理实施	流程简释	要点说明
检查核对	检查并核对无菌手套包的尺码、灭菌日期、灭菌效果，包装是否完整、干燥	• 根据操作者手的大小选择合适的尺码
开手套包	将手套包平放于清洁、干燥的桌面上	
▲一次性取戴手套法	（1）取手套：两手同时掀开手套包开口处，用一手的拇指和示指抓住两只手套的反折处（手套内面），从手套包前端取出手套 （2）戴法：一手持手套反折处，另一手五指对准戴好，戴好手套的手指插到另一手套的反折内面（无菌面）同法戴好（图6-15）	• 手不可触及手套外面（无菌面），取手套时，手套外面不可触及任何非无菌物品 • 戴好手套的手始终保持在腰部以上水平、视线范围内，不可触及任何非无菌物品
▲分次取戴手套法	（1）一手掀开手套包开口处，另一手捏住一只手套的反折部分（手套内面），从手套包前端取出手套，对准五指戴上（图6-16）；未戴手套的手掀开手套包另一侧，用戴好手套的手指插到另一只手套的反折内面（手套外面），同法取出手套并戴好 （2）交叉调整：将手套的翻边扣套在工作服衣袖外面，双手对合交叉检查是否漏气并调整手套位置	• 要点同一次性取戴手套法 • 不可强拉手套，必要时用无菌溶液冲洗手套外面的滑石粉
翻转脱下	用一手捏住另一手套腕部外面，翻转脱下；再将脱下手套的手伸到另一手套内，捏住内面边缘，将手套向下翻转脱下	• 手不可触及手套外面（污染面）
整理用物	按要求处置用物，洗手、脱口罩	• 将手套弃于黄色医疗垃圾袋

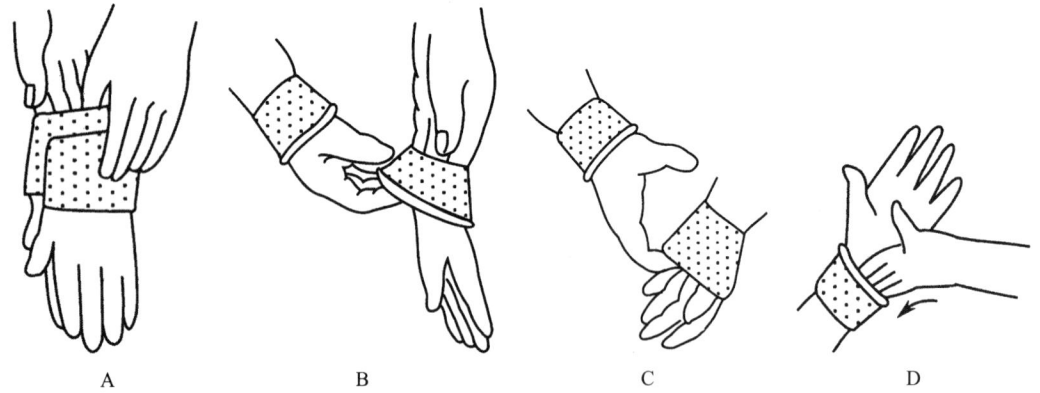

图 6-15 一次性戴手套法

A. 一手持手套反折处，另一手五指对准戴好；B. 将戴好手套的手指插到另一手套的反折内面（无菌面），另一手五指对准戴好；C. 将手套的翻边扣套在工作服衣袖外面；D. 将另一只手套的翻边扣套在工作服衣袖外面

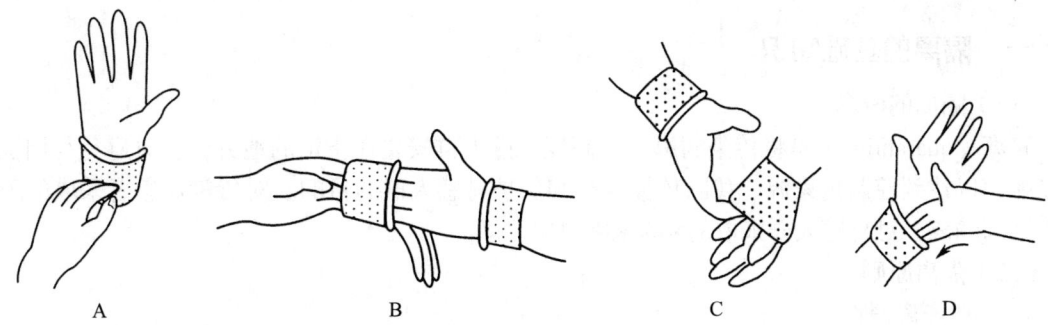

图 6-16 分次戴手套法

A. 从手套包前端取出手套，对准五指戴上；B. 用戴好手套的手指插到另一只手套的反折内面，同法取出手套并戴好；C. 将手套的翻边扣套在工作服衣袖外面；D. 将另一只手套的翻边扣套在工作服衣袖外面

◐ 护理评价
1. 无菌手套无污染。
2. 戴、脱手套时未强行拉扯手套。

◐ 注意事项
1. 严格遵循无菌技术操作原则。
2. 操作前，操作者应修剪指甲以防刺破手套，并选择适合的手套尺码。
3. 戴手套后，双手应始终保持在腰部或操作台面以上视线范围内的水平。
4. 在戴手套或无菌操作的过程中，手套外面不可触及非无菌物品，如发现手套破损或污染，应立即更换。
5. 脱手套时，应从手套口向下翻转脱下，不可强拉手指和手套的边缘，以免损坏。手套表面如有污迹，应先冲净，再脱下放入医疗垃圾袋内。

 考点提示

戴、脱无菌手套方法、注意事项。

第五节　隔离技术

案例 6-2

患者，男性，67 岁，确诊为肺结核患者，护士小张今天值夜班，为其安排了单独的一个病室，并告知患者在住院期间不得进入内走廊和医护办公室，如有需要可以通过对讲机与护士和医生联系。

问题与思考：
1. 为什么要为该患者安排单独病室？
2. 为该患者采取的隔离预防措施是什么？

医院感染的发生与流行是因为感染链的存在，预防与控制感染的主要手段就是利用各种医疗措施来阻止感染链的形成，隔离技术是阻断感染链最直接而有效的措施之一。

一、隔离的基础知识

（一）隔离的概念

隔离（quarantine）是将传染病患者、高度易感人群安置在指定的地方，暂时避免与周围人群接触，以达到控制传染源、切断传播途径和保护易感人群的目的。对传染病患者采取的隔离称传染源隔离，对易感人群采取的隔离称保护性隔离。

（二）隔离原则

1. 一般隔离消毒

（1）隔离室外应设立明确的隔离标志，门口设置消毒液浸湿的脚垫、消毒手的设备及避污纸。

（2）工作人员进入隔离室应按规定戴口罩、帽子，穿隔离衣。穿隔离衣后只能在规定的范围内活动。一切操作要严格遵守隔离规程，接触患者或污染物品后必须消毒双手。

（3）穿隔离衣前须计划周密，备齐所需的物品，集中完成各种护理操作，以减少穿、脱隔离衣的次数和刷手的频率。

（4）患者接触过的物品或落地的物品应视为污染物品，消毒后方可给他人使用；患者的衣物、信件等须消毒后才能带出；患者的排泄物、分泌物、呕吐物必须经消毒处理后方可排放。

（5）病室空气每日消毒，可用紫外线照射或消毒液喷雾。每日晨间护理后，用消毒液擦拭床及床旁桌、椅。

（6）严格执行陪伴和探视制度，向患者及陪伴、探视者做好健康宣传教育。

（7）经医生开具医嘱后方可解除隔离。

2. 终末消毒处理　是指对出院、转科或死亡患者及其所住病室、用物、医疗器械等进行的消毒处理。

（1）患者的终末处理：①一般患者出院或转科前应沐浴，换上清洁衣服，个人用物须消毒处理后方可带出；②若患者死亡须用消毒液擦拭尸体，并用浸湿消毒液的棉球填塞口、鼻、耳、肛门、阴道等腔道，然后用一次性尸单包裹尸体。

（2）病室的终末处理：①关闭病室门窗，打开床旁桌，摊开棉被，竖起床垫，用消毒液熏蒸或用紫外线照射消毒；②打开门窗，用消毒液擦拭家具、地面；③被服类放入标明"隔离"字样的污物袋内，消毒处理后再清洗；④床垫、棉被、毛毯和枕芯还可用日光暴晒处理。其他用物及医疗器械按规定消毒处理（表6-13）。

表6-13 传染病污染物品消毒法

类别	物品	消毒方法
病室	病室空间	消毒剂熏蒸、喷雾、紫外线照射
	地面、墙壁、家具	消毒剂喷雾、擦拭
医疗用品	金属、橡胶、搪瓷、玻璃类	消毒剂浸泡、煮沸、压力蒸汽灭菌
	血压计、听诊器、手电筒	环氧乙烷气体熏蒸、消毒剂擦拭
	体温计	过氧乙酸、聚维酮碘等消毒剂浸泡
日常用品	餐具、茶具、药杯	消毒剂浸泡、煮沸、微波消毒
	信件、书报、票证	环氧乙烷气体熏蒸
被服类	衣服、被单等布类	消毒液浸泡、煮沸、压力蒸汽灭菌
	枕芯、被褥、毛纺织品	消毒剂熏蒸、日光暴晒

续表

类别	物品	消毒方法
其他	排泄物、分泌物、呕吐物、引流液 便盆、痰盂、痰具 剩余食物 垃圾	漂白粉或过氧乙酸浸泡、痰盛于蜡纸盒内焚烧 煮沸 30 min 后弃去 焚烧

 考点提示

隔离原则。

（三）隔离病区建筑布局与隔离要求

1. 感染性疾病病区建筑布局与隔离要求　感染性疾病病区主要用于经接触传播疾病患者的隔离。

（1）建筑布局：应设在医院相对独立的区域，远离儿科病房、重症监护病房和生活区。设单独出入口，设入院、出院处理室。中小型医院可在建筑物的一端设立感染性疾病病区。

（2）隔离要求：①应分区明确，标识清楚；②不同种类的感染性疾病患者应分室安置，每间病室不应超过4人，病床间距应不少于1.1 m；③病房应通风良好，自然通风或安装通风设施，以保证病房内空气清新；④应配备适量非手触式开关的流动水洗手设施。

2. 普通病区的建筑布局与隔离要求

（1）建筑布局：在病区的末端，应设一间或多间隔离病室。

（2）隔离要求：①感染性疾病患者与非感染性疾病患者宜分室安置；②受条件限制的医院，同种感染性疾病、同种病原体感染患者可安置于一室，病床间距宜大于0.8 m；③病情较重的患者宜单人间安置；④病室床位数单排不应超过3床，双排不应超过6床。

3. 呼吸道传染病病区的建筑布局与隔离要求　呼吸道传染病病区适用于经呼吸道传播疾病患者的隔离。

（1）建筑布局：应设在医院相对独立区域，设立三区、两通道和两缓冲。三区：①清洁区（clean zone）指在呼吸道传染病诊治的病区中，不易受到患者血液、体液和病原微生物等物质污染，传染病患者不能进入的区域，包括医务人员的值班室、卫生间、更衣室、浴室及配餐间等；②潜在污染区（potential pollution area）也称半污染区（semi-polluted area），指在呼吸道传染病诊治的病区中，位于清洁区与污染区之间，有可能被患者血液、体液和病原微生物等物质污染的区域，包括医务人员的办公室、护士站、内走廊等；③污染区（contaminated zone）指在呼吸道传染病诊治的病区中，传染病患者和疑似传染病患者接受诊疗的区域，包括被其血液、体液、分泌物、排泄物污染的物品的暂存和处理的场所，包括病室、处置室、污物间等。两通道：指在呼吸道传染病诊治的病区中，医务人员通道和患者通道。医务人员通道及出入口设在清洁区，患者通道及出入口设在污染区。两缓冲：缓冲间指在呼吸道传染病诊治的病区中，清洁区与潜在污染区之间、潜在污染区与污染区之间设立的两侧均有门的小室，为医务人员的准备间。缓冲间两侧的门不应同时开启，以减少区域之间空气流通。经空气传播疾病的隔离病区，应设置负压病室。

（2）隔离要求：①应严格服务流程和三区的管理，各区之间界线清楚，标识明显；②病室内应有良好的通风设施；③各区应安装适量的非手触式开关的流动水洗手池；④不同种类的传染病患者应分室安置；⑤疑似患者应单独安置；⑥受条件限制的医院，同种疾病患者可安置于一室，两病床之间距离不少于1.1 m。

4. 负压病室的建筑布局与隔离要求　适用于经空气传播疾病患者的隔离。

（1）建筑布局：病室通过缓冲间与病区走廊相连。门窗应保持关闭。病室采用负压通风，上送风、下排风。病室内送风口应远离排风口，排风口应置于病床床头附近，排风口下缘靠近地面但应高于地面10 cm。负压病室内应设置独立的卫生间，有流动水洗手和卫浴设施。配备室内对讲设备。

（2）隔离要求：①送风应经过初、中效过滤，排风应经过高效过滤处理，每小时换气6次以上；②病室的气压宜为-30 Pa，缓冲间的气压宜为-15 Pa；③应保障通风系统正常运转，做好设备的日常保养；④一间负压病室宜安排一位患者，无条件时可安排同种呼吸道感染疾病患者，并限制患者到本病室外活动；⑤患者出院所带物品应消毒处理。

（四）隔离管理要求

1. 隔离标志明确，卫生设施齐全　①隔离病区设有工作人员与患者各自的出入门、梯道。通风系统区域化，隔离区域标识清楚，入口处配置更衣、换鞋的过渡区，并配有必要的卫生、消毒设备等。②隔离病室门外或患者床头应安置不同颜色的提示卡，卡正面为预防隔离措施，反面为适用的疾病种类，以表示不同性质的隔离。门口放置用消毒液浸湿的脚垫，门外设立隔离衣悬挂架（柜或壁橱），备隔离衣、帽子、口罩、鞋套及手消毒物品等。③黄色标志为空气传播的隔离，粉色标志为飞沫传播的隔离，蓝色标志为接触传播的隔离。

2. 掌握解除隔离的标准　传染性分泌物3次培养结果均为阴性或已度过隔离期，医生开出医嘱后，方可解除隔离。

（五）标准预防

标准预防（standard prevention）是针对医院所有患者和医务人员采取的一组预防感染措施。标准预防基于患者的血液、体液、分泌物（不包括汗液）、非完整皮肤和黏膜均可能含有感染性因子的原则，即对所有患者的血液、体液、分泌物、排泄物、破损的皮肤、黏膜均视为具有传染性的病原物质，医务人员接触这些物质时，必须采取防护措施。标准预防措施主要有：①手卫生；②戴手套；③正确使用口罩、防护眼镜或防护面罩；④适时穿隔离衣、防护服、鞋套；⑤处理患者及环境中污染的物品与医疗器械，应穿戴合适的防护用品。

二、隔离的种类及措施

目前，隔离预防主要是在标准预防的基础上，实施两大类隔离：一类是基于传染源特点切断疾病传播途径的隔离，即传染性隔离；另一类是基于保护易感人群的隔离，即保护性隔离。

（一）基于传染源特点切断疾病传播途径的隔离预防

确认的传染性病原微生物的传播途径主要有三种：接触传播、空气传播和飞沫传播。一种疾病可能有多种传播途径时，应在标准预防的基础上采取相应传播途径的隔离与预防。

1. 接触传播的隔离与预防　是对确诊或可疑感染了经接触传播的疾病如肠道感染、多重耐药菌感染、皮肤感染等采取的隔离与预防。在标准预防的基础上，还应采用接触传播的隔离预防措施。

（1）患者的隔离：①应限制患者的活动范围；②应减少转运，如需要转运，应采取有效措施，减少对其他患者、医务人员和环境表面的污染。

（2）医务人员的防护：①接触隔离患者的血液、体液、分泌物、排泄物等物质时，应戴手套。离开隔离病室前、接触污染物品后，应摘除手套，洗手或手消毒。手上有伤口时，应戴双层手套。②进入隔离病室，从事可能污染工作服的操作时，应穿隔离衣。离开病室前，脱下隔离衣，按要求悬挂，每日更换，清洗与消毒，或使用一次性隔离衣，用后按医疗废物管理要求进行处置。接触甲类传染病患者,应按要求穿、脱防护服。离开病室前,脱去防护服,并按医疗废物管理要求进行处置。

2. 空气传播的隔离与预防　是对经空气传播的呼吸道传染病如肺结核、水痘等采取的隔离与预防。在标准预防的基础上,还应采用空气传播的隔离预防措施。

（1）患者的隔离:①无条件收治时,应尽快将患者转送至有条件收治呼吸道传染病的医疗机构,并注意转运过程中医务人员的防护;②患者病情允许时,应戴外科口罩,定期更换,并限制其活动范围;③应严格进行空气消毒。

（2）医务人员的防护:①应严格按照区域流程,在不同的区域穿戴不同的防护用品,离开时按要求摘脱,并正确处理使用后物品;②进入确诊或可疑传染病患者房间时,应戴帽子、医用防护口罩。进行可能产生喷溅的诊疗操作时,应戴防护眼镜或防护面罩,穿防护服。当接触患者及其血液、体液、分泌物和排泄物等物质时,应戴手套。防护用品的使用应遵循有关规定。

3. 飞沫传播的隔离与预防　是对经飞沫传播的疾病如百日咳、白喉、流行性感冒、病毒性腮腺炎、流行性脑脊髓膜炎等采取的隔离与预防。在标准预防的基础上,还应采用飞沫传播的隔离预防措施。

（1）患者的隔离:①应减少转运,需要转运时,医务人员应注意防护;②患者病情允许时,应戴外科口罩,定期更换,应限制患者的活动范围;③患者之间,患者与探视者之间相隔距离在1m以上,探视者应戴外科口罩;④加强通风,或进行空气消毒。

（2）医务人员的防护:①应严格按照区域流程,在不同的区域穿戴不同的防护用品,离开时按要求摘脱,并正确处理使用后物品;②与患者近距离（<1m）接触时,应戴帽子、医用防护口罩。进行可能产生喷溅的诊疗操作时,应戴防护眼镜或防护面罩,穿防护服。当接触患者及其血液、体液、分泌物和排泄物等物质时,应戴手套。防护用品的使用应遵循有关规定。

（二）基于保护易感人群的隔离预防

保护性隔离（protective isolation）是以保护易感人群作为制定措施的主要依据而采取的隔离,也称反向隔离,适用于抵抗力低下或极易感染的患者,如严重烧伤、早产儿、白血病、脏器移植及免疫缺陷等患者。应在标准预防的基础上,采取下列主要的隔离措施。

1. 设专用隔离室　患者应住单间隔离室,室外悬挂明显的隔离标志。病室内空气应保持正压通气,定时换气。地面、家具每日严格消毒。

2. 出入隔离室要求　凡进入病室的人员应穿戴灭菌后的隔离衣、帽子、口罩、手套及拖鞋。未经消毒处理的物品不可带入隔离区。接触患者前、后及护理另一位患者前均应洗手。

3. 污物处理　患者的引流物、排泄物、被其血液及体液污染的物品,应及时分装密闭,标记后送指定地点。

4. 探视要求　凡患呼吸道疾病或咽部带菌者（包括工作人员）,应避免接触患者。原则上不予探视,探视者需要进入隔离室时,应采取相应的隔离措施。

三、常用隔离技术

（一）手的消毒

手的消毒见第六章第三节内容。

（二）口罩、帽子的使用

● 护理评估

1. 评估患者　患者病情,目前采用的隔离种类。
2. 评估用物　口罩、帽子有无破损及受潮。

3. 评估环境　整洁、宽敞。

⊃ **护理计划**

1. 目的

（1）保护患者及工作人员。

（2）戴口罩可防止飞沫污染无菌物品或清洁物品。

（3）戴帽子可防止工作人员头屑飘落，头发散落或被污染。

2. 准备

（1）护士准备：衣着整齐，清洗双手。

（2）用物准备：口罩、帽子或一次性口罩、帽子，污物袋。

（3）环境准备：清洁、宽敞。

⊃ **护理实施**

戴口罩、帽子实施，见表6-14。

表6-14　戴口罩、帽子实施

护理实施	流程简释	要点说明
▲戴帽子		
检查帽子	检查帽子有无破损	
戴好帽子	取清洁、合适的帽子戴上，帽子应遮住全部头发（图6-17）	
▲戴口罩		
洗手检查	洗手，检查口罩有无破损或潮湿	• 避免交叉感染，如有破损或潮湿，应立即更换
戴不同口罩	（1）纱布口罩：取清洁口罩，罩住口、鼻，将口罩上方的2根带子分别过耳系于头后，下面2根带子系于颈后（图6-17） （2）一次性口罩：将口罩带套于耳朵之上	• 戴口罩后，不可用污染的手接触口罩
结束洗手	操作后洗手	
取下口罩	（1）纱布口罩：解开口罩系带，取下口罩，将污染面向内折叠，放入胸前小口袋或小塑料袋内 （2）一次性口罩：取下，弃于污物桶	• 口罩用后，立即取下，不可悬挂在胸前 • 取下时，手不可接触污染面

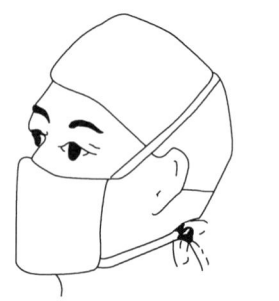

图6-17　帽子、口罩的戴法

◐ 护理评价

1. 严格遵守隔离原则。
2. 操作正确、规范，保持口罩、帽子清洁及干燥，未发生污染，做到有效防护。

◐ 注意事项

1. 戴口罩后，不可用污染的手接触口罩；口罩潮湿时，应立即更换。
2. 口罩使用后，应立即取下，不可悬挂在胸前，取下时手不可接触污染面。
3. 纱布口罩使用4～8小时应更换，一次性口罩使用不超过4小时，每次接触被严密隔离的传染病患者后，应立即更换口罩。
4. 帽子如被患者血液、体液污染时，应立即更换。帽子应保持清洁，每次或每日更换与清洁。一次性帽子应一次性使用。

知识链接

N95型口罩简介

N95型口罩是美国国家职业安全卫生研究所（National Institute for Occupational Safety and Health，NIOSH）认证的9种颗粒物防护口罩中的一种。"N"表示不耐油（not resistant to oil）。"95"表示暴露在规定数量的专用试验粒子下，口罩内的粒子浓度要比口罩外粒子浓度低95%以上。其中95%这一数值不是平均值，而是最小值。N95并不是特定的产品名称，只要符合N95标准，并且通过NIOSH审查的产品就可以称为"N95型口罩"。防护等级为N95级表示在NIOSH标准规定的检测条件下，口罩滤料对非油性颗粒物（如粉尘、酸雾、漆雾、微生物等）的过滤效率达到95%。

（三）防护眼镜、防护面罩的使用

1. 防护眼镜、防护面罩的作用 为患者进行诊疗及护理的过程中，佩戴防护眼镜或防护面罩可有效防止患者的血液、体液等物质溅入医务人员眼睛、面部皮肤及黏膜。
2. 防护眼镜、防护面罩的应用指征
（1）在进行诊疗、护理操作，可能发生患者血液、体液、分泌物等喷溅时。
（2）近距离接触经飞沫传播的传染病患者时。
（3）为呼吸道传染病患者进行气管切开、气管插管等近距离操作，可能发生患者体液、分泌物喷溅时，应使用全面型防护面罩。
3. 注意事项
（1）在佩戴防护眼镜或防护面罩前，应检查防护眼镜是否破损，佩戴装置是否松懈。
（2）戴上防护眼镜或防护面罩后，应调节舒适度。
（3）摘防护眼镜或防护面罩时，应捏住靠近头部或耳的一边摘掉，放入回收或医疗废物容器内。
（4）防护眼镜或防护面罩用后应清洁与消毒。

（四）穿、脱隔离衣

◐ 护理评估

1. 评估是否符合隔离衣的应用指征 ①接触经接触传播感染性疾病的患者，如传染病患者、多重耐药菌感染患者时；②对患者实行保护性隔离时，如大面积烧伤、骨髓移植等患者的诊疗及护理时；③可能受到患者血液、体液、分泌物和排泄物喷溅时。
2. 评估用物 选择合适型号的隔离衣，确保隔离衣干燥、完好、大小合适。
3. 评估环境 整洁、宽敞。

⊃ **护理计划**

1. 目的 隔离衣是用于保护医务人员避免受到血液、体液和其他感染性物质污染，或用于保护患者避免感染的防护用品。

2. 准备

（1）护士准备：衣帽整齐，修剪指甲，取下手部饰物，卷袖过肘，洗手，戴口罩。

（2）用物准备：隔离衣1件，挂衣架，手消毒用物。

（3）环境准备：清洁、宽敞。

⊃ **护理实施**

穿、脱隔离衣法实施，见表6-15。

表6-15 穿、脱隔离衣法实施

护理实施	流程简释	要点说明
▲穿隔离衣		
取隔离衣	检查隔离衣，右手持衣领取下隔离衣（图6-18 A）	• 隔离衣长短合适，全部遮盖工作服，无破损
持领穿袖	（1）将隔离衣清洁面朝向自己，衣领两端向外折齐，对齐肩缝，露出肩袖内口（图6-18 B） （2）右手提衣领，左手伸入袖内，右手将衣领向上拉，露出左手（图6-18 C），换手持衣领，同法穿好右侧袖子（图6-18 D）	• 隔离衣内面和衣领视为清洁面 • 衣袖勿触及面部、衣领
系好衣领	两手持衣领，由领子中央顺着边缘向后系好颈带（图6-18 E）。	• 系颈带时，袖口不可触及衣领、面部和帽子
系好袖口	分别系好袖口（图6-18 F）	• 松紧带的袖口则不需系袖口
系好腰带	将隔离衣一边（约在腰下5cm处）渐向前拉，见到边缘捏住（图6-18 G），同法捏住另一侧边缘（图6-18 H），双手在背后将衣边对齐，向一侧折叠，一手按住折叠处，另一手将腰带拉至背后折叠处（图6-18 I），将腰带在背后交叉（图6-18 J），回到前面将带子系好（图6-18 K）	• 手不可触及隔离衣内面 • 隔离衣应能遮盖背面的工作服，折叠处不能松散 • 穿好隔离衣，双臂保持在腰以上，不得进入清洁区，避免接触清洁物品
▲脱隔离衣		
松解腰带	解开腰带，在前面打一活结（图6-18 L）	
松解袖口	解开袖带，翻起袖口，将衣袖向上拉，充分暴露双手（图6-18 M）	• 不可将衣袖外面塞入袖内
消毒双手	刷手法消毒双手	• 不能沾湿隔离衣
松解衣领	解开颈后带子（图6-18 N）	• 保持衣领清洁
交替脱袖	右手伸入左手腕部袖内，拉下袖子过手（图6-18 O），用遮盖着的左手握住右手隔离衣袖子的外面，拉下右侧袖子（图6-18 P），双手交替逐渐从袖管中退出，脱下隔离衣（图6-18 Q）	• 衣袖不可污染手和手臂 • 手不可触及隔离衣外面

续表

护理实施	流程简释	要点说明
挂隔离衣	左手握住领子，右手将隔离衣两边对齐，污染面向外悬挂污染区；如果悬挂污染区外，则污染面向里（图6-18 R）	• 如使用一次后就更换，双手持带将隔离衣从胸前向下拉。右手捏住左侧衣领内侧清洁面脱去左袖。左手握住右侧衣领内侧下拉脱下右袖，将隔离衣污染面向里，衣领及衣边卷至中央，放入污衣袋清洗消毒后备用 • 不再使用时，将脱下的隔离衣污染面向内，卷成包裹状，放至医疗废物容器内或回收袋中

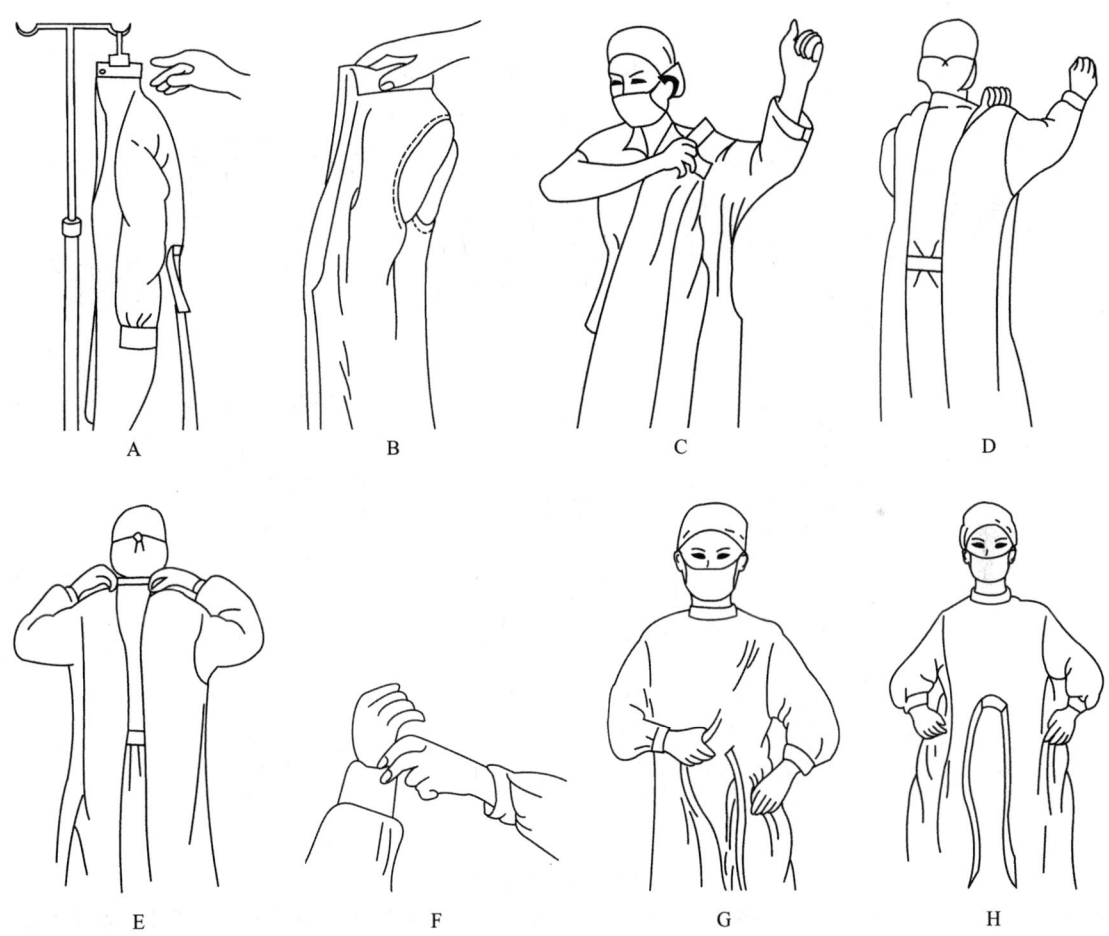

图 6-18　穿、脱隔离衣

A. 取隔离衣；B. 隔离衣清洁面朝向自己，露出肩袖内口；C. 穿一只衣袖；D. 穿另一只衣袖；E. 系衣领；F. 扎袖口；G. 将一侧衣边拉到前面；H. 将另一侧衣边拉到前面；

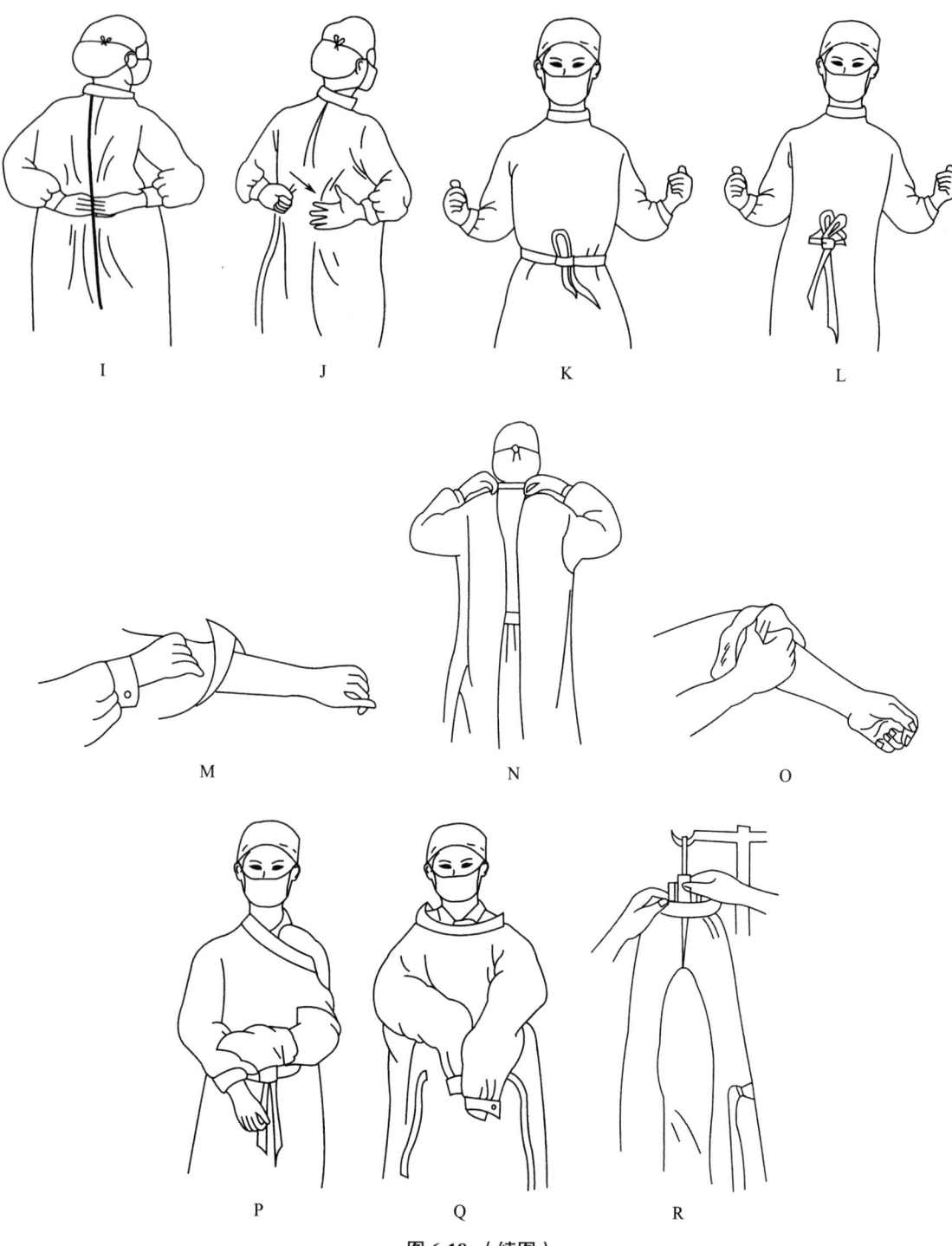

图 6-18（续图）

I. 将两侧衣边在背后对齐；J. 将腰带在背后交叉；K. 系腰带；L. 解开腰带，在前面打一活结；M. 翻起袖口，将衣袖向上拉；N. 解衣领；O. 拉下衣袖；P. 左手在袖口内拉右侧衣袖的污染面；Q. 双袖对齐，双臂逐渐退出隔离衣；R. 提衣领，挂衣钩

⊃ **护理评价**

1. 严格遵守隔离原则。
2. 操作正确、规范，穿、脱隔离衣的过程中未污染衣领、面部、颈部、帽子和清洁面。

⊃ **注意事项**

1. 隔离衣只能在规定区域内穿、脱，穿前检查有无潮湿及破损。
2. 隔离衣每日更换，如有潮湿或污染，应立即更换。
3. 穿好隔离衣后，双臂保持在腰部以上，视线范围内。不得进入清洁区，避免接触清洁物品。
4. 消毒手时不能沾湿隔离衣，隔离衣也不可触及其他物品。
5. 脱下的隔离衣如挂在半污染区，清洁面向外；如挂在污染区，则污染面向外。

（五）穿、脱防护服

⊃ **护理评估**

1. 评估是否符合防护服的应用指征　①接触甲类或按甲类传染病管理的传染病患者时；②接触经空气传播或飞沫传播的传染病患者，可能受到患者血液、体液、分泌物及排泄物喷溅时。
2. 评估用物　选择合适型号的防护服，确保防护服干燥、完好、大小合适。
3. 评估环境　整洁、宽敞。

⊃ **护理计划**

1. 目的　防护服用于保护医务人员和患者，避免感染和交叉感染。
2. 准备
（1）护士准备：衣帽整齐，修剪指甲，取下手部饰物，卷袖过肘，洗手，戴口罩。
（2）用物准备：防护服1件，手消毒用物。
（3）环境准备：清洁、宽敞。

⊃ **护理实施**

穿、脱防护服法实施，见表6-16。

表6-16　穿、脱防护服法实施

护理实施	流程简释	要点说明
▲穿防护服		
取防护服	取防护服并检查	• 查对防护服是否干燥、完好，大小是否合适，有无穿过
穿防护服	应遵循先穿下衣，再穿上衣，然后戴好帽子，最后拉上拉锁的顺序	• 无论连体式还是分体式，都应遵循本顺序
▲脱防护服		
脱分体式防护服	（1）先将拉链拉开（图6-19 A） （2）脱帽子：向上提拉帽子，使帽子脱离头部（图6-19 B） （3）脱上衣：先脱袖子，再脱上衣，将污染面向里放入医疗垃圾袋（图6-19 C） （4）脱下衣：由上向下边脱边卷（图6-19 D），污染面向里，脱下后置于医疗垃圾袋（图6-19 E）	• 勿使衣袖触及面部，脱防护服前先洗手
脱连体式防护服	（1）将拉链拉到底（图6-20 A） （2）脱帽子：向上提拉帽子，使帽子脱离头部（图6-20 B） （3）脱衣服：先脱袖子（图6-20 C），再由上向下边脱边卷（图6-20 D），污染面向内，直至全部脱下后放入医疗垃圾袋（图6-20 E）	

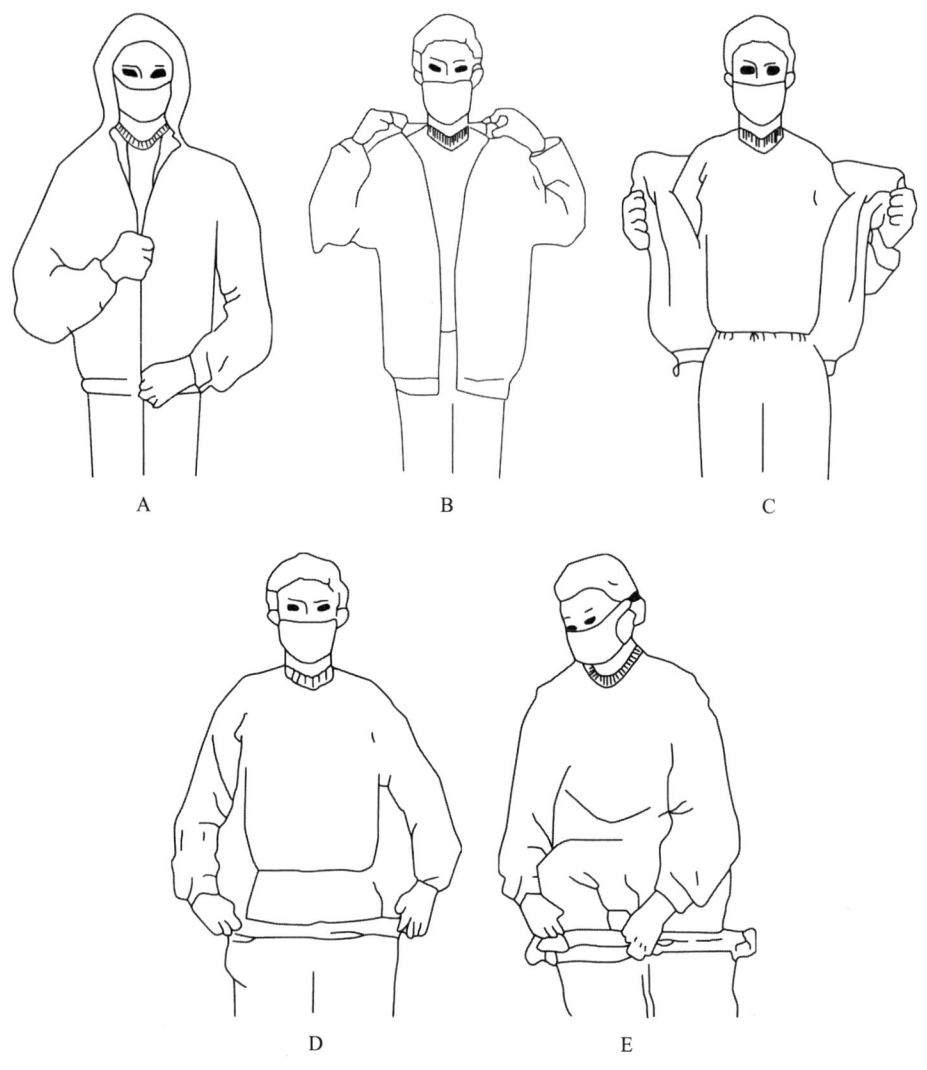

图 6-19　脱分体式防护服法
A. 拉开拉链；B. 向上提拉，脱帽子；C. 先脱袖子，再脱上衣；D. 由上向下脱裤子，边脱边卷；E. 将裤子脱下，置于医疗垃圾袋

◐ **护理评价**

同穿、脱隔离衣。

◐ **注意事项**

同穿、脱隔离衣。

（六）避污纸的使用

避污纸是备用的清洁纸片。做简单隔离操作时，使用避污纸可保持双手或物品不被污染，以省略消毒程序。取避污纸时，应从页面抓取，不可掀页撕取，并注意保持避污纸清洁，以防交叉感染。避污纸用后弃于污物桶内，集中焚烧处理。

第六章 医院感染的预防与控制

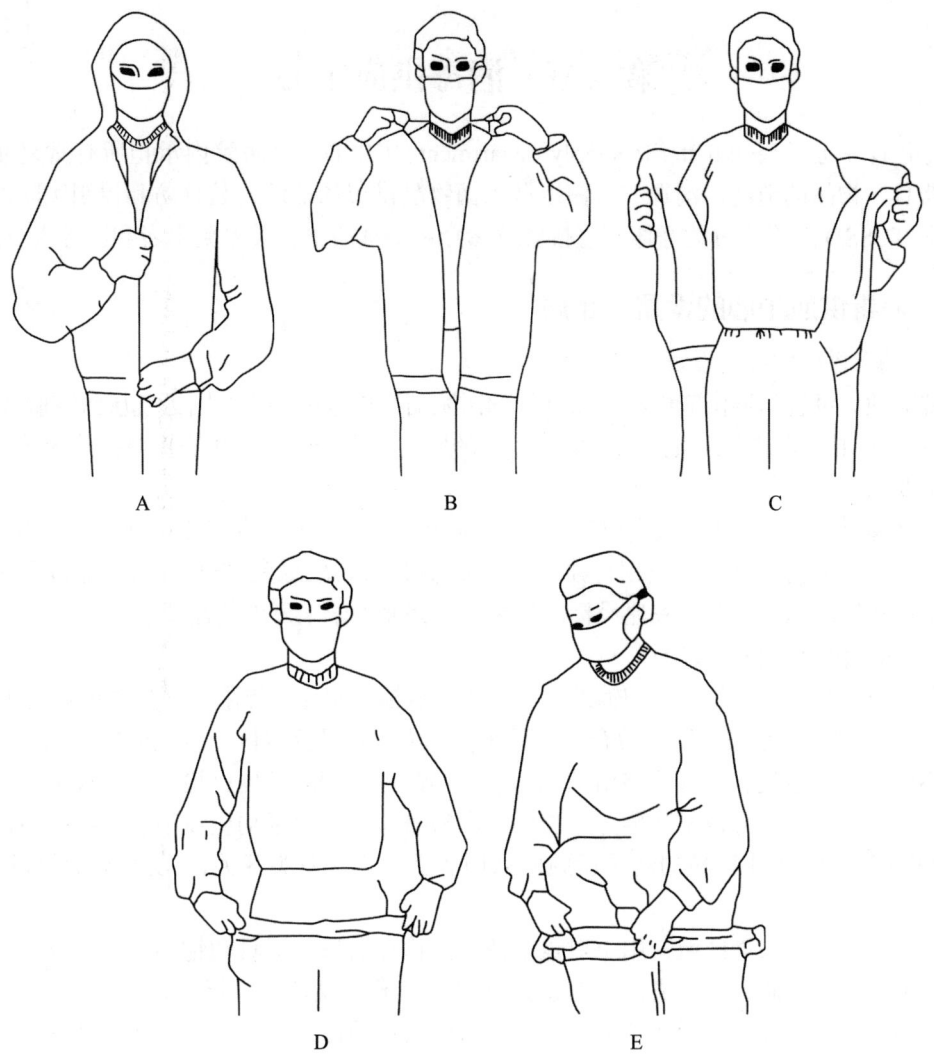

图6-20 脱连体式防护服法

A. 将拉链拉到底；B. 向上提拉，脱帽子；C. 先脱袖子，再脱上衣；D. 由上向下边脱边卷；
E. 脱下防护服，置于医疗垃圾袋

> **知识链接**
>
> ### 鞋套、防水围裙的使用
>
> 鞋套应具有良好的防水性能，并一次性使用。从潜在污染区进入污染区时、从缓冲间进入负压病室时和进入洁净医疗用房应穿鞋套。应在规定区域内穿鞋套，离开该区域时应及时脱掉放入医疗垃圾袋内。发现鞋套破损应及时更换。
>
> 防水围裙主要用于可能受到患者的血液、体液、分泌物及其他污染物质污染、进行复用医疗器械的清洗时。其分为两种：①重复使用的防水围裙，每班使用后应及时清洗与消毒，遇有破损或渗透时，应及时更换；②一次性使用的围裙，应一次性使用，受到明显污染、遇到破损或渗透时应及时更换。

第六节 消毒供应中心

消毒供应中心（central sterile supply department，CSSD）是医院内承担所有重复使用诊疗器械、器具、物品的清洗、消毒、灭菌以及灭菌物品供应的部门，是预防和控制医院内感染的重要科室。CSSD工作质量的好坏，直接影响诊疗和护理质量，关系到患者和医务人员的安危。

一、消毒供应中心的设置与布局

（一）消毒供应中心的设置

医院应独立设置消毒供应中心，条件好的医院消毒供应中心应为附近基层医院服务。

1. 建筑原则　应遵循医院感染预防与控制的原则，遵守国家法律法规对医院建筑和职业防护的相关要求。

2. 基本要求　消毒供应中心应有与产房、临床科室、手术室直接传递物品的专用通道；周围环境应清洁、无污染源，区域相对独立；内部通风、采光良好，气体排放、温度和湿度控制符合要求；建筑面积应符合医院建设标准的规定，并兼顾未来发展的需要。

（二）消毒供应中心的布局

消毒供应中心分为工作区域和辅助区域，各区域标志明显、界限清楚、通行路线明确。

1. 工作区域　包括去污区、检查包装灭菌区和无菌物品存放区。其划分应遵循"物品由污到洁、不交叉、不逆流；空气流向由洁到污；去污区保持相对负压；检查包装灭菌区保持相对正压"的原则。各区间应设实际屏障；去污区和检查包装灭菌区均应设洁、污物品通道和人员出入缓冲间（带）。工作区域的洗手设施应采用非手触式水龙头开关，无菌物品存放区不应设洗手池。

（1）去污区：为污染区域，用于对重复使用的诊疗器械、器具和物品进行回收、分类、清洗、消毒（包括运输器具的清洗、消毒等），此区域工作人员应采用标准防护。

（2）检查包装灭菌区：为清洁区域，用于对已去污的诊疗器械、器具和物品进行检查、装配、包装及灭菌（包括敷料制作等），要求器械和敷料分室包装。

（3）无菌物品存放区：为清洁区域，用于对已灭菌物品的存放、保管和发放；一次性用物应设置专门区域存放。

2. 辅助区域　包括工作人员值班室、办公室、休息室、更衣室、卫浴间等。

二、消毒供应中心的工作内容

1. 回收　对临床各科使用过的需重复使用的诊疗器械、器具和物品集中进行回收；对被朊毒体、气性坏疽及突发原因不明的传染病病原体污染的诊疗器械、器具和物品，使用者应双层封闭包装并标明感染性疾病名称，由消毒供应中心单独回收。应采用封闭式回收，避免反复装卸；不应在诊疗场所对所污染的诊疗器械、器具和物品进行清点，回收工具每次使用后也要清洗、消毒、干燥后备用。

2. 清洗、消毒

（1）清洗方法：包括机械清洗和手工清洗。机械清洗适用于大部分常规器械的清洗，手工清洗适用于精密、复杂器械的清洗和有机物污染较重器械的初步处理。精密器械的清洗应遵循生产厂家提供的使用说明或指导手册；有管腔和表面不光滑的物品，应用清洁剂浸泡后手工刷洗或超声清洗；能拆卸的复杂物品应拆开后清洗。

（2）清洗步骤：包括冲洗、洗涤、漂洗、终末漂洗。清洗用水、物品及操作等遵循国家有关规定。

（3）对被朊毒体、气性坏疽及突发原因不明的传染病病原体污染的诊疗物品，应先消毒灭菌再清洗。

3. 干燥、检查与保养　首选干燥设备根据物品性质进行干燥处理；无干燥设备及不耐热的器械、器具和物品使用消毒低纤维絮擦布、压力枪或≥95%乙醇进行干燥处理；管腔类器械使用压力气枪进行干燥处理；不应使用自然干燥法进行干燥。使用目测或带光源放大镜对干燥后的每件器械、器具和物品进行检查，要求器械表面及关节、齿牙处光洁无锈、无血渍、无水垢，功能完好无损毁；带电源器械还应进行绝缘性能的安全检查。器械保养时根据不同特性分类处理，如橡胶类物品应防粘连、防老化；玻璃类物品避免碰撞、骤冷骤热；金属类器械使用润滑剂防锈，以免损坏锐利刀剪的锋刃；布类物品防霉、防火、防虫蛀等。

4. 包装　包括装配、包装、封包、注明标识等步骤，器械与敷料应分室包装。

（1）包装前应根据器械装配技术规程，核对器械的种类、规格和数量，拆卸的器械应组装。

（2）手术器械应摆放在篮筐或有孔盘中配套包装；盆、盘、碗等单独包装，轴节类器械不应完全锁扣，有盖的器皿应开盖；摆放的物品应隔开，朝向一致，管腔类物品应盘绕放置并保持管腔通畅。

（3）包装分为闭合式和密封式两种。普通棉布包装材料应无破损、无污渍，一用一清洗；开放式的储槽不应用于灭菌物品的包装；硬质容器的使用遵循操作说明；灭菌手术器械采用闭合式包装，两层包装材料分两次包装；密封式包装采用纸袋、纸塑料等材料。

（4）灭菌包外设有灭菌化学指示胶带；高度危险性物品包内放置化学指示卡；如果透过包装材料可以直接观察包内灭菌化学指示卡的颜色变化，则不放置包外灭菌化学指示胶带；使用专用胶带或医用热封机封包，应保持闭合完好性，胶带长度与灭菌包体积、重量相适宜、松紧适度；纸塑袋、纸袋等密封包其密封宽度应≥6 mm，包内器械距包装袋封口≥2.5 cm；硬质容器应设置安全闭锁装置；无菌屏障完整性破坏时应可识别。

（5）灭菌物品包装的标识应注明物品名称、数量、灭菌日期、失效日期、包装者等内容。

5. 装载、灭菌及卸载　根据物品的性质选择适宜的灭菌方法，按照不同的灭菌器要求装载灭菌包，放置方法恰当，尽量将同类物品同锅灭菌，装载时标识应注明灭菌时间、灭菌器编号、灭菌批次、科室名称、灭菌包种类等，标识应具有追溯性。灭菌后按要求卸载，并且待物品冷却，检查外包化学指示胶带变色情况以及包装的完整性和干燥情况。

6. 储存与发放　灭菌后物品应分类、分架存放于无菌物品存放区。一次性使用无菌物品应去除外包装后，进入无菌物品存放区。物品存放架或柜距地面高度应≥20 cm，离墙≥5 cm，距天花板≥50 cm。物品放置应固定位置、设置标识，定期检查、盘点、记录。在有效期内发放。发放时有专人专窗，或者按照规定线路由专人、专车或容器加防尘罩去临床科室发放；接触无菌物品前应先洗手或手消毒；无菌物品的发放遵循先进先出的原则，确认无菌物品的有效性；发放记录应具有可追溯性；发放无菌物品的运送工具应每日清洁处理，干燥存放，有污染应消毒处理，干燥后备用。

7. 相关检测　消毒供应中心应有专人负责质量监测，根据要求定期对清洁剂、消毒剂、洗涤用水、包装材料等进行质量检查；定期进行监测材料的质量检查；对清洗消毒器、超声清洗器、灭菌器等进行日常清洁和检查；根据灭菌器的类型对灭菌效果分别进行检查。

三、常用物品的保养

（一）搪瓷类

搪瓷类物品应避免碰撞，勿与强酸、强碱接触，勿与粗糙物摩擦，以防脱瓷及生锈。

（二）玻璃类

玻璃类物品应稳拿轻放，避免骤冷及骤热导致突然收缩或膨胀而炸裂，防止磕碰，可放置盒中或用纸包裹保存。

（三）橡胶类

橡胶类物品要防冷变硬，防热变形、变软，防止被锐利物品刺破，并防止与挥发性液体或酸碱物质接触，以免侵蚀变质。橡胶单应晾干，撒上滑石粉后卷起保存。橡胶导管晾干后应竖直放于盒内，撒上滑石粉保存。橡胶袋类应倒挂晾干，吹入少量空气后旋紧塞子保存，以防粘连。

（四）金属类

金属类物品应涂油保护，以防锈蚀。锐利器械应分别放置，刃面用棉花包裹，以防碰撞，损伤锋刃。

（五）布类及毛织品

布类物品应防火、防霉、防钩破。毛织品应防蛀，要勤晒并放防虫蛀的制品保存。

思政园地

严谨求实，护佑生命

患者到医院就医，却因医生的操作不当等原因而感染疾病，这在当下无疑属于医疗事故。但令人难以置信的是，一百多年前，医生甚至还没有"病原"与"感染"的概念。

提到病原与感染，大家都会想起科赫、巴斯德、李斯特等病原微生物学先驱。而事实上，最早发现感染问题的是塞麦尔维斯。他也是第一位发现医院感染并提出解决方案的人，更是一位为产妇带来福音的医生。

伊格纳茨.菲利普.塞麦尔维斯（Ignaz Philipp Semmelweis，1818—1865）生于匈牙利布达佩斯。1937年秋天进入奥地利维也纳大学学习法律，后转学医学，1844年获得医学博士学位。

19世纪之前，产妇分娩一般在家里完成，直到19世纪医生开始参与助产工作。在当时的条件下，产妇住院分娩后，产褥热的发病率、死亡率非常高，塞麦尔维斯心痛与同情的同时也在寻找着原因。随后一件偶然事件启发了他，他要求实习生和护生进入产房前一定要彻底洗手，甚至要用消毒器械。就这样，塞麦尔维斯所管理病区产褥热发病率、死亡率很快下降了。

塞麦尔维斯一生致力于产褥热的研究。如今，匈牙利最著名的医科大学以他的名字命名，在布达佩斯市中心的广场上也树立着他的雕像。塞麦尔维斯被称为产妇的救星，一位真正的英雄。

自 测 题

一、选择题

1. 关于医院感染的描述，错误的是
   A. 狭义的医院感染的主要对象是住院患者
   B. 患者在出院后发生的感染也可能是医院内感染
   C. 入院前处于潜伏期而在医院内发病不属于医院感染

D. 在住院期间发生的感染一定是医院感染

E. 医院感染的发病可在住院期间，也可在出院后

2. 下列关于煮沸消毒法注意事项的描述，错误的是

A. 物品需全部浸入水中

B. 空腔导管应预先灌水

C. 玻璃类物品需在水沸腾时放入

D. 如中途加入其他物品，须等水再次沸腾后开始计时

E. 橡胶类物品需用纱布包好，水沸腾后放入

3. 下列关于压力蒸汽灭菌注意事项的描述，错误的是

A. 物品灭菌前需洗净擦干或晾干

B. 灭菌包不宜过大、过紧

C. 金属物品放在布类物品上面

D. 定期检测灭菌效果

E. 灭菌物品干燥后方可取出

4. 患者，男性，40岁。急性甲型肝炎，经治疗后康复，拟明天出院。对患者住院期间阅读的个人书籍，正确的消毒方式是

A. 环氧乙烷熏蒸　　　　B. 用氯胺溶液喷雾　　　　C. 用紫外线照射

D. 高压熏蒸灭菌　　　　E. 过氧乙酸熏蒸

5. 某护士使用臭氧灭菌灯对空气进行消毒，消毒结束后间隔多长时间人员方可进入

A. 30 min　　　　　　　B. 60 min　　　　　　　C. 45 min

D. 90 min　　　　　　　E. 20 min

6. 患者，女性，59岁。因间断咳嗽、咳痰5年，加重伴咯血2个月入院。入院后诊断为浸润型肺结核，给予肌内注射链霉素，口服利福平、异烟肼等治疗。该患者痰液的最佳处理方法是

A. 消毒灵浸泡　　　　　　　　B. 紫外线消毒

C. 痰吐在纸上用火焚烧　　　　D. 甲酚消毒

E. 乙醇消毒

7. 执行无菌技术操作前，操作者所要准备的不包括

A. 戴好帽子、口罩　　　　　　B. 实施规范的洗手或手消毒

C. 必要时穿无菌衣　　　　　　D. 戴无菌手套

E. 穿无菌衣，戴好眼罩

8. 无菌持物钳如为湿式保存，消毒液面应浸没持物钳

A. 轴节下2～3 cm　　　　　　B. 轴节下1 cm左右

C. 轴节位置　　　　　　　　　D. 轴节上1 cm左右

E. 轴节上2～3 cm

9. 无菌容器应定期消毒灭菌，一经打开，使用时间不超过

A. 4 h　　　　　　　B. 8 h　　　　　　　C. 16 h

D. 24 h　　　　　　E. 48 h

10. 倒取无菌溶液时，手持溶液瓶，瓶签朝向掌心的目的是

A. 避免沾湿瓶签　　　　　　　B. 避免手碰瓶口

C. 避免溶液流到瓶底　　　　　D. 防止手抓玻璃瓶会滑

E. 防止手抓的位置过于靠下

11. 铺好的无菌盘有效期不超过
    A. 4 h　　　　　　　B. 8 h　　　　　　　C. 12 h
    D. 24 h　　　　　　 E. 48 h
12. 给患者导尿操作后脱手套，正确的方法是
    A. 戴手套的左手大拇指抓住右手套内面脱下
    B. 戴手套的左手捏住右手套腕部外面翻转脱下
    C. 戴手套的左手拉住右手套手指部分脱下
    D. 左手脱手套后拉住右手套手指部分脱下
    E. 左手脱手套后捏住右手套腕部外面翻转脱下

二、简答题

1. 简述化学消毒剂的使用原则。
2. 简述无菌技术操作原则。

三、案例分析

患儿，男性，8岁。因"发热、肌肉酸痛、乏力4 d"来急诊就诊。体检：T 38.8 ℃，P 102次/分，R 26次/分，BP 95/60 mmHg。两肺呼吸音粗，双肺可闻及弥漫性细湿啰音。患儿家中有3人属相同症状。进一步检查后诊断为"流行性感冒"。

请回答：
1. 流行性感冒应采取哪种隔离措施？
2. 该患儿应采取的隔离措施有哪些？
3. 医护人员应实施的防护措施有哪些？

（杨　娟　刘　隔）

第七章　入院和出院的护理

思 维 导 图

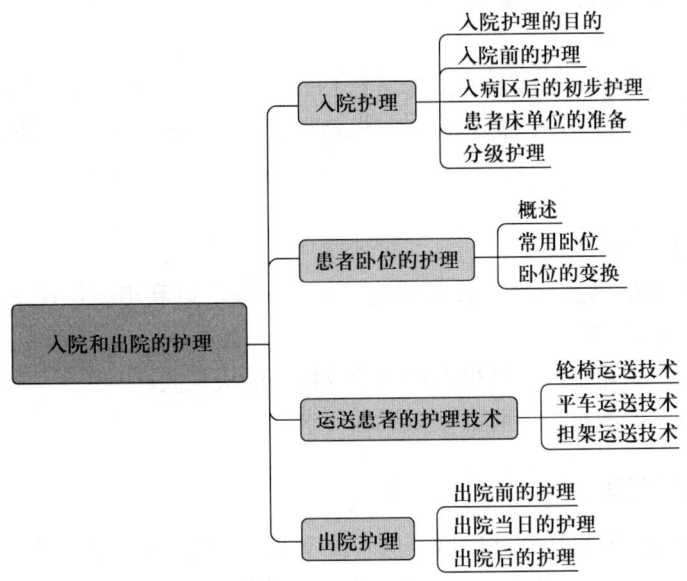

学习目标

1. 解释入院护理、出院护理、分级护理、卧位。
2. 知道入院护理、出院护理的目的、患者床单位的设置、舒适卧位的基本要求。
3. 描述分级护理的级别、适用对象及相应的护理要点。
4. 陈述常用卧位的适用范围及临床意义。
5. 总结变换卧位操作中的注意事项。
6. 能正确进行备用床、暂空床、麻醉床、卧床患者更换床单的操作。
7. 能对入院、出院患者实施护理。
8. 能根据患者需要安置卧位、能协助患者变换卧位。
9. 会使用轮椅、平车运送患者。
10. 具有临床思维，根据患者需要灵活提供相应的护理。
11. 具有关爱患者的职业态度、精益求精的工匠精神。

第一节　入院护理

📝 案例 7-1

患者，男性，33岁。在建筑工地干活时不慎从高楼坠下。患者神志不清，右下肢和颈椎骨折，全身多处软组织挫伤。来院后给予静脉输液、留置导尿、颅骨牵引及右下肢石膏固定治疗。

问题与思考：
1. 病区护士为患者实施的入院护理措施有哪些？
2. 根据患者病情，应给予几级护理？

入院护理（admission nursing）是指患者经门诊或急诊医生诊查后，因病情需要住院做进一步观察、检查和治疗，经医生建议并签发住院证之后，护理人员对患者所进行的一系列护理活动。

一、入院护理的目的

1. 帮助患者及家属熟悉环境，让其感到关心、信任，以利患者尽快适应医院环境和患者角色，建立良好的护患关系。
2. 满足患者的合理需求，提高患者对治疗及护理的依从性。
3. 做好健康教育，满足患者对健康知识的需求。

二、入院前的护理

1. 门诊或急诊医生签发住院证以后，患者或家属持住院证到住院处办理相应的住院手续。
2. 住院处工作人员办理住院手续，并通知病区值班护士根据患者病情做好接收新患者的准备。
3. 住院处护士根据患者病情及身体状况，选用不同的护送方式，对能行走的患者，采用扶助步行；对不能行走或病情危重的患者，选用轮椅、平车或担架护送。护送患者时应注意安全、保暖，不能中断必要的治疗，如输液、氧气吸入等。护送患者入病室后，将患者的病情、已经采取或需继续的治疗及护理措施与病区值班护士交接。
4. 对病情危重或需急诊手术的患者（如分娩、颅脑损伤患者），应先安排入院或实施手术，再办理住院手续。

💡 考点提示

患者或家属办理入院的依据。

知识链接

患者腕带标识及使用规范

1. 有坠床、跌倒、压力性损伤危险及病情危重的患者使用红色标识；普通患者使用蓝色标识；新生儿女婴使用粉色标识，男婴使用蓝色标识。

2. 严格执行腕带佩戴工作，因故未佩戴者须在病区备注栏内注明。

3. 腕带由住院处或病区打印，佩戴时须由2名护士到床边核对后，在手腕带正面右下角处（血型栏下）用分子/分母签姓或名（病区内有同姓时签全名）。

4. 班内只有1名护士无法执行2人核对时，应先由1人认真核对后佩戴并签名，待下一班护士接班时补核对并签名。

5. 原则上腕带应佩戴于患者上肢，若有特殊情况可佩戴于下肢，以便于核对。腕带松紧适宜，以能放入一指为宜，多余长度可剪去。水肿患者应注意及时观察手腕带松紧度，发现不适及时更换。

6. 一般由责任护士负责给患者系上腕带，并向患者及家属讲解腕带使用注意事项及其重要性，严禁患者及家属刮涂腕带标示信息或随意取下腕带。

7. 因各种原因致腕带破损，重新更换时按此规范操作。

8. 在执行各项医疗护理操作前，必须核对腕带标识以确定患者身份，以保证安全。

三、入病区后的初步护理

（一）一般患者

1. 准备床单位　病区护士接到住院处通知后，立即根据患者病情准备床单位。将备用床改为暂空床，备齐患者所需用物。

2. 迎接新患者　护士应热情、主动地迎接患者及家属至准备的床位，妥善安置床位；向患者做自我介绍，说明将为患者提供的服务及职责，为患者介绍床单位设备及使用方法，介绍同室病友等。如患者病情允许，可向其介绍环境，护士用行动和言语消除患者的不安情绪。

3. 通知医生诊查　通知主管医生诊查患者，必要时协助体格检查、治疗。

4. 佩戴腕带　协助患者正确佩戴腕带标识。

5. 进行入院护理评估　为患者测量体温、脉搏、呼吸、血压。对能站立的患者，测身高、体重并记录在体温单的相应栏内；对无法站立测量的患者，写卧床。根据住院患者首次护理评估单收集患者健康信息，为制订护理计划提供依据。

6. 准备膳食　根据医嘱通知营养室为患者准备膳食。

7. 填写住院病历和有关护理表格　填写首次护理评估单、患者入院登记本、诊断卡（住院一览表卡）、床头（尾）卡等。

8. 介绍与指导　根据病情对患者进行健康教育，如指导患者常规标本的留取方法及注意事项，介绍有关规章制度，以帮助患者及家属尽快熟悉环境。

9. 执行医嘱　按医嘱执行各项治疗和护理措施。

（二）急诊患者

病区接收的急诊患者多从急诊室直接送入或由急诊室经手术室手术后转入，护士接到住院处通知后，应立即做好以下工作。

1. 通知医生　接到住院处电话通知后，护士立即通知医生做好抢救准备。

2. 准备床单位　护士应立即备好床单位，按需加铺橡胶单和中单。对危重患者，应安排在重症患者监护病室或抢救室。对急诊手术患者，需铺麻醉床。

3. 备好急救药品及设备　如准备好吸氧、吸痰用物和急救车等。

4. 认真进行交接　患者入病区后，护士应立即与护送人员进行交接，对不能正确叙述病情和需求的患者（如听力受损、语言障碍、意识不清的患者或婴幼儿），须暂留陪护人员，以便询问病史等有关情况。对老年人、婴幼儿、意识不清或躁动不安的患者，需安置床档加以保护，以防发生坠床等意外事故。

5. 配合抢救　患者入病室后，护士应积极配合医生进行抢救，并应严密观察患者生命体征及病情变化，做好护理记录。在医生未到之前，护士应根据病情做出初步诊断，给予相应紧急处理，如建立静脉通道、吸氧、吸痰、心肺复苏等。

四、患者床单位的准备

（一）床单位的构成

床单位（patient unit）是指住院期间医疗机构提供给患者使用的家具和设备，它是患者住院期间休息、睡眠、治疗与护理等活动最基本的生活单位。床单位的组成有病床、床上用品、床旁桌、床旁椅及床上桌，床头墙壁上配有照明灯、呼叫装置、供氧和负压吸引管道、多功能插座，天花板上有轨道、输液吊架，床之间有隔帘等（图7-1）。

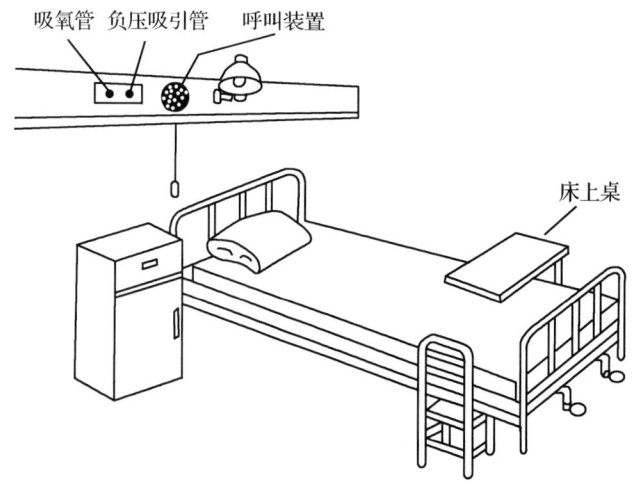

图 7-1　床单位

1. 病床　病床是患者休息及睡眠的用具，必须实用、耐用、舒适、安全。普通病床一般为长 2 m，宽 0.9 m，高 0.6 m，床头、床尾可抬高的手摇式床，以方便患者变换卧位。床的升降功能有手工调节和电动调节两种，床的两侧有床档，床脚有脚轮，便于病床移动。临床也可选用多功能病床，根据患者的需要改变床的高度和角度，变换患者的姿势。

2. 床上用品

（1）床垫的长和宽与床的规格相当，垫芯可用棕丝、木棉、棉花或海绵等，包布应选择牢固、防滑的布料，床垫应坚硬，以免承受重力较多的部位发生凹陷。

（2）床褥的长和宽与床垫相同，褥芯用棉花做，包布用棉布做。

（3）枕芯长 0.6 m，宽 0.4 m，内装木棉、中空棉、羽绒等。

（4）棉胎长 2.3 m，宽 1.6 m，可用棉花、中空棉、羽绒等。

（5）大单长 2.5 m，宽 1.8 m，用棉布制作。

（6）被套长 2.5 m，宽 1.7 m，用棉布制作，尾端开口，缝上布带或拉链。

（7）枕套长 0.7 m，宽 0.45 m，用棉布制作。

（8）中单长 1.7 m，宽 0.85 m，以棉制作为宜，亦可使用一次性护理垫。

（9）橡胶中单长 0.85 m，宽 0.65 m，两端加棉布 0.4 m。

(二)铺床法

病区的床单位要保持清洁,床上用品需定期更换。铺床法的基本要求是平、整、紧,达到舒适、安全、实用的目的。常用的铺床法有铺备用床、铺暂空床、铺麻醉床和卧床患者更换床单法,铺床时应运用人体力学原理,遵守节力原则。

铺备用床(closed bed)

◌ 护理评估

1. 评估用物　病床及床单位是否设施齐全、功能完好。
2. 评估环境　病室清洁、通风,无患者治疗、进餐及睡眠。

◌ 护理诊断

1. 意识障碍　与外伤有关。
2. 活动受限　与骨折牵引固定有关。
3. 有皮肤完整性受损的危险　与长期卧床有关。

◌ 护理计划

1. 目的　保持病室整洁,准备接收新患者(图7-2)。

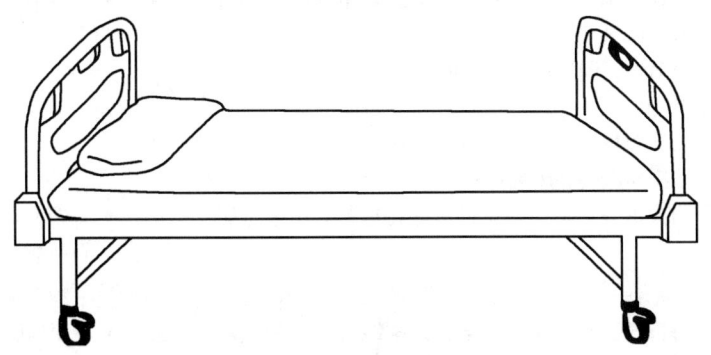

图7-2　备用床

2. 准备

(1)护士准备:着装整洁,修剪指甲,洗手,戴口罩。
(2)用物准备:床、床垫、床褥、棉胎或毛毯、枕芯、大单、被套、枕套。

◌ 护理实施

铺备用床实施,见表7-1。

表7-1　铺备用床实施

护理实施	流程简释	要点说明
备物至床	按使用顺序备好用物,推车置床尾,距离适宜	• 用物整齐,排放合理 • 治疗车与床尾距离以方便护士操作为宜
移桌置椅	移开床旁桌距床头20 cm,平移床旁椅至床尾一侧	• 便于铺床头
整理床垫	(1)调整床的高度,固定床脚轮 (2)检查床垫,根据情况翻转床垫	• 方便操作、安全 • 避免床垫局部经常受压凹陷
铺平床褥	床褥齐床头放于床垫,从床头铺向床尾	• 床褥中线与床面中线对齐

续表

护理实施	流程简释	要点说明
铺好床单	▲大单法 （1）将大单的纵、横中线与床的纵、横中线对齐，放于床褥，依次向床头和床尾打开大单，再将近侧大单拉开向下，远侧大单向对侧散开 （2）至床头，将床头大单展开，右手托起床垫一角，左手伸过中线将大单折于床垫下（图7-3 A） （3）左手扶住床角，右手在距床头大约30 cm处，将大单边缘提起，使其与床边垂直，呈一等边三角形（图7-3 B），以床沿为界将三角形分为两半（图7-3 C） （4）上半三角形暂时覆盖于床上，将下半三角形平整地塞于床垫下（图7-3 D） （5）然后把上半三角形翻下（图7-3 E），平整地塞于床垫下（图7-3 F） （6）至床尾，对齐床尾中线拉紧大单，同上法铺床尾角 （7）至床中部，将大单拉平拉紧，双手掌心向上将大单平整地塞于床垫下 （8）至对侧，同法铺对侧大单 ▲床罩法 （1）将床罩的纵、横中线与床的纵、横中线对齐，放于床褥，依次向床头和床尾打开床罩 （2）同大单法（2）-（8）的顺序将床罩套在床褥及床垫上	• 身体靠近床沿，两腿左右或前后分开，两膝稍弯降低重心，保持身体平衡 • 减少走动，省时、节力，动作协调、连贯，姿势优美 • 铺大单顺序：先床头，后床尾；先近侧，后对侧 • 大单角整齐、紧实、无皱、美观 • 大单平整、紧实 • 床罩角与床褥床垫角贴合，床罩平整、紧实
套好被套	▲"S"式 （1）将被套头端齐床头，被套纵中线与床纵中线对齐，分别向对侧、近侧、床尾展开 （2）至床尾，打开被套开口的1/3（图7-4 A），将棉胎放在被套开口处，棉胎底边与床尾对齐 （3）拉棉胎上缘至被头封口处（图7-4 B） （4）先打开棉胎对角，与对侧被套角套好，一手握紧已套好的被角，另一手把对侧的棉胎在被套内展开，与被套的边缘对齐（约棉胎长度的1/2），同法套近侧 （5）打开棉胎的剩余部分，与被套两边缘对齐 （6）至床尾，逐层整理被套和棉胎，系带 （7）至床头，将被头与床头平齐（或被头距床头15 cm），棉被两侧向内折叠与床沿平齐，折成被筒，被尾折于床垫下 ▲卷筒式 （1）被套反面向外折叠，同"S"式展开被套，开口端朝床尾 （2）将棉胎平铺于被套上，上缘齐床头 （3）将棉胎和被套一同自床头卷向床尾，再从开口处翻转至床头 （4）于床尾处拉平棉胎和被套，系带	• 方便棉胎放入被套 • 棉胎上缘与被头上缘对齐，被头不空虚，棉胎角与被套两角充实 • 被筒内外面平整，被筒与床沿平齐
套枕平放	套枕套，平放于床头，开口背门	• 枕芯与枕套充实，开口背门，病室整齐、美观
移回桌椅	移回床旁桌、椅	
整理洗手	整理用物，洗手，脱口罩	

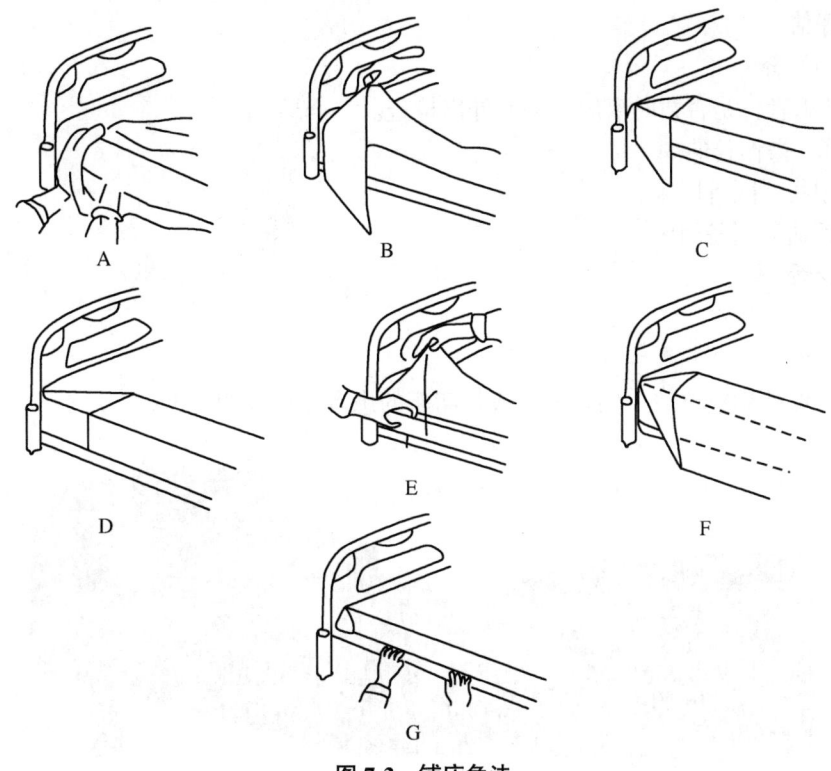

图 7-3 铺床角法

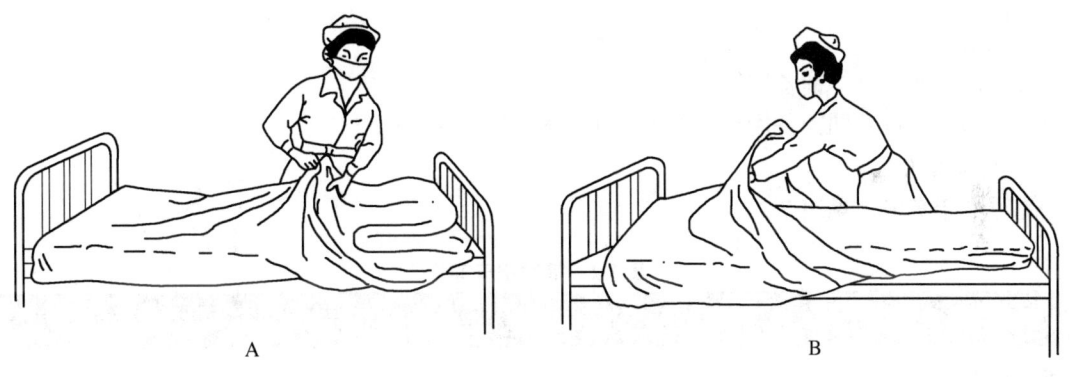

图 7-4 "S" 式

◐ 护理评价

1. 病床实用、耐用、舒适、安全。
2. 病室环境及床单位整洁、美观，符合铺床原则。
3. 大单中线与床中线对齐，四角平整、紧实；盖被中线与床中线对齐，头端充实，内外平整；盖被两侧与床尾内折对称；枕头平整，四角充实，开口背门。

◐ 注意事项

1. 患者进餐或接受治疗时暂停铺床。
2. 操作中动作轻稳，避免尘埃飞扬。
3. 用物准备齐全，折叠正确，按顺序放置。
4. 操作中应用节力原理。

铺暂空床（unoccupied bed）

◯ **护理评估**

1. 评估与解释

（1）评估患者：是否暂时离床活动或外出检查。

（2）解释：操作目的。

2. 评估用物　同备用床。

3. 环境评估　同备用床。

◯ **护理诊断**

同备用床。

◯ **护理计划**

1. 目的　保持病室整洁，供新入院或暂离床的患者使用（图7-5）。

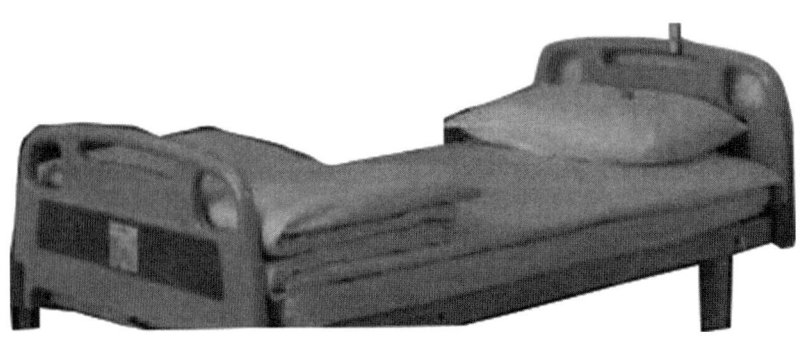

图7-5　暂空床

2. 准备

（1）护士准备：同铺备用床。

（2）用物准备：同铺备用床，必要时准备橡胶单、中单。

◯ **护理实施**

铺暂空床实施，见表7-2。

表7-2　铺暂空床实施

护理实施	流程简释	要点说明
同备用床1-6		
折叠盖被	将备用床的盖被头端扇形三折于床尾，使各层平齐	● 方便患者上下床
同备用床7-9		

◯ **护理评价**

1. 同备用床1-3。

2. 患者上下床方便。

◯ **注意事项**

同备用床。

麻醉床（anesthetic bed）

第七章 入院和出院的护理

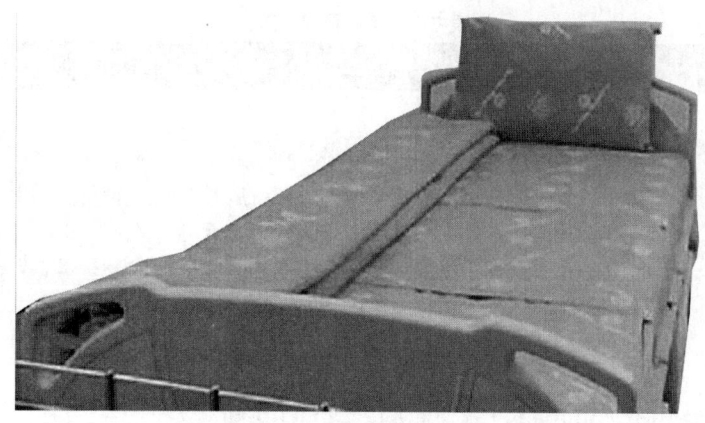

图7-6 麻醉床

⇨ **护理评估**

1. 评估患者 病情、手术部位及麻醉方式。
2. 评估用物 同备用床。
3. 评估环境 同备用床。

⇨ **护理诊断**

同备用床。

⇨ **护理计划**

1. 目的

（1）便于接收和护理麻醉手术后的患者。

（2）避免床上用物被污染，方便更换。

（3）使患者舒适、安全，预防并发症。

2. 准备

（1）护士准备：同备用床。

（2）用物准备

1）床上用物：同备用床，另加橡胶中单和中单（或一次性护理垫）各2条。

2）麻醉护理盘：治疗巾内置开口器、舌钳、通气导管、压舌板、牙垫、治疗碗、镊子、吸氧管、吸痰导管、纱布数块；心电监护仪（血压计、听诊器）、弯盘、棉签、胶布、手电筒、护理记录单和笔。

3）其他：输液架，根据需要另备吸痰装置和给氧装置、胃肠减压器、引流袋、输液泵、微量泵、延长管等。

⇨ **护理实施**

铺麻醉床实施，见表7-3。

⇨ **护理评价**

1. 同备用床评价1-3。
2. 准备的用物满足手术后患者治疗护理需要。
3. 方便患者移动。

⇨ **注意事项**

1. 同备用床1-4。
2. 铺麻醉床时，应更换洁净的被单，保证术后患者舒适，避免感染发生。
3. 中单要遮盖橡胶单，避免橡胶单与皮肤接触而引起患者不适。

表 7-3　铺麻醉床实施

护理实施	流程简释	要点说明
同备用床法 1-5	铺好近侧大单	
铺好中单	（1）取橡胶单和中单，上缘距床头 45～50 cm，中线与床中线对齐，先铺橡胶单，拉下近侧，展开对侧，同法在橡胶单上层铺中单，铺好病床中部近侧橡胶单及中单，根据手术部位将另一橡胶单及中单对好中线，铺于床头或床尾。铺床头时，上端齐床头，下端压在床中部橡胶单及中单上，将边缘下垂部分一并塞入床垫下；铺床尾时，下端齐床尾，上端压在床中部橡胶单及中单上，将边缘下垂部分一并塞入床垫下 （2）转至对侧，分层铺好对侧大单、橡胶单和中单	• 根据患者的手术部位和麻醉方式铺橡胶单和中单：腹部手术铺在床中部；下肢手术铺在床尾；全麻手术患者，还应铺床头 • 遵循先床头后床尾的原则，上缘齐床头，下缘平床尾
铺好盖被	（1）套盖被法同备用床，被头与床头平齐，被尾向内折叠与床尾平齐 （2）将被筒扇形三折于一侧床边，开口朝向门	• 方便手术后患者移至床上 • 盖被外侧齐床缘
套枕横立	套枕套，整理枕芯，将枕头横立于床头，开口背门	• 保护患者头部 • 保持病室整齐美观
整理洗手	整理用物，洗手，脱口罩	

考点提示

铺床操作要点。

卧床患者更换床单法（change an occupied bed）
⊃ **护理评估**
1. 评估与解释
（1）评估患者：病情、体重、意识状况、损伤部位、活动能力，配合程度。
（2）解释：更换床单的目的、方法、注意事项及配合要点。
2. 评估用物　病床及床单位是否设施齐全、功能完好。
3. 评估环境　病室整洁、宽敞、明亮；病室内无人进行治疗、进餐；根据季节调节室温，酌情关闭门窗，必要时遮挡患者。
⊃ **护理诊断**
同铺备用床。
⊃ **护理计划**
1. 目的
（1）使患者感觉清洁、舒适。
（2）预防压力性损伤等并发症。
2. 准备
（1）护士准备：着装整洁，修剪指甲，洗手，戴口罩。
（2）患者准备：了解更换床单的目的及配合方法。
（3）用物准备：治疗车上备清洁大单、中单、被套、枕套，必要时备清洁衣裤，床刷及床刷套、污衣袋。

护理实施

卧床患者更换床单法实施，见表7-4。

表7-4 卧床患者更换床单法实施

护理实施	流程简释	要点说明
备物核对	备齐用物，按顺序放置，推车至床尾，核对患者	• 用物方便使用 • 治疗车与床尾距离以方便护士操作为宜
移桌置椅	同备用床	• 便于操作，省时节力
放平床铺	病情许可，放平膝下和床头支架，患者平卧，固定床脚轮、拉起对侧床档	• 先放床尾，再放床头 • 患者卧位安全，防止坠床
移枕侧卧	（1）松开床尾盖被，将患者枕头移向对侧，协助患者侧卧于对侧床，背向护士 （2）必要时检查患者背部受压情况	• 避免患者受凉 • 安置好各种导管及输液管 • 关注患者病情及卧位舒适度
松单扫褥	（1）逐层松开近侧各单，中单污面向内卷至床中线，塞于患者身下 （2）清扫橡胶单，将其搭于患者身上 （3）将大单污面向内卷至中线处，塞于患者身下 （4）从床头至床尾扫净床褥上渣屑，注意枕下及患者身下	• 操作中注意询问患者感受 • 注意安全和保暖 • 清扫原则：清扫从床头至床尾、从床中线至床缘
铺清洁单	（1）同备用床法打开近侧大单，将对侧大单清洁面向内卷至中线处，塞于患者身下，同备用床法铺好近侧大单 （2）拉下橡胶单，清洁中单放其上，打开近侧中单，对侧中单清洁面向内卷至患者身下，将近侧橡胶单、中单边缘下垂部分一并塞于床垫下	• 大单、中单中线与床中线对齐
翻身侧卧	（1）将枕头移至近侧，协助患者平卧 （2）再协助患者移向近侧，患者面向护士侧卧，拉起近侧床档	• 患者卧位安全，防止坠床 • 注意保暖，避免患者受凉
更换对侧	（1）护士转至床的对侧，放下床档，松解各层床单 （2）上卷中单取出，放于污衣袋内 （3）清扫橡胶单，将其搭在患者身上 （4）将污大单从床头卷至床尾取出，放于污衣袋内 （5）同法清扫床褥，铺好各层床单	
取平卧位	协助患者平卧于床中间，移枕于头下	
更换被套	（1）松开盖被，将清洁被套同备用床法铺于盖被上，打开被套尾端开口的1/3 （2）将棉胎在污被套内折叠成"S"形取出 （3）将棉胎装入清洁被套，撤出污被套 （4）展平被套，系好被套尾端开口处系带，盖被折成被筒，被尾折叠于床尾	• 避免棉胎接触患者 • 被筒长度适宜，遮盖患者肩部，避免受凉
更换枕套	取出枕头换枕套，拍松后协助患者枕好	• 枕头四角充实，开口背门
整理洗手	整理用物、洗手、脱口罩	

◐ **护理评价**
1. 护士操作规范，符合节力原则。
2. 患者安全、舒适。
3. 护患沟通有效，患者愿意配合。

◐ **注意事项**
1. 保证患者安全、舒适，防止患者坠床或各种导管脱落。
2. 随时观察患者病情变化，一旦出现异常病情，应立即停止操作，及时处理。
3. 一般每周更换 1~2 次，如被血液或体液污染，应及时更换。

五、分级护理

分级护理是患者在住院期间，护理人员根据患者病情和（或）自理能力进行评定而确定的护理级别。通常分为四个级别：特级护理、一级护理、二级护理和三级护理，见表7-5。

表7-5 分级护理

护理级别	适用对象	护理要点
特级护理	1. 维持生命，实施抢救性治疗的重症监护患者 2. 病情危重，随时可能发生病情变化需要进行监护、抢救的患者 3. 各种复杂或大手术后、严重创伤或大面积烧伤的患者	1. 专人24小时严密观察患者病情变化，监测生命体征 2. 备好急救药品及器材 3. 根据医嘱正确实施治疗措施，准确测量出入液量 4. 根据患者病情，正确实施基础护理和专科护理，如口腔护理、压力性损伤护理、气道护理及管路护理等，正确实施安全措施 5. 保持患者的舒适和功能体位 6. 及时准确填写特别护理记录单 7. 实施床旁交接班
一级护理	1. 病情趋向稳定的重症患者 2. 病情不稳定或随时可能发生变化的患者 3. 手术后或者治疗期间需要严格卧床的患者 4. 自理能力重度依赖的患者	1. 每小时巡视患者，观察患者病情变化 2. 根据患者病情，测量生命体征 3. 根据医嘱，正确实施治疗、给药措施 4. 根据患者病情，正确实施基础护理、专科护理及安全措施 5. 及时准确填写护理记录单 6. 提供护理相关的健康指导
二级护理	1. 病情趋于稳定或未明确诊断前，仍需观察，且自理能力轻度依赖的患者 2. 病情稳定，仍需卧床，且自理能力轻度依赖的患者 3. 病情稳定或处于康复期，且自理能力中度依赖的患者	1. 每2小时巡视患者，观察患者病情变化 2. 根据患者病情，测量生命体征 3. 根据医嘱正确实施治疗、给药措施 4. 根据患者病情，正确实施护理及安全措施 5. 提供护理相关的健康指导
三级护理	病情稳定或处于康复期，且自理能力轻度依赖或无需依赖的患者	1. 每3小时巡视患者，观察患者病情变化 2. 根据患者病情，测量生命体征 3. 根据医嘱正确实施治疗、给药措施 4. 提供护理相关的健康指导

在临床工作中，医护人员应根据患者的病情和自理能力的变化，动态调整患者护理级别。为直观了解病区患者的护理级别，及时观察患者病情及生命体征变化，在护士站患者一览表上的诊断卡和患者的床头（尾）卡上，采用不同颜色的标记来表示患者的护理级别，如红色表示特级和一级护理，黄色表示二级护理，蓝色表示三级护理。

考点提示

分级护理的适用对象及护理要点。

知识链接

自理能力分级

自理能力是指在生活中个体照料自己的行为能力，其分级采用Barthel指数评定量表。

Barthel指数（Barthel index，BI），是对患者日常生活活动的功能状态进行测量，个体得分取决于对一系列独立行为的测量，总分范围为0～100。

日常生活活动（activitier of daily living，ADL）是人们为了维持生存及适应生存环境而每天反复进行的、最基本的、具有共性的活动，如进食、洗澡、穿衣、如厕等。

对患者进食、洗澡、修饰、穿衣、控制大便、控制小便、如厕、床椅转移、平地行走、上下楼梯10个项目日常生活活动功能状态进行评定，将各项得分相加即为Barthel指数总分，根据总分，将患者的自理能力分为重度依赖、中度依赖、轻度依赖、无需依赖四个等级，见表7-6。

表7-6 自理能力分级

自理能力分级	等级划分标准	需要照护程度
重度依赖	总分≤40分	全部需要他人照顾
中度依赖	总分41～60分	大部分需要他人照顾
轻度依赖	总分61～99分	少部分需要他人照顾
无需依赖	总分100分	无需他人照顾

第二节 患者卧位的护理

卧位（patient position）是指患者休息和为适应医疗及护理需要所采取的卧床姿势。正确的卧位对治疗疾病、减轻疼痛、预防并发症、增加患者舒适度等有重要的作用。因此，在临床护理工作中，护士应掌握各种卧位的适用范围和安置方法，根据病情需要指导和协助患者采取正确的卧位姿势，以确保舒适和安全。

一、概述

（一）舒适卧位的基本要求

舒适卧位是患者卧床时身体各部位均处于合适的位置，患者感觉轻松、自在。护理人员必须掌握舒适卧位的基本要求，以便协助或指导患者卧于正确而舒适的位置。

1. 卧床姿势　应符合人体力学的要求，尽量扩大支撑面，维持身体各部位良好的功能和位置，可在身体空隙部位垫软枕或靠垫。

2. 变换体位　应经常变换体位，至少每 2 小时变换 1 次。应加强受压部位皮肤护理，预防压力性损伤的发生。

3. 适当活动　在无禁忌证的情况下，每日活动患者身体各部位。改变卧位时，进行关节活动度练习。

4. 保护隐私　在卧位或护理操作时，应根据需要遮盖身体，保护隐私，促进患者身心舒适。

（二）卧位的分类

1. 根据卧位的自主性分类　卧位可分为主动卧位、被动卧位和被迫卧位 3 种。

（1）主动卧位（active lying position）：患者根据自己的习惯和意愿采取最舒适、最随意的卧位，并能随意改变卧床姿势，称为主动卧位。主动卧位见于症状较轻的患者、术前及恢复期患者。

（2）被动卧位（passive lying position）：患者自身无力变换卧位，躺卧于他人为其安置的卧位，称为被动卧位。被动卧位常见于昏迷、极度衰弱的患者。

（3）被迫卧位（compelled lying position）：患者意识清晰，也有变换卧位的能力，但为了减轻疾病所致的痛苦或因治疗需要而被迫采取的卧位，称为被迫卧位，又称强迫卧位。如胎位不正患者为纠正胎位而采取膝胸卧位。

> 考点提示
>
> 卧位的分类。

2. 根据卧位的平衡稳定性分类　卧位可分为稳定性卧位和非稳定性卧位。

（1）稳定性卧位：重心低，支撑面大，平衡稳定，患者感到轻松、舒适（图 7-7）。

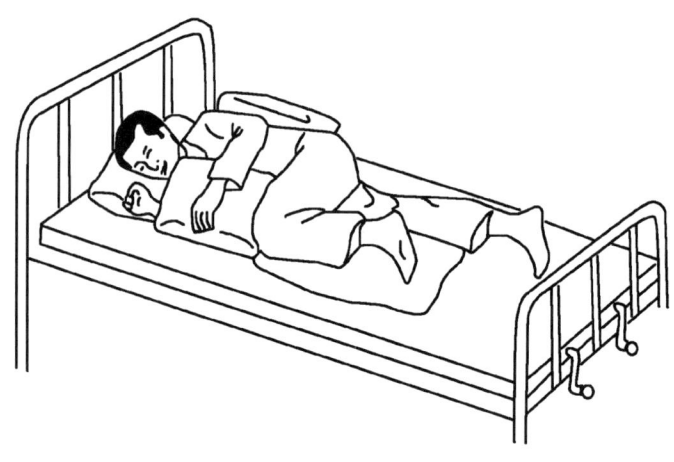

图 7-7　稳定性卧位

（2）非稳定性卧位：重心高，支撑面小，难以保持平衡。患者肌肉紧张，易于疲劳，感觉不舒适。应尽量避免为患者采取非稳定性卧位（图 7-8）。

二、常用卧位

（一）仰卧位

仰卧位（supine position）又称平卧位。仰卧位的基本姿势为患者仰卧，头下置一枕，两臂

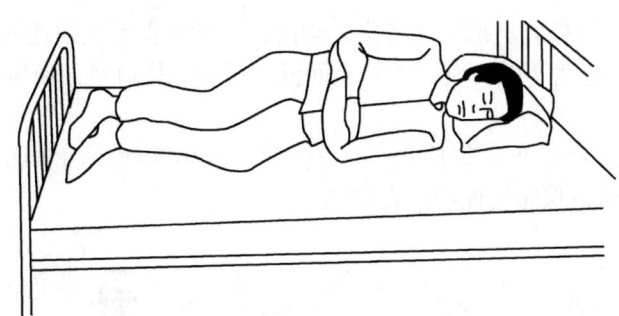

图 7-8 非稳定性卧位

放于身体两侧,两腿自然放平。根据患者病情或检查、治疗的需要,可分为去枕仰卧位、中凹卧位和屈膝仰卧位。

1. 去枕仰卧位

(1)安置方法:患者去枕仰卧,头偏向一侧,两臂放于身体两侧,两腿自然放平,将枕头横立于床头(图 7-9)。

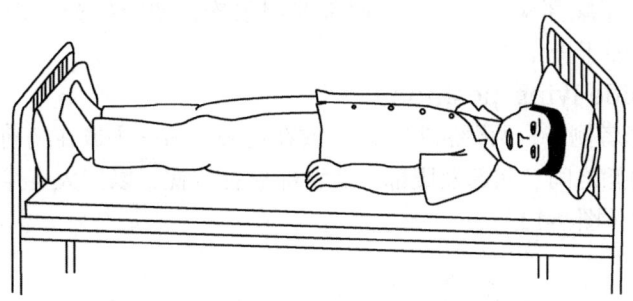

图 7-9 去枕仰卧位

(2)适用范围

1)昏迷或全身麻醉未清醒的患者:采用去枕仰卧位,头偏向一侧,可防止呕吐物误入气管而引起患者窒息或肺部并发症。

2)脊髓腔穿刺术后或椎管内麻醉后的患者:采用此种卧位 6~8 小时,可预防颅内压减低而引起的头痛。因穿刺后脑脊液可随穿刺点漏出,导致颅内压降低,牵张颅内静脉窦和脑膜等组织引起头痛。

2. 中凹卧位

(1)安置方法:患者仰卧,两臂置于身体两侧,抬高头及胸部 10°~20°,抬高下肢 20°~30°,为了使患者保持舒适和稳定,可以在患者膝下垫软枕(图 7-10)。

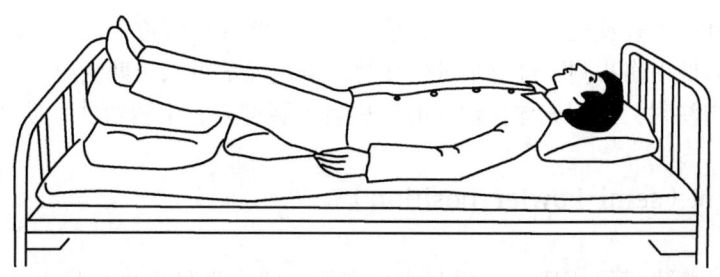

图 7-10 中凹卧位

（2）适用范围：休克患者。抬高患者头、胸部，有利于保持气道通畅，改善通气功能，从而改善缺氧症状。抬高患者下肢有利于静脉血回流，增加心排血量而使休克症状得到缓解。

3. 屈膝仰卧位

（1）安置方法：患者仰卧，头下垫枕，两臂放于身体两侧，两膝屈起并稍向外分开（图7-11）。检查或操作时注意保暖及保护患者隐私。

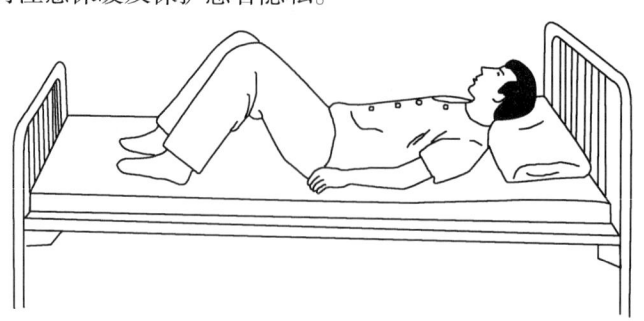

图 7-11　屈膝仰卧位

（2）适用范围：①腹部检查：有利于腹部肌肉放松，便于检查。②导尿和会阴冲洗等操作：暴露操作部位，便于操作。

（二）**侧卧位**（side-lying position）

1. 安置方法　患者侧卧，两臂屈肘，一手放在枕旁，另一手放在胸前，下腿伸直，上腿弯曲。必要时在患者两膝之间、胸部及腹部、后背部放置软枕，以扩大支撑面，增加稳定性，使患者感到舒适与安全（图7-12）。

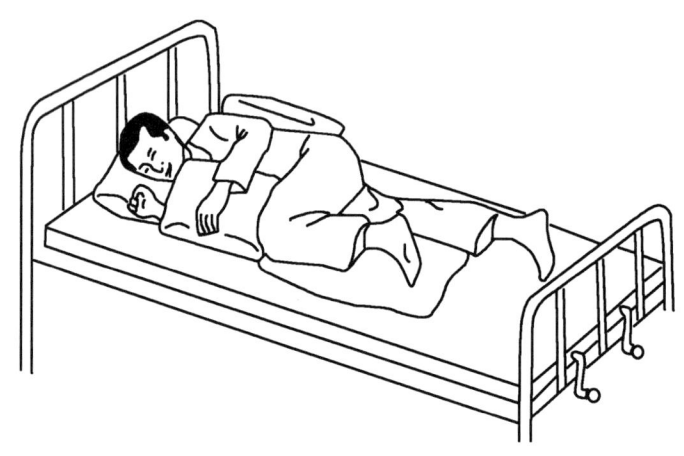

图 7-12　侧卧位

2. 适用范围

（1）灌肠、肛门检查及配合胃镜、肠镜检查等：暴露操作部位，便于操作。

（2）预防压力性损伤：侧卧位与平卧位交替，避免局部组织长期受压。

（3）臀部肌内注射：采用该体位注射时，患者上腿伸直，下腿弯曲，使注射部位的肌肉充分放松。

（三）**半坐卧位**（semi-Fowler position）

1. 安置方法

（1）摇床法：患者仰卧于床上，摇起床头支架，使上半身抬高，与床呈30°～50°，再摇起膝下支架，以防患者下滑。必要时，床尾可放置一软枕，垫于患者足底支撑患者。放平时，应先摇平膝下支架,再摇平床头支架(图7-13)。

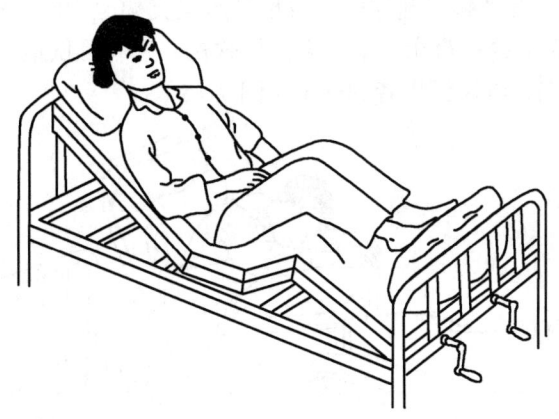

图 7-13　半坐卧位（摇床法）

（2）靠背架法：将患者上半身下的床垫抬高,在垫褥下放一个靠背架,下肢屈膝,用大单包裹枕芯垫于膝下,大单两端固定于床沿,以防患者下滑。床尾足底垫软枕。放平时,首先取走膝下的枕芯,再取走床头靠背架,并协助患者躺卧(图7-14)。

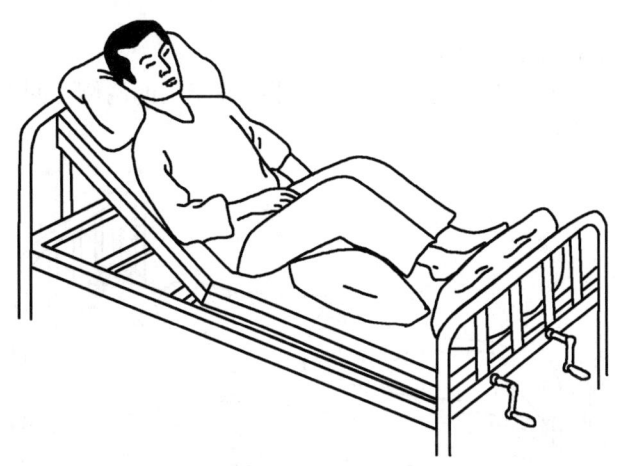

图 7-14　半坐卧位（靠背架法）

2. 适用范围

（1）面部及颈部手术后：采取半坐卧位可减少局部出血。

（2）心肺疾病引起呼吸困难：采取半坐卧位,由于重力的作用,部分血液滞留于下肢和盆腔脏器中,使回心血量减少,从而减轻肺淤血和心脏负担,同时可使膈肌位置下降,胸腔容量扩大,减轻腹腔内脏器对心肺的压力,使肺活量增加,有利于气体交换,使患者呼吸困难的症状得到改善。

（3）腹腔、盆腔手术后或有炎症：采取半坐卧位使腹腔渗出液流入盆腔,防止感染向上蔓延引起膈下脓肿,促使感染局限。因为盆腔腹膜抗感染性较强,而吸收较弱,所以可以防止炎症扩散和毒素吸收,减轻中毒反应。此外,腹部手术后患者采取半坐卧位可以减轻腹部切口缝合处的张力,缓解疼痛,促进舒适,有利于切口愈合。

（4）疾病恢复期体质虚弱的患者：采取半坐卧位可以使患者逐渐适应体位改变,有利于向站立姿势过渡。

（四）端坐位（sitting position）

1. 安置方法　协助患者坐起，摇起床头或抬高床头支架至70°～80°，使患者能够向后倚靠。若患者虚弱，可在床上放一跨床小桌，桌上放软枕，患者可伏桌休息，同时膝下支架抬高15°～20°，必要时加床档，以保证患者的安全（图7-15）。

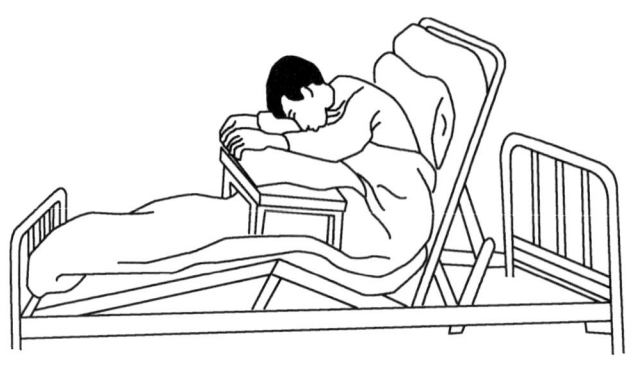

图7-15　端坐卧位

2. 适用范围　心力衰竭、心包积液、支气管哮喘发作的患者，由于极度呼吸困难而被迫采取端坐位。

（五）俯卧位（prone position）

1. 安置方法　患者俯卧，头偏向一侧，两臂屈曲放于头的两侧，两腿伸直，胸下、髋部及踝部各放一软枕支撑（图7-16）。

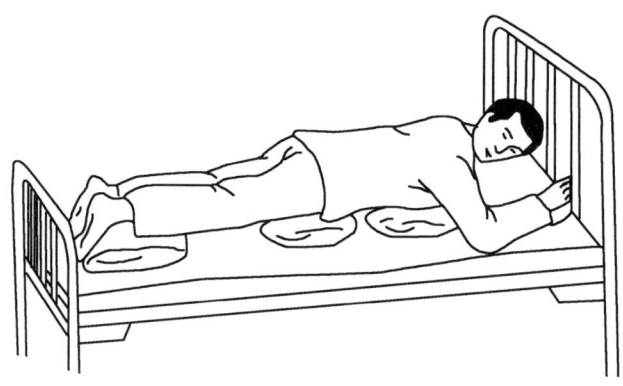

图7-16　俯卧位

2. 适用范围
（1）腰背部检查或配合胰、胆管造影检查时。
（2）脊椎手术后或腰、背、臀部有切口，不能平卧或侧卧的患者。
（3）胃肠胀气导致腹痛时，患者采取俯卧位，可使腹腔容积增大，从而缓解胃肠胀气所致的腹痛。

（六）头低足高位（trendelenburg position）

1. 安置方法　患者仰卧，头偏向一侧，将一软枕横立于床头，以防碰伤头部。床尾抬高15°～30°（图7-17）。因为这种体位患者会感到不适，所以不宜过长时间使用。颅内高压患者禁用。

2. 适用范围
（1）肺部分泌物引流：采用头低足高位有助于引流，使痰易于咳出。
（2）十二指肠引流：采取右侧卧位，同时头低足高位，有利于胆汁引流。

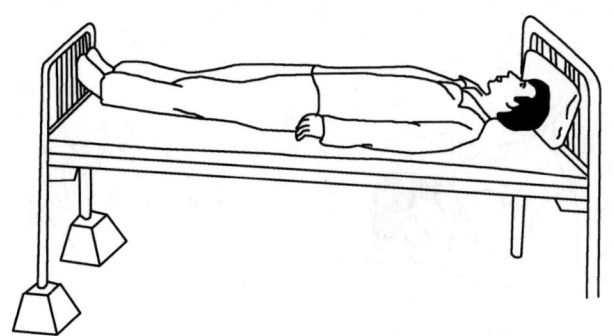

图 7-17 头低足高位

（3）妊娠时胎膜早破：可预防脐带脱垂。
（4）跟骨或胫骨结节牵引：可利用人体重力作为反牵引力，防止下滑。

（七）头高足低位（dorsal elevated position）

1. 安置方法　患者仰卧，床头抬高 15°～30° 或根据病情而定，床尾横立一软枕，以防止患者足部触碰床尾而引起不适（图 7-18）。

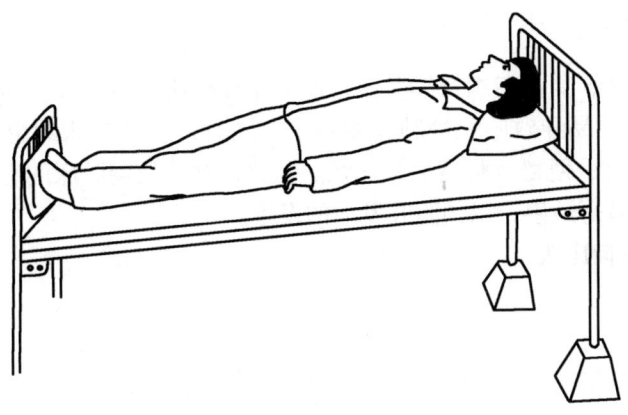

图 7-18 头高足低位

2. 适用范围
（1）颈椎骨折患者作颅骨牵引：利用人体重力作为反牵引力。
（2）减轻颅内压，预防脑水肿。
（3）颅脑疾病或颅脑手术后的患者：预防脑水肿，缓解颅内高压产生的症状。

（八）膝胸卧位（knee-chest position）

1. 安置方法　患者跪卧，两小腿平放于床上，稍分开，大腿与床面垂直，胸部贴床面，腹部悬空，臀部抬起，头转向一侧，两臂屈肘，放于头的两侧（图 7-19）。孕妇可采取此卧位纠正胎位不正，摆放时应注意保暖并且每次不应超过 15 分钟。
2. 适用范围　①肛门、直肠、乙状结肠镜检查及治疗。②矫正胎位不正或子宫后倾。③促进产后子宫复原。

（九）截石位（lithotomy position）

1. 安置方法　患者仰卧于检查台上，两腿分开放在支腿架上，支腿架上放软垫，臀部齐台边，两手放在身体两侧或胸前（图 7-20）。采用该体位应注意对患者的遮挡及保暖。
2. 适用范围
（1）会阴及肛门部位的检查、治疗或手术：如妇产科检查、阴道灌洗、膀胱镜检查等。

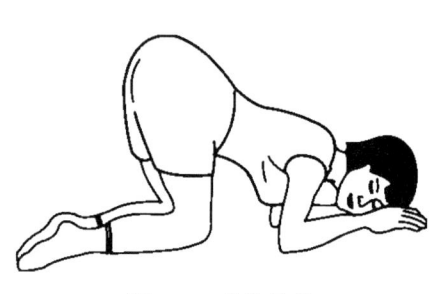
图 7-19 膝胸卧位

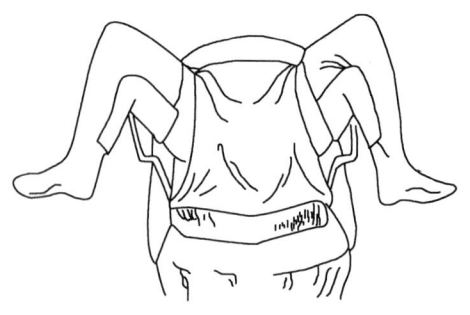
图 7-20 截石位

（2）产妇分娩。

考点提示

常用卧位的适用范围。

三、卧位的变换

患者如果长期卧床，局部组织持续受压，血液循环障碍，容易发生压力性损伤。卧床致呼吸道分泌物不易咳出，易导致坠积性肺炎的发生。同时，长期卧床的患者由于缺乏适当的活动，还易出现消化不良、便秘、肌萎缩等症状。因此，对于长期卧床的患者，护士应协助其经常变换卧位，增进患者舒适感，以预防并发症的发生。

（一）协助患者移向床头

⊃ 护理评估

1. 评估与解释

（1）评估患者：病情、年龄、体重、治疗情况、合作程度。

（2）解释：移向床头的目的、方法与配合要点。

2. 评估环境　环境整洁、宽敞、光线充足，温湿度适宜。必要时备屏风或围帘，以保护患者隐私。

⊃ 护理诊断

同铺备用床。

⊃ 护理计划

1. 目的

（1）协助滑向床尾而不能自行移动的患者移向床头，使患者恢复舒适的体位。

（2）满足患者的身心需要。

2. 准备

（1）护士准备：着装整洁，修剪指甲，洗手，必要时戴口罩。

（2）患者准备：了解移向床头的目的和配合方法。

（3）用物准备：根据情况准备软枕等物品。

⊃ 护理实施

协助患者移向床头实施，见表 7-7。

表 7-7 协助患者移向床头实施

护理实施	流程简释	要点说明
核对解释	核对患者，向患者及家属解释操作目的、要点及配合方法	• 确认患者，取得配合
放平床头	固定床脚轮，根据病情放平床头，枕横立于床头	• 保护患者安全
安置管道	将与患者连接的导管及输液装置等安置妥当，将被盖折叠于床尾或一侧	• 保持导管通畅，防止脱落、扭曲、移位、受压、折叠等
安置患者	协助患者仰卧屈膝	
移动患者	▲一人协助患者移向床头法（图7-21） （1）嘱患者双手握住床头栏杆，双脚蹬床面 （2）护士一手托住患者肩背部，另一手托住臀部助力，协助患者移向床头 ▲二人协助患者移向床头法 两名护士分别站于病床两侧，交叉托住患者的颈肩部和臀部，同时用力抬起患者移向床头或两名护士站在床的同一侧，一人托住患者颈肩部及腰部，另一人托住患者臀部及腘窝处，两人同时抬起患者移向床头	• 适用于体重较轻、能配合的患者 • 适用于体重较重、不能配合的患者 • 两人动作协调一致，不可拖、拉、推，以免擦伤皮肤
整理归位	将枕头放回，协助患者取舒适卧位 整理床单位，洗手	

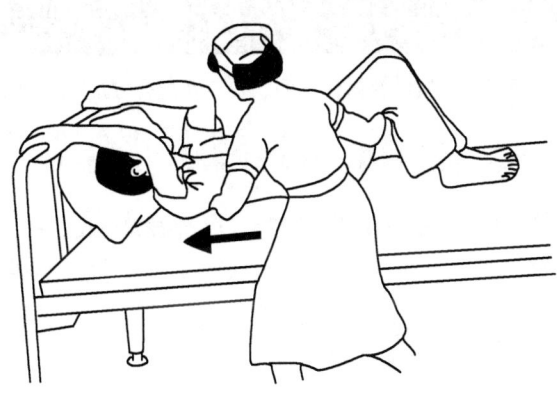

图 7-21 一人协助患者移向床头法

⊃ 护理评价

1. 患者配合操作，感觉安全、舒适。
2. 操作规范，符合节力原则。
3. 护患沟通有效，满足患者需求。

⊃ 注意事项

1. 注意运用节力原则，操作轻、稳，两人操作时动作应协调一致。
2. 移动前检查管道并妥善固定，移动后检查管道有无脱落、移位、扭曲或受压。
3. 移动患者时不可有拖、拉、推等动作，以免擦伤患者皮肤。
4. 移动前应先将枕头横立于床头，避免撞伤患者头部，操作时注意保护患者隐私。

（二）协助患者翻身侧卧

◯ **护理评估**

1. 评估与解释

（1）评估患者：年龄、体重、病情、治疗情况、合作程度。

（2）解释：翻身侧卧的目的、操作要点及配合方法。

2. 评估环境　同协助患者移向床头。

◯ **护理诊断**

同铺备用床。

◯ **护理计划**

1. 目的

（1）协助不能起床的患者更换卧位，使患者感觉舒适。

（2）满足患者治疗与护理的需要，如背部皮肤护理、更换床单或整理床单位等。

（3）预防压力性损伤、坠积性肺炎等并发症。

2. 准备

（1）护士准备：着装整洁，修剪指甲，洗手，必要时戴口罩。

（2）患者准备：了解翻身变换卧位的目的和配合方法。

（3）用物准备：根据情况准备软枕、床档等物品。

◯ **护理实施**

协助患者翻身侧卧实施，见表7-8。

表7-8　协助患者翻身侧卧实施

护理实施	流程简释	要点说明
核对解释	核对患者，向患者及家属解释操作目的、要点及配合方法	• 取得患者配合，建立安全感
固定脚轮	根据病情放平床头，固定床脚轮，拉起对侧床栏	• 确保患者安全
安置管道	将与患者连接的导管及输液装置等安置妥当，将被盖叠放于床尾或一侧	• 保持导管通畅，防止脱落、扭曲、移位、受压、折叠等
安置患者	协助患者仰卧，双手放于腹部	
协助翻身	▲翻身侧卧法 （1）一人协助患者翻身侧卧法（图7-22） 1）将患者的肩部、臀部抬起移向近侧，然后将患者的双下肢移向近侧并屈曲 2）护士一手托患者肩，另一手扶膝，轻轻将患者推向对侧，背向护士 （2）二人协助患者翻身侧卧法（图7-23） 1）甲、乙两名护士站在床的同一侧，将枕头移向近侧，甲护士托住患者肩颈部和腰部，乙护士托住患者臀部和腘窝部，两人同时抬起患者，将其移向近侧 2）护士两人分别托扶患者的肩部、腰部和臀部、膝部，轻轻将患者翻向对侧	• 适用于体重较轻的患者 • 移动患者时，应使患者尽量靠近护士，缩短阻力臂，以便省力 • 适用于体重较重的患者 • 两人动作协调一致

续表

护理实施	流程简释	要点说明
协助翻身	▲轴线翻身法 （1）二人协助患者轴线翻身法 1）两名护士站在病床同侧，小心地将大单置于患者身下，分别抓紧靠近患者肩、腰背、髋部、大腿等处的大单，将患者拉至近侧，拉起床档 2）护士绕至对侧，将患者近侧手臂置在头侧，远侧手臂置于胸前，两膝间放一软枕 3）护士双脚前后分开，两人双手分别抓紧患者肩、腰背、髋部、大腿等处的远侧大单，由其中一名护士发口令，两人动作一致地将患者整个身体以圆滚轴式翻转至侧卧 （2）三人协助患者轴线翻身法 1）第一名护士固定患者头部，纵轴向上略加牵引，使头、颈部随躯干一起慢慢移动；第二名护士双手分别置于患者肩部、背部；第三名护士双手分别置于患者腰部、臀部，使患者头、颈、腰、髋保持在同一水平线上，移至近侧 2）翻转至侧卧位，翻转角度不超过60°	● 适用于脊椎受损或脊椎手术后改变卧位的患者 ● 翻转时身体不能屈曲，以免损伤脊髓 ● 适用于颈椎损伤的患者
检查安置	（1）观察受压部位皮肤，安置患者肢体各关节处于功能位置，检查各种管道保持通畅 （2）在患者背部、胸前及两膝间垫上软枕，必要时拉起床档	● 预防压力性损伤、关节挛缩 ● 扩大支撑面和增加患者舒适度
洗手记录	洗手，记录翻身时间和皮肤情况	● 及时记录，做好交接班

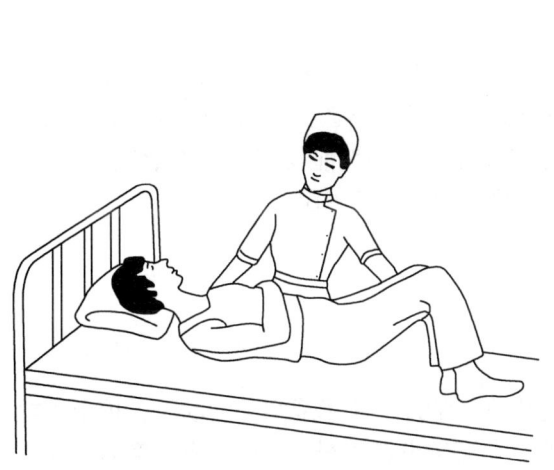

图 7-22 一人协助患者翻身侧卧法

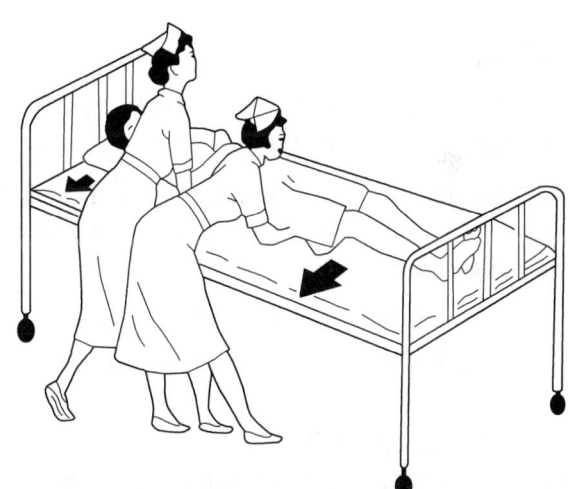

图 7-23 二人协助患者翻身侧卧法

⮕ **护理评价**

同协助患者移向床头法。

⮕ **注意事项**

1. 护士协助患者更换卧位时，注意节力原则。在为患者翻身时，尽量让患者靠近护士，使重力线通过支撑面来保持平衡，缩短阻力臂而省力。

2. 协助患者翻身时，先将患者身体稍抬起再行翻身，切忌拖、拉、推等动作，以免擦伤皮肤。二人协助患者翻身时，注意动作要轻、稳、协调一致。

3. 协助患者更换卧位时，注意观察病情与皮肤受压部位情况，并酌情确定翻身间隔时间，同时做好交接班。

4. 为有特殊情况的患者更换卧位时，须注意：

（1）对有各种导管或输液装置者，先将导管安置妥当，患者翻身后仔细检查，以保持导管通畅。

（2）对一般手术患者翻身时，应先检查敷料有无脱落及是否干燥，如分泌物浸湿敷料，先更换敷料并固定妥当后，再进行翻身，患者翻身后注意伤口不可受压。

（3）对颅脑手术患者应该取健侧卧位或平卧位。在翻身时要注意头部不可剧烈翻动，以避免引起患者脑疝，压迫脑干导致突然死亡。

（4）对于石膏固定者，翻身后注意观察患处位置及局部肢体的血运情况，防止受压。

（5）对于颈椎或颅骨牵引患者，翻身时不可放松牵引，并使头、颈、躯干保持在同一水平位进行翻动。翻身后注意牵引力及牵引方向、位置是否正确。

（6）翻身时需注意防止患者受凉及坠床。

考点提示

协助患者翻身侧卧的注意事项。

第三节　运送患者的护理技术

案例 7-2

患者，男性，65 岁。因夜间呼吸困难无法平卧入睡、胸闷、心前区疼痛剧烈、有濒死感就诊，既往有高血压史。体格检查：心肺听诊心率增快，两肺闻及广泛哮鸣音，T 37.5 ℃，P 125 次 / 分，R 23 次 / 分，BP 130/90 mmHg。心电图：快速性心房颤动、室性期前收缩、T 波改变。X 线检查显示双肺感染，双侧少量胸腔积液。初步诊断为心力衰竭，收治入院。

问题与思考：

1. 护士应选择何种工具护送患者入病区？
2. 选用该工具在护送中应注意什么？

对不能自行移动的患者，在入院、出院、接受检查、治疗、手术或室外活动时，护士可根据患者病情选用轮椅、平车或担架等工具护送患者。在运送患者过程中，护士应正确运用人体力学原理，减轻护患双方疲劳，避免发生损伤，保证患者安全与舒适。

一、轮椅运送技术

护理评估

1. 评估与解释

（1）评估患者：病情、体重、肢体损伤部位、躯体活动能力及合作程度。

（2）解释：轮椅运送的目的、方法及注意事项。

2. 评估环境　地面平整、干燥，环境宽敞，便于轮椅通行。

◐ **护理诊断**

1. 气体交换受损　与左侧心力衰竭致肺淤血有关。
2. 活动无耐力　与心排血量下降有关。

◐ **护理计划**

1. 目的

(1) 运送不能行走但能坐起的患者入院、出院、接受检查、治疗、手术等。

(2) 帮助患者离床活动，以促进血液循环及体力恢复。

2. 准备

(1) 护士准备：衣帽整洁，修剪指甲，洗手，戴口罩。

(2) 患者准备：了解轮椅运送的目的、方法、注意事项及配合要点。

(3) 用物准备：轮椅（各部件性能完好）、根据季节备毛毯、别针，需要时备软枕。

◐ **护理实施**

轮椅运送技术实施，见表 7-9。

表 7-9　轮椅运送技术实施

护理实施	流程简释	要点说明
▲上轮椅 检查核对	检查轮椅性能，推轮椅至床旁，核对患者并解释	• 确认轮椅各部件性能良好 • 患者准确无误
安置轮椅	(1) 将轮椅推至床尾，轮椅与床呈 30°～45°，置于患者坐位健侧，椅面朝向床头 (2) 固定车闸，翻起脚踏板 (3) 天冷时备毛毯，将毛毯铺于轮椅上，使毛毯上端高过患者颈部 15 cm	• 缩短距离，方便患者入座 • 防止轮椅滑动 • 防止患者受凉
协助起床	(1) 扶患者坐于床缘，两手掌撑在床面，双足垂床缘，维持坐姿 (2) 协助穿袜、穿鞋，根据天气穿外出衣服	• 观察患者病情变化，询问有无眩晕和不适 • 寒冷季节注意患者保暖
协助上椅	(1) 能自行下床的患者：护士站在轮椅后固定轮椅，嘱患者扶着轮椅的扶手，身体置于椅座中部，向后靠坐稳 (2) 不能自行下床的患者：先扶患者坐起并移至床旁；护士面向患者，双脚分开站立；患者双手置于护士肩上，护士双手环抱患者腰部，协助患者下床；站稳后协助患者转身，嘱患者手扶轮椅扶手，坐入轮椅中（图 7-24） (3) 翻下脚踏板，将患者双脚置于脚踏板上	• 身体不可前倾，不可自行站起或下轮椅 • 身体不能保持平衡者，应系好安全带 • 如有下肢水肿、溃疡或关节疼痛，可在脚踏板上垫软枕，使足部获得支托，促进舒适
包裹保暖	将毛毯上端的边缘向外翻折 10 cm，围住患者颈部，用别针固定，同时用毛毯围住两臂，做成两个袖筒，各用别针固定在腕部，再用余下部分毛毯包裹患者上身、下肢和双脚（图 7-25）；系好安全带	• 寒冷季节注意患者保暖，避免受凉
整理病床	整理床单位，铺成暂空床	• 保持病室整洁美观

续表

护理实施	流程简释	要点说明
护送患者	观察患者,确定无不适后,松闸,推患者至目的地	• 运送过程中,随时观察病情变化、询问患者有无不适 • 下坡应减速,嘱患者身体尽量向后靠,双手抓紧扶手;过门槛时,翘起前轮,避免过大震动
▲下轮椅 安置轮椅	将轮椅推至床尾,轮椅与床呈30°～45°,置于患者坐位健侧,固定车闸,翻起脚踏板	
协助上床	(1)解开安全带;取下别针,打开毛毯 (2)护士面向患者,双脚分开站立;患者双手置于护士肩上,护士双手环抱患者腰部,协助患者站立,慢慢转身坐于床边 (3)脱去鞋子及外衣,移至床上,协助患者取舒适卧位,盖好盖被	• 防止患者摔倒
整理归位	整理床单位,推轮椅至原处	• 观察患者病情

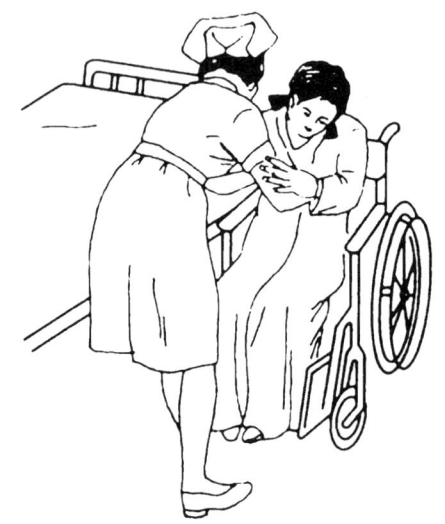

图7-24 协助患者坐轮椅法

图7-25 轮椅上患者保暖法

⊃ 护理评价
(1)护士动作轻稳、协调,运送患者安全、顺利。
(2)患者感觉舒适、无疲劳。
(3)护患沟通有效,患者配合良好。

⊃ 注意事项
1. 使用前应仔细检查轮椅各部件的性能,确保患者安全。
2. 推轮椅运送患者时应控制车速,保持平稳,使患者舒适。
3. 运送过程中注意观察患者病情变化。
4. 寒冷季节应注意保暖,防止受凉。

二、平车运送技术

● 护理评估

1. 评估与解释
（1）评估患者：病情、体重、肢体损伤部位、躯体活动能力及合作程度。
（2）解释：平车运送的目的、方法、注意事项及配合要点。
2. 评估环境　地面平整、干燥，环境宽敞，便于平车通行。

● 护理诊断

同轮椅运送技术。

● 护理计划

1. 目的　运送不能起床的患者入院、出院、检查、治疗、手术或转运。
2. 准备
（1）护士准备：着装整洁，修剪指甲，洗手，戴口罩。
（2）患者准备：了解平车运送的目的、方法、注意事项及配合要点。
（3）用物准备：平车（各部件性能完好）、枕头、大单、根据季节备毛毯或棉被，如为骨折患者，平车上应垫木板；颈椎、腰椎骨折或病情危重患者应备布中单或帆布中单。

● 护理实施

平车运送技术实施，见表7-10。

表7-10　平车运送技术实施

护理实施	流程简释	要点说明
检查核对	检查平车性能，推至床旁，核对患者	● 确认平车各部件性能良好 ● 患者准确无误
安置导管	妥善安置患者身上的各种导管	● 保持导管通畅，避免脱落、受压或液体逆流
搬运患者	根据患者病情及体重，确定搬运方法 ▲挪动法 （1）移开床旁桌椅，松开盖被，协助患者移至床边 （2）将平车与床平行放置，紧靠床边，大轮端靠近床头，小轮端靠床尾，调整平车使其与病床高度一致，固定车闸 （3）护士在旁制动平车，协助患者按上身、臀部、下肢的顺序依次向平车挪动。 由车回床时，顺序相反，即先协助移动下肢、臀部，再移上身（图7-26） ▲一人搬运法 （1）移开床旁椅至对侧床尾 （2）推平车至床尾，使平车头端与床尾呈钝角，固定车闸 （3）松开盖被，协助患者穿衣 （4）护士两脚前后分开，屈膝；一手臂自患者腋下伸至对侧肩部外侧，另一手臂伸至患者大腿下，嘱患者双臂交叉于护士颈后 （5）护士抱起患者（图7-27），移步转身轻放于平车中央	● 适用于病情允许，能在床上配合的患者 ● 方便患者靠近平车 ● 平车靠近床缘便于搬运 ● 患者头部枕于大轮端，以减少颠簸产生的不适，小轮转弯灵活，推动在前 ● 适用于病情允许，体重较轻或儿科患者 ● 缩短搬运距离，省力 ● 护士两脚分开并屈膝，可扩大支撑面降低重心，增加身体的稳定性 ● 确保患者安全

续表

护理实施	流程简释	要点说明
搬运患者	▲二人搬运法 （1）~（3）同一人搬运法 （4）护士甲、乙二人站在床的同一侧，将患者双手交叉置于胸腹部 （5）护士甲一手托住患者头、颈、肩部，另一手托住腰部；护士乙一手托住患者臀部，另一手托住腘窝处，二人同时抬起移患者至床边，再同时抬起患者并稳步移向平车（图7-28），将患者轻放于平车中央	• 适用于病情较轻，自己不能活动且体重较重的患者 • 身高者托住患者的上半身，使其头部处于高位，减轻不适 • 抬起患者时，使患者身体向搬运者倾斜，靠近搬运者，省力
	▲三人搬运法 （1）~（3）同一人搬运法 （4）护士甲、乙、丙三人站在床的同一侧，将患者双手交叉置于胸腹部 （5）护士甲一手托住患者头、颈、肩部，另一手托住背部；护士乙一手托住患者腰部，另一手托住臀部；护士丙一手托住患者腘窝，另一手托住小腿，三人同时抬起移患者至床边，再同时抬起患者并稳步移向平车（图7-29），将患者轻放于平车中央	• 适用于病情较轻，自己不能活动且体重超重的患者 • 三人搬运者由床头按身高顺序排列，高者在患者头端，以减轻不适 • 动作协调一致，保持平衡，确保患者安全
	▲四人搬运法 （1）移开床旁桌椅，松开盖被，必要时协助穿衣 （2）将中单或帆布单铺于患者腰、臀下方，患者双手置于胸腹部 （3）平车与床平行放置，紧靠床边，大轮靠床头，调整平车使其与床高度一致，固定车闸 （4）护士甲站在床头，托住患者头和颈肩部；护士乙站在床尾，托住患者双小腿；护士丙和丁分别站在病床和平车两侧，紧握中单或帆布单（图7-30），四人合力同时将患者抬起，平稳放于平车中央	• 适用于颈椎、腰椎骨折或病情较重患者 • 搬运骨折患者，平车上应放置木板，固定好骨折部位 • 多人搬运动作应协调一致，护士甲应注意观察患者病情变化
包裹保暖	协助患者取舒适卧位，盖好盖被，先盖脚端，再盖两侧，头部盖被边缘向外折呈45°，露出头部	• 确保患者保暖舒适
整理病床	整理床单位，铺成暂空床	• 保持病室整洁美观
运送患者	观察患者，确认无不适，松闸，运送患者至目的地	• 运送过程中确保患者安全舒适

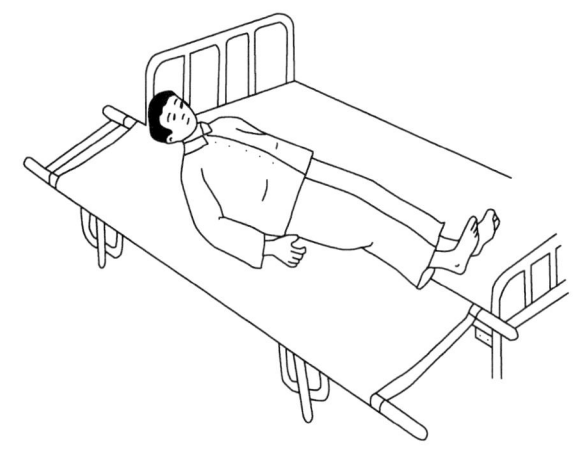

图7-26 挪动法

图7-27 一人搬运法

图 7-28 二人搬运法

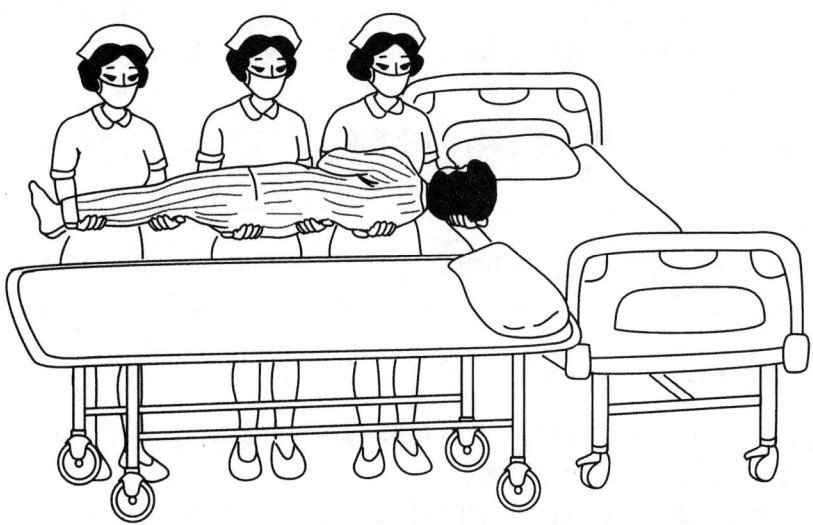

图 7-29 三人搬运法

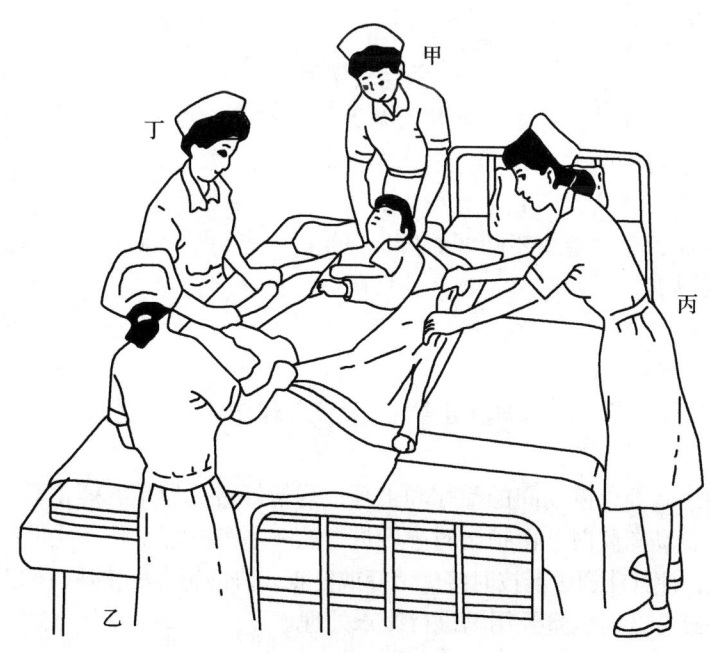

图 7-30 四人搬运法

◐ 护理评价

1. 护士动作轻稳、协调，节力。
2. 患者感觉舒适、安全、未中断治疗，引流导管通畅。
3. 护患沟通有效，患者配合良好。

◐ 注意事项

1. 动作轻稳，协调一致　搬运患者时运用节力原则，动作轻稳，多人搬运时注意动作协调一致，避免发生意外。
2. 观察病情　推平车时，护士应站在患者头侧，便于观察病情。
3. 确保安全、舒适　①患者头部应卧于平车大轮端，以减轻震动产生的不适；②上下坡时，患者的头部应始终位于高处一端，以免引起不适；③保持引流管通畅，防止受压、扭曲和脱落；④若为骨折患者，平车上需垫木板，并固定好骨折部位；⑤颅脑损伤及昏迷患者，应将头偏向一侧；⑥搬运颈椎损伤的患者时，头部应保持中立位；⑦运送过程中要保持车速平稳，进出门时，应先将门打开，不可用车撞门，以免震动患者及损坏设施；⑧不可中断必要的治疗。
4. 注意保暖　寒冷季节，要注意保暖，以免着凉。

考点提示

轮椅及平车运送的操作要点及注意事项。

三、担架运送技术

在野外急救过程中，担架是运送患者最基本、最常用的工具，其特点是运送患者舒适平稳，方便上下各种交通工具，对体位影响小。

由于担架位置低，使用时要由两人将担架抬起与床平齐，以便搬动患者。在用担架运送患者时需步调一致，确保平稳。担架运送的目的、操作程序同平车运送技术。

知识链接

医用转移板

医用转移板又称医用过床器、医用过床易，是将患者在病床、平车、手术台、各种检查台之间换床、移位的护理工具。医用转移板采用轻型材料做载体，并利用特殊的光滑材料做外罩，利用两者之间的平滑滚动，使患者平稳安全地移位或过床，减轻搬运的痛苦，避免在搬运过程中造成不必要的损伤，促进患者舒适；同时节时省力，方便快捷，减轻医护人员劳动强度，提高工作效率，提高医疗护理质量。

第四节　出院护理

出院护理是指患者经住院期间的治疗和护理，病情好转、稳定、痊愈需出院或转院（科），或不愿接受治疗而自动离院时，由护士对患者进行的一系列护理工作。出院护理的目的：①对患者进行出院指导，使其能遵医嘱按时接受治疗或复查，协助患者尽快适应原工作和生活；②指导患者办理出院手续；③对病室及用物进行终末处理。

一、出院前的护理

（一）通知患者及家属
医生根据患者康复情况决定出院日期，开具出院医嘱。护士根据出院医嘱，将出院日期告知患者及家属，协助其做好出院准备。

（二）评估身心需要
出院前护士应评估患者的身心状况，以利于针对性地给予健康教育。评估时护士应特别注意病情无明显好转而自动出院患者的心理变化，给予安慰与鼓励，增强战胜疾病的信心，减轻因离开医院而产生的焦虑与恐惧。自动出院的患者应在出院医嘱上注明"自动出院"，并要求患者或家属签名认可。

考点提示

办理出院的依据及出院健康教育内容。

（三）进行健康教育
护士应根据患者的康复状况，进行恰当的健康教育，告知患者出院后在休息、饮食、用药、康复锻炼、心理调适及定期复查等方面的注意事项，必要时提供出院指导的书面资料。

（四）征求患者意见
征求患者及家属对医院医疗、护理等各项工作的意见及建议，以便改进工作，不断提高医疗护理质量。

二、出院当日的护理

（一）执行出院医嘱
1. 停止一切医嘱。
2. 撤去"患者一览表"上的诊断卡及床头（尾）卡。
3. 在体温单相应出院日期和时间栏内填写出院时间。
4. 填写出院登记本。
5. 指导出院服药　患者出院后如需继续服药，护士凭处方从药房领取药物，指导患者及家属用药方法和注意事项。
6. 办理出院手续，协助患者解除腕带标识。

（二）填写出院护理记录单
患者出院时，护士应及时填写患者出院护理记录单。

（三）护送患者出病区
患者或家属办理出院手续后，协助患者整理用物归还寄存物品，收回住院期间所借物品。根据患者病情选用步行、轮椅或平车护送出病区。

三、出院后护理

（一）整理出院病历
患者出院后，护士及时整理出院病历交病案室保管。

（二）病室及床单位处理
患者离开病室后，方可进行病室及床单位的处理，避免给患者造成心理上的不舒适。
1. 撤下病床上的污被服，放入污衣袋，由洗衣房根据疾病种类进行清洗和消毒。

2. 床垫、床褥、棉胎及枕芯等用臭氧机或紫外线照射消毒，也可在日光下曝晒6小时。
3. 病床及床旁桌椅用消毒溶液擦拭，非一次性的脸盆、痰杯等用消毒液浸泡。
4. 传染病患者的病室及床单位，按传染病终末消毒法处理。
5. 病室开窗通风。
6. 铺好备用床，准备迎接新患者。

自 测 题

一、选择题

1. 患者，女性，60岁。因急性左心衰竭入院，呼吸极度困难，大汗淋漓。住院处的护士首先应
   A. 办理住院手续　　B. 收集健康资料　　C. 立即护送患者入病区
   D. 进行卫生处置　　E. 介绍医院的规章制度

2. 患者，男性，65岁。诊断为慢性支气管炎、肺气肿。入院时呼吸困难、发绀明显、消瘦、抽烟频繁。责任护士首先要
   A. 热情接待，做好入院介绍　　B. 给予患者吸氧
   C. 全面收集资料　　D. 进行戒烟的健康教育
   E. 书写护理计划

3. 患者，男性，34岁。急性阑尾炎入院，入手术室选用两人搬运和平车运送法。正确的方法是
   A. 甲托患者头颈、背，乙托患者腰、大腿
   B. 甲托患者颈肩、腰，乙托患者臀、腘窝
   C. 甲托患者颈、腰，乙托患者臀、小腿
   D. 甲托患者头、背，乙托患者腰、腘窝
   E. 甲托患者颈肩、腰，乙托患者腰、大腿

4. 患者，男性，60岁。因上消化道出血急诊入院，烦躁不安，面色苍白，四肢冰凉，血压75/45 mmHg，脉搏110次/分，入院护理的首要步骤是
   A. 询问病史，了解护理问题
   B. 准备急救物品等待医生到来
   C. 热情接待，给患者留下良好印象
   D. 填写各卡片，完成护理病程记录
   E. 置休克卧位，测生命体征，建立静脉通路，通知医生，配合抢救

5. 患者，男，45岁。上呼吸道感染未痊愈，自动要求出院，护士需做好的工作不包括
   A. 在出院医嘱上注明"自动出院"
   B. 根据出院医嘱通知患者与家属
   C. 征求患者及家属对医院工作的意见
   D. 教会患者或家属静脉输液技术，以便后续治疗
   E. 指导患者出院后在饮食、服药等方面的注意事项

（6～8题共用题干）
患者，男性，25岁。因急性阑尾炎入院行手术治疗，住普外科病区11床，现术后康复良

好，达到出院指征，医生开出院医嘱。患者离开后护士进入病房处理床单位。

6. 处理完床上用物后，护士应
   A. 铺麻醉床
   B. 铺备用床
   C. 不铺床
   D. 铺暂空床
   E. 只铺大单

7. 2h后，病区接到住院处通知，11床即将接收一名急性肠梗阻急诊手术后患者，此时护士应该
   A. 铺麻醉床
   B. 不对床单位做任何处理
   C. 拆除床上用物
   D. 铺暂空床
   E. 拿走盖被

8. 术后第3天，11床患者需要外出做检查。在患者下床后，为保持病室整洁，护士应该
   A. 铺备用床
   B. 不对床单位做任何处理
   C. 拆除床上用物
   D. 铺暂空床
   E. 拿走盖被

（9～11题共用题干）

患者，男性，75岁。患有高血压10年。夜间睡眠中突然憋醒，大汗淋漓，气喘，咳粉红色泡沫痰，双肺可闻及广泛哮鸣音。

9. 患者主要的护理问题是
   A. 自理受限
   B. 气体交换受损
   C. 有皮肤完整性受损的危险
   D. 营养失调
   E. 活动无耐力

10. 护士应给予患者
    A. 一级护理
    B. 二级护理
    C. 三级护理
    D. 四级护理
    E. 特级护理

11. 护士应协助患者采取的卧位是
    A. 侧卧位
    B. 半坐卧位
    C. 端坐卧位
    D. 头高足低位
    E. 头低足高位

二、简答题

1. 简述协助患者翻身侧卧的注意事项。
2. 简述平车运送技术的注意事项。

三、案例分析

患者，女性，67岁。因支气管哮喘急性发作，呼吸极度困难，不能平卧，患者焦虑不安。
请回答：
1. 患者应取什么体位？属于什么性质？
2. 采取此体位的目的是什么？如何为患者安置此卧位？

（余　静）

第八章 护理安全

思维导图

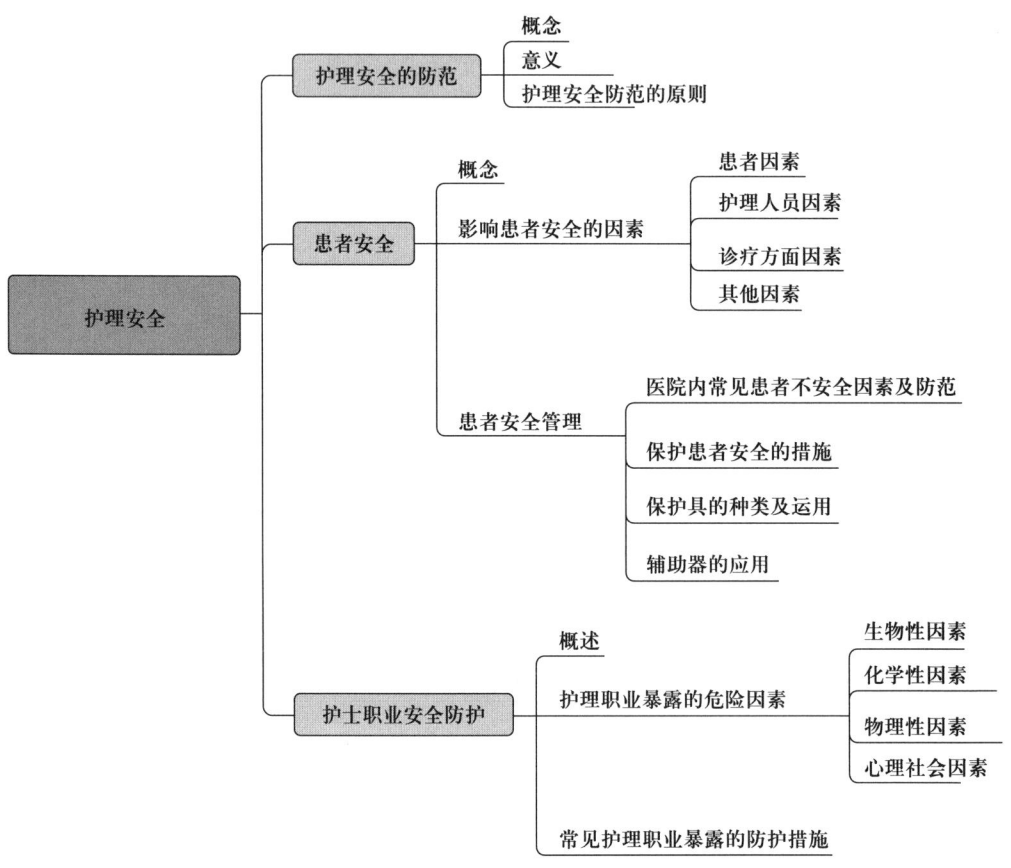

学习目标

1. 描述患者安全、护理安全、护理职业暴露、护理职业防护、标准预防、压力性职业损伤。
2. 知道医院常见患者不安全因素、护理安全防范的意义，影响患者安全的因素。
3. 说出护理职业暴露的危险因素及其防护措施。
4. 能根据患者病情正确使用保护具及辅助器。
5. 能以患者为中心，树立严谨求实的工作作风，在护理工作中既做好自身防护，也确保患者安全。

第一节 护理安全的防范

案例 8-1

患者，男性，72 岁。因行走时向一侧倾倒伴眩晕、面部麻木、恶心、呕吐入院。患者神志清醒，既往有高血压病史，入院时 T 38.7 ℃，P 86 次 / 分，R 20 次 / 分，BP 156/96 mmHg。

问题与思考：
1. 影响该患者安全的因素有哪些？
2. 护士应采取哪些措施杜绝该患者的安全隐患？

一、概念

1. 安全（safety） 广义的安全就是平安、快乐地生活与工作。狭义的安全就是无危险，无伤害，也包括其他任何被认为是不想要的事件所造成的身体、心理、社会、财产、政治、职业、教育或其他各种损害的后果。

2. 护理安全（safety of care） 是指在实施医疗护理活动的过程中，患者不发生法律和法规允许范围以外的心理及机体结构或功能上的损害、障碍、缺陷或死亡，包括无差错、事故或纠纷。广义上的护理安全还应包括护士的职业安全，主要涉及护理工作场所中的各类安全问题，包括护理主体的安全和护理对象的安全，即护士安全与患者安全。

二、意义

患者安全与护士安全之间关系密切，相互影响、相互作用。患者安全受到侵犯可能会引发针对护士的心理或身体暴力，从而损害护士的身心健康。护理工作负荷增大，护士身心疲惫等可能导致护理差错的发生，进而危及患者安全。加强护理安全管理是贯彻"以人为本、以患者为中心"的服务理念及提高护理质量的重要保障。

1. 衡量医院护理管理水平 护理安全可以反映院内护理规章制度是否健全、护理技术措施是否落实到位、发现问题后是否及时控制、护理安全措施是否有保障等综合管理水平。

2. 展示护士的综合素质 护理安全能全面体现护士的法律意识、职业素养、工作态度、技术水平和沟通能力等。

3. 提高医院的整体声誉 护理安全因素引发的差错或事故不仅给患者造成损害，还会使医院形象和声誉受到影响，增加医院运行成本，从而影响医院的社会效益和经济效益。加强医院护理安全管理，避免护理差错或事故的发生，既可以保障患者安全，又可以有效提高医院的整体声誉。

4. 营造和谐的医疗环境 护理不安全因素引发的后果可能会加剧护患矛盾，引发医疗纠纷甚至法律诉讼。因此，应加强护理安全管理，减少护理差错、事故的发生，保障护理安全制度的落实，为患者提供安全的护理服务，赢得患者的认可和信赖，同时可以营造和谐的医疗环境。

三、护理安全防范的原则

保障患者安全、提供有效的护理服务是护士的基本职责，但安全目标的实现也需要患者及家属的主动参与。为保证患者安全，在诊疗及护理活动中应遵循以下原则：

1. 提高护理安全意识

（1）提高护理人员整体素质：增强护理人员的法制观念，提升护士的专业理论知识与技能，培养护士敏锐的观察能力与判断能力，提高护士的沟通能力，做到因人施护，全面提高护士整体素质，有效避免不安全事件的发生。

（2）增强患者自我防护意识：将潜在的临床风险及时告知患者及其家属，满足患者的知情权，提高患者的安全防范意识，让患者及家属主动参与护理安全的防范活动。

2. 建立健全护理安全管理制度及监控体系，严格执行各项制度

（1）建立健全护理安全管理制度：建立健全各项护理安全管理制度，如建立物品督查制度可有效避免因物品的质量、性能不符合要求或是购入假冒伪劣商品，对患者、操作人员及社会构成潜在危险。建立安全事件上报制度，如发生不安全事件，应及时记录，主动向卫生行政监管机构报告。及时分析与讨论不良事件并从中汲取经验教训。

（2）建立并完善监控体系：建立完善监控体系，促进感染控制项目的严谨性、全面性和彻底性。保证护理安全措施的有效落实。

（3）严格执行各项制度：严格执行各项制度，规范操作，避免差错、事故的发生。

3. 提高护理文件的质量　护理文件的记录必须客观、真实、及时、准确、完整，以保证护理文件书写的质量，坚持用法律维护护理安全。

4. 增强团队协作精神　加强对团队协作能力的培养，倡导在繁忙的工作中相互提醒，相互监督，弥补工作中的缺陷和漏洞，防范护理差错、事故的发生。

5. 合理配置人力资源　根据不同的时间段、工作量动态安排人力资源，医疗高峰时实行弹性排班，对当日发生的突发事件和危重患者抢救实行动态排班，多种方法解决护理人员的超负荷工作问题。

第二节　患者安全

一、概念

患者安全（patient safety）是指在患者接受医疗服务的过程中，为预防或避免对患者造成不必要的伤害而采取的防范措施。患者安全是以患者为中心，从思想认识、管理制度、医疗护理行为以及医院环境、设施、仪器设备等方面是否存在安全隐患进行考虑，采取必要的措施，防范患者在医疗护理的过程中发生意外伤害。因此，护士应理解安全护理的重要性，努力为患者提供安全的环境，以满足患者安全的需要。

二、影响患者安全的因素

（一）患者因素

1. 年龄　不同年龄个体对周围环境的感知和理解能力不同。如新生儿与婴幼儿均需依赖他人的保护；儿童正处于生长期，好奇心强，喜欢探索新事物，容易发生意外事件；老年人各种器官功能逐渐衰退，安全也容易受到损害。

2. 疾病状态　疾病可致个体身体虚弱、行动受限而发生跌撞伤，严重时影响人的意识，使之失去自我保护能力而更易受伤；免疫功能低下者易诱发各种感染；感知觉障碍会影响个体辨别周围环境中存在的或潜在的危险因素而使其易受到伤害。如白内障患者因视物不清，易发生撞伤、跌倒等意外。

3. 心理行为因素　在一定程度上可以影响患者安全。如焦虑、抑郁或者其他情绪，可导致患者注意力不集中而无法警觉环境中的危险，甚至受到伤害或发生自残等。

（二）护理人员因素

1. **护理专业知识与技能水平** 在对患者的病情进行观察时，护士是否准确、及时发现患者异常、是否及时报告与处理等都直接影响患者的安全与预后。

2. **护理人力资源** 充足的人员有利于及时满足患者安全需求，若人员配置不足，护理人员工作负荷过重，就有可能导致护理差错与事故发生，对患者安全造成损害。

3. **护理人员的职业素养** 良好的职业素质及高度的责任心有利于患者安全。相反，若护士工作责任心差，不认真落实查对制度及操作规程，则易发生差错、事故，给患者带来不良影响甚至造成伤害。

4. **护患沟通因素** 如语言不通，在病情评估、治疗及护理环节中出现沟通不良、查对失误等，损害患者安全。

5. 医院环境因素

（1）病区环境：噪声大、吸烟、空气不流通等可能导致肺源性心脏病（肺心病）、冠状动脉粥样硬化性心脏病（冠心病）等患者病情发生变化。若卫生间、开水房等地面湿滑，可能导致患者跌倒，造成意外伤害。

（2）病区清洁与消毒：若病房内物体表面、仪器、家具等清洁及消毒工作不到位或病床单元终末消毒质量不达标等，可能导致患者发生院内感染。

（3）空间不足：若病房空间过小，床与床的间距狭窄，对特殊感染或传染病者进行诊疗及护理操作中可能导致交叉感染；抢救时因场地过小，影响急救仪器的搬运或放置，也会影响抢救工作的开展，贻误抢救时机。

（三）诊疗方面因素

针对患者病情而采取的相关检查与治疗是帮助患者康复的有效手段。但一些特殊的诊疗手段在发挥作用的同时也可能带来不安全的因素，如各种侵入性的检查、治疗、外科手术等可能造成皮肤的损伤及潜在感染。

（四）其他因素

1. **医院的仪器设备** 医院各种仪器和设备的故障、数据误差、直接损坏等也是影响患者安全的因素。如应急事件管理不良，停电时间过久可能会导致除颤仪、呼吸机等不能正常使用而影响对患者的抢救。

2. **信息失误或缺失** 医疗文件记录不当或关键信息遗漏等，导致执行治疗及护理等环节容易发生错误。因停电、网络故障、病毒入侵等，影响电子病历相关内容的应用与处理，将影响护理工作。

3. **物品管理** 护理用品、设备、仪器等未按固定位置有序存放，导致紧急情况下不能及时使用，影响治疗及抢救工作的顺利开展。

三、患者安全管理

（一）医院内常见患者不安全因素及防范

患者因疾病会变得虚弱，意外伤害的可能性增大，如坠床、跌倒、压力性损伤等。护理人员应向患者提供安全、无危险、无伤害的医疗环境，满足个体的安全需要。

1. **物理性损伤及防范** 物理性损伤包括机械性、温度性、压力性及放射性损伤等。

（1）机械性损伤：常见跌伤、撞伤等损伤。跌倒和坠床是医院最常见的机械性损伤。防范措施如下：

1）昏迷、意识不清、躁动不安的患者及婴幼儿易发生坠床等意外，应根据患者情况使用床档或其他保护具加以保护。

2）年老体弱、行动不便的患者行动时应给予搀扶或其他协助。常用物品应放于患者容易获取处，以防取、放物品时失去平衡而跌倒。

3）病区地面要采用防滑地板，并注意保持整洁、干燥；室内物品应放置稳固，移开暂时不需要的器械，减少障碍物；通道和楼梯等出入口处应避免堆放杂物，防止磕碰、撞伤及跌伤。

4）病区走廊、浴室及卫生间应设置扶手，供患者步态不稳时扶持，浴室使用防滑垫或安放靠背椅，卫生间应设置呼叫铃，以便患者及时寻求援助。

5）应用各种导管、器械进行操作时，应遵守操作规程，动作轻柔，防止损伤患者皮肤及黏膜。妥善固定导管，注意保持引流通畅。

6）有精神障碍者，应注意将剪刀、水果刀等锐器妥善放置，避免患者接触而发生危险。

（2）温度性损伤：常见有热水袋、电热宝等所致的烫伤；冰袋、制冷袋等所致的冻伤；各种电器（如烤灯、高频电刀等）所致的灼伤；易燃易爆品（如氧气、乙醚及其他液化气体）所致的烧伤等。防范措施如下：

1）严格遵守操作规程，注意听取患者的主诉及观察局部皮肤的变化，做好交接班，如患者有不适及时处理。

2）强化易燃易爆品的管理，加强安全教育。护士应熟练掌握各类灭火器的使用方法。

3）定期检查和维修各种电器设备，对患者自带的电器设备（如收音机、电剃须刀等），使用前应进行安全检查，并进行安全用电知识教育。

（3）压力性损伤：常见因高压氧舱治疗不当所致的气压伤、因长期受压和使用石膏和夹板固定过紧形成的局部压力性损伤等。具体防范措施详见第九章第三节。

（4）放射性损伤：主要由放射性诊疗过程中处理不当所致，常见有放射性皮炎、皮肤溃疡坏死，严重者可致患者死亡。防范措施如下：

1）正确使用防护设备，在使用X线或其他放射性物质进行诊疗时，尽量减少患者不必要的身体暴露，保证照射区域标记的准确性，正确掌握放射性治疗的剂量和时间。

2）保持接受放射部位皮肤的清洁、干燥，不涂化妆品、不贴胶布，防止皮肤破损，应避免一切理化性因素刺激，如用力擦拭、搔抓、摩擦或者外用刺激性药物、肥皂擦洗及紫外线照射等。

3）进行放射性治疗或检查前需取下金属制品（如义齿、耳环、项链等），避免增加放射线的吸收。

2. 化学性损伤及防范　化学性损伤通常是由于药物使用不当，药物配伍不当，甚至用药错误导致。其防范措施如下：

（1）严格执行药物管理制度和给药原则：护士应熟悉各种药物知识，严格执行查对制度，注意药物之间的配伍禁忌，及时观察患者用药后反应。

（2）做好健康教育，向患者及家属讲解安全用药的相关知识。

3. 生物性损伤及防范　生物性损伤包括微生物和昆虫对人体的伤害。病原微生物侵入人体后会诱发各种疾病，直接威胁患者的安全。防范措施如下：

（1）严格执行消毒隔离制度，严格遵守无菌技术操作原则。

（2）加强和完善各项护理措施。

（3）积极采取各种措施消灭昆虫。

4. 心理性损伤及防范　由各种原因导致患者情绪不稳、精神受到打击而引起心理性损伤。如患者对疾病的认识和态度、患者与周围人群的情感交流、医务人员对患者的行为和态度等均可影响患者的心理，甚至会导致患者心理性损伤的发生。防范措施如下：

（1）做好心理护理：注意护士自身的行为举止，避免传递不良信息而造成患者对疾病治疗和康复等方面的误解而引起情绪波动。

（2）建立良好的护患关系：以高质量的护理行为取得患者的信任，提高其康复的信心，并帮助患者与周围人群建立良好的人际关系。

（3）健康教育：对患者进行有关疾病知识的健康教育，并引导患者采取积极、乐观的态度对待疾病。

 考点提示

医院内常见的患者不安全因素及防范。

（二）保护患者安全的措施

1. 保护具的应用　保护具（protective device）是指在特殊情况下用来限制患者身体或身体某部位的活动，以达到维护患者安全与治疗效果的各种器具。

（1）适用范围

1）坠床高危患者：如躁动不安的患者、全身麻醉未清醒患者、意识不清患者及老年人等。

2）儿科患者：尤其是6岁以下的患儿，认知及自我保护能力欠缺，容易发生坠床、烫伤、跌倒、撞伤等意外或不配合治疗的行为。

3）皮肤瘙痒患者：如全身或局部瘙痒难忍的患者。

4）某些术后患者：如失明患者、白内障摘除术后患者。

5）精神疾病患者：如躁狂症患者或有自我伤害倾向的患者。

6）长期卧床患者：昏迷患者，危重患者，极度消瘦、虚弱及容易发生压力性损伤的患者。

（2）使用原则

1）知情同意：使用保护具前，应向患者及家属说明使用保护具的原因、目的及使用方法，并征得其同意。

2）短期使用：当约束替代措施无效时方可使用约束器具，且只可短期使用。使用时必须保持患者肢体关节处于功能位，并保证患者的舒适与安全。

3）随时评价：在使用过程中，应密切观察约束部位皮肤有无破损、血液循环有无障碍、患者的心理状况等。

（三）保护具的种类及运用

● 护理评估

1. 评估与解释

（1）评估患者：①核对患者身份，如床号、住院号、姓名、性别、年龄和诊断；②全身情况，病情、年龄、意识状态、生命体征及肢体活动程度，有无皮肤破损及血液循环障碍等情况；③患者及家属对保护具使用目的及方法的了解、接受和合作程度。

（2）解释：向患者及家属解释使用保护具的目的及意义，避免其产生紧张、焦虑和恐惧心理。

2. 评估环境　环境整洁、舒适、光线明亮，必要时移开床旁桌椅。

● 护理诊断

1. 自理能力下降　与年龄、行动不便、疾病等有关。

2. 有受伤的危险　与行动不便、昏迷、躁狂发作等有关。

● 护理计划

1. 目的　防止小儿、高热、谵妄、昏迷、躁动及危重患者因虚弱及意识不清或其他原因而发生坠床、撞伤、抓伤等意外，确保患者安全，确保治疗、护理工作顺利进行。

2. 准备

（1）护士准备：衣帽整洁，戴口罩。

（2）患者准备：患者及其家属已了解使用保护具的目的和意义，愿意配合，酌情签署知情同意书。

（3）用物准备：根据需要准备床档、约束带、棉垫及支被架。

● 护理实施

1. 床档（bedside rail restraint）　主要用于预防患者坠床。常见有多功能床档（图8-1）、半自动床档（图8-2）及围栏式床档（图8-3）。

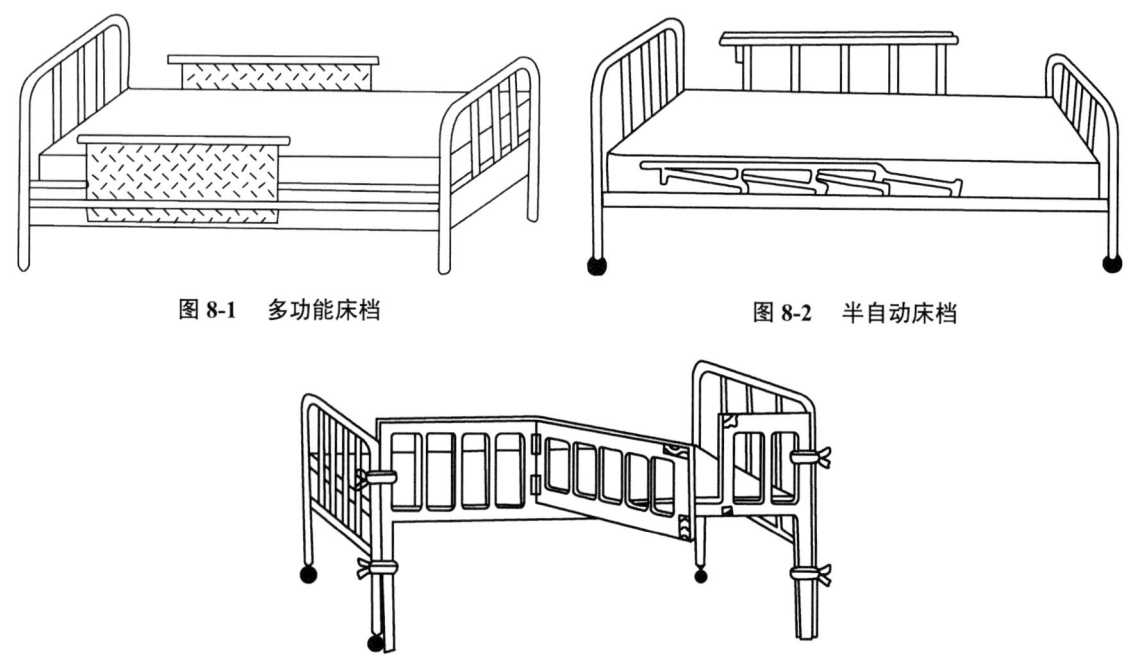

图8-1　多功能床档　　　　图8-2　半自动床档

图8-3　围栏式床档

2. 约束带（restraint）　用于保护躁动患者，限制其身体或肢体活动，防止患者自伤或坠床。

（1）宽绷带：常用于固定手腕及踝部。使用时，先用棉垫包裹手腕部或踝部，再用宽绷带打成双套结（图8-4），套在棉垫外，稍拉紧，然后将绷带系于床沿，确保肢体不脱出（图8-5），松紧以能插入一指、不影响血液循环为宜。

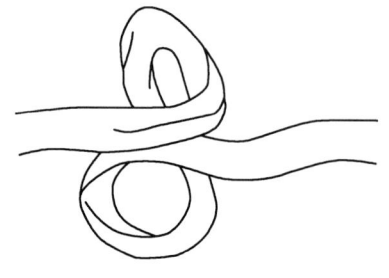 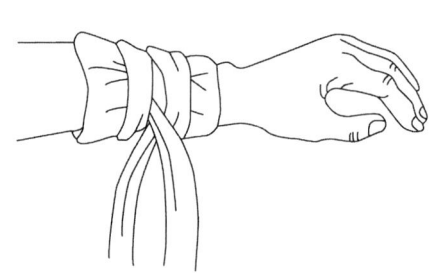

图8-4　双套结　　　　图8-5　宽绷带约束法

（2）约束手套：常用于固定手腕及手指，防止患者抓伤自己及他人。

（3）肩部约束带：用于固定肩部，限制患者坐起。肩部约束带用宽布制成，宽8 cm，长120 cm，一端制成袖筒（图8-6）。使用时，将袖筒套于患者两侧肩部，腋窝衬棉垫。两袖筒上的细带在胸前打结固定，将两条较宽的长带系于床头（图8-7）。

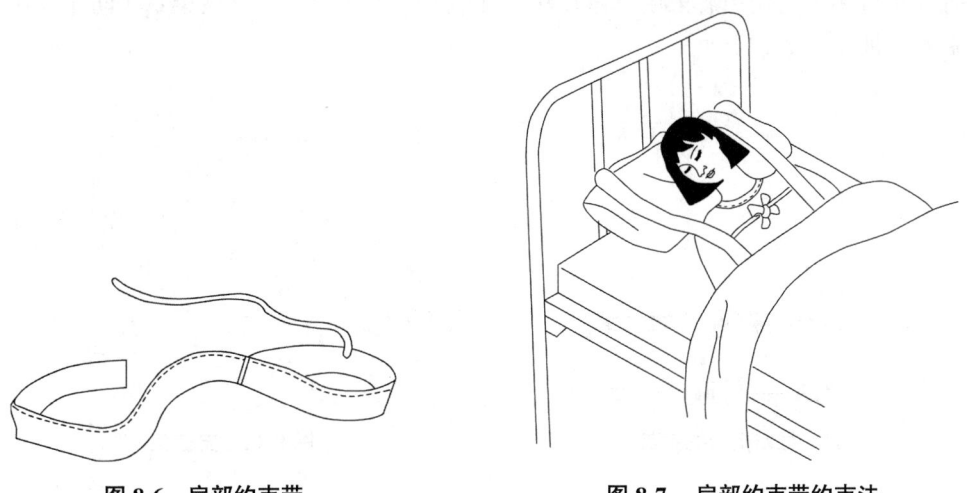

图8-6　肩部约束带　　　　　　　　　　图8-7　肩部约束带约束法

（4）膝部约束带：用于固定膝部，限制患者下肢活动。膝部约束带用宽布制成，宽10 cm，长250 cm，宽带中部相距15 cm分别缝两条双头带（图8-8）。使用时，两膝之间衬棉垫，将约束带横放于两膝上，两头带各缚住一侧膝关节，然后将宽带两端系于床沿（图8-9），亦可用大单进行固定（图8-10）。

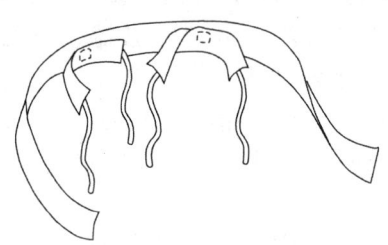

图8-8　膝部约束带

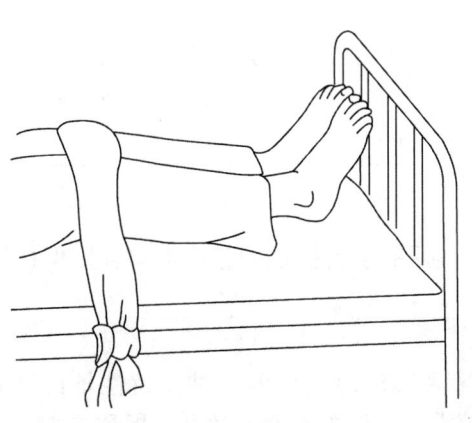 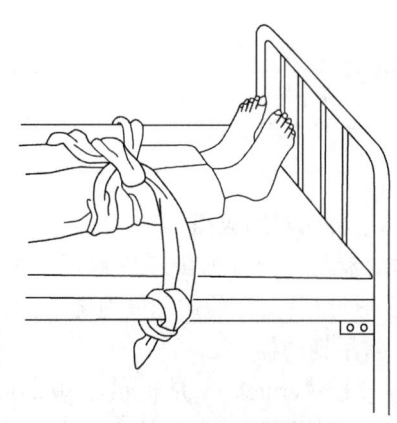

图8-9　膝部约束带固定法　　　　　　　图8-10　膝部大单固定法

（5）尼龙搭扣约束带：用于固定手腕、上臂、踝部和膝部。操作简便、安全。约束带由棉布和尼龙搭扣制成（图8-11）。使用时，将约束带置于关节处，被约束部位垫棉垫，松紧适宜，对合约束带上的尼龙搭扣后将带子系于床沿。

3. 支被架（overbed cradle） 主要用于肢体瘫痪患者，防止盖被压迫肢体而造成不舒适或足下垂等，也可用于灼伤患者采用暴露疗法需保暖时。使用时，将支被架罩于防止受压的部位上方，盖好盖被（图8-12）。

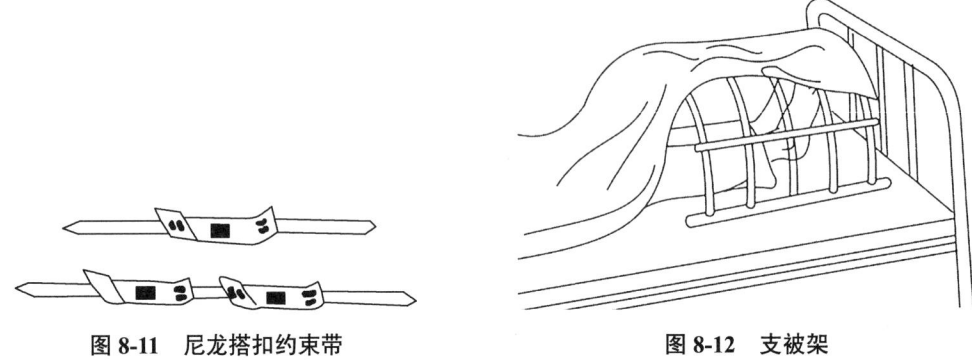

图 8-11 尼龙搭扣约束带　　　　图 8-12 支被架

● 注意事项

1. 严格掌握保护具应用的指征，使用前应向患者及家属说明使用的目的，维护患者的自尊，保护患者的安全。非必要时，尽量不用。

2. 保护具只能短期使用。使用时应保持患者的肢体及关节处于功能位，并协助患者定时更换体位。

3. 使用时，约束带下须垫衬垫，固定时松紧要适宜，以能伸入1指或2指为宜。每15～30分钟观察1次受约束部位的末梢循环情况（皮温、颜色），如发现异常，需及时放松约束带。必要时进行局部按摩，促进血液循环。

4. 填写记录卡，并做好交接班。记录的信息包括使用保护具的原因、部位、开始时间、每次观察的结果、相应的护理措施及解除约束的时间等。

● 护理评价

1. 操作正确、规范，患者安全、舒适，未发生并发症。

2. 充分体现人文关怀，护患沟通有效，患者及家属了解保护具使用的目的，能够接受并积极配合。

 考点提示

保护具的适用范围。

（四）辅助器的应用

辅助器是为身体残障或因疾病、高龄而行动不便的患者提供的相应器材，以保持身体平衡，是维护患者安全的护理措施之一。

● 常用辅助器

1. 腋杖（crutch） 是提供给短期或长期残障者离床时使用的一种支持性辅助用具（图8-13）。患者使用腋杖走路的方法有4种。①两点式：走路顺序为同时出右拐和左脚，然后出左拐和右脚。②三点式：两腋杖和患肢同时伸出，再伸出健肢。③四点式：为最安全的步法。

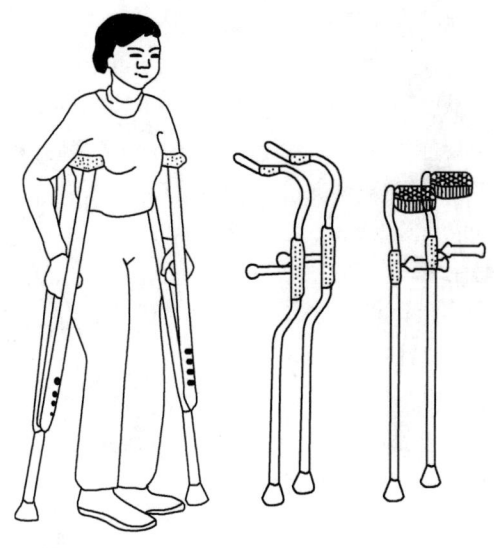

图 8-13 腋杖

先出右腋杖,而后左脚跟上,接着出左腋杖,右脚再跟上,始终为三点着地。④跳跃法:常为永久性残疾者使用。其方法为先将两侧腋杖向前,再将身体跳跃至两腋杖中间处。

2. 手杖(cane) 是一种手握式辅助用具,常用于不能完全负重的残障者或老年人。手杖应由健侧手臂用力握住。手杖长度的选择需符合以下原则:①肘部在负重时能稍微弯曲;②手柄适于抓握,弯曲部与髋部同高,手握手柄时感觉舒适。手杖可为木或金属制成,底端可为单脚或四脚型。四脚型比单脚型的手杖支持力和支撑面积大,因而更加稳定,常用于步态极为不稳的患者或地面不平整时(图 8-14)。

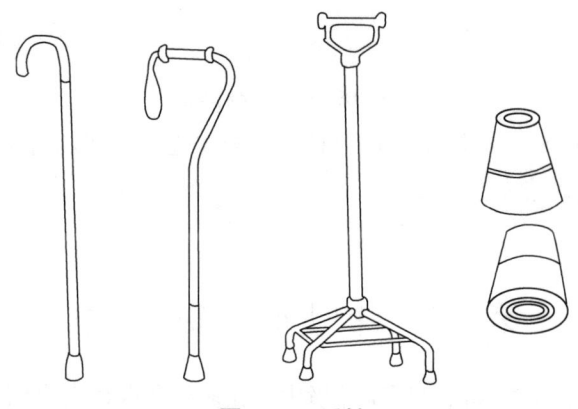

图 8-14 手杖

3. 助行器(walking aid) 是一种四边形或三角形的金属框架,将患者保护其中,支撑体重,便于站立行走。助行器适用于上肢健康,下肢功能较差的患者。

(1)步行式助行器:适用于下肢功能轻度损害的患者。使用时,双手提起两侧扶手,同时向前将其放于地面,然后双腿迈步跟上(图 8-15)。

(2)轮式助行器:适用于上、下肢功能均较差的患者。有轮脚和刹车,易于推行移动。使用时不用将助行器提起、放下,行走步态自然(图 8-16)。

◆ 注意事项

1. 使用者意识清楚,身体状态良好、比较稳定。

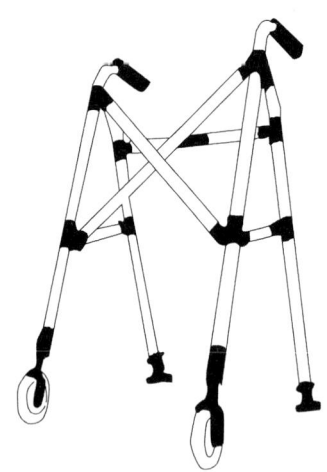

图 8-15　步行式助行器

图 8-16　轮式助行器

2. 选择适合自身的辅助器。不合适的辅助器与错误的使用姿势可导致腋下受压，造成神经损伤、腋下和手掌挫伤及跌倒，还会引起背部肌肉劳损和酸痛。

3. 使用者的手臂、肩部或背部活动不受限制，以免影响手臂的支撑力。

4. 使用辅助器时，患者的鞋子要舒适、防滑，衣服要宽松、合身。

5. 调整腋杖和手杖后，将全部螺钉拧紧，橡皮底垫紧贴腋杖与手杖底端，并应经常检查并确定橡皮底垫的凹槽能否产生足够的吸力和摩擦力。

6. 选择较大的练习场地，避免拥挤。同时应保持地面干燥，无可移动的障碍物。必要时备一把椅子，供患者休息时使用。

知识链接

世界患者安全日

世界卫生组织将每年9月17日定为世界患者安全日，2023年第五届世界患者安全日活动主题为"鼓励患者参与患者安全"，口号是"提升患者的声音"。

第三节　护士职业安全防护

医院是治疗与护理患者的场所。医院环境中存在多种职业性有害因素，在为患者提供各项检查、治疗和护理的过程中，护士可能会受到各种职业性有害因素的伤害。因此，护士应加强对各种职业性有害因素的认识、掌握处理及防范各种职业性有害因素的基本知识和能力，以减少职业伤害，保护自身安全，维护自身健康。

一、概述

（一）基本概念

1. 护理职业暴露（nursing occupational exposure）　是指护理人员在特定的环境中，为服务对象提供诊疗、护理服务的过程，经常暴露于生物、化学、物理及社会心理因素等危险性环境中，从而有可能损害自身健康或面临危及生命的一种状态。

2. 护理职业防护（occupational protection in nursing）　是指在护理工作中采取多种有效措

施，保护护理人员免受职业损伤因素的侵袭或将其所受伤害降到最低程度的策略。

3. **标准预防（standard prevention）** 基于患者的血液、体液、分泌物（不包括汗液）、非完整皮肤和黏膜均可能含有感染性因子的原则，针对医院所有患者和医务人员采取的一组预防感染的措施。根据预期可能的暴露，选用手套、隔离衣、口罩、防护眼镜或防护面罩以及安全注射，还包括穿戴合适的防护用品以及处理患者污染的物品与医疗器械。

（二）护理职业防护的意义

1. **提高护士职业生命质量** 管理者应加强护士的职业安全教育，加强规范化管理，积极改善工作条件，合理配置人员，从而规避职业风险，保障职业安全，维护护士身心健康。

2. **规避职业风险** 通过职业防护知识的学习及职业防护技能的规范化培训，可以提高护士对职业性损伤的防范意识，自觉履行职业规范，有效控制职业性有害因素，科学有效地规避职业风险。

3. **提高护士职业安全感** 良好的护理执业环境可以增加护士的职业安全感。和谐的工作氛围可以缓解护士的心理压力，增加护士对工作的满意度和认同感，提高职业适应能力。

二、护理职业暴露的危险因素

1. **生物性因素** 主要是指医务人员在从事诊疗、护理及检验等工作过程中意外沾染、吸入或食入的病原微生物或含有病原微生物的污染物。细菌和病毒是护理工作环境中最常见的生物性因素。常见的致病菌有金黄色葡萄球菌、肺炎球菌、大肠埃希菌等，常经呼吸道、消化道、皮肤等途径感染护士。常见的病毒有肝炎病毒、柯萨奇病毒、艾滋病病毒等，多经呼吸道和血液传播。

2. **化学性因素** 指医务人员在从事规范的诊疗、护理及检验等工作过程中通过多种途径接触到的化学物质。

（1）化疗药物：在化疗药物配制及操作过程中会出现药物逸出，形成含有毒性微粒的气溶胶或气雾，通过皮肤、呼吸道、消化道被动吸收，可引起白细胞减少，影响血小板和红细胞。孕前和孕期接触化疗药物易延缓胚胎及胎儿的生长发育，增加自然流产、先天畸形的危险性，还可导致男性生殖能力下降，致癌等毒性反应。

（2）消毒剂：在护理工作中，护士容易接触的消毒剂及灭菌剂主要有甲醛、戊二醛、环氧乙烷、臭氧、过氧乙酸、含氯消毒剂、碘和乳酸等。如果长期、反复接触这些消毒剂及灭菌剂，容易损伤组织器官，引起皮肤过敏、灼伤、鼻炎、咽炎等，还可导致人体正常菌群失调甚至产生抗药性和细菌变异。

（3）医用气体：常用的医用气体主要有氧气、压缩空气、氮气、一氧化氮、二氧化碳等。气体在储存、运送或使用过程中，如操作不当，易引起爆炸事故。另外，手术室护士暴露于麻醉废气的环境中，短时吸入可引起头痛、注意力不集中等，长期吸入可造成肝肾功能及造血系统的损害。严重者可致癌、致突变以及影响生育能力。

（4）汞：汞是医院常见而又极易被忽视的有毒因素，如护理操作常用的水银血压计、水银体温计及水温计等。如果对汞漏出处理不当，可对人体产生神经毒性和肾毒性作用。

3. **物理性因素** 常见的物理性因素有锐器伤、放射性损伤、温度性损伤、负重运动损伤及噪声等。

（1）锐器伤（sharp injury）：是指锋利的医疗器械给医务人员造成的一种职业性损伤。污染锐器的伤害是导致血源性传播疾病的重要途径，最常见、最危险的病原体是乙肝病毒（HBV）、丙肝病毒（HCV）、艾滋病病毒（HIV）和梅毒螺旋体（TP）。

（2）放射性损伤（radiological damage）：在护理工作中，护士常接触紫外线、激光等放射性物质，如防护不当，可导致皮肤、眼睛和免疫功能等损伤。

（3）温度性损伤（temperature damage）：常见的温度性损伤有热水袋、热水瓶等所致的烫伤；乙醇等易燃易爆物品引起的烧伤；使用频谱仪、红外线烤灯等引起的灼伤。

（4）负重运动损伤（weight bearing sports injury）：护理人员因经常需要移动或举高一些重物，容易诱发颈、肩、腰、背部职业性肌肉、骨骼损伤，其中最常见的是职业性腰背痛。另外，手术室护士长期站立易引发下肢水肿、静脉曲张等。

（5）噪声（noise）：医疗仪器的报警声、铃声等噪声可导致血管收缩、血压升高、心率加快，甚至诱发心律失常。同时，噪声还会给医护人员造成心理压力，并使操作者精神涣散、注意力不集中等。

4. 心理社会因素　护理人员工作量大，工作环境复杂，患者要求高，工资及福利待遇偏低，这些都会导致护理人员产生心理压力，对生理和心理健康造成不同程度的影响。主要表现为头痛、乏力、心悸、焦虑、沮丧等，甚至引发一系列心理健康问题。

三、常见护理职业暴露的防护措施

（一）血源性病原体职业暴露

血源性病原体（blood born pathogen）是指存在于血液和某些体液中能引起人体疾病的病原微生物，如HBV、HCV和HIV等。血液中含血源性病原体浓度最高，其他依次为伤口分泌物、精液、阴道分泌物、羊水等。只有通过采取综合性防护措施，才能减少护士感染HBV、HCV或HIV等职业暴露。

1. 血源性病原体职业暴露的原因

（1）接触血液与体液的操作：①护理人员在进行接触血液、体液的操作时未戴手套；②护理人员手部皮肤发生破损，接触患者的血液或体液时，未戴双层手套或发生意外，如患者的血液、分泌物溅入护士的眼睛、鼻腔或口腔；③护理人员在为患者实施心肺复苏时，徒手清理口腔内的分泌物及血液、口对口人工呼吸。

（2）与针刺伤有关的操作：导致护士职业暴露的主要原因是被污染的针头刺伤或其他锐器伤。针刺伤最容易发生在针头使用后的丢弃环节。

 考点提示

针刺伤是护理职业暴露最常见的损伤。

2. 防护措施

（1）洗手：护士在接触患者之前或之后，特别是接触血液、排泄物、分泌物及污染物品之前或之后，无论是否戴手套，都要洗手。

（2）做好个人防护：避免直接接触血液或体液。护士在进行护理操作时，必须常规实施职业防护，防止皮肤及黏膜与患者的血液、体液接触。常用的防护措施包括戴手套、口罩、防护眼镜及穿隔离衣等，详见第六章医院感染的预防与控制。

（3）安全注射（safe injection）：是指注射时不伤及患者和护士，并且保障注射所产生的废物不对社会造成危害。因此，要提供安全注射所需要的条件，并严格按照操作规程处理针头、手术刀及安瓿等锐器，保障安全注射。

（4）医疗废物的处理：详见第六章医院感染的预防与控制。

（二）锐器伤的职业防护

1. 锐器伤的预防

（1）做好个人防护：实施静脉穿刺、采集血标本、处理伤口时应戴好手套。若发生针刺伤，手套可降低针扎入的深度，也可减少进入皮肤内的血量，从而降低感染的危险。

（2）给不配合的患者使用锐器时，应有助手协助，防止发生意外伤害。

（3）提高护理器材的安全性能，如使用真空采血器、无针头静脉通路装置等可降低针刺伤的危险。

（4）规范进行各项护理操作，避免危险动作：如不可用手直接传递锐器；使用后针头，不可用手回套针帽；使用后的锐器应直接放入耐穿刺、防渗漏的锐器盒内；锐器盒不应超过3/4满，并加盖管理。

（5）建立锐器损伤报告管理制度：一旦发生锐器损伤，应立即向有关部门报告，并评估损伤情况，使暴露人员得到恰当的治疗及跟踪观察。

2. 锐器伤的紧急处理

（1）立即停止操作，脱手套。

（2）立即用手从近心端向远心端轻轻挤压伤口，尽可能排出伤口处的血液，避免在伤口局部来回挤压，防止因虹吸现象将污染血液回吸到血管，增加感染机会。再用流动水和肥皂液反复冲洗伤口，用生理盐水反复冲洗黏膜。

（3）用75%乙醇溶液或者2%聚维酮碘（碘伏）溶液进行消毒并包扎伤口。

（4）及时上报：应在伤后24 h内上报医院感染管理部门并填写锐器伤登记表，医院有关部门评估锐器伤感染的风险，采取相应的预防措施。

（5）血清学检测与处理：设法取得患者血液/体液，立即对其进行艾滋病（HIV）、乙肝（HBV）、丙肝（HCV）和梅毒（TP）的检测。

1）患者HIV阳性、暴露者HIV抗体阴性：暴露者立即服用逆转录酶抑制剂、蛋白酶抑制剂等药物；并于暴露后当日、第4周、第8周、第12周、第6个月时检查HIV抗体，并进行医学观察1年。

2）患者乙肝表面抗原（HBsAg）阳性：①若暴露者HBsAg阳性、表面抗体（抗-HBs）阳性，且抗-HBs＞10 mIU/ml，暂时不需进一步处置。②若暴露者HBsAg阴性、抗-HBs阴性且未注射疫苗者：24 h内注射HBIG并注射全套疫苗，于暴露后第3个月、第6个月、第12个月追踪监测。③若暴露者HBsAg阴性、已完成疫苗注射，但抗-HBs＜10 mIU/ml者：24 h内注射HBIG并补种疫苗；于暴露后第3个月、第6个月、第12个月追踪监测。④若暴露者HBsAg阴性、抗-HBs阴性正在接受疫苗注射者：24 h内注射HBIG并继续完成注射疫苗，于暴露后第3个月、第6个月、第12个月追踪监测。

3）患者HCV阳性：①若暴露者HCV阳性，则继续追踪肝功能状况，发现异常及时治疗。②若暴露者HCV阴性，则暴露后第3个月、第6个月、第9个月、第12个月定期追踪肝功能、HCV情况，发现异常及时治疗。

4）患者为TP阳性且处于活动期：暴露者立即预防注射长效青霉素，并于暴露后当日、第1个月、第3个月、第6个月持续追踪监测。

> **考点提示**
>
> 锐器伤的紧急处理。

（三）化疗药物损伤的职业防护

1. 化疗药物损伤的原因

（1）配制药物：如从药瓶中拔出针头时导致药物飞溅；打开安瓿时，药物粉末、药液、玻璃碎片向外飞溅。

（2）输注药物：如针头脱落，药液渗出；连接管、输液器、输液袋的渗漏或连接不紧密导致药物溢出。护士在注射时意外损伤自己等。

（3）处理污染物和废弃物：①清除溅出或溢出药物时的接触；②处理化疗患者体液或排泄物时的接触；③处置吸收或沾染了接受化疗药物治疗患者的体液的被服及其他织物时的接触；④处理用过的注射器、密封瓶等废弃物或丢弃被化疗药物污染的材料接触等。

2. 防护措施　化疗药物防护应遵循两个基本原则：①减少直接接触化疗药物；②减少化疗药物直接污染环境。

（1）加强教育培训，强化职业安全意识：定期对从事化疗相关工作的护士开展化疗药物操作规程及废弃物处理等专项培训，把预防化疗药物暴露纳入护理风险管理，强化护理职业安全意识。

（2）建立安全操作环境，配备专用防护设备：根据《静脉治疗护理技术操作规范》规定，化疗药物配制区域应为相对独立空间，宜在Ⅱ级或Ⅲ级垂直层流生物安全柜内配置。使用化疗药物区域应配备溢出包（内含一次性口罩、防水隔离衣、面罩、护目镜、橡胶/丁腈手套、鞋套、吸水垫及垃圾袋等）。有条件的医院可使用自动化药物配制机器人和密闭式药物配制和传输系统。

（3）严格遵守化疗药物安全操作规程：①护理人员配药时戴一次性口罩、穿前部完全封闭的隔离衣、戴双层手套（内层为PE手套，外层为橡胶/丁腈手套），可佩戴护目镜；②配药操作台面覆盖一次性防渗透吸水垫，污染或操作结束时及时更换；③给药时，护理人员配药时戴一次性口罩、戴双层手套，如静脉给药，宜采用全密闭式输注系统。

（4）正确处理废弃物：配制化疗药物的一次性注射器、输液器、安瓿及密封瓶等置于有化疗药物标识的专用容器中。

考点提示

化疗药物的防护措施。

3. 化疗药物暴露后的处理　护士如皮肤或黏膜接触了化学药物或防护用品而被污染，可采用下列处理措施：

（1）皮肤暴露：立即用大量清洁流动水冲洗污染部位。

（2）黏膜暴露：迅速用清水清洗。眼睛暴露时，应迅速用清水或等渗洁眼液冲洗。

（3）记录暴露情况，必要时就医治疗。

知识链接

化疗药物配制机器人

化疗药物配制机器人是集数字化技术、精密机械制造技术为一体，由微电脑控制的智能化配药仪器，可以全程自动化控制、调配化疗药物，既保证了调配药物剂量的精准性、一致性，同时又最大限度减少了操作人员的职业暴露风险。

（四）汞泄漏职业防护

1. 汞泄漏的原因

（1）血压计使用不规范：①给血压计加压时，打气过快、过猛，压力过大，导致汞从玻璃管中喷出；②使用完毕忘记关闭汞槽的开关，或者关闭汞槽开关时未向右倾斜45°，致使汞没有全部回到汞槽内，在合上血压计时，玻璃管中的汞就会泄漏；③血压计故障：常见开关轴心和汞槽吻合不严密,加压时导致汞泄漏。

(2)体温计使用不规范:①护士未给患者详细讲解体温计的使用方法;未按时收回体温计或收回时未按规范放入容器内;甩体温计方法不正确导致汞泄漏。②患者不慎摔破或折断体温计导致汞泄漏。

2. 防护措施

(1)强化职业安全意识:定期开展预防汞泄漏的专题培训,规范护士使用含汞设备,提高应急处理能力,以减少汞对环境的污染及对人体的损害。

(2)完善应对体系:建立汞泄漏的应急预案,规范汞泄漏的处理流程,配备汞泄漏处置包(内有防护口罩、乳胶手套、防护围裙或防护服、鞋套、硫磺粉、三氯化铁、小毛笔及收集汞专用的密闭容器等)。

(3)规范血压计的使用:①使用水银血压计前,需要检查汞槽开关有无松动,是否关闭,玻璃管有无裂缝、破损。有汞泄漏可能时,轻轻拍击盒盖顶端,使汞液归至零位线以下。②在使用过程中,应平稳放置,切勿倒置,充气不可过猛、过快。测量完毕,应将血压计右倾45°使汞全部进入汞槽后再关闭开关。③血压计要定期检查,有故障及时维修。

(4)规范体温计的使用:①盛放体温计的容器应放在固定的位置,容器应表面光滑无缝,垫多层塑料膜,不应该垫纱布,以便观察和清理泄漏的汞;②使用体温计前应检查有无裂缝、破损,禁止将体温计放在热水中清洗或放入沸水中煮,以免引起爆炸;③使用体温计的过程中要防止损坏,甩体温计时勿碰触硬物,测量体温时应详细告知患者使用体温计的注意事项和汞泄漏的危害;④测口腔温度和直肠温度时不要用汞式体温计;⑤婴幼儿和神志不清的患者禁止测量口腔温度;⑥及时收回体温计。

3. 汞泄漏的应急处理

(1)人员管理:一旦发生汞泄漏,室内人员应转移到室外。如果有皮肤接触,立即用清水冲洗。打开门窗通风,关闭室内所有热源。

(2)收集汞滴:穿戴防护用品,如戴防护口罩、乳胶手套、防护围裙或防护服、鞋套。用一次性注射器抽吸泄漏的汞滴,也可用纸卷成筒回收汞滴,放入盛有少量水的容器内,密封好并注明"废弃汞"字样,送交医院专职管理部门处理。

(3)处理散落的汞滴:对散落在地缝内的汞滴,取适量硫磺粉覆盖,保留3 h,硫和汞能生成不易溶于水的硫化汞;或者用20%三氯化铁5～6 g加水10 ml,使其呈饱和状态,然后用毛笔蘸其溶液在汞残留处涂刷,生成汞化铁的合金,消除汞的危害。

(4)处理汞污染的房间:关闭门窗,用碘1 g/m³加乙醇点燃熏蒸或用碘0.1 g/m³撒在地面8～12 h,使挥发的碘与空气中的汞生成不易挥发的碘化汞,可以降低空气中汞蒸气的浓度,结束后开窗通风。

考点提示

汞泄露的应急处理措施。

(五)负重运动损伤的职业防护

1. 负重运动损伤的原因　护士在临床工作中因用力不当、姿势不合理、负荷过重等原因导致肌肉、骨骼、关节等受到损伤。其中较为常见的损伤是腰椎间盘突出症、腰肌劳损、颈椎病、下肢静脉曲张等。

2. 常用人体力学的原理

(1)杠杆作用:杠杆是利用直杆或曲杆在外力作用下能绕杆上一固定点转动的一种简单机

械。杠杆的受力点称为力点，固定点称为支点，克服阻力的点称为阻力点。支点到动力作用线的垂直距离称为动力臂（力臂），支点到阻力作用线的垂直距离称为阻力臂（重臂）。人体的活动主要与杠杆作用有关。在运动中，骨骼好比杠杆，关节是运动的支点，骨骼肌是运动的动力。它们在神经系统的调节和各系统的配合下，对身体起着保护、支持和运动的作用。根据杠杆上的力点、支点、阻力点的相互位置不同，杠杆可分为三类：平衡杠杆、省力杠杆和速度杠杆。

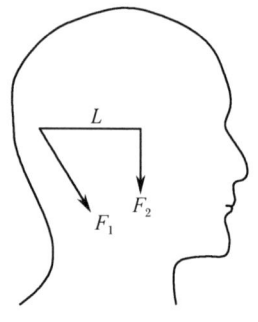

图 8-17 头部平衡杠杆

1）平衡杠杆：支点在动力点与阻力点之间的杠杆称为平衡杠杆。平衡杠杆的特点是动力臂与阻力臂可等长或不等长。例如，人的头部在寰枕关节上进行仰头和低头的动作。寰椎为支点，支点前后各有一组肌群产生作用力（F1，F2），头部重量为阻力（L）。当前部肌群（前颈阔肌）产生的力（F2）与阻力（L）的力矩之和与后部肌群（胸锁乳突肌）产生的力（F1）的力矩相等时，头部趋于平衡（图 8-17）。

2）省力杠杆：阻力点在支点和动力点之间，动力臂大于阻力臂，所以省力。例如，人在走路时，足尖是支点，足跟后的肌肉收缩为作用力（F），重力落在两者之间的距骨上。由于动力臂较长，所以用较小的力就可以支撑体重（图 8-18）。

3）速度杠杆：动力点位于阻力点与支点之间的杠杆称为速度杠杆。这类杠杆的动力臂总比阻力臂短，因而费力，但能获得较快的运动速度和较大的运动距离。速度杠杆是人体最常见的杠杆（图 8-19）。

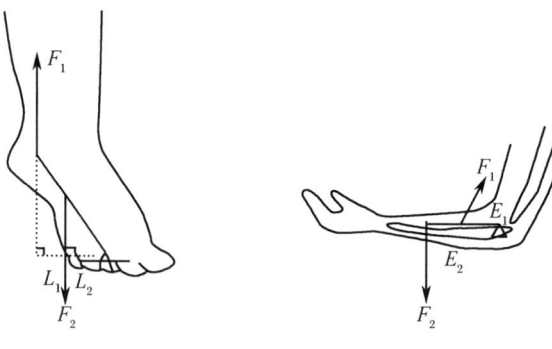

图 8-18　足部省力杠杆　　图 8-19　手臂速度杠杆

（2）摩擦力：两个互相作用的物体，当它们发生相对运动或有相对运动趋势时，在两个物体的接触面之间会产生阻碍它们相对运动的作用力，称为摩擦力。摩擦力的方向与运动方向相反。当物体有滑动趋势但尚未滑动时，作用在物体上的力称为静摩擦力。静摩擦力与作用力方向相反，并随力的增大而增大。在护理工作中，有时需避免静摩擦力，如半坐卧位患者尽量减少静摩擦力，避免压力性损伤的发生。物体滑动时受到的摩擦力称为滑动摩擦力。在护理工作中，有时需增加摩擦力以防滑倒，如在患者手杖下端加上橡胶垫可增加摩擦力，防止滑倒；有时则需要减少摩擦力，使物体比较容易地沿着面移动，如给病床、轮椅、推车等的轮子定时加油，可以减少接触面的摩擦系数，利于运行。

（3）平衡与稳定：物体或人体的平衡与稳定是由人的重量、支撑面的大小、重心的高低及重力线和支撑面的边缘之间的距离决定的。

1）物体的重量与稳定性成正比：物体重量越大，稳定性就越好。要推倒一个较重物体比推倒一个较轻物体所需的力要大。在护理实施中，如要把患者移到较轻的椅子上时，应注意需有其他力量的支持,如将椅子靠墙或扶住椅子靠背。

2)支撑面的大小与稳定性成正比:支撑面是人或物体与地面接触的支撑面积。支撑面小,则需要使用较大的肌肉拉力,以保持平衡、稳定。如用一只脚站立时,肌肉就必须用较大的拉力才能维持人体平衡、稳定。扩大支撑面可以增加人或物体的稳定性,如老年人站立或行走时,用手杖扩大支撑面。

3)物体的重心高度与稳定性成反比:如物体的组成成分均匀,重心位于它的几何中心。当物体的形状发生变化时,重心的位置也会随之变化。人或物体的重心越低,稳定性越大。如蹲下或坐下时稳定性比站立时好。

3. 防护措施

(1)扩大支撑面:护士在操作中应根据实际需要两脚左右或前后分开,以扩大支撑面。协助或给患者摆放体位时,也应尽可能扩大支撑面,如患者侧卧时,应两臂屈肘,一手放于枕旁,另一手放于胸前,两腿前后分开,上腿弯曲在前,下腿稍伸直,以扩大支撑面,稳定卧位。

(2)降低重心:护士在进行低平面的护理实施或取位置低的物品时,两下肢应随身体动作的方向前后或左右分开,以增加支撑面,同时屈膝屈髋,身体取下蹲姿势,降低重心,保持重力线在支撑面内,利用重心的移动去操作,增加身体的稳定性。

(3)减少身体重力线的偏移:护士在提取物品时,应尽量将物体靠近身体。抱起或抬起患者移动时,应将患者靠近自己,以使重力线落在支撑面内。

(4)利用杠杆作用:护士两臂持物时,两肘应紧靠身体两侧,上臂下垂,前臂和所持物体靠近身体,使阻力臂缩短,进而省力。必须提取重物时,最好把重物分成两部分,由两手分别提拿。若重物由一只手臂提取,另一只手臂则应向外伸展,以保持平衡。

(5)尽量使用多肌群操作:实施护理操作时能使用整只手时尽量避免只用手指;能使用躯干部和下肢肌肉力量时,尽量避免只使用上肢的力量。如端治疗盘时,五指分开,托住治疗盘,上臂靠近躯干,屈肘呈90°,多肌群用力,不易疲劳。

(6)使用最小肌力做功:护士在移动重物时,应注意平衡,考虑好重物移动的位置和方向,尽量采用直线方向移动,用推或拉代替提取,使用最小肌力做功以减少损伤。

(六)压力性职业损伤的防护

1. 概念

(1)护士职业压力(professional pressure for nurses):是指护士在从事护理活动及与其生存状况相关的事件或环境等因素引起的一种精神状态及相应的行为表现。

(2)压力性职业损伤(stress occupational injury):是指个体处于持续的工作压力环境之中所导致的身体、情绪与心理状态衰竭的综合反应。常见的压力性职业损伤有工作疲溃感、抑郁症等。

2. 压力性职业损伤的原因　工作压力过大、负荷过重、时间过长,工作环境缺乏安全感;学习机会较少,职称晋升较难;社会对护士的价值认同不足、护士自我期望值过高;缺乏必要的心理应对能力。

3. 防护措施

(1)采用人性化的管理:赋予护理人员一定的自主决策权,尊重其需要。改善工作条件,创造个性化工作环境。主动关爱与沟通,帮助护理人员及时宣泄负性情绪。实施职业规划,确立职业发展目标,增加对职业的认同感,体现护理的职业价值。

(2)增加护理人力资源配备:增加病区的护理人员配备,避免超负荷工作,延长夜班值班的周期,降低工作的繁重程度和工作压力。

（3）加强社会支持：通过正面的宣传教育，使全社会都能认识到护理工作的艰辛，使他们理解护士、尊重护士，为护理人员营造轻松、和谐的工作环境。与患者有效沟通，减少由于误解造成的冲突。建立有效的合作团队，改善内部人际关系，增加相互支持。

（4）组织心理健康相关知识的培训：医院定期组织护理人员参加心理健康相关知识的培训，讲解护理心理压力的来源、表现、不良影响及应对方式等。设立心理咨询室，提供心理支持，早期发现和治疗心理问题。

（5）加强自我调适：学习心理学知识，合理运用缓解心理压力的技巧和方法，如参加体育锻炼、户外活动，运用放松技巧等。加强健康行为，减少压力对心理和身体健康的冲击。充实自身的专业知识和技能，培养个人自信，学会自我肯定。调整心态，以乐观、积极的心态面对工作和生活。

思政园地

"健康中国，医者先行"案例展播

为了积极推进健康中国行动，健康中国行动推进办将各地典型案例收集整理，选出一批健康中国行动示范医院，一批健康中国行动宣讲员，积极宣传推广各地成功案例，并发布了"健康中国，医者先行"倡议书。2022年以来，中央广播电视总台通过CCTV-1《生活圈》栏目"在线大名医"大健康板块，积极推动全面健康理念从"以治病为中心"向"以健康为中心"转变，调动全民共同参与健康中国行动，提升全民健康素养。

自 测 题

一、选择题

1. 由于药物使用不当所引起的损伤属于
   A. 机械性损伤　　　　B. 化学性损伤　　　　C. 压力性损伤
   D. 放射性损伤　　　　E. 生物性损伤

2. 不可使用约束带的患者是
   A. 发热、谵妄者　　　B. 神经症患者　　　　C. 麻醉后未清醒者
   D. 精神病患者　　　　E. 烦躁不安的患者

3. 对于汞泄漏的应急处理，不正确的是
   A. 有皮肤接触，立即用清水冲洗
   B. 收集汞滴
   C. 对散落在地缝内的汞滴，取适量硫磺粉覆盖，保留 1 h
   D. 汞污染的房间关闭门窗，用碘 1 g/m³ 加乙醇熏蒸
   E. 打开门窗通风，关闭室内所有热源

4. 为防止患者坠床，最有效的措施是
   A. 约束肩部　　　　　B. 加用床档　　　　　C. 约束膝部
   D. 约束踝部　　　　　E. 约束腕部

5. 护理人员血源性病原体职业暴露，最常见的原因是
   A. 针刺伤　　　　　　　　　　　　B. 侵袭性操作

C. 接触传染病患者的体液 D. 为传染病患者伤口换药
E. 给传染病患者擦浴

6. 护士配制化疗药物时应戴
   A. 无菌手套 B. PE 手套
   C. 橡胶手套 D. 橡胶手套内套一副 PE 手套
   E. 双层橡胶手套

7. 患者有躁狂型精神病，拟给予保护具，正确的是
   A. 对精神病患者，不必向其家人解释使用保护具的必要性
   B. 将患者上肢伸直，系好尼龙搭扣约束带
   C. 使用约束带，每 4 h 松解 1 次
   D. 使用床档防止坠床
   E. 记录保护具使用时间

8. 某外科护士，女性，26 岁。某日在为一名 HIV 阳性患者拔针时不慎被带血的针头刺伤示指。应首先采取的措施是
   A. 用流动水和肥皂液反复冲洗
   B. 用 75% 乙醇或 0.5% 聚维酮碘消毒伤口
   C. 从近心端向远心端尽可能挤压出受伤部位的血液
   D. 向医院内感染管理科报告
   E. 检测抗体

9. 护士在为 HBsAg 阳性患者拔针时，患者突然躁动，护士被针扎伤，护士的 HBsAg 阴性且未注射过乙肝疫苗，护士除了按规范处理伤口外，还应注射
   A. 乙肝免疫球蛋白 B. 乙肝疫苗
   C. 乙肝免疫球蛋白和乙肝疫苗 D. 无须注射疫苗
   E. 注射胎盘球蛋白

（10～12 题共用题干）

患者，女性，68 岁。以"呼吸困难、口唇发绀、烦躁不安"急诊入院，入院诊断为风湿性心脏病合并心力衰竭。

10. 次日患者出现烦躁不安，为防止患者自伤，应为其采取的保护措施是
    A. 使用辅助器 B. 使用约束手套
    C. 使用双侧床档防止坠床 D. 使用双膝固定防止坠床
    E. 使用肩部约束带防止碰伤

11. 患者使用约束带时，护士应重点观察
    A. 呼吸情况 B. 血压情况 C. 意识情况
    D. 末梢血液循环情况 E. 切口渗血情况

12. 给患者使用约束带是为了预防
    A. 机械性损伤 B. 温度性损伤 C. 压力性损伤
    D. 化学性损伤 E. 心理性损伤

二、简答题

1. 简述保护具的运用范围。
2. 简述医院内常见的患者不安全因素。

三、案例分析

患者，男性，65岁。因"胸闷、气短、咳痰带血"入住呼吸内科病区。入院后行相关检查确诊为非小细胞性肺癌，血清检测结果 HBsAg（+），择期手术。输液治疗期间，护士小张为其拔针时不小心被针头刺伤手指。

请回答：

1. 发生针刺伤，应如何正确处理？
2. 在为该患者手术时应采取哪些防护措施？

（王亚敏）

第九章　清洁护理

思维导图

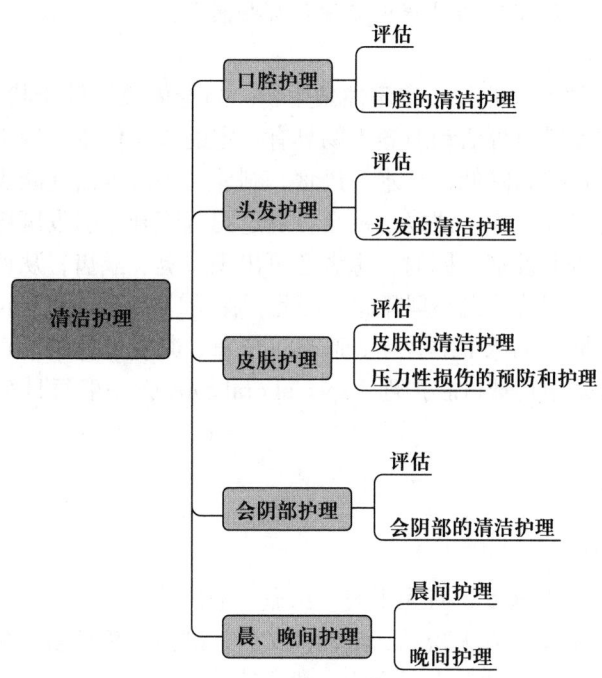

学习目标

1. 解释压力性损伤、剪切力。
2. 描述常用口腔护理液的种类及适用范围，头发护理评估内容，床上擦浴顺序，晨、晚间护理内容。
3. 熟记压力性损伤的发生原因、分期、易发部位、预防及护理措施。
4. 正确实施口腔护理、头发护理及皮肤护理。
5. 在临床工作中能够具有以人为本的护理服务理念，具备严谨细致的工作态度及安全风险防控的工作意识。

第一节 口腔护理

案例 9-1

患者，女性，78岁，突发右半侧肢体无力，伴口角左歪、流涎，跌倒卧地 6^+ h，被家人发现后送医，头颅 CT 提示左侧大脑半球低密度灶，诊断"左侧大脑半球急性脑梗死"并收治入院。治疗1周后患者病情平稳，意识清楚，右侧肢体瘫痪，言语表达不清。

问题与思考：
1. 护士应从哪些方面对患者完成口腔基本情况的评估？
2. 护士为患者实施口腔护理的过程中应注意哪些问题？

人的口腔内有大量的致病性和非致病性微生物。当身体处于健康状态时，机体抵抗力强，每日饮水、进食、刷牙和漱口等活动对微生物具有一定的清除作用，通常不会出现口腔健康问题。患病时，由于机体抵抗力降低，饮水、进食、刷牙、漱口等活动减少，口腔内的微生物得以大量繁殖，常可引起口腔炎症、溃疡，甚至可通过腮腺管开口引发腮腺炎，也可通过咽鼓管蔓延至中耳引发中耳炎等并发症。同时，患者还可出现口臭、龋齿，从而影响自我形象，影响食欲及消化功能，产生一定的社交心理障碍。因此，保持口腔清洁十分重要。

根据患者病情的不同，临床上对昏迷、高热、危重、禁食、鼻饲、口腔疾患、大手术后及生活不能自理的患者常采用特殊口腔护理（special oral care），一般每日 2~3 次。如病情需要，应酌情增加次数。

一、评估

（一）口腔基本状况
1. 口唇 观察色泽、湿润度，有无干裂、出血、疱疹等。
2. 牙齿 观察牙齿数量、有无松动、活动性义齿、龋齿、牙结石、牙垢等。
3. 牙龈 观察颜色、完整性，有无炎症、溃疡等。
4. 口腔黏膜 观察黏膜色泽、完整性，有无出血、溃疡、感染。
5. 舌 观察颜色、湿润度、有无肿胀、舌苔厚薄及颜色。
6. 口咽部 观察扁桃体颜色，有无肿胀及分泌物。
7. 气味 有无特殊气味，如烂苹果味、氨臭味等。

（二）患者基本状况和自理能力
1. 患者的临床诊断、意识状态、自理能力、进食及进水情况、口腔卫生状况。
2. 患者的心理反应和合作程度。

（三）口腔保健知识评估
1. 患者是否知晓保持口腔卫生的重要性。
2. 患者是否了解保持口腔卫生的知识及评估原有的口腔卫生习惯。

（四）义齿状况评估
1. 询问并观察患者有无活动性义齿、义齿佩戴是否合适及有无义齿间连接过紧、松动、滑落等情况。
2. 患者活动性义齿的保养知识。

二、口腔的清洁护理

(一)口腔健康维护

1. 指导刷牙　每日晨起、晚上就寝前及餐后 3 min 刷牙。睡前不应进食对牙齿有刺激性和腐蚀性的食物。

2. 口腔清洁用具的选择　口腔清洁用具有牙刷、牙线和牙膏等。应尽量选用刷头较小、刷毛质地柔软且疏密适宜、表面光滑、刷毛长度相等的牙刷。牙刷在使用间隔应保持清洁干燥,至少每隔 3 个月更换 1 次。已破损或刷毛较硬的牙刷清洁效果不佳,且易致牙龈损伤,故刷毛软化、散开、弯曲时应不再使用。牙膏不应有腐蚀性,可根据个体需要选择含氟或药物牙膏。

3. 刷牙方法

(1) 环形刷:正确的刷牙方法是上下颤动刷牙法。将牙刷毛面轻轻放于牙齿及牙龈沟上,刷毛与牙齿保持 45° 快速环形来回震颤;每次只刷 2~3 颗牙,刷完一处再刷邻近部位;前排牙齿的内面,可用牙刷毛面的顶端震颤刷洗;刷牙齿咬合面时,刷毛与牙齿平行来回刷洗;刷完牙后,再刷舌面(图 9-1)。

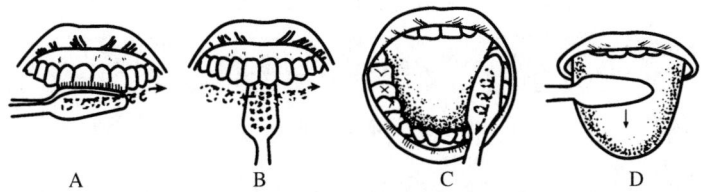

图 9-1　刷牙方法
A. 刷牙齿外面;B. 刷牙齿内面;C. 刷咬合面;D. 刷舌面

(2) 竖刷:从龈缘向切端方向刷,牙齿的内、外、咬合面都应刷到,切忌横向刷牙,以免造成牙齿楔状缺损。

4. 牙线剔牙法　尼龙线、丝线、涤纶线均可作为牙线材料,每餐后按需剔牙 1 次。

(二)特殊口腔护理的方法

⊃ 护理评估

1. 评估与解释　①核对患者身份:床号、住院号、姓名、性别、年龄和诊断。②全身情况:病情、意识状态、心理反应和合作程度等。③局部情况:观察患者口唇的色泽、湿润度,有无干裂、出血;口腔黏膜颜色、完整性,有无溃疡、感染等;牙齿是否齐全,有无义齿,牙龈有无溃疡、肿胀或出血;舌及腭的湿润度,舌苔情况;口腔有无异味等。④患者对口腔卫生的重要性和口腔保健知识的了解程度,对口腔护理的目的和操作方法的了解程度等。

2. 评估环境　环境安静、整洁,光线明亮。

⊃ 护理诊断

1. 卫生自理缺陷　与身体偏瘫有关。
2. 语言沟通障碍　与脑梗死有关。
3. 有误吸的危险　与脑梗死后肌力下降有关。

⊃ 护理计划

1. 目的

(1) 保持口腔清洁、湿润,使患者感到舒适,预防口腔感染等并发症的发生。

(2) 防止口臭,促进食欲,保持口腔正常功能。

（3）观察口腔黏膜、舌苔的变化，检查有无特殊的口腔气味，提供病情变化的信息，协助疾病诊断。

（4）指导患者进行有效地口腔护理，学会口腔保健方法。

2. 准备

（1）护士准备：衣帽整洁，修剪指甲，洗手，戴口罩，掌握人际沟通与交流的技巧。

（2）患者准备：患者了解口腔护理的目的、方法及配合要点，根据病情取合适体位。

（3）用物准备

1）治疗车上层：治疗盘内备口腔护理包（内有治疗碗或弯盘盛棉球、弯盘、弯止血钳或镊子2把、压舌板）、水杯（内盛漱口溶液）、吸水管、棉签、手电筒、纱布数块、治疗巾及口腔护理液（表9-1）。治疗盘外备手消毒液。必要时备开口器和口腔外用药（常用的外用药有液状石蜡、冰硼散、锡类散、西瓜霜、金霉素甘油、制霉菌素甘油等）。

2）治疗车下层：生活垃圾桶、医疗垃圾桶。

表 9-1 常用口腔护理液

名称	浓度	作用	适用的口腔 pH
氯化钠溶液	0.9%	清洁口腔，预防感染	中性
氯己定溶液	0.02%	清洁口腔，广谱抗菌	中性
复方硼酸溶液（朵贝尔）		轻度抑菌，除臭	中性
呋喃西林溶液	0.02%	清洁口腔，广谱抗菌	中性
甲硝唑溶液	0.08%	适用于厌氧菌感染	中性
过氧化氢溶液	1%～3%	抗菌，除臭，适用于口腔感染有溃烂、坏死组织者	偏酸性
碳酸氢钠溶液	1%～4%	适用于真菌感染	偏酸性
硼酸溶液	2%～3%	酸性防腐剂，抑菌	偏碱性
醋酸溶液	0.1%	适用于铜绿假单胞菌感染	偏碱性

考点提示

常用口腔护理液的适用范围及作用。

除上述传统口腔护理液外，新型的口腔护理液包括口泰（即复方氯己定，其主要成分为葡萄糖酸氯己定和甲硝唑）、活性银离子抗菌液、含碘消毒剂以及中药口腔护理液等。选择适当的口腔护理液，对保持口腔清洁、湿润及减少口腔定植菌数量至关重要。在实际工作中，需要根据患者具体情况合理选择。

○ **护理实施**

口腔护理实施，见表9-2。

表 9-2　口腔护理实施

护理实施	流程简释	要点说明
核对、解释	（1）选择合适的口腔护理液，携用物至患者床旁，核对床号、姓名及手腕带 （2）向患者、家属解释操作的目的及配合方法	• 操作前查对，避免出错 • 合理沟通，取得配合
安置体位	去枕，协助患者仰卧头偏向一侧，面向护士	• 便于分泌物及多余水分从口腔内流出，防止误吸
铺巾置盘	洗手，检查并打开治疗巾，铺治疗巾于患者颌下，取压舌板置治疗巾上；检查并打开口腔护理盘，置弯盘于患者口角旁（图9-2）	• 避免床单、枕头、患者衣服被浸湿
湿润并清点棉球	检查口腔护理液，冲洗瓶口，倒口腔护理液，湿润并清点棉球数量	• 便于操作后查对棉球数量
润湿口唇	夹取棉球，润湿口唇	• 防止因口唇干裂而出血
漱口	协助患者用吸水管吸水漱口	• 昏迷患者禁止漱口
观察口腔	嘱患者张口，护士一手持手电筒，另一手用压舌板撑开颊部，观察口腔情况。昏迷患者或牙关紧闭患者可用开口器协助张口	• 注意口腔有无出血、炎症、溃疡及特殊气味，对长期用抗生素者，注意观察有无真菌感染 • 有活动义齿者，取下义齿用冷水刷洗后浸没于冷水中备用 • 开口器在臼齿处放入，对牙关紧闭患者不可用暴力使其张口
按顺序擦拭	用弯止血钳夹取含有口腔护理液的棉球并拧干 （1）牙齿外侧面：嘱患者咬合上、下齿，用压舌板轻轻撑开左侧颊部，擦洗牙齿左外侧面，由臼齿向门齿纵向擦洗（图9-3）。同法擦洗对侧 （2）牙齿内侧面、咬合面、颊部：嘱患者张开上、下齿（昏迷患者用开口器），依次擦洗牙齿左上内侧面、左上咬合面、左下内侧面、左下咬合面，弧形擦洗左侧颊部。同法擦洗右侧 （3）硬腭、舌：由内向外横向擦洗硬腭、舌面及舌下	• 棉球包裹血管钳头端（图9-4） • 每个部位用1个棉球 • 在擦洗过程中，护士动作要轻柔，特别是对凝血功能障碍的患者，以免损伤黏膜和牙龈 • 清醒患者嘱其张口即可 • 勿过深，以免触及咽部引起恶心
再次清点棉球	清点棉球数量	• 避免棉球遗留在口腔里
再次漱口	协助患者再次漱口，擦净口唇	• 有义齿者，协助患者佩戴义齿
再次观察口腔	再次观察口腔情况	• 确定口腔清洁是否有效 • 如有溃疡、真菌感染，酌情涂药，口唇干裂者可涂液状石蜡
整理、记录	（1）撤去弯盘及治疗巾 （2）协助患者取舒适卧位，整理床单位 （3）整理用物，并分类处理 （4）洗手 （5）记录	• 确保患者安全、舒适 • 记录执行时间和效果

图9-2 将弯盘置于患者口角旁

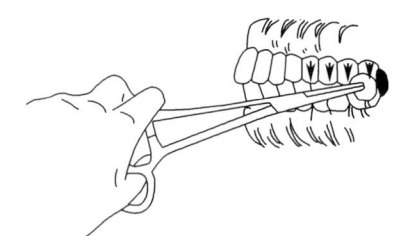
图9-3 擦洗牙齿外侧面

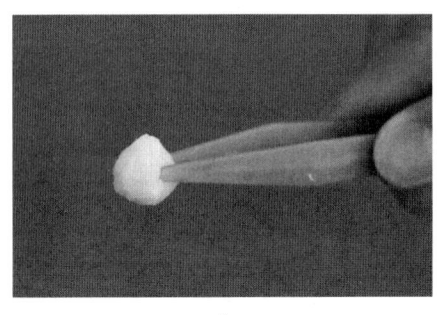
A

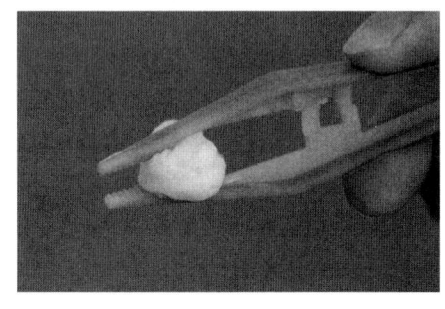
B

图9-4 夹棉球方法
A. 正确夹棉球方法；B. 错误夹棉球方法

◆ 护理评价
1. 操作方法正确、规范，患者口腔感染减轻或痊愈，达到预期效果。
2. 患者口腔无异味，感到舒适，口腔黏膜、牙龈完整。
3. 体现以人为本的护理服务理念。护患沟通有效，患者能配合操作，对护理效果满意。

◆ 注意事项
1. 昏迷患者禁止漱口，开口器应从臼齿处放入，牙关紧闭者不可使用暴力，以免造成损伤。
2. 擦洗时动作要轻柔，以免损伤口腔黏膜及牙龈，特别是凝血功能差的患者。
3. 擦洗时棉球不宜过湿，要夹紧，防止遗留在口腔。发现患者痰多时，应及时吸出，避免发生呛咳。
4. 对长期应用抗生素和激素的患者，应观察口腔黏膜有无真菌感染。
5. 活动性义齿应先取出清洁，待操作结束后协助患者戴上。暂时不用的义齿，可清洁后放入冷水杯中，每日换水一次。不可浸在热水中，也不能用乙醇等消毒溶液浸泡或擦拭，以免义齿变形、变色及老化。
6. 操作中应避免清洁、污染物的交叉混淆，操作前及操作后必须清点、核对棉球数量。
7. 传染病患者用物须按消毒隔离制度处理。

 考点提示

口腔护理的注意事项。

知识链接

中药口腔护理法

中药口腔护理法是运用不同的中药,对口腔进行清洁、消毒和护理的方法。其主要适用于昏迷、高热、口腔溃疡、留置胃管的患者,以及病情危重和生活不能自理的患者。临床上中药口腔护理法常在晨起、睡前、饭后进行,护士可协助患者用中药漱口,或在口腔护理后用中药散剂涂敷患处或吹入口腔,一般每日2~3次,若病情需要,可酌情增加次数。临床用于口腔护理的常用中药包括:①漱口剂有银花甘草液、2%黄芩水、10%板蓝根液、10%野蔷薇花水、银芦合剂、单味杭菊泡茶等;②涂敷的散剂有锡类散、养阴生肌散、珠黄散、冰硼散等。其注意事项主要有:①做好解释说明,如某些中药的味道可能会使患者恶心,应在操作前让清醒的患者知晓;②指导患者掌握正确的护理方法,如让患者懂得在使用中药漱口剂含漱时,应让舌在齿、颊、腭各面搅动,鼓漱后吐出;③漱口后或口腔内涂敷药物时,30 min 内不可进食及饮水。

第二节 头发护理

案例 9-2

患者,李某,女性,38 岁,因交通事故急诊入院。体格检查:T 36.6 ℃,P 68 次/分,R 10 次/分,BP 118/76 mmHg。初步诊断:1.右桡骨骨折;2.右胫骨骨折。入院后3天,护士巡视病房时,患者表示自己出汗较多,头皮瘙痒且头发有异味,长发有打结的现象。

问题与思考:
1. 遇到长发打结时如何帮助患者梳理?
2. 为患者床上洗发操作时应注意哪些?

头部是人体皮脂腺分布最多的部位。皮脂、汗液伴灰尘常黏附于头发及头皮上,形成污垢,除散发难闻的气味外,还可引起脱发和其他皮肤疾病。整洁、美观的头发能维持良好的个人外观形象,增强自信心。对于病情较重、自理能力下降而无法完成头发护理(hair care)的患者,护士应予以协助。头发护理是患者清洁护理技术中的一项重要内容。

一、评估

1. 评估头发的基本情况,如长度、头发脱落情况等。
2. 评估患者的病情、自理能力、个人卫生习惯、对自身仪表的重视程度、对头发护理知识的了解程度。
3. 评估患者的心理状态和合作程度。

二、头发的清洁护理

(一)床上梳发(combing hair in bed)
➲ 护理评估
1. 评估与解释
(1)评估患者:①核对患者身份,如床号、住院号、姓名、性别、年龄和诊断;②全身情况，如患者的病情、意识状态、自理能力、心理反应和合作程度；③局部情况，如患者头发的健康状况（质地、光泽、量和分布）、长度、卫生情况、有无头屑、有无虱及头皮损伤；④患者对自身仪表的重视程度、个人卫生习惯，患者及家属对有关头发清洁及护理知识的了解程度。

（2）解释：操作目的、方法及配合要点。

2. 评估环境　环境安静、整洁，光线明亮。

○ 护理诊断

1. 卫生自理缺陷　与骨折后卫生自理能力下降有关。
2. 自我形象紊乱　与骨折后卫生自理能力下降有关。
3. 疼痛　与骨折有关。

○ 护理计划

1. 目的

（1）去除头皮屑及污垢，保持头发整齐、清洁。

（2）促进头部血液循环、头发的生长和代谢。

（3）有助于维持患者良好形象，使者舒适、美观。

2. 准备

（1）护士准备：衣帽整洁，修剪指甲，洗手，戴口罩，掌握沟通与交流技巧。

（2）患者准备：了解梳发目的、方法及配合要点，愿意合作。

（3）用物准备：治疗盘内备梳子、治疗巾、30%乙醇、纸袋（装脱落的头发用），必要时备发夹和橡皮筋。

○ 护理实施

床上梳发实施，见表9-3。

表9-3　床上梳发实施

护理实施	流程简释	要点说明
核对、解释	（1）将用物携至患者床旁，核对床号、姓名及手腕带 （2）向患者解释梳发的目的及方法	● 操作前查对，避免出错 ● 合理沟通，取得配合
解发、垫巾	患者取坐位或仰卧位，垫巾于肩上或枕上，解开头发，协助其头偏向一侧	
梳发	短发从发根梳至发梢，长发将头发从中间分成两股，一手握紧一股头发，另一手由发梢梳到发根（图9-5）	● 避免强行梳、拉头发
打结时的处理	遇头发打结时，将头发分成小股，绕在示指上慢慢梳顺，如头发纠结成团，可用30%乙醇湿润后，再轻柔梳顺，一侧梳好，再梳另一侧	
梳理发型	长发酌情编辫或扎成束	● 发型尽可能符合患者喜好
整理归位	将落发置于纸袋中，撤下垫巾，协助患者采用合适体位，整理床单位，清理用物	

◎ 护理评价

1. 操作规范、轻柔，患者头发整齐、美观，患者感觉舒适且自尊得到保护。

2. 充分体现以人为本的护理服务理念，护患沟通有效，患者愿意配合。

◎ 注意事项

1. 动作轻柔，避免强行梳、拉，编好的辫子应每日至少松开1次。

2. 操作过程中，通过与患者交流了解其发型喜好，尊重其习惯。

图 9-5 梳发法

3. 梳发过程中，可用指腹按摩患者头皮，促进头部血液循环。

（二）床上洗发（shampooing in bed）

◎ 护理评估

1. 评估与解释

（1）评估患者：①核对患者身份，如床号、住院号、姓名、性别、年龄和诊断等；②全身情况，如患者的病情、自理能力、个人卫生习惯、对自身仪表的重视程度、对头发护理知识的了解程度，心理状态和合作程度；③头发的基本情况，如长度、头发脱落情况等。

（2）解释：操作目的、方法及配合要点。

2. 评估环境　整洁、舒适、光线明亮。根据季节确定是否关窗，室温以 22～26℃为宜。

◎ 护理诊断

同床上梳发。

◎ 护理计划

1. 目的　同床上梳发，预防和除去头虱，防止疾病传播。

2. 准备

（1）护士准备：同床上梳发。

（2）患者准备：了解洗发的目的、方法及配合要点，愿意配合。

（3）用物准备

1）马蹄形垫洗发：①治疗车上备橡胶马蹄形垫（图9-6）或自制马蹄形垫（图9-7）；②治疗盘内置小橡胶单、毛巾、浴巾、纱布或眼罩、别针、不脱脂棉球2个、洗发液、梳子、镜子、纸袋、护肤品（自备）；③水壶（内盛40～45℃热水）、量杯、污水盆（桶），必要时备电吹风机。

2）扣杯法洗发：同马蹄形垫洗发。另备脸盆、水杯各1个，毛巾2条，橡胶管1根（图9-8）。

3）洗发车洗发：同马蹄形垫洗发，另备洗发车。

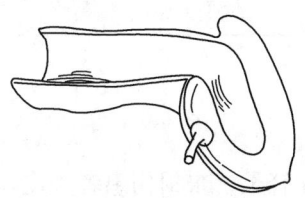　　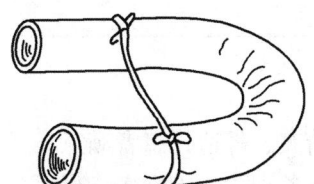　　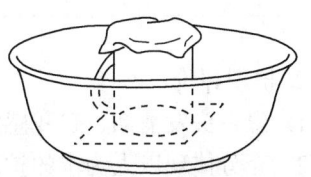

图 9-6　马蹄形垫　　　图 9-7　自制马蹄形垫　　　图 9-8　扣杯法洗发

◐ **护理实施**

床上洗发实施,见表9-4。

表9-4 床上洗发实施

护理实施	流程简释	要点说明
▲马蹄形垫洗发		
核对、解释	(1)将用物携至患者床旁,核对住院号、床号、姓名及手腕带信息 (2)向患者解释洗发的目的及方法,询问需求	• 操作前查对,避免出错 • 合理沟通,取得配合
垫巾围巾	冬季应关闭门窗,调节室温22~26℃,移开床旁桌,将橡胶单、大毛巾置于枕上,松开患者衣领向内折,将毛巾围于颈部,用别针固定	
安置体位	(1)协助患者斜角仰卧,移枕于肩下 (2)置橡胶马蹄形垫或其他洗发槽于患者后颈下(自制马蹄形垫上加铺大橡胶单)。使患者后颈枕于马蹄形垫突起处,头部在垫内(槽内),开口处下方接污水桶	• 保证患者体位安全、舒适 • 防止衣服、床单、枕头被沾湿
保护眼、耳洗净头发	(1)用棉球塞好双耳,用纱布或眼罩盖好双眼防止水流入眼内或耳内 (2)试水温,询问患者感受后,用温水充分湿润头发,再用洗发液涂遍头发,反复揉搓,同时用指腹轻轻按摩头皮,然后用温水冲洗,直至洗净	• 防止水流入眼内或耳内
擦干头发、撤垫	解开颈部毛巾,包裹头发,取下纱布和棉球,撤去马蹄形垫,将枕头移回床头。患者头移回枕头上,帮助患者擦干头发	
梳理发型	梳理头发,松开包头毛巾,用电吹风机将头发吹干后,梳理成患者喜欢的发型	
整理用物	撤去橡胶单、毛巾等物品,协助患者取舒适卧位,整理床单,清理用物	
▲扣杯法洗发	协助患者取仰卧位,移枕垫于患者肩下,将橡胶单和浴巾铺于患者头部位置。取脸盆1个,盆底放一条毛巾,再将搪瓷杯倒扣于盆底,杯上垫毛巾,毛巾需四折并外裹防水薄膜。将患者头部枕于该毛巾上,脸盆内置一根橡胶管,下接污水桶,基本操作同马蹄形垫洗发	• 利用虹吸原理,将污水引入桶内
▲洗发车洗发	协助患者取仰卧位,上半身斜向床边,头部枕于洗头车的头托上,接水盘置于患者头下(图9-9)。基本操作同马蹄形垫洗发	• 洗发时,应以患者安全、舒适,不影响治疗,患者能耐受为原则

◐ **护理评价**

1. 患者头发清洁,自我感觉清爽、舒适,患者满意。
2. 充分体现以人为本的护理服务理念,护士操作规范,动作轻柔,未损伤患者头皮。
3. 护患沟通有效,患者及家属获取头发卫生保健的知识与技能。

◐ **注意事项**

1. 在洗发过程中,注意调节水温与室温,以免患者着凉。

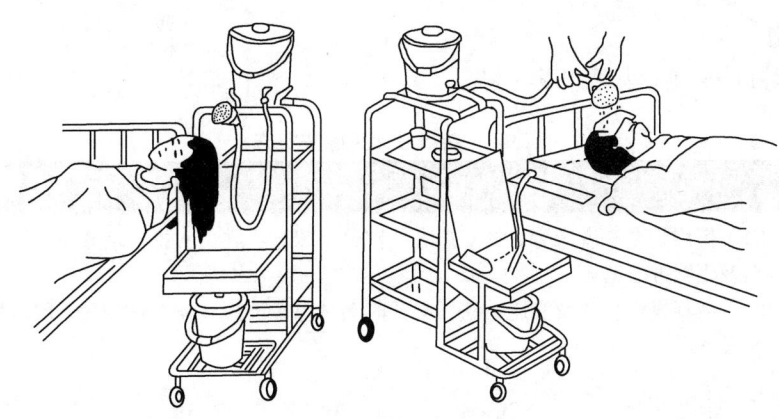

图 9-9　洗发车洗发

2. 注意观察病情，如发现患者面色、脉搏、呼吸异常时，应停止操作。必要时通知医生，配合医生进行相应处理。身体虚弱者不宜床上洗发。洗发时应保持患者的舒适体位，保护伤口和各种管道。防止污水溅入眼、耳内。

3. 洗发时间不宜过长，以免引起患者疲劳不适。

4. 护士为患者洗发时，注意与患者交流，关心、体贴患者，同时指导家属掌握床上洗发的知识与技能，了解患者的心理情况。

（三）头虱及虮灭除法

◎ **护理评估**

1. 评估与解释

（1）评估患者：①核对患者身份，如床号、住院号、姓名、性别、年龄和诊断；②全身情况，患者病情，心理状态和合作程度；③局部情况，如头虱、虮情况，头发长度及发量等。

（2）解释：消灭头虱和虮的目的、操作方法及配合要点。

2. 评估环境　环境整洁、舒适、光线明亮，拉窗帘或用屏风遮挡患者。

◎ **护理诊断**

同床上梳发。

◎ **护理计划**

1. 目的

（1）消灭头虱、虮，使患者舒适。

（2）预防患者间传染和疾病传播。

2. 准备

（1）护士准备：着装整齐、修剪指甲、洗手、戴口罩，穿隔离衣，戴手套避免传染。

（2）用物准备：①常用灭虱药液，如30%百部含酸酊剂（百部30 g加50%乙醇100 ml，再加纯乙酸1 ml装入瓶内盖严，48 h后方可使用）；②其他物品，如治疗碗、治疗巾、篦子（齿内嵌入少许棉花）、纱布、密封帽子、隔离衣、布口袋、纸、清洁衣裤、清洁床上用品。

（3）患者准备：患者了解操作目的、过程和注意事项，愿意配合。必要时动员患者剪短头发，剪下的头发用纸袋包裹焚烧。

 考点提示

常用灭虱药液30%百部含酸酊剂的配制。

◯ **护理实施**

头虱及虮灭除法实施，见表9-5。

表9-5　头虱及虮灭除法实施

护理实施	流程简释	要点说明
核对、解释	（1）携用物至患者床旁，核对患者住院号、床号、姓名及手腕带信息 （2）解释操作目的及实施方法，必要时动员患者剪短头发	• 操作前查对，避免出错 • 合理沟通，取得配合
个人防护	穿隔离衣，戴口罩、手套	
擦药、揉搓	将头发分成若干小股，用纱布蘸取百部酊，擦遍头发，反复用手指指腹揉搓10 min，使之浸透全部头发	• 避免百部酊沾污患者面部及眼睛，注意观察局部及全身反应
包发、篦发	戴上浴帽包住头发，24 h后取下浴帽，用篦子除去死虱和虮卵	
洗发、检查	洗净头发，如发现头发内还有活虱，须重复用药杀灭	
消毒处理	（1）协助患者更换污衣裤和被服 （2）污衣裤、被服放入布袋内	• 扎紧袋口送去高压灭菌
整理记录	（1）撤去用物，整理床单位 （2）凡患者接触过的布类和隔离衣均应装入布袋内，扎好袋口后，按隔离原则处理 （3）整理用物、洗手记录	• 篦子上除下的棉花和患者脱落头发用纸包好后焚烧 • 梳子、篦子消毒后刷洗干净，避免传播 • 记录执行时间和效果

◯ **护理评价**

1. 操作规范，患者头虱、虮彻底清除，未发生疾病传播。患者无局部和全身反应。
2. 充分体现以人为本的护理服务理念，保护患者自尊，护患沟通有效，患者及家属获取头虱及虮灭除相关卫生知识。

◯ **注意事项**

1. 操作规范，避免虱、虮传播。
2. 防止药液溅入眼内，注意观察患者用药后的情况，预防不良反应。
3. 如病情许可，灭虱应在治疗室进行，以维护患者的自尊。

知识链接

头发保健

（1）发要常梳：《清异录》曰："服饵、导引之余，有二事乃养生大要，梳头、洗脚是也。"洗梳头发不仅能按摩头皮，促进头发的生长，也是调理气血、疏风明目的方法。但是梳头不能盲目追求数量和力道，而应选择圆而钝的宽齿，以防梳破头皮。梳头时应该从前向后梳，从前额发际线一直梳至颈后发际线。每天大约10 min，力度均匀，这样才有保健养生的作用。

（2）洗护有道：每个人的发质是不一样的，应根据个体的发质来确定洗发的频率和选用洗发水。一般来说，干性头发可以5～7天1洗，洗后可以用橄榄油涂抹在发梢部位防止头发分叉。中性头发3~4天1洗。油性发质最好每天洗头,因为油脂分泌过剩很容易引起脂溢性脱发反而不利于头发养护。尽量不要使用物理或化学的方法染发烫发,以防对头发造成不良影响。

(3)饮食合理:发为血之余,其生长润泽均依赖于肾中精气的充养,日常可以适当进食补肾养血的食物,这些也有利于头发的生长。《内经》有言:"多食苦,则皮槁而毛拔……多食甘,则骨痛而发落。"所以应当注意饮食忌过苦过甜过油腻,以防头发枯槁脱落。

(4)头部按摩:五指分开,手呈弓形,将指腹放于患者头皮上,手掌离开头皮,稍用力向下按,轻轻揉动,每次手指停留在一个部位揉动数次后再换另一个部位。按摩顺序为从前额到头顶,再从颞部至枕部,反复揉搓至头皮发热。每日1~2次。

第三节 皮肤护理

案例9-3

患者,男性,71岁,因下肢瘫痪长期卧床在家。患者在家中护理不当,骶尾部出现7 cm×5 cm×1 cm皮肤缺损,皮下脂肪可见。入院时T 38.5 ℃,P 118次/分,R 20次/分,BP 148/90 mmHg,查体:消瘦,营养不良。既往高血压病史十余年。

问题与思考:
1. 患者发生压力性损伤的常见原因是什么?
2. 如何预防压力性损伤的发生?
3. 可采取哪些治疗和护理措施来护理该患者?

皮肤是身体最大的器官。完整的皮肤具有天然的屏障作用,可避免微生物的入侵,它具有保护机体、调节体温、吸收、分泌、排泄及感觉等功能。皮肤的新陈代谢迅速,其排泄的废物(如皮脂、汗液及脱落的表皮碎屑)与外界微生物及尘埃结合成污垢,黏附于皮肤表面,可刺激皮肤,降低皮肤的抵抗力,破坏其屏障作用,成为微生物入侵的门户,造成各种感染及其他并发症。因此,护士应加强对患者的皮肤护理。

一、评估

皮肤状况可反映个体健康状态。健康皮肤温暖、光滑、柔嫩、不干燥、不油腻,且无发红、破损、肿块和其他疾病征象。自我感觉清爽、舒适,无任何刺激感,对冷、热及触摸等感觉良好。护士可通过视诊和触诊评估患者皮肤,作为患者一般健康资料和清洁护理的依据。护士在评估患者皮肤时应仔细检查皮肤的颜色、温度、湿度、弹性及有无皮疹、出血点、紫癜、水肿和瘢痕等皮肤异常情况以及皮肤的感觉和清洁度等。

(一)颜色

皮肤颜色与种族和遗传有关,受毛细血管分布、血红蛋白含量、皮肤厚度、皮下脂肪含量和皮肤色素含量等因素影响。因此,同一个体不同部位、不同生理及疾病状态、不同环境下,皮肤颜色也各不相同。临床上常见的异常皮肤颜色包括:

1. 苍白 皮肤苍白由贫血、末梢毛细血管痉挛或充盈不足所致,如寒冷、惊恐、休克、虚脱以及主动脉瓣关闭不全等。

2. **发红** 皮肤发红由毛细血管扩张充血，血流加速、血量增加及红细胞含量增多所致。生理情况见于运动、饮酒后；病理情况见于发热性疾病，如肺炎球菌性肺炎、肺结核及猩红热等。

3. **发绀** 皮肤呈青紫色，由于单位容积血液中还原血红蛋白含量增高所致，常见于口唇、耳廓、面颊和肢端。

4. **黄染** 皮肤黏膜发黄称为黄染。常见原因如下：

（1）黄疸：由于血清内胆红素浓度增高致使巩膜、皮肤及黏膜黄染称为黄疸。当血清总胆红素浓度超过 34.2 μmol/L 时，可出现黄疸。皮肤黄染特点：①首先出现于巩膜、硬腭后部及软腭黏膜上，随胆红素浓度的持续增高，黏膜黄染更明显时，方出现皮肤黄染；②巩膜黄染呈连续性，近角巩膜缘处黄染轻、黄色淡，远角巩膜处黄染重、黄色深。

（2）胡萝卜素增高：因过多食用胡萝卜、南瓜、橘子等食物导致血中胡萝卜素增高，当超过 2.5 g/L 时，可出现皮肤黄染。皮肤黄染特点：①首先出现于手掌、足底、前额及鼻部皮肤；②一般不出现巩膜和口腔黏膜黄染；③血中胆红素浓度不高；④停止食用富含胡萝卜素的蔬菜或果汁后，皮肤黄染逐渐消退。

（3）长期服用含有黄色素药物：如米帕林、呋喃类等药物可引起皮肤黄染。皮肤黄染特点：①首先出现于皮肤，严重者也可出现于巩膜；②巩膜黄染的特点是近角巩膜缘处黄染重，黄色深；离角巩膜缘越远，黄染越轻，黄色越淡，可用此点与黄疸相区别。

5. **色素沉着** 因皮肤基底层黑色素增多而导致局部或全身皮肤色泽加深。生理情况下，身体外露部分以及乳头、腋窝、生殖器官、关节、肛门周围等处皮肤色素较深。若上述部位色素明显加深或其他部位出现色素沉着，则提示为病理征象。常见于慢性肾上腺皮质功能减退症、肝硬化等。

6. **色素脱失** 正常皮肤均含有一定的色素，当酪氨酸酶缺乏致使体内酪氨酸转化为多巴胺发生障碍，进而影响黑色素形成时，即可发生色素脱失。临床上常见的色素脱失见于白癜风、白斑和白化病。

（二）温度

皮肤温度有赖于真皮层循环血量，可提示有无感染和循环障碍。如局部炎症或全身发热，循环血量增多，局部皮温增高；休克时，末梢循环差，皮温降低。另外，皮肤温度受室温影响，并伴随皮肤颜色变化。皮肤苍白，表明环境较冷或有循环障碍；皮肤发红，表明环境较热或有炎症存在。

（三）湿度

皮肤湿度与皮肤排泄功能有关。排泄功能由汗腺和皮脂腺完成，其中汗腺起主要作用。出汗多者皮肤湿润，出汗少者皮肤干燥。病理情况下，出汗增多或无汗具有一定的诊断价值。手足皮肤发凉而大汗淋漓称为冷汗，见于休克和虚脱患者。

（四）弹性

皮肤弹性与年龄、营养状态、皮下脂肪及组织间隙所含液体量有关。儿童及青年皮肤紧致，富有弹性；中年以后皮肤组织逐渐松弛，弹性减弱；老年人皮肤组织萎缩，皮下脂肪减少，弹性减退。

检查皮肤弹性时，常选择手背或上臂内侧部位，以拇指和示指将皮肤提起，松手后若皮肤皱褶迅速平复为弹性正常，若皱褶平复缓慢为弹性减弱。皮肤弹性减弱常见于老年人、长期消耗性疾病患者或严重脱水者。

（五）其他

其他的皮肤评估包括评估皮肤有无皮疹、皮下出血、皮下结节、水肿和瘢痕等皮肤异常情况，以及皮肤的感觉和清洁度等。

二、皮肤的清洁护理

（一）淋浴和盆浴

淋浴（shower）和盆浴（tub bath）适用于能自行完成沐浴过程的患者，护士根据其自理能力给予协助。

⊃ **护理评估**

1. 评估与解释

（1）评估患者：①核对患者身份，如科别、床号、住院号、姓名、性别、年龄和诊断；②全身情况，如患者病情、意识状况，自理能力，肢体活动情况，有无关节活动受限，合作程度；③皮肤情况，如患者皮肤的完整性、颜色、温度、湿度、柔软度、厚度、弹性和感觉功能，有无水肿、破损，有无斑点、皮疹、水疱及硬结等改变，患者的清洁习惯和对清洁用品的选择；④患者对皮肤清洁卫生知识的了解程度和要求。确定沐浴的方式。

（2）解释：目的、方法及配合要点。

2. 评估环境　整洁、舒适，光线明亮。调节浴室温度22～26℃，水温40～45℃，水温可按患者年龄、个人习惯和季节调节。浴室内有信号铃、扶手、浴盆，地面有防滑设施，必要时备椅子。

⊃ **护理诊断**

1. 皮肤完整性受损　与患者长期局部皮肤受压及营养不良等因素有关。
2. 体温过高　与机体的炎性反应有关。
3. 营养失调：低于机体需要量　与营养摄入不足有关。

⊃ **护理计划**

1. 目的

（1）去除皮肤污垢，保持皮肤清洁，使患者感觉舒适。

（2）促进皮肤血液循环，增强皮肤的排泄功能，预防皮肤感染、压力性损伤等并发症。

（3）使紧张的肌肉得以放松，增强皮肤对外界刺激的敏感性。

（4）观察和了解患者的情况，满足患者的身心需要。

2. 准备

（1）护士准备：衣帽整洁，洗手，戴口罩。

（2）患者准备：了解淋浴和盆浴的目的、方法及注意事项，贵重物品妥善存放。

（3）用物准备：毛巾2条、浴巾、浴皂或浴液、清洁衣裤、防滑拖鞋。

⊃ **护理实施**

沐浴法实施，见表9-6。

表9-6　沐浴法实施

护理实施	流程简释	要点说明
介绍、指导	向患者介绍浴室内物品的使用方法及有关注意事项，如贵重物品应妥善存放、水温调节、信号铃使用方法等	• 提示患者保护人身和财产安全，避免滑倒、跌伤
沐浴之前	携带用物送患者入浴室，如患者沐浴需帮助，护士可协其脱衣、沐浴和穿衣	• 浴室门外挂牌示意，以防出现意外

续表

护理实施	流程简释	要点说明
沐浴之中	浴盆中的水位不可超过心脏水平,以免引起胸闷,如沐浴时间过久,应询问患者沐浴情况,以防发生意外。若遇患者发生晕厥或滑倒等意外,应迅速抢救	• 注意患者沐浴时间,一般不超过 20 min
浴后观察	再次观察患者情况,必要时做记录,护送患者回病室	

◎ 护理评价
1. 患者沐浴过程安全,患者感到清爽、舒适,无意外发生。
2. 充分体现以人为本的护理服务理念,患者满意。
◎ 注意事项
1. 沐浴应在进餐 1 h 后进行,以免影响消化功能。
2. 妊娠 7 个月以上的孕妇禁用盆浴,衰弱、创伤和患心脏病需要卧床休息的患者不宜淋浴或盆浴。
3. 传染病患者根据病种、病情,按隔离消毒原则进行。

 考点提示

沐浴的注意事项。

(二)床上擦浴

床上擦浴(bed bath)适用于病情较重、卧床、活动受限及无法自行沐浴的患者,如使用石膏、牵引或必须卧床的患者等。
◎ 护理评估
1. 评估与解释
(1)评估患者:①核对患者身份,如床号、住院号、姓名、性别、年龄和诊断;②全身情况,如年龄、病情、意识状态及自行清洁皮肤的能力;③皮肤情况,如皮肤的清洁度及皮肤有无异常改变;④患者对皮肤护理的认识、心理反应、个人清洁卫生习惯,对皮肤清洁卫生知识的了解及合作程度。
(2)解释:目的、方法及配合要点。
2. 评估环境 整洁、舒适、光线明亮。关好门、窗,调节室温 22～26 ℃,用屏风或床帘遮挡。
◎ 护理诊断
同淋浴和盆浴。
◎ 护理计划
1. 目的
(1)~(4)同淋浴和盆浴。
(5)协助患者活动肢体,防止关节僵硬和肌肉挛缩等并发症的发生。
2. 准备
(1)护士准备:衣帽整洁,洗手,戴口罩,掌握沟通与交流的技巧。
(2)患者准备:了解床上擦浴的目的、方法、注意事项及配合要点,病情稳定,全身皮肤情况较好。
(3)用物准备:治疗车上备脸盆、足盆各 1 个,水桶 2 个(一桶盛 50～52 ℃热水,水温可按患者年龄、个人习惯和季节调节，一桶接污水）；治疗盘内置毛巾（2条）、浴巾、小橡胶单、浴皂或浴液、梳子、小剪刀、50%乙醇、润肤乳、清洁衣裤和被服。另备便器及便器巾、屏风。

⊃ 护理实施

床上擦浴实施，见表9-7。

表9-7 床上擦浴实施

护理实施	流程简释	要点说明
核对、解释	（1）备齐用物携至患者床旁，查对床号、姓名及手腕带 （2）解释目的、方法，了解其需求	• 操作前查对，避免出错 • 合理沟通，取得配合
环境准备	移床旁椅至合适位置，关闭门窗，调节室温，拉上床帘	• 确保患者舒适，护士操作节力
调节水温	将脸盆、浴液、润肤乳置于床旁桌上，盆内倒入温水约2/3满，水温50～52℃，试水温	• 防止患者受凉
洗脸及颈部	（1）置巾：将毛巾铺于枕上，浴巾盖于患者胸前 （2）擦洗眼部：毛巾浸湿后拧干，裹成手套状（图9-10），先擦洗眼部，由内眦洗向外眦，同法擦洗另一侧 （3）擦洗面颈部：蘸浴液擦洗一侧额部、鼻部、两颊、耳后、颈部（额部由中间分别向两侧擦洗，鼻部由鼻根擦向鼻尖，面颊由鼻唇、下巴向左右面擦洗，颈部由中间分别向两侧擦洗）。洗净方毛巾，同法擦洗脸上浴液，蘸干脸上水分，脸部涂抹润肤乳	• 避免弄湿床单、被盖 • 毛巾折叠可以保持毛巾温度，避免毛巾边缘刺激患者皮肤 • 注意擦净耳廓、耳后、颈部皮肤皱褶处 • 除眼部外，其他部位一般采用清水-浴液-清水的顺序擦洗 • 擦洗时动作迅速、轻柔
擦洗上肢	（1）脱衣垫巾：为患者脱下上衣，先脱健侧，再脱患侧，暴露近侧手臂，浴巾半铺半盖于手臂上 （2）擦洗上肢：毛巾浸湿后拧干，方毛巾包手，涂上浴液，打开浴巾由前臂向上臂擦拭，擦拭后用浴巾遮盖，洗净方毛巾，同样手法擦净上臂浴液，注意腋窝的清洁。再用浴巾包裹沾干手臂上的水分 （3）洗手：将浴巾对折置于床边，置脸盆于浴巾上，协助患者将手浸于脸盆中，洗净并擦干，涂抹润肤乳 （4）移至对侧，同法擦拭另一侧手臂 （5）根据需要修剪指甲	• 先脱近侧，后脱对侧，如有外伤或活动障碍，先脱健侧，后脱患侧 • 从远心端向近心端擦洗以促进静脉回流 • 如指甲过长或甲沟里有污垢，应先修剪指甲、清理污垢
擦洗胸部	（1）换水测温：倒去污水，换清水，测试水温 （2）擦洗胸部：将被子向下折叠暴露胸部，用浴巾遮盖胸部。将清洁的方毛巾包裹在手上，涂上浴液，打开浴巾由上向下擦拭胸部及两侧，注意擦净皮肤皱褶处（如乳房下垂部位），擦拭后用浴巾遮盖，洗净方毛巾，同法擦净胸部浴液	• 尽力减少暴露，保护隐私 • 皮肤分泌物和污物易沉积于皮肤皱褶处 • 擦洗过程中，注意观察患者反应，如出现寒战、面色苍白等情况，要立即停止擦洗，采取保暖措施，告知医生

续表

护理实施	流程简释	要点说明
擦洗腹部	将盖被向下折至髋部，用浴巾遮盖胸腹部。清洁的方毛巾包裹在手上，涂上浴液，打开浴巾下角暴露腹部，环形擦洗腹部，注意肚脐的清洁，同法擦净腹部浴液。用浴巾蘸干胸腹部水分，涂抹润肤乳	• 擦洗过程中保持浴巾盖于患者腹部，保护隐私，避免着凉
擦洗背臀	（1）摆放体位：移枕至对侧，协助患者侧卧，背向护士，浴巾铺于患者背侧下，被子上折暴露背臀部，用浴巾遮盖背臀部 （2）擦洗背臀：毛巾浸湿后，将清洁的方毛巾包裹在手上，涂上浴液，打开浴巾暴露背臀部，由腰骶部分别沿脊柱两侧螺旋形向上擦洗全背。环形擦洗臀部，擦拭后用浴巾遮盖，洗净方毛巾，同法再擦拭一次，再用浴巾蘸干背臀部水分，涂抹润肤乳 （3）协助穿好衣袖	• 尽量减少暴露，注意保暖 • 先穿对侧再穿近侧，有外伤或活动障碍，先穿患侧，再穿健侧
擦洗下肢	（1）换水测温：更换毛巾，换水并测水温 （2）铺巾：协助患者脱裤，暴露一侧下肢，浴巾半铺半盖 （3）擦洗下肢：将清洁的方毛巾包裹在手上，涂上浴液，打开浴巾暴露下肢，另一手扶住下肢的踝部成屈膝状，由踝部→小腿→大腿→髋部方向擦洗，注意腹股沟位置的清洗。擦拭后用浴巾遮盖，洗净方毛巾，同法擦净下肢浴液，再用浴巾蘸干下肢上的水分，涂抹润肤乳。同法擦洗另一侧下肢	
清洗足部	（1）更换专用脚巾，更换水盆后，倒入温度适宜的热水 （2）将被子的被尾向上反折暴露双脚，脚下铺浴巾。用专用脚巾擦洗脚部（注意洗净脚趾缝），重复清洗一次，同法清洗另外一只脚。拧干脚巾，擦干双脚，再用浴巾进一步擦干脚部水分，根据需要修剪趾甲。戴手套者则应摘手套、洗手	• 确保洗净趾间部位 • 若患者双足有真菌感染，护士应戴手套，做好职业防护
清洗会阴	（1）更换用物：换盆、换水、换毛巾、更换浴巾，戴手套 （2）清洗会阴：护士托起患者臀部撤离污染护理垫，放清洁护理垫及专用浴巾于患者臀下，将专用毛巾浸湿拧干。按顺序擦洗：由阴阜向下至阴道口、肛门，边擦洗边转动毛巾，每擦洗一个部位，毛巾应更换一个面。清洗毛巾后分别擦洗左右侧腹股沟部位。清洗毛巾直至清洁无异味。撤去浴巾，脱手套，协助患者更换清洁裤子	• 保护患者隐私，做好职业防护
整理记录	整理床单位，根据需要给患者梳头、更换床单，协助患者取合适体位，整理用物，洗手，记录	• 为患者提供舒适环境 • 记录执行时间和效果
调节环境	移床旁椅至合适位置，关闭门窗，根据需要调节合适室温，拉上床帘	• 确保患者舒适，护士操作节力

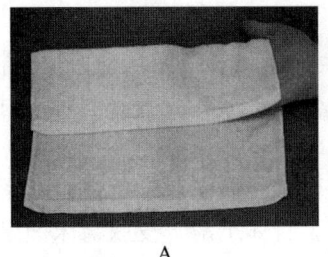 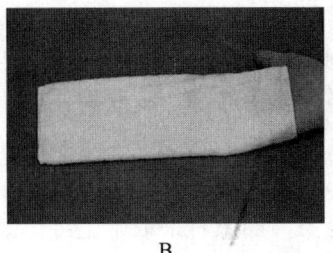 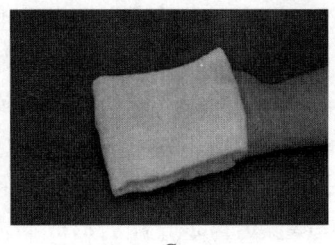

图 9-10　手套式毛巾折叠方法
A. 第一步；B. 第二步；C. 第三步

> **考点提示**
>
> 穿脱衣的顺序。

护理评价

1. 操作方法正确、规范、节力，患者感到舒适、满意。患者床上擦浴过程安全，无意外发生。
2. 充分体现以人为本的护理服务理念，关爱患者，护患沟通有效，患者及家属获取卫生保健知识。

注意事项

1. 擦浴过程中用力要适当，动作要轻、稳、敏捷，减少翻动次数和暴露，防止患者受凉。
2. 根据情况更换水温适宜的热水，注意脐部、腋窝、腹股沟等皮肤皱褶处的清洁。
3. 擦洗过程中，应密切观察患者的情况，如患者出现寒战、面色苍白等，应立即停止擦洗，并给予适当处理。同时，还应观察患者皮肤有无异常，如有异常，也应及时处理和记录。
4. 如有切口或各种管道，应注意保护，避免切口受压及管道扭曲。

三、压力性损伤的预防和护理

压力性损伤（pressure injury）是长期卧床患者或躯体移动障碍患者皮肤易出现的最严重问题，具有发病率高、病程发展快、难以治愈及治愈后易复发的特点，一直是医疗和护理领域的难题，引起医疗机构的广泛关注。

压力性损伤是位于骨隆突处、医疗或其他器械下的皮肤和（或）软组织的局部损伤。可表现为皮肤完整或开放性溃疡，可伴有疼痛。损伤因强烈和（或）长期存在的压力或压力联合剪切力而导致。软组织对压力和剪切力的耐受性受微环境、营养、灌注、合并症以及软组织情况的影响。因用于诊断或治疗目的使用器械而产生的压力性损伤称为器械相关压力性损伤（devices related pressure injury），其损伤形状与器械形状一致。

护理评估

（一）压力性损伤发生的原因

1. 局部组织持续受压（力学因素）　造成压力性损伤的三个主要物理力是垂直压力、摩擦力和剪切力，通常是 2～3 种力联合作用所致。

（1）垂直压力：是造成压力性损伤最主要的因素，常见于长时间采用某一种体位。局部组织承受超过正常毛细血管的垂直压力（正常的毛细血管压为 16～32 mmHg）压迫，即可阻断毛细血管对组织物的灌注，致使氧气和营养物质供应不足，代谢废物排泄受阻，导致组织发生缺血、溃烂和坏死。压力性损伤的形成与压力强度和持续时间有密切关系。压力越大，持续时间越长，发生压力性损伤的概率越高。

（2）摩擦力：由两层相互接触的表面发生相对移动而产生。当患者卧床活动或坐轮椅时，皮肤随时都受床单、椅垫表面的逆行阻力摩擦，皮肤擦伤后，受汗、尿、粪等浸润污染时，易发生压力性损伤。

（3）剪切力：由两层组织相邻表面间的滑行产生进行性相对移位所引起，与体位有密切关系，是摩擦力与垂直压力形成的合力。如患者采取半坐卧位时，身体下滑，皮肤与床铺出现平行的摩擦力，加上皮肤垂直方向的重力，从而导致剪切力的产生。

2. 局部潮湿　如大小便失禁、汗液、尿液、各种渗出液等刺激。

3. 营养状况　如营养摄入不足及肥胖患者等。营养摄入不足，机体能量代谢失衡，致皮下脂肪减少、肌肉萎缩、受压处缺乏保护，引起血液循环障碍，可出现压力性损伤。过度肥胖者卧床时体重对皮肤的压力较大，易发生压力性损伤。

4. 年龄　如老年人皮肤松弛、干燥，缺乏弹性，皮下脂肪萎缩、变薄，皮肤抵抗力下降，对外部环境反应迟钝，皮肤血流速度下降且血管脆性增加，导致皮肤易损性增加。

5. 体温升高　体温升高时，机体新陈代谢率增高，组织细胞对氧的需求量增加。加之局部组织受压，使已有的组织缺氧更加严重。因此，伴有高热的严重感染患者存在组织受压情况时，压力性损伤发生的概率升高。

6. 器械使用　如在长期使用心电监护、氧气面罩、呼吸机、气管切开导管、约束性装置、矫形器械时，可对使用的部位产生压力和（或）造成局部温湿度改变，导致皮肤耐受性下降等，进而发生不同程度的压力性损伤。

7. 机体活动和（或）感觉障碍　机体活动和（或）感觉障碍多由神经损伤、手术麻醉或制动造成，自主活动能力减退或丧失使局部组织长期受压，血液循环障碍而发生压力性损伤。感觉受损可造成机体对伤害性刺激反应障碍，保护性反射迟钝，长时间受压后局部组织坏死而导致压力性损伤发生。

8. 急性应激因素　急性应激使机体对压力的敏感性增加，导致压力性损伤发生率增高。此外，急性应激引起体内代谢紊乱，应激激素大量释放，中枢神经系统和内分泌系统发生紊乱，机体内环境的稳定性被破坏，机体组织失去承压能力，从而引发压力性损伤。

（二）压力性损伤的分期

据美国国家压力性损伤咨询委员会/欧洲压力性损伤咨询委员会压力性损伤分类系统，压力性损伤分为1~4期、深部组织损伤和不可分期（图9-11）。

1期：指压不变白的红斑，皮肤完整局部皮肤完好，出现压之不褪色的局限性红斑，通常位于骨隆突处。与周围组织相比，该区域可有疼痛、坚硬或松软，皮温升高或降低。肤色较深者因不易观察到明显红斑而难以识别，可根据其颜色与周围皮肤不同来判断。

2期：部分皮层缺损部分表皮缺损伴真皮层暴露，表现为浅表开放性溃疡，创面呈粉红色、无腐肉；也可表现为完整或破损的浆液性水疱。

3期：全层皮肤缺损，可见皮下脂肪，但无筋膜、肌腱/肌肉、韧带、软骨/骨骼暴露。可见腐肉和（或）焦痂，但未掩盖组织缺失的深度。可有潜行或窦道。此期压力性损伤的深度依解剖学位置不同而表现各异，鼻、耳、枕骨和踝部因皮下组织缺乏可表现为表浅溃疡；臀部等脂肪丰富部位可发展成深部伤口。

4期：全层皮肤和组织缺损，伴骨骼、肌腱或肌肉外露。创面基底部可有腐肉和焦痂覆盖，常伴有潜行或窦道。与3期类似，此期压力性损伤的深度取决于解剖位置，可扩展至肌肉和（或）筋膜、肌腱或关节囊，严重时可导致骨髓炎。

深部组织损伤：皮肤完整或破损，局部出现持续的指压不变白，皮肤呈深红色、栗色或紫

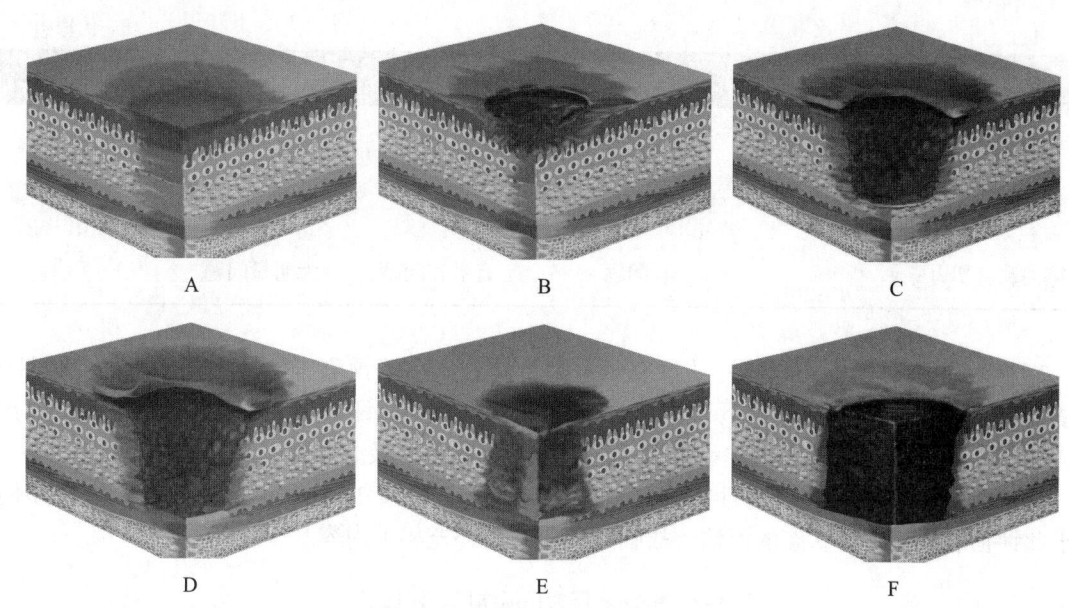

图 9-11 压力性损伤的病理分期
A. 1期；B. 2期；C. 3期；D. 4期；E. 深部组织损伤；F. 不可分期

色，或表皮分离后出现暗红色伤口或充血性水疱。可伴疼痛、坚硬、糜烂、松软、潮湿、皮温升高或降低。肤色较深者难以识别深层组织损伤。

不可分期：全层皮肤和组织缺损，因创面基底部被腐肉和（或）焦痂掩盖而无法确认组织缺失程度。需去除腐肉和（或）焦痂后方可判断损伤程度。

考点提示

压力性损伤发生的原因及分期判断。

（三）压力性损伤的风险评估

在入院后尽快进行压力性损伤风险筛查，并在此后定期进行筛查，以确定存在风险的个体。

评估内容包括：皮肤评估、行为/行动能力评估、灌注及氧合、营养状态、皮肤潮湿度等。可利用压力性损伤风险评估量表进行评估，常用量表包括 Braden 危险因素评估表、Norton 压力性损伤风险评估表、Waterlow 压力性损伤风险评估量表等。应用压力性损伤风险评估工具时，需根据患者的情况进行动态评估，并及时修正，实施重点预防。

1. Braden 危险因素评估表 该量表由美国的 Braden 和 Bergstrom 于 1987 年编制，是临床上广泛使用且操作简便的压力性损伤风险评估工具之一。该量表包括感知、潮湿、活动力、移动力、营养、摩擦力和剪切力 6 个项目。评分 ≤ 18 分，提示患者有发生压力性损伤的危险，建议采取预防措施。

表 9-8 Braden 危险因素评估表

项目/分值	1	2	3	4
感知：对压力相关不适的感受能力	完全受限	非常受限	轻度受限	未受损
潮湿：皮肤暴露于潮湿环境的程度	持续潮湿	潮湿	有时潮湿	很少潮湿
活动力：身体活动程度	限制卧床	坐位	偶尔行走	经常行走

续表

项目/分值	1	2	3	4
移动力：改变和控制体位的能力	完全无法移动	严重受限	轻度受限	未受限
营养：日常食物摄取状态	非常差	可能缺乏	充足	丰富
摩擦力和剪切力	有问题	有潜在问题	无明显问题	

2. Norton压力性损伤风险评估量表　也是目前公认用于预测压力性损伤发生的有效评分方法，特别适用于老年患者的评估。Norton压力性损伤风险评估量表评估5个方面的压力性损伤危险因素：身体状况、精神状态、活动能力、灵活程度及失禁情况。总分值范围为5～20分，分值越小，表明发生压力性损伤的危险性越高。评分≤14分，提示易发生压力性损伤。由于此评估表缺乏营养状态的评估，故临床使用时需补充相关内容。

表9-9　Norton压力性损伤风险评估量表

项目/分值	4	3	2	1
身体状况	良好	一般	不好	极差
精神状态	思维敏捷	无动于衷	不合逻辑	昏迷
活动能力	可以走动	需协助	坐轮椅	卧床
灵活程度	行动自如	轻微受限	非常受限	不能活动
失禁情况	无失禁	偶有失禁	经常失禁	二便失禁

3. Waterlow压力性损伤风险评估量表　该量表是欧洲评估老年人压力性损伤危险的主要工具。该量表包括体型、控便能力、皮肤类型、年龄、性别、移动度、饮食、组织、神经缺陷、手术和特殊用药11个条目。量表得分越高，压力性损伤风险越大。总分＜10分为无危险，≥10分为危险，其中10～14分为轻度危险，15分及以上为高度危险。

（四）压力性损伤的高危人群

压力性损伤的高危人群包括：①慢性神经系统疾病人群；②脊髓损伤患者；③老年人和康复机构中的危重患者；④姑息治疗的人群；⑤肥胖患者；⑥转运途中的患者；⑦长时间手术患者；⑧新生儿和儿童；⑨糖尿病患者；⑩使用医疗器械患者等。

（五）压力性损伤的易发部位

1. 压力性损伤通常易发生于长期受压及缺乏脂肪组织保护、无肌肉包裹或肌层较薄的骨隆突处，因卧位不同而有所差异。

（1）仰卧位：好发于枕骨粗隆、肩胛骨、肘部、骶尾部及足跟，尤其好发于骶尾部。

（2）侧卧位：好发于耳廓、肩峰、肋骨、肘部、髋部、膝关节的内外侧及内外踝处。

（3）俯卧位：好发于面颊、耳廓、肩部、女性乳房、男性生殖器、髂嵴、膝部和足尖等处。

（4）坐位：好发于枕骨粗隆、肩胛骨、肘部、骶尾部、坐骨结节、足跟等处。

2. 由于使用用于诊断或治疗的医疗器械而导致的压力性损伤。

考点提示

压力性损伤的易发部位。

● 护理诊断

同淋浴和盆浴。

● 护理计划

（一）压力性损伤的预防

压力性损伤的预防关键在于加强管理，消除危险因素。

1. 进行皮肤评估　在进入医疗保健服务后，应尽快对所有压力性损伤发生风险人群进行全面皮肤和组织评估。

（1）评估时需检查皮肤有无红斑：利用指压法或透明压板法鉴别按压变白与否，并评价红斑的程度和范围，评估时应注意肤色深浅不同者颜色表现不一样，如深色素沉着皮肤在评估时可考虑将皮温和湿度纳入以供鉴别。

（2）评估皮肤和软组织温度：经验丰富的卫生专业人员用手评估皮肤温度，也可借助红外热成像装置或红外线温度计作为检查皮肤的辅助工具。

（3）评估受检组织水肿情况和周围组织改变。

（4）评估皮肤和软组织硬度。

（5）评估时应注意将压力性损伤与失禁性皮炎相鉴别。

（6）应将医疗器械下面的皮肤和软组织也作为常规皮肤评估的一部分。

（7）及时、完整、准确记录所有皮肤评估的结果。

2. 采取预防性皮肤护理措施　保持皮肤清洁并适当补充水分；失禁后立即清洁皮肤；避免使用碱性肥皂和清洁剂；使用皮肤屏障保护产品保护皮肤免受潮湿侵害；禁止按摩或用力擦洗压力性损伤易患部位的皮肤，防止造成皮肤损伤；对尿失禁伴有压力性损伤或风险的人群，使用高吸收性失禁产品来保护皮肤；使用低摩擦的纺织物；对压力性损伤危险人群，可使用预防性敷料保护皮肤。

3. 进行营养筛查与营养评估

（1）对压力性损伤高危人群需进行营养筛查以判断营养不良风险，如营养不良风险评估量表等。

（2）经筛查有营养不良风险者，需进行全面营养评估，如实验室检查等。

（3）经全面评估有营养不良风险或已存在营养不良等情况时，建议营养师介入，开展多学科合作，为患者制订个性化营养治疗计划。

4. 体位变换和早期活动

（1）频率：对压力性损伤或高危人群翻身频率应个性化，需要根据个人的病情、活动水平、灵活性、独立进行变换的能力、皮肤和组织耐受性、整体健康状况、整体治疗目标、舒适感和疼痛感等予以确定。一般每 2 h 翻身，必要时每 30 min 翻身 1 次。此外，尤应注意某些限制翻身的疾病。

（2）体位摆放：变换体位的同时应评估患者皮肤情况，体位变换后需根据患者个体情况进行合理摆放。摆放体位时应保证引流管不被身体压迫、避免打折，保证引流通畅，同时避免身体压迫引流管的部位出现压力性损伤；若为偏瘫患者，摆放体位时还应考虑良肢位摆放等。

一般情况下，长期卧床患者可采用 30° 斜侧卧位，避免采用使压力加大的躺卧姿势；且在病情允许情况下床头抬高角度限制于30°内，避免身体下滑而形成剪切力；体位变换后需合理选择体位装置进行局部减压。

（3）建立床头翻身记录卡（表9-10）：记录翻身时间、卧位变化及皮肤情况。

表9-10　翻身记录卡

姓名：	性别：	年龄：	住院号：	床号：
日期/时间	卧位	皮肤情况及备注		执行者

5. 选择和使用合适的减压装置　减压装置可调整组织负荷和微环境情况，如泡沫床垫、气垫床、减压坐垫等。选择减压装置时需考虑患者制动程度、对微环境控制和剪切力降低的需求、患者的体型和体重，以及压力性损伤发生的危险程度等因素。需要注意的是，尽管使用减压装置，仍不可忽视体位变换的重要作用。

6. 鼓励患者早期活动　早期活动可降低因长期卧床造成患者临床情况恶化的风险，活动频率和活动强度需根据患者耐受程度和发生压力性损伤危险程度决定。在病情允许情况下，协助患者进行肢体功能练习，鼓励患者尽早离床活动，预防压力性损伤发生。

7. 预防器械相关性压力性损伤　合理选择和正确使用器械；定期评估皮肤，做好皮肤护理；采取医疗器械压力再分布措施；使用预防性敷料。

8. 实施健康教育　确保患者和家属的知情权，使其了解自身皮肤状态及压力性损伤的危害，指导其掌握预防压力性损伤的知识和技能，如营养知识、翻身技巧及背部按摩（图9-12）等预防皮肤损伤的技巧，从而鼓励患者及家属有效参与或独立采取预防压力性损伤的措施。

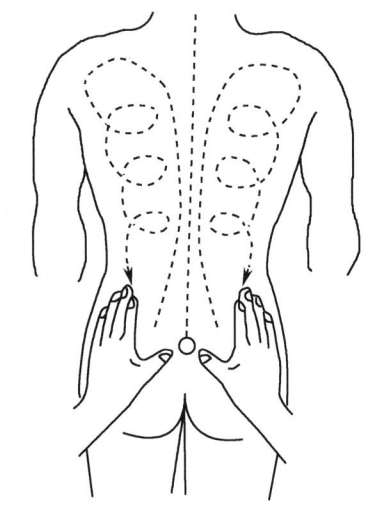

图9-12　背部按摩

考点提示

压力性损伤的预防。

知识链接

术中获得性压力性损伤的预防

1. 评定为低风险的患者，采取下列标准预防措施：

（1）可采用盖被、肢体包裹、冲洗液加温、环境温度调节等综合保温措施，维持核心体温在正常范围内。

（2）应观察术中出血量及血压变化，遵医嘱选择输注液体或血制品类别，维持循环稳定。

（3）术中调整或变换手术体位时，应在体位受压部位增加棉质/海绵/凝胶/流体等体位垫进行减压。

2. 评定为中风险的患者，在低风险预防措施基础上，增加下列预防措施：

（1）根据核心体温变化，可采用体表加温、输注液体和血制品加温等主动升温方法维持核心体温稳定。

（2）术中大量出血发生低灌注事件时，应遵医嘱及时建立多条静脉通道，使用胶体、晶体液体或血制品等，调节速度，维持循环稳定。

（3）伴有极度肥胖（BMI>40），或手术时间 >6 h，或年龄 >75 岁的患者，受压部位皮肤应采用预防性敷料。

3. 评定为高风险的患者，在中风险预防措施基础上，在手术允许情况下，术中应针对受压部位进行手术体位微调整：

（1）受压部位在头枕部时，可左右侧变换受压部位；受压部位在头面部时，可抬高受压部位。

（2）受压部位在骶尾部或身体背侧时，可适度调节手术床角度（如头高脚低或左右倾斜角度），变换受压部位。

——中华护理学会团体标准（T/CNAS 29 — 2023）

（二）压力性损伤的治疗与护理

压力性损伤的治疗可采取局部治疗和全身治疗相结合的综合性治疗措施。

1. 全身治疗与护理　积极治疗原发病，补充营养和进行全身抗感染治疗等。良好的营养是创面愈合的重要条件，因此应给予患者平衡饮食，增加蛋白质、维生素及微量元素的摄入。对长期不愈的压力性损伤，可静脉滴注复方氨基酸溶液。低蛋白血症患者可静脉输入血浆或人血清蛋白，提高血浆胶体渗透压，改善皮肤血液循环。胃肠道摄入、消化和吸入营养障碍者可采用全胃肠外营养治疗，保证营养物质供给以满足机体代谢需要。此外，遵医嘱给予抗感染治疗，预防败血症发生。同时，加强心理护理，消除不良心境，促进身体早日康复。

2. 局部治疗与护理　除可采取上述压力性损伤预防措施用于局部治疗和护理外，还需根据压力性损伤创面的特点和伤口情况，采取针对性的治疗和护理措施。

（1）压力性损伤评估及愈合监测：全面的压力性损伤评估是制订压力性损伤治疗和护理方案的前提。初始评估后，需每周至少进行一次压力性损伤评估，评估内容包括压力性损伤的部位、分期、大小（长、宽、深）、颜色、组织类型、创缘、窦道、潜行、瘘管、渗出、气味及伤口周围情况等。更换敷料时需根据创面情况、渗出液变化和有无感染迹象等判断压力性损伤是否改善或恶化。若伤口面积增大、组织类型改变、伤口渗液增多或出现临床感染等其他迹象，提示压力性损伤恶化，需及时调整治疗方案；若渗液减少、伤口面积缩小和创面组织好转，提示压力性损伤愈合良好。

压力性损伤的愈合监测由医疗专业人员辅以压力性损伤评估工具和数字成像得以完成，对压力性损伤愈合过程进行精确测量和描述有助于评价伤口的愈合趋势，为进一步治疗提供依据。常用于评估压力性损伤愈合过程的量表包括 Bates-Jensen 伤口评价工具、压力性损伤愈合评价量表和压力性损伤状态工具等。

（2）疼痛评估与处理：压力性损伤会产生痛感，无论在静息状态、进行治疗和护理操作时均可出现。做好压力性损伤相关性疼痛的评估、预防和管理，尤其是预防和减轻治疗和护理操作所致的疼痛至关重要。如为患者变换体位时可使用吊带或转运床单以减少摩擦力和剪切力，同时保持床单平整无皱褶；摆放体位时避开压力性损伤部位和避免采用导致压力增加的体位；选择敷料时选择更换频率低、容易去除的敷料，避免对皮肤产生机械性损伤。在伤口治疗和护理操作开始前需采取充分的疼痛控制手段。疼痛管理的具体措施详见第十二章。

(3) 使用伤口敷料：湿性伤口愈合理论提出，适度湿润、密闭、微酸（接近于皮肤pH）、低氧或无氧且接近于体温的伤口环境为创面愈合的适宜环境。随着湿性伤口愈合理论的提出及创面愈合病理生理过程的深入研究，湿性敷料不断改进并发展，目前已广泛用于压力性损伤的临床治疗。常用的湿性敷料包括水胶体敷料、透明膜敷料、水凝胶敷料、藻酸盐类敷料、泡沫敷料、高吸收性敷料等。每种类型敷料具有各自的优缺点和临床适应证，需根据压力性损伤的分期、伤口渗出物的性质和量、创面基底组织状况、压力性损伤周围情况、压力性损伤大小、深度和部位，以及是否存在瘘管和（或）潜行等因素进行选择。

(4) 伤口护理：包括清洗和清创。①清洗：每次更换敷料时需进行伤口清洗，以清除表面残留物和敷料残留物。伤口清洗液需根据伤口类型进行选择，创面无感染时多采用对健康组织无刺激的生理盐水进行冲洗，对确诊感染、疑似感染或疑似严重细菌定植的压力性损伤，需根据创面细菌培养及药物敏感试验结果选择带有表面活性剂和（或）抗菌剂的清洗液。清洗时需避免交叉感染，并注意窦道、潜行或瘘管的处理。②清创：指清除压力性损伤创面或创缘无活力的坏死组织。常用的清创方法包括外科清创、保守锐性清创、自溶性清创、生物性清创和机械性清创，清创方法需根据患者的病情和耐受性、局部伤口坏死组织情况和血液循环情况选择。对于免疫缺陷、供血障碍和全身败血症期间未采用抗生素治疗的患者，清创应慎重。

(5) 药物治疗：为控制感染和增加局部营养供给，可于局部创面采用药物治疗，如聚维酮碘、胰岛素等，或采用具有清热解毒、活血化瘀、去腐生肌的中草药治疗。

(6) 其他措施：如生物敷料、生长因子、生物物理方法和手术治疗等用于压力性损伤治疗。

▶ **护理评价**

1. 严密观察患者局部受压情况，操作正确、规范，患者在住院期间未发生压力性损伤。
2. 充分体现以人为本的护理服务理念，关爱患者。

第四节 会阴部护理

案例9-4

患者，女性，27岁，初孕40周，于昨日晨9：05顺产一名女婴，会阴浅Ⅱ度裂伤。产后1天，由于对新生儿喂养知识不了解，再加之会阴部疼痛很担心留下后遗症等原因，产妇表现出明显的焦虑。护士遵医嘱每天2次为该产妇做会阴部清洁护理。

问题与思考：

1. 针对产妇现有情况，你认为现阶段护士应重点关注产妇的哪些方面？
2. 护士应如何向患者解释进行会阴部清洁护理的目的？
3. 在进行会阴部护理时应注意哪些？

会阴部护理（perineal care）包括清洁会阴部位及其周围皮肤。会阴部因其特殊的生理结构，成为病原微生物侵入人体的主要途径。此外，会阴部温暖、潮湿、通风较差，且阴毛生长较密，易于致病菌繁殖。当个体患病时，机体抵抗力减弱，且因长期卧床而致会阴部空气流通不畅，易导致感染发生。因此，会阴部清洁护理对预防感染及增进患者舒适十分必要，特别是对生殖系统及泌尿系统炎症、二便失禁、留置导尿、产后及会阴部术后患者尤为重要。

有自理能力的患者可自行完成会阴部护理；对于自理能力受限的患者，护士在为其进行会阴部护理时，特别是面对异性患者时会感到困窘，患者也会感到局促不安，但不能因此而忽视患者的卫生需求。护士严谨科学的作风和敏捷的操作技术可缓解患者不安情绪。

一、评估

1. 评估患者的病情、意识状态、心理反应。
2. 评估患者有无二便失禁、留置尿管、泌尿生殖系统炎症或手术等情况。
3. 评估患者的自理能力及配合程度。
4. 评估会阴部卫生状况　包括患者会阴部有无感染症状、皮肤黏膜情况、有无伤口、流血、异味及分泌物情况。
5. 评估患者对会阴部清洁卫生重要性的认识程度，会阴部清洁方法是否正确等。

二、会阴部的清洁护理

对于泌尿生殖系统感染、大小便失禁、会阴部分泌物过多或尿液浓度过高导致皮肤刺激或破损、留置导尿、产后及各种会阴部术后的患者，护士应协助其进行会阴部清洁护理，以保持会阴部清洁，促进舒适，从而预防生殖系统、泌尿系统的逆行感染。

◆ **护理评估**

1. 评估与解释
（1）核对患者身份：床号、住院号、姓名、性别、年龄和诊断。
（2）评估：同本节"一、评估"。
2. 评估环境　环境安静、整洁，光线明亮，使用屏风或床帘遮挡。

◆ **护理诊断**

1. 有感染的危险　与缺乏会阴裂伤个人卫生护理知识有关。
2. 疼痛　与会阴裂伤有关。
3. 知识缺乏：缺乏哺乳及个人卫生相关知识　与初次分娩育儿经验不足有关。

◆ **护理计划**

1. 目的
（1）保持会阴部清洁、舒适，预防和减少感染。
（2）为导尿术、留取中段尿标本和会阴部手术做准备。
（3）保持有伤口的会阴部清洁，促进伤口愈合。
2. 准备
（1）护士准备：衣帽整洁，修剪指甲，洗手，戴口罩。
（2）患者准备：①了解会阴部护理的目的、方法、注意事项及配合要点；②患者取仰卧位，双腿屈膝外展。
（3）用物准备：①治疗车上层：治疗盘内备清洁棉球、无菌溶液、大量杯、镊子、一次性手套；治疗盘外备橡胶单、中单、毛巾、浴巾、浴毯、卫生纸、手消毒液和水壶（内盛温水，温度与体温相近，以不超过40℃为宜）。②治疗车下层：便盆和便盆巾、生活垃圾桶和医疗垃圾桶。

◆ **护理实施**

会阴部护理实施，见表9-11。

表 9-11　会阴部护理实施

护理实施	流程简释	要点说明
核对、解释	（1）备齐用物携至患者床旁，查对床号、姓名及手腕带 （2）解释目的、方法	• 操作前查对，避免出错 • 合理沟通，取得配合
环境准备	遮挡：关闭门窗，屏风遮挡	• 保护患者隐私
铺单脱裤	将橡胶单和中单置于患者臀下；协助患者脱对侧裤腿，盖在近侧腿部，对侧腿用盖被遮盖	• 保护床单位，防止溅湿 • 防止患者受凉
安置体位	协助患者取屈膝仰卧位，两腿外展	• 充分暴露会阴区
备水备物	（1）脸盆内放温水，试水温，将脸盆和卫生纸放于床旁桌上，毛巾置于脸盆内 （2）护士戴一次性手套	• 水温适宜，避免烫伤 • 防止交叉感染
擦洗会阴部 ▲男性会阴护理	（1）擦洗大腿内侧1/3：由外向内擦洗至阴囊边缘 （2）擦洗阴茎头部：轻轻提起阴茎，手持纱布将包皮后推露出冠状沟，由尿道口向外环形擦洗阴茎头部。更换毛巾，反复擦洗，直至擦净 （3）擦洗阴茎体部：沿阴茎体由上向下擦洗，特别注意阴茎下皮肤 （4）擦洗阴囊部：擦洗阴囊及阴囊下皮肤皱褶处	• 保暖，并保护患者隐私 • 擦洗顺序为先对侧后近侧 • 擦洗方向为从污染最小部位至污染最大部位，防止细菌向尿道口传播 • 力量柔和、适度，避免过度刺激 • 擦洗顺序为对侧→上方→近侧→下方动作轻柔，防止阴囊受压引起患者疼痛
▲女性会阴护理	（1）擦洗大腿内侧1/3：由外向内擦洗至大阴唇边缘 （2）擦洗阴阜 （3）擦洗阴唇部位 （4）擦洗尿道口和阴道口：分开阴唇，暴露尿道口和阴道口。由上到下从会阴部向肛门方向轻轻擦洗各个部位，彻底擦净阴唇、阴蒂及阴道口周围部分 （5）置便盆于患者臀下 （6）冲洗：护士一手持装有温水的大量杯，另一手持夹有棉球的大镊子，边冲水边擦洗会阴部。从会阴部冲洗至肛门部，冲洗后，将会阴部彻底擦干 （7）撤去便盆	• 保暖，并保护患者隐私 • 擦洗顺序为由上到下，由对侧至近侧 • 注意皮肤皱褶处 • 减少致病菌向尿道口传播，每擦完一处，毛巾更换一面 • 女性月经期或留置导尿时，可用棉球清洁，为女性进行会阴冲洗时，将用过的棉球弃于便盆中
擦洗肛周及肛门	协助患者取侧卧位，擦洗肛周及肛门部位	• 便于护理肛门部位 • 特别注意肛门部位的皮肤情况。必要时在擦洗肛门前，可先用卫生纸擦洗
局部用药	遵医嘱，根据患者病情涂药	
整理、记录	（1）脱手套，撤除橡胶单和中单 （2）协助患者穿好衣裤，取舒适卧位 （3）整理床单位 （4）整理用物 （5）洗手 （6）记录	• 减少致病菌传播 • 记录执行时间及护理效果

◯ 护理评价

1. 会阴清洁充分，患者感觉舒适。
2. 充分体现以人为本的护理服务理念，保护患者自尊，护患沟通有效，患者愿意配合。

◯ 注意事项

1. 会阴部擦洗时，每擦洗一处毛巾须更换一面。如用棉球擦洗，每擦洗一处则应更换一个棉球。
2. 擦洗时动作轻稳，顺序清楚，从污染最小部位至污染最大部位清洁，避免交叉感染。
3. 操作时正确运用人体力学原则，注意节时省力。
4. 对于行会阴部或直肠手术的患者，应使用无菌棉球擦净手术部位及会阴部周围皮肤。
5. 操作中减少暴露，注意保暖，并保护患者隐私。
6. 擦洗溶液温度适中，减少刺激。
7. 留置导尿者，需做好留置导尿管的清洁与护理：①清洁尿道口和尿管周围，擦洗顺序由尿道口向远端依次擦洗尿管的对侧→上方→近侧→下方；②检查留置尿管及尿袋开始使用日期；③操作过程中尿管置于患者腿下并妥善固定；④操作后注意导尿管是否通畅，避免脱落或打结。
8. 女性患者月经期宜采用会阴冲洗。
9. 注意观察会阴部皮肤黏膜情况。有伤口者需注意观察伤口有无红肿、分泌物的性状、伤口愈合情况。如发现异常，应及时向医生汇报，并配合处理。

知识链接

中药熏洗法

中药熏洗法是将中药煎汤后，先用其蒸气熏疗，待其温后再淋洗、浸浴全身或患处局部的一种方法。该法最早见于马王堆汉墓出土的《五十二病方》，其中载有熏洗方八首；《金匮要略》中亦有用苦参汤熏洗治疗狐惑病的记载；及至唐代，在《千金翼方》和《外台秘要》中已将熏洗疗法推广应用于外科、妇科及眼科等多种疾病；金元时期的张子和则将其列为治病大法之一。

中药熏洗法是以中医理论为指导辨证选用相应的方药，经煎煮后乘热熏蒸、淋洗、浸浴患处，以达到开泄腠理、祛风除湿、解毒消肿、杀虫止痒、通经活血、协调脏腑功能的目的。根据熏洗的部位可分为全身药浴和局部药浴，局部药浴又包括坐浴、四肢熏洗等。

第五节 晨、晚间护理

案例 9-5

患者，女性，70岁，患有类风湿关节炎3年余。3周前无明显诱因突然出现全身多关节肿痛，以膝关节、髋关节、腕关节、近端指间关节为主，有晨僵（大于1 h），指间关节轻度变形，疼痛不能自行缓解，活动明显受限，患者情绪低落、忧虑，门诊以类风湿关节炎收住院。查体：生命体征正常，双腕稍肿胀，压痛阳性，双肩上举困难；双手部分掌指关节、近端指间关节轻度肿胀，有压痛，双手握拳障碍。自本次发病以来，患者精神、饮食、睡眠欠佳。

问题与思考：

1. 为取得患者的配合，应如何向其解释晨、晚间护理的目的？
2. 根据该患者的疾病特点，夜班护士应实施哪些护理措施？

晨、晚间护理是指根据人们的生活习惯，满足住院患者特别是生活不能自理者日常清洁需要的护理措施。主要用于危重、昏迷、瘫痪、高热、大手术后或年老体弱等患者，于晨间和晚间进行的生活护理称为晨、晚间护理。晨间护理（morning care）一般于清晨诊疗工作前完成，晚间护理（evening care）应于每晚患者睡前完成，是优质护理服务的重要组成内容。

一、晨间护理

（一）晨间护理的目的
1. 促进患者舒适。
2. 保持病室和床单位整洁。
3. 观察和评估病情，为诊断、治疗和护理计划的制订提供依据。
4. 进行心理和卫生指导，增进护患交流。
5. 预防压力性损伤及肺炎等并发症。

（二）晨间护理的内容
1. 采用湿式扫床法清洁并整理床单位，必要时更换被服。
2. 根据患者病情和自理能力，协助患者排便、洗漱及进食等。
3. 根据患者病情合理摆放体位，如腹部手术患者采取半卧位。检查全身皮肤，观察有无压力性损伤的早期迹象。
4. 根据需要给予叩背、协助排痰，必要时给予吸痰，指导有效咳嗽。
5. 检查各种管道的引流、固定及治疗完成情况，维护管道安全和通畅。
6. 进行晨间交流，询问夜间睡眠、疼痛、呼吸情况、肠功能恢复情况，以及活动能力。
7. 酌情开窗通风，保持病室内空气清新。

二、晚间护理

（一）晚间护理的目的
1. 保持病室安静、整洁，使患者清洁舒适，易于入睡。
2. 观察和评估病情，为诊断、治疗和护理计划的制订提供依据。
3. 预防压力性损伤等并发症。

（二）晚间护理的内容
1. 整理床铺，视需要给患者增加毛毯或盖被，必要时更换床单或被套。
2. 根据患者病情及自理能力，协助患者排尿、排便、洗漱，为女患者清洗会阴部。
3. 检查身体受压部位皮肤情况，观察有无压力性损伤发生的早期迹象。
4. 进行管道护理，检查导管有无扭曲、打折等情况并妥善固定。
5. 促进睡眠

（1）为患者创造安静、舒适的环境：如保持病室安静、无异味，注意床铺平整，棉被厚薄适宜，枕头高低适中；注意调节室内温度和光线，在通风换气后酌情关门窗，放下窗帘，关大灯，开地灯等；查房时应做到"四轻"（走路轻、说话轻、操作轻及关门轻）。

（2）减轻疾病带给患者的痛苦与不适：如疼痛时遵医嘱给予镇痛药物；因绷带和各种导管造成睡眠障碍时，应予重新调整；解除由于咳嗽、气喘、腹胀、尿潴留等带来的不适；因姿势不当影响睡眠时，可协助调整卧位。

（3）指导患者养成好的睡眠习惯：如临睡前不能吃得过饱、饮水不能过多、不喝浓茶与咖啡等。

（4）解除患者的心理压力：若患者是因担忧、焦虑、顾虑等心理因素影响睡眠时，应给予疏导、开导及安慰。

6. 巡视病室，了解患者睡眠情况，观察病情变化，并酌情处理。

自 测 题

一、选择题

1. 在给一留有长发的卧床女患者进行头发护理时，做法不正确的是
   A. 让患者仰卧头转向一侧
   B. 将头发从中间分两股
   C. 左手紧握一股头发
   D. 右手持梳由发梢逐段梳至发根
   E. 若头发纠结，可用50%乙醇湿润后再梳

2. 实施沐浴时，下列哪种说法错误
   A. 声带息肉手术前可盆浴或淋浴
   B. 妊娠七个月以上的孕妇可淋浴
   C. 脑血栓患者可行床上擦浴
   D. 消化道出血活动期的患者应禁浴
   E. 心衰患者可行盆浴

3. 患者，持续高热，护士欲给予特殊口腔护理，评估发现该患者口腔pH偏酸性，采用的漱口溶液应为
   A. 0.02%呋喃西林溶液
   B. 0.1%醋酸溶液
   C. 0.9%氯化钠溶液
   D. 1%～3%过氧化氢溶液
   E. 朵贝尔溶液

4. 患者，女性，70岁。患者消瘦、活动不便，长期卧床休息，针对该患者应严防压力性损伤的发生。压力性损伤的易发部位不包括
   A. 坐位-坐骨结节
   B. 仰卧位-骶尾部、肩胛骨
   C. 头高足低位-足跟部
   D. 侧卧位-髋部、耳部
   E. 俯卧位-胸、枕部

二、简答题

1. 口腔护理的目的是什么？
2. 压力性损伤发生的常见原因包括哪些？

三、案例分析

1. 患者，男性，67岁。大量使用青霉素后，近日发现口腔黏膜充血，可见白色斑片带淡黄色，斑片附着不十分紧密，稍用力可擦掉暴露出红色黏膜糜烂面及轻微出血。
   请回答：
   （1）该患者口腔可能出现了什么问题？
   （2）该患者可选用何种口腔护理液？其作用是什么？
   （3）护士在为其进行口腔护理时应注意哪些问题？

2. 患者，男性，46岁。高血压病史5年余，服药不规律。8天前，"突发左侧肢体无力

7 h",以"高血压性脑出血"收住院。查体:嗜睡,双侧瞳孔等大等圆,约 2.5 mm,对光反应灵敏,无恶心、呕吐等症状,左侧肢体有轻微收缩,但不能引起关节活动,右侧肢体肌力 5 级,四肢肌张力正常,急诊行"颅脑钻孔引流术"。于术后第 4 日,医生在无菌操作下拔除引流管。现术后已 1 周,病情平稳,今晨查房时护士发现患者骶尾部皮肤呈红色,压之不褪色。

请回答:

(1)该患者骶尾部皮肤出现了什么并发症?

(2)导致该患者发生皮肤并发症的主要原因是什么?

(3)此阶段应如何护理才能避免皮肤症状的进一步加重?

(曹 冰)

第十章 休息与活动

第十章数字资源

思维导图

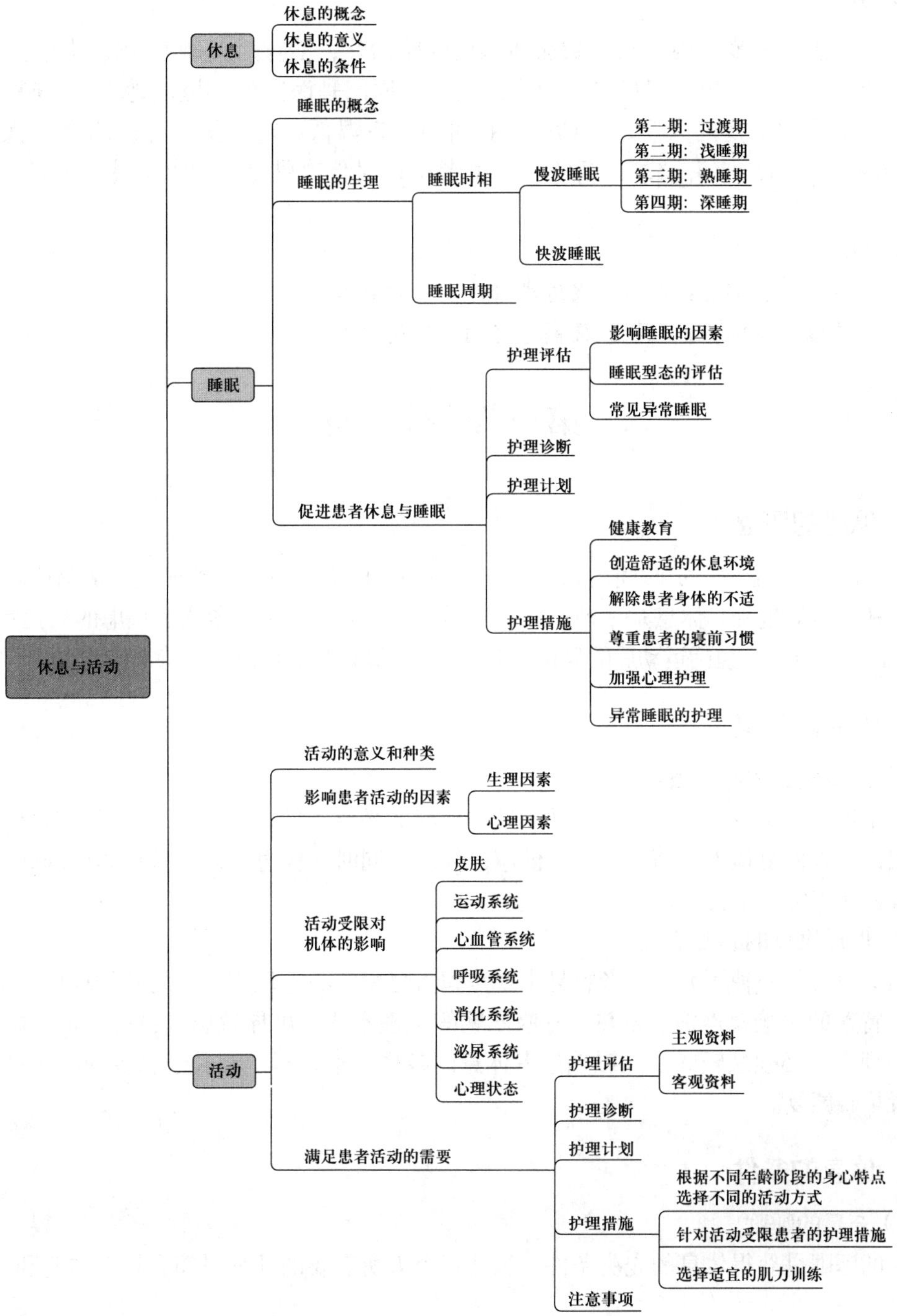

- **休息与活动**
  - **休息**
    - 休息的概念
    - 休息的意义
    - 休息的条件
  - **睡眠**
    - 睡眠的概念
    - 睡眠的生理
      - 睡眠时相
        - 慢波睡眠
          - 第一期：过渡期
          - 第二期：浅睡期
          - 第三期：熟睡期
          - 第四期：深睡期
        - 快波睡眠
      - 睡眠周期
    - 促进患者休息与睡眠
      - 护理评估
        - 影响睡眠的因素
        - 睡眠型态的评估
        - 常见异常睡眠
      - 护理诊断
      - 护理计划
      - 护理措施
        - 健康教育
        - 创造舒适的休息环境
        - 解除患者身体的不适
        - 尊重患者的寝前习惯
        - 加强心理护理
        - 异常睡眠的护理
  - **活动**
    - 活动的意义和种类
    - 影响患者活动的因素
      - 生理因素
      - 心理因素
    - 活动受限对机体的影响
      - 皮肤
      - 运动系统
      - 心血管系统
      - 呼吸系统
      - 消化系统
      - 泌尿系统
      - 心理状态
    - 满足患者活动的需要
      - 护理评估
        - 主观资料
        - 客观资料
      - 护理诊断
      - 护理计划
      - 护理措施
        - 根据不同年龄阶段的身心特点选择不同的活动方式
        - 针对活动受限患者的护理措施
        - 选择适宜的肌力训练
      - 注意事项

学习目标

1. 解释休息、睡眠。
2. 知道休息的意义及条件，活动的意义和种类，影响患者活动的因素。
3. 描述睡眠各时相的特点、活动受限对机体的影响。
4. 能采取有效的措施促进患者休息与睡眠。
5. 能正确指导患者进行活动。
6. 具有以人为本的护理服务理念和良好的沟通能力，具有爱伤观念，具备严肃、认真、关爱患者的工作态度。

案例 10-1

患者，女性，66岁。因脑出血致肢体偏瘫入院治疗，治疗后偏瘫症状得到改善，下肢仍无力，生活部分不能自理。但患者提出出院要求，原因是医院的环境使她无法入睡，不能很好地休息。患者主诉房间人多，说话声、打鼾声、室温低、晚间护理操作均会干扰其睡眠，每日只能睡3～4h，伴头晕，心烦意乱。患者主诉时伴有情绪激动、焦虑，担心疾病再次加重。

问题与思考：
1. 护士应该采取哪些护理措施促进患者休息与睡眠？
2. 护士应该采取哪些护理措施提高患者的活动能力？

第一节 休 息

一、休息的概念

休息（rest）是指在一定时间内相对地减少活动，使机体身心得到松弛，消除或减轻疲劳，恢复精力和体力的过程。休息是一种宁静、安详、无拘无束、没有紧张和焦虑的松弛状态。

休息的方式很多，包括运动后的静止或工作中的短暂休息。休息是保持人体健康的重要手段。

二、休息的意义

（一）维持健康的必要条件

休息是维持人类身体健康，使其处于最佳状况的必要条件。休息可以减轻或解除人体的疲倦和劳累，使人恢复体力和精力，保持健康的体质。同时，休息可以维持机体生理调节的规律性，促进机体正常的生长发育。

（二）促进康复的必要手段

患病对患者是一种压力，患者容易出现焦虑、恐惧等心理反应，加之新的环境、陌生的面孔、各种特殊的声响及疼痛、发热、呼吸不畅等生理不适，可导致患者身心不适，影响休息。因此，护理人员必须减轻或消除影响患者休息的各种因素，营造有利于患者身心休息的环境，促进患者早日康复。

三、休息的条件

（一）充足的睡眠

充足的睡眠是获得休息的先决条件。虽然每个人所需要的睡眠时间有较大的差别，但都有最低限度的睡眠时数，只有满足了一定的睡眠时数，才能达到真正的休息。如不能满足最低限度的睡眠时数，人体常会出现易怒、精神紧张并伴有全身疲劳。因此，护理人员应了解睡眠生理，解决患者的睡眠问题，促进患者早日康复。

（二）生理舒适

生理舒适是获得休息的前提条件。在休息之前，必须把身体的不舒适减至最低限度，如解除或控制疼痛，提供各种舒适服务，包括安排舒适的体位、保证环境温度及湿度适宜、调节睡眠时的光线和声音等。

（三）心理放松

心理放松是获得休息的根本保障。护理人员要了解患者的心理问题，提供准确的护理服务，满足患者的需求，并运用恰当的知识技能帮助患者减少紧张和焦虑，达到身心放松、平静安宁的状态。

第二节 睡 眠

睡眠是人类和其他高等动物生来就有的生理过程。在休息的各种形式中，睡眠是最常见、最重要的一种。睡眠的质量将直接影响休息的质量。

一、睡眠的概念

睡眠（sleep）是周期发生的知觉特殊状态，由不同时相组成，对周围的环境可相对地不做出反应的一种生理现象。

二、睡眠的生理

睡眠是一种周期性的现象，是最自然的休息方式，由数个不同的睡眠时相构成。

（一）睡眠时相

根据睡眠发展过程中脑电波变化和机体活动功能的表现，将睡眠分为慢波睡眠与快波睡眠。

1. 慢波睡眠（slow-wave sleep，SWS） 是脑电波呈现同步化慢波的时相，又称非快速眼动睡眠（non-rapid eye movement sleep，NREM sleep），是一种正相睡眠。此期呼吸和其他自主神经系统的功能活动均下降，可分为以下4期。

第一期：过渡期，是睡眠中最浅的一期，是从清醒到入睡的过渡阶段，很容易被外界的声响惊醒。此期生理活动开始减慢，肌肉开始松弛，呼吸均匀，脉搏减慢。但脑电图（EEG）显示的一些特点与清醒时相同，低电压 α 节律，频率为 8～12 次/秒，节律不匀，持续 0.5～7 min。

第二期：浅睡期，睡眠逐渐加深，但仍易被惊醒，持续 10～20 min。此期生理活动继续变慢，体温下降，肌肉逐渐放松，人可有短暂的、片刻的思维活动。脑电图显示出宽大的梭状波，频率为 14～16 次/秒。

第三期：熟睡期，持续 15～30 min。此期肌肉完全放松，心搏缓慢，血压、体温继续下降，身体很少移动，难以唤醒。脑电图显示大而缓慢的 δ 波与梭状波交替出现。

第四期：深睡期，持续 10～30 min。全身松弛，无任何活动，脉搏、体温继续下降，呼吸缓慢、均匀，脑垂体分泌大量生长激素，人体受损组织愈合加快，可能发生遗尿和梦游，极难唤醒。脑电图显示慢而高的 δ 波，频率为 1～2 次/秒。

2. 快波睡眠（fast-wave sleep，FWS） 是脑电波呈现去同步化快波的时相，又称快速眼动睡眠（rapid eye movement sleep，REM sleep），是一种异相睡眠。此期特点是眼球快速转动，脑电图活跃，与清醒时极为相似，而肌电图反映肌张力极低，伴有像瘫痪时大肌肉所具有的那种不活动的状态，出现这种静止状态是由于脑干中的特有神经元过度极化所致。此期脑内蛋白质合成加快，与幼儿神经系统的成熟有密切关系，同时对保持精神和情绪上的平衡十分重要。这一期的梦境是生动、充满感情色彩的，能舒展精神压力，有利于精力的恢复。快波睡眠一般发生在入睡后的 80～100 min，持续约 20 min。

> **考点提示**
>
> 睡眠的时相。

（二）睡眠周期

人的睡眠是周期发生的。睡眠由几个周期组成（图 10-1），每一周期所需的时间为 60～120 min（平均为 90 min）。成人平均每晚出现 4～6 个睡眠周期。

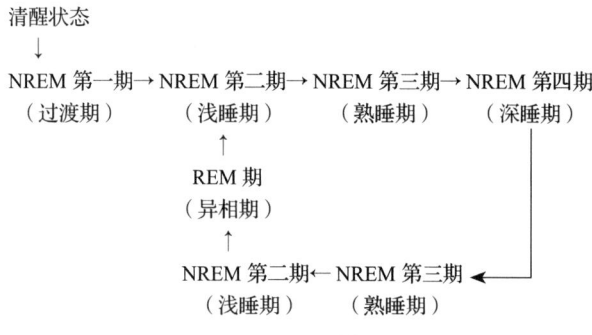

图 10-1　睡眠时相周期

人在睡眠周期的任何一个阶段醒而复睡时，都需从头开始依次经过各期。在睡眠周期中，每一期所占的时间比例随睡眠的进行而有所改变。刚入睡时，NREM 第三、四期约为 90 min，REM 期持续不超过 30 min。进入深夜，REM 期会延长到 60 min，而 NREM 第三、四期则会相应缩短。因此，大部分 NREM 睡眠发生在上半夜，REM 睡眠则多发生在下半夜。因此，患者在深夜睡眠过程中，若每半个小时打断睡眠，则会整夜无法进入深睡期和 REM，不利于体力和精力的恢复，容易造成患者的睡眠型态紊乱，出现疲倦、嗜睡、难以入眠、全身不适和反应迟钝等。

三、促进患者休息与睡眠

◐ 护理评估

1. 影响睡眠的因素

（1）生理因素：通常有以下几种。①年龄：通常人类睡眠的需要量与年龄成反比。每日睡眠时间需要量：婴儿期 16～20 h，幼儿期 10～14 h，学龄前期 11～12 h，青少年期 9～10 h，成年期 7～8 h，老年期 6～7 h。②疲劳：适度的疲劳有助于入睡，但过度的疲劳、精力耗竭反而使人难以入睡。③昼夜节律性：昼夜节律性形成一个人的生物钟，24 h 周期规律运作。如时差改变、日夜班交替等节律的破坏会影响睡眠，通常需要 3～5 日才能恢复正常。④寝前习惯：不少人睡前有例行活动的习惯，如洗热水澡、喝一杯牛奶、听音乐等，如果这些习惯被改变，则可能使睡眠发生障碍。⑤内分泌变化：如妇女在月经前期或月经期会出现嗜睡的现象。

（2）病理因素：患病或身体不适可影响睡眠。①疾病：许多疾病及其症状都可影响睡眠，如甲状腺功能减退及各种原因引起的疼痛未能及时缓解等，会引起入睡困难或使睡眠质量改变。②身体不适：身体不适会影响患者入睡，如疼痛、腹胀、呼吸不畅等。因此，入睡前必须减轻或去除身体的不适。

（3）心理因素：任何强烈的情绪（如害怕、焦虑、喜悦、悲哀等）都可能造成失眠。住院患者由于对疾病的诊断和治疗感到焦虑、不安和恐惧，产生心理压力等，也会影响其睡眠。

（4）环境因素：睡眠环境的变化可以改变睡眠状况。经研究发现，在新环境中 NREM 和 REM 睡眠的比例会有所变化，主要为 REM 减少，入睡时间延长，觉醒的次数增加等。住院环境的声响及光线等均会干扰患者的睡眠。

（5）其他：一些食物的摄入也会改变睡眠状况。如肉类、乳制品和豆类中含有 L-色氨酸，这种物质能促进入睡，对于睡眠不佳者，可鼓励其睡前喝一杯热牛奶帮助入睡，少量饮酒也能促进放松和睡眠，但大量饮酒却会抑制 REM 睡眠。咖啡由于含有咖啡因，会干扰睡眠，使人兴奋，浓茶亦有与咖啡相同的作用，故对于睡眠状况不好的人，应限制摄入这类饮料，避免在睡前 4～5 h 饮用。药物也会影响睡眠型态，如长期服用催眠药，停药后往往会导致对药物的依赖或使睡眠障碍更加严重。任何类型的身心强烈刺激均会使人无法入睡，如睡前看恐怖片、过度兴奋等会干扰睡眠。

2. 睡眠型态的评估　护理人员应从患者及家属处收集有关睡眠的资料，重点了解下列情况。

（1）每晚习惯睡多长时间，通常的就寝时间和起床时间。

（2）是否有午睡的习惯及午睡时长。

（3）睡前是否服用催眠药及有无特殊习惯，如喝热牛奶、阅读书报、背部按摩等。

（4）是否很快入睡，睡后是否易被惊醒，是否打鼾。

（5）夜间醒来的次数及原因。

（6）睡眠过程中有无异常情况，如失眠、梦游等。

（7）晨起是否感觉精力充沛。

3. 常见异常睡眠

（1）失眠（insomnia）：是睡眠型态紊乱中最常见的一种，主要表现为难以入睡、睡眠中易醒、早醒。根据有无诱发因素，将失眠分为原发性失眠和继发性失眠。原发性失眠是一种慢性综合征。继发性失眠常因精神紧张、心理失调、环境不适、身体障碍等引起。

> **知识链接**
>
> **失眠症的治疗**
>
> 失眠症的治疗包括非药物治疗和药物治疗。
>
> 1. 睡眠卫生教育和心理行为治疗　让患者了解一些睡眠卫生知识，消除失眠带来的恐惧，养成良好的睡眠习惯。慢性失眠患者在应用药物的同时应辅以心理行为治疗，针对失眠的有效心理行为治疗方法主要是认知行为治疗。其他非药物治疗包括饮食疗法、芳香疗法、按摩、顺势疗法等，但缺乏循证医学支持。
>
> 2. 药物治疗　由于睡眠药物多数长期服用会有药物依赖及停药反弹，原则上使用最低有效剂量，间断给药（每周 3～5 次）、短期用药（常规用药不超过 3～4 周）、减药缓慢和逐渐停药（每天减掉原药的 25%）。目前临床治疗失眠症的药物主要包括苯二氮䓬受体激动剂、褪黑素受体激动剂和具有催眠效果的抗抑郁药物。

（2）睡眠过度（hypersomnia）：指睡眠时间过长或长期处于想睡的状态。睡眠过度的特点是虽然夜间已经获得睡眠，但白天对睡眠的要求仍然控制不住。睡眠过度可发生于多种脑部疾病，如脑血管疾病、脑外伤、脑炎等，也可见于糖尿病、镇静剂过量等，还可见于严重的忧郁、焦虑等心理疾病，患者通过睡眠逃避日常生活的紧张和压力。

（3）发作性睡病（narcolepsy）：这是一种特殊的睡眠失调，特点是控制不住的短时间的嗜睡，常在饭后或单调无趣的情况下或一天快结束时发作。在发作性睡病的患者中，约有75%患者会出现猝倒，表现为肌张力部分或全部丧失，导致严重的跌伤；约有25%患者在发作性睡病时有生动的、充满色彩的幻觉和幻听。发作过后，患者感到精力得到恢复。

（4）睡眠呼吸暂停（sleep-related apnea）：是一种在睡眠期间发生自我抑制、没有呼吸的现象，可分为中枢性和阻塞性睡眠呼吸暂停两种类型。中枢性睡眠呼吸暂停由中枢神经系统功能不良造成，见于颅脑损伤、药物中毒等。阻塞性睡眠呼吸暂停则出现在严重的、频繁的、用力的打鼾或喘息之后，由上呼吸道阻塞病变引起，肥胖者脂肪堆积在咽部，舌根部阻塞气道也可引起。两种类型的睡眠呼吸暂停都可能导致动脉血氧饱和度降低、低氧血症和高血压。

（5）其他

1）梦游（sleepwalking）：常发生于NREM的第三、四期，可表现为下床走动，甚至完成一些复杂的动作，然后继续上床睡觉，醒后对梦游过程不能回忆。

2）遗尿（enuresis）：主要发生在深度睡眠，多见于儿童，一般随年龄增大逐渐消失。睡前饮水过多或过度兴奋也可诱发遗尿。

⊃ 护理诊断

1. 低效性呼吸型态　与情绪激动有关。
2. 低效性睡眠型态　与环境嘈杂有关。
3. 焦虑　与担心疾病预后有关。

⊃ 护理计划

1. 患者处于休息与活动的最佳平衡状态。
2. 患者能识别影响睡眠的因素，学会诱导睡眠的技巧。

⊃ 护理措施

1. 健康教育　与患者一起分析、讨论有关睡眠的问题，使患者了解睡眠对健康与康复的重要作用、身心放松的重要意义、睡眠紊乱的原因和避免其发生的方法，帮助患者建立规律的生活方式，养成良好的睡眠习惯。

2. 创造舒适的休息环境　以清洁、安静、安全为原则。睡前应根据需要调节好病室内的光线、温度、湿度；保持床单位清洁、干燥，棉被厚薄适宜，枕头高度合适；减少外界环境对患者视、嗅、听、触等感觉器官的不良刺激；安排合理的护理时间，避免治疗和护理工作过多地干扰患者的休息。常规的护理措施尽量安排在白天，必须在夜间采取护理措施时，应尽量间隔90 min。操作尽量集中，避免频繁操作干扰睡眠。

3. 解除患者身体的不适　采取有效措施减少患者的痛苦与不适，促进患者自然入睡，如疼痛时酌情给予镇痛药，以缓解疼痛。为使患者舒适入睡，就寝前应做好晚间护理，如协助患者洗漱、排便，帮助患者取舒适的睡眠姿势。

4. 尊重患者的寝前习惯　了解患者就寝的行为习惯，尽可能满足其习惯要求，减少睡眠习惯的改变，如睡前沐浴、热水泡脚、喝牛奶、阅读等，促进患者睡眠。

5. 加强心理护理　在疾病的诊断和治疗过程中，患者常感到紧张、焦虑和恐惧，并感到孤独、寂寞，严重影响睡眠。因此，护士应多与患者沟通及交流，了解其心理需要，帮助患者消除恐惧和焦虑，恢复平静、稳定的情绪，以提高睡眠与休息的质量。

6. 异常睡眠的护理

（1）生理性失眠：提供诱导睡眠的措施，如睡前喝少量热牛奶、进行放松疗法、背部按摩等，必要时给予镇静催眠药物，但必须注意防止药物依赖和抗药性，避免长时间连续用药，用药的同时结合其他促进睡眠的措施，最终帮助患者建立良好的睡眠型态。

（2）因心理障碍导致的失眠：可采用安慰剂治疗。

（3）睡眠过度：指导患者控制饮食，减轻体重，增加有趣和有益的活动，并限制睡眠的时间。

（4）发作性睡病：选用药物治疗并指导患者学会自我防护，注意发作前兆，减少意外的发生。

（5）睡眠呼吸暂停：指导患者采取正确的睡眠姿势，以保持呼吸道通畅。

（6）梦游：注意防护，将卧室中的危险物品移开，必要时关窗、锁门，防止意外或损伤的发生。严重时应用药物治疗，如地西泮等。遗尿者，晚间应限制饮水，并在睡前督促其排尿。

第三节 活 动

活动（activity）是人们日常的生理功能之一。患病后，各种因素造成活动受限，给患者带来多方面的影响，而恰当的活动可促进身心健康，增进舒适。护士应从满足患者身心需要和疾病康复的角度出发，协助患者进行适当活动，促进康复。

一、活动的意义和种类

（一）活动的意义

1. 促进机体血液循环　适当的活动可以促进血液循环，提高机体氧合能力，增强心肺功能；同时，活动还可以促进消化，预防压力性损伤、便秘等并发症的发生。

2. 保持良好的肌张力　适当的活动可以增加运动系统的强度和耐力，保持关节的弹性和灵活性，增强全身活动的协调性，控制体重，避免肥胖。

3. 缓解个体心理压力　适当的活动能促进身心放松，有助于睡眠，并能减慢老化过程和慢性疾病的发生。

（二）运动的种类

1. 根据能量的来源，可将运动分为有氧运动和无氧运动。

（1）有氧运动：是指能够促进机体的耗氧能力的运动。有氧运动可以加强心肌收缩，促使氧更快、更有效地被输送到全身各部，使机体能够保持正常活动而不觉得疲倦。常见的有氧运动有游泳、慢跑、散步、骑自行车和打乒乓球等。

（2）无氧运动：是指在短时间内强有力的运动，主要用于竞赛或有竞争性的运动训练，如短距离赛跑、举重等。在恢复健康的活动中一般不采用此种运动。

2. 根据运动时肌肉的强度，运动分为弹性运动和增加肌力的运动。

（1）弹性运动：在促进平衡和整体美感的同时，也增加了肌肉的长度、延伸性和弹性，如健美操等。

（2）增加肌力的运动：包括等张运动和等长运动。

二、影响患者活动的因素

（一）生理因素

生理因素是造成活动受限的最主要因素。常见的原因有以下几种。

1. 疼痛 疾病带来的疼痛会不同程度地限制患者的活动。如手术后，患者因切口疼痛而主动或被动地减少活动。

2. 损伤 关节、骨骼、肌肉的器质性损伤（如骨折、扭伤等）会导致受伤的肢体活动受限。

3. 运动、神经系统受损 运动、神经系统受损可造成暂时的或永久的运动功能障碍。如脊椎受损、重症肌无力、瘫痪等患者会出现较明显的活动受限，甚至不能活动。

4. 营养状况 严重营养不良、缺氧、虚弱无力的患者，因不能提供身体活动所需的能量而致活动受限。反之，过度肥胖的患者由于体重过重也会出现身体活动受限。

5. 治疗需要 在治疗某些疾病时，常需对患者的活动做出限制。如骨科患者在牵引和使用石膏绷带的过程中，需要限制肢体活动范围，甚至需要制动。急性心肌梗死患者须绝对卧床休息，以减少心脏负荷，因而限制患者活动。

（二）心理因素

过度悲伤、忧郁时，可引起患者情绪波动而影响其活动，如悲伤、沮丧、烦闷时不愿与人接触，活动减少。此外，癔症性瘫痪的患者，躯体本身并无器质性病变，神经功能正常，只因为心理障碍或臆想某部分躯体不能活动而造成此处肢体失去活动能力。

三、活动受限对机体的影响

（一）皮肤

长期卧床、坐轮椅不能活动的患者，皮肤出现的最严重的问题是压力性损伤。

（二）运动系统

长期活动受限最明显的征象常在运动系统表现出来。如果患者不能保持适当的活动，肌肉强度会明显下降，导致全身软弱无力，腰背痛，骨质疏松，关节僵硬、变形，如垂足、垂腕和髋关节外旋等，严重的会导致运动功能的丧失。

（三）心血管系统

不活动或绝对卧床状态可增加心脏的负荷，发生直立性低血压、血栓形成及肺栓塞等。直立性低血压是活动受限的常见并发症之一。长期卧床促使血栓形成，脱落的栓子栓塞于肺部血管则导致肺栓塞。

（四）呼吸系统

患者因长期卧床，呼吸肌运动能力减弱，胸部扩张受限，使有效通气量减少，而且大多数患者处于衰竭状态，无力进行有效的深呼吸。卧床使呼吸道内分泌物排出困难，黏液堆积，干扰了气道内纤毛排除异物的功能。因患者虚弱、无力咳出，致使呼吸道内分泌物排出困难，受重力作用流向肺底，如果处理不及时会造成肺部感染，导致坠积性肺炎。肺部的有效通气量减少、分泌物蓄积，影响氧气的正常交换，导致二氧化碳潴留。若缺氧状态得不到及时纠正，会出现呼吸性酸中毒，最后导致心肺功能衰竭。因此，对长期卧床的患者应定时翻身、拍背，保持呼吸道通畅和肺的正常通气功能，避免呼吸系统并发症的发生。

（五）消化系统

活动减少使消化功能减退，易导致食欲缺乏，蛋白质等营养物质消耗大于摄取而出现营养不良。便秘也是长期卧床较容易出现的症状，主要原因是摄入纤维素和水分减少，活动量减少，使消化道蠕动减缓，排便姿势改变，全身无力，包括参与排便的肌肉收缩无力等，均影响正常的排便功能，导致便秘。

（六）泌尿系统

长期卧床可影响正常的排尿功能，导致尿潴留、尿路结石、尿路感染等。主要原因是平卧时排尿姿势改变，影响正常的排尿活动，出现排尿困难甚至导致尿潴留。长期卧床不动，尿液的钙、磷浓度增加，钙盐沉积、结晶，形成结石。由于排尿困难、尿潴留导致泌尿系统的冲洗功能减弱，大量细菌繁殖，易引起逆行感染。

（七）心理状态

长期卧床的患者可能会出现恐惧、焦虑、沟通困难、自尊改变、挫折感等，当人活动受限需依赖他人给予帮助时，自我价值感就会受到威胁。发生这些问题的主要原因包括专业人员和家属、亲友对患者所提供的心理支持不够、患者原有社会角色的改变、身体恢复的情况没有达到预期的效果等。

四、满足患者活动的需要

⊃ 护理评估

资料的收集可从主观和客观两个方面着手，全面评估患者，以确定患者存在的和潜在的健康问题。

1. 主观资料

（1）原有的活动方式：询问患者日常的活动方式，最近有无发生改变，也可以利用合适的量表对其活动能力进行测定，包括穿衣、如厕、洗浴、购物等活动的独立程度以及患者是否应用了辅助器械协助活动。

（2）活动时存在的危险因素：询问患者活动后是否感到疲乏，有什么症状（如呼吸困难、疼痛、心搏加速等）以及持续的时间。询问患者是否有低血压、呼吸系统疾病、心脏病等，这些疾病有导致运动后发生跌倒的危险。

2. 客观资料

（1）体格检查：护士可以通过观察法获得患者活动时的平衡性、协调性、步态、关节活动情况、肌力及活动能力方面的信息，检查关节活动范围，活动时有无疼痛不适等。肌力是指肌肉的收缩力量，可以通过机体收缩特定肌肉群的能力来判断肌力。肌力一般分为以下6级。

0级：肌肉完全瘫痪、肌力完全丧失。
1级：可见肌肉轻微收缩，但无肢体活动。
2级：肢体可移动位置，但不能抬起。
3级：肢体能抬离，但不能对抗阻力。
4级：能对抗阻力的运动，但肌力减弱。
5级：肌力正常，能抗重力，充分抗阻力运动。

> **知识链接**
>
> **机体活动能力分级**
>
> 通过对患者日常活动情况的评估来判断其活动能力，可通过观察患者的行走、穿衣、修饰、如厕等活动的完成情况进行综合评价。机体活动功能可分为以下5级：
>
> 0级：完全能独立，可自由活动
> 1级：需要使用设备或器械
> 2级：需要他人的帮助、监护和教育
> 3级：既需要帮助，也需要设备和器械
> 4级：完全不能独立，不能参加活动

（2）诊断性检查：可以通过X线检查了解骨骼、肌肉及关节的情况；血液检查可以客观评价患者的活动能力，如红细胞减少意味着没有更多的氧气供给持续性活动，血容量不足易导致直立性低血压和乏力。

◐ 护理诊断

1. 躯体移动障碍　与偏瘫活动受限有关。
2. 活动无耐力　与脑出血造成偏瘫有关。
3. 自理能力下降　与偏瘫活动受限有关。
4. 有废用综合征的危险　与偏瘫卧床活动受限有关。

◐ 护理计划

1. 患者能保持或促进身体各系统的最佳功能和状态。
2. 患者活动时心率、血压等生命体征正常，无不适感。

◐ 护理措施

1. 根据不同年龄阶段的身心特点选择不同的活动方式

（1）婴儿期和儿童期：以四肢的伸展等为适宜活动，主要学习爬、坐、走以及双手的握持。随着年龄的增加，四肢生长快，可选择大块肌肉活动，如跑、跳等，还可多参与户外和较剧烈的活动。此阶段活动主要涉及玩具或游戏，玩具的选择应与婴儿、儿童年龄相适宜。游戏应适合儿童的年龄发展阶段、安全，并且应该在成人的监督下进行。

（2）学龄期和青春期：在6~12岁期间体格发育比较慢，精细的技巧性的活动持续发展。家长要鼓励孩子坚持适宜的体育锻炼，加强生理卫生方面的教育，同时鼓励孩子参加一些竞技性的体育活动，促进青少年进取心的发展。

（3）孕妇：在孕早期可咨询产科医生，在产科医生的指导下，避免不利于孕妇的因素，适当的活动对孕妇及胎儿都有积极的意义。

（4）老年人：身体各系统功能逐渐减退，需提供必要的协助，可利用日常有规律的生活安排活动的机会，如四肢的伸展、弯曲和一些户外活动，在家中做适量家务有助于活动僵硬的关节，尽量鼓励老年人参与社交活动，提高自我价值。老年人由于年龄的原因，活动项目略受限制。在老年人的活动中，护士应根据老年人的身体情况主动、积极地提供支持和指导，注意周围环境的安全性，可推荐老年人选择慢节奏的舞蹈、太极拳或散步等。在制订老年人活动计划时，最重要的原则是安全。

2. 针对活动受限患者的护理措施

（1）健康教育：使患者明确活动的重要性，掌握合适的活动方法，合理安排活动强度。

（2）协助患者选择舒适的卧位。

（3）保持脊柱的正常生理弯曲和各关节的功能位。

（4）进行关节活动度练习，维持关节的可动性。

关节活动度（range of motion，ROM）是指关节运动时所通过的运动弧，常以度数表示，也是衡量一个关节活动量的尺度。关节活动度练习可分为3种。①主动性ROM练习：患者可以独立开始并完成关节活动度练习。②协助性主动ROM练习：为肌肉再训练的初步工作，患者须全力使部运动，其力量不足时，则由医护人员或利用机械力量来协助完成。③被动性ROM练习：患者依靠护理人员才能开始并完成关节活动度练习。

被动性ROM练习操作要点：①让患者采取自然放松的姿势，护理人员面向患者，尽量靠近患者。②护士在完成每个关节的活动时，应观察患者的反应，当抬起患者的手、脚时，移动自己的重心，尽量使用腿部的力量，以减少疲劳。③依次对每个关节做屈曲、伸展、过伸、内收、外展、内旋、外旋等运动，比较两侧关节的活动情况（图10-2，图10-3，表10-1）。当患

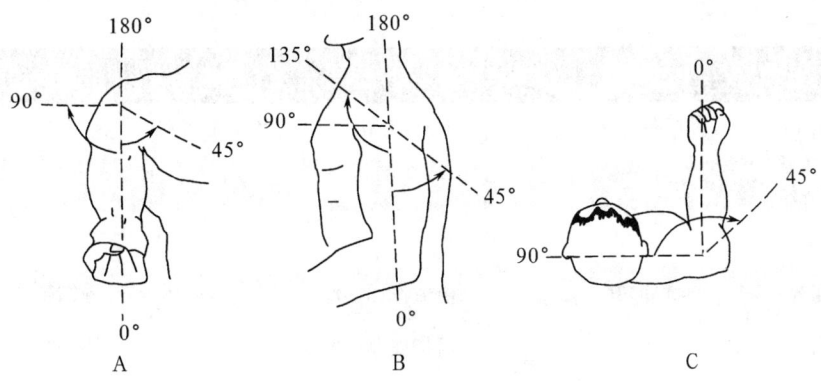

图 10-2 肩关节的活动范围

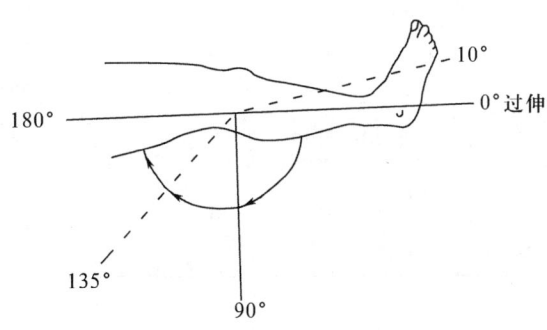

图 10-3 膝关节的活动范围

者出现疼痛、疲劳、痉挛或抵抗反应时,应停止操作。活动关节时,手应做环状或支架,以支撑关节远端的肢体(图 10-4)。④每个关节每次可有节律地做 5～10 次完整的 ROM 练习。⑤对急性关节炎、骨折、肌腱断裂、关节脱位等患者进行 ROM 练习时,应在医生和康复医生的指导下完成,避免进一步损伤。⑥有心脏疾病的患者,在做 ROM 练习时,应特别注意观察患者胸痛、心律、心率、血压等方面的变化,避免因剧烈活动诱发心脏病发作。⑦指导患者利用健侧肢体帮助患侧肢体运动。

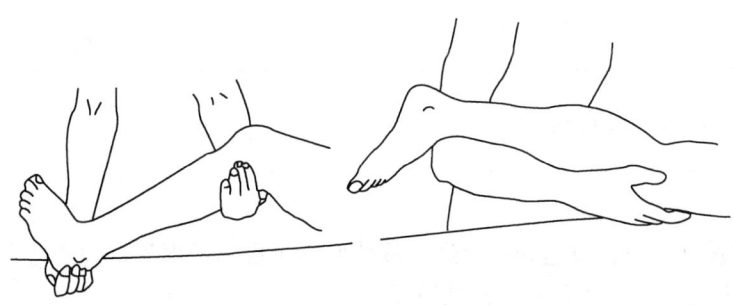

图 10-4 以手做环状或支架来支托腿部

表 10-1 关节活动的形式和范围

部位	屈曲	伸展	过伸	外展	内收	内旋	外旋
脊柱	颈段前屈 35°	后伸 35°		左右侧屈 30°			
	腰段前屈 45°	后伸 20°					

续表

部位	屈曲	伸展	过伸	外展	内收	内旋	外旋
肩部	前屈 135°	后伸 45°		90°	左右侧屈 30°	135°	45°
肘关节	150°	0°	5°～10°		45°		
前臂						旋前 80°	旋后 100°
腕关节	掌屈 80°	背伸 70°		桡侧偏屈 50°		尺侧偏屈 35°	
手	掌指关节 90°			拇指屈曲 50°		过伸 45°	
	近侧指间关节 120°					屈曲 80°	
	远侧指间关节 60°～80°					外展 70°	
髋	150°	0°	15°	45°		40°	60°
膝	135°	0°	10°		30°		
踝关节	背屈 25°	跖屈 45°					

3. 选择适宜的肌力训练　为防止或改善肌萎缩，根据肌肉收缩的形式，可将肌力训练分为等长练习和等张练习。

（1）等长练习：肌肉收缩时张力明显增加而长度不改变，因不伴有明显的关节运动，又称静力练习。不引起明显的关节活动，可在肢体固定早期应用，以加强肌肉力量的锻炼，预防肌肉萎缩。

（2）等张练习：指对抗一定的负荷做关节的活动锻炼，因肌肉收缩的同时伴有大幅度关节运动，又称动力练习。优点是肌肉运动符合大多数日常活动的运动方式，能改善肌肉的神经控制。等张练习既可增加肌肉力量，又可促进关节功能，常遵循大负荷、少重复次数、快速引起疲劳的原则。

 考点提示

等长练习与等张练习的区别。

➲ **注意事项**

1. 掌握运动量和频率，以达到肌肉适度疲劳而不出现明显疼痛，每次练习后有适当的间歇让肌肉充分放松和复原，一般每日1次或隔日练习1次。

2. 运动效果与练习者的主观努力相关，应使患者充分理解、合作并使其掌握运动要领。对于在练习过程中取得的进步和成绩，应给予鼓励，以增加其康复的信心。

3. 肌力练习不应引起明显的疼痛和不适，如出现疼痛、不适，或伴有血压、脉搏、心律、呼吸、意识、情绪等方面的变化，应及时停止练习，并向医生报告，协助给予必要的处理。

4. 练习前及练习后应做好准备及放松运动，避免出现肌肉损伤。

5. 肌肉等长收缩可引起某些患者的升压反应及增加心血管负荷的作用，高血压、冠状动脉粥样硬化性心脏病及其他心血管疾病的患者应慎用肌力练习，严重者禁做肌力练习。

> **思政园地**
>
> **加强体医融合和非医疗健康干预**
>
> 《"健康中国2030"规划纲要》提出加强体医融合和非医疗健康干预。发布体育健身活动指南，建立完善针对不同人群、不同环境、不同身体状况的运动处方库，推动形成体医结合的疾病管理与健康服务模式，发挥全民科学健身在健康促进、慢性病预防和康复等方面的积极作用。加强全民健身科技创新平台和科学健身指导服务站点建设。开展国民体质测试，完善体质健康监测体系，开发应用国民体质健康监测大数据，开展运动风险评估。

自 测 题

一、选择题

1. 休息的最基本的先决条件是
   A. 足够的睡眠　　　　　B. 没有躯体上的痛苦　　　C. 心理上的平衡
   D. 生理上的舒适　　　　E. 没有紧张、焦虑

2. 睡眠时分泌大量生长激素的是
   A. NREM 第一期　　　　B. NREM 第二期　　　　　C. NREM 第三期
   D. NREM 第四期　　　　E. REM 期

3. 下列关于肌肉等长练习的描述，正确的是
   A. 等长练习又称动力练习
   B. 可以对抗一定的负荷做关节的活动锻炼，同时也锻炼肌肉收缩
   C. 优点是有利于改善肌肉的神经控制
   D. 固定膝关节的股四头肌锻炼属于等长练习
   E. 可遵循大负荷、少重复次数、快速引起疲劳的原则进行

4. 下列关于肌肉等张练习的描述，正确的是
   A. 可增加肌肉张力而不改变肌肉长度
   B. 又称静力练习
   C. 有关节角度的特异性，只对增强关节处于该角度时的肌力有效
   D. 可在关节内损伤、积液、炎症时应用
   E. 优点是有利于改善肌肉的神经控制

（5～7题共用题干）

患者，女性，43岁。半年前丈夫因病去世。患者主诉入睡困难，难以持续睡眠，睡眠质量差，这种情况已经持续了3个月，并出现头晕目眩、心悸、气短、身体乏力、急躁易怒、注意力不集中、健忘等症状，工作效率明显下降。

5. 此患者可能发生了
   A. 节律移位　　　　　　B. 失眠　　　　　　　　C. 睡眠剥夺
   D. 诱发补偿　　　　　　E. 睡眠中断

6. 此患者失眠的主要原因是
   A. 躯体因素　　　　　　B. 环境因素　　　　　　C. 药物因素
   D. 疾病因素　　　　　　E. 精神因素
7. 针对此患者，以下措施正确的是
   A. 创造良好的睡眠环境　　　　B. 建立良好的睡眠习惯
   C. 减轻心理压力　　　　　　　D. 保持身体舒适
   E. 合理安排作息时间

（8～10题共用题干）

患者，男性，40岁。近期由于工作繁忙、压力大，经常加班，昼夜颠倒，导致睡眠型态紊乱，表现为难以入睡，易醒多梦，身体疲乏，常打呵欠。

8. 该患者睡眠—觉醒生物钟式的节律性破坏需多长时间恢复
   A. 1～2天　　　　　　　B. 2～3天　　　　　　　C. 3～5天
   D. 5～7天　　　　　　　E. 1周以后
9. 护士在对患者进行健康教育时，应嘱其在睡前几小时避免饮用咖啡和浓茶
   A. 15～30 min　　　　　B. 30～60 min　　　　　C. 60～120 min
   D. 2～3 h　　　　　　　E. 4～5 h
10. 针对其失眠的症状，患者自我护理中下列不正确的是
    A. 睡前喝少量牛奶　　　　　　B. 每晚口服地西泮（安定）10 mg
    C. 深呼吸放松自我　　　　　　D. 背部按摩
    E. 自我催眠

二、简答题

1. 简述肌力的分级。
2. 简述进行肌肉锻炼的注意事项。

三、论述题

试述促进患者睡眠的护理措施。

（刘林峰）

第十一章 生命体征的评估与护理

第十一章数字资源

思 维 导 图

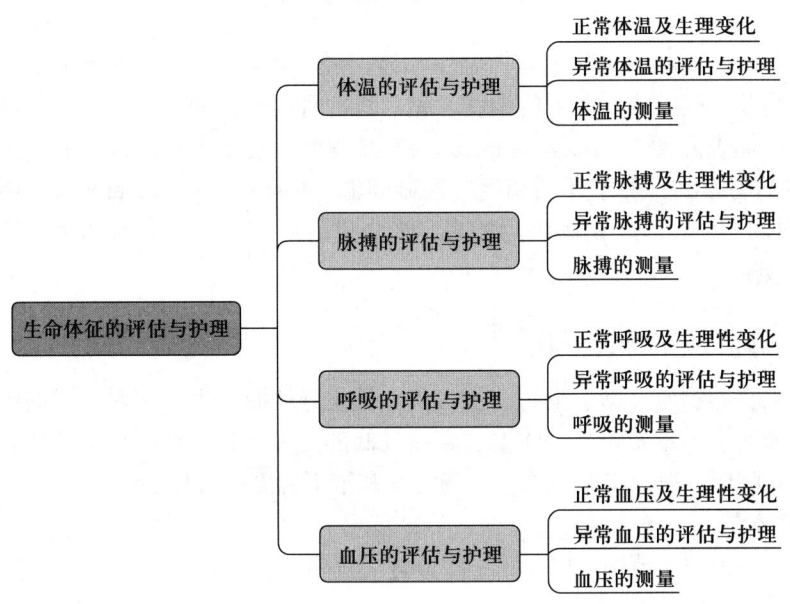

学习目标

1. 解释稽留热、弛张热、潮式呼吸、间断呼吸、间歇脉、脉搏短绌、交替脉、高血压和低血压。

2. 熟记体温、呼吸、脉搏、血压的正常值；体温、呼吸、脉搏、血压的生理性变化；异常体温、呼吸、脉搏、血压的评估及护理。

3. 正确实施体温、呼吸、脉搏、血压的测量。

4. 养成良好的职业素养，具有以人为本的服务理念，具备严肃认真、一丝不苟、实事求是的工作态度。

案例 11-1

患者，男性，56岁。发热1周，体温持续在39～40 ℃，拟诊发热待查于上午8时入院。测 T 40.4 ℃，P 116 次/分，R 26 次/分，BP 132/90 mmHg，神志清楚，面色潮红，口唇干裂，体质消瘦，卧床不起，食欲差。上午 8：20 给予退热剂后，体温降至 38.8 ℃，大量出汗，口干，下午 2：00 体温升至 39.8 ℃。

问题与思考：

1. 患者发热呈何热型？

2. 入院时患者的发热程度如何?
3. 该患者应如何护理?请提出护理措施。

生命体征(vital sign)是体温、脉搏、呼吸、血压的总称,是机体内在活动的客观反映,也是衡量机体状况正常与否的重要指标。在正常情况下,生命体征在一定范围内相对稳定。通过对生命体征的评估,可以获取患者机体生理状态的基本情况,预测疾病的发生、发展及转归,为预防、诊断、治疗和护理提供依据。因此,正确掌握生命体征的观察及护理是临床护理工作的重要内容之一,也是护士应掌握的基本护理技能。

第一节 体温的评估与护理

体温(body temperature)分为体核温度和体表温度。体核温度(core temperature)指机体深部组织(如胸腔、腹腔或盆腔)的温度,相对稳定且高于体表温度。正常的体核温度是一定范围内的温度。体表温度(surface temperature)是皮肤、皮下组织以及脂肪的温度,可受环境温度和衣着情况的影响且低于体核温度。基础体温(basal body temperature,BBT)指人体在(持续)较长时间(6~8 h)的睡眠后醒来,尚未进行任何活动之前所测量到的体温。通常说的体温是指体核温度。

一、正常体温及生理性变化

体温由三大营养物质(糖、脂肪、蛋白质)氧化分解而产生。相对恒定的体温是机体进行新陈代谢和生命活动的重要条件,体温过高或过低都会影响各系统的正常功能。由于体核温度不易测量,因此临床一般以口腔温度、直肠温度和腋下温度代表体温。

(一)正常体温

正常体温是一个波动范围,而不是一个具体、固定的点。成人正常体温见表11-1。

表11-1 成人体温正常范围及平均值

部位	正常范围	平均温度
腋下温度	36.0~37.0 ℃(96.8~98.6 ℉)	36.5 ℃(97.7 ℉)
口腔温度	36.3~37.2 ℃(97.3~99.0 ℉)	37.0 ℃(98.6 ℉)
直肠温度	36.5~37.7 ℃(97.7~99.9 ℉)	37.5 ℃(99.5 ℉)

(二)体温的生理性变化

体温可随年龄、昼夜、性别、活动状态、用药、情绪、环境温度、进食等因素而出现生理性波动,但其变化范围很小,一般不超过0.5~1.0 ℃。

1. 年龄差异 由于基础代谢水平不同,不同年龄的人体温也不同。儿童、青少年体温略高于成年人,成年人体温略高于老年人,新生儿(尤其是早产儿)由于体温调节中枢功能尚未发育完善,体温易受环境温度的影响而变化。

2. 昼夜变化 正常人体温在24 h内呈周期性波动,一般2:00~6:00最低,14:00~18:00最高。体温昼夜周期性波动与下丘脑的生物钟功能有关,由内在的生物节律所决定。

3. 性别差异 一般女性体温稍高于男性0.3 ℃。女性基础体温受孕激素水平的影响,随月经周期呈规律性变化。在排卵前体温较低,排卵日体温最低,排卵后体温逐渐升高。

4. 活动状态 剧烈的运动、劳动使骨骼肌紧张收缩,产热增加,从而导致体温升高。因此，临床上应在患者安静状态下测量体温。为患儿测量体温时应防止其哭闹。

5. 药物作用　麻醉药物可抑制体温调节中枢，使体温调节功能发生障碍，并能扩张血管，导致散热增加，使体温降低。有些药物通过抑制汗腺分泌而使体温升高，如阿托品、山莨菪碱。

6. 情绪变化　情绪激动、紧张可影响机体代谢率和内分泌的调节，导致体温一过性升高。

7. 环境温度　外环境温度的高低直接影响体表温度，体表温度随着外环境温度的升高而升高，随着外环境温度的下降而略有下降。

8. 进食影响　进食后由于食物的特殊动力作用可使体温升高，食物在肝内氧化，产热增加，导致体温升高。食物的冷热可影响口腔温度，可使口腔温度一过性增高或下降。

知识链接

孕激素的生理作用

1. 对子宫的作用　①使子宫内膜增生变厚，由增生期向分泌期转化，腺体增生，分泌增加，有利于受精卵着床；②使子宫平滑肌兴奋性下降；③宫颈黏液分泌减少、变稠；④抑制输卵管蠕动。

2. 对乳腺的作用　促进乳腺腺泡发育。

3. 对阴道的作用　使阴道细胞脱落加快。

4. 产热作用　排卵后基础体温升高 0.3～0.5 ℃。

5. 促进水、钠排出。

二、异常体温的评估与护理

（一）体温过高

○ 护理评估

体温过高（hyperthermia）又称发热，指机体在致热原的作用下，体温调节中枢的调定点上移而引起的调节性体温升高。当体温上升超过正常值 0.5 ℃或一昼夜体温波动在 1.0 ℃以上即可称为发热。发热分为感染性发热和非感染性发热两大类。感染性发热较多见，主要由病原体引起。非感染性发热由病原体以外的各种物质引起。

1. 发热的临床分级　以口腔温度为例，发热程度可划分为以下几种。

低热：37.3～38.0 ℃

中等热：38.1～39.0 ℃

高热：39.1～41.0 ℃

超高热：41 ℃以上

发热分期、特点、症状及体温升降方式，见表 11-2。

表 11-2　发热分期、特点、症状及体温升降方式

发热分期	特点	症状	体温升降方式
体温上升期	产热大于散热	皮肤苍白、无汗、畏寒，严重者有寒战	体温骤升常见于肺炎球菌肺炎、疟疾等，体温渐升常见于伤寒
高热持续期	产热和散热在较高水平上趋于平衡	颜面潮红、皮肤灼热、口唇干燥、呼吸和脉搏加快、尿量减少等	
退热期	散热大于产热	大量出汗和皮肤温度降低	体温骤退常见于肺炎球菌肺炎、疟疾等，体温渐退常见于伤寒

2. 常见热型　临床上把各种体温曲线的形态称为热型。不同的发热性疾病可表现出不同的热型，加强观察有助于疾病的诊断。常见热型见图11-1。

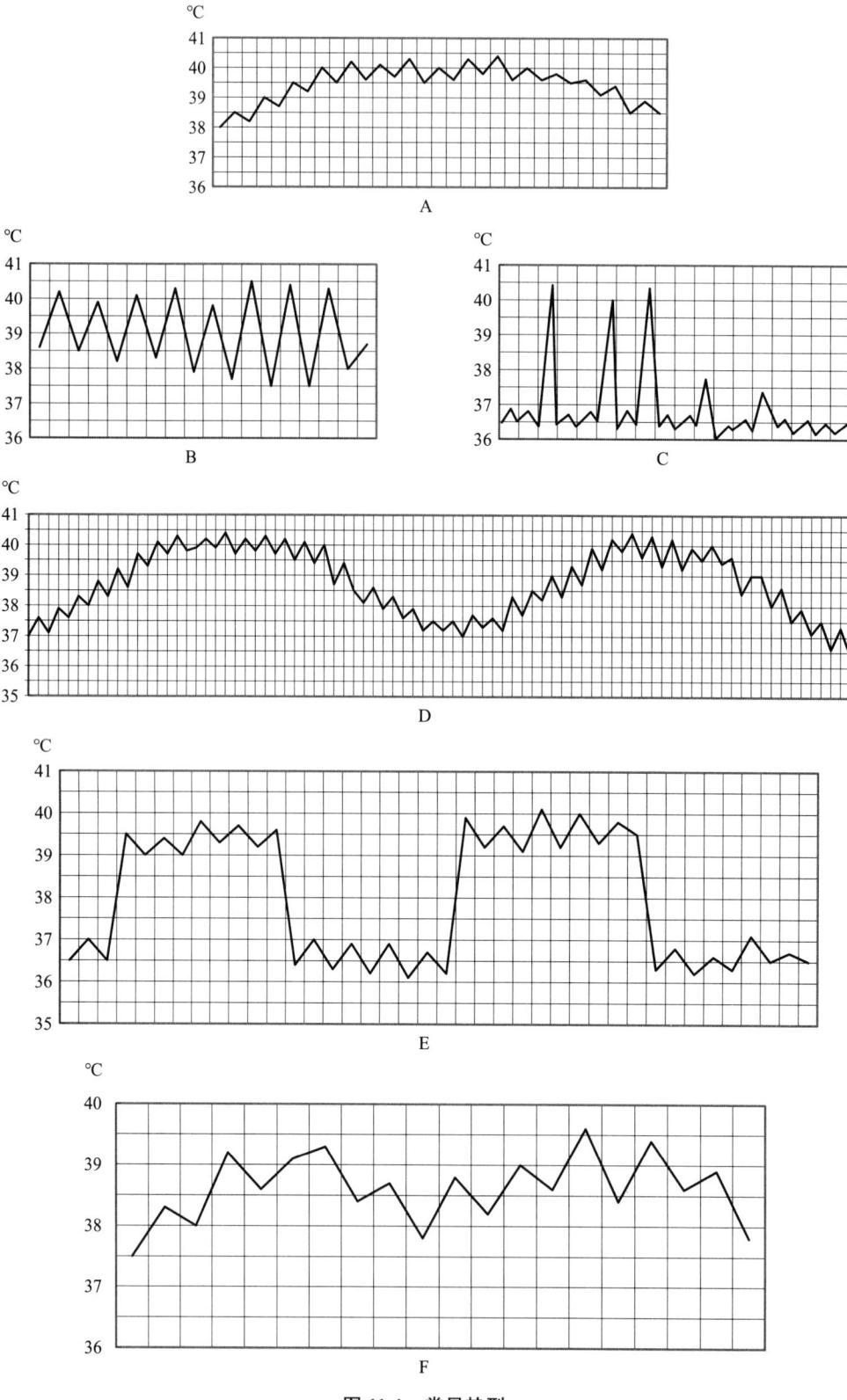

图 11-1　常见热型
A. 稽留热；B. 弛张热；C. 间歇热；D. 不规则热；E. 回归热；F. 不规则热

（1）稽留热（continued fever）：体温持续在39～40 ℃，达数日或数周，24 h体温波动范围不超过1 ℃。稽留热常见于大叶性肺炎高热期、伤寒等。

（2）弛张热（remittent fever）：体温在39 ℃以上，24 h内温差达到或超过1 ℃，最低体温仍高于正常水平。弛张热常见于败血症、化脓性疾病、风湿热等。

（3）间歇热（intermittent fever）：体温骤升至39 ℃以上，持续数小时或更长，然后下降至正常或正常以下，经过一段间歇时间，体温又升高，即高热期和无热期交替出现。间歇热常见于疟疾等。

（4）不规则热（irregular fever）：发热无一定规律，且持续时间不定。不规则热常见于流行性感冒、肿瘤性发热等。

（5）回归热（relapsing fever）：体温升至正常范围以上数天后再降至正常1～2天后再升高，如此交替出现。常见于回归热、霍奇金病等。

考点提示

不同热型的判断。

⊃ 护理诊断
1. 体温过高　与炎症有关。
2. 体液不足　与高热消耗水分及水分摄入减少有关。

⊃ 护理措施
1. 对症护理

（1）保暖：体温上升期，患者出现畏寒、寒战时，应调节室温，酌情增加衣被。

（2）降温：根据病情及医嘱采用物理降温或药物降温方法。如体温超过39 ℃，可用冰袋敷头部；如体温超过39.5 ℃，可用乙醇（或温水）擦浴。给予药物降温时，应注意防止体温骤退大量出汗引起虚脱或休克。采取降温措施30 min后应测量体温，并做好记录和交班。

2. 观察病情

（1）观察生命体征：定时测量体温，一般每日测量4次，高热患者每4 h测量体温1次（必要时可以每半小时测量1次），待体温恢复正常3日后，改为每日2次。注意观察呼吸、脉搏、血压。

（2）观察临床表现：观察发热分级、类型、临床表现以及是否有淋巴结肿大、出血倾向、肝大、脾大、结膜充血、关节肿痛等伴随症状。

（3）观察降温效果：观察采取降温措施后的降温效果，比较降温前及降温后的体温。

3. 补充营养和水分

（1）补充营养：对于高热患者，应给予高热量、高蛋白质、高维生素、易消化的流质或半流质饮食，同时注意食物的色、香、味，嘱患者少量多餐。对于不能进食者，根据医嘱给予静脉输液或鼻饲以补充营养物质。

（2）维持水、电解质平衡：应鼓励患者多饮水，每日水摄入量不低于2500～3000 ml，对于不能进食者，根据医嘱给予静脉输液以维持水、电解质平衡。

4. 促进患者舒适

（1）休息：发热患者由于消耗多，进食少，适当休息可减少能量的消耗，有利于机体康复。高热者需卧床休息，并提供安静、空气流通、温度及湿度适宜的休养环境。

（2）口腔护理：发热患者机体抵抗力降低，唾液分泌减少，口腔黏膜干燥，易发生口腔溃疡和炎症。应在晨起、餐后及睡前协助患者漱口，或用生理盐水棉球清洁口腔。口唇干裂者可涂液状石蜡。

（3）皮肤护理：高热患者出汗较多时，应及时擦干汗液，更换衣服和床单，以保持皮肤清洁、干燥，防止着凉。对于高热卧床者，应防止压力性损伤和坠积性肺炎等并发症的发生。

5. 心理护理　正确评估体温上升期患者由于突然发冷、面色苍白而出现的不良心理状态。对各期体温变化及伴随症状给予合理解释，以缓解其紧张情绪。

考点提示

高热患者的护理措施。

（二）体温过低

○ 护理评估

体温过低（hypothermia）是指体温低于正常范围，常见于早产儿、极度衰竭的患者。此外，颅脑外伤、药物中毒等导致体温调节中枢功能受损也是造成体温过低的常见原因。体温过低是一种危险的信号，常提示疾病的严重程度和预后不良。

1. 临床分级　以口腔温度为例。

轻度：32.1～35 ℃

中度：30.0～32 ℃

重度：＜30 ℃

致死温度：23～25 ℃

2. 临床表现　体温过低时，患者常表现为体温不升、皮肤苍白、四肢冰冷、呼吸减慢、脉搏细弱、血压下降、感觉和反应迟钝、嗜睡、神志昏迷等。

○ 护理诊断

1. 体温过低　与机体代谢降低有关。
2. 活动无耐力　与缺氧有关。
3. 营养失调：（低于机体需要量）　与摄入量不足有关。

○ 护理措施

1. 保暖措施

（1）调节室温：若室温过低，将室温调节至22～24 ℃。

（2）保暖：可给患者加盖被、给予热饮料、足部放置热水袋等方法，以提高机体温度。

2. 观察病情　密切观察患者的生命体征，加强体温监测，每小时测量体温1次，直至体温恢复正常并稳定。同时，注意患者呼吸、脉搏、血压的变化及伴随症状。

3. 抢救准备　随时做好抢救准备工作。

4. 健康教育　指导患者避免导致体温过低的因素，加强锻炼，增强营养等。

三、体温的测量

（一）体温计的种类及构造

1. 水银体温计　是临床最常用的体温计。它是一种外标刻度的真空毛细玻璃管，毛细玻璃管末端为贮汞槽，当贮汞槽受热后，汞膨胀，沿毛细玻璃管上行，其上行高度与受热程度成正比，毛细玻璃管和贮汞槽之间有一凹陷处，可防止汞遇冷时下降，以便检视温度。玻璃体温计有口表、肛表和腋表3种（图11-2）

2. 电子体温计　此种体温计是用电子感温探头测量体温，数字显示器显示温度值。电子体温计的优点是读数直观、使用方便、测量准确、灵敏度高等，分医院和个人使用两种。

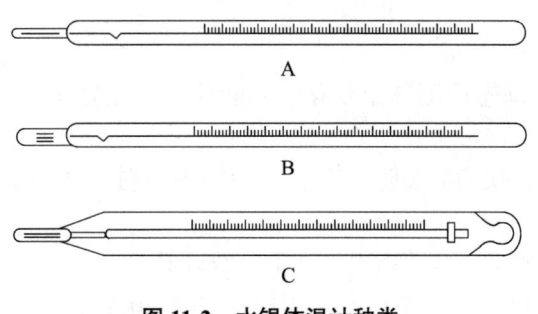

图 11-2 水银体温计种类
A. 口表；B. 肛表；C. 腋表

3. 可弃式体温计 又称化学点式体温计，其构造是对热敏感的化学指示点薄片，每个指示点上都有相对应的化学感温试剂，受热时指示点的颜色会改变，当颜色点由白色变成墨绿色或蓝色时，即为所测的温度。

4. 其他

（1）远红外线测温仪：利用远红外线的感应功能，快速测试人体温度，常用于人群聚集较多且需要快速测量体温时，如码头、车站、机场等。

（2）耳温枪：利用最新红外线技术原理，将耳温枪插入耳道，测量 1 s，即能测出正确的体温，适用于哭闹或睡眠中的儿童、体弱多病的卧床老年人。

（二）体温计的消毒与检测

1. 体温计消毒法 为了防止交叉感染，使用后的体温计应选用化学消毒剂进行浸泡消毒处理。常用的消毒溶液有 75% 乙醇、1% 过氧乙酸、含氯消毒剂等。

（1）水银体温计消毒法：①口表、腋表使用后即浸泡于消毒液中，30 min 后取出，用清水冲净、擦干，放入另一消毒液容器中，浸泡 30 min 后取出，用冷开水冲洗干净，拭干后用手或离心机将汞柱甩至 35 ℃以下，存放于清洁盒内备用；②肛表使用后先用消毒纱布擦净，再按上述方法进行消毒处理。一般采用有盖容器浸泡方式进行消毒。消毒液每日更换 1 次，容器、离心机等每周消毒 1 次。

（2）电子体温计消毒法：仅消毒电子感温探头部分，消毒方法根据制作探头材质的性质选择不同的消毒方法，如熏蒸、浸泡等。

2. 体温计检测法 为保证体温测量的准确性，使用中的体温计（包括新使用的体温计）应定期进行准确性检测。检测时，先将全部体温计的水银柱甩至 35 ℃以下，再同时放入盛有 40 ℃温水的容器中，3 min 后取出检视。如误差在 0.2 ℃以上、玻璃汞柱出现裂隙或水银柱自行下降，则不能再使用。合格的体温计用纱布擦干后，放入清洁容器内备用。

⊃ 护理评估

1. 评估与解释

（1）评估患者：①核对患者身份，如床号、住院号、姓名、性别、年龄和诊断；②全身情况，如病情、意识状态、心理反应、合作程度；③测量前体温状况、测温部位的皮肤黏膜状况、活动状态，测量前 20～30 min 有无剧烈运动、进食、进饮、沐浴、灌肠等影响体温的因素；④患者对测量体温的目的和操作方法的了解程度等。确定测量体温的方法。

（2）解释：测量体温的目的、方法和配合要点等。

2. 评估环境 环境整洁、舒适，光线明亮，环境安全。

⊃ 护理诊断

略。

◐ 护理计划

1. 目的

（1）动态监测体温：动态监测体温变化，判断体温有无异常，判断发热的分级，分析热型，观察伴随症状。

（2）协助临床诊断：为疾病的预防、诊断、治疗和护理提供依据。

2. 准备

（1）护士准备：衣帽整洁，修剪指甲，洗手，戴口罩。

（2）患者准备：体位舒适，情绪稳定，测量前20～30 min无剧烈运动、进食、进饮、洗澡、灌肠等影响体温的因素。

（3）用物准备：①治疗车上层备治疗盘，内置清洁容器盛放已消毒的体温计，另外一个盛放测温后的体温计，浸有消毒液的纱布、弯盘、记录本、笔及有秒针的表；若测量直肠温度，应另备润滑油、棉签、卫生纸；治疗盘外置手消毒液。②治疗车下层备医用垃圾桶、生活垃圾桶。

◐ 护理实施

体温测量实施，见表11-3。

表11-3 体温测量实施

护理实施	流程简释	要点说明
备物、核对	备齐用物携至患者床旁，再次核对患者身份，指导患者配合的方法，取得患者合作	• 确认患者，避免差错
测量方法	根据患者情况选择适宜的测量方法	
▲口腔温度		
测量体位	仰卧位、侧卧位、半坐卧位、端坐位等	• 根据患者的病情，确保患者舒适体位
测量部位	舌下热窝（图11-3）	• 舌下热窝位于舌系带两侧，是口腔中温度最高的部位
测量方法	将口表水银端斜放于舌下热窝处，嘱患者闭口含住口表	• 勿用牙咬体温计，用鼻呼吸，防止体温计被咬碎，损伤口腔及消化道黏膜
测量时间	测量3 min，擦净体温计，正确读数，获得准确的测量结果	
再次核对	再次核对患者身份	• 防止差错
整理消毒	（1）协助患者取舒适体位，为患者整理衣物、床单位 （2）将体温计浸泡于盛有消毒液的容器中	
消毒双手	取适量手消毒液，消毒双手	
测后嘱咐	告知患者测量结果及相关注意事项，体温异常时做出合理解释。感谢患者合作	• 避免患者紧张、焦虑或恐惧等使病情加重
垃圾处理	垃圾分类处理，接触过患者的物品放入医用垃圾桶，未接触患者的物品放入生活垃圾桶	• 防止交叉感染
洗手、记录	洗手，脱口罩。将测量结果正确绘制于体温单	
▲腋温		
测量体位	仰卧位、侧卧位、半坐卧位、端坐位等	
测量部位	腋窝（图11-4）	

续表

护理实施	流程简释	要点说明
测量方法	擦干腋窝汗液,将腋表水银端放于腋窝处。嘱患者夹紧体温计,紧贴皮肤,屈臂过胸	
测量时间	测量10 min,擦净体温计,正确读数,获得准确的测温结果	• 保证测量结果的准确性
整理消毒	(1)协助患者取舒适体位,为患者整理衣物、床单位 (2)将体温计浸泡于盛有消毒液的容器中	
洗手、记录	再次核对、洗手、记录,将测量结果正确绘制于体温单	

▲肛温

护理实施	流程简释	要点说明
测量体位	侧卧位、俯卧位、屈膝仰卧位、暴露测温部位	
测量方法	润滑肛表水银端、插入肛门3~4 cm;婴幼儿可取仰卧位,护士一手握住患儿双踝,提起双腿;另一手将已润滑的肛表插入肛门(婴儿1.25 cm,幼儿2.5 cm)并握住肛表用手掌根部和手指将双臀轻轻捏拢,固定肛表	
测量时间	测量3 min,取出体温计,用纱布擦拭,读数	• 评估体温是否正常、若与病情不符应重新测量,有异常及时处理
整理消毒	(1)协助患者取舒适体位,为患者整理衣物、床单位 (2)将体温计浸泡于盛有消毒液的容器中	
洗手、记录	再次核对、洗手、记录,将测量结果正确绘制于体温单	

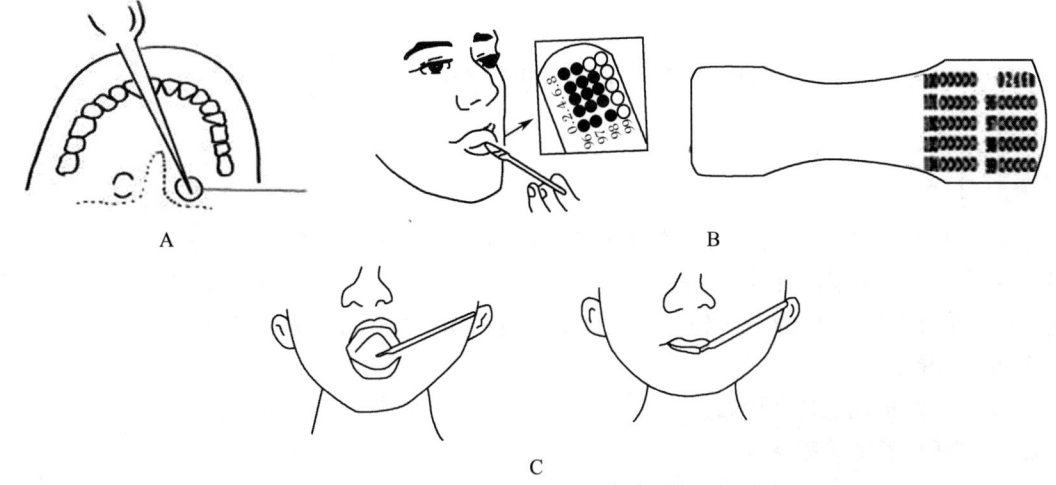

图11-3 口腔温度测量法
A.舌下热窝;B.可弃式体温计测量法;C.玻璃体温计测量法

⊃ **注意事项**

1. **测量前检查** 测量体温前，应认真清点体温计的数量，检查体温计是否完好，水银柱是否在35 ℃以下。

2. **不宜测口腔温度** 精神异常、昏迷、婴幼儿、口腔疾患、口鼻手术或呼吸困难及不能合作者，不宜测口腔温度。进食或面颊部冷、热敷后，应间隔30 min后测量。

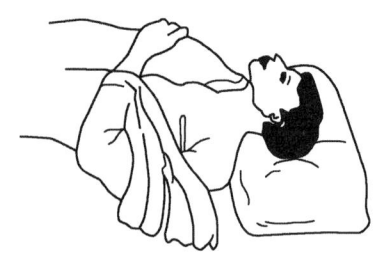

图11-4　腋温测量法

3. **不宜测腋下温度** 腋下出汗较多者，有创伤、手术、炎症者，肩关节受伤或极度消瘦者不宜测腋下温度。

4. **不宜测直肠温度** 腹泻、直肠或肛门手术者禁忌测直肠温度；心肌梗死患者不宜测直肠温度，以免刺激肛门引起迷走神经兴奋，导致心动过缓；坐浴或灌肠者需待30 min后方可测直肠温度。

5. **婴幼儿测量** 婴幼儿应先测量脉搏、呼吸和血压后再测量体温。因测量体温时，婴幼儿易哭闹、不配合，会影响脉搏、呼吸和血压的测量结果。

6. **体温计破碎的处理** 如患者不慎咬碎体温计，首先应立即清除玻璃碎屑，以免损伤唇、舌、口腔、食管和胃肠道黏膜，再口服蛋清水或牛奶，以延缓汞的吸收。若病情允许，可服用粗纤维食物（如韭菜、芹菜等），促进汞的排出。

7. **体温与病情不符重测量** 发现体温与病情不相符合时，应在床边监测，必要时测口腔温度或直肠温度做对照。

8. **防止交叉感染** 认真做好体温计的清洁与消毒，防止交叉感染。传染病患者的体温计应固定使用。

⊃ **护理评价**

1. 操作方法正确，患者测量过程中感觉舒适、安全，未发生意外。测量结果准确。
2. 图形绘制规范。
3. 充分体现以人为本的护理服务理念，护患沟通有效，患者主动配合。

 考点提示

体温的测量方法。

第二节　脉搏的评估与护理

案例11-2

患者，男性，68岁。冠状动脉粥样硬化性心脏病。因过度劳累，患者感心悸、胸闷、心前区压榨性疼痛，在家自行舌下含服"速效救心丸"效果不佳，上述症状加重1 h，急诊入院。体格检查：T 36.8 ℃，P 108次/分，HR 150次/分，BP 136/86 mmHg，R 20次/分。

问题与思考：

1. 患者可能出现了什么情况？
2. 如何评估患者的脉搏？
3. 应如何护理患者？请提出护理措施。

在每一个心动周期中，随着心脏的节律性收缩和舒张，动脉管壁随之有节律地收缩和舒张,产生节律性搏动,称为动脉脉搏(arterial pulse),简称脉搏(pulse,P)。正常情况下,脉率与心率一致,当脉搏微弱不易测量时,可测量心率。

一、正常脉搏及生理性变化

(一)正常脉搏

1. 脉率(pulse rate) 是每分钟脉搏搏动的次数。正常成人在安静状态下,脉率为60~100次/分。它可随内、外环境诸因素的变化而在一定范围内波动(表11-4)。

表11-4 脉率的正常范围与平均值

年龄	正常范围(次/分)		平均脉率(次/分)	
出生~1个月	70~170		120	
1~12个月	80~160		120	
1~3岁	80~120		100	
3~6岁	75~115		100	
6~12岁	70~110		90	
	男	女	男	女
12~14岁	65~105	70~110	85	90
14~16岁	60~100	65~105	80	85
16~18岁	55~95	60~100	75	80
18~65岁	60~100			72
65岁以上	70~100			75

2. 脉律(pulse rhythm) 是指脉搏的节律性,它反映了心脏的舒缩功能。正常脉搏搏动均匀、规则,间隔时间相等。

3. 脉搏的强弱 即血流冲击血管壁的力量强度的大小。脉搏的强弱取决于心排血量、动脉的充盈程度、脉压大小、动脉壁的弹性和外周血管的阻力。正常情况下,脉搏强弱相同。

4. 动脉管壁 正常动脉管壁光滑、柔软、富有弹性。

(二)生理性变化

1. 年龄与性别 一般新生儿、婴幼儿的脉率较快,成人脉率逐渐减慢、平稳,老年人脉率稍增快。女性的脉率比男性稍快。

2. 活动与情绪 运动、兴奋、愤怒、恐惧等可使脉率增快,休息、睡眠时脉率减慢。

3. 药物与饮食 使用兴奋剂、饮咖啡或浓茶、进食可使脉率加快,使用洋地黄类药物、镇静药和禁食可使脉率减慢。

二、异常脉搏的评估与护理

➲ 护理评估

1. 脉率异常

(1)心动过速(tachycardia):在安静状态下成人脉率超过100次/分,又称速脉,常见于发热、甲状腺功能亢进、心力衰竭、大出血前期等患者。一般情况下,体温每升高1℃,儿童脉率每分钟约增加15次/分,成人脉率每分钟约增加10次/分。

(2)心动过缓(bradycardia):在安静状态下成人脉率少于60次/分,又称缓脉,常见于房室传导阻滞、颅内压增高、甲状腺功能减退或服用某些药物(如地高辛)等。

2. 节律异常

（1）间歇脉（intermittent pulse）：在一系列正常均匀的脉搏中，出现一次提前而较弱的脉搏，其后有一较正常延长的间歇（代偿性间歇），称间歇脉，亦称过早搏动。间歇脉表现为二联律和三联律。①二联律：每隔一个正常搏动后出现一次过早搏动。②三联律：每隔两个正常搏动后出现一次过早搏动，常见于各种器质性心脏病或洋地黄中毒等患者，正常人在过度疲劳、精神兴奋时偶尔也会出现间歇脉。

（2）脉搏短绌（pulse deficit）：在同一单位时间内脉率小于心率，称脉搏短绌或绌脉。其特点是听诊时心律完全不规则，心率快慢不一，心音强弱不等，常见于心房颤动的患者。

3. 强弱异常

（1）洪脉（surging pulse）：当心排血量增加，动脉充盈度和脉压较大，周围动脉阻力较小时，脉搏搏动强，称洪脉，常见于高热、主动脉瓣关闭不全、甲状腺功能亢进等患者。

（2）细脉（thready pulse）：当心排血量减少，动脉充盈度降低，周围动脉阻力较大时，脉搏搏动细弱无力，扪之如细丝，称细脉，常见于心功能不全、主动脉瓣狭窄、大出血、休克等患者。

（3）奇脉（paradoxical pulse）：当患者平静吸气时，脉搏明显减弱或消失，称为奇脉，常见于缩窄性心包炎、心包积液等患者。

（4）交替脉（alternating pulse）：指节律正常，但强弱交替出现的脉搏，常见于高血压性心脏病、主动脉瓣关闭不全、冠状动脉粥样硬化性心脏病等患者。

（5）水冲脉（water-hammer pulse）：脉搏骤起骤落，急促而有力，称水冲脉，常见于甲状腺功能亢进、先天性动脉导管未闭、主动脉瓣关闭不全等患者。

4. 动脉壁异常　用手指压迫时，正常动脉远端动脉管壁不能触及，若仍能触到者，提示动脉硬化。早期动脉硬化表现为动脉壁变硬，失去弹性，触诊呈条索状如抚触琴弦，严重者出现动脉迂曲或结节。

 考点提示

异常脉搏的分类。

◌ 护理诊断
1. 疼痛　与心肌缺血有关。
2. 活动无耐力　与心律失常导致心排血量减少有关。
3. 焦虑　与心律失常反复发作、疗效欠佳有关。

◌ 护理措施
1. 活动与休息　根据病情指导患者增加卧床时间，酌情适量活动，以减少心肌耗氧量。
2. 观察病情　密切观察脉搏有无频率、节律和强弱的异常，动脉壁的弹性有无改变。观察药物的治疗效果和不良反应。对于安装起搏器的患者，应做好相应的护理。
3. 备齐物品　备齐各种急救物品，抢救仪器处于良好的备用状态。
4. 心理护理　进行有针对性的心理护理，以缓解患者焦虑、紧张、恐惧的情绪。
5. 健康教育　指导患者及家属合理饮食、戒烟、戒酒，认识脉搏监测的重要性。

三、脉搏的测量

◌ 护理评估
1. 评估与解释
（1）评估患者：①核对患者身份，如床号、住院号、姓名、性别、年龄和诊断；②全身情况，如病情、意识状态、心理反应、合作程度；③测量脉搏部位的皮肤及黏膜状况、活动状态，有无安装起搏器等；④患者对测量脉搏的目的和操作方法的了解程度等。确定测量脉搏的方法。

（2）解释：测量脉搏的目的、方法及配合要点。

2. 评估环境　同体温测量。

◐ **护理诊断**

略。

◐ **护理计划**

1. 目的

（1）动态监测脉搏：动态监测脉搏变化，判断脉搏有无异常，间接了解心脏的功能。

（2）协助临床诊断：为临床疾病的诊断、治疗、护理和预防提供依据。

2. 准备

（1）护士准备：同体温测量。

（2）患者准备：患者了解测量脉搏的目的、方法、配合要点及注意事项，情绪稳定。测量前20～30 min患者无剧烈运动、情绪激动等影响脉搏的因素。

（3）用物准备：①治疗车上层备治疗盘，治疗盘内放置有秒针的表、记录本和笔，必要时备听诊器。治疗盘外置手消毒液。②治疗车下层备医用垃圾桶、生活垃圾桶。

◐ **护理实施**

脉搏测量实施，见表11-5。

表11-5　脉搏测量实施

护理实施	流程简释	要点说明
备物、核对	备齐用物携至患者床旁，再次核对患者身份，指导患者配合的方法，取得合作	• 确认患者，避免差错
选择部位	根据患者情况选择适宜的测量部位	
测量体位	协助患者取舒适体位，如仰卧位、坐位、半坐卧位、端坐位等，手腕舒展	• 根据病情及患者情况，以患者舒适、便于护士测量为宜
测量部位	靠近骨骼、浅表的大动脉均可作为测量脉搏的部位，如桡动脉、颞动脉、肱动脉、颈动脉、股动脉、腘动脉、足背动脉、胫骨后动脉等（图11-5）	
测量方法（以桡动脉为例）	以示指、中指、环指的指端放在桡动脉搏动处，压力大小以能清晰触及脉搏搏动为宜。若触摸不清，可用听诊器测心率。注意脉搏的节律、强弱，动脉管壁的弹性、紧张度	
测量时间	一般情况测量30 s，将所测得的数值乘以2即可。异常情况、脉搏异常、危重患者测量1 min	• 保证获得正确的测量结果
脉搏短绌	脉搏短绌应由两名护士同时测量，一人听心率，另一人测脉率，由听心率者发出"开始"与"停止"的口令，计数1 min（图11-6）	• 防止差错 • 脉搏短绌以分数式记录，记录方式为心率/脉率。如心率200次/分，脉率为60次/分，则应写成200/60次/分
再次核对	再次核对患者身份	
消毒双手	取适量手消毒液，消毒双手	

续表

护理实施	流程简释	要点说明
测后嘱咐	告知患者测量结果及相关注意事项。感谢患者合作	• 避免患者紧张、焦虑或恐惧,使病情加重
垃圾处理	垃圾分类处理,接触过患者的物品放入医用垃圾桶,未接触患者的物品放入生活垃圾桶	
洗手、记录	洗手,脱口罩。将测量结果正确地绘制于体温单	

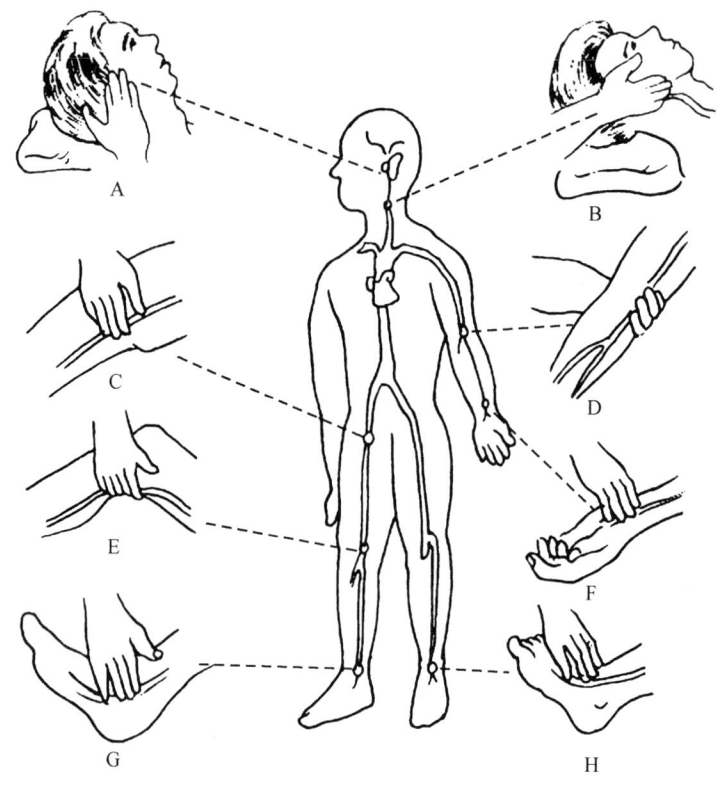

图 11-5 脉搏测量的常用部位

A.颞动脉;B.颈动脉;C.股动脉;D.肱动脉;E.腘动脉;F.桡动脉;G.胫骨后动脉;H.足背动脉

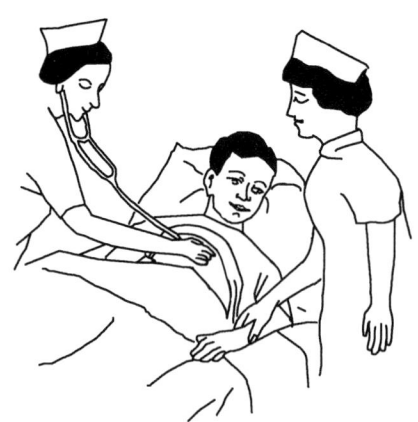

图 11-6 脉搏短绌测量法

⊃ **护理评价**

1. 操作方法正确,测量结果准确,绘制图形规范。
2. 患者了解测量脉搏的目的,测量过程中患者感觉舒适、安全,未发生意外。
3. 充分体现以人为本的护理服务理念,护患沟通有效,患者愿意配合。

⊃ **注意事项**

1. **拇指勿诊脉**　不可用拇指诊脉,因拇指小动脉搏动较强,易与患者的脉搏相混淆。
2. **偏瘫测健侧**　为偏瘫或肢体有损伤的患者测脉率应选择健侧肢体,因患侧肢体血液循环不良会影响测量结果的准确性。
3. **婴幼儿测量**　婴幼儿应先测量脉搏,后测量体温。因测量体温时婴幼儿易哭闹、不配合,会影响脉搏的测量结果。

> **思政园地**
>
> **中国护士之母**
>
> 伍哲英,福建长乐人,青年时期就读于福州南台保福山女子书院,后因家贫,母亲患病无钱医治去世,遂立志学医。她考入江西九江丹福德医院护士学校就读,毕业后在江西九江任护士1年;1915年赴美国霍普金斯护士学校攻读护理3年;1918年转入纽约妇产医院专攻妇产科护理,1919年回国。
>
> 1921年为了发展中国护理事业,伍哲英与友人到上海筹办中国红十字总会第一医院,并担任护理主任职务。同年,伍哲英在上海创建第一所由中国人办的中国红十字总会第一医院护士学校。伍哲英除担任校长和护理主任外,还亲自承担五门课程讲授及实习指导。之后,伍哲英又相继创办了南洋护校、济民医院附设护校。1926年代表中国红十字会赴日本东京参加第二次远东红十字大会,当选本届大会副会长及护理委员会主席。
>
> 1928年,伍哲英被选为中华护士会第八届理事会会长,成为中华护士学会第一任华人会长,结束了近20年由外籍护士任会长的历史。在任期间,她为中国护理事业培养了一批又一批实用人才。抗战爆发后,伍哲英积极投入抗战救亡运动,抢救了不少伤兵,被称为火线上的"白衣天使"。中华人民共和国成立后,伍哲英仍担任上海六所护士学校顾问和上海市卫生局护理顾问,她深受护理界的尊崇,被誉为"中国护士之母"。

第三节　呼吸的评估与护理

案例11-3

患者,男性,65岁。患慢性肺源性心脏病3年。近日患者受凉后咳嗽、咳痰、气短,稍活动即感心悸、呼吸困难、乏力。体格检查:T 38.9 ℃,P 110次/分,R 28次/分,BP 146/90 mmHg。听诊:两肺闻及湿啰音,心音遥远。

问题与思考:

1. 护士应如何正确测量呼吸?
2. 护士应采取哪些护理措施?

为保证新陈代谢的正常进行和内环境的相对稳定,机体需要不断地从外界环境中摄取氧气，并把机体产生的二氧化碳排出体外。这种机体与环境之间进行气体交换的过程，称为呼吸（respiration，R）。呼吸运动是一种节律性活动，受意识控制，具有一定的随意性。

一、正常呼吸及生理性变化

（一）正常呼吸

正常成人安静状态下，呼吸频率为16～20次/分。呼吸运动均匀、平稳，节律规则且不费力。呼吸与脉搏的比例为1:4～1:5。

（二）生理性变化

1. 年龄　年龄越小，呼吸频率越快。新生儿呼吸频率约44次/分。随着年龄增长，呼吸频率逐渐减慢并保持平稳。
2. 性别　女性较同龄男性呼吸频率稍快。
3. 运动　剧烈运动时，机体新陈代谢增加，可引起呼吸频率加快。休息、睡眠时呼吸频率稍减慢。
4. 情绪　强烈的情绪变化（如紧张、兴奋、恐惧、愤怒、害怕、悲伤等）可引起呼吸频率加快。
5. 血压　血压发生大幅度变化时，可反射性地影响呼吸。血压升高时，呼吸频率减慢、幅度减弱；血压降低时，呼吸频率加快、幅度加强。
6. 其他　环境温度升高可使呼吸加深、频率加快。

二、异常呼吸的评估与护理

● 护理评估

1. 频率异常

（1）呼吸过速（tachypnea）：成人在安静状态下呼吸频率超过24次/分，称为呼吸过速，常见于甲状腺功能亢进、疼痛、发热等患者。一般体温每升高1℃，呼吸频率每分钟增加3～4次。

（2）呼吸过缓（bradypnea）：成人在安静状态下呼吸频率低于12次/分，称为呼吸过缓，常见于巴比妥类药物中毒、颅内压增高等患者。

2. 深浅度异常

（1）深度呼吸：又称库斯莫尔呼吸（Kussmaul respiration），是一种深而规则的大呼吸，可伴有鼾音，常见于尿毒症、糖尿病酮症酸中毒等引起的代谢性酸中毒的患者。

（2）浅快呼吸：是一种浅表而不规则的呼吸，有时呈叹息样，常见于呼吸肌麻痹、胸膜疾病、肋骨骨折或濒死的患者。

3. 节律异常

（1）潮式呼吸：又称陈-施呼吸（Cheyne-Stokes respiration），是一种周期性的呼吸异常，表现为呼吸由浅慢逐渐加深、加快，达到高峰，又由深快逐渐变为浅慢，随后呼吸暂停一段时间（5～20 s），又开始重复上述规律性变化，潮式呼吸的周期可达30 s～2 min。潮式呼吸是呼吸中枢兴奋性减弱或重度缺氧的表现，常见于中枢神经系统疾病（如脑膜炎、脑炎、巴比妥类药物中毒、颅内压增高等）患者。

（2）间断呼吸：又称比奥呼吸（Biot respiration），表现为有规律地呼吸几次后，呼吸突然停止，间隔一段时间后又开始呼吸，如此反复交替。间断呼吸是呼吸中枢兴奋性显著降低的表现，常见于呼吸中枢衰竭或颅内病变等患者。

4. 声音异常

（1）蝉鸣样呼吸（strident）：是吸气时产生的一种声音极高、似蝉鸣样的音响，多因声带附近阻塞或受压，空气吸入困难所致。蝉鸣样呼吸常见于喉头异物、喉头水肿、痉挛等患者。

（2）鼾声呼吸（stertorous）：是呼吸时发出的一种粗大的声音，由于气管或支气管内有较多的分泌物，呼吸时气流震动所致。鼾声呼吸常见于昏迷患者，也可见于睡眠呼吸暂停综合征患者。

5. 呼吸困难（dyspnea） 是指呼吸频率、节律和深浅度的异常。患者主观感觉空气不足、胸闷、呼吸费力、不能平卧等，客观表现为烦躁、鼻翼扇动、张口呼吸、端坐呼吸及发绀等，主要由于气体交换不足、机体缺氧所致。临床上可分为以下3种。

（1）吸气性呼吸困难：患者表现为吸气困难，吸气时间延长，伴有明显的三凹征（胸骨上窝、锁骨上窝和肋间隙凹陷），由于上呼吸道部分梗阻，气体进入肺部不畅，呼吸肌收缩，肺内负压增高所致。吸气性呼吸困难常见于喉头水肿、喉头异物等患者。

（2）呼气性呼吸困难：患者表现为呼气费力，呼气时间延长，由于下呼吸道部分梗阻，气体呼出不畅所致。呼气性呼吸困难常见于阻塞性肺气肿、支气管哮喘发作等患者。

（3）混合性呼吸困难：患者吸气、呼气均感费力，呼吸频率增快而表浅。由于肺部广泛性的病变，使有效呼吸面积减少，影响换气功能所致。混合性呼吸困难常见于广泛性肺纤维化、重症肺炎、大面积肺不张和大量胸腔积液等患者。

6. 呼吸型态异常

（1）胸式呼吸减弱，腹式呼吸增强：正常女性以胸式呼吸为主。由于肺、胸膜或胸壁的疾病（如肺炎球菌性肺炎、胸膜炎、肋骨骨折等）产生剧烈的疼痛，均可使胸式呼吸减弱，腹式呼吸增强。

（2）腹式呼吸减弱，胸式呼吸增强：正常男性及儿童以腹式呼吸为主。由于腹膜炎、大量腹水、腹腔内巨大肿瘤等使膈肌下降受限，造成腹式呼吸减弱，胸式呼吸增强。

 考点提示

呼吸异常的判断。

◐ 护理诊断

1. 气体交换受损　与低氧血症、二氧化碳潴留、肺血管压力增高有关。
2. 清理呼吸道无效　与呼吸道感染，痰液过多、黏稠有关。
3. 有皮肤完整性受损的危险　与水肿、长期卧床有关。

◐ 护理措施

1. 心理护理　焦虑、紧张、恐惧的情绪可加重缺氧，应细心安慰和呵护患者，使患者情绪稳定，保持良好心态，以利于疾病恢复。
2. 保持气道通畅　及时清除呼吸道分泌物，指导患者有效咳嗽，进行体位引流。对痰液黏稠者给予雾化吸入以稀释痰液，必要时进行吸痰，保持呼吸道通畅。
3. 严密观察病情　严密观察呼吸的频率、节律、深浅度等有无异常改变。患者有无呼吸困难、发绀、咳嗽、咳痰、咯血、胸痛等表现。观察药物的治疗效果和不良反应。
4. 改善缺氧状况　根据医嘱给药，给予氧气吸入或使用呼吸机，提高动脉血氧饱和度，促进气体交换，改善呼吸困难。
5. 创造舒适的环境　保持病室环境整洁，空气流通、清新，根据患者的病情，调节室内温度和湿度，以减少呼吸道不适感。提供安静、舒适的环境以利于患者休息，减少耗氧量。
6. 健康教育　指导患者及家属认识呼吸监测的重要性，能正确测量呼吸。教会患者正确的呼吸训练的方法，如腹式呼吸、缩唇呼吸等。

三、呼吸的测量

◌ 护理评估

1. 评估与解释

（1）评估患者：①核对患者身份，如床号、住院号、姓名、性别、年龄和诊断。②患者病情、意识状态、心理反应及合作程度。③测量前呼吸状况（呼吸频率、节律、声音、深浅度和呼吸困难的症状）、活动状态以及体位等。使用呼吸机者，需评估呼吸机的运转状况，患者的呼吸情况。④患者对测量呼吸的目的和操作方法的了解程度等。

（2）解释：无需解释，以免患者紧张而影响测量结果的准确性。

2. 评估环境　同体温测量。

◌ 护理诊断

略。

◌ 护理计划

1. 目的

（1）动态监测呼吸：动态监测呼吸变化，判断呼吸有无异常。间接了解呼吸系统功能状态。

（2）协助临床诊断：为疾病的诊断、治疗、护理和预防提供依据。

2. 准备

（1）护士准备：同体温测量。

（2）患者准备：患者情绪稳定，测量前 20～30 min 无剧烈运动、紧张、恐惧等影响因素。

（3）用物准备：①治疗车上层备治疗盘，治疗盘内置有秒针的表、记录本和笔。治疗盘外置手消毒液。②治疗车下层备医用垃圾桶、生活垃圾桶。

◌ 护理实施

呼吸测量实施，见表 11-6。

表 11-6　呼吸测量实施

护理实施	流程简释	要点说明
测量体位	根据患者病情选择适宜、舒适的体位	• 放松精神，避免紧张
测量方法	将测量脉搏的手放在动脉搏动处，眼睛观察患者胸腹起伏（一起一伏是一次呼吸），计数呼吸的频率，观察呼吸的节律、深浅度、音响以及有无呼吸困难等	• 分散患者注意力，让患者处于自然呼吸的状态
测量时间	（1）一般情况测量 30 s，将所测得的数值乘以 2 即可。异常呼吸、婴幼儿或危重患者测量 1 min（图 11-7） （2）危重患者呼吸微弱不易观察时，可用少许棉花纤维置于患者鼻孔前，观察棉花纤维被吹动起伏的次数即可（图 11-8）	• 保证获得正确的测量结果
再次核对	再次核对患者身份	
整理	协助患者取舒适体位，为患者整理衣物、床单位	
消毒双手	取适量手消毒液，消毒双手	
测后嘱咐	告知患者测量结果及相关注意事项，异常时做出合理解释。感谢患者合作	• 避免患者紧张、焦虑或恐惧，使病情加重
垃圾处理	垃圾分类处理，接触过患者的物品放入医用垃圾桶，未接触患者的物品放入生活垃圾桶	

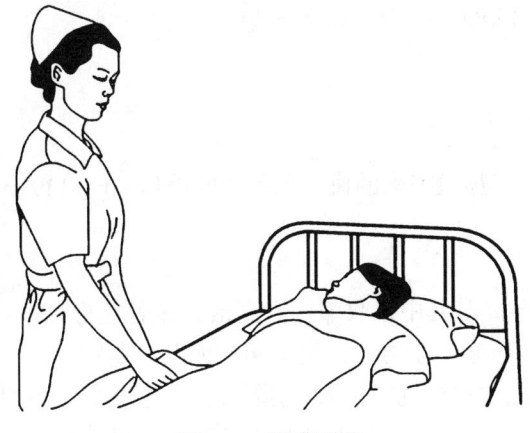 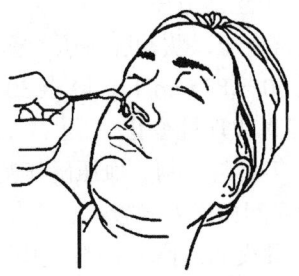

图 11-7　测量呼吸　　　　　　　　图 11-8　危重患者测量呼吸

⇨ 护理评价

1. 患者知道测量呼吸的目的，在测量过程中患者感觉舒适、安全。
2. 操作方法正确，测量结果准确，图形绘制规范。
3. 充分体现以人为本的护理服务理念，护患沟通有效。

⇨ 注意事项

1. 确保准确性　测量呼吸时不应做解释，以免分散患者的注意力，使患者处于自然的呼吸状态，确保测量结果的准确性。
2. 观察呼吸　测量呼吸的同时应观察呼吸的深浅度、节律，有无异常声音等，以准确评估患者呼吸的整体情况。
3. 婴幼儿测量　婴幼儿应先测呼吸，后测量体温。因测量体温时婴幼儿易哭闹、不配合，会影响呼吸的测量结果。

第四节　血压的评估与护理

案例 11-4

患者，男性，68 岁。患阻塞性肺气肿 5 年，1 周前患者不慎受凉，咳嗽，咳白色泡沫痰，加重 2 日，自感胸闷、呼吸困难，不能平卧。入院治疗，体格检查：T 39.8 ℃、P 110 次/分、R 30 次/分、BP 146/90 mmHg。

问题与思考：

1. 该患者的发热临床分级属哪级？
2. 该患者的血压程度如何？
3. 如何护理该患者？护理中应注意什么？

血压（blood pressure，BP）是血液在血管内流动时对血管壁的侧压力。在不同的血管内，血压分别称为动脉血压、静脉血压和毛细血管静水压（毛细血管压）。通常血压是指动脉血压。在一个心动周期中，血压随着心室的收缩与舒张而发生规律性的变化。当心脏收缩时，血液射入主动脉，动脉管壁扩张，此时动脉管壁所受到的压力的最高值称为收缩压（systolic pressure）。当心脏舒张时，动脉管壁弹性回缩，此时动脉管壁所受到的压力的最低值称为舒张压（diastolic pressure）。收缩压与舒张压之差称为脉压（pulse pressure）。血压的计量单位有 mmHg 和 kPa 两种。mmHg 和 kPa 之间的关系：1 mmHg=0.133 kPa。1 kPa=7.5 mmHg。

一、正常血压及生理性变化

（一）正常血压

正常血压以肱动脉血压为标准，正常成人安静状态下的血压范围为收缩压 90～139 mmHg，舒张压 60～89 mmHg，脉压 30～40 mmHg。

（二）生理性变化

1. 年龄与性别　血压随年龄增长而逐渐升高，其中以收缩压升高最为显著。青春期前男性与女性之间血压差异较小，更年期以前女性血压略低于男性，更年期后无明显差别。

2. 昼夜和睡眠　一昼夜中，一般凌晨血压相对较低，然后逐渐升高，至傍晚血压相对较高，但在正常范围内波动。安静休息时血压平稳，过度劳累或睡眠不佳时血压可偏高。

3. 环境温度　在寒冷环境中，由于末梢血管收缩，外周阻力增高，血压可上升，高温环境下由于皮肤血管扩张，外周阻力降低，血压可略下降。

4. 测量部位　一般右上肢血压比左上肢高 10～20 mmHg，下肢血压比上肢血压高 20～40 mmHg。主要是收缩压的差异，舒张压相对不变。

5. 其他　剧烈运动、情绪激动、疼痛、吸烟等均可导致收缩压升高，舒张压一般无变化。此外，饮酒、盐摄入过多可使血压偏高。

二、异常血压的评估与护理

◯ 护理评估

1. 高血压（hypertension）　指在未使用降压药物的情况下，非同日 3 次测量诊室血压，18 岁以上成年人收缩压≥140 mmHg 和（或）舒张压≥90 mmHg。根据引起高血压的原因不同，将高血压分为原发性和继发性两类。目前我国采用国际统一的高血压诊断标准，见表 11-7。

表 11-7　中国高血压分类标准

级别	收缩压（mmHg）	舒张压（mmHg）
正常血压	＜120 和	＜80
正常高值	120～139 和（或）	80～89
高血压	≥140 和（或）	≥90
1 级高血压（轻度）	140～159 和（或）	90～99
2 级高血压（中度）	160～179 和（或）	100～109
3 级高血压（重度）	≥180 和（或）	≥110
ISH	≥140 和	＜90

ISH. 单纯收缩期高血压，若患者的收缩压与舒张压分属不同级别时，则以较高的级别为主，ISH 也可按照收缩压水平分为 1 级、2 级、3 级

2. 低血压（hypotension）　指正常状态下，成人血压小于 90/60 mmHg，常见于急性心力衰竭、休克、大量失血等患者。

3. 脉压变化

（1）脉压增大：脉压＞40 mmHg 称脉压增大，常见于主动脉瓣关闭不全、主动脉硬化、甲状腺功能亢进症、动静脉瘘等患者。

（2）脉压减小：脉压＜30 mmHg 称脉压减小，常见于缩窄性心包炎、心包积液、主动脉瓣

狭窄、心力衰竭等患者。

◯ 护理诊断

1. 疼痛（头痛） 与血压升高有关。
2. 有受伤的危险 与眩晕有关。
3. 知识缺乏 缺乏疾病预防、保健知识和高血压用药知识。

◯ 护理措施

1. 观察血压 如发现血压异常，应加强血压监测，及时了解血压变化，同时观察有无其他伴随症状。
2. 环境舒适 为患者创造一个温度及湿度适宜、通风良好、照明柔和、安静、舒适的环境。
3. 饮食合理 协助患者选择高维生素、低脂肪、低胆固醇、低盐、富含纤维素、易消化的饮食。控制烟、酒、咖啡和浓茶的摄入。
4. 动静结合 根据患者血压情况合理安排休息与活动，高血压初期不限制一般的体力活动，可进行散步、打太极拳等适度运动，颐养身心。患者血压较高时，应嘱其休息。患者血压过低时，应迅速安置患者于平卧位，并针对病因给予应急处理。
5. 心理护理 长期抑郁或情绪激动、急剧而强烈的精神创伤可使血压升高。因此，应向患者提供有针对性的心理护理，消除患者紧张和压抑的心理，保持良好的心理状态，积极、主动参与，配合治疗与护理工作。
6. 健康教育 向患者介绍高血压的相关知识，教会患者及家属学会自我监测与紧急情况的处理方法。指导患者养成良好的生活及行为习惯，帮助患者消除影响血压变化的不良生活方式，如戒烟、戒酒。低血压的患者应注意适度运动，增强体力，注意营养均衡。

三、血压的测量

（一）血压计的种类

常用的血压计主要有水银血压计、表式血压计（弹簧式）和电子血压计3种（图11-9）。

（二）血压计的构造

血压计主要由以下3个部分组成。

1. 输气球及调节空气压力的阀门。
2. 袖带 为长方形扁平橡胶袋，有外层包布套与尼龙搭扣两种，橡胶袋上有两根橡胶管，一根连输气球，另一根连接压力表。
3. 测压计

（1）水银血压计：有立式和台式两种，由玻璃管、标尺、水银槽3部分组成。血压计盒盖内壁上固定有一根玻璃管，管面上标有双刻度为 0～300 mmHg/0～40 kPa，每小格相当于 2 mmHg（0.5 kPa），玻璃管上端与大气相通，其下端与水银槽相通。水银槽内装有水银，输气球送入空气后，水银由玻璃管底部上升，水银柱上缘所指刻度即为压力刻度。

（2）表式血压计：外形似表，呈圆盘状，正面盘上标有刻度及读数，盘中央有一指针，指示血压数值。

（3）电子血压计：袖带内有一换能器，有自动采样微电脑控制数字运算，自动放气数秒内便可获得血压数值（图11-9）。

（三）血压的测量

◯ 护理评估

1. 评估与解释

（1）评估患者：①核对患者身份，如床号、住院号、姓名、性别、年龄和诊断。②全身情

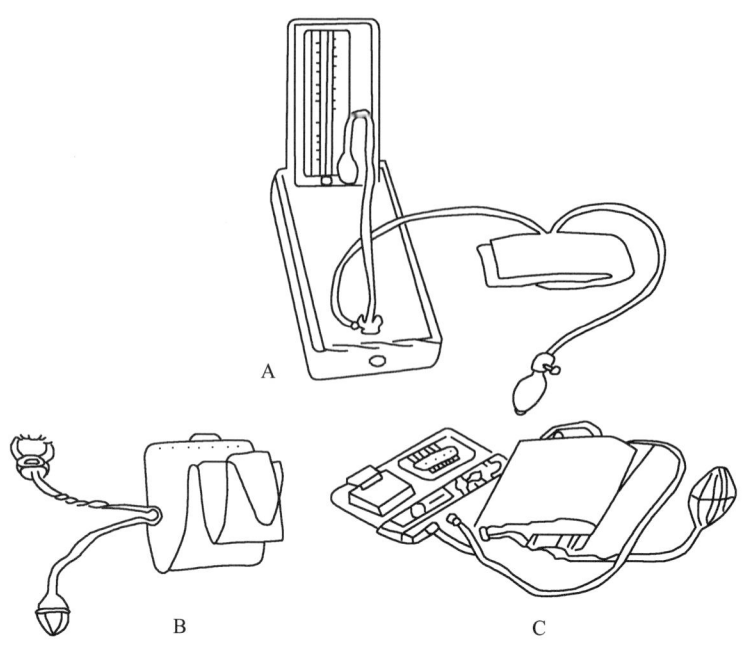

图11-9 常用血压计
A.水银血压计；B.表式血压计；C.电子血压计

况，如病情、测量目的、意识状态、心理反应、合作程度、活动状态。③局部情况，如测量前的血压状况、测量血压部位的皮肤有无破损、肢体状况等。④患者对测量血压的目的和操作方法的了解程度等。确定测量血压的方法。

（2）解释：测量血压的目的、方法及配合要点。

2. 评估环境　同体温测量。

⊃ **护理诊断**

略。

⊃ **护理计划**

1. 目的

（1）动态监测血压：动态监测血压变化，判断血压有无异常。间接了解循环系统的功能状况。

（2）协助临床诊断：为诊断、治疗、护理和预防提供依据。

2. 准备

（1）护士准备：同体温测量。

（2）患者准备：患者了解测量血压的目的、方法、配合要点及注意事项，情绪稳定。测量前20～30 min无剧烈运动、紧张或恐惧等影响血压的因素。

（3）用物准备：①治疗车上层备治疗盘，治疗盘内置血压计、听诊器、记录本和笔。治疗盘外置手消毒液。②治疗车下层备医用垃圾桶、生活垃圾桶。

⊃ **护理实施**

血压的测量，见表11-8。

 考点提示

血压测量的方法。

表 11-8 血压的测量

护理实施	流程简释	要点说明
备物、核对	备齐用物携至患者床旁，再次核对患者身份，指导配合要点，取得合作	• 确认患者，避免差错
选择部位	根据患者情况选择适宜的测量部位	
测量部位	上臂肘窝肱动脉	
测量方法	（1）卷袖露臂：卷衣袖露出上臂，必要时脱衣袖，掌心向上，肘部伸直 （2）放置血压计：放稳血压计，开启水银槽开关 （3）缠绕袖带：放尽袖带内的空气，将袖带橡胶管向下正对肘窝，袖带下缘在距离肘窝 2～3 cm 处平整地缠于上臂，松紧以能放入一指为宜 （4）置听诊器：触及肱动脉搏动，将听诊器置于肱动脉搏动处 （5）平稳充气：关闭气门，均匀充气至肱动脉搏动音消失再升高 20～30 mmHg （6）缓慢放气：以 4 mmHg/s 的速度缓慢放气，注意观察肱动脉搏动音与水银柱刻度的变化，视线与水银柱所指刻度保持同一水平 （7）听读血压值：听到第一声搏动音时水银柱所指的刻度数值即为收缩压，搏动音突然减弱或消失时水银柱所指的刻度数值即为舒张压 （8）排气取带：测量后排尽袖带内余气，取下袖带，将血压计盒盖右倾 45°，促使水银全部回流至槽内，关闭水银槽开关，整理血压计	• 以免袖口过紧而影响血压值的准确性 • 充气不可过猛、过快，避免水银外流导致水银不足而影响测量结果的准确性
再次核对	再次核对患者身份	• 防止差错
整理	协助患者取舒适体位，为患者整理衣物、床单位	
消毒双手	取适量手消毒液，消毒双手	
测后嘱咐	告知患者测量结果及注意事项，异常时做出合理解释。感谢患者合作	• 避免患者紧张、焦虑或恐惧而使病情加重
垃圾处理	垃圾分类处理，接触过患者的用物放入医用垃圾桶，未接触患者的用物放入生活垃圾桶	
洗手、记录	洗手，脱口罩。将测量结果正确记录在体温单相应栏内，以分数式记录，收缩压/舒张压 mmHg，如变音和消失音之间有差异时，同时记录两个读数，记录方法为：收缩压/变音/消失音 mmHg，如 160/86/40 mmHg	• 操作后查对
测量部位	▲腘动脉	
测量方法	（1）卷裤露腿：协助患者卷裤或脱去一侧裤子，露出测量部位 （2）放置血压计：平稳放置血压计，开启水银槽开关 （3）缠绕袖带：放尽袖带内的空气，将袖带橡胶管向下正对腘窝，袖带下缘在距离腘窝 3～5 cm 处平整地缠于大腿下部，松紧以能放入一指为宜 （4）置听诊器：触及腘动脉搏动，将听诊器置于腘动脉搏动处，其余同肱动脉测量法	• 便于测量，保证测量结果的准确性
再次核对	同肱动脉测量法	
垃圾处理		
洗手、记录	同肱动脉测量法，注明下肢血压	

◆ 护理评价
1. 操作方法正确、规范，测量过程中患者感觉舒适、安全，测量结果准确，记录完整。
2. 充分体现以人为本的护理理念，护患沟通有效，患者知道测量血压的重要性，主动配合。

◆ 注意事项
1. 定期查对　测量血压前，常规检查血压计玻璃管是否损坏，水银有无漏出，输气球与橡胶管有无老化、漏气，听诊器是否完好。定期校对血压计，以保证测量结果的准确性。
2. 做到四定　需长期严密观察血压的患者应做到四定：定时间、定部位、定体位、定血压计。
3. 测量健侧　为偏瘫、肢体外伤或手术的患者测血压时，应选择健侧肢体测量。
4. 排除影响因素

（1）导致血压偏高的因素：有以下4种。①袖带过窄：如袖带过窄，需要较高的压力才能阻断动脉血流，使测量的血压值偏高。②袖带过松：袖带过松使橡胶袋呈球状，导致有效测量面积变窄，需要较高的压力才能阻断动脉血流，致使测量的血压值偏高。③肢体位置过低：患者肢体位置过低时，肱动脉低于心脏水平，肱动脉有效血容量相应增加，肱动脉充盈度增加，导致测量的血压值偏高。④视线偏低：测试者视线低于水银柱，使血压读数偏高。

（2）导致血压偏低的因素：有以下4种。①袖带过宽：如袖带过宽，使大段血管受压，致使搏动音在到达袖带下缘前已消失，故测量的血压值偏低。②袖带过紧：如袖带过紧，使血管在未充气前已受压，只需较小压力即可阻断动脉血流，致使测量的血压值偏低。③肢体位置过高：患者肢体位置过高时，肱动脉高于心脏水平，肱动脉有效血容量相应减少，肱动脉充盈度相对下降，致使测量的血压值偏低。④视线偏高：测试者视线高于水银柱，使血压读数偏低。

5. 异常重测量　发现血压异常或听不清时，应重新测量。重测时，应先将袖带内空气放尽，水银柱降至"0"点，稍待片刻后再测量，一般连续测量2~3次，取其最低值。

自　测　题

一、选择题

1. 不属于高热持续期的临床表现是
   A. 颜面潮红　　　　　　　　　　B. 皮肤灼热，口唇干燥
   C. 大量出汗　　　　　　　　　　D. 呼吸、脉搏加快
   E. 尿量减少

2. 测量脉搏的首选部位是
   A. 颞动脉　　　　B. 肱动脉　　　　C. 桡动脉
   D. 足背动脉　　　E. 颈动脉

3. 正确测量、记录心脏病患者脉搏的方法
   A. 每次计数半分钟　　　　　　　B. 脉搏短绌应先测脉率后听心率
   C. 用拇指诊脉　　　　　　　　　D. 记录脉率符号用红点
   E. 脉搏短绌记录方法为脉率/心率

4. 关于血压的生理性变化，错误的叙述是
   A. 小儿血压低于成年人　　　　　B. 中年以前女性血压低于男性
   C. 清晨血压低于傍晚　　　　　　D. 上肢血压低于下肢

E. 寒冷环境血压低于高温环境

5. 患者，女性，21岁。患肺炎球菌肺炎，体温40℃，该患者发热的临床分级为
   A. 低热　　　　　　　　B. 中等热　　　　　　　　C. 高热
   D. 超高热　　　　　　　E. 极度热

6. 患者，男性，36岁。体温持续在39～40℃，达数日或数周，24 h体温波动范围不超过1℃。此种情况见于哪种疾病
   A. 波浪热　　　　　　　B. 稽留热　　　　　　　　C. 弛张热
   D. 间歇热　　　　　　　E. 不规则热

7. 患者，男性，16岁。测口腔温度时不慎咬碎体温计，护士应首先给予
   A. 口服蛋清液　　　　　　　　　　　B. 立即食用大量含膳食纤维的食物
   C. 催吐　　　　　　　　　　　　　　D. 洗胃
   E. 清除口腔内玻璃碎屑

8. 患者，女性，66岁。诊断为心房颤动。护士为其测血压，动脉搏动微弱而不易辨清，需重复测量。下述做法错误的是
   A. 将袖带内气体驱尽　　　　　　　　B. 使水银柱降到"0"点
   C. 稍等片刻后重测　　　　　　　　　D. 连续加压直到听清为止
   E. 测量值先读收缩压，后读舒张压

9. 患者，男性，40岁。近日来头痛、恶心，有时呕吐，无发热，血压20/13.6 kPa（150/97 mmHg），脉搏46次/分，此脉搏被称为
   A. 脉搏短绌（绌脉）　　　B. 洪脉　　　　　　　　C. 水冲脉
   D. 整脉　　　　　　　　　E. 缓脉

10. 患者，女性，18岁。阑尾摘除手术后第2日，护士为其测量体温，体温在35℃以下，分析原因可排除的一项是
    A. 病情变化　　　　　　　　　　　B. 腋下汗液未擦干
    C. 测量时患者未夹紧　　　　　　　D. 体温计失灵
    E. 测量时间少于15 min

二、简答题

1. 简述高热患者的护理措施。
2. 简述高血压患者的护理措施。

三、案例分析

患者，女性，30岁，因心房纤颤而入院。入院时测心率200次/分，脉搏100次/分，且心律完全不规则、心率快慢不一、心音强弱不等。

请回答：

1. 请对患者的脉搏做出判断。
2. 应如何测量脉搏？
3. 测量后如何记录？

（江智霞　王　婧）

第十二章 疼痛患者的护理

思维导图

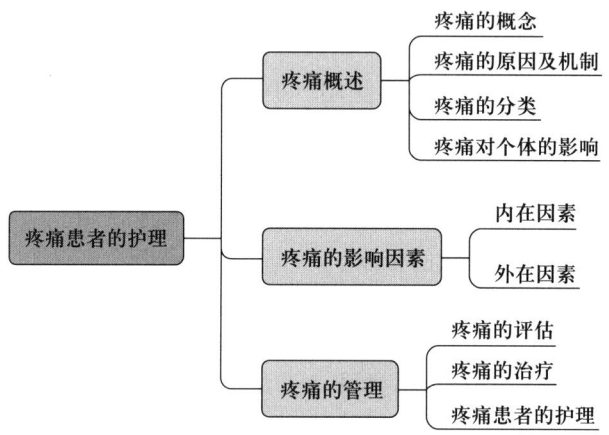

学习目标

1. 理解疼痛的概念。
2. 识别疼痛的原因、疼痛的类别、疼痛的影响因素。
3. 能合理选评估工具对患者的疼痛进行正确评估。
4. 针对患者实际情况,正确采取镇痛措施。
5. 养成良好的职业素养,具有以人为本的护理服务理念,具备严肃认真、一丝不苟、关爱患者的工作态度。

第一节 疼痛概述

案例 12-1

患者,男性,40岁,因"转移性右下腹疼痛 3 h"入院。患者主诉:转移性右下腹痛,伴恶心,无呕吐、腹泻,诊断为"阑尾炎"。入院第 2 日在全麻下行"腹腔镜下阑尾切除术"。手术麻醉过程顺利,常规用药。术后当晚,值班护士巡视患者时,发现患者平卧在病床上,双手捂住腹部伤口,表情痛苦,眉头紧皱,不停地呻吟。

问题与思考:
1. 该患者疼痛的主要原因是什么?
2. 按疼痛的病程分类,该患者的疼痛属于哪一类?
3. 疼痛对该患者产生了哪些影响?

第十二章 疼痛患者的护理

疼痛是最常见的临床体征之一,可导致患者机体功能受限、情绪低落,产生睡眠障碍、抑郁、焦虑等心理问题,从而严重影响患者的生活质量,并给家庭及社会带来沉重的经济负担。因此,护士必须掌握疼痛的相关理论知识,为患者提供有效的护理措施,以达到有效的疼痛管理。

一、疼痛的概念

疼痛(pain)含有双重含义,包括痛觉和痛反应。痛觉是个体的主观知觉体验,而痛反应是机体对疼痛刺激所产生的一系列生理、病理和心理变化。疼痛是机体对有害刺激的一种保护性防御反应,具有保护和防御功能。世界卫生组织和国际疼痛研究协会将疼痛定义为:组织损伤或潜在损伤相关的不愉快的主观感觉和情感体验。并将疼痛列为"第五大生命体征"。

 考点提示

疼痛的概念。

二、疼痛的原因及机制

(一)疼痛的原因

1. **温度刺激** 温度过高或过低作用于体表,均会引起组织损伤。受伤的组织释放组胺等化学物质,刺激神经末梢导致疼痛。
2. **化学刺激** 如强酸、强碱等化学物质,直接刺激神经末梢,导致疼痛。
3. **物理损伤** 如刀切割、针刺、碰撞、身体组织受牵拉、肌肉受压、挛缩等,均可使局部组织受损,刺激神经末梢而引起疼痛。
4. **病理改变** 因疾病造成的体内某些管腔堵塞,组织缺血、缺氧,空腔脏器过度扩张,平滑肌痉挛或过度收缩,局部炎性浸润等均可引起疼痛。
5. **心理因素** 心理状态改变,如情绪紧张或低落、愤怒、悲痛、恐惧等都能引起局部血管收缩或扩张而导致疼痛。如神经性疼痛常因心理因素引起。此外,疲劳、睡眠不足、用脑过度等可导致功能性头痛。

(二)疼痛的机制

人体的多数组织都有痛觉感受器,由于痛觉感受器在身体各部位的分布密度不同,对疼痛刺激的反应以及敏感度也不同。痛觉感受器在角膜、牙髓的分布最为密集,皮肤次之,肌层和内脏最为稀疏。疼痛发生的机制非常复杂,迄今为止尚无一学说能全面解释疼痛发生的机制。有关研究认为,痛觉感受器是游离的神经末梢,当各种伤害性刺激作用于机体并达到一定程度时,可引起受损部位的组织释放某些致痛物质,如组胺、缓激肽、5-羟色胺、乙酰胆碱、H^+、K^+、前列腺素等,这些物质作用于痛觉感受器产生痛觉冲动,并迅速沿传入神经传导至脊髓,再通过脊髓丘脑束和脊髓网状束上行,传至丘脑,投射到大脑皮质的一定部位而引起疼痛。

知识链接

疼痛学说的观点

1. **特异学说** 主要观点是每种感觉都有自己特有的感受器,痛觉感受器是一种游离的神经末梢,其发放的冲动经痛纤维和痛通路投射到脑的痛中枢,引起疼痛。
2. **型式学说** 主要观点在于产生疼痛的神经冲动具有特殊的型式,任何刺激只要达到足够强度就可产生疼痛。该学说提出刺激的强度和中枢的组合是引起疼痛的两个决定性因素。

3. 闸门控制学说　主要观点认为脊髓背角内存在一种类似闸门的神经机制，能减弱和增强从外周传向中枢神经的冲动，减弱和增强的程度由粗纤维和细纤维的相对活动以及脑的下行性影响所决定。该学说认为疼痛的产生取决于刺激所兴奋的传入纤维种类和中枢的功能结构特征。

三、疼痛的分类

（一）根据疼痛病程分类

1. 急性疼痛　指突然发生、有明确的开始时间、持续时间较短的疼痛，如手术后疼痛、创伤性疼痛等。急性疼痛用药物镇痛一般可以控制。
2. 慢性疼痛　指持续存在或反复发生的疼痛（＞3个月），其特点是疼痛持续时间超过预期的组织愈合时间或伴发于骨关节炎、脊柱源性疼痛、纤维肌痛综合征、周围神经病理性损伤等慢性疾病，具有持续性、顽固性和反复性的特点，较难控制。

 考点提示

急性疼痛与慢性疼痛的概念。

（二）根据疼痛程度分类

1. 微痛　常与其他感觉（如麻、酸等）症状复合出现。
2. 轻痛　疼痛局限且轻微。
3. 甚痛　疼痛较显著，合并心搏加快、血压升高等痛反应。
4. 剧痛　疼痛难忍，痛反应剧烈，可伴有自主神经紊乱或被迫体位。

（三）根据疼痛性质分类

1. 钝痛　酸痛、胀痛等。
2. 锐痛　刺痛、切割痛、灼痛、绞痛、撕裂样痛等。
3. 其他　跳痛、压榨性痛等。

（四）根据疼痛起始部位及传导途径分类

疼痛分为皮肤痛、躯体痛、内脏痛、牵涉痛、神经痛等。

（五）根据疼痛部位分类

疼痛分为头痛、胸痛、腹痛、肌肉痛、关节痛等。

（六）根据疼痛系统分类

疼痛分为心血管系统疼痛、呼吸系统疼痛、消化系统疼痛、神经系统疼痛和心理性疼痛等。

四、疼痛对个体的影响

（一）生理反应

急性疼痛时，患者交感神经系统兴奋，心率、呼吸、血压、代谢反应均会改变。

1. 心率增快　身体通过增加可用的氧气和循环体液来促进损伤组织的修复，这种从周围到重要器官（大脑、心脏、肝、肾）的血液重置是为了保护机体生命支持系统。

2. 呼吸频率增快　疼痛无法缓解会导致低氧血症、呼吸浅快，这些情况会随着疼痛的有效缓解而减轻或消失，这是心脏和循环耗氧量增加的结果。

3. 血压升高　急性疼痛伴随的血压升高是由于交感神经系统的过度兴奋所致。当身体遭遇危险时，机体会产生适应性反应。如周围血管收缩作为一种适应性反应会使血液从外周（皮肤、末梢）向中心（心脏、肺脏等）转移。

4. 神经内分泌及代谢反应　疼痛导致中枢神经系统呈兴奋状态，交感神经和肾上腺髓质兴奋表现为：儿茶酚胺分泌增加，肾上腺素抑制胰岛素分泌的同时促进胰高血糖素分泌，糖原分解和糖异生作用加强，造成血糖上升，机体呈负氮平衡状态。另外，体内促肾上腺皮质激素、皮质醇、醛固酮、抗利尿激素血清含量显著升高，甲状腺素的生成加快，机体处于分解代谢占优势的状态。

5. 生化反应　有研究证明，急性剧烈疼痛和慢性疼痛的患者机体内源性镇痛物质（如脑啡肽）减少，而致痛物质（如缓激肽）增加，血管活性物质和炎性物质的释放不仅可以加重原病灶的病理变化（局部缺血、缺氧、炎性渗出、水肿），还可以对组织器官功能产生影响，导致激素、酶类和代谢系统的紊乱，使病理变化向更广泛、复杂、严重的方向发展。

值得一提的是，通常由于个体适应性的出现，在急性疼痛中可观察到的反应会在长期慢性疼痛中缺失，机体出现适应性所需要的时间并不明确。即使生命体征没有明显升高，也不能认为个体不存在严重的持续的疼痛。此外，必须考虑由于其他原因造成的生理反应的改变。例如，在当前疼痛的状态下由于药物治疗所造成的血压下降等。

（二）心理反应

疼痛对个体的认知和情绪等心理过程有消极的影响，患者心理方面的改变差异比较大。短期急性剧痛，如急腹症疼痛、外伤性疼痛、手术痛等，可引起患者精神异常兴奋、烦躁不安；慢性疼痛患者常伴有认知能力的下降，注意力和记忆力受疼痛的影响较大。疼痛作为一种复杂的个体主观感受，不可避免地会引起个体的情绪反应，其中以焦虑和抑郁最为常见。此外，还有相当一部分患者会出现愤怒和恐惧。

1. 注意力和记忆力　慢性疼痛患者常伴有认知能力的下降，注意力和记忆力两种认知能力受疼痛的影响较大。当个体受疼痛刺激时，其注意的选择性和持续性都会受到一定程度的影响，主要表现在疼痛使个体更加偏向注意与疼痛有关的刺激。有研究显示，疼痛会损害个体的记忆功能，导致患者记忆力下降。

2. 抑郁　慢性疼痛与抑郁的发生关系复杂，彼此互为因果。在评估患者是否发生抑郁时，必须注意原发病本身和治疗可能产生的影响，如癌症患者在使用化疗药物治疗中，可能会使患者出现抑郁状态，因此要加以鉴别。

3. 焦虑　焦虑和急性损伤性疼痛关系密切，慢性疼痛患者也会发生焦虑，并常常和抑郁伴随出现。患者对疾病常常感到极度担心和不安，而且难以自我控制。一般表现为：①精神焦虑症状，如坐立不安、精神紧张、注意力不集中、易激动等；②躯体性焦虑症状，如呼吸困难、心悸、胸痛、眩晕、呕吐、肢端发麻、面部潮红、出汗、尿频、尿急等；③运动性不安，如肌肉紧张、颤抖、搓手顿足等。

4. 愤怒和恐惧　长期的慢性疼痛会使患者失去信心和希望，有些患者会因此产生难以排解的愤怒情绪，可能会因为一些小事而大发脾气，以此宣泄其愤怒情绪，其次会损坏物品或袭击他人。这种表现并非患者对他人的敌意，而是其极度痛苦和失望后所爆发出来的强烈不满情绪。恐惧是身患绝症患者比较常见的心理问题，其引起恐惧的原因，除了即将来临的死亡以外，还有可能来自疾病所导致的各种不良后果。

(三）行为反应

对于急性疼痛和慢性疼痛，可观察的行为反应包括语言反应和躯体反应。

1. 语言反应　疼痛的语言表述，尽管主观，却是那些能用语言交流的患者对疼痛最为可靠的反映。因此，医务人员不仅要相信患者对疼痛的语言表述，还要依靠这些表述对患者的疼痛做出适当的判断。但对于不能进行语言交流的患者，如学龄前儿童、认知损伤的患者等，就无法提供关于疼痛的部位、性质、程度、时间等信息。

2. 躯体反应　主要表现为机体在遭受伤害时所做出的躲避、逃跑、反抗、防御性保护或攻击性等整体行为，常带有强烈的情绪色彩。局部反应是指仅局限于受刺激部位对伤害性刺激做出的一种简单反应，如由于不同程度的血管扩张而出现局部皮肤潮红，因血管壁通透性增加而出现局部组织肿胀。另外，局部大量化学物质释放，导致患者出现摩擦局部疼痛部位、皱眉、面部扭曲等行为。轻度疼痛只引起局部反应，当疼痛加重时可出现肌肉收缩、肢体僵硬、强迫体位等。

第二节　疼痛的影响因素

案例 12-2

患者，女性，55岁，小学文化。因"腹痛伴肛门停止排气、排便5天"入院。患者5天前无明显诱因出现右上腹阵发性绞痛，疼痛持续1 h左右可自行缓解。近3日常伴有恶心呕吐，呕出物为胃内容物，且无排便。患者未引起重视，到当地医院对症治疗后，疼痛无明显好转，为进一步诊治来某院门诊就诊。全腹部CT示"肠道术后改变，部分肠管扩张，可见液平面，局部肠壁增厚，腹腔广泛脂肪密度增高，肝中叶萎缩，腹腔少许积液"，遂拟诊断"腹痛，肠梗阻"入院治疗。

问题与思考：
1. 结合案例分析该患者腹痛没有及时就医的原因。
2. 影响该患者疼痛的因素有哪些？

人体所能感受到的疼痛有很大的个体差异。同样性质、同样强度的刺激可引起不同个体的不同疼痛反应，影响疼痛的因素一般分为内在因素与外在因素。

一、内在因素

1. 年龄　个体对疼痛的敏感程度随年龄变化而不同。婴幼儿对疼痛敏感程度低于成年人。随着年龄增长，对疼痛的敏感性也随之增加，老年人对疼痛的敏感性又逐步下降。对于老年人和婴幼儿，护士应关注他们对疼痛的反应。

2. 文化背景　不同的社会文化背景使人对疼痛的感受和表达有所不同。患者所处的社会和环境文化背景影响其对疼痛的认知，也影响其对疼痛的反应。

3. 行为作用　不同的行为表现和应对策略会影响个体对疼痛的知觉和治疗的效果。

4. 个人的经历　反复经受疼痛折磨的人会对疼痛产生恐惧心理，对疼痛的敏感性会增强。他人的疼痛经历也会对患者有一定影响作用。

5. 注意力　个体对疼痛的注意程度会影响对疼痛的感觉。当注意力高度集中于其他事时，痛觉可以减轻甚至消失。松弛疗法、看电视、听音乐等就是通过转移患者对疼痛的注意力，达到减轻疼痛的效果。

6. 情绪　可以改变患者对疼痛的反应。积极的情绪可以减轻疼痛，消极的情绪可使疼痛加剧，如恐惧、焦虑、沮丧、失望等常使疼痛加剧，而愉快和有信心可减轻患者的疼痛。

7. 个人心理素质　个人的心理素质、性格可影响对疼痛的感受和表达。

二、外在因素

1. 环境变化　环境因素可影响疼痛，如噪声、温度和光线等。持续的刺激性噪声可增加肌肉的张力和应激性，加剧疼痛；舒适的环境可以改善个体的情绪，从而减轻疼痛。

2. 社会支持　当患者经历疼痛时，良好的社会支持，如家属或亲人陪伴，可以减少其孤独感和恐惧感，从而减轻疼痛。另外，鼓励和赞扬可促使患者有能力应对即将到来的疼痛并增加患者的控制感。

3. 医源性因素　许多治疗和护理操作都有可能使患者产生疼痛的感觉，如注射、输液等。因此，护士在执行可能引起疼痛的操作时，应尽可能以轻柔、熟练的动作来完成，并尽量满足患者的生理和心理需求，用言语安慰患者。

第三节　疼痛的管理

疼痛的管理是护理工作的重要内容之一。循证研究表明，护士在疼痛管理中发挥了关键性的作用，疼痛管理的工作内容包括疼痛评估、病情监测、疗效评价、健康教育及护理等。良好的疼痛管理有利于患者预后，提高患者生活质量。疼痛管理的效果也是评定医护服务质量的重要指标之一。本节将从疼痛的评估、治疗及护理三个方面介绍疼痛的管理。

一、疼痛的评估

疼痛评估是有效控制疼痛的首要环节。因疼痛是一种主观感觉，它不具备客观的评估依据，而且影响疼痛的因素较多，个体间也存在差异。因此，在进行疼痛评估和镇痛效果评价时，护理人员要从病史采集、体格检查及辅助检查等方面收集疼痛患者的全部临床资料并对其进行分析，并遵循常规、量化、全面和动态的评估原则，即将疼痛评估列入护理常规监测和记录的内容，使用评估量表等量化标准来评估疼痛程度。

（一）评估内容

1. 一般情况　年龄、性别、职业、教育背景、家庭情况、既往病史、用药史等。

2. 疼痛史　疼痛的部位、时间、性质、发作的方式、伴随症状、疼痛时患者的表达方式、疼痛对患者的影响、与疼痛有关的因素等。

3. 社会支持及心理方面　家属和他人的支持及患者的心理状况。

（二）**疼痛程度的评估方法**

1. 询问法　疼痛本身是一种主观感觉，患者是唯一有权利描述其疼痛是否存在及疼痛性质的人，护士应通过与患者的有效沟通，听取患者的主诉，来判断患者的疼痛程度。

2. 观察与体格检查　检查患者疼痛部位，观察患者疼痛时的生理、心理和行为反应。护士可以通过观察患者发出的各种声音和身体动作，来判断其疼痛的情况。观察患者发出的各种声音，如呻吟、喘息、尖叫、呜咽、哭泣等，应注意其音调的大小、快慢、节律、持续时间等，尤其是无语言交流能力的患者，更应注意收集这方面的资料。观察患者的身体动作：①静止不动：即患者维持某一种最舒适的体位或姿势，常见于四肢或外伤疼痛者。②无目的乱动：在严重疼痛时，有些患者常通过无目的地乱动来分散其对疼痛的注意力。③保护动作：是患者对疼痛的一种防御性反射。④规律性动作或按摩动作：为了减轻疼痛的程度常使用的动作。如头痛时用手指按压头部，内脏性腹痛时按揉腹部等。

3. 采用疼痛评估工具　评估疼痛程度时，护士可视患者的病情、年龄和认知水平选择下列相应的疼痛评估工具加以评估。

（1）按WHO的疼痛分级标准进行评估，疼痛程度分为以下4级：

0级　无痛

1级　轻度疼痛

2级　中度疼痛

3级　重度疼痛

考点提示

WHO的疼痛分级内容。

（2）视觉模拟评分法（visual analogue scales，VAS）：用一条直线，不作任何划分，仅在直线的两端分别注明"无痛"和"剧痛"，请患者根据自己对疼痛的实际感觉在直线上标记疼痛的程度。这种评分法使用灵活方便，患者有很大的选择自由，不需要仅选择特定的数字或文字。适合于任何年龄的疼痛患者，且没有特定的文化背景或性别要求，易于掌握，不需要任何附加设备。对急性疼痛的患者、儿童、老年人及表达能力丧失者尤为适用。该法也有利于护士较为准确地掌握患者疼痛的程度以及评估控制疼痛的效果。

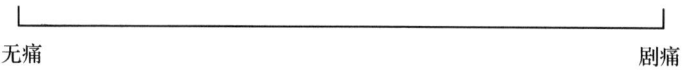

图12-1　视觉模拟评分法

（3）数字分级评分法（numerical rating scale，NRS）：患者用数字表示疼痛程度，用0～10代表不同程度的疼痛：0为无痛，10为剧痛，数字越大，表示疼痛越严重。让患者自己圈出一个最能代表自身疼痛程度的数字。此法适合疼痛治疗效果前后对比。

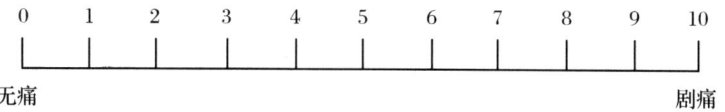

图12-2　数字分级评分法

（4）语言分级评分法（verbal rating scale）：把一条线段等分成5段，每个点均有相应的描述疼痛的文字，即用"没有疼痛、轻度疼痛、中度疼痛、重度疼痛、非常严重的疼痛、无法忍受的疼痛"来评估疼痛的程度。患者选择合适的文字来表达疼痛程度。

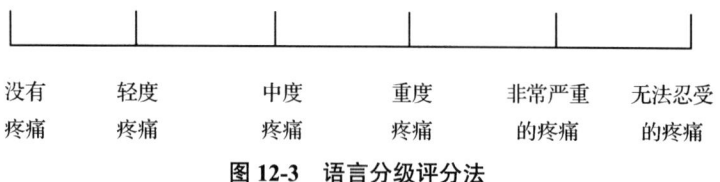

图12-3　语言分级评分法

（5）口述评分法（verbal rating scale，VRS）：根据患者对疼痛程度的表达，把疼痛程度分为4级：①无痛。②轻度疼痛：有疼痛但可忍受，不影响睡眠。③中度疼痛：疼痛明显，不能忍受，要求使用镇痛药物，疼痛影响睡眠。④重度疼痛：疼痛剧烈，不能忍受，须用镇痛药物，严重影响睡眠。口述评分法的 4 级疼痛对应数字评分法的得分分别是无痛（0 分）、轻度疼痛（1～3 分）、中度疼痛（4～6 分）、重度疼痛（7～10 分）。

（6）面部表情疼痛量表法（face pain scale，FPS）：FPS 较为方便，使用从快乐到悲伤及哭泣的 6 种不同表现的面容，简单易懂，适用面相对较广，特别适用于急性疼痛者、老年人、小儿、文化程度较低者、表达能力丧失者及认知功能障碍者。

图 12-4　面部表情疼痛量表法

（7）Prince-Henry 评分法（Prince-Henry score）：主要适用于胸腹部大手术后或气管切开插管不能说话的患者，需要在术前训练患者用手势来表达疼痛的程度。此方法分为 5 个等级，分别赋予 0～4 分的分值，其评分方法为：

0 分：咳嗽时无疼痛。

1 分：咳嗽时有疼痛发生。

2 分：安静时无疼痛，但呼吸时有疼痛发生。

3 分：静息状态时即有疼痛，但较轻微，可忍受。

4 分：静息状态时即有剧烈疼痛，难以忍受。

4. 评估记录　护士在护理记录单中应详细记录患者的疼痛情况，包括疼痛的时间、部位、程度、性质、镇痛方法及给药时间，疼痛缓解程度，疼痛对睡眠、活动的影响等。记录要有连续性、有效果评价。

二、疼痛的治疗

（一）药物止痛

药物止痛是临床治疗疼痛的最常用、最主要的手段。

1. 癌症疼痛的药物治疗　目前临床上多采用 WHO 推荐的三阶梯镇痛疗法（three steps analgesic therapy），目的是逐渐升级，合理应用镇痛药，达到缓解疼痛的效果。

三阶梯镇痛疗法的内容如下：

（1）第一阶梯：使用非阿片类镇痛药物，主要适用于轻度疼痛的患者。常用的非阿片类镇痛药物有阿司匹林、对乙酰氨基酚、布洛芬等，酌情加用辅助药。主要给药途径是口服。

（2）第二阶梯：用弱阿片类镇痛药物，主要适用于中度疼痛的患者。常用的弱阿片类药物有可待因、右旋丙氧酚、曲马多等，酌情加用辅助药。在给药途径中，除了可待因可以口服或肌内注射外，其他均为口服。

（3）第三阶梯：用强阿片类镇痛药物，主要用于重度和剧烈癌痛的患者。常用强阿片类药物有吗啡、美沙酮等，酌情加用辅助药。在给药途径中，吗啡和美沙酮均可以口服或肌内注射。在患者使用药物镇痛时，护士应密切观察有无用药不良反应，并及时协助处理。

 考点提示

三阶梯镇痛疗法的内容。

2. 患者自控镇痛（patient control analgesia，PCA）　泵镇痛技术是 20 世纪 70 年代初问世

的一种全新的术后镇痛模式，自20世纪90年代以来已广泛应用于临床。当患者疼痛时，患者根据其疼痛状况按压由计算机控制的微量泵的启动键，自行给予由医生预先设定剂量的止痛药物。符合按需镇痛的原则，满足患者镇痛的需要，减轻患者的痛苦。

3. 中药止痛　作用明显，不良反应极小，已成为药物止痛治疗的重要补充。目前研究表明，具有止痛作用的中药镇痛机制可归纳为六个方面，中枢镇痛、麻醉镇痛、抗感染镇痛、解热镇痛、解痉镇痛和抗凝镇痛。汤方有桃红四物汤、和营止痛汤、舒筋活血汤、七厘散和小活络丹加减等。给药途径有口服、外敷、熏洗、熨敷和吹药疗法。

（二）物理止痛

应用冷疗法与热疗法可以减轻局部疼痛，如采用热水袋、热水浴、局部冷敷等方法。

（三）中医疗法

如通过针灸、按摩等方法，活血化瘀，疏通经络，有较好的止痛效果。

（四）经皮神经电刺激疗法（transcutaneous electrical nerve stimulation，TENS）

采用脉冲刺激仪，在疼痛部位或附近放置2~4个电极，用微量电流对皮肤进行温和的刺激，提高患者痛阈来缓解疼痛。主要用于慢性疼痛的患者。

三、疼痛患者的护理

（一）给予止痛措施

1. 对症处理　解除疼痛刺激源，如外伤引起的疼痛等，应根据情况采取止血、包扎、固定等措施。胸腹部手术后因为咳嗽、深呼吸引起切口疼痛，护士应协助患者按压切口后，再鼓励患者咳痰和深呼吸。避免刺激性因素，保持环境安静、舒适。

2. 药物止痛　是临床治疗疼痛的最常用、最主要的手段。护士应正确使用镇痛剂，需注意：①在诊断未明确前不能随意使用镇痛剂，以免掩盖症状，延误病情；②临床上普遍采用WHO所推荐的控制癌痛的三阶梯镇痛疗法用药，故可以遵循三阶梯镇痛疗法的用药原则，针对引起疼痛的原因及疼痛的部位、性质、程度选择药物。

（二）心理护理

1. 尊重并接受患者对疼痛的反应，建立良好的护患关系，耐心倾听患者的感受，并争取家属的支持和配合。

2. 解释疼痛的原因，指导减轻疼痛的措施，有助于减轻患者焦虑、恐惧、紧张等消极心理，从而缓解疼痛压力。

3. 通过参加有兴趣的活动，如看电视、听音乐、与家人交谈、深呼吸、放松按摩等方法分散患者的注意力，以减轻疼痛。

（三）促进舒适

通过帮助患者取合适体位，提供舒适整洁的床单位，创造温湿度适宜、通风良好的病室环境，建立融洽的护患关系等各种护理活动来促进患者身心舒适，从而减轻或解除疼痛。

（四）健康教育

1. 鼓励患者主动向医护人员描述疼痛的程度。
2. 指导患者按时、按要求正确服药。
3. 指导患者及家属正确评价接受治疗与护理措施后的效果。

 考点提示

疼痛患者的护理。

自 测 题

一、选择题

1. 世界疼痛大会将其作为人类第五大生命指征的是
   A. 呼吸　　　　　　　B. 脉搏　　　　　　　C. 疼痛
   D. 血糖　　　　　　　E. 血压

2. 影响疼痛的因素不包括
   A. 个人心理因素　　　B. 社会文化背景　　　C. 既往史
   D. 情绪状况　　　　　E. 注意力

3. 属于非阿片类镇痛药的是
   A. 吗啡　　　　　　　B. 布洛芬　　　　　　C. 盐酸羟考酮
   D. 哌替啶　　　　　　E. 芬太尼

4. 临床治疗疼痛的最常用、最主要的手段是
   A. 药物止痛　　　　　B. 冷疗法　　　　　　C. 针灸
   D. 经皮神经电刺激疗法　E. 热疗法

5. 急性疼痛引起的生理反应不包括
   A. 血压升高　　　　　B. 心率加快　　　　　C. 呼吸频率加快
   D. 血糖降低　　　　　E. 内源性镇痛物质增加

6. 患者，男性，52岁。"冠心病史"2年，近1周因工作忙、加班后出现胸前区压榨样疼痛，引起该患者疼痛的原因是
   A. 物理刺激　　　　　B. 心理因素　　　　　C. 温度刺激
   D. 病理改变　　　　　E. 化学刺激

7. 患儿，5岁。因左下肢骨癌住院。为准确评估其患肢的疼痛程度，护士最好选用的评估工具是
   A. 面部表情疼痛量表法　B. 语言分级评分法　　C. 视觉模拟评分法
   D. 数字分级评分法　　E. Prince-Henry 评分法

8. 患者，男性，20岁。因准备期末考试，连续4天挑灯夜战后出现剧烈的头痛，以下不属于其疼痛原因的是
   A. 身体组织受牵拉　　B. 情绪紧张　　　　　C. 疲劳
   D. 睡眠不足　　　　　E. 用脑过度

（9～10题共用题干）

9. 患者，女性，50岁。肝癌末期疼痛，护士给该患者镇痛治疗，需要对其疼痛治疗前后效果进行对比，其疼痛的原因是
   A. 物理刺激　　　　　B. 心理因素　　　　　C. 温度刺激
   D. 病理改变　　　　　E. 化学刺激

10. 最适宜的评估方法是
    A. 面部表情疼痛量表法　B. 语言分级评分法　　C. 数字分级评分法
    D. 视觉模拟评分法　　E. Prince-Henry 评分法

二、简答题

1. 按疼痛的病程分类,疼痛应如何分类?
2. 常用的疼痛评估工具有哪些?
3. 简述三阶梯镇痛疗法的内容。

三、案例分析

患者,女性,80岁。因"右上腹隐痛 1⁺月"入院,既往有糖尿病史,不伴乏力、纳差、黄疸、食欲下降、发热、恶心、呕吐、便血等特殊症状,门诊以"肝脏占位"收入。入院第2日在全麻下行"复杂肝癌切除术"手术麻醉过程顺利,常规用药。患者因医保不能报销患者自控镇痛(PCA)泵而未留PCA泵。术后当晚,给予舒敏口服、地佐辛肌内注射等药物疗效不佳,患者疼痛情况仍反复发作。

请回答:
1. 目前患者主要存在哪些护理问题?
2. 应采取哪些护理措施?

(谢泽荣)

第十三章 冷热疗法

思维导图

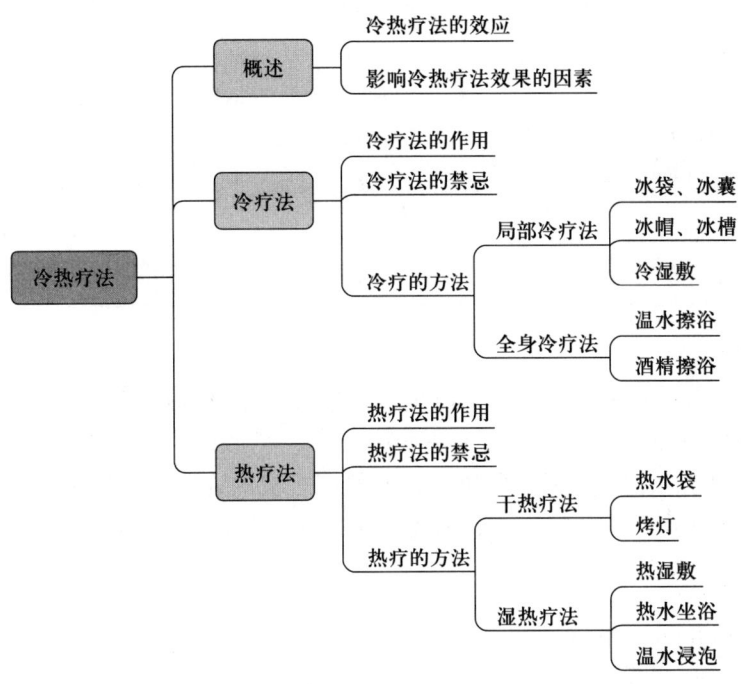

学习目标

1. 解释冷疗法、热疗法。
2. 明确影响冷热疗法效果的因素。
3. 描述冷热疗法的生理效应、继发效应。
4. 熟记冷热疗法的作用和禁忌证。
5. 正确实施冷疗法、热疗法。
6. 养成良好的职业素养，具有以人为本的护理服务理念，具备与患者有效沟通的能力。

第一节 概 述

冷热疗法（cold and heat therapy）是利用低于或高于人体温度的物质作用于体表皮肤，通过神经传导引起皮肤和内脏器官血管的收缩或舒张，从而改变机体各系统的体液循环和新陈代谢，以达到治疗目的的物理治疗方法。

一、冷热疗法的效应

（一）生理效应

冷疗法与热疗法使机体产生不同的生理效应，其效应是相对的，见表13-1。

表13-1 冷疗法与热疗法的生理效应

生理效应	冷疗法	热疗法
血管收缩/舒张	收缩	舒张
人体温度	下降	上升
细胞代谢率	减少	增加
需氧量	减少	增加
血液流动速度	减慢	增快
淋巴流动速度	减慢	增快
毛细血管通透性	降低	增加
血液黏滞度	降低	增高
神经传导速度	减慢	增快
结缔组织伸展性	减弱	增强

（二）继发效应

冷疗法或热疗法超过一定时间，将产生与生理效应相反的作用，这种现象称为继发效应（secondary effect）。例如持续用冷疗法30～60 min后，已收缩的小动脉会扩张。持续用热疗法30～45 min后，已扩张的小动脉会收缩。继发效应是机体为了避免长时间用冷疗法或用热疗法对组织造成损伤而产生的防御作用，因此应用冷疗法与热疗法应时长合适，以20～30 min为宜。

> **知识链接**
>
> **皮肤感受器**
>
> 人体皮肤分布着多种感受器（冷觉感受器、温觉感受器、痛觉感受器等），能产生多种感觉。冷觉感受器位于真皮上层，温觉感受器位于真皮下层。冷觉感受器数量较温觉感受器多4～10倍，因此机体对冷刺激的反应要比对热刺激敏感。当冷觉感受器和温觉感受器受到强烈刺激时，痛觉感受器也会兴奋，使人体产生疼痛。

二、影响冷热疗法效果的因素

1. **方式** 冷疗法与热疗法的应用方式不同，效果也不同。冷疗法与热疗法分为干、湿两种方式。干冷、干热疗法其温度主要通过空气传导，湿冷、湿热疗法其温度主要通过水传导。由于水的传导性能和渗透力比空气好，因此湿冷、湿热疗法的效果强于干冷及干热疗法。在临床应用中，使用干热疗法的温度应比湿热疗法的温度高一些；使用干冷疗法的温度应比湿冷疗法的温度低一些，这样才能达到预期的治疗效果。

2. **面积** 冷疗法与热疗法的效果与应用面积成正比。应用面积越大，疗效越强；反之，则越弱。但需注意，应用面积过大，患者的耐受性差，容易引起全身不良反应。

3. 温度　冷疗法与热疗法的温度与机体体表的温度相差越大，机体对冷、热刺激的反应越强；反之，则越弱。环境温度也可影响冷、热效应，如环境温度过低，则散热过快，热效应降低，冷效应增强；反之，环境温度过高，则散热被抑制，热效应增强，冷效应减弱。

4. 时间　冷疗法与热疗法应用的时间对治疗效果有直接影响。在一定的治疗时间内，随着时间的增加，治疗效果增强。若超过一定的时间，则会产生继发效应而抵消治疗效应，甚至还可能导致不良反应，如发生疼痛、麻木、冻伤或烫伤等。

5. 部位　不同厚度的皮肤对冷、热反应的效果不同。皮肤较厚的区域（如足底、手掌），对冷、热的耐受性大，应用冷疗法与热疗法效果比较差；而皮肤较薄的区域（如前臂内侧、颈部），对冷、热的敏感性强，应用冷疗法与热疗法效果比较好。血液循环也会影响冷疗法与热疗法的效果。血液循环良好的部位，如腋窝、颈部、腹股沟、肘窝、腘窝等处，可增强冷热疗法应用的效果。

6. 个体差异　年龄、性别、身体状况、生活环境、肤色等影响冷疗法与热疗法的效应。如婴幼儿的神经系统尚未发育成熟，对冷、热的适应能力有限，反应较为强烈；而老年人对冷、热刺激反应的敏感性降低，反应比较迟钝。对冷、热刺激，女性较男性敏感。昏迷、血液循环障碍、血管硬化、感觉迟钝等患者，因其对冷、热的敏感性消失或降低，尤其要注意控制温度在安全范围内，以防止发生烫伤与冻伤。浅肤色者比深肤色者对冷、热的反应更强烈。长期居住在热带地区者对热的耐受性较高，而长期居住在寒冷地区者对冷的耐受性较高。

 考点提示

冷热疗法的影响因素。

第二节　冷疗法

案例 13-1

患儿，女性，4岁，体重16 kg，身高102 cm。持续性发热3天，在家口服抗病毒药无效入院。体格检查：T 39.6 ℃，R 40次/分，P 120次/分，听诊双肺有啰音，X线显示双肺散在性浸润影像。诊断为小儿肺炎。

问题与思考：
1. 可以为该患儿采取什么方式降温？
2. 降温时应注意的事项有哪些？

一、冷疗法的作用

1. 减轻局部充血或出血　冷疗法可使局部血管收缩，毛细血管通透性降低，减轻局部充血。同时，冷疗法还可使局部血流速度减慢、血液黏稠度增加，有利于血液凝固而减少局部组织出血。冷疗法减轻局部充血或出血，适用于局部软组织损伤早期、鼻出血、扁桃体摘除术后等。

2. 控制炎症扩散　冷疗法可促进局部血管收缩，使血流速度减慢，降低细胞的新陈代谢和细菌的活力，从而控制炎症的扩散，如睑腺炎、鼻部软组织发炎早期采用局部冷敷，控制炎症扩散。

3. 减轻疼痛　冷疗法可抑制细胞的活动，减慢神经冲动的传导，降低神经末梢的敏感性而使疼痛减轻。同时，冷疗法可使血管收缩、毛细血管的通透性降低、渗出减少，从而减轻组织因充血、肿胀压迫神经末梢所引起的疼痛。冷疗法减轻疼痛，适用于急性损伤初期、牙痛等。

4. 降低体温　冷疗法直接与皮肤接触，通过传导与蒸发的作用，使体温降低，从而使患者感到舒适，适用于高热、中暑等。

二、冷疗法的禁忌

1. 血液循环不良　冷疗法可使局部血管收缩，进一步减少局部组织的血液供应，导致局部组织缺血缺氧而变性、坏死。如休克、皮肤青紫、水肿、全身微循环障碍等患者。
2. 慢性炎症或深部化脓病灶　冷疗法可使局部血管收缩、血流减少，妨碍炎症的吸收。
3. 组织损伤、破裂　冷疗法会使血液循环不良，加重组织损伤，影响伤口愈合。尤其大范围的组织损伤，应禁止使用冷疗法。
4. 对冷过敏者　冷疗法可使患者出现红斑、荨麻疹、关节疼痛、肌肉痉挛等过敏症状。
5. 冷疗的禁忌部位
（1）枕后、耳廓、阴囊处：用冷疗法易引起冻伤。
（2）心前区：用冷疗法可导致反射性心率减慢、心房颤动、心室纤颤及房室传导阻滞。
（3）腹部：用冷疗法易引起腹泻。
（4）足底：用冷疗法可导致反射性末梢血管收缩，影响散热或引起一过性冠状动脉收缩。
6. 慎用者　昏迷、感觉异常、心脏病及体质虚弱者慎用冷疗法。

考点提示

冷疗法的作用、禁忌。

三、冷疗的方法

冷疗法可分为局部冷疗法和全身冷疗法。局部冷疗法包括使用冰袋、冰囊、冰帽、冰槽和冷湿敷等。全身冷疗法包括乙醇擦浴和温水擦浴等。

（一）局部冷疗法

冰袋、冰囊的使用

⇨ 护理评估

1. 评估与解释
（1）评估患者：①核对患者身份，如床号、住院号、姓名、性别、年龄和诊断。②全身情况，如患者的病情、体温、治疗情况、意识状态、循环状况、活动情况、对冷的耐受情况及有无感觉障碍等。③局部情况，使用冰袋的局部皮肤情况，如皮肤颜色、温度、完整性，有无硬结、炎症等。④心理状态，患者的心理状态及合作程度。
（2）解释：冰袋使用的目的、方法及注意事项，取得患者的配合。
2. 评估环境　病室安静，环境整洁、舒适，室温适宜，无对流风直吹，必要时备屏风。

⇨ 护理诊断

1. 体温过高　与机体炎症反应有关。
2. 有体液不足的危险　与高热导致体液消耗有关。

⇨ 护理计划

1. 目的　降低体温、局部消肿、止血、镇痛、控制炎症的扩散。
2. 准备
（1）护士准备：着装整齐，修剪指甲，洗手，戴口罩。

（2）患者准备：患者了解冰袋使用的目的、操作过程及注意事项等相关知识，能主动配合。

（3）用物准备：①治疗盘内备冰袋或冰囊（图 13-1）、布套。②治疗盘外备帆布袋、木槌、冰块、盆、冷水、勺、毛巾。

A. 冰袋　　　　B. 冰囊

图 13-1　冰袋、冰囊

◯ 护理实施

冰袋（冰囊）使用实施，见表 13-2。

表 13-2　冰袋（冰囊）使用实施

护理实施	流程简释	要点说明
准备冰袋（冰囊）	（1）将冰块装入帆布袋，用木槌敲成核桃大小，放入盆内，用冷水冲去棱角 （2）用勺将冰块装入冰袋、冰囊 1/2～2/3 满，驱气后夹紧袋口 （3）用毛巾擦干冰袋，倒提检查，无漏水后套上布套	• 避免冰块棱角引起患者不适及损坏冰袋 • 避免冰袋与患者皮肤直接接触
核对、解释	备齐用物携至患者床旁，再次核对患者身份，向患者解释冰袋使用的目的，指导患者配合的方法，取得患者合作	• 确认患者，避免差错，解除患者的紧张情绪
放置冰袋	（1）高热降温：冰袋置于前额（图 13-2）、头顶部和体表大血管流经处，如颈部两侧、腹股沟、腋窝等 （2）扁桃体摘除术后，将冰囊置于颈前颌下（图 13-3）	• 操作规范，部位准确
观察效果	注意观察患者全身和局部皮肤反应，关注患者主诉，冰袋及冰囊有无异常	• 若局部皮肤出现发绀、麻木感等异常，立即停止使用
取下冰袋	应用冷疗法 30 min 后，撤去冰袋，协助患者取舒适卧位，整理床单位	• 防止产生继发效应
处理用物	倒空冰水，倒挂晾干冰袋，吹入少量空气，夹紧袋口备用，布套送洗消毒	• 吹入少量空气可防止冰袋内面相互粘连
洗手、记录	洗手，记录使用冰袋（冰囊）的时间、部位、效果、患者反应	• 记录规范、准确

◯ 护理评价

1. 操作正确、规范，患者未发生皮肤或组织的损伤，无不良反应，治疗有效，达到预期效果。应用冷疗法时间准确，未产生继发效应。
2. 护患沟通有效，患者愿意配合。
3. 充分体现以人为本的护理服务理念，关爱患者。

◯ 注意事项

1. 随时观察应用冷疗法患者局部皮肤的情况，如出现苍白、青紫等情况，应立即停止用冷

图 13-2 前额冰敷

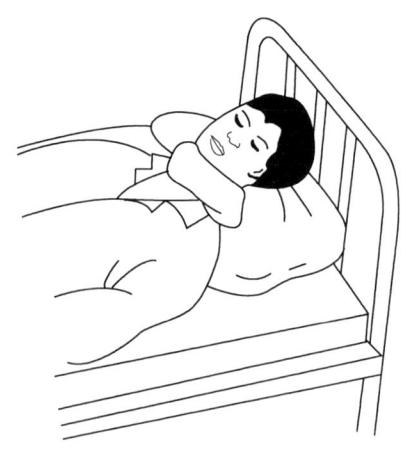
图 13-3 颈部冰敷

疗法，防止冻伤。倾听患者主诉，如有皮肤麻木，应立即停止用冷。

2. 为高热患者降温时，冰袋使用后 30 min，应测量体温并记录，当体温降至 39 ℃以下时，应停止用冷。

3. 应用冷疗法的时间不超过 30 min，以防发生继发效应。如需再用，应间隔 1 h 后再次使用。

4. 随时观察、检查冰袋有无漏水，是否夹紧。冰块融化后应及时更换，保持布套干燥。

冰帽、冰槽的使用

➲ 护理评估

1. 评估与解释

（1）评估患者：①核对患者身份，如床号、住院号、姓名、性别、年龄和诊断。②全身情况，如患者的病情、治疗情况、意识状态、活动能力、对冷的耐受情况、有无感觉障碍及语言表达能力等。③局部情况，如头部状况。④心理状态，患者心理状态及合作程度。

（2）解释：使用冰帽和冰槽的目的、方法及注意事项，取得患者的配合。

2. 评估环境　同冰袋、冰囊的使用。

➲ 护理诊断

同冰袋、冰囊的使用。

➲ 护理计划

1. 目的　降低头部温度，降低脑细胞代谢率，减轻脑细胞损伤，预防脑水肿发生。

2. 准备

（1）护士准备：同冰袋的使用。

（2）患者准备：患者了解冰帽或冰槽使用目的、操作过程及注意事项等相关知识，能主动配合。

（3）用物准备：①治疗盘内备冰帽或冰槽（图 13-4）。②治疗盘外备冰块、帆布袋、木槌、勺、海绵、脸盆、冷水、水桶、肛表、不脱脂棉球及凡士林纱布。

➲ 护理实施

冰帽（冰槽）使用实施，见表 13-3。

A. 冰帽
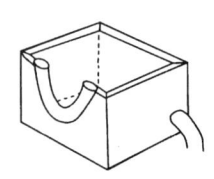
B. 冰槽

图 13-4 冰帽、冰槽

表 13-3 冰帽（冰槽）使用实施

护理实施	流程简释	要点说明
准备冰帽	将冰块装入帆布袋，用木槌砸成小块，冲去棱角（方法同冰袋的使用），装入冰帽约 2/3 满，驱气后旋紧冰帽口，用毛巾擦干冰帽，检查无漏水	• 避免冰块棱角引起患者不适及损坏冰帽
核对、解释	备齐用物携至患者床旁，再次核对患者身份，向患者解释冰帽使用的目的，指导患者配合的方法，取得患者合作	• 确认患者，避免差错，解除患者的紧张情绪
放置冰帽（冰槽）	（1）将患者头部置于冰帽（冰槽）中，后颈部、双耳廓用海绵垫保护 （2）双耳道塞不脱脂棉球，双眼盖凡士林纱布 （3）将冰帽（冰槽）排水管放于水桶内（图13-4）	• 防止冻伤 • 防止水流入患者耳内，保护角膜
观察效果	注意观察患者体温、病情变化、全身和局部皮肤反应以及冰帽有无异常	• 防止产生继发效应
撤去冰帽（冰槽）	应用冷疗法 30 min 后，撤去冰帽（冰槽），协助患者取舒适卧位，整理床单位	• 每 30 min 测量体温 1 次，维持直肠温度在 33 ℃左右，不宜低于 30 ℃，否则易发生心房颤动、心室纤颤或房室传导阻滞等并发症
处理用物	倒空冰水，倒挂晾干，置于阴凉通风处备用	• 按照消毒隔离制度处理
洗手、记录	洗手，记录使用冰帽（冰槽）的时间、效果及患者反应	• 记录规范、准确

⊃ **护理评价**

同冰袋、冰囊的使用。

⊃ **注意事项**

1. 密切观察患者头部皮肤变化，尤其是耳廓，防止发生青紫、麻木及冻伤。倾听患者主诉，如有异常，立即停止用冷疗法。

2. 密切观察患者心率及体温变化，每 30 min 测量生命体征 1 次，维持直肠温度在 33 ℃，不低于 30 ℃，防止发生心房颤动、心室纤颤或房室传导阻滞等并发症。

3. 应用冷疗法的时间不得超过 30 min。如需再用，应休息 1 h 后再次使用，防止发生继发效应。

4. 随时观察冰帽有无破损、漏水等情况，冰帽内的冰块融化后应及时更换。

冷湿敷

⊃ **护理评估**

1. 评估与解释

（1）评估患者：①核对患者身份，如床号、住院号、姓名、性别、年龄和诊断。②全身情况，如患者的病情、治疗情况、意识状态、活动能力、对冷的耐受情况及有无感觉障碍等。③局部皮肤状况，如皮肤的颜色、温度、完整性、有无炎症或硬结等。④心理状态，了解患者心理状态及合作程度。

（2）解释：冷湿敷的目的、方法及注意事项，取得患者的配合。

2. 评估环境　同冰袋、冰囊的使用。

⊃ **护理诊断**

同冰袋、冰囊的使用。

◐ **护理计划**

1. 目的　降温、止血、消肿、止痛。
2. 准备

（1）护士准备：同冰袋、冰囊的使用。

（2）患者准备：患者了解冷湿敷的目的、注意事项等相关知识，能主动配合。

（3）用物准备：①治疗盘内备长钳2把、敷布2块、凡士林、棉签、纱布、橡胶单、治疗巾和干毛巾。②治疗盘外备盛有冰水的脸盆，必要时备换药用物。

◐ **护理实施**

冷湿敷的实施，见表13-4。

表 13-4　冷湿敷的实施

护理实施	流程简释	要点说明
备物、核对	备齐用物携至患者床旁，再次核对患者身份，向患者解释冷湿敷的目的，指导患者配合的方法，取得患者合作	• 确认患者，避免差错，解除患者的紧张情绪
准备患处	协助患者取舒适卧位，暴露患处，下面垫橡胶单和治疗巾。将凡士林涂于患处，并在其上盖一层纱布	• 凡士林可减慢冷传导，既可防止冻伤，又可保持冷疗法的效果
冷湿敷患处	将敷布浸入冰水中，用长钳夹出，拧至不滴水，打开敷布，折叠后完全敷盖患处	• 若冷敷部位有伤口，应按无菌技术操作原则进行湿敷，湿敷后换药
更换敷布	每3～5 min更换敷布1次，一次治疗时间持续15～20 min	• 防止产生继发效应
观察效果	注意观察患者局部皮肤情况和全身反应	
冷湿敷结束	冷湿敷结束后，用纱布擦去凡士林，用干毛巾擦干皮肤，撤去橡胶单和治疗巾	
安置患者	协助患者取舒适卧位，整理床单位	
处理用物	按照消毒隔离制度处理，清洁消毒后备用	
洗手、记录	洗手，记录使用冷湿敷的时间、部位、效果、患者反应	• 记录规范、准确

◐ **护理评价**

同冰袋、冰囊的使用。

◐ **注意事项**

1. 密切观察患者局部皮肤变化及全身反应，以免发生冻伤。
2. 检查湿敷情况，及时更换敷布。
3. 若冷敷部位为开放性伤口，需遵守无菌技术操作原则。
4. 若使用冷湿敷降温，30 min后测量体温并记录。

💡 **考点提示**

局部冷疗法的具体实施方法、注意事项。

（二）全身冷疗法

温水擦浴或乙醇擦浴

◐ **护理评估**

1. 评估与解释

（1）评估患者：①核对患者身份，如床号、住院号、姓名、性别、年龄和诊断。②全身情

况，如患者的病情、治疗情况、意识状态、有无乙醇过敏史、活动情况、对冷的耐受情况及语言表达能力等。③局部皮肤情况，如皮肤颜色、温度、完整性等，有无影响擦浴的因素。④心理状态，患者心理状态及合作程度。

（2）解释：温水擦浴或乙醇擦浴的目的、方法及注意事项，取得患者的配合。

2. 评估环境　同冰袋、冰囊的使用。

⊃ 护理诊断

同冰袋、冰囊的使用。

⊃ 护理计划

1. 目的　为高热患者物理降温。

2. 准备

（1）护士准备：同冰袋、冰囊的使用。

（2）患者准备：患者了解温水擦浴或乙醇擦浴目的、操作过程及注意事项等相关知识，能主动配合。

（3）用物准备：①治疗盘内备浴巾 1 条、小毛巾 2 块、热水袋及套、冰袋及套。②治疗盘外备脸盆，内盛 30 ℃的 25%～35% 乙醇 200～300 ml 或 32～34 ℃温水 2/3 满，酌情备清洁衣裤、大单、被套、便器等。

⊃ 护理实施

温水擦浴、乙醇擦浴实施，见表 13-5。

表 13-5　温水擦浴或乙醇擦浴实施

护理实施	流程简释	要点说明
备物、核对	备齐用物携至患者床旁，核对患者身份，向患者解释温水擦浴或乙醇擦浴的目的，指导患者配合的方法，取得患者合作	• 确认患者，避免差错，解除患者的紧张情绪
安置体位	协助患者取舒适卧位，松开床尾盖被，协助患者脱去上衣	• 必要时用屏风遮挡患者
准备患者	置冰袋于头部，置热水袋于足底	• 置冰袋于头部，有助降温并可防止头部充血。置热水袋于足底，可促进足底血管扩张，减轻头部充血，并使患者感觉舒适
垫巾、擦浴	将浴巾垫于擦浴部位下，小毛巾浸入温水中，拧至半干，缠于手上成手套状（图 13-5），以离心方向拍拭，拍拭后用大毛巾擦干皮肤。拍拭顺序如下： （1）双上肢：患者取仰卧位，顺序是颈外侧—肩—上臂外侧—前臂外侧—手背；侧胸—腋窝—上臂内侧—肘窝—前臂内侧—掌心 （2）腰背部：患者取侧卧位，背下垫大浴巾，按顺序拍拭肩部—背部—腰部—臀部。拍拭完毕，协助患者穿上衣 （3）双下肢：患者取仰卧位，脱裤，顺序是髂骨—下肢外侧—足背；腹股沟—下肢内侧—内踝；臀下—下肢后侧—腘窝—足跟。拍拭完毕，协助患者穿裤	• 每侧肢体或背部拍擦 3 min，擦浴全过程不超过 20 min。 • 腋窝、肘窝、手心、腹股沟、腘窝等处可稍用力拍拭，并适当延长时间，以促进散热

续表

护理实施	流程简释	要点说明
观察效果	密切观察患者的反应,若有异常,立刻停止操作	• 有无出现寒战、面色苍白、生命体征异常等
撤热水袋	擦浴完毕,撤去热水袋。协助患者取舒适体位。整理床单位	• 擦浴后 30 min 测量体温,并记录在体温单上,若体温低于 39 ℃,撤去冰袋
安置患者	协助患者取舒适卧位,整理床单位	
处理用物	按照消毒隔离制度处理,清洁消毒后备用	
洗手、记录	洗手,记录擦浴时间、效果、患者反应	• 记录规范、准确

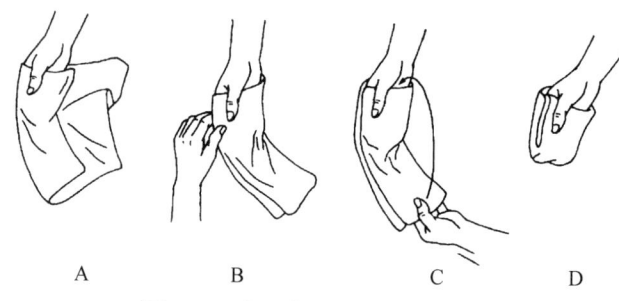

图 13-5 小毛巾缠于手上成手套状

◯ 护理评价

1. 操作正确、规范,患者无寒战、畏冷等不良反应,半小时后体温下降,治疗有效,达到预期效果。
2. 护患沟通有效,患者愿意配合。
3. 充分体现以人为本的护理服务理念,关爱患者。

◯ 注意事项

1. 擦浴时,在腋窝、肘窝、腘窝、腹股沟等大血管流经处可稍用力拍擦,并适当延长拍拭时间,以促进散热。
2. 心前区、腹部、枕后、足底是禁忌擦浴的部位。
3. 在擦浴过程中,应密切观察患者反应,如出现寒战、面色苍白、生命体征异常等现象,应立即停止操作,及时处理。
4. 擦浴手法应以拍拭的方式进行,避免采用摩擦方式,因摩擦容易生热。
5. 新生儿、血液病患者及对乙醇过敏者禁用乙醇擦浴。
6. 每侧肢体或背部拍拭 3 min,擦浴全过程不超过 20 min,以防发生继发反应。
7. 擦浴后 30 min 测量体温,并将降温后体温记录在体温单上,若体温低于 39 ℃,则撤去冰袋。

💡 考点提示

全身冷疗法的具体实施方法、注意事项。

> **知识链接**
>
> **雾化冷疗技术**
>
> 雾化冷疗是将无菌蒸馏水通过发生器转化为微小雾珠,均匀地作用于皮肤的一种技术。雾化冷疗可通过低温降低治疗局部的温度,促进局部血管收缩,减少局部充血量,改善红肿反应。与传统冰敷比较,雾化冷疗时操作者能自由调控冷疗时长及作用区域,喷射均匀,规避了因冰块温度过低或硬度过高对皮肤造成的二次损害,且治疗过程中患者可采用舒适的仰卧位或坐位即可进行,无须自行手握冰块调整位置,大大降低了治疗的不适感。

第三节 热疗法

案例 13-2

患者,女性,42岁。因近期工作压力较大,长期伏案工作,痔疮复发入院诊治。患者主诉肛周疼痛难耐,影响坐立,睡眠。肛门指检发现患者肛管内有肿物。

问题与思考:

1. 如何采用热水坐浴的方法帮助患者减轻痔疮肿胀?
2. 热水坐浴时应注意的事项有哪些?

一、热疗法的作用

1. **减轻深部组织充血** 热疗法可使体表血管扩张,血流量增加,从而使全身循环血量重新分布,减轻深部组织的充血。

2. **促进炎症消散或局限** 热疗法可使局部血管扩张,促进组织血液循环,促进组织中毒素和废物的排出,增强细胞的代谢和白细胞的吞噬功能。因此,炎症早期用热疗,可促进炎性渗出物的吸收而使炎症消散;炎症后期用热疗,可促进白细胞释放蛋白溶解酶,溶解坏死组织,使炎症局限。

3. **减轻疼痛** 热疗可降低痛觉神经的兴奋性,提高疼痛阈值,又可改善血液循环,加速组胺等致痛物质的排出和炎性渗出物的吸收,以减轻对神经末梢的刺激及压迫,达到减轻疼痛的目的。同时,热疗可使肌肉、肌腱和韧带等组织松弛,减轻肌肉痉挛、僵硬和关节强直等引起的疼痛,适用于胃痉挛、腰肌劳损等患者。

4. **保暖** 热疗可促进全身血液循环,将热带至全身使体温升高,并使患者感到温暖、舒适,适用于早产儿、年老体弱者、末梢循环不良患者、危重患者等。

二、热疗法的禁忌

1. **面部"危险三角区"感染** 面部"危险三角区"静脉无静脉窦,并与颅内海绵窦相通。热疗法可使血管扩张,血流增多,导致细菌及毒素易进入血液循环,扩散至颅内,造成严重的颅内感染和败血症。

2. **未明确诊断的急性腹痛** 热疗法可缓解疼痛,但易掩盖病情,延误诊断和治疗。

3. **各种脏器出血** 热疗法可使局部血管扩张,从而增加脏器的血流量和血管的通透性而加重脏器出血。

4. **软组织扭伤或挫伤早期** 在软组织扭伤或挫伤早期(48 h内)使用热疗法,可因局部血管扩张,血液循环加快,通透性增加,而加重软组织出血、肿胀及疼痛。

5. 急性炎症　热疗法可使局部温度升高,有利于细菌繁殖,使病情加重,如牙龈炎、中耳炎、结膜炎等。

6. 恶性病变部位　热疗法可使正常与异常细胞加速新陈代谢而加重病情,同时又可促进血液循环而使肿瘤扩散、转移。

7. 金属移植部位　金属是热的良好导体,应用热疗法易造成烫伤。

8. 意识不清、感觉异常者　用热疗法会增加组织损伤的危险性,应慎用。

9. 睾丸　用热疗法会抑制精子发育、破坏精子。

10. 孕妇　胚胎在发育过程中对高温较为敏感,孕妇热疗可增加胎儿先天畸形、流产、死胎的发生率。

11. 心、肝、肾功能不全者　大面积热疗使皮肤血管扩张,减少对内脏器官的血液供应,加重病情。

 考点提示

热疗法的作用、禁忌。

三、热疗的方法

热疗法可分为干热疗法和湿热疗法。干热疗法包括热水袋的使用、烤灯的使用。湿热疗法包括热湿敷、热水坐浴和温水浸泡。

(一)干热疗法

热水袋的使用

● 护理评估

1. 评估与解释

(1)评估患者:①核对患者身份,如床号、住院号、姓名、性别、年龄和诊断。②全身情况,如患者的病情、治疗情况、意识状态、循环状况、活动情况、对热的耐受情况及有无感觉障碍等。③使用热水袋的局部皮肤情况,如皮肤颜色、温度、完整性等。④心理状态,如患者心理状态及合作程度。

(2)解释:热水袋使用的目的、方法及注意事项,取得患者的配合。

2. 评估环境　病室安静,环境整洁、舒适,室温适宜,无对流风直吹。

● 护理诊断

1. 疼痛　与痔疮肿胀有关。

2. 个人应对无效　与工作压力较大,个人无法有效应对有关。

● 护理计划

1. 目的　保暖、解痉、镇痛。

2. 准备

(1)护士准备:着装整齐,修剪指甲,洗手,戴口罩。

(2)患者准备:患者了解热水袋使用目的、操作过程及注意事项等相关知识,能主动配合。

(3)用物准备:①治疗盘内备热水袋及布套、水温计、毛巾。②治疗盘外备水盆,水盆内盛热水。

● 护理实施

热水袋使用实施,见表13-6。

表 13-6 热水袋使用实施

护理实施	流程简释	要点说明
备热水袋	（1）检查热水袋有无破损、漏气，热水袋及塞子是否合适，测量水温并依据病情进行调节 （2）放平热水袋，去塞，一手持袋口边缘，另一手灌水，灌入 1/2～2/3 满。将热水袋口缓慢放平，驱除袋内空气（图 13-6），旋紧塞子 （3）用毛巾擦干热水袋，倒提，检查无漏水后装入布套内	• 成人水温 60～70 ℃。婴幼儿、老年人、末梢循环不良、感觉障碍、昏迷等患者，水温应低于 50 ℃ • 边灌水边提高热水袋，使热水不溢出 • 灌水过多，会导致热水袋膨胀、变硬，使患者舒适感下降，而且与皮肤接触面积减少，热疗效果下降
核对、解释	备齐用物携至患者床旁，再次核对患者身份，向患者解释热水袋使用的目的，指导患者配合的方法，取得患者配合	• 确认患者，避免差错，解除患者的紧张情绪
置热水袋	协助患者取舒适体位，将热水袋置于所需部位，袋口朝身体外侧。放置时间不超过 30 min	• 以防发生继发效应
观察效果	随时询问患者的感觉，密切观察患者应用热水袋部位皮肤情况和全身反应以及热水袋情况	• 如皮肤出现潮红、疼痛，立刻停止应用，并在局部涂抹凡士林以保护皮肤 • 热水袋内水温降低后应及时更换，以达到最佳治疗效果
撤热水袋	热疗完毕，撤去热水袋。协助患者取舒适体位。整理床单位	
处理用物	倒空热水，倒挂，晾干热水袋，吹入少量空气，夹紧袋口备用，布套送洗消毒	• 吹入少量空气可防止热水袋内面相互粘连
洗手、记录	洗手，记录热疗法的时间、部位、效果、患者反应	• 记录规范、准确

◌ **护理评价**

1. 操作正确、规范，患者感到温暖、舒适，未发生皮肤或组织的损伤，无烫伤等不良反应，治疗有效，达到预期效果。
2. 护患沟通有效，患者愿意配合。
3. 充分体现以人为本的护理服务理念，关爱患者。

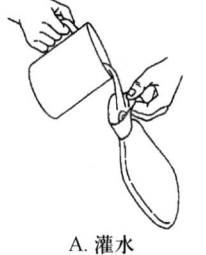 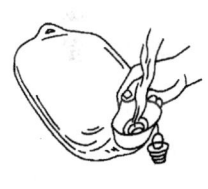

A. 灌水　　　　B. 驱除袋内空气

图 13-6　灌热水袋

◌ **注意事项**

1. 密切观察患者局部皮肤情况，若局部皮肤出现潮红、疼痛，应立即停止热水袋的使用，并在局部涂抹凡士林，以保护皮肤。
2. 调节水温，成人水温为 60～70 ℃。婴幼儿、老年人、末梢循环不良、感觉障碍、昏迷等患者，水温应控制在 50 ℃ 以内，以防烫伤。
3. 使用热水袋保暖者，需检查水温情况，及时更换热水。

烤灯的使用

◌ **护理评估**

1. 评估与解释

（1）评估患者：①核对患者身份，如床号、住院号、姓名、性别、年龄和诊断。②全身情况，如患者的病情、治疗情况、意识状态、活动能力、对热的耐受情况、有无感觉障碍及语言表达能力等。③局部情况，如皮肤颜色、完整性、有无感染等。④心理状态，患者心理状态及合作程度。

（2）解释：使用烤灯的目的、方法及注意事项，取得患者的配合。

2. 评估环境　病室安静，环境整洁、舒适，室温适宜，无对流风直吹。

◯ **护理诊断**

同热水袋的使用。

◯ **护理计划**

1. 目的　消炎，镇痛，解痉，促进创面干燥、结痂及肉芽组织生长，利于伤口愈合。
2. 准备

（1）护士准备：同热水袋的使用。

（2）患者准备：患者了解烤灯使用目的、操作过程及注意事项等相关知识，能主动配合。

（3）用物准备：红外线灯或鹅颈灯，必要时备有色眼镜（纱布）、屏风。

◯ **护理实施**

烤灯使用实施，见表13-7。

表13-7　烤灯使用实施

护理实施	流程简释	要点说明
备物、核对	备齐用物携至患者床旁，再次核对患者身份，向患者解释烤灯使用的目的，指导患者配合的方法，取得患者合作	• 确认患者，避免差错，解除患者的紧张情绪
照射患处	（1）根据照射部位选择不同功率的灯泡。将烤灯移至患处斜上方或侧方，灯距患者30～50 cm（图13-7）。用手试温，手感温暖为宜，照射时间为20～30 min （2）照射面部、颈部、前胸部时，给患者戴有色眼镜或用纱布遮盖双眼	• 保护眼睛，避免引发白内障
观察效果	注意观察患者全身及局部皮肤反应，倾听患者主诉	• 局部皮肤出现桃红色红斑为合适
撤去烤灯	照射完毕，关闭并移走烤灯。协助患者取舒适卧位	
处理用物	用物移回原位备用	
洗手、记录	洗手，记录烤灯使用的时间、部位、效果、患者反应	• 记录规范、准确

◯ **护理评价**

同热水袋的使用。

◯ **注意事项**

1. 根据治疗部位的不同，选择不同功率的灯泡，腰、背、胸、腹部选用500～1000 W的大功率灯泡，手、足等部位选用250 W的灯泡。

2. 密切观察患者有无心悸、头晕等不适及局部皮肤有无异常。若有不适或照射部位皮肤出现紫红色，应立即停止照射，并在局部涂凡士林，以保护皮肤。

3. 由于眼内含有较多的液体，对红外线吸收较强，一定强度的红外线直接照射可引发白内障，因此照射面部、颈部、前胸部时，应给患者戴有色眼镜或用纱布遮盖双眼。

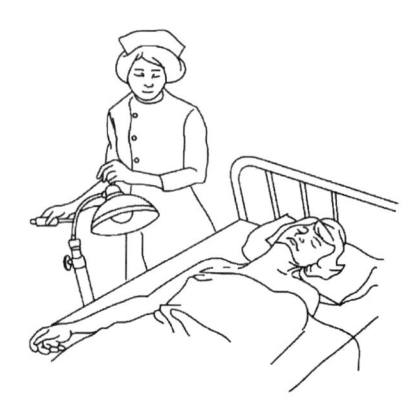

图13-7　烤灯的使用

4. 对意识障碍、血液循环障碍、局部感觉障碍等患者，治疗时应加大灯距，防止烫伤。
5. 治疗完毕，嘱患者在室内休息 15 min 后方可外出，防止感冒。

 考点提示

干热疗法的具体实施方法、注意事项。

（二）湿热疗法

热湿敷

○ **护理评估**

1. 评估与解释

（1）评估患者：①核对患者身份，如床号、住院号、姓名、性别、年龄和诊断。②全身情况，如患者的病情、治疗情况、意识状态、有无感觉障碍、活动情况、对热的耐受情况及语言表达能力等。③热湿敷局部皮肤情况，如皮肤颜色、完整性、有无感染等。④心理状态，患者心理状态及合作程度。

（2）解释：热湿敷的目的、方法及注意事项，取得患者的配合。

2. 评估环境　同热水袋的使用。

○ **护理诊断**

同热水袋的使用。

○ **护理计划**

1. 目的　消炎、消肿、止痛、解痉。

2. 准备

（1）护士准备：同热水袋的使用。

（2）患者准备：患者了解热湿敷的目的、操作过程及注意事项等相关知识，能主动配合。

（3）用物准备：①治疗盘内备长钳2把、敷布2块、凡士林、棉签、棉垫、纱布、橡胶单、治疗巾、水温计。②治疗盘外备脸盆，脸盆内盛热水（50～60 ℃），酌情备热水袋，有开放性伤口者备换药用物。

○ **护理实施**

热湿敷实施，见表13-8。

表 13-8　热湿敷实施

护理实施	流程简释	要点说明
备物、核对	备齐用物携至患者床旁，再次核对患者身份，向患者解释湿热敷的目的，指导患者配合的方法，取得患者合作	● 确认患者，避免差错，解除患者的紧张情绪
准备患处	协助患者取舒适卧位，暴露治疗部位。垫橡胶单和治疗巾于治疗部位下方，将凡士林涂于治疗部位，并在其上盖一层纱布	● 凡士林可减缓热传导，既可防止烫伤，又可保持热疗效果
热湿敷患处	将敷布浸入热水中，用长钳将敷布拧至不滴水。打开敷布，用手腕掌侧皮肤试温，无烫感即可使用。折叠敷布，敷于患处，上盖棉垫。若患者感觉过热，可掀起敷布一角散热	● 若热湿敷部位有伤口，应按无菌技术操作原则进行热湿敷，热湿敷后外科换药
更换敷布	每3～5 min 更换1次敷布，及时更换盆内热水，治疗时间以15～20 min 为宜	

续表

护理实施	流程简释	要点说明
观察效果	注意观察患者全身及局部皮肤反应,倾听患者主诉	• 如有异常,立即停止热湿敷
安置患者	治疗完毕,撤去用物,用纱布擦去凡士林,协助患者取舒适卧位	
处理用物	按照消毒隔离制度处理,清洁消毒后备用	
洗手、记录	洗手,记录湿热敷时间、部位、效果、患者反应	• 记录规范、准确

◯ 护理评价

同热水袋的使用。

◯ 注意事项

1. 若热湿敷部位有开放性伤口,需按无菌技术操作原则进行热湿敷,并在热湿敷后进行外科换药。

2. 在热湿敷过程中,注意观察局部皮肤的颜色,以防烫伤。

3. 面部热湿敷者,需在室内休息 30 min 后方可外出,以防感冒。

4. 保持热敷处的温度,注意水温的调节,及时更换热水,以维持水温在 50～60 ℃,若患者热湿敷部位不禁忌压力,可将热水袋放置在敷布上,以维持温度。

热水坐浴

◯ 护理评估

1. 评估与解释

(1)评估患者:①核对患者身份,如床号、住院号、姓名、性别、年龄和诊断。②全身情况,如患者的病情、治疗情况、意识状态、活动能力、对热的耐受情况、有无感觉障碍及语言表达能力等。③局部皮肤状况,如皮肤颜色、伤口情况、有无感染等。④心理状态,患者心理状态及合作程度。

(2)解释:热水坐浴的目的、方法及注意事项,取得患者的配合。

2. 评估环境 同热水袋的使用。

◯ 护理诊断

同热水袋的使用。

◯ 护理计划

1. 目的 消炎、消肿、止痛,用于会阴部、肛门疾病及手术后。

2. 准备

(1)护士准备:同热水袋的使用。

(2)患者准备:患者了解热水坐浴目的、操作过程及注意事项等相关知识,能主动配合。排空尿、便,并清洗坐浴部位。

(3)用物准备:坐浴椅(图13-8)、消毒坐浴盆、热水瓶、热水(水温40～45 ℃)、药物(遵医嘱准备)、水温计、无菌纱布、弯盘、毛巾、浴巾,必要时备屏风、换药用物。

◯ 护理实施

热水坐浴实施,见表13-9。

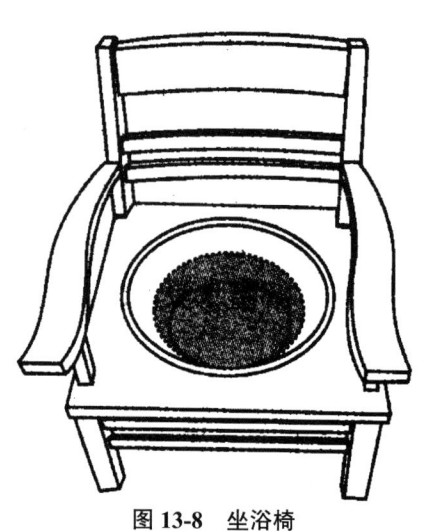

图13-8 坐浴椅

表 13-9 热水坐浴实施

护理实施	流程简释	要点说明
备物、核对	备齐用物携至患者床旁，再次核对患者身份，向患者解释热水坐浴的目的，指导患者配合的方法，取得患者合作	• 确认患者，避免差错，解除患者的紧张情绪，必要时用屏风遮挡
配制药液	根据医嘱配制药液，将药液倒入坐浴盆内 1/2 满，调节水温	• 调节水温为 40～45 ℃
协助坐浴	将坐浴盆放于坐浴椅上，协助患者脱裤至膝部，指导患者先用纱布蘸坐浴液清洗外阴部皮肤，试温，待皮肤适应水温后再坐入浴盆中，坐浴时间以 15～20 min 为宜	• 随时调节水温，冬天注意保暖，必要时腿部用浴巾遮盖，防止受凉
观察效果	注意观察患者局部皮肤情况、全身反应，倾听患者主诉	• 若患者出现面色苍白、脉搏及呼吸异常等情况，应立即停止坐浴
安置患者	坐浴完毕，撤去用物，用纱布擦干臀部，协助穿裤，协助患者取舒适体位，整理床单位	
处理用物	按照消毒隔离制度处理，清洁消毒后备用	
洗手、记录	洗手，记录坐浴时间、效果、患者反应	• 记录规范、准确

⊃ 护理评价

同热水袋的使用。

⊃ 注意事项

1. 热水坐浴前，应嘱患者先排便、排尿，因热水可刺激肛门、会阴部，易引起排泄反射。

2. 在坐浴过程中，应密切观察患者的反应和局部皮肤情况，如患者出现头晕、乏力、心悸等状况，应立即停止坐浴。

3. 会阴、肛门部位有开放性伤口者，坐浴时应执行无菌技术操作原则，使用无菌坐浴盆、无菌溶液，坐浴结束后按外科换药法处理伤口。

4. 女性患者月经期、妊娠后期、产后 2 周内、阴道出血和盆腔急性炎症时不宜坐浴，以免引起感染。

温水浸泡

⊃ 护理评估

1. 评估与解释

（1）评估患者：①核对患者身份，如床号、住院号、姓名、性别、年龄和诊断。①全身情况，如患者的病情、治疗情况、意识状态、活动能力、对热的耐受情况、有无感觉障碍及语言表达能力等。②局部皮肤状况，如皮肤颜色、伤口情况、有无感染等。③心理状态，患者心理状态及合作程度。

（2）解释：温水浸泡的目的、方法及注意事项，取得患者的配合。

2. 评估环境　同热水袋的使用。

⊃ 护理诊断

同热水袋的使用。

⊃ 护理计划

1. 目的　消炎、消肿、止痛，用于手、足、前臂、小腿部感染早期，促进炎症消散。

2. 准备

（1）护士准备：同热水袋的使用。

（2）患者准备：患者了解温水浸泡目的、操作过程及注意事项等相关知识，能主动配合。

（3）用物准备：①治疗盘内备长镊子1把、纱布数块。②治疗盘外备浸泡盆、温水（水温40～45℃）、热水瓶、药物（遵医嘱准备）、水温计、毛巾，如有开放性伤口，备换药用物。

⊃ 护理实施

温水浸泡实施，见表13-10。

表13-10 温水浸泡实施

护理实施	流程简释	要点说明
备物、核对	备齐用物携至患者床旁，再次核对患者身份，向患者解释温水浸泡的目的，指导患者配合的方法，取得患者合作	• 确认患者，避免差错，解除患者的紧张情绪，必要时用屏风遮挡
配制药液	根据医嘱配置药液，将药液倒入浸泡盆内1/2满，调节水温	• 调节水温为40～45℃
协助浸泡	（1）协助患者取舒适体位，暴露患处。协助将肢体放入浸泡盆中 （2）有伤口者，可用无菌长镊子夹取无菌纱布轻轻擦拭创面，使之清洁，治疗时间以30 min为宜	• 随时调节水温，冬天注意保暖，防止受凉；及时添加热水及药物，添加时，应将肢体移出浸泡盆
观察效果	注意观察患者局部皮肤情况、全身反应，倾听患者主诉	若出现局部皮肤发红、疼痛、头晕、心悸等情况，应立即停止浸泡
安置患者	浸泡完毕，撤去用物，用纱布擦干浸泡部位，协助患者取舒适体位，整理床单位	
处理用物	按照消毒隔离制度处理，清洁消毒后备用	
洗手、记录	洗手，记录浸泡时间、部位、效果、患者反应	• 记录规范、准确

⊃ 护理评价

同热水袋的使用。

⊃ 注意事项

1. 在浸泡过程中，密切观察患者有无异常表现，局部皮肤有无发红、疼痛，如有异常，立即停止浸泡，随时调节水温，保证安全。

2. 浸泡部位若有开放性伤口者，应执行无菌技术操作原则，浸泡盆、溶液及用物均需无菌，并在浸泡后按外科换药法处理伤口。

 考点提示

湿热疗法的具体实施方法、注意事项。

思政园地

细心负责，守护患者的安全

李某为养老院的一名护士，冬天来临的时候，她总是耐心地在夜晚去检查每个老人的热水袋，试一试水温是否合适，看看有没有套上布袋，在老人上床就寝前将其放在被窝里为老人暖床。她说"只有自己细心，有责任心，爱心，才能有老人的安心。"每一位护士都应该在平凡的工作中，用自己的"细心，爱心，责任心"来坚守岗位职责，将我们的工作做成"有温度"的护理。

第十三章 冷热疗法

自 测 题

一、选择题

1. 患者，男性，28岁。打羽毛球比赛时不小心扭伤脚踝，护士指导其多长时间内不宜热敷
   A. 6 h
   B. 12 h
   C. 24 h
   D. 48 h
   E. 72 h

2. 患者，男性，55岁，肛门常有瘙痒不适，护士指导其热水坐浴的温度为
   A. 32～35 ℃
   B. 37～39 ℃
   C. 40～45 ℃
   D. 45～49 ℃
   E. 50～56 ℃

3. 患者，女性，30岁。因"急性扁桃体发炎"收入院，T 39.5 ℃，P 125次/分，R 24次/分，护士为患者使用乙醇擦浴降温时，正确的是
   A. 乙醇的浓度为50%～70%
   B. 乙醇的温度为40～45 ℃
   C. 拍擦顺序为先四肢，再胸背部及腹股沟处
   D. 擦浴1 h后测体温并画在体温单上
   E. 将冰袋置于头部，热水袋置于足部

4. 患者，女性，66岁。患类风湿关节炎给予红外线照射治疗，呈现均匀桃红色，提示
   A. 照射剂量过小
   B. 应立即停止照射
   C. 照射剂量过大
   D. 照射剂量合适
   E. 应延长照射时间

5. 患儿，男性，12岁。淋雨后体温高达40 ℃急诊入院，护士给予乙醇擦浴降温，30 min后复测体温，当体温降至何值以下时，应取下冰袋
   A. 39.5 ℃
   B. 39 ℃
   C. 38.5 ℃
   D. 38 ℃
   E. 37.5 ℃

6. 患者，女性，61岁。经常便后出血，经检查患有痔疮，行痔疮手术。术后医嘱热水坐浴。以下热水坐浴措施错误的是
   A. 浴盆和溶液须无菌
   B. 操作前需排空膀胱
   C. 水温控制在50 ℃左右
   D. 坐浴后勤换敷料
   E. 坐浴时间为15～20 min

7. 患者，女性，50岁。腹痛难忍，面色苍白，大汗淋漓，下列措施错误的是
   A. 询问病史
   B. 使用热水袋减轻疼痛
   C. 测量生命体征
   D. 通知医生
   E. 病情监测

（8～10题共用题干）
患者，男性，60岁。因患老年慢性支气管炎急性发作收入院。主诉怕冷，欲为该患者灌一个热水袋取暖。

8. 热水袋适宜的水温是
   A. 45 ℃
   B. 55 ℃
   C. 60 ℃
   D. 70 ℃
   E. 75 ℃

9. 使用热水袋时，下列哪项操作不妥
   A. 灌水 1/2～2/3 满
   B. 排尽空气，旋紧塞子
   C. 擦干后倒提热水袋，检查有无漏水
   D. 水温以 50 ℃ 以内为宜
   E. 接触足部皮肤取暖
10. 使用热水袋水温不能过高的原因是
    A. 皮肤对热反应敏感
    B. 血管对热反应敏感
    C. 皮肤抵抗力差
    D. 可加重病情
    E. 局部感觉较迟钝

二、简答题

1. 冷疗法的禁忌证有哪些？
2. 热疗法的禁忌证有哪些？

三、案例分析

患者，男性，65 岁。因车祸致脑外伤急诊入院，体温 40.1 ℃。医嘱为患者进行冰帽，冰毯机冷疗法。

请回答：

1. 患者采用该冷疗法最主要的目的是什么？
2. 在实施该冷疗法时应注意什么？

（林晓莉）

第十四章 饮食护理

思 维 导 图

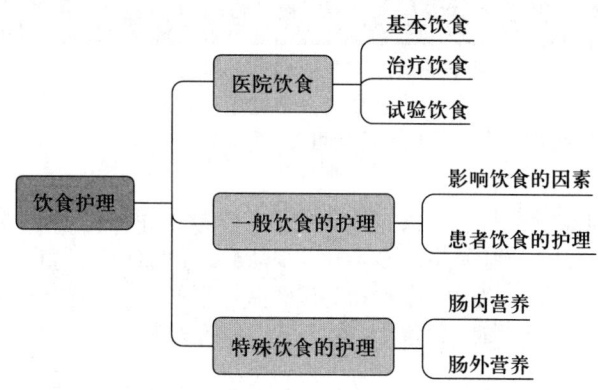

学习目标

1. 说出治疗饮食、试验饮食、鼻饲法的内容。
2. 列举鼻饲法的适用范围。
3. 解释基本饮食、治疗饮食、试验饮食、一般饮食护理。
4. 能正确实施鼻饲法,并为昏迷患者正确插管。
5. 通过练习鼻饲法,培养爱伤观念,具有以人为本的护理服务精神。
6. 进一步认识特殊饮食护理,养成高度的责任心,体现人文关怀。

饮食是人类的基本需要之一,人类为了生存必须摄取食物。人体需要的七大营养素包括糖类、蛋白质、脂肪、矿物质、维生素、水和膳食纤维,营养素在胃肠道经消化和吸收后进入人体。合理的饮食与营养能保证机体的正常生长发育,维持机体的各种生理功能,提高机体免疫力,预防疾病,保持和促进健康。另外,均衡的饮食与充足的营养也是促进疾病康复的有效手段。因此,护理人员必须掌握饮食与营养方面的知识,正确评估患者的营养状况,指导患者选择合理的饮食,做好饮食护理,促进患者早日康复。

第一节 医院饮食

案例 14-1

患者,男性,46岁,因"消瘦、烦躁3个月"主诉入院。入院诊断为"甲状腺功能亢进症"。

问题与思考：
1. 患者入院后应给予何种饮食？
2. 若患者需要进一步做 ^{131}I 试验，护士应如何指导患者的饮食？

为适应不同病情的诊断与治疗，医院饮食可分为 3 大类：基本饮食、治疗饮食和试验饮食。

一、基本饮食

基本饮食（basic diet）有普通饮食、软质饮食、半流质饮食和流质饮食 4 种（表 14-1）。

表 14-1　基本饮食

类别	适用范围	饮食原则	用法
普通饮食	用于消化功能正常无需饮食限制者、体温正常者、病情较轻或疾病恢复期的患者	营养平衡，美观可口，易消化、无刺激的一般食物，与健康人饮食相似，一般食物均可	每日 3 餐，总热量 9.5～11 MJ/d，蛋白质 70～90 g/d
软质饮食	用于消化功能不良、低热、咀嚼不便者及消化道术后恢复期患者	营养平衡，食物软、烂、易消化、易咀嚼，少油炸、少油腻、少粗纤维和强烈刺激的调味品，可进食软饭、面条、切碎及煮熟的菜和肉等	每日 3～4 餐，总热量 8.5～9.5 MJ/d，蛋白质 60～80 g/d
半流质饮食	用于中等热、体弱、消化道和口腔疾患、咀嚼不便及手术后的患者	食物呈半流状，少食多餐，无刺激性，易于咀嚼、吞咽和消化，纤维少，营养丰富，可进食蒸鸡蛋、肉末、豆腐、粥、面条、菜末等	每日 5～6 餐，总热量 6.5～8.5 MJ/d，蛋白质 50～70 g/d
流质饮食	用于高热、口腔疾患、各种大手术后、急性消化道疾患、重危或全身衰竭等患者	食物呈液状，易吞咽、易消化，无刺激性，可进食乳类、豆浆、米汤、藕粉、肉汁、菜汁、果汁等。因含热量和营养素不足，只能短期使用	每日 6～7 餐，每 2～3 h 1 次，每次 200～300 ml 总热量 3.5～5.0 MJ/d（836～1195 MJ/d）蛋白质 40～50 g/d

二、治疗饮食

治疗饮食（therapeutical diet）是根据不同病情需要而调整总热量和某一种或几种营养素的摄入量，以达到治疗目的的一类饮食（表 14-2）。

表 14-2　治疗饮食

饮食种类	适用范围	饮食原则及用法
高热量饮食	用于热量消耗较高的患者，如甲状腺功能亢进症、结核病、大面积烧伤、肝炎、胆道疾患、高热及产妇	在基本饮食的基础上加餐 2 次，可进食牛奶、豆浆、鸡蛋、藕粉、蛋糕、巧克力及甜食等，总热量约为 12.5 MJ/d
高蛋白质饮食	用于高代谢性疾病，如烧伤、结核病恶性肿瘤、贫血、甲状腺功能亢进症、大手术后患者、肾病综合征患者，低蛋白血症患者、孕妇、哺乳期妇女等	在基本饮食的基础上增加蛋白质丰富的食物，尤其是优质蛋白，可进食肉类、鱼类、蛋类、乳类、豆类等，供给量为 1.5～2 g/(kg·d)，总量不超过 120 g，总热量为 10.5～12.5 MJ/d

续表

饮食种类	适用范围	饮食原则及用法
低蛋白质饮食	用于限制蛋白质摄入的患者，如急性肾炎、尿毒症、肝性脑病等患者	应多补充蔬菜和含糖高的食物，维持正常热量；成人饮食中的蛋白质不超过 40 g/d，视病情需要，也可 20～30 g/d；肾功能不全者应摄入动物性蛋白，忌用豆制品；肝性脑病者应以植物性蛋白为主
低脂肪饮食	用于肝、胆、胰疾患，高脂血症，动脉硬化，冠状动脉粥样硬化性心脏病，肥胖症及腹泻等患者	饮食清淡、少油，禁食肥肉、蛋黄、动物脑等；高脂血症及动脉硬化患者不必限制植物油（椰子油除外）；脂肪量＜50 g/d；肝、胆、胰病患者＜40 g/d，尤其要限制动物脂肪的摄入
低胆固醇饮食	用于高胆固醇血症、高脂血症、高血压、动脉硬化、冠状动脉粥样硬化性心脏病等患者	胆固醇摄入量＜300 mg/d；禁用或少用含胆固醇高的食物，如动物内脏和脑、鱼子、蛋黄、肥肉和动物油等
低盐饮食	用于心脏病、肾病（急性、慢性肾炎）、肝硬化（有腹水）、重度高血压但水肿较轻等患者	可用食盐＜2 g/d，但不包括食物内自然存在的氯化钠；禁用腌制食品，如咸菜、皮蛋、火腿、香肠、咸肉等
无盐低钠饮食	同低盐饮食适用范围，但水肿较重者	无盐饮食：除食物内自然含钠量外，不放食盐烹调，食物中含钠量＜0.7 g/d 低钠饮食：除无盐外，还须控制摄入食物中自然存在的含钠量（控制在 0.5 g/d 以下）；禁用腌制食品；对无盐和低钠者，还应禁用含钠食物和药物，如油条、挂面、汽水（含碳酸氢钠）和碳酸氢钠药物等
高纤维饮食	用于便秘、肥胖症、高脂血症、糖尿病等患者	选择含纤维多的食物，如韭菜、芹菜、卷心菜、粗粮、豆类等
少渣饮食	用于伤寒、痢疾、腹泻、肠炎、食管-胃底静脉曲张、咽喉部及消化道手术的患者	少用含纤维多的食物，不用强刺激性调味品及坚硬、带碎骨的食物，肠道疾患少用油

三、试验饮食

试验饮食（test diet）亦称诊断饮食，即在特定的时间内，通过对饮食内容的特殊调整，达到协助诊断疾病和提高实验检查结果正确性的一种饮食（表 14-3）。

表 14-3 试验饮食

饮食种类	适用范围	饮食原则及用法
隐血试验饮食	检查消化道有无出血，或用于原因不明的贫血患者	①试验前 3 日禁食易造成隐血试验假阳性的食物，如绿色蔬菜、肉类、动物肝、动物血、含铁食物和药物。可进食牛奶、豆制品、白菜、土豆、冬瓜、粉丝等食物。②第 4 日起连续留取 3 日粪便做隐血检查
甲状腺 ^{131}I 试验饮食	用于检查甲状腺功能	检查前 7～60 日禁食含碘高的食物，其中①需禁食 60 日的食物有海带、海蜇、紫菜、苔菜等。②需禁食 14 日的食物有海蜒、毛蚶、干贝、蛏子等。③需禁食 7 日的食物有带鱼、黄鱼、鲳鱼、目鱼、虾米等

续表

饮食种类	适用范围	饮食原则及用法
肌酐试验饮食	用于协助检查、测定肾小球的滤过功能	试验期3日，试验期间禁食肉类、禽类、鱼类，忌饮茶和咖啡，每日进食主食在300 g以内，限制蛋白质摄入（蛋白质供给量＜40 g/d），以排除外源性肌酐的影响，蔬菜、水果、植物油不限，热量不足可以添加藕粉或含糖的点心
尿浓缩功能试验饮食	用于检查肾小管的浓缩功能	试验期1日，控制全天饮食中的水分总量在500～600 ml。可进食含水量很少的食物，如馒头、面包、米饭、炒鸡蛋、豆腐干等，烹调时尽量不加水或少加水。避免食用过甜、过咸或含水量高的食物。蛋白供给量为1 g/（kg·d）

考点提示

隐血试验、甲状腺^{131}I试验的饮食要求。

第二节 一般饮食的护理

对患者进行合理的饮食护理是满足患者基本生理需要的重要措施。根据对患者饮食习惯与营养状况的评估，考虑疾病特点，确定患者在营养方面存在的问题，采取适宜的饮食护理，帮助患者维持、恢复良好的营养状况，利于患者尽早恢复健康。

一、影响饮食的因素

人对食物的选择、摄取和吸收是一种由多种因素影响的行为活动。影响饮食的因素主要有生理因素、心理因素、病理因素及社会文化因素。

（一）生理因素

1. 年龄　年龄的不同阶段对营养的需要不同，饮食自理能力也不同。婴幼儿期、青春期对营养的需要量增加，而老年人由于代谢率降低、活动量减少，对营养的需要量相对减少，但对钙的需要量却增加。此外，婴幼儿及老年人的饮食自理能力常降低。

2. 活动量　活动量大的人其每日所需的热量及营养素一般高于活动量小的人。

3. 特殊生理状况　女性在妊娠期、哺乳期对营养素需求量明显增加，并有饮食习惯的改变，如喜食酸、辣等口味较重的食物。

（二）心理因素

不良情绪状况，如焦虑、抑郁、烦躁或过度兴奋等会使人的食欲减退、进食量减少。轻松、愉快的心理状态则会促进食欲。此外，进食的环境整洁、空气清新，食具清洁，食物色、香、味俱佳等均可影响人的心理状态，从而改变人们对食物的选择和增加食物摄入。

（三）病理因素

1. 疾病影响　疾病可影响患者的食欲、食物的摄取和在体内的消化和吸收。疾病本身所带来的焦虑、悲哀等不良情绪以及疼痛等因素也会影响食欲。

2. 食物过敏　某些人对某种特定的食物过敏，食入这些食物后易发生腹泻或哮喘等过敏反应，影响营养的摄入和吸收。如有的人食虾、蟹会引起过敏，有的人食牛奶或韭菜会引起过敏。

（四）社会文化因素

1. 经济状况　将直接影响人们对食物的购买力。经济状况好，能满足人对饮食的需求，但有可能发生营养过剩；经济状况差，轻者影响饮食的质量，重者会产生营养不良等问题。

2. 饮食习惯　不同的地理位置、宗教信仰、文化背景、长期的生活方式等会影响人的饮食习惯，从而影响饮食的摄入和营养的吸收，有时甚至会导致疾病发生。

3. 营养知识　对营养知识的理解和掌握可帮助人们获取合理的饮食和营养。如果缺乏营养的基本知识，则可能导致不同程度的营养失调。

4. 宗教信仰　拥有不同宗教信仰的人对食物的种类、制作及进食的时间和方式等常有特殊的要求。

二、患者饮食的护理

（一）营养状况评估

进行营养状况评估的目的是确认患者在营养方面存在的问题，可通过饮食评估、身体评估、生化评估等方法进行。

1. 饮食评估

（1）饮食型态：评估患者每日进餐时间，用餐时间长短，摄食种类，摄入量，有无特殊喜好或厌恶的食物，是否饮酒，有无食物过敏，是否使用补品，饮食是否规律等。

（2）食欲：有无食欲增减及具体原因。

（3）有无其他影响饮食摄入和营养需要的因素，如咀嚼不便、口腔疾病等。

2. 身体评估　通过测量身高、体重、皮褶厚度与正常值做比较，评估患者毛发、皮肤、指甲、肌肉和骨骼等方面的情况，初步确定患者的营养状况。

（1）身高、体重：身高和体重综合反映了蛋白质、热量及钙、磷等无机盐的摄入、利用及贮备情况，也反映了机体肌肉、内脏的发育和潜在能力。测量出患者的身高、体重，按公式计算出标准体重及实测体重占标准体重的百分数，百分数在 ±10% 之内为正常范围，增加 10%～20% 为过重，超过 20% 为肥胖，减少 10%～20% 为消瘦，低于 20% 为明显消瘦。我国常用的标准体重的计算公式（Broca 公式）的改良方式如下。

男性：标准体重（kg）= 身高（cm）-105

女性：标准体重（kg）= 身高（cm）-105-2.5

实测体重占标准体重的百分数计算公式：

$$\frac{实测体重 - 标准体重}{标准体重} \times 100\%$$

（2）皮褶厚度：皮褶厚度可以反映人体皮下脂肪的厚度。最常用来测量皮褶厚度的部位为肱三头肌，其标准值为男 12.5 mm，女 16.5 mm。

（3）毛发：评估毛发的色泽、疏密和脆性。毛发稀疏、干燥、无光泽、易断、易脱落见于营养不良。

（4）皮肤：评估皮肤的颜色、弹性、光滑度、温度、静脉充盈度以及有无出血、水肿和破损。皮肤无光泽、干燥、弹性差、肤色过淡或过深均提示营养不良。

（5）指甲：评估指甲的颜色、形状。指甲粗糙、无光泽、易断裂见于营养不良。

（6）肌肉和骨骼：肌肉松弛无力，皮下脂肪菲薄，肋间隙、锁骨上窝凹陷，肩胛骨和髂骨嶙峋突出见于营养不良。

3. 生化评估　包括血、尿、粪常规检验以及测量血、尿中某些营养素或其他代谢产物的含量，如血清清蛋白、血清转铁蛋白、血脂、血清钙的测定等。通过生化检验测定人体内各种营养素水平是评价人体营养状况较客观的指标。

(二) 饮食护理

1. 病区的饮食管理

（1）入院后的饮食通知：患者入院后，由医生开出饮食医嘱，确定患者所需的饮食种类，由护士填写入院饮食通知单，送交营养室，并填写在病区的饮食单上。同时，在患者的床尾或床头挂上相应的标记，作为分发饮食的依据。

（2）更改或停止饮食的通知：因患者病情需要更改饮食时，如半流质饮食改为流质饮食，手术前需要禁食或出院不再需要饮食时，由医生开出医嘱，护士按医嘱填写更改或停止饮食通知单，送交营养室，由营养室做出相应处理。

2. 患者进餐前的护理

（1）做好患者的饮食教育：护士应根据饮食单上不同的饮食种类对患者进行解释和指导，说明使用此类饮食的意义，每日进餐的次数等，以取得患者的配合，使患者理解并愿意遵循饮食计划。

（2）提供舒适的进食环境：①提供整洁、安静、舒适、空气新鲜的病室环境，协助患者在最佳身心状态下愉快进餐。②进食前暂停非紧急的治疗及护理工作，去除不良气味及不良视觉印象，如移去便器等。③协助患者洗手及清洁口腔，对病情严重的患者应给予口腔护理，以促进食欲。④协助患者采取舒适的进食姿势。对于不能下床者，可安排坐位或半坐位，于床上摆放小桌进餐。卧床患者可安排侧卧位或仰卧位（头转向一侧），并给予适当支托。

3. 患者进餐时的护理

（1）及时分发食物：①护士洗净双手，衣帽整洁。②根据饮食单上不同的饮食要求，协助配餐员及时将热饭、热菜准确无误地分发给每位患者。对禁食者应告知患者原因，以取得配合，并在床尾挂上标记，做好交接班。

（2）鼓励并协助进食：①巡视、观察患者进食，检查并督促治疗饮食、试验饮食的实施情况，鼓励患者进食。对访客带来的食物需经护士检查，符合治疗及护理原则的方可食用，必要时协助加热。随时征求患者对饮食制作的意见，并及时向营养室反映。②鼓励卧床患者自行进食。对不能自行进食者应予喂食，速度适中，温度适宜，固体和液体食物应交替喂食，进流质饮食者用吸管吸吮。③对双目失明或眼睛被遮盖的患者，喂食前应告知喂食内容，以增加患者对进食的兴趣。如患者要求自己进食，可按时钟平面图放置食物，告知方向、食品名称，便于患者按顺序摄取，如6点处放饭、12点处放汤、3点处放菜、9点处放菜（图14-1）。④用餐气氛要轻松，护士可与患者谈论其感兴趣的话题，有目的、适宜地讲解饮食方面的知识，解答患者在饮食方面的问题，逐渐纠正其不良饮食习惯。

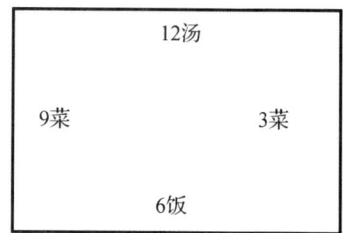

图 14-1 食物放置时钟平面图

（3）及时处理患者进食过程中的特殊问题：患者在进食过程中如出现恶心，护理人员应鼓励其做深呼吸，并暂时停止进食。如果患者发生呕吐，护理人员应立即将患者头偏向一侧，提供盛装呕吐物的容器，及时更换被污染的被服等。开窗通风换气，去除室内呕吐后的气味。帮助患者漱口，对不能自行漱口者给予口腔护理，以去除口腔异味。征求患者意见，是否继续进食，对不愿意继续进食者，可帮助其保存好剩下的食物，待其愿意进食时给予。同时，护理人员应观察呕吐物的性质、颜色、量和气味等，并做好记录。

4. 患者进餐后的护理

（1）撤去餐具，清理食物残渣，整理床单位。

（2）督促和协助患者饭后洗手、漱口或做口腔护理，以保持餐后清洁和舒适。

（3）对患者进食的种类、量、进食时和进食后的反应等，根据需要及时做好记录。

（4）对需暂禁食、延迟进食的患者应做好交接班。

第三节　特殊饮食的护理

案例 14-2

患者，男性，45 岁。因车祸致头部颅内血肿急诊入院，在全麻下行颅内血肿清除术。术后第 3 天，患者仍呈浅昏迷状态，遵医嘱留置胃管。

问题与思考：

1. 插管时应取什么体位？
2. 插管过程中应注意什么问题？

对于病情危重、存在消化道功能障碍、不能经口或不愿经口进食的患者，为保证营养素的摄取、消化、吸收，维持细胞的代谢，保持组织器官的结构与功能，调控免疫、内分泌等功能并修复组织，促进康复，临床上常根据患者的不同情况采用不同的特殊饮食护理，包括肠内营养和肠外营养。

一、肠内营养

肠内营养（enteral nutrition，EN）是指采用口服或管饲等方式经胃肠道提供能量及营养素的支持方式。根据所提供营养品的不同，可以分为要素饮食、非要素饮食。要素饮食主要用管饲的方法供给患者。管饲是指将导管插入胃肠道，给患者提供必需的食物、营养液、水及药物的方法，是临床中提供或补充营养的极为重要的方法之一。根据导管插入的途径可分为：①口胃管，导管由口插入胃内；②鼻胃管，导管经鼻腔插入胃内；③鼻肠管，导管由鼻腔插入小肠；④胃造瘘管，导管经胃造瘘口插入胃内；⑤空肠造瘘管，导管经空肠造瘘口插至空肠内（本节主要讲解鼻胃管）。当给患者通过导管注入营养液时，可以应用注射器将管饲物注入导管，也可应用肠内营养泵注入。

（一）要素饮食

要素饮食是一种化学组成明确的精制食品，含有人体所必需的易于消化吸收的营养成分，与水混合后可形成溶液或较为稳定的悬浮液。它的主要特点是无须经过消化过程即可直接被肠道吸收和利用，为人体提供热能及营养。适用于严重烧伤及创伤等超高代谢、消化道瘘、手术前后需营养支持、非感染性严重腹泻、消化吸收不良、营养不良等患者。

1. **目的**　要素饮食在临床营养治疗中可保证危重患者的能量及氨基酸等营养素的摄入促进伤口愈合，改善患者营养状况，以达到治疗及辅助治疗的目的。

2. **分类**　要素饮食根据治疗用途可分为营养治疗用和特殊治疗用两大类。营养治疗用要素饮食主要包括含游离氨基酸、单糖、重要脂肪酸、维生素、无机盐类和微量元素等。特殊治疗用要素饮食主要针对不同疾病患者，增减相应营养素以达到治疗目的的一些特殊种类要素饮食，主要有适用于肝功能损害的高支链氨基酸低芳香族氨基酸要素饮食、适用于肾衰竭的以必需氨基酸为主的要素饮食、适用于苯丙酮尿症的低苯丙氨酸要素饮食等。这里主要介绍营养治疗用要素饮食。

3. **用法**　根据患者的病情需要，将粉状要素饮食按比例添加水，配制成适宜浓度和剂量的要素饮食后，可通过口服、鼻饲、经胃或空肠造瘘口滴注的方法供给患者。因一般要素饮食口味欠佳，口服时患者不易耐受，故临床较少应用。管喂滴注要素饮食时一般有以下3种方式：

（1）分次注入：将配制好的要素饮食或现成制品用注射器通过鼻胃管注入胃内，每日4～6次，每次250～400 ml。主要用于非危重、经鼻胃管和造瘘管行胃内喂养患者。优点是操作方便，费用低廉。缺点是较易引起恶心、呕吐、腹胀、腹泻等胃肠道症状。

（2）间歇滴注：将配制好的要素饮食或现成制品放入有盖吊瓶内，经输注管缓慢注入，每日4～6次，每次400～500 ml，每次输注持续时间为30～60 min，多数患者可耐受。

（3）连续滴注：装置与间歇滴注同，在12～24 h内持续滴入要素饮食，或用肠内营养泵保持恒定滴速，多用于经空肠喂养的危重患者。

（二）鼻饲法

鼻饲法（nasal feeding）是指将胃管经一侧鼻腔插入胃内，从管内灌注流质食物、水和药物的方法。

⊃ **护理评估**

1. 评估与解释

（1）评估患者：①核对患者身份，如床号、住院号、姓名、性别、年龄和诊断。②全身情况，如病情、治疗情况、意识状态、心理反应、合作程度、活动状态。③局部情况，如有无鼻中隔偏曲，鼻腔炎症、肿胀，既往有无鼻饲的经历等。④患者对鼻饲的目的和操作方法的了解程度等。

（2）解释：鼻饲法的目的、方法及配合要点。

2. 评估环境　环境整洁、舒适，光线明亮。

⊃ **护理诊断**

乏力　与疾病及营养摄入不足有关。

⊃ **护理计划**

1. 目的　对意识障碍或不能经口进食者，以鼻胃管供给食物和药物，以保证患者营养和治疗的需要。鼻饲法常用于昏迷、口腔疾患、口腔手术后的患者，早产婴儿和病情危重的患者，拒绝进食的患者。

2. 准备

（1）护士准备：衣帽整洁，修剪指甲，洗手，戴口罩。

（2）患者准备：患者了解鼻饲法的目的、方法、配合要点及注意事项，情绪稳定。

（3）用物准备：①治疗车上层备治疗盘，治疗盘内置鼻饲包（治疗碗、胃管、镊子、止血钳、50 ml注射器、压舌板、纱布、治疗巾）、液状石蜡、松节油、棉签、胶布、夹子或橡皮圈、别针、弯盘、听诊器、手电筒、鼻饲饮食（38～40 ℃）200 ml、温开水等。拔管时，治疗盘内盛治疗碗（内有纱布）、弯盘、乙醇、松节油、棉签等，手消毒液，记录本和笔。②治疗车下层备医用垃圾桶、生活垃圾桶。

⊃ **护理实施**

鼻饲法实施，见表14-4。

表14-4　鼻饲法实施

护理实施	流程简释	要点说明
▲插管		
备物、核对	携用物至患者床旁，核对床号、姓名，向患者及家属解释操作目的、过程及配合方法	• 尊重患者，严格查对，护患进行有效沟通，减少患者恐惧，取得合作

续表

护理实施	流程简释	要点说明
安置体位	（1）协助患者取坐位或半坐卧位，不能坐起者取平卧位或右侧卧位。 （2）如有戴眼镜或活动义齿，应取下，妥善放置	• 坐位利于减轻患者咽反射，利于胃管插入，右侧卧位可借助解剖位置使胃管易于插入
铺巾置盘	颌下铺治疗巾，将弯盘置于便于取用处	
清洁鼻腔	检查鼻腔，选择通畅的一侧，用棉签清洁鼻腔	• 鼻腔通畅，便于插入
测量润滑	打开鼻饲包，测量胃管插入长度（图14-2）并做标记，用液状石蜡润滑胃管前端	• 成人：前额发际至剑突，鼻尖经耳垂至剑突，插入长度45～55 cm • 小儿：眉间至剑突与脐中点，插入长度14～18 cm • 减少摩擦阻力，有助于胃管顺利插入
插入胃管	（1）清醒患者：护士一手持纱布托住胃管，另一手持镊子夹住胃管，沿一侧鼻孔轻轻插入，至咽喉部时（10～15 cm）嘱患者做吞咽动作，当患者吞咽时，顺势将胃管向前插至预定长度 （2）昏迷患者：插管前去枕平卧，头向后仰，当胃管插入10～15 cm时，护士左手将患者头部托起，使患者下颌靠近胸骨柄，缓缓插入胃管至预定长度（图14-3）	• 吞咽动作可帮助胃管迅速进入食管，减轻不适感 • 头向后仰利于昏迷患者插管下颌靠近胸骨柄可增大咽喉部通道的弧度，便于胃管顺利通过会厌部，避免胃管误入气管
观察处理	（1）插管过程中，如患者出现恶心、呕吐，可暂停插入，嘱患者做深呼吸或做吞咽动作，随后迅速将胃管插入，减轻不适感 （2）如患者出现呛咳、呼吸困难、发绀等，表明胃管误入气管，应立即拔管，休息片刻后再重新插入。如插入不畅，应检胃管是否盘在口腔中，将胃管抽回一小段，再缓缓插入	密切观察，及时处理插管过程中的不适，动作轻、稳，防止损伤
确定胃管	（1）抽：连接注射器于胃管后回抽见胃液 （2）听：置听诊器于患者胃部，用注射器快速经胃管向胃内注入10 ml空气，听到气过水声 （3）看：将胃管末端置于盛水的治疗碗内，嘱患者深呼吸，无气泡溢出	• 仔细判断，确保胃管在胃内
固定胃管	验证胃管在胃内后，用胶布固定胃管于患者鼻翼及面颊部	• 防止胃管移动或滑出
灌注溶液	注射器连接胃管末端，先回抽，见胃液抽出，再注入少量温开水。缓慢注入鼻饲液或药液，再注入少量温开水	• 每次灌注前，确定胃管在胃内及胃管是否通畅。温开水可润滑胃管腔，防止喂食溶液黏附于管壁。避免灌入速度过快及灌注液过冷或过热。在鼻饲过程中，避免灌入空气，以防造成腹胀，防止灌入食物反流及胃管脱落
管端固定	将胃管末端反折，用纱布包好，用橡皮圈系紧或用夹子夹紧，用别针固定于枕旁或患者衣领处	

续表

护理实施	流程简释	要点说明
整理、归位	协助患者清洁口腔、鼻孔，整理床单位，嘱患者维持原卧位 20～30 min。洗净鼻饲用的注射器，放于治疗盘内，用纱布盖好，备用	• 维持原卧位可促进食物消化、吸收，防止呕吐
洗手、记录	洗手、记录	• 规范、及时、准确地记录插胃管的时间，鼻饲液的种类、量及患者的反应等
▲拔管		
核对、解释	（1）携用物至患者床旁，核对床号、姓名并解释 （2）颌下铺治疗巾，将弯盘置患者口角旁，最后一次灌注鼻饲液毕，夹紧胃管末端，置弯盘内，揭去胶布	• 确定患者，向患者说明拔管的原因及配合方法
铺巾置盘	用纱布包裹近鼻孔处的胃管，嘱患者深呼吸，在患者呼气时拔管，边拔边用纱布擦胃管，至咽喉处应快速拔出	• 防止拔管时管内液体反流；至咽喉处应快速拔出，以防液体滴入气管
呼气拔管	将胃管盘放于弯盘中，移出患者视线外。清洁患者口、鼻、面部，擦去胶布痕迹	• 可用松节油揩净胶布痕迹，再用乙醇将松节油擦去
清洁整理	协助患者漱口并取舒适卧位；整理床单位，清理用物	
洗手、记录	洗手、记录	• 准确记录拔管时间和患者反应

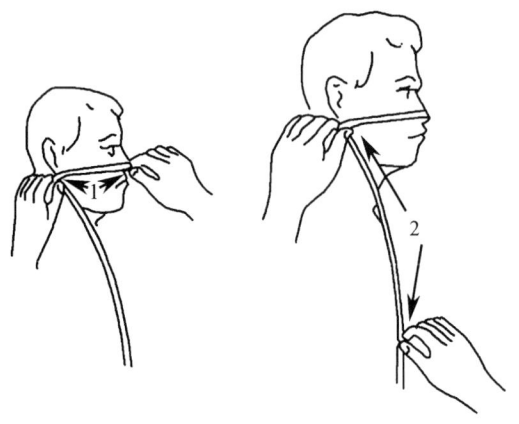

图 14-2　测量胃管长度

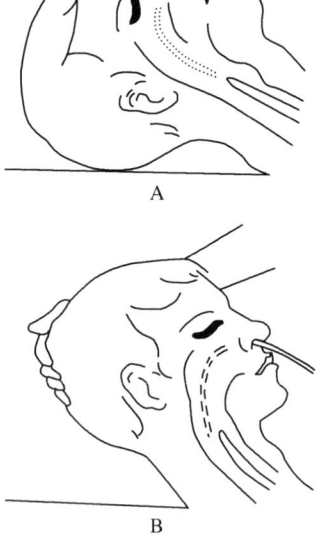

图 14-3　昏迷患者插胃管示意图

A. 患者去枕平卧，头向后仰；B. 当胃管插入 15 cm 时，护士用手将患者头部托起，使患者下颌靠近胸骨柄，缓缓插入胃管至预定长度

考点提示

测量胃管长度的方法；证实胃管在胃内的方法。

▶ **护理评价**

1. 操作规范、正确，鼻饲顺利完成。患者获得基本的营养和必需的药物。
2. 护患沟通有效，患者及家属了解饮食营养的基本知识，患者愿意配合。
3. 充分体现以人为本的护理服务理念。

▶ **注意事项**

1. 插胃管前，应进行有效的护患沟通，护士向患者解释鼻饲的目的及配合方法，以争取患者的理解与合作。
2. 操作动作应轻、稳，以防损伤患者鼻腔及食管黏膜，尤其是通过食管3个狭窄部位（环状软骨水平处，平气管分叉处，食管通过膈肌处）时。
3. 插入胃管10~15 cm（咽喉部时），若为清醒患者，嘱其做吞咽动作；若为昏迷患者，则用手将其头部托起，使下颌靠近胸骨柄，以利插管。
4. 插管过程中如果患者出现呛咳、呼吸困难、发绀等，表明胃管误入气管，应立即拔出胃管，协助患者休息后再行插入。
5. 每次鼻饲前应证实胃管在胃内且通畅，并用少量温水冲管后再行喂食，鼻饲完毕后再次注入少量温开水，防止鼻饲液凝结。
6. 鼻饲液温度应保持在38~40 ℃，避免过冷过热；新鲜果汁与奶液应分别注入，防止产生凝块。
7. 每次灌食前应证实胃管在胃内，有以下3种方法。

（1）连接注射器于胃管后回抽见胃液。

（2）置听诊器于患者胃部，用注射器快速经胃管向胃内注入10 ml空气，听到气过水声。

（3）将胃管末端置于盛水的治疗碗内，嘱患者深呼吸，无气泡溢出。

8. 鼻饲者须用药物时，应将药片研碎，溶解后再灌入。
9. 每次鼻饲量不超过200 ml，间隔时间不少于2 h。
10. 鼻饲用物应每日更换、消毒。长期鼻饲者应每日进行口腔护理，并定期更换胃管，普通胃管每周更换1次，硅胶胃管每月更换1次（晚间末次喂食后拔出，翌晨从另一侧鼻孔插入）。
11. 食管梗阻的患者禁忌使用鼻饲法，食管静脉曲张为鼻饲法的相对禁忌证。

考点提示

灌注鼻饲液的量、温度、间隔时间。

二、肠外营养

肠外营养（parenteral nurtion，PN）是指按照患者的需要，通过周围静脉或中心静脉输入患者所需的全部能量及营养素，包括氨基酸、脂肪、各种维生素、电解质和微量元素的一种营养支持方法。

（一）目的

用于各种原因引起的不能从胃肠道摄入营养、胃肠道需要充分休息、消化吸收障碍以及存在超高代谢等的患者，保证热量及营养素的摄入，从而维持机体新陈代谢，促进患者康复。

（二）分类

根据补充营养的量，肠外营养可分为部分胃肠外营养（PPN）和全胃肠外营养（TPN）两种。根据应用途径不同，肠外营养可分为周围静脉营养及中心静脉营养。短期、部分营养支持或中心静脉置管困难时，可采用周围静脉营养；长期、全量补充营养时宜采取中心静脉营养。

（三）用法

肠外营养的输注方法主要有全营养混合液输注及单瓶输注两种。

1. 全营养混合液输注　即将每日所需的营养物质在无菌条件下按次序混合输入由聚合材料制成的输液袋或玻璃容器后再输注的方法。这种方法热氮比例平衡、多种营养素同时进入体内而增加节氮效果；同时，简化输液过程，节省时间；另外，可减少污染并降低代谢性并发症的发生。

2. 单瓶输注　在无条件进行全营养混合液输注时，可单瓶输注。此方法由于各营养素非同步进入机体而造成营养素的浪费，另外易发生代谢性并发症。

（四）禁忌证

1. 胃肠道功能正常，能获得足够的营养。

2. 估计应用时间不超过5天。

3. 患者伴有严重水电解质紊乱、酸碱失衡、出凝血功能紊乱或休克时应暂缓使用，待内环境稳定后再考虑肠外营养。

4. 已进入临终期、不可逆昏迷等患者不宜应用肠外营养。

（五）并发症

在患者应用肠外营养的过程中，可能发生的并发症有：

1. 机械性并发症　在中心静脉置管时，可因患者体位不当、穿刺方向不正确等引起气胸、皮下气肿，血肿甚至神经损伤。若穿破静脉及胸膜，可发生血胸或液胸。输注过程中若大量空气进入输注管道，可发生空气栓塞，甚至死亡。

2. 感染性并发症　若置管时无菌操作不严格、营养液污染以及导管长期留置，可引起穿刺部位感染、导管性脓毒症等感染性并发症。长期肠外营养也可发生肠源性感染。

3. 代谢性并发症　营养液输注速度、浓度不当或突然停用均可引起糖代谢紊乱、肝功能损害。长期肠外营养也可引起肠黏膜萎缩、胆汁淤积等并发症。

（六）注意事项

1. 加强配制营养液及静脉穿刺过程中的无菌操作。

2. 配制好的营养液储存于4℃冰箱内备用，若存放超过24h，则不宜使用。

3. 输液导管及输液袋每12～24h更换1次；导管进入静脉处的敷料每24h应更换1次。更换时严格无菌操作，注意观察局部皮肤有无异常征象。

4. 输液过程中加强巡视，注意输液是否通畅，开始时缓慢，逐渐增加滴速，保持输液速度均匀。一般成人首日输液速度60 ml/h，次日80 ml/h，第3天100 m/h。输液浓度也应由较低浓度开始，逐渐增加。输液速度及浓度可根据患者年龄及耐受情况加以调节。

5. 输液过程中应防止液体中断或导管拔出，防止发生空气栓塞。

6. 静脉营养导管严禁输入其他液体、药物及血液，也不可在此处采集血标本或测中心静脉压。

7. 使用前及使用过程中要对患者进行严密的实验室监测，每日记录出入液量，观察血常规、电解质、血糖、氧分压、血浆蛋白、尿糖、酮体及尿生化等情况，根据患者体内代谢的动态变化及时调整营养液配方。

8. 密切观察患者的临床表现，注意有无并发症的发生。若发现异常情况应及时与医师联系，配合处理。

9. 停用肠外营养时应在2～3天内逐渐减量。

自 测 题

一、选择题

1. 下列不属于试验饮食的是
   A. 低胆固醇饮食　　　B. 潜血试验饮食　　　C. 胆囊造影饮食
   D. 忌碘饮食　　　　　E. 肌酐试验饮食

2. 鼻饲法的禁忌证是
   A. 昏迷　　　　　　　B. 口腔疾患　　　　　C. 食管狭窄
   D. 拒绝进食者　　　　E. 食管静脉曲张

（3～4题共用题干）

患者，男性，78岁，脑血管病患者，因进食困难行鼻饲喂食。

3. 鼻饲液的适宜温度为应采取
   A. 18～20 ℃　　　　 B. 22～25 ℃　　　　 C. 30～35 ℃
   D. 38～40 ℃　　　　 E. 42～45 ℃

4. 进行鼻饲操作时，如果患者出现呛咳、呼吸困难、发绀等情况时护士应
   A. 检查胃管是否盘在口中
   B. 暂停片刻
   C. 嘱患者做深呼吸或做吞咽动作，随后迅速将胃管插入
   D. 立即拔出，休息片刻后重插
   E. 将患者的头向后仰，以便胃管顺利通过咽喉部

二、简答题

1. 隐血试验饮食的要求有哪些？
2. 插胃管至15 cm时，清醒患者和昏迷患者应如何处理？

三、案例分析

患者，女性，55岁。颅脑外伤，拟急诊手术。术后需留置胃管。

请回答：
1. 为该患者插管的深度应如何测量？
2. 如何判断胃管是否在胃内？

（杨安玲）

第十五章 排泄护理

思 维 导 图

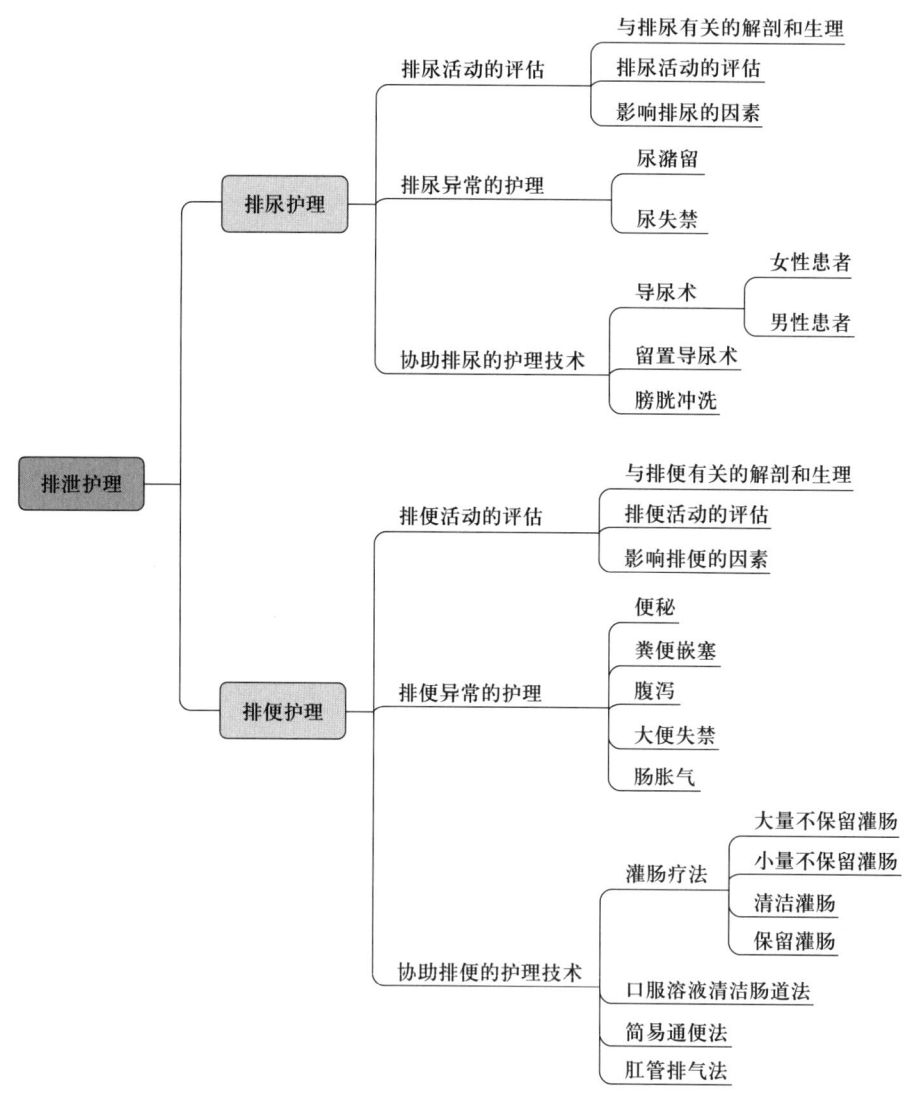

📖 **学习目标**

1. 解释多尿、少尿、无尿、尿潴留、尿失禁、膀胱刺激征、便秘、腹泻、大便失禁。
2. 描述排尿异常、排便异常的评估。
3. 熟记排尿异常、排便异常的护理。

4. 能正确实施导尿术、留置导尿术、大量不保留灌肠、小量不保留灌肠、保留灌肠。

5. 养成良好的职业素养,具有以人为本的护理服务理念、爱伤观念和良好的沟通能力。具备严肃认真、一丝不苟、关爱患者的工作态度。

排泄是机体将新陈代谢所产生的废物排出体外的生理活动过程,是人体的基本生理需要之一,也是维持生命活动的必要条件,人体排泄的途径有皮肤、呼吸道、消化道及泌尿道。其中消化道和泌尿道是主要的排泄途径。在护理工作中,护士应该密切观察患者的排尿、排便情况,及时发现异常,为诊断、治疗和护理提供依据,并帮助患者维持正常的排尿、排便功能,满足患者的基本生理需要,使患者获得最佳的健康和舒适状态。

第一节 排尿护理

案例 15-1

患者,男性,63岁。于6 h前因前列腺炎收治入院。主诉有尿意但排不出,腹胀及腹痛,无尿频、尿急、尿烧灼感,无发热。体检:神志清楚,表情痛苦,侧卧位,不敢平卧,平卧时小腹胀痛明显,耻骨联合上膨隆,触及一囊性包块。

问题与思考:

1. 患者目前最突出的护理问题是什么?
2. 此时应该采取哪些护理措施?

排尿是一个自然过程。通过排出尿液,可以将人体的代谢终末产物、过剩盐类、有毒物质和药物排出体外,同时调节水、电解质代谢和酸碱平衡,维持人体内环境的相对稳定。当排尿功能受损、发生障碍时,人的身心健康将会受到不同程度的影响。因此,护士通过观察患者的排尿活动,了解患者的身心需要,提供合适的护理措施,解决患者排尿的问题,促进患者身心健康。

一、排尿活动的评估

(一)与排尿有关的解剖和生理

泌尿系统由肾、输尿管、膀胱及尿道组成。

1. **肾** 主要功能是生成尿液。血液通过肾小球的滤过作用生成原尿,肾以每分钟1~2 ml速度持续生成尿液,通过肾盂的回收和输尿管的蠕动将尿液输送至膀胱。

2. **输尿管** 是连接肾和膀胱的细长肌性管道,左、右各一,其主要功能是通过平滑肌的蠕动和尿液的重力作用,将尿液不断地由肾输送至膀胱。

3. **膀胱** 是有伸展性的囊状肌性器官,其主要功能是储存和排泄尿液。膀胱的形状、大小、位置均随尿液充盈程度而变化。膀胱空虚时,其顶部不超过耻骨联合上缘。充盈时,膀胱体与顶部上升,腹膜随之上移,膀胱前壁和腹前壁相贴,因而可在耻骨上做膀胱的腹膜外手术或行耻骨上膀胱穿刺。

4. **尿道** 主要功能是将尿液从膀胱排出体外。尿道是一条始于膀胱底部,向身体表面延伸的管道。尿道起自膀胱的开口为尿道内口,在体表的开口为尿道外口。男性尿道长18~20 cm,有3个狭窄,即尿道外口、尿道膜部和尿道内口;2个弯曲,即耻骨下弯和耻骨前弯。耻骨下弯固定不变,而耻骨前弯则会随着男性阴茎的位置不同而发生变化。女性尿道长4~5 cm,较男性尿道短、直、粗，富于扩张性，尿道外口在阴蒂下方，呈矢状裂，尿道口不显露，下方有阴道口。

排尿活动是一种受大脑皮质控制的反射活动。当膀胱内尿液充盈达到300～500 ml时，膀胱内压上升，刺激膀胱壁的牵张感受器，产生神经冲动，冲动经盆神经传入脊髓骶段排尿中枢，同时到达脑干和大脑皮质的排尿反射高级中枢，从而产生尿意。

（二）排尿活动的评估

1. **尿量与次数** 一般成人白天排尿4～6次，夜间排尿0～2次，每次排尿量200～400 ml，24 h的尿量为1000～2000 ml，平均在1500 ml。24 h尿量<400 ml或每小时尿量<17 ml，称为少尿，见于心力衰竭、肾衰竭和休克患者。24 h尿量<100 ml或12 h内无尿，称为无尿（尿闭），见于严重休克、急性肾衰竭、药物中毒等患者。24 h尿量＞2500 ml，称为多尿，见于糖尿病、尿崩症、急性肾功能不全（多尿期）等患者。

2. **颜色**

（1）正常尿液颜色：新鲜尿液澄清透明，呈淡黄色或深黄色，是由于尿胆原和尿色素所致。当尿液浓缩时，可见尿量少、颜色深。尿液的颜色还受某些食物、药物的影响，如患者进食大量胡萝卜或服用维生素B_2，尿液的颜色呈深黄色。

（2）异常尿液颜色：病理情况下可出现以下变化。①血尿：血尿颜色的深浅与尿液中所含红细胞量的多少有关，尿液中含有大量红细胞时，尿呈洗肉水色，见于急性肾小球肾炎、输尿管结石、泌尿系统肿瘤、结核及感染等。②血红蛋白尿：大量红细胞在血管内破坏，形成血红蛋白尿，尿呈浓茶色或酱油色，见于血型不合输血后的溶血、恶性疟疾及阵发性睡眠性血红蛋白尿等。③胆红素尿：尿呈深黄色或黄褐色，振荡尿液后泡沫也呈黄色，见于阻塞性黄疸和肝细胞性黄疸。④乳糜尿：因尿液中含有淋巴液呈乳白色，见于丝虫病。⑤脓尿：尿液中含白细胞，呈白色絮状浑浊，见于泌尿系结核、非特异性感染等患者。

3. **气味** 正常尿液的气味来自尿内的挥发性酸。尿液久置后，因尿液中尿素分解产生氨，故有氨臭味。若新鲜尿液就有氨臭味，疑有尿路感染。糖尿病酮症酸中毒时，因尿中含有丙酮，尿呈烂苹果味。

4. **尿比重** 正常情况下，成人尿比重波动在1.015～1.025。一般情况下，尿比重与尿量成反比。尿比重增高见于急性肾小球肾炎、糖尿病、脱水及周围循环衰竭等；尿比重降低见于肾功能不全、尿崩症，若尿比重经常固定在1.010左右，则提示该患者肾功能严重障碍。

5. **酸碱反应** 正常人尿液呈弱酸性，pH为4.5～7.5，平均为6。饮食的种类可影响尿液的酸碱性，如进食大量蔬菜时，尿液可呈碱性。进食大量肉类时，尿液可呈酸性。病理情况时，严重呕吐患者的尿液呈强碱性，酸中毒患者的尿液可呈强酸性。

6. **膀胱刺激征** 表现为尿频、尿急、尿痛，每次排尿量减少。

考点提示

多尿、少尿、无尿的判断。

（三）影响排尿的因素

1. **心理因素** 情绪紧张、焦虑、恐惧可引起尿频、尿急，有时也会抑制排尿出现尿潴留。

2. **年龄与性别** 婴幼儿因大脑发育不完善，其排尿不受意识控制，2～3岁才能自我控制；老年男性因前列腺增生压迫尿道，可发生排尿困难；女性在妊娠期及月经期中排尿形态也会改变。

3. **饮食与气候** 大量饮水或食物含水分较多可增加尿量；咖啡、茶及酒类饮料有利尿作用；进食钠盐含量较多的食物可使机体水钠潴留而致尿量减少。气温升高时，因排汗多，使尿量减少。

4. 排尿习惯改变　排尿姿势、排尿环境不适宜会影响排尿活动。

5. 疾病因素　神经系统损伤或病变可致尿失禁或尿潴留；肾病使尿液的生成发生障碍，出现少尿或无尿；泌尿系统肿瘤、结石或狭窄也可导致排尿障碍，出现尿潴留。

6. 治疗因素　手术中使用麻醉剂、术后疼痛会导致尿潴留。利尿药物可增加尿量。某些诊断性检查前要求患者禁食、禁水，因而体液减少，影响尿量。某些泌尿道的检查可能造成水肿、损失或不适，导致排尿形态的改变。

二、排尿异常的护理

（一）尿潴留患者的护理

◎ 护理评估

1. 尿潴留的概念　尿潴留（retention of urine）指大量尿液存留在膀胱内无法自主排出的状态。当尿潴留时，患者膀胱高度膨胀至脐部，容积可增至 3000～4000 ml。

2. 尿潴留的原因

（1）机械性梗阻：如前列腺肥大或肿瘤压迫尿道使排尿受阻。

（2）动力性梗阻：如外伤、疾病或使用麻醉剂所致脊髓初级排尿中枢活动障碍或抑制，不能形成排尿反射，导致排尿受阻。

（3）其他：各种原因（如术后害怕切口疼痛）使患者不能用力排尿或不习惯卧床排尿，过度紧张、焦虑等均可引起排尿困难，形成尿潴留。

3. 尿潴留的临床表现　下腹胀痛，具有排尿困难的症状。体格检查可见耻骨上膨隆，扪及囊性包块，叩诊呈实音，有压痛。

◎ 护理诊断

1. 疼痛　与膀胱高度膨胀有关。

2. 焦虑　与排尿困难有关。

3. 恐惧　与不了解尿潴留的相关知识有关。

◎ 护理措施

1. 心理护理　合理解释产生尿潴留的原因，安慰患者，消除其焦虑和紧张情绪，以减轻患者的心理压力。

2. 提供隐蔽的排尿环境　关闭房间门窗，用屏风或床帘遮挡，以达到视觉隐蔽，请无关人员回避。适当调整治疗和护理时间，尽量保证患者能够安心排尿。

3. 调整体位和姿势　在病情的允许的情况下，酌情协助卧床患者取适当体位，如略抬高上身或坐起，尽可能使患者以习惯姿势排尿。绝对卧床休息者或某些手术者，应有计划地提前进行床上排尿训练，以避免术后不适应排尿姿势的改变而造成尿潴留，增加患者痛苦。

4. 诱导排尿　利用条件反射如听流水声或用温水冲洗会阴诱导患者排尿；此外，亦可采用针刺中极、曲骨、三阴交穴或艾灸关元、中极穴等中医针灸的方法，刺激排尿。

5. 热敷、按摩　对患者进行局部热敷、按摩，可放松肌肉，促进排尿。如果患者病情允许，可用手轻轻地按压膀胱协助排尿。需要注意的是，切忌强力按压，以防膀胱破裂。

6. 健康教育　讲解尿潴留有关知识，指导患者养成定时排尿的习惯。

7. 行导尿术　经上述处理无效时，可根据医嘱采用导尿术。

（二）尿失禁患者的护理

◎ 护理评估

1. 尿失禁的概念　尿失禁（urinary incontinence）指排尿失去意识控制或不受意识控制，

尿液不自主地流出。

2. 尿失禁的分类

（1）持续性尿失禁：尿液持续从膀胱或尿道瘘中流出，膀胱处于空虚状态。

（2）充溢性尿失禁：尿潴留，膀胱过度充盈，造成尿液从尿道不断溢出。

（3）急迫性尿失禁：反复低容量不自主排尿，常伴有尿频和尿急；或由于大脑皮质对脊髓排尿中枢的印制减弱，引起膀胱逼尿肌不自主收缩或反射亢进，使膀胱收缩不受限制。

（4）压力性尿失禁：平时尚能控制排尿，当腹内压骤然增高（如咳嗽、喷嚏、大笑、举重等）压超过尿道阻力时，少量尿液不自主地由尿道口溢出。

 考点提示

压力性尿失禁的判断。

● 护理措施

1. 心理护理　尿失禁常给患者带来极大的心理压力，导致自卑、忧郁、丧失自尊等，同时也给患者的生活带来诸多不便。护理人员应尊重、理解患者，给予安慰、开导和鼓励，使其树立恢复健康的信心，积极配合治疗和护理。

2. 减少诱因　应积极预防和治疗咳嗽，尽量避免打喷嚏和大笑等导致腹肌收缩、腹内压升高的动作。

3. 皮肤护理　对于尿失禁患者，可经常用温水清洗会阴部皮肤，勤换衣裤、床单、中单、尿垫，以保持局部皮肤清洁、干燥，预防压力性损伤。

4. 外部引流　必要时应用接尿装置引流尿液。女性患者可用女式尿壶紧贴外阴部接取尿液；男性患者可用尿壶接尿，也可用阴茎套连接集尿袋，接取尿液，但此方法不宜长时间使用，每天要定时取下阴茎套和尿壶，清洗会阴部和阴茎，并将局部暴露于空气中，避免发生失禁性皮炎和局部压力性损伤。

5. 留置导尿管　对于长期尿失禁的患者，可行留置导尿术，定时排放尿液，锻炼膀胱壁肌肉张力。

6. 健康教育　①向患者及家属介绍尿失禁的原因、配合护理的方法，帮助患者树立信心。②摄入适当的液体：如病情允许，指导患者每日白天摄入液体2000～3000 ml。多饮水可增加对膀胱的刺激，促进排尿反射的恢复，还可预防尿路感染。入睡前限制饮水，以减少夜间尿量，以免影响患者休息。③膀胱功能训练：安排排尿时间表，定时使用便器。初始时白天每隔1～2 h使用便器1次，夜间每隔4 h使用便器1次，以训练有意识地排尿。排尿时指导患者用手轻按膀胱，并向尿道方向压迫，使尿液被动排空。以后间隔时间逐渐延长，以促使排尿功能恢复。④盆底肌肉力量的锻炼：指导患者进行收缩和放松盆底肌肉的锻炼，以增强控制排尿的能力。方法是：患者取站立位、坐位或卧位，试做排尿或排便动作。先慢慢收紧盆底肌肉，再缓缓放松，每次10 s左右，连续10次，每日5～10次，以不觉疲乏为宜，以增强盆底肌肉的力量，增加控制排尿的能力。

三、协助排尿的护理技术

（一）导尿术

导尿术（urethral catheterization）是指在无菌操作下，将无菌导尿管经尿道插入膀胱引流尿液的方法。

⊃ **护理评估**

1. 评估与解释

(1) 评估患者:①核对患者身份,如床号、住院号、姓名、性别、年龄和诊断。②全身情况,如患者目前病情、治疗情况和意识状态等。③局部情况,如排尿情况,膀胱充盈度及会阴部皮肤、黏膜情况。④心理状态,患者对疾病与导尿术的认知程度、合作程度,有无恐惧、焦虑等。

(2) 解释:向患者及其家属解释导尿术的目的、注意事项及配合要点。

2. 评估环境 环境整洁、舒适,光线明亮,用屏风或床帘遮挡,酌情关门、窗,嘱咐无关人员离开。

⊃ **护理诊断**

同尿潴留患者的护理。

⊃ **护理计划**

1. 目的

(1) 为尿潴留患者引流出尿液,以解除痛苦。

(2) 收集无菌尿标本,做细菌培养,协助临床诊断。

(3) 检查膀胱功能,测量膀胱容量、压力及检查残尿量。

(4) 进行尿道、膀胱造影,为膀胱肿瘤患者进行化疗等。

2. 准备

(1) 护士准备:衣帽整洁,修剪指甲,洗手,戴口罩。

(2) 患者准备:①患者及家属了解导尿的目的、过程及注意事项,知晓操作中的配合要点。②清洁外阴,做好导尿的准备。若患者无自理能力,应协助其进行外阴清洁。

(3) 用物准备:有以下几种。①初步外阴消毒用物:弯盘1个,治疗碗内盛消毒液棉球10余个、血管钳1把、手套1只或指套2只,用无菌纱布遮盖。②无菌导尿包(或一次性无菌导尿包):内有治疗碗及弯盘1个,导尿管2根(女性成人14~16号,男性成人18~20号,儿童8~12号),小药杯1个(内盛4个棉球),血管钳2把,液状石蜡棉球1个,标本瓶1个,洞巾1块,治疗巾1块。③其他用物:无菌持物钳1把,无菌手套1双,消毒溶液(0.5%聚维酮碘),无菌纱布2块,小橡胶单和治疗巾1套或一次性尿垫,浴巾1条,便盆及便巾,屏风。治疗盘外备手消毒液,治疗车下层备生活垃圾桶、医用垃圾桶。

⊃ **护理实施**

1. 女性患者导尿术 女性患者导尿术实施见表15-1。

表15-1 女性患者导尿术实施

护理实施	流程简释	要点说明
备物、核对	备齐用物携至患者床旁,再次核对患者身份,指导患者配合的方法,取得患者合作	• 确认患者,避免差错
清洁外阴	能自理者嘱其自行清洁外阴。不能自理者,护士协助清洗	
安置体位	松开床尾盖被,站在患者右侧,协助患者脱去对侧裤腿,盖于近侧腿上,根据温度加盖浴巾,将盖被盖于远侧腿上。协助患者取屈膝仰卧位,两腿外展,暴露外阴	• 保护隐私,防止受凉
垫巾置盘	将小橡胶单及治疗巾垫于患者臀下,弯盘置于会阴下,倒0.5%聚维酮碘于治疗碗内浸湿棉球,将治疗碗置于弯盘与两腿之间,方便操作	• 保护床单,避免污染

续表

护理实施	流程简释	要点说明
初次消毒	左手戴手套，将已备好的消毒用物置于患者两腿之间，右手持血管钳夹取消毒液棉球，进行初步消毒，其原则由上至下、由外向内。依次擦拭阴阜—大阴唇（先对侧后近侧）—小阴唇（左手拇指、示指分开大阴唇，先对侧后近侧）—尿道口—阴道、会阴联合、肛门。将弯盘、治疗碗一并移至治疗车下层，脱手套，置医用垃圾桶	• 每个棉球限用一次，自上而下，由外向内，操作规范，严格无菌
开包倒液	将导尿包置患者两腿之间，打开外层包布，用无菌持物钳打开内层包布，取出小药杯，倒 0.5% 聚维酮碘于小药杯中，浸湿棉球，戴无菌手套	
铺巾润管	铺无菌洞巾，使洞巾和内层包布衔接成一无菌区，按顺序排列好用物。选择适宜导尿管并检查，用润滑油棉球润滑导尿管前端，置于治疗碗内	
再次消毒	将弯盘置会阴下，左手拇指、示指分开并固定小阴唇，右手持血管钳夹取消毒液棉球，依次消毒尿道口—两侧小阴唇（先对侧后近侧）—尿道口。消毒完毕，将盛污棉球的弯盘、小药杯及消毒用的血管钳移至包布内层右下侧	• 再次消毒顺序为内-外-内，由上而下，每个棉球消毒一次
固定、插管	右手持血管钳夹持导尿管对准尿道口轻轻插入至尿液流出，再插入 5~7 cm（约至导尿管长度的 50%）（图 15-1）	• 防污染，左手勿松开观察反应，指导配合
放尿、倒尿	松开左手，固定导尿管，将尿液引入治疗碗或弯盘内（图 15-2），如治疗碗或弯盘内盛 2/3 满尿液，夹闭导尿管末端，倒尿液于便盆内，再打开导尿管继续放尿	
留取标本	若需做尿培养，用无菌试管接取中段尿液 5 ml，盖好塞子，放置妥当	• 标本勿遗忘，防污染
拔管整理	夹闭导尿管末端，轻轻拔出，撤下洞巾，擦净外阴，撤用物置治疗车下层，脱手套，洗手。协助患者穿裤子，取舒适卧位，整理床单位，询问患者感受及需要	• 用物分类处理 • 健康教育，感谢合作
记录送检	洗手，脱口罩，记录，尿标本送检	• 准确记录，及时送检

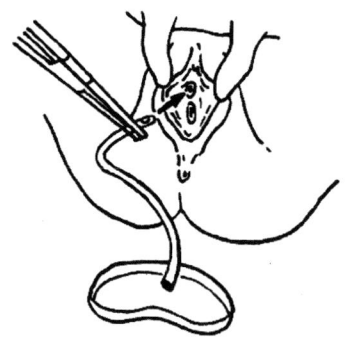

图 15-1 固定、插管

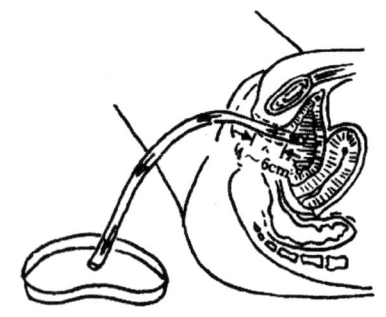

图 15-2 放尿

2. 男性患者导尿术　男性患者导尿术实施见表 15-2。

表 15-2　男性患者导尿术实施

护理实施	流程简释	要点说明
备物、核对 清洁外阴	同女性患者导尿术	
安置体位	患者取仰卧位，两腿略分开，暴露会阴部	• 保护隐私，防止受凉
垫巾置盘	同女性患者导尿术	
初次消毒	护士左手戴手套，右手持血管钳夹取消毒液棉球依次擦拭阴阜—阴茎—阴囊，用无菌纱布包裹住阴茎将包皮向后推，暴露尿道外口，自尿道口向外及向后旋转，擦拭尿道口、龟头及冠状沟。将弯盘、治疗碗一并移至治疗车下层，脱手套置医用垃圾桶	• 注意彻底消毒包皮和冠状沟易藏污垢处
开包倒液～铺巾 润管	同女性患者导尿术	
再次消毒	左手用无菌纱布裹住阴茎将包皮向后推，暴露尿道口，右手夹取消毒液棉球再次消毒尿道口、龟头及冠状沟	• 由内向外，每个棉球限用一次
固定、插管	左手用无菌纱布固定阴茎并提起，使其与腹壁呈60°（图15-3），使耻骨前弯消失，伸直尿道便于导尿管插入。右手将无菌治疗碗或弯盘置洞巾口旁，嘱患者张口呼吸，用血管钳夹持导尿管前端，对准尿道口轻轻插入尿道，直至导尿管Y处，将尿液引流入治疗碗或弯盘内	
放尿、倒尿～记录送检	同女性患者导尿术	

⊃ 护理评价

1. 严格遵守无菌操作原则，无污染。
2. 操作正确、规范，患者无不适感，无不良反应，达到预期效果。
3. 护患沟通有效，患者知道导尿的相关知识，愿意配合。
4. 充分体现人文关怀，尊重患者，保护患者隐私。

⊃ 注意事项

1. 注意保暖，避免过多暴露患者，保护其自尊和隐私。
2. 严格行无菌技术操作，预防尿路感染。
3. 选择粗细适宜、光滑的导尿管。插管时动作要轻柔、准确，避免损伤尿道黏膜。
4. 老年女性尿道口回缩，插管时应仔细观察、辨认，避免误入阴道。
5. 为女性患者插尿管时，如导尿管误入阴道，应更换无菌导尿管，重新插管。
6. 膀胱高度膨胀且又极度虚弱的患者，第一次放尿不得超过 1000 ml。因大量放尿使腹腔内压急剧下降，血液大量滞留在腹腔血管内，可致血压下降而发生虚脱，又因膀胱内压突然降低，致膀胱黏膜急剧充血，发生血尿。
7. 导尿毕，撤下孔巾，擦净外阴，男性患者注意将包皮退回原处，避免发生龟头水肿。

（二）留置导尿术

留置导尿术（retention catheterization）是指在导尿后，将导尿管保留在膀胱内，引流尿液

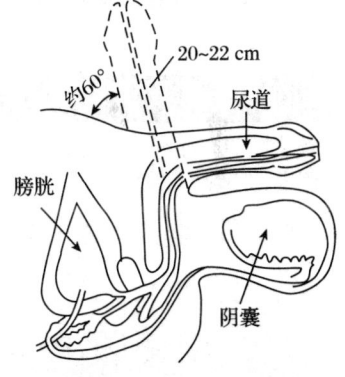

图 15-3　男性患者导尿术

的方法。

◐ **护理评估**

1. 评估与解释

（1）评估患者：同导尿术。

（2）解释：向患者及家属解释留置导尿术的目的、注意事项及配合要点。

2. 评估环境　同导尿术。

◐ **护理计划**

1. 目的

（1）观察病情：正确记录每小时尿量，测量尿比重，为抢救危重或休克患者及时做好病情判断。

（2）持续引流尿液：为盆腔手术患者排空膀胱，使膀胱持续保持空虚状态，避免术中误伤；为尿失禁、昏迷、会阴或肛门附近有伤口不宜自行排尿者持续引流尿液，以保持局部清洁、干燥；某些泌尿系统疾病手术后留置导尿管，便于引流和冲洗，减轻手术切口的张力，利于切口愈合。

（3）膀胱功能训练：为尿失禁患者行膀胱功能训练。

2. 准备

（1）护士准备：同导尿术。

（2）患者准备：患者及家属了解留置导尿的目的、过程及注意事项，学会防止引流管受压、扭曲、堵塞和脱落的方法。

（3）用物准备：同导尿术。还需准备无菌气囊导尿管（16～18号）、无菌集尿袋、5 ml 注射器、无菌生理盐水、橡皮圈及安全别针，如为普通导尿管须准备宽胶布、备皮用物。

◐ **护理实施**

留置导尿术实施，见表 15-3。

表 15-3　留置导尿术实施

护理实施	流程简释	要点说明
备物、核对～固定、插管	同导尿术	
气囊导尿管固定	• 女性患者 导尿管轻轻插入尿道口至尿液流出后，再插入 5～7 cm（约至导尿管长度的 50%），确保气囊进入膀胱，松开固定小阴唇的手，下移固定导尿管，将尿液引入集尿袋内，夹住导尿管尾端或连接集尿袋，连接注射器根据导尿管上注明的气囊容积向气囊注入等量的无菌溶液（通常为 10～15 ml）轻拉导尿管有阻力感，即证实导尿管固定于膀胱内 • 男性患者 导尿管对准尿道口轻轻插入尿道，插至导尿管 Y 形处将尿液引入集尿袋内，夹住导尿管尾端或连接集尿袋，连接注射器根据导尿管上注明的气囊容积向气囊注入等量的无菌溶液（通常为 10～15 ml）轻拉导尿管有阻力感，即证实导尿管固定于膀胱内（图 15-4）	• 缓慢深呼吸可使患者肌肉和尿道括约肌松弛有助于插管 • 插管前，找准尿道口的位置，避免误插入阴道 • 插管时，动作要轻柔，避免损伤尿道黏膜 • 插管后，见到尿液再插 5～7 cm，确保气囊进入膀胱才能注水，避免尿道损伤 • 气囊导尿管：因导尿管前端有一气囊，当向气囊注入一定量的液体后，气囊膨大可将导尿管头端固定于膀胱内，防止尿管滑脱插管至足够深度且见到尿液流出后方可往气囊中注入无菌液

护理实施	流程简释	要点说明
接集尿袋	将导尿管尾端与集尿袋的引流管接头连接,开放导尿管	
固定引流管	用橡皮圈、安全别针将集尿袋的引流管固定在床单上,并留出足够长度,防止因翻身牵拉,使导尿管滑出(图15-5)	• 集尿袋妥善地固定在低于膀胱的高度 • 别针固定要稳妥,既避免伤害患者,又不能使引流管滑脱 • 引流管要留出足够的长度,防止因翻身牵拉,使尿管脱出 • 防止尿液逆流造成尿路感染
安置尿袋	将集尿袋妥善地固定于床沿下	• 集尿袋低于膀胱的高度,防止尿液逆流造成尿路感染 健康教育,感谢合作
安置体位	协助患者穿裤子,取舒适卧位,整理床单位,询问患者感受及需要	
洗手、记录	洗手后记录	

 考点提示

女性患者留置导尿插管的深度。

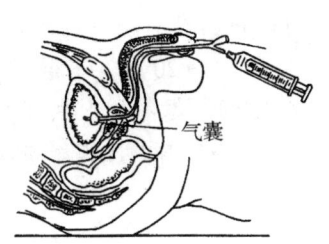

图 15-4 带气囊导尿管的固定法

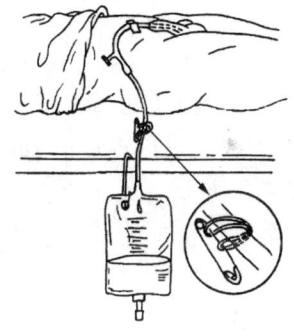

图 15-5 集尿袋固定法

◐ **护理评价**

1. 严格遵守无菌操作原则,无污染。
2. 操作正确、规范,患者无不适感,无不良反应,达到预期效果。
3. 留置导尿管后,护理措施及时、有效,无并发症发生。
4. 充分体现人文关怀,保护患者隐私。护患沟通有效,患者、家属知道相关的护理知识,理解和配合各项操作。

◐ **注意事项**

1. 保持引流通畅 引流管应放置妥当,避免导尿管受压、扭曲、堵塞。患者离床活动时用胶布将导尿管远端固定在大腿上,以防止导尿管脱出。
2. 防止泌尿系统逆行感染

(1)保持尿道口清洁：女性患者用消毒棉球擦拭外阴及尿道口，男性患者用消毒液棉球擦拭尿道口、龟头、包皮，每日1～2次。排便后及时清洗肛门及会阴部皮肤。

(2)注意观察并及时排空集尿袋内尿液，并记录尿量。通常每周更换集尿袋1～2次，若有尿液性状、颜色改变，需及时更换。

(3)定期更换导尿管，尿管更换的频率通常根据导尿管材质决定，一般1～4周更换1次。

(4)在患者病情允许的情况下，鼓励患者多饮水，保证每日饮水量在2000 ml以上（包括口服和静脉输液等），以达到自然冲洗尿道的目的。

(5)患者离床活动时，引流管和集尿袋应安置妥当，不可高于耻骨联合，并避免挤压，防止尿液反流造成逆行感染。

(6)发现尿液浑浊、沉淀、有结晶时，应行膀胱冲洗。每周检查尿常规1次。

3. 训练膀胱反射功能　对于长期留置导尿者，拔管前可采取间歇性夹管，夹闭导尿管，每3～4 h开放1次，使膀胱定时充盈和排空，促进膀胱功能恢复。

4. 健康教育　向患者及家属解释留置导尿的目的和护理方法，使其认识到预防尿路感染的重要性。

考点提示

留置导尿术的目的及注意事项。

知识链接

导尿管的种类

导尿管一般分为单腔导尿管（用于一次性导尿）、双腔导尿管（用于留置导尿）、三腔导尿管（用于膀胱冲洗或向膀胱内滴药）3种。其中双腔导尿管和三腔导尿管都具有一个气囊，以达到将导尿管头端固定在膀胱内防止脱落的目的。

规格：采用何种规格的导尿管取决于患者的身材。虽然没有统一的规定，但是一般儿童用8～12号，女性成人用14～16号，男性成人用18～20号。若导尿管过细，在尿道中稍遇阻力就容易发生自动卷曲。另外，导尿管越细，越易被血块和纤维块堵塞。反之，如导尿管过粗，则对尿道口、尿道及周围组织产生不应有的压迫，造成组织糜烂。

（三）膀胱冲洗

膀胱冲洗（bladder irrigation）是利用三通导尿管将溶液灌入到膀胱内，再借用虹吸原理将灌入的液体引流出来的方法。

● 护理评估

1. 评估与解释

(1)评估患者：①核对患者身份，如床号、住院号、姓名、性别、年龄和诊断。②全身情况，如患者目前病情、治疗情况和意识状态等。③局部情况，如排尿情况、膀胱充盈度及会阴部皮肤及黏膜情况。④心理状态，患者对疾病与导尿术的认知程度、合作程度，有无恐惧、焦虑等。

(2)解释：向患者及家属解释膀胱冲洗的目的、注意事项及配合要点。

2. 评估环境　同导尿术。

● 护理诊断

略。

◆ 护理计划

1. 目的

（1）保持留置导尿患者的尿液引流通畅。

（2）清洁膀胱，清除膀胱内的血凝块、黏液、细菌等异物，预防感染。

（3）治疗某些膀胱疾病，如膀胱炎、膀胱肿瘤。

（4）泌尿外科手术的术前准备和术后护理。

2. 准备

（1）护士准备：同导尿术。

（2）患者准备：患者及家属了解膀胱冲洗的目的、过程及注意事项。

（3）用物准备：密闭式膀胱冲洗：①无菌治疗盘，治疗盘内置治疗碗1个、镊子1把、0.5%聚维酮碘棉球数个、无菌膀胱冲洗装置1套、血管钳1把。②治疗盘外备输液器1副、手消毒液，治疗车下层备生活垃圾桶、医用垃圾桶。另备输液架、便盆及便盆巾。③常用冲洗溶液有0.9%氯化钠溶液、0.02%呋喃西林溶液、3%硼酸溶液、0.1%氯己定溶液、0.1%新霉素溶液。溶液的温度为38～40℃。若为前列腺肥大摘除术后患者，用4℃ 0.9%氯化钠溶液灌洗。

◆ 护理实施

膀胱冲洗实施，见表15-4。

表15-4 膀胱冲洗实施

护理实施	流程简释	要点说明
冲洗膀胱	行导尿术～排空膀胱同留置导尿术	
▲密闭式膀胱冲洗		
准备排气	按输液法开启冲洗溶液，常规消毒瓶塞，将输液器针头插入，挂于输液架上，排气后关闭	
消毒、连接	用0.5%聚维酮碘棉球消毒导尿管口和引流管接头并分别与Y形管的两端相连接，Y形管的主管连接输液管（图15-6）	
排空、冲洗	开放引流管，排空膀胱。夹闭引流管，开放冲洗管，调节滴速，使溶液滴入膀胱。待患者有尿意或滴入溶液200～300 ml后，夹闭输液管，开放引流管，将冲洗液全部引流出来后，再夹闭引流管，如此反复冲洗，直至流（吸）出液澄清为止	• 瓶内液面距床面约60 cm，以便产生一定的压力，使液体能够顺利滴入膀胱 • 滴速一般为60～80滴/分，滴速不宜过快，以免引起患者强烈尿意，迫使冲洗液从导尿管侧溢出尿道外 • 若患者出现不适或有出血加重情况，立即停止冲洗，并与医生联系 • 在冲洗过程中，询问患者感受，观察患者的反应及引流液性状询问患者，观察反应
注药、整理	冲洗完毕，消毒导尿管口及引流管接头并连接，如需注入药物，根据医嘱注药后连接。清洁外阴部，固定导尿管和集尿袋。协助患者取舒适卧位，整理床单位，清理物品	• 减少外阴部细菌的数量 • 记录冲洗液名称、冲洗量、引流量、引流液性质、冲洗过程中患者反应等
洗手、记录	洗手，记录冲洗液名称及量，引流液量及性状，患者反应等	• 规范、及时、准确

⊃ **护理评价**

1. 严格遵守无菌操作原则，无污染。

2. 操作正确、规范，患者无不适感，无不良反应，达到预期效果。

3. 充分体现人文关怀，护患沟通有效，患者了解相关知识，愿意配合。

⊃ **注意事项**

1. 严格无菌操作，防止导尿管和引流管接头污染，防止尿路感染。

2. 避免用力回抽造成黏膜损伤。若引流的液体少于灌入的液体量，应考虑是否有血块或脓液阻塞，可增加冲洗次数或更换导尿管。

3. 冲洗时嘱患者深呼吸，尽量放松，以减少疼痛。若患者出现腹痛、腹胀、膀胱剧烈收缩等情形，应暂停冲洗。

4. 冲洗后如出血较多或血压下降，应立即报告医生给予处理，并注意准确记录冲洗液量及性状。

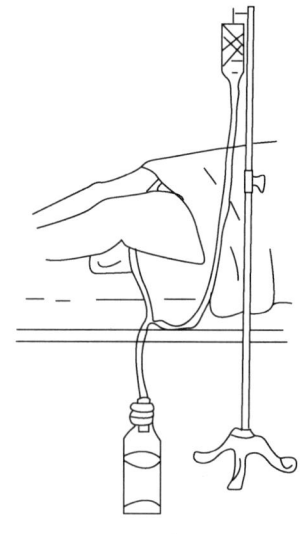

图 15-6 膀胱冲洗

第二节 排便护理

案例 15-2

患者，男性，53 岁。主诉头痛、腹痛、腹胀、乏力，患者食欲不佳，舌苔变厚，粪便干硬，有便意，但排便困难。体检：触诊腹部较硬且肌紧张，可触及包块。

问题与思考：

1. 患者目前最主要的护理问题是什么？
2. 此时应该采取哪些护理措施？

当食物进入消化道后，经过胃和小肠的消化和吸收，所产生的残渣储存于大肠内，除一部分水分被大肠吸收外，其余均经细菌发酵和腐败作用后形成粪便排出体外。通常情况下，粪便的性质和形状可以反映整个消化系统的功能和状态。因此，护士对患者的粪便及排便活动进行观察，可及早发现和鉴别消化道疾病，利于诊断、治疗和护理措施的制订。

一、排便活动的评估

（一）与排便有关的解剖和生理

人体参与排便活动的主要器官是大肠。大肠全长 1.5 m，起自回肠末端，止于肛门，分盲肠、结肠、直肠和肛管 4 个部分。

1. 盲肠　为大肠与小肠的衔接部分，其内有回盲瓣，起括约肌的作用，既可控制回肠内容物进入盲肠的速度，又可防止大肠内容物逆流。

2. 结肠　分为升结肠、横结肠、降结肠、乙状结肠，围绕在小肠周围。

3. 直肠　全长约 16 cm，从矢状面看，有骶曲和会阴曲两个弯曲。骶曲是直肠在骶骨前部下降形成凸向后方的弯曲，会阴曲是直肠绕过尾骨尖形成凸向前方的弯曲。

4. 肛管　上续直肠，下止肛门，长约 4 cm，为肛门括约肌所包围。肛门内括约肌为平滑肌，有协助排便的作用。肛门外括约肌为骨骼肌，是控制排便的重要肌束。

排便是一种神经反射活动。在正常情况下，直肠是空虚的。当粪便进入直肠，容积达150～200 ml时，刺激直肠内壁感受器，产生神经冲动，冲动经盆神经和腹下神经传至脊髓腰骶段的初级排便中枢，同时上传到大脑皮质，引起便意和排便反射。

（二）排便活动的评估

1. 排便次数与量　正常成人每日排便1～3次，平均量为100～300 g。婴幼儿每日排便3～5次。成年人每日排便＞3次或每周＜3次，视为排便异常。前者为腹泻，后者为便秘。粪便量的多少与饮食有关，进食肉类及蛋白质者排便量较少，素食者排便量较多。当消化器官功能混乱时，可出现排便量的改变。

2. 形状与软硬度　正常成人的粪便柔软、成形。便秘时，粪便坚硬，呈栗子样。消化不良或急性肠炎时，粪便可为稀便或水样便。肠道部分梗阻或直肠狭窄时，粪便常呈扁条形或带状。

3. 颜色

（1）正常粪便颜色：成人粪便呈黄褐色或深黄色，婴儿粪便呈黄色或金黄色。因摄入食物或药物种类不同，粪便颜色会发生变化。

（2）异常粪便颜色：暗红色便提示下消化道出血；柏油样便提示上消化道出血；白色陶土便提示胆道完全阻塞；粪便表面有鲜血提示痔疮或肛裂；果酱样便常见于肠套叠、阿米巴痢疾；白色"米泔水"样便常见于霍乱、副霍乱。

4. 气味　粪便的气味由蛋白质被细菌分解发酵产生。正常时，粪便气味因膳食种类而异，肉食者粪便味重，素食者粪便味轻。严重腹泻患者因未消化的蛋白质与腐败菌作用，粪便呈碱性反应，气味极恶臭；下消化道溃疡、恶性肿瘤患者粪便呈腐臭味；上消化道出血患者的柏油样粪便呈腥臭味；消化不良或乳儿糖类未充分消化时，呈酸性反应，气味呈酸臭味。

5. 内容物　粪便的内容物主要为食物的残渣、细菌、大量脱落的肠上皮细胞及机体代谢后的废物。粪便中混有大量黏液见于肠道炎症；粪便伴有脓血者见于痢疾和直肠癌；寄生虫感染时粪便中可见蛔虫、蛲虫、绦虫节片。

（三）影响排便的因素

1. 心理因素　是影响排便的重要因素。精神抑郁易导致便秘。精神紧张、焦虑可导致迷走神经兴奋，肠蠕动增加，导致消化不良、腹泻。

2. 年龄　可影响人对排便的控制。2～3岁以下的幼儿期由于神经肌肉系统发育不全，不能自行控制排便。老年人随着年龄增加，腹壁肌肉张力下降，胃肠蠕动减慢，肛门括约肌松弛等导致肠道控制能力下降而出现排便功能异常。

3. 食物与液体摄入　富含纤维素的食物可使粪便柔软而能轻易排出。每日摄入足量的液体可以液化肠内容物，使食糜顺利通过肠道。当摄食量过少、食物中缺少纤维或水分不足时，无法产生足够的粪便容积和液化食糜，易导致粪便变硬、排便减少而发生便秘。

4. 活动　可维持肌肉张力，刺激肠道蠕动，有助于维持正常的排便功能。各种因素所致长期卧床、缺乏活动的患者，可因肌肉张力减退而导致排便困难。

5. 个人排便习惯　每个人都有自己习惯的排便时间、便具等。当这些因素改变时，可影响正常排便。

6. 疾病　肠道本身的疾病或身体其他系统的病变均可影响正常排便。如大肠癌、结肠炎可使排便次数增加；脊髓损伤、脑卒中等可致大便失禁。

7. 药物和治疗　长期应用抗生素，干扰肠内正常菌群的功能可造成腹泻；大剂量使用镇静剂可导致便秘；手术时使用麻醉药物可使肠蠕动暂停，一般腹部手术24～48 h胃肠功能才趋于恢复。

二、排便异常的护理

（一）便秘患者的护理

⊃ 护理评估

1. 便秘的概念　便秘（constipation）指一种（组）临床症状，表现为排便困难和（或）排便次数减少、便干硬。排便困难包括排便费力、排出困难、肛门直肠堵塞感、排便不尽感、排便费时以及需手法辅助排便。排便次数减少指每周排便＜3次。

2. 便秘的原因
（1）中枢神经系统功能障碍。
（2）排便习惯改变：排便环境或时间改变等。
（3）长期卧床，活动减少。
（4）生活习惯不良：饮食结构不合理，水分或粗纤维摄入量不足。
（5）疾病因素：各类直肠、肛门手术后以及器质性病变，如肠梗阻、神经系统疾病、全身性疾病及肛周疾病，滥用缓泻药等均可抑制肠道功能而导致发生便秘。

3. 便秘的临床表现　可出现腹痛、腹胀、消化不良、乏力、食欲减退、排便困难等。触诊腹部较硬且肌紧张，有时可触及包块。

⊃ 护理诊断

1. 便秘　与活动受限、长期卧床、排便习惯改变、饮食不合理有关。
2. 焦虑　与排便困难有关。

⊃ 护理措施

1. 心理护理　了解患者的心理状态和排便习惯，给予耐心解释和指导，缓解患者的紧张、焦虑的情绪。

2. 提供排便环境　为患者提供单独、隐蔽的排便环境及充分的排便时间，如拉床帘或用屏风遮挡，避开查房、治疗、护理和进餐时间，以消除患者的紧张情绪，利于排便。

3. 采取适宜的排便姿势　如病情允许，可让患者下床到洗手间排便。酌情协助卧床患者取适当体位，如采取坐姿或将床头抬高。绝对卧床休息者或某些手术者，应在术前有计划地训练其在床上使用便器。

4. 腹部按摩　协助患者在腹部按升结肠、横结肠、降结肠的顺序（顺时针方向）进行环形按摩，可刺激肠蠕动，增加腹压，使降结肠的内容物向下移动，促进排便。

5. 其他　按医嘱给予人工缓泻药，如蓖麻油、植物油、液状石蜡、硫酸镁等。指导患者使用药物并观察药物疗效。指导和协助患者使用简易通便法，如使用开塞露、甘油栓等。通过软化粪便、润滑肠壁、刺激肠蠕动而排便，但不能长期使用。必要时给予灌肠。

6. 健康教育　指导患者养成定时排便的习惯。嘱患者多进食蔬菜、小米、粗粮等含膳食纤维多的食物，每日饮水2000 ml左右，适当食用油脂类食物。适当活动，如散步、打太极拳，卧床患者可进行床上活动。

（二）粪便嵌塞患者的护理

⊃ 护理评估

1. 粪便嵌塞的概念　粪便嵌塞（fecal impaction）指粪便持滞堆积在直肠内，坚硬不能排出。常发生于慢性便秘的患者。

2. 粪便嵌塞的原因　便秘未能及时解除，粪便滞留在直肠内，水分被持续吸收而乙状结肠排下的粪便又不断加入，最终使粪块变得又大又硬不能排出，发生粪便嵌塞。

3. 粪便嵌塞的临床表现　患者有排便冲动、腹部胀痛、直肠肛门疼痛，肛门处有少量液化的便渗出，但不能排出粪便。

⊃ **护理措施**

1. 早期可使用栓剂、口服缓泻剂来润肠通便。

2. 必要时先行油类保留灌肠，2~3 h后再做清洁灌肠。

3. 通常在清洁灌肠无效后按医嘱执行。具体方法为：术者戴上手套将涂润滑剂示指慢慢插入患者直肠内，触到硬物时注意大小、硬度，然后机械地破碎粪块，一块一块地取出。操作时应注意动作轻柔，避免损伤直肠黏膜。用人工取便易刺激迷走神经，故心脏病、脊椎受损者须慎重使用。操作中如患者出现心悸、头晕时须立刻停止。

4. 健康教育　向患者及家属讲解有关排便的知识，建立合理的膳食结构。协助患者建立并维持正常的排便习惯，防止便秘的发生。

（三）腹泻患者的护理

⊃ **护理评估**

1. 腹泻的概念　腹泻（diarrhea）指正常排便形态改变，排便次数增多，粪便稀薄、不成形或呈水样便，常伴有腹痛、恶心、呕吐及乏力等。

2. 腹泻的原因

（1）饮食不当：如进食过冷、过油腻、不洁或过敏的食物。

（2）胃肠道疾病：溃疡性结肠炎、吸收不良综合征等。

（3）精神因素：情绪紧张、焦虑等。

（4）某些药物的作用：使用缓泻药等。

3. 腹泻的临床表现

（1）消化道症状：排便形态改变，粪便稀薄、不成形或呈水样便，排便次数增多，每日排便3次以上。

（2）全身症状：常伴有腹痛、恶心、呕吐、乏力、食欲缺乏、精神萎靡等。

（3）水、电解质代谢紊乱：主要表现为脱水及代谢性酸中毒等。

⊃ **护理措施**

1. 心理护理　关心、尊重患者，及时给予心理安慰，消除紧张、焦虑的情绪，并协助患者清洗、沐浴，及时更换衣裤、床单及被套，使其身心舒适。

2. 卧床休息　减少肠蠕动，注意腹部保暖。

3. 膳食调理　鼓励患者多饮水，酌情给予清淡的流质或半流质食物，腹泻严重的患者应暂时禁食。

4. 皮肤护理　做好肛周皮肤的清洁，减少刺激。每次排便后用软纸轻擦肛门，用温水清洗，并涂油膏保护局部皮肤。

5. 防止水、电解质代谢紊乱　注意补充水、电解质，防止代谢紊乱，口服补液盐或静脉输液。

6. 密切观察病情　记录排便的性质、次数等，必要时留取标本送检。

7. 健康教育　对患者进行宣传教育，告知饮食卫生常识，腹泻的原因及防治措施。

（四）大便失禁患者的护理

⊃ **护理评估**

1. 大便失禁的概念　大便失禁（fecal incontinence）指肛门括约肌不受意识的控制而不自主地排便。

2. 大便失禁的原因

（1）生理原因：多见于神经肌肉系统的病变或损伤，如瘫痪等。

（2）心理原因：多见于情绪失调、精神障碍等。

3. 大便失禁的临床表现

（1）完全失禁：排便无次数，粪便可自行流出。用力咳嗽、走路、下蹲时常有粪便黏液流出。

（2）不完全失禁：可控制干便，但不能控制稀便。

（3）会阴部皮肤受损：粪便刺激皮肤，可导致会阴皮肤破溃。

（4）心理表现：因大便失禁，患者会产生自卑、忧郁、焦虑等不良心理反应。

⊃ 护理措施

1. 心理护理　大便失禁给患者带来极大的心理压力，患者常有自卑心理和忧郁情绪，期望得到理解和帮助。护士应给予安慰和鼓励，帮助其树立信心。

2. 保持室内空气清新　定时开窗通风，及时更换污染的衣裤、被单，保护床单位，保持衣裤的清洁、干燥。

3. 皮肤护理　注意保持皮肤清洁、干燥，床上加铺橡胶单和中单或一次性尿垫。每次排便后用软纸轻擦肛门，用温水清洗，并涂油膏保护局部皮肤。

4. 重建正常排便功能　观察排便反应，及时给患者使用便盆，帮助患者重建排便的控制能力。教会患者进行盆底肌收缩运动锻炼，逐步恢复肛门括约肌的控制能力。

（五）肠胀气患者的护理

⊃ 护理评估

1. 肠胀气的概念　肠胀气（flatulence）是指胃肠道内有过多的气体积聚而不能排出。

2. 肠胀气的原因　肠功能异常、摄入过多产气性食物、肠梗阻及肠道手术后、药物的不良反应等。

3. 肠胀气的临床表现　肠胀气表现为腹部膨隆，叩之呈鼓音，腹胀、痉挛性腹痛、呃逆、肛门排气增多。当肠胀气压迫膈肌和胸腔时，可出现气短和呼吸困难。

⊃ 护理措施

1. 养成良好的饮食习惯　指导患者进食时细嚼慢咽，勿食产气的食物和饮料。

2. 适当活动　鼓励患者适当活动，协助患者下床活动，如散步，卧床患者可做床上活动或变换体位，以促进肠蠕动，减轻肠胀气。

3. 对症处理　去除引起肠胀气的原因。轻微肠胀气时，可行腹部热敷或腹部按摩、针刺疗法。严重肠胀气时，遵医嘱给予药物治疗或行肛管排气。

三、协助排便的护理技术

（一）灌肠疗法

灌肠疗法（enema therapy）是将一定量的液体由肛门经直肠灌入结肠，以帮助患者清洁肠道、排出粪便和积气，或由肠道提供药物及营养，达到诊断和治疗目的的方法。根据灌肠疗法的目的，可分为不保留灌肠和保留灌肠。不保留灌肠根据灌注的液体量，分为大量不保留灌肠和小量不保留灌肠。为了达到清洁肠道的目的而反复进行的大量不保留灌肠，称为清洁灌肠。

大量不保留灌肠

⊃ 护理评估

1. 评估与解释

（1）评估患者：①核对患者身份，如床号、住院号、姓名、性别、年龄和诊断。②全身情况，如患者目前病情、治疗情况和意识状态等。③局部情况，如排便情况，有无痔疮、肛裂及肛门周围皮肤及黏膜情况。④心理状态，如有无恐惧、焦虑等，合作程度，操作中是否能配合。

（2）解释：向患者及家属解释大量不保留灌肠的目的、注意事项及配合要点。

2. 评估环境　环境整洁、舒适，光线明亮。用屏风或床帘遮挡，酌情关门、窗，嘱无关人员离开。

◯ 护理诊断

同便秘患者的护理。

◯ 护理计划

1. 目的

（1）排便排气：软化和清除粪便，驱除肠内积气。

（2）清洁肠道：为肠道手术、检查或分娩做准备。

（3）减轻中毒：稀释并清除肠道内的有害物质。

（4）高热降温：灌入低温溶液，为高热患者降温。

2. 准备

（1）护士准备：衣帽整洁，修剪指甲，洗手，戴口罩。

（2）患者准备：患者及家属了解大量不保留灌肠的目的、过程及注意事项，知晓操作中的配合要点。

（3）用物准备：①治疗车上层备治疗盘，内备一次性灌肠袋或无菌灌肠筒1套、肛管、血管钳（或液体调节开关）、润滑剂、棉签、弯盘、卫生纸、一次性垫巾或橡胶单和治疗巾、水温计、一次性手套。②灌肠溶液常用0.1%~0.2%肥皂液或0.9%氯化钠溶液，成人每次用量500~1000 ml，小儿根据年龄酌减，200~500 ml。溶液温度39~41℃，高热降温的低温溶液温度28~32℃，中暑患者用4℃ 0.9%氯化钠溶液。③其他，如便盆、便盆巾、输液架和屏风。治疗盘外备手消毒液。治疗车下层备生活垃圾桶、医用垃圾桶。

◯ 护理实施

大量不保留灌肠实施，见表15-5。

表15-5　大量不保留灌肠实施

护理实施	流程简释	要点说明
备物、核对	备齐用物携至患者床旁，再次核对患者身份，指导患者配合的方法，取得患者合作。嘱患者排尿	• 确认患者，避免差错
安置体位	协助患者取左侧卧位，双膝屈曲，脱裤至膝部，臀部移至床沿，不能自行控制排便的患者可取仰卧位	
垫巾置盘	垫橡胶单和治疗巾于臀下，置弯盘于臀边，盖好被子，只露臀部	• 保护隐私，防止受凉
挂筒排气	倒溶液于一次性灌肠袋中并挂于输液架上，灌肠筒液面距肛门40~60 cm（图15-7），排尽管内气体，夹管	• 依据病情调整高度
润管、插管	护士戴手套，润滑肛管前端，一手执卫生纸分开臀裂显露肛门，嘱患者深呼吸，另一手将肛管轻轻插入直肠深度为7~10 cm，小儿插入深度为4~7 cm	• 如插入受阻，退出少许，旋转后缓缓插入
灌液、观察	固定肛管，松钳或打开调节器，灌入液体。观察：①如液面下降过慢或停止，多因粪块阻塞肛管前端，可移动肛管或挤捏肛管，使粪块松动、脱落。②如患者感觉腹胀或有便意，可嘱其深呼吸以减轻腹压，同时降低灌肠筒高度，以减慢流速或暂停片刻。③如患者出现面色苍白、脉速、出冷汗、剧烈腹痛、心悸、气短等，应立即停止灌肠，与医生联系，及时给予处理	• 观察分析，及时处理

续表

护理实施	流程简释	要点说明
拔出肛管	溶液即将流尽时夹管,用卫生纸包裹肛管轻轻拔出,将一次性灌肠袋置入医用垃圾桶,用卫生纸擦净肛门	• 防止空气进入肠道
保留溶液	协助患者取舒适的卧位,嘱患者尽量保留5~10 min,以利粪便软化。降温灌肠时液体应保留30 min,排便后30 min测量体温并记录	• 正确指导,提高效果
协助排便	对不能下床的患者给予便盆,将呼叫器和卫生纸放于易取处。对危重患者应等候至排便完毕,清洁局部,取出便盆、橡胶单和治疗巾,脱手套	• 保证安全
整理、归位	整理床单位,开窗通风,去除异味,清理用物	• 健康教育,感谢合作
观察、记录	观察大便性质、颜色、量,必要时留取标本送检。洗手后,在体温单便栏内记录灌肠结果,如灌肠后排便一次记为1/E;灌肠后未排便记为0/E	• 仔细观察,及时记录

⊃ 护理评价

1. 护理操作正确、规范,患者无不适感,无不良反应,达到预期效果。
2. 护患沟通有效,患者知道相关知识,理解和配合操作。
3. 充分体现以人为本的护理服务理念,尊重患者,保护患者隐私。

⊃ 注意事项

1. 禁忌证 急腹症、消化道出血、妊娠、严重心血管疾病等患者。患者伴有系统肠道疾病或肛门疾病不适宜灌肠。
2. 根据医嘱及评估结果,准确掌握灌肠溶液的温度、浓度、流速、压力和液量。为伤寒患者灌肠时,溶液量不得超过500 ml,压力要低,即液面距肛门不得超过30 cm;肝性脑病患者禁用肥皂液灌肠,以减少氨的产生和吸收;充血性心力衰竭和水钠潴留的患者,禁用0.9%氯化钠溶液灌肠,减少钠的吸收。

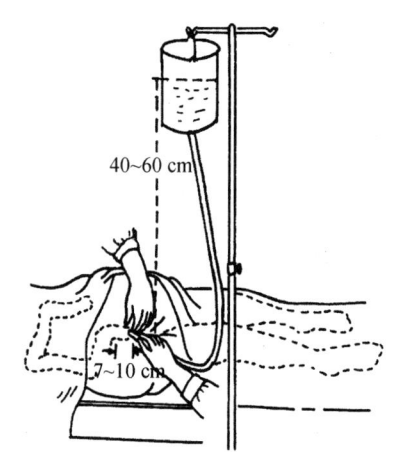

图15-7 大量不保留灌肠

3. 降温灌肠时,应保留30 min后再排出,排便后隔30 min再测量体温记录。
4. 防止肠黏膜损伤 插管时,应嘱患者深呼吸与放松,以利插入肛管。如插管受阻,可退出少许,旋转后缓缓插入。切勿用力插管,以免损伤肠黏膜。
5. 注意保护患者隐私和自尊 冬季注意保暖,防止受凉。
6. 密切观察 灌肠过程中随时观察患者的病情变化,如发现脉速、面色苍白、出冷汗、剧烈腹痛、心悸、气短时,应立即停止灌肠,向医生报告,给予及时处理。
7. 健康教育 向患者及家属讲解维持正常排便习惯的重要性,指导患者及家属保持健康的生活习惯,以维持正常排便。

小量不保留灌肠

⊃ 护理评估

1. 评估与解释

（1）评估患者:①核对患者身份,如床号、住院号、姓名、性别、年龄和诊断。②全身情况,如患者目前病情、治疗情况和意识状态等。③局部情况,如排便情况,有无痔疮、肛裂及肛门周围皮肤及黏膜情况。④心理状态,有无恐惧、焦虑等,合作程度,操作中是否能配合。

（2）解释：向患者及家属解释小量不保留灌肠的目的、注意事项及配合要点。

2. 评估环境　同大量不保留灌肠。

⊃ 护理诊断

1. 便秘　与肠道功能障碍有关。
2. 焦虑　与便秘有关。

⊃ 护理计划

1. 目的　为腹部或盆腔手术后、危重患者、年老体弱、小儿、孕妇等解除便秘和肠胀气。
2. 准备
（1）护士准备：同大量不保留灌肠。
（2）患者准备：同大量不保留灌肠。
（3）用物准备：①治疗车上层备治疗盘，治疗盘内置无菌注洗器、量杯或小容量灌肠筒、肛管（12～16号），血管钳、润滑剂、棉签、弯盘、卫生纸、5～10 ml温开水、一次性垫巾或橡胶单和治疗巾、一次性手套。②常用灌肠液1.2.3溶液（50%硫酸镁30 ml，甘油60 ml，温开水90 ml）；甘油或液状石蜡50 ml加等量温开水；各种食用植物油120～180 ml。液体温度38 ℃。③其他，便盆、便盆巾、屏风。治疗盘外备手消毒液。治疗车下层备生活垃圾桶、医用垃圾桶。

⊃ 护理实施

小量不保留灌肠实施，见表15-6。

表15-6　小量不保留灌肠实施

护理实施	流程简释	要点说明
备物、核对	润管、插管同大量不保留灌肠	
固定、注液	固定肛管，缓缓注入溶液，直至溶液全部注入。如使用小容量灌肠筒，液面距肛门高度低于30 cm（图15-8）	• 灌注速度不宜过快
注温开水	灌注完毕，注入温开水5～10 ml，抬高肛管尾端，使管内溶液全部流入	
拔出肛管	反折肛管，用卫生纸包住肛管轻轻拔出，分离肛管，置于弯盘擦净肛门	• 防止空气进入肠道
保留溶液	协助患者取舒适的卧位，嘱患者尽量保留溶液10～20 min后再排便	• 充分软化，以利排出
协助排便～观察、记录	同大量不保留灌肠	

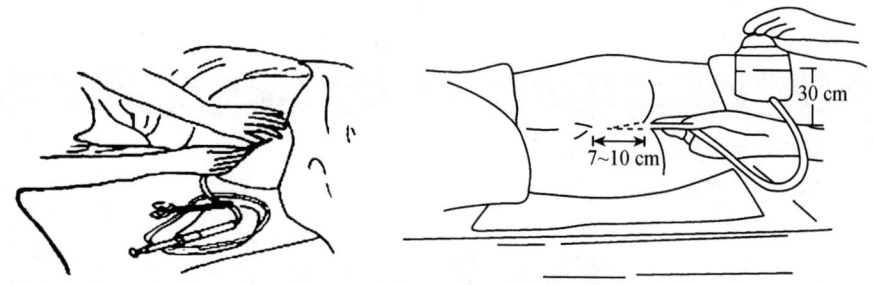

图15-8　小容量灌肠筒灌肠疗法

⊃ 护理评价　同大量不保留灌肠。

⊃ 注意事项

1. 正确选用灌肠溶液，掌握溶液的温度、浓度和量，注入速度不可过快。

2. 每次抽吸灌肠液时应反折肛管尾端，以防空气进入肠道引起腹胀。

 考点提示

小量不保留灌肠保留的时间。

清洁灌肠

同大量不保留灌肠。反复多次进行大量不保留灌肠的方法，第一次用0.1%~0.2%的肥皂液灌肠，进行排便，然后用0.9%氯化钠溶液灌肠多次，直至排出的液体清洁无粪块为止。灌肠时压力要低；每次灌肠后让患者休息片刻。禁忌用清水反复灌洗，以防水、电解质紊乱。

保留灌肠

⊃ 护理评估

1. 评估与解释

（1）评估患者：①核对患者身份，如床号、住院号、姓名、性别、年龄和诊断。②全身情况，如患者目前病情、治疗情况和意识状态等。③局部情况，如排便情况，有无痔疮、肛裂，肛门周围皮肤及黏膜情况。④心理状态，有无恐惧、焦虑等，患者合作程度，操作中是否能配合。

（2）解释：向患者及家属解释保留灌肠的目的、注意事项及配合要点。

2. 评估环境　同大量不保留灌肠。

⊃ 护理诊断

略

⊃ 护理计划

1. 目的　将药液灌入直肠或结肠内，通过肠黏膜吸收达到治疗的目的，常用于镇静、催眠和治疗肠道感染。

2. 准备

（1）护士准备：同大量不保留灌肠。

（2）患者准备：了解保留灌肠的目的、过程和注意事项，排空大小便，配合操作。

（3）用物准备：①治疗盘，小枕头，肛管，其余同小量不保留灌肠。②常用溶液的药物及剂量遵医嘱准备。镇静催眠用10%水合氯醛。治疗肠道感染用2%小檗碱、0.5%~1%新霉素或其他抗生素溶液。灌肠溶液量不超过200 ml，溶液温度为38 ℃。

⊃ 护理实施

保留灌肠实施，见表15-7。

表15-7　保留灌肠实施

护理实施	流程简释	要点说明
备物、核对	携用物至患者床旁，核对、解释。嘱患者排便、排尿嘱患者排尿排便	• 尊重患者，严格查对耐心解释，减少暴露 • 减轻腹压，清洁肠道，便于药物保留及吸收
安置体位	根据病情选择不同卧位，慢性细菌性痢疾病变部位多在直肠或乙状结肠，取左侧卧位。阿米巴痢疾病变多在回盲部，取右侧卧位。双膝屈曲，脱裤至膝部，将小枕及垫巾齐床沿，抬臀于枕上，抬高臀部10 cm，置弯盘于臀边	

续表

护理实施	流程简释	要点说明
润管、排气	护士戴手套，润滑肛管前端，用注洗器抽吸药液，连接肛管，排气，夹管	
插入肛管	护士一手执卫生纸分开臀裂，显露肛门，嘱患者深呼吸，另一手将肛管轻轻插入直肠 15～20 cm，婴幼儿 5～7.5 cm，婴幼儿 2.5～4 cm，缓慢注入药	• 动作轻柔，插入要深
灌注溶液	固定肛管，松开止血钳，缓缓注入溶液，直至溶液全部注入。灌注完毕，注入温开水 5～10 ml，抬高肛管尾端，使管内溶液全部流入	• 规范操作 灌注速度不宜过快
拔出导管	反折肛管，用卫生纸包住肛管轻轻拔出，分离肛管，置于弯盘，擦净肛门	• 防止空气进入肠道
保留溶液	协助患者取舒适的卧位，嘱患者尽量保留溶液 1 h 以上	• 保留时间要长，以便药物充分吸收
协助排便～观察、记录	同大量不保留灌肠	• 感谢患者合作

◐ **护理评价**

1. 操作正确、规范，患者无不适感，无不良反应，达到预期效果。
2. 灌肠液选择正确，灌肠筒的高度及肛管插入的深度合适。
3. 护患沟通有效，患者知道相关知识，理解并配合操作。
4. 充分体现人文关怀，尊重患者，保护患者隐私。

◐ **注意事项**

1. 肛门、直肠、结肠等手术后患者及大便失禁者不宜保留灌肠。
2. 肠道抗感染以晚上睡眠前灌肠为宜，因患者活动减少，药液易于保留、吸收，可提高治疗效果。
3. 为保留药液，减少刺激，肛管要细，插入要深。注入药液的速度要慢，药量要少。液面距肛门高度不超过 30 cm，灌入量不超过 200 ml。
4. 灌肠前了解目的及病变部位，以便确定适当的卧位和肛管插入深度。
5. 为提高疗效，保留灌肠在晚间睡眠前灌入为宜。灌肠前先嘱患者排便、排尿，并选择较细的肛管，插入要深，液量要少，压力要低，以便于有效保留药液，使肠黏膜充分吸收。

 考点提示

细菌性痢疾灌肠时的体位。

（二）口服溶液清洁肠道法

1. **电解质等渗溶液清洁肠道法** 电解质等渗清肠口服液口服后几乎不吸收、不分解，有效增加肠道体液成分，从而软化粪便，刺激肠蠕动，加速排便，达到清洗肠道的目的。适用于直肠、结肠检查和手术前肠道准备。常用溶液有复方聚乙二醇电解质散（Ⅱ）（和爽）等。和爽主要成分为聚乙二醇 4000、氯化钠、氯化钾、无水硫酸钠、碳酸氢钠。

（1）配制方法（每 1000 ml）：取药品 1 盒（内含 ABC 各 1 小包）将盒内各包药粉一并倒入带有刻度的杯（瓶）中，加温开水至 1000 ml，搅拌使其完全溶解。

（2）服用方法

1）大肠手术前：患者手术前日午餐后禁食（可以饮水）午餐3h后开始给药。

2）大肠内镜检查前：查当日给药，当日早餐禁食（可以饮水），预定检查时间4h前给药检查前日给药，前日晚餐后禁食（可以饮水），晚餐后1h给药，患者前日的早餐、午餐应食残渣少的食物，晚餐进流质饮食。

（3）用量：3000～4000ml，首次服用600～1000ml，以后每隔10～15min服用1次每次250ml直至服完或直至排出水样清便，总给药量不能超过4L。

（4）观察：口服清洁肠道溶液后护士应观察患者的一般情况。①排便次数、粪便性质：先为软便后为水样便，待排出液为清水样时即说明已达到清洁肠道的目的。②服药后症状：服药后约1h肠道蠕动加快。③排便后感觉：无腹痛，无直肠下坠感。如口服溶液清洁肠道效果差，应在术前晚、术日晨清洁灌肠。及时记录。常见不良反应有恶心、饱胀感，少见有腹痛、呕吐、肛门不适等一过性消化道反应。

（5）禁忌：肠道梗阻、肠穿孔、胃留、消化道出血中毒性肠炎、中毒性巨结肠患者禁用。对本品各组分过敏者禁用。

2. 高渗溶液清洁肠道法　高渗溶液进入肠道，在肠内形成高渗环境，使肠道内水分大量增加，从而软化粪便，刺激肠道蠕动，加快排便，达到清洁肠道的目的。口服高渗溶液清洁肠道适用于直肠、结肠检查和手术前肠道准备。常用溶液有甘露醇、硫酸镁。

（1）甘露醇法：患者术前3日进半流质饮食，术前1日进流质饮食，术前1日14：00—16：00口服甘露醇溶液1500ml（20%甘露醇溶液500ml+5%葡萄糖溶液1000ml混匀），一般服用后15～20min即反复自行排便。

（2）硫酸镁法：患者术前3日进半流质饮食，每晚口服50%硫酸镁10～30ml。术前1日进流质饮食，术前1日14：00—16：00口服25%硫酸镁溶液200ml（50%硫酸镁溶液100ml+50%葡萄糖盐100ml），然后再口服温开水1000ml，余同甘露醇法。一般服后15～30min即可反复自行排便，2～3h内可排便2～5次。服药速度不宜过快，以免引起呕吐。服药过程中，护士应观察患者的反应，注意排便次数及粪便性质并记录，确定是否达到清洁肠道的目的。

（三）简易通便法

➲ 护理评估

1. 评估与解释

（1）评估患者：①核对患者身份，如床号、住院号、姓名、性别、年龄和诊断。②全身情况，如患者目前病情、治疗情况和意识状态等。③局部情况，如排便情况，肛门周围皮肤及黏膜情况。④心理状态，有无恐惧、焦虑等，患者合作程度，操作中是否能配合。

（2）解释：向患者及家属解释简易通便法的目的、注意事项及配合要点。

2. 评估环境　同大量不保留灌肠。

➲ 护理诊断

同便秘患者的护理。

➲ 护理计划

1. 目的　使用简易通便剂，通过软化粪便，润滑肠壁，刺激肠蠕动而促进排便。此法简单易行，经济有效，适用于年老体弱者和久病卧床患者。

2. 准备

（1）护士准备：同大量不保留灌肠。

（2）患者准备：患者及家属了解简易通便法的目的、过程及注意事项，知晓操作中的配合要点。

（3）用物准备：通便剂、卫生纸、剪刀。

⊃ 护理实施

1. 开塞露法　开塞露由甘油或山梨醇制成，装在塑料容器内。使用时，将封口端剪去，先挤出少许液体润滑开口处。患者取左侧卧位，放松肛门外括约肌，再将药液全部挤入直肠内（图 15-9），保留 5～10 min 后排便。

2. 甘油栓法　甘油栓是由甘油和明胶制成的栓剂。使用时，手垫纱布或戴手套，捏住甘油栓底部轻插入肛门至直肠内（图 15-10），抵住肛门处轻轻按摩，保留 5～10 min 后排便。

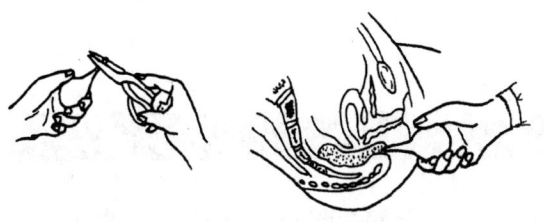

图 15-9　开塞露简易通便法

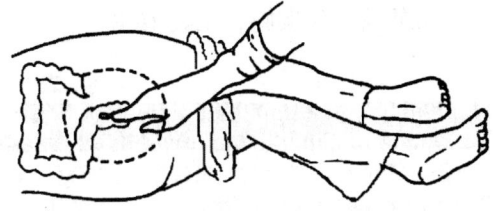

图 15-10　甘油栓简易通便法

3. 肥皂栓法　将普通肥皂削成圆锥形（底部直径约 1 cm，长 3～4 cm），使用时手垫纱布或戴手套，将肥皂栓蘸热水后轻轻插入肛门。注意：有肛裂及肛门剧烈疼痛者不宜使用肥皂栓法通便。

⊃ 护理评价

1. 操作正确、规范，患者排出粪便，无不良反应，达到预期效果。
2. 护患沟通有效，患者及家属知道相关知识，理解并配合操作。
3. 充分体现人文关怀，尊重患者，保护患者隐私。

⊃ 注意事项

1. 操作时，手法要轻柔，避免损伤肠黏膜或引起肛门水肿。
2. 对大便嵌塞者，经简易通便或灌肠后仍无效时，可采取人工取便法，以解除患者痛苦。
3. 如患者出现面色苍白、出汗、疲倦等不适时，应暂停操作，并向医生报告，协助处理。

（四）肛管排气法

⊃ 护理评估

1. 评估与解释

（1）评估患者：①核对患者身份，如床号、住院号、姓名、性别、年龄和诊断。②全身情况，如患者目前病情、治疗情况和意识状态等。③局部情况，如排便情况，肛门周围皮肤及黏膜情况。④心理状态，有无恐惧、焦虑等，患者合作程度，操作中是否能配合。

（2）解释：向患者及家属解释肛管排气的目的、注意事项及配合要点。

2. 评估环境　同大量不保留灌肠。

⊃ 护理计划

1. 目的　将肛管从肛门插入直肠，以排除肠腔内积气，减轻腹胀。

2. 准备

（1）护士准备：同大量不保留灌肠。

（2）患者准备：患者及家属了解肛管排气的目的、过程及注意事项，知晓操作中的配合要点。

（3）用物准备：治疗车上层备治疗盘，内备肛管、玻璃接头、橡胶管、玻璃瓶（内盛水

3/4满)、瓶口系带(图15-11)、润滑油、棉签、胶布(1 cm×15 cm)、别针、卫生纸、弯盘,必要时备屏风。治疗盘外备手消毒液。治疗车下层备生活垃圾桶、医用垃圾桶。

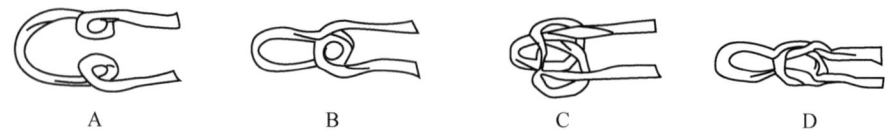

图15-11 瓶口系带法

◯ **护理实施**

肛管排气法实施,见表15-8。

表15-8 肛管排气法实施

护理实施	流程简释	要点说明
备物、核对	携用物至患者床旁,核对、解释。嘱患者排便、排尿	• 尊重患者,严格查对
安置体位	取左侧卧位或仰卧位,双膝屈曲,脱裤至膝部	• 减少暴露,注意保暖
系瓶、连管	护士戴手套,将玻璃瓶系在床边,橡胶管一端插入玻璃瓶液面下,以便观察气体排出量,另一端与肛管相连接	• 防止空气进入肠道
润管、插管	润滑肛管前端,护士一手执卫生纸分开臀裂,显露肛门,嘱患者深呼吸,另一手将肛管轻轻插入直肠15~18 cm	• 关心患者,动作轻柔
妥善固定	用胶布将肛管固定,橡胶管用别针和橡皮圈固定在床单上(图15-12)	• 留够长度,便于翻身
观察、处理	观察排气情况,若气体排出,可见瓶内液面下有气泡自管端逸出。如排气不畅,帮助患者更换体位或按摩腹部,以促进排气	• 密切观察,及时处理
保留肛管	保留肛管不超过20 min	• 控制时间,防止不适
拔管、擦拭	反折肛管,用卫生纸包住肛管轻轻拔出,分离肛管,置于弯盘,擦净肛门	
整理、归位	协助患者取舒适的体位,整理床单位,清理用物	• 健康教育,感谢合作
洗手、记录	洗手,记录排气与腹胀改善情况	• 规范、及时、准确

◯ **护理评价**

1. 操作正确、规范,患者排气通畅,腹胀减轻,无不良反应,达到预期效果。

2. 护患沟通有效,患者知道相关知识,愿意配合。

3. 充分体现以人为本的护理服务理念,尊重患者,保护患者隐私。

◯ **注意事项**

1. 保留肛管不超过20 min,必要时2~3 h后再行排气1次。长时间留置肛管会降低肛门括约肌的反应,甚至导致肛门括约肌永久性松弛。

2. 插管时要防止外界空气进入直肠,以免加重腹胀。

3. 对患者进行健康教育,嘱其养成良好的饮食习惯,进食细嚼慢咽,勿食产气多的食物,适当活动,以促进肠蠕动。

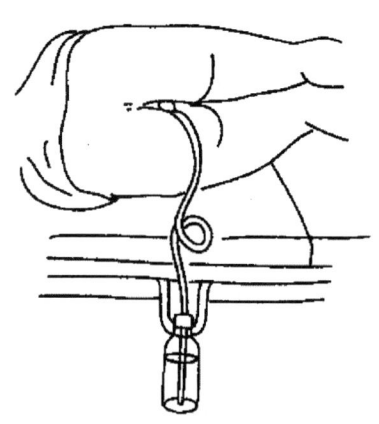

图15-12 肛管固定方法

> **思政园地**
>
> **葱叶导尿**
>
> 孙思邈是唐代名医，其技术精湛，医德高尚。正是由于他在治病救人的过程中处处留心，善于发现，才探索出了我国最早的导尿方法。
>
> 相传，有一位患者小便不畅，甚至到了点滴不出的程度，家属便请来孙思邈医治。孙思邈仔细观察，只见患者阵阵呻吟，腹部憋胀可当鼓敲，神情痛苦万分，情况十分危急。孙思邈判断这是由尿道不通所致，开方煎药都无法缓解燃眉之急，如果能从尿道插进一根管子，尿肯定会排出来。可狭窄的尿道该用哪种管子呢？孙思邈正在苦思良策，忽见有一孩童正吹着葱叶玩，他顿时有了主意。他挑出一根细长的小葱，清洗干净，切去葱尖，顺着尿道缓缓插进，微微用力一吹，果然患者的尿液从葱叶中流了出来，腹部憋胀马上得到缓解，患者直起身来，连连向他道谢。这"葱叶导尿"被记载于《备急千金要方》中，是我国最早的导尿方法，导尿管也由此产生。在医学史上，孙思邈也是世界上第一个发明导尿术的人。孙思邈的成就告诉我们，他能成为药王，是和多年的勤学好问分不开的，他遍访各地，尝遍百草，记下各种民间疗法，潜心钻研各种疾病和治法，最终为中医学做出了巨大贡献。

自 测 题

一、选择题

（一）A1 型题

1. 无尿指 24 h 尿量少于
   A. 100 ml
   B. 400 ml
   C. 600 ml
   D. 800 ml
   E. 1000 ml

2. 急性肾小球肾炎尿呈
   A. 洗肉水色
   B. 酱油色
   C. 乳白色
   D. 黄褐色
   E. 淡黄色

3. 关于尿失禁患者的护理，不妥的是
   A. 给予患者安慰与鼓励
   B. 控制饮水，减少尿量
   C. 给予留置导尿
   D. 指导患者锻炼盆底
   E. 做好皮肤护理，防止压力性损伤

4. 为女性患者导尿，初次消毒的顺序是
   A. 由上至下，由外向内
   B. 由上至下，由内向外
   C. 由下至上，由内向外
   D. 由下至上，由外向内
   E. 由尿道口至周围

5. 若新鲜尿液有氨臭味，疑有
   A. 肝性脑病
   B. 有机磷农药中毒
   C. 急性肾小球肾炎
   D. 尿路感染
   E. 糖尿病酮症酸中毒

（二）A2型题

6. 患者，女性，64岁。被诊断为充血性心力衰竭，灌肠时忌用
   A. 油剂
   B. 生理盐水
   C. 液状石蜡
   D. 1.2.3溶液
   E. 0.1%肥皂液

7. 患者，男性，52岁。肝性脑病前期，表现为烦躁、意识不清，此时灌肠忌用
   A. 油剂
   B. 生理盐水
   C. 液状石蜡
   D. 1.2.3溶液
   E. 0.1%肥皂液

8. 患者，女性，60岁。骨盆骨折，6日未排大便，腹部胀痛，排便困难，伴头痛、消化不良、食欲缺乏、乏力。患者出现的情况最可能是
   A. 便秘
   B. 尿潴留
   C. 腹部肿块
   D. 腹水
   E. 盆腔感染

9. 患儿，男性，12岁。因腹痛、腹泻3日入院。护士进行健康教育时，不妥的是
   A. 卧床休息
   B. 多饮水
   C. 便后用软纸擦肛门
   D. 进高热量、高纤维素饮食
   E. 注意饮食卫生

（三）A3/A4型题

患者，男性，56岁。胃癌晚期，恶病质，膀胱高度膨胀。现根据医嘱给予导尿。

10. 导尿时，提起阴茎，使之与腹壁呈60°，目的是
    A. 使耻骨前弯扩大
    B. 使耻骨下弯扩大
    C. 使耻骨前弯消失
    D. 使耻骨下弯消失
    E. 使尿道口充分暴露

11. 第一次放尿不应超过
    A. 500 ml
    B. 800 ml
    C. 1000 ml
    D. 1500 ml
    E. 2000 ml

12. 大量放尿会导致该患者出现
    A. 血尿
    B. 尿闭
    C. 尿痛
    D. 尿频
    E. 尿崩

二、简答题

1. 简述为男女患者实施导尿术的区别。
2. 简述大量不保留灌肠、小量不保留灌肠、保留灌肠在实施过程中的区别。

三、案例分析

患者，男性，48岁，行胃大部切除术后10 h未排尿，诉下腹胀痛，护士想了很多的方法帮助促进排尿，无效。

请回答：
1. 该患者出现了什么护理问题？列出2～3个护理诊断。
2. 护士应采取什么措施帮助患者解除痛苦？

（王　芳）

第十六章 给 药

思 维 导 图

```
给药 ─┬─ 给药的基本知识 ─┬─ 药物的种类、领取和保管知识
      │                  ├─ 给药的原则
      │                  ├─ 给药的途径
      │                  ├─ 给药的次数与时间
      │                  └─ 影响药物作用的因素
      │
      ├─ 口服给药 ─┬─ 给药指导
      │            └─ 操作要点
      │
      ├─ 注射给药 ─┬─ 注射原则
      │            ├─ 药液抽吸技术 ─┬─ 操作要点
      │            │                └─ 注意事项
      │            └─ 常用的注射方法 ─┬─ 皮内注射
      │                                ├─ 皮下注射
      │                                ├─ 肌内注射
      │                                └─ 静脉注射
      │
      ├─ 雾化吸入法 ─┬─ 超声雾化吸入法
      │              ├─ 氧气雾化吸入法
      │              └─ 定量吸入器吸入法
      │
      ├─ 药物过敏试验法 ─┬─ 青霉素过敏试验 ─┬─ 原因
      │                  │                  ├─ 临床表现
      │                  │                  ├─ 过敏性休克的处理
      │                  │                  ├─ 过敏反应的预防
      │                  │                  └─ 试验方法 ─┬─ 试验液的配置
      │                  │                                ├─ 结果判断
      │                  │                                └─ 注意事项
      │                  ├─ 头孢菌素过敏试验
      │                  ├─ 破伤风抗毒素过敏试验
      │                  ├─ 普鲁卡因过敏试验
      │                  └─ 链霉素过敏试验
      │
      └─ 局部给药 ─┬─ 滴药法 ─┬─ 目的
                    │          ├─ 实施
                    │          └─ 注意事项
                    ├─ 插入给药法 ─┬─ 直肠栓剂插入法
                    │              └─ 阴道栓剂插入法
                    ├─ 皮肤给药法
                    └─ 舌下给药法
```

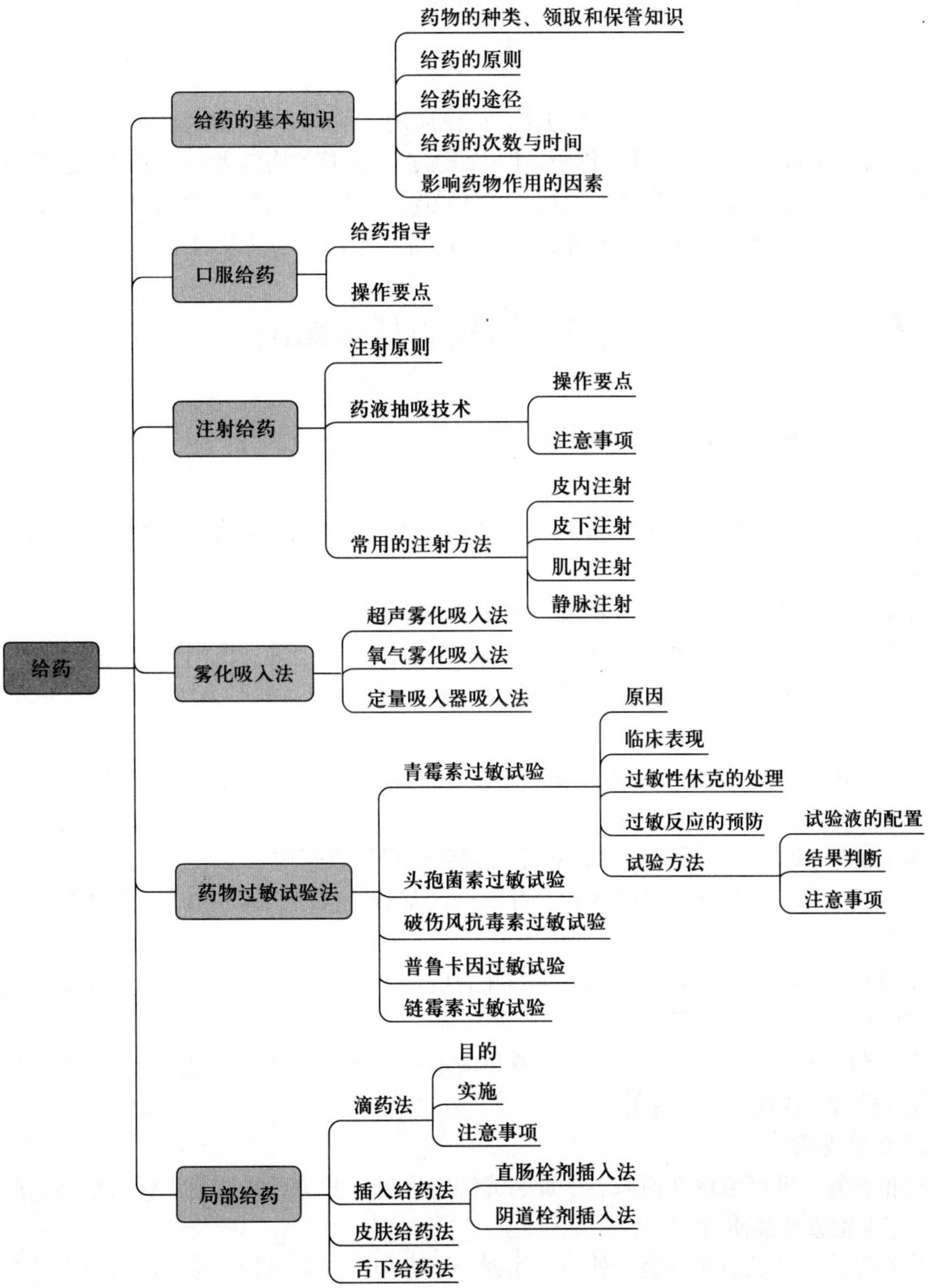

学习目标

1. 解释口服给药、皮内注射、皮下注射、肌内注射和静脉注射、超声雾化吸入法、氧气雾化吸入法、过敏反应、破伤风抗毒素脱敏注射法。
2. 知道影响药物疗效的因素、注射前准备、药液抽吸的方法。
3. 描述药物的种类、领取和保管知识、给药方法、注射用物。
4. 熟记给药原则、给药指导、口服给药；注射原则、常用注射法；超声雾化吸入法；青霉素、头孢菌素、破伤风抗毒素及普鲁卡因过敏试验法及过敏反应的护理。
5. 正确实施口服给药、各种注射法及各种过敏药物的配制与试验法，学会各种雾化吸入法。
6. 具有严谨求实的工作态度，严格执行无菌操作和查对制度，对患者关心体贴，确保药疗安全。

药物治疗是临床最常用的一种治疗方法，广泛应用于预防疾病、协助诊断、治疗疾病、维持正常生理功能及促进健康。在护理工作中，护士既是药物治疗的实施者，也是用药过程的监护者。为了保证合理、准确、安全、有效地给药，护士必须了解相关的药理学知识，掌握正确的给药方法和操作技术，用药前正确评估患者的病情及心理状态，用药后及时评价药物疗效和反应。

第一节 给药的基本知识

一、药物的种类、领取和保管知识

（一）药物的种类

1. **内服药** 分为固体剂型和液体剂型。固体剂型包括片剂、胶囊、丸剂、散剂等，液体剂型包括溶液、酊剂、合剂等。
2. **注射药** 有水剂、油剂、混悬液、结晶及粉剂等。
3. **外用药** 有酊剂、溶液、软膏、粉剂、搽剂、滴剂、栓剂、洗剂及涂膜剂等。
4. **其他剂型** 有胰岛素泵、植入缓释药片、粘贴敷片等。

（二）药物的领取方法

凭医生的处方领取药物。领取的方法根据医院的规模及相关规定，大致有以下几种。

1. **计算机联网管理** 即医生开出医嘱、医嘱处理、药物计价、记账、药品的消耗结算等，均经计算机处理，减少中间环节，病区护士直接到药房领取药物。
2. **病区药柜保管** 病区内设有药柜，存放一定基数的常用药物，由专人负责保管，按规定领取和补充。
3. **剧毒药、麻醉药等特殊药（如吗啡、哌替啶等）领取** 病区内设有固定基数，使用后凭医生处方和空安瓿领取、补充。
4. **中心药房领取** 中心药房主要为住院患者的日间用药提供药品保障，病区护士负责对所取药品进行核对、领回、妥善保管。

（三）药物保管

1. **药柜放置** 药柜应放在通风、干燥、光线明亮处，避免日光直射，保持整洁。药柜由专人负责，定期检查药品质量。
2. **分类保管** 药品应按内服、外用、注射、剧毒药等分类保管。按药物有效期的先后顺序有计划地使用，必要时护士要做好登记。剧毒药、麻醉药和贵重药应有明显标记，加锁专人保管，每班交接，做好记录。个人专用的特殊药物应注明床号、姓名并单独存放。

3. 标签明显　药瓶外的标签一定要清晰，注明药名（用中英文对照书写）、浓度、剂量，一般内服药用蓝色边标签，外用药用红色边标签，剧毒药和麻醉药用黑色边标签。

4. 定期检查　护士要定期检查药品的质量及有效期。如有浑浊、沉淀、变色、发霉、异味、药品过期、标签脱落或模糊不清等，均不能使用。

5. 根据药物性质妥善保管

（1）易挥发、潮解、风化的药物：如乙醇、过氧乙酸、酵母片、糖衣片等，应装在密闭瓶内，用后注意盖紧瓶盖。

（2）易氧化和遇光变质的药物：应避光保存，如维生素C、盐酸肾上腺素、硝酸甘油等，应装在有色瓶中盖紧，针剂类则应放在有遮光纸的药盒内。

（3）易燃、易爆的药物：如乙醚、环氧乙烷、乙醇等，应密闭单独存放于阴凉低温处，远离明火。

（4）易被热破坏的某些生物制品和药品：蛋白制剂、胰岛素、益生菌、干扰素、各种疫苗等，应置于2～10℃低温处保存。

（5）各类中药：均应放在阴凉干燥处，芳香性药品应密封盖保存。

（6）患者个人专用药：应单独存放并注明床号、姓名。

 考点提示

药物的领取和保管。

二、给药的原则

给药原则是一切用药的总则，在执行药疗时要严格遵守。

（一）根据医嘱给药

护士在执行药疗的过程中，必须严格遵医嘱给药，不得擅自更改。同时，护士要有一定的药理知识，熟悉常用药物的作用、副作用、用法、毒性反应，了解患者的身心状况，对有疑问的医嘱，应立即向医生提出，核实准确后方可给药，不可盲目执行医嘱。如发现给药错误，应及时报告医生，予以处理。

（二）严格执行查对制度

严格执行"三查八对"，三查指操作前、操作中、操作后查（查"八对"的内容）。八对指对床号、姓名、药名、浓度、剂量、用法、时间和有效期。注意观察患者用药后的反应。

（三）正确安全合理给药

1. 做到五准确，即准确的药物、准确的剂量、准确的途径、准确的时间、准确的患者。
2. 备好的药物应及时使用，避免久置引起药物污染或药效降低等。
3. 注意配伍禁忌，当有两种或两种以上的药物联合使用时，应查对有无配伍禁忌。
4. 按需进行药物过敏试验，对于易发生过敏反应的药物，给药前应了解患者的用药史、过敏史，并按要求做药物过敏试验。
5. 给药前应评估患者的病情、治疗方案、过敏史和所用的药物，向患者解释，以取得合作，并给予相应的用药指导，提高患者自我合理用药能力。

（四）观察用药反应

护士要监测患者病情变化，注意观察药物疗效和不良反应，对易引起过敏反应及毒副作用较大的药物,应加强观察,做好相应记录。

 考点提示

给药原则。

三、给药的途径

给药途径依据药物的性质、剂型、机体对药物的吸收情况和用药目的不同而定。常用的给药途径有口服、吸入、舌下含服、外敷、直肠给药、注射(皮内、皮下、肌内、静脉注射)等。不同的给药途径吸收速度不同,动、静脉注射药液直接进入血液循环吸收的速度最快,其他药物吸收顺序依次为雾化吸入＞舌下含服＞直肠给药＞肌内注射＞皮下注射＞口服给药＞皮肤外敷。

四、给药的次数与时间

给药的次数和时间取决于药物的半衰期和人体的生理节奏,以维持血液中有效的血药浓度,发挥最大药效。临床常用外文缩写表示用药次数和时间间隔,医院常用的外文缩写与中文译意见表 16-1,医院常用给药时间安排见表 16-2。

表 16-1 医院常用外文缩写与中文译意

外文缩写	中文译意	外文缩写	中文译意
qh	每 1 小时一次	Rp,R	处方/请取
q2h	每 2 小时一次	DC	停止
q4h	每 4 小时一次	po	口服
q6h	每 6 小时一次	ID	皮内注射
qd	每日一次	H	皮下注射
bid	每日两次	IM 或 im	肌内注射
tid	每日三次	IV 或 iv	静脉注射
qid	每日四次	ivgtt	静脉滴注
qod	隔日一次	OD	右眼
biw	每周两次	OS	左眼
qn	每晚一次	OU	双眼
qm	每晨一次	AD	右耳
am	上午	AS	左耳
pm	下午	AU	双耳
12n	中午 12 点	aa	各
12mn	午夜 12 点	gtt	滴
ac	饭前	prn	需要时(长期)
pc	饭后	sos	必要时(限用一次,12 小时内有效)
hs	睡前		
st	立即		

表 16-2　医院常用的给药时间安排

给药时间	给药安排
qm	6：00
qd	8：00
bid	8：00，16：00
tid	8：00，12：00，16：00
qid	8：00，12：00，16：00，20：00
q2h	6：00，8：00，10：00，12：00…
q4h	8：00，12：00，16：00，20：00…
q6h	8：00，14：00，20：00，2：00
qn	20：00

考点提示

医院常用外文缩写与中文译意。

五、影响药物作用的因素

（一）药物因素

药物进入人体产生药效，必须经过吸收、分布、代谢、排泄的过程，药物在血浆中达到一定浓度才能到达作用部位产生作用。药效产生的快慢与药物吸收有关，而药物的分布、代谢与排泄可决定药物在体内作用时间的长短。

1. 药物的吸收　是指药物自给药部位进入血液循环的过程。药物的分子大小、化学性质和解离度、药物剂型、给药途径和给药部位影响药物的吸收速度和量，进而影响药效的发挥。如水溶性制剂比油剂、混悬液以及固体剂型吸收得快；小分子药物及脂溶性高、极性低的药物容易通过细胞膜而被吸收；静脉给药直接进入血液循环，比肌内注射给药药效发挥速度快。

2. 药物的分布　是指药物随血液循环向组织、脏器转运的过程。药物在每一个组织和脏器中的分布是不均匀的。药物在体内的分布受血浆蛋白质、器官血流量、吸收部位的血液循环、pH、药物对组织脏器的亲和力等因素的影响。

3. 药物的代谢　是指药物进入作用部位与组织细胞相互作用，失去活性，最终排出的过程。大部分药物在肝代谢，少部分在肾、肠系膜、血浆代谢。肝肾功能不良者影响药物的代谢过程。

4. 药物的排泄　是指药物及其代谢产物自体内排出体外的过程，也是药物自体内消除的重要方式。药物主要经肾排泄，其次是消化道、呼吸道、胆道、汗腺、乳腺、唾液腺。排泄器官功能障碍会影响药物的排泄，造成药物蓄积性中毒。

（二）给药方法

给药途径、时间、剂量以及联合用药等均对药物的作用有重要影响。

1. 给药途径　不同的给药途径可影响药效的强弱和起效的快慢。如经静脉给药时，药物直接进入血液循环，作用最快。在某些情况下，不同的给药途径还会产生不同的药效，如硫酸镁口服有导泻和利胆作用，而注射则有镇静和降压的作用。

2. 给药时间　为了提高疗效和降低药物毒性反应,不同药物有不同的给药时间。如健胃药宜饭前服用,对胃黏膜有刺激性的药物宜饭后服用。给药的间隔时间取决于药物的半衰期,应根据患者的具体情况,以维持药物在血液中的有效浓度为最佳选择,某些药物为了维持其在血液中的有效浓度,必须做到定时给药;肝、肾功能不良者应适当调整给药间隔时间,避免蓄积性中毒。

3. 给药剂量　给药剂量与疗效存在一定的规律关系,药物必须达到一定的剂量才能产生效应,在一定的范围内剂量增加,疗效也随之增强,但药物毒性也相对增大。当药物作用达到最大效应后,即使再增加剂量,其疗效也不会增强,反而会导致药物毒性反应增加。

4. 联合用药　指两种或两种以上药物同时或先后应用。联合用药的目的是增强疗效,减少副作用。若联合用药后使原有的效应增强称为协同作用,若联合用药后使原有的效应减弱称为拮抗作用。如异烟肼和乙胺丁醇合用可增强抗结核作用,不合理的联合用药会降低疗效,加大毒性,如庆大霉素与依他尼酸钠或呋塞米配伍,可致永久性耳聋。临床静脉滴注药物时,注射剂在混合使用或稀释时易产生物理或化学改变,因此要遵守"常见药物配伍禁忌"的规定。

(三) 机体因素

1. 生理因素

(1) 年龄与体重:一般来说,药物用量与体重成正比。但儿童和老年人对药物的反应与成人不同。对药物的反应除体重因素外,还与生长发育和机体的功能状态有关。儿童的神经系统、内分泌系统以及许多脏器发育尚未完善,新陈代谢又特别旺盛,对药物的反应比较敏感。老年人的组织器官及其功能随年龄增长而出现生理性衰退,会影响药物的代谢、排泄,对药物的耐受性降低。所以儿童和老年人的用药剂量应以成人剂量为参考酌情减量。另外,老年人用药的依从性较差,应注意督促其按医嘱服药。

(2) 性别:性别不同,对药物的反应一般无明显差异。但女性在月经期、妊娠期、分娩期和哺乳期时用药要特别注意。如月经期慎用或禁用峻泻药、抗凝药和刺激性药物,以免引起盆腔充血、月经过多;妊娠期特别注意有部分药物可通过胎盘进入胎儿体内引起中毒或造成胎儿畸形;分娩期使用镇静药需注意用药时机,避免吗啡等镇静药对新生儿呼吸产生抑制作用;哺乳期用药要考虑有些药物通过乳汁排泄,进入乳儿体内影响发育或引起中毒。

2. 病理因素　疾病可影响机体对药物的敏感性,也可改变药物的体内过程,从而增强或减弱药物的效应。在病理因素中,肝、肾功能具有特别的意义。肝实质细胞受损可导致某些药物代谢减少,此时主要在肝代谢的药物要减量、慎用或禁用。肾功能受损时,某些主要经肾排泄的药物因半衰期延长,可造成蓄积性中毒,故应减量或避免使用。

3. 心理因素　在一定程度上可影响药物的效应,其中以患者的情绪、对药物的信任程度、医护人员的语言及暗示作用等最为重要。如"安慰剂"的疗效正是心理因素影响的结果。在给药过程中,护士应充分调动患者的主观能动性,以便更好地发挥药物的疗效。

4. 个体差异　在年龄、体重、性别等基本因素相同的情况下,不同个体对同一药物的反应仍有差异。如体质特异的患者对某类药物敏感度高,虽服用极少量,仍能引起中毒,必须避免使用。

(四) 饮食因素

1. 促进药物吸收而增加疗效　如酸性食物可增加铁剂的溶解度,促进铁的吸收;粗纤维食物可促进肠蠕动,增进驱虫药的疗效;高脂饮食可促进脂溶性维生素吸收。

2. 干扰药物吸收而降低疗效　如补钙时不宜同食菠菜,因菠菜中含有大量草酸,草酸与钙结合形成不易吸收的草酸钙,从而会影响钙的吸收;铁剂不宜与茶水、高脂食物同时服用,因为茶叶中的鞣酸与铁结合会形成铁盐,妨碍铁的吸收,脂肪抑制胃酸分泌,也会影响铁的吸收，从而降低疗效。

3. 改变尿液的 pH 而影响疗效　动物性脂肪在体内代谢产生酸性物质，牛奶、豆制品、蔬菜等食物在体内代谢产生碱性物质，其排出时影响尿液 pH，从而影响药物疗效。如氨苄西林在酸性尿液中杀菌力强，用它治疗尿路感染时宜多食荤食，使尿液偏酸，增强抗菌作用；而应用氨基糖苷类、头孢菌素、磺胺类药物时，则宜多食素食，以碱化尿液，增强抗菌疗效。

> **知识链接**
>
> **配伍禁忌**
>
> 　　两种或两种以上药物在体外相互混合时发生物理或化学的相互作用，从而改变药物的性质，影响药物疗效或产生毒性反应称为配伍禁忌。正因为药物之间有相互作用，因此当同时使用多种药物时，护士要认真核对药物的配伍禁忌表，避免发生配伍禁忌的差错或事故。特别是在使用新药时必须慎重，必要时应该按照规定做交叉配伍试验。

第二节　口服给药

案例 16-1

患者，女性，25 岁。主诉流清涕、咳嗽、咽痛 3 日，加重 1 日，到医院就诊。体格检查：T 39.5 ℃，P 108 次 / 分，R 24 次 / 分。诊断：上呼吸道感染。医嘱：康泰克 2 粒 po tid，穿心莲片 2 片 po tid，维生素 C 0.2 g po tid，止咳糖浆 5 ml po tid。

问题与思考：
1. 护士发药时如何正确指导患者服药？
2. 护士在发药时应注意哪些问题？

口服给药（administering oral administration）是指药物口服后经胃肠黏膜吸收入血液循环，从而发挥局部或全身的治疗作用，以达到防治和诊断疾病目的的一种给药方法。它是临床最常用的给药方法，具有方便、经济、安全的优点。但口服给药吸收慢且不规则，药物产生效应的时间较长，故不适用于急救给药，对意识不清、呕吐频繁、禁食等患者也不适用。

一、给药指导

（一）一般给药指导

1. 准时服药，维持药物在血液中的有效浓度，达到治疗效果。
2. 需吞服的药物用温开水送服，不宜用茶水。
3. 缓释片、肠溶片、胶囊吞服时不可嚼碎。
4. 舌下含片应放于舌下或两颊黏膜与牙齿之间待其溶化。

（二）特殊药物给药指导

1. 对牙齿有腐蚀作用和使牙齿染色的药物，如酸类、铁剂，服用时应用吸管吸入，服药后漱口。服用铁剂时禁忌饮茶，以免铁盐形成，影响药物的吸收。

2. 磺胺类药物和退热药服用后应多饮水，因磺胺类药物经肾排出，尿少时易析出结晶，引起肾小管堵塞；退热药起发汗降温作用，多饮水有利于增强疗效。

3. 健胃药及刺激食欲的药物应在饭前服用，以增加食欲。

4. 助消化药及对胃黏膜有刺激性的药物宜饭后服用，有利于食物消化或减少对胃黏膜的刺激，减轻胃肠道的不良反应。

5. 服用止咳糖浆后不宜立即饮水，以免冲淡药液，降低疗效。同时服用多种药物时，应最后服用止咳糖浆。

6. 强心苷类药物，服用前应先测量患者脉率（心率）及节律，若成人脉率低于60次/分或节律异常时，应暂停服药并向医生报告。

7. 对危重患者及不能自行服药的患者应喂服。鼻饲的患者须将药物研碎，用水溶解后，从胃管注入，再以少量温开水冲净胃管。

考点提示

一般给药指导和特殊药物给药指导。

二、操作要点

⊃ 护理评估

1. 评估与解释

（1）评估患者：①核对患者身份，如床号、姓名、住院号、性别、年龄和诊断；②全身情况，如病情、治疗情况、意识状态、心理反应及合作程度；③局部情况，如有无口腔、食管疾患，有无恶心、呕吐；④患者的用药史、过敏史，以及对药物相关知识的了解程度等。

（2）解释：向患者解释给药目的、服药方法及注意事项。

2. 评估环境　环境整洁，舒适，安静，光线充足。

⊃ 护理计划

1. 目的　减轻症状、协助诊断、预防和治疗疾病。

2. 准备

（1）护士准备：衣帽整洁，修剪指甲，洗手，戴口罩。

（2）患者准备：了解服药目的、方法、注意事项及配合要点，取舒适体位。

（3）用物准备：①中心药房配药：患者所需口服药物由中心药房负责准备。病区护士负责把服药车、医生处方送至中心药房，中心药房的药剂师负责摆药、核对，并将服药车上锁，外勤人员将服药车送至病区，须由两名护士再次查对无误后发给患者。②病区配药：药车、服药本、小药卡、药盘、药杯、药匙、量杯、滴管、研钵、湿纱布、治疗巾、饮水管、水壶（盛有温开水）等。

⊃ 护理实施

口服给药法实施，见表16-3。

表16-3　口服给药法实施

护理实施	流程简释	要点说明
▲备药		
查对准备	（1）核对服药本和小药卡 （2）按床号顺序将小药卡插入药盘内，放好药杯	• 两名护士查对

续表

护理实施	流程简释	要点说明
正确配药	（1）固体药：用药匙取药 ①药片、胶囊等直接放入药杯内 ②粉剂、含化片及特殊要求的药物用纸包好 （2）液体药：用量杯量取 ①量杯计量：先摇匀药液，打开瓶盖，内面朝上放置，一手持量杯，将拇指置于所需刻度，并使药液水平与量杯刻度同高，保证剂量刻度与视线平行（图16-1），以保证剂量准确。另一手持药瓶，瓶签朝向手心，倒药液至所需刻度，再倒入药杯内，用湿纱布擦净瓶口，盖好瓶盖，放回原处 ②滴管计量：油剂或不足 1 ml 的药液，用滴管吸取，先在药瓶内倒入少量温开水，再滴入所需药液，不易稀释的药物可用固定滴管，直接滴入患者口中	• 先配固体药，再配液体药 • 一名患者的药配好后再配另一名患者的药物 • 更换药液品种时，应洗净量杯再用，防止更换药液发生化学反应 • 同时服用几种药液者，应分别倒入不同药杯 • 滴管尖与药液水平面呈 45°，按 15 滴为 1 ml 计算 • 以免药液附着杯壁而影响服药剂量
再次查对	摆药完毕，需将服药本、小药卡、药物再重新核对一遍，放在口服药车上	• 确保用药安全
整理清洁	整理、清洁药柜及用物	
▲发药		• 严格按规定时间发药
发药前准备	（1）洗手，戴口罩 （2）备好服药本、发药车、温开水	• 发药前了解患者有关情况
再次核对	备齐用物携至患者床旁，再次核对床号、姓名、药名、浓度、剂量、用法、时间，核对无误后再发药	• 询问患者床号、姓名，查对手腕带，得到准确应答后再发药，确保无误
做好解释	解释服药的目的和注意事项	• 更换药物或停药时，应告知患者 • 患者提出疑问时应重新核对医嘱，确认无误后再给患者服药
协助服药	（1）协助患者取舒适体位及服药 （2）确认患者已服药后方可离开，特别是麻醉药、催眠药、抗肿瘤药等	• 危重及不能自行服药的患者应喂服 • 婴幼儿、鼻饲、上消化道出血者或口服固体药困难的患者，应将药物研碎，用水充分溶解后给予，鼻饲者从胃管注入后，再以少量温开水冲洗胃管
再次核对	服药后再次核对患者身份及药物	
整理消毒	（1）收回药杯，协助患者取舒适体位 （2）药杯先浸泡消毒后清洁，再消毒备用 （3）一次性药杯集中消毒后销毁 （4）清洁药盘、药车	• 盛油剂的药杯，先用纸擦净，再做初步消毒 • 防止交叉感染
洗手	取适量手消毒液，消毒双手	
观察、记录	观察患者用药后疗效及反应，记录	• 如有异常要及时报告医生，配合处理

◯ **护理评价**

1. 严格执行查对制度,实施方法正确、规范,无差错及不良反应发生。
2. 护患沟通有效,患者了解服药的目的,能够主动配合,达到预期效果。
3. 充分体现以人为本的护理服务理念,关爱患者。

◯ **注意事项**

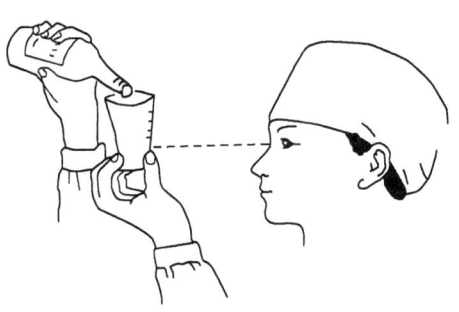

图 16-1　倒取药液的方法

1. 严格执行查对制度,不能同时取出两位患者的药物,以防发错,确保患者用药安全。
2. 发药前应了解患者的相关情况,因特殊检查或手术需禁食者,暂不发药,并做好交接班;发药时如患者不在,应将药物带回保管,同时做好交接班;如患者出现呕吐,应查明原因再进行相应处理,并暂停口服给药。
3. 观察患者服药后的疗效和不良反应,如有异常,及时与医生联系,酌情处理。

 考点提示

口服给药的操作要点及注意事项。

第三节　注射给药

注射给药(administering injection)是将无菌药液注入体内,以达到预防、诊断和治疗疾病目的的一种给药方法。其优点是药物吸收快、血药浓度升高迅速、进入体内的药量准确,适用于需要药物迅速发生作用或因各种原因不宜口服给药的患者。但注射给药法会造成一定程度的组织损伤,可引起疼痛或潜在并发症。另外,由于药物吸收快,某些药物的不良反应出现迅速,也使处理的难度加大。常用的注射给药法包括皮内注射、皮下注射、肌内注射及静脉注射。

一、注射原则

(一)严格执行查对制度

1. 严格执行"三查八对",确保给药准确无误。
2. 严格检查药液质量,如发现药物有浑浊、沉淀、变质、变色、过期或安瓿有裂痕或密封瓶盖松动等现象,均不可使用。
3. 同时注射多种药物时,应注意药物有无配伍禁忌。

(二)严格遵守无菌操作原则

1. 操作前,护士应保持衣帽整洁,修剪指甲、洗手、戴口罩。
2. 操作环境清洁、宽敞、明亮,符合无菌操作要求。
3. 所用物品符合无菌技术操作要求,如一次性注射器在有效期内,包装完好,无破损。注射器针筒内面、活塞、乳头、针梗与针尖均应保持无菌,避免污染。
4. 注射部位皮肤按要求进行消毒,并保持无菌。①用棉签蘸取 0.5% 聚维酮碘或安尔碘,以注射点为中心由内向外螺旋式消毒,直径大于 5 cm,消毒两遍,待干后即可注射;②用 2% 碘酊,同法消毒 1 遍,待干(约 20 s)后,再用 75% 乙醇同法脱碘,范围略大于碘酊消毒面积,待干后方可注射;③用大于 0.5% 的氯己定同法消毒两遍待干,即可注射。

（三）严格执行消毒隔离制度

1. 注射时做到一人一套物品　包括注射器、针头、止血带、垫巾，避免交叉感染。
2. 所用物品须按消毒隔离制度处理　一次性物品应按规定处理，不可随意丢弃。

（四）选择合适的注射器和针头

1. 根据药液剂量、黏稠度、刺激性的强弱和给药途径选择合适的注射器和针头。
2. 一次性注射器应在有效期内，包装完整，无漏气。针头应型号合适，锐利、无钩、不弯曲。注射器和针头衔接紧密。

（五）药液应现配现用

药液应在规定的时间内临时抽取，及时注射，以防药物效价降低或被污染。

（六）选择合适的注射部位

1. 注射部位应避开血管（动脉、静脉注射除外）及神经处。
2. 局部皮肤应无损伤、炎症、硬结、瘢痕、皮肤病。
3. 需长期注射的患者，应有计划地更换注射部位。

（七）注射前排尽空气

注射前须排尽注射器内空气，尤其是动、静脉注射，以防气体进入血管形成栓塞。排气时防止药液浪费。

（八）检查回血

除皮内注射外，其他注射法进针后，在注射药液前，须抽动活塞，检查有无回血。动、静脉注射必须见回血后方可注射药物。皮下、肌内注射无回血方可注射药物，若有回血，应拔出针头重新注射。

（九）掌握无痛注射技术

1. 解除患者顾虑，分散患者注意力。
2. 指导并协助患者取合适的体位，放松肌肉。
3. 注射时要做到"二快一慢"，即进针、拔针快，推药速度慢且均匀。
4. 注射刺激性较强的药物时，应选用细长针头，深部注射。多种药物同时注射时，一般先注射刺激性较弱的药物，再注射刺激性较强的药物，以减轻疼痛感。

考点提示

注射原则。

二、注射前准备

（一）用物准备

1. 注射盘
（1）无菌持物镊：浸泡于消毒液内或盛放于灭菌后的干燥容器内。
（2）皮肤消毒液：0.5%聚维酮碘或安尔碘，2%碘酊，75%乙醇。
（3）无菌棉签、砂轮、弯盘、启瓶器及无菌纱布。静脉注射时加止血带、一次性治疗巾等。

2. 注射器和针头　根据注射部位和注射药液量选择注射器和针头（图16-2）。
（1）注射器：分为空筒和活塞两部分。空筒前端为乳头，空筒上标有刻度，活塞后部为活塞轴、活塞柄。其中乳头、空筒内壁、活塞体应保持无菌，不可用手触及。
（2）针头：分为针尖、针梗和针栓3部分。
（3）注射器规格和针头型号：有多种，见表16-4。

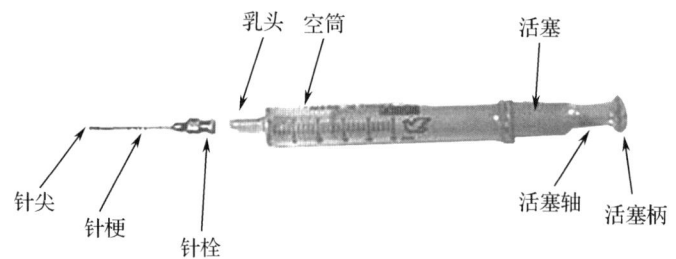

图 16-2　注射器和针头的构造

表 16-4　各种注射法常用注射器和针头的规格

注射方法	注射器规格	针头型号
皮内注射	1 ml	4～5 号
皮下注射	1 ml、2 ml	5～6 号
肌内注射	2 ml、5 ml	6～7 号
静脉注射	5 ml、10 ml、20 ml、30 ml、50 ml、100 ml	6～9 号
静脉采血	2 ml、5 ml，视采血量而定	6～16 号

3. 注射药物　按医嘱准备。
4. 注射本或注射卡　根据医嘱准备，是注射给药的依据，便于"三查八对"。
5. 治疗车备物　治疗车上层备手消毒液，治疗车下层备生活垃圾桶、医用垃圾桶、锐器盒。

三、药液抽吸法

⊃ **护理评估**
1. 评估给药目的、药物性能及给药方法，掌握正确的给药时间。
2. 评估环境　安静，整洁，光线充足，符合无菌技术操作要求。

⊃ **护理计划**
1. 目的　遵医嘱准确进行药液抽吸，为注射做准备。
2. 准备
（1）护士准备：衣帽整洁，修剪指甲、洗手、戴口罩。核对医嘱，按医嘱备药。
（2）用物准备：①治疗车上层备注射盘、注射卡、药物（按医嘱备药），根据注射方法选择合适的注射器和针头；②治疗车下层备医用垃圾桶、生活垃圾桶、锐器盒。

⊃ **护理实施**
药液抽吸实施，见表 16-5。

表 16-5　药液抽吸实施

护理实施	流程简释	要点说明
核对检查	核对医嘱、注射卡、药液（药名、浓度、剂量）；检查药液质量及有效期	• 严格查对，确保安全
抽吸药液	（1）自安瓿抽吸药液 ①消毒折断：轻弹安瓿顶端，将药液弹至体部，在安瓿颈部划一锯痕，用 75% 乙醇消毒后，垫无菌纱布折断安瓿（图 16-3）	• 安瓿颈部若有蓝色标记，则无需划痕，可消毒后直接折断安瓿 • 注射器与针头要衔接紧密

护理实施	流程简释	要点说明
抽吸药液	②检查注射器及针头质量，调整针尖斜面向下，注射器容量刻度向上 ③抽吸药液：持注射器，将针尖斜面向下插入安瓿内液面下，手持活塞柄，抽动活塞，抽吸药液至全部抽吸干净（图16-4，图16-5） （2）自密封瓶抽吸药液 ①消毒瓶塞：除去铝盖中心部分，常规消毒瓶塞，待干 ②注入空气：注射器内吸入与所需药液等量的空气，示指固定针栓，将针头插入瓶内，注入空气 ③抽吸药液：倒转药瓶，使针尖在液面下，吸取所需药液量，示指固定针栓，拔出针头（图16-6）	• 抽药时，针头不可触及安瓿外口，针栓不可进入安瓿内；手不可触及针梗和针尖，不得用手握住活塞体，以免污染药液 • 避免污染药液 • 增加瓶内压力，便于抽吸
排气备用	将针头垂直向上，轻拉活塞，使针头内的药液流入注射器，并使气泡集于乳头口，轻推活塞，排出气体	• 避免污染针头和浪费药液
再次核对	再次核对无误后，套上安瓿、密闭瓶，放入无菌盘内备用	• 保持无菌，防止锐器伤
处理用物	处理用物，洗手	

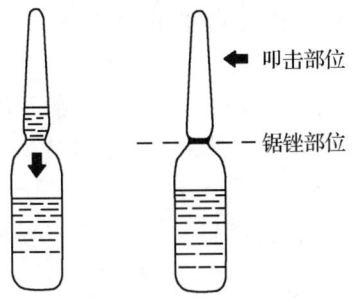

图16-3 安瓿使用前处理

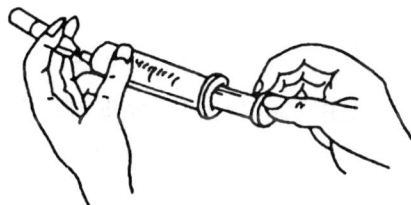

图16-4 自小安瓿抽吸药液

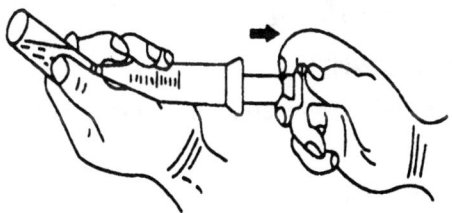

图16-5 自大安瓿抽吸药液

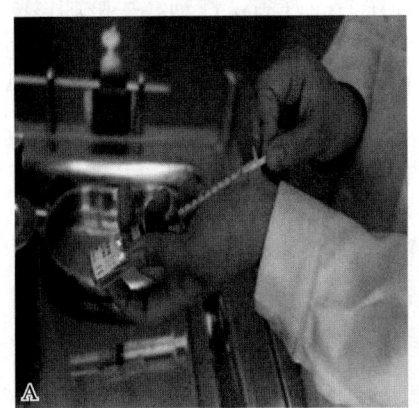

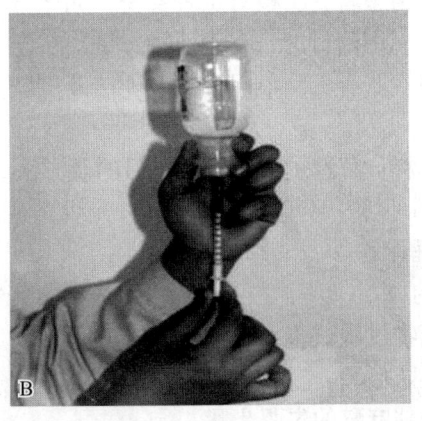

图16-6 自密封瓶抽吸药液

➲ **护理评价**

1. 严格执行查对制度，遵守无菌操作原则。
2. 实施方法正确、规范、药量准确。
3. 充分体现爱伤观念，无损伤、无污染。

➲ **注意事项**

1. 严格执行查对制度，遵守无菌操作原则。
2. 根据药液的性质正确抽取药液。结晶、粉剂药物用等渗盐水、注射用水或专用溶媒将其充分溶解后再抽吸；混悬剂应摇匀后立即吸取；油剂可稍加温或双手对搓药瓶（药液易被热破坏者除外）后，选用稍粗针头吸取。
3. 抽尽药液的安瓿或空药瓶不可立即丢弃，以备查对。
4. 药液应现用现配现抽吸，避免药液污染和效价降低。

知识链接

无针注射器

无针注射器是在进行药物注射时不借助针头，使用高压氧气原理，使药液形成较细的液体流，液体药物以超细、高速、直线喷出、高压氧气的方式瞬间穿透皮肤到达皮下。由于注射原理的改变，药液在皮下弥散分布、起效时间更快，药物吸收率更高。

1866年，法国科学家Beclard首次提出"无针注射"的概念，众多学者就开始研制无需针头、凭借高速气流推动将药液扩散注入患者体内的注射器。经多年研制，世界上第一只无针注射器产品于1992年在德国上市，获批专用于注射胰岛素。无针注射作为一种新的注射技术，近些年渐渐应用于临床。无针注射技术的应用被称为"医用注射技术的一次革命"。

四、常用注射法

（一）皮内注射

皮内注射（intradermal injection，ID）是将少量药液或生物制品注射于表皮与真皮之间的方法。

➲ **护理评估**

1. 评估与解释

（1）评估患者：①核对患者身份，如床号、住院号、姓名、性别、年龄和诊断；②全身情况，如病情、用药目的、有无药物过敏史、意识状态、心理反应及合作程度；③局部情况，观察注射部位皮肤有无瘢痕、炎症、硬结及皮肤受损；④患者对皮内注射的目的和操作方法的了解程度等。

（2）解释：解释皮内注射操作目的及方法，取得患者的配合。

2. 评估环境　环境安静，整洁，光线充足，符合无菌技术操作要求。

➲ **护理计划**

1. 目的

（1）药物过敏试验，观察有无过敏反应。

（2）预防接种。

（3）局部麻醉的先驱步骤。

2. 准备

（1）护士准备：着装整洁，洗手，戴口罩，核对并转抄医嘱。

（2）患者准备：明确皮内注射的目的，了解操作过程，能配合操作。

（3）用物准备：①治疗车上层备注射盘，注射盘内置1 ml注射器、4～5号针头、按医嘱备药液，做药物过敏试验时备0.1%盐酸肾上腺素及一次性注射器（2 ml）。注射盘外置注射卡、手消毒液。②治疗车下层备锐器盒、医用垃圾桶、生活垃圾桶。

⊃ **护理实施**

皮内注射实施（以药物过敏试验为例），见表16-6。

表16-6 皮内注射法实施

护理实施	流程简释	要点说明
准备药液	根据医嘱准备药	• 认真执行查对制度
核对、解释	携用物至床旁，核对患者床号、姓名，查看手腕带，解释操作目的及配合要点	• 确认患者，取得合作
选择部位	（1）药物过敏试验：选用前臂掌侧下段 （2）预防接种：选用上臂三角肌下缘 （3）局部麻醉的先驱步骤：选用实施局部麻醉处	• 该处皮肤较薄，肤色较淡，易于注射，且易观察局部反应
消毒皮肤	用75%乙醇消毒皮肤，待干	• 忌用含碘消毒剂消毒，以免着色影响对局部反应的观察及与碘过敏反应相混淆 • 若患者乙醇过敏，可选择0.9%生理盐水进行皮肤清洁
核对排气	核对患者床号、姓名、药液，排尽空气	• 操作中查对
进针、推药	（1）一手绷紧皮肤，另一手持注射器，示指固定针栓（图16-7），针尖斜面向上，与皮肤呈5°角进针（图16-8） （2）待针尖斜面完全刺入皮内后，放平注射器，固定针栓，推入药液0.1 ml，使局部隆起呈半球状皮丘，皮肤变白并显露毛孔	• 进针角度不可过大，以免刺入皮下 • 注入药物的剂量要准确 • 注射过程中关注患者反应
拔针观察	注射完毕，迅速拔出针头，勿按压针眼	• 嘱患者勿按揉局部皮肤，以免影响结果判断 • 勿离开病室或注射室，20 min后观察局部反应，做出判断
再次核对	再次核对患者床号、姓名、药名、浓度、剂量、给药方法及时间	• 操作后查对
整理	（1）协助患者取舒适体位，整理床单位 （2）清理用物	• 所用物品须按消毒隔离制度处理，对一次性物品应按规定处理
洗手、记录	洗手，记录	• 药物过敏试验20 min后观察结果，正确判断阴性、阳性，记录试验结果

⊃ **护理评价**

1. 严格执行查对制度和无菌操作原则。实施方法正确、规范，患者安全。

2. 护患沟通有效，患者知晓注射的目的，能够配合，达到预期效果。

3. 充分体现以人为本的护理服务理念，关爱患者。

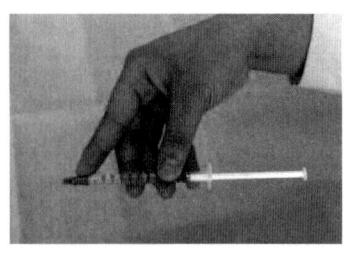
图 16-7 皮内注射持针方法

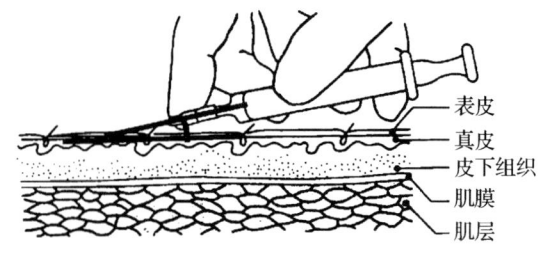
图 16-8 皮内注射进针角度

注意事项

1. 严格执行查对制度，遵守无菌操作原则，严格执行消毒隔离制度。
2. 做过敏试验前，应询问患者用药史、过敏史、家族史，如患者对该药物过敏，则不应做过敏试验，并与医生联系，更换其他药物。
3. 在为患者做药物过敏试验前，要备好急救药品，以防发生意外。
4. 做过敏试验时，忌用含碘消毒剂，以免着色，影响对过敏试验结果的判断，且避免与碘过敏反应相混淆。
5. 做过敏试验时，嘱患者勿按揉注射部位，以免影响对结果的判断。
6. 如皮试结果不能确认或怀疑假阳性时，应采取对照试验。方法为：在另一前臂相应部位注入 0.1 ml 生理盐水，20 min 后对照观察反应。

考点提示

皮内注射的实施要点及注意事项。

（二）皮下注射

皮下注射（subcutaneous injection，H）是将少量无菌药液注入皮下组织的方法。

护理评估

1. 评估与解释

（1）评估患者：①核对患者身份，如床号、住院号、姓名、性别、年龄和诊断；②全身情况，如病情、用药目的、有无药物过敏史、意识状态、心理反应及合作程度；③局部情况，观察注射部位皮肤有无瘢痕、炎症、硬结及皮肤受损；④患者对皮下注射的目的和操作方法的了解程度等。

（2）解释：解释皮下注射操作目的及方法，取得患者的配合。

2. 评估环境　环境安静，整洁，光线充足，符合无菌技术操作要求。

护理计划

1. 目的

（1）用于不宜口服而需在一定时间内发挥药效的小剂量药物，如胰岛素、肾上腺素等药物注射。

（2）预防接种。

（3）局部麻醉用药。

2. 准备

（1）护士准备：着装整洁，洗手，戴口罩，核对并转抄医嘱。

（2）患者准备：明确皮下注射的目的，了解操作过程，能配合操作。

（3）用物准备：①治疗车上层备注射盘，注射盘内置 1~2 ml 注射器、5~6 号针头、皮肤消毒液（2% 的碘酊、75% 乙醇或 0.5% 聚纺酮碘）、无菌棉签、按医嘱备药液。注射盘外置注射卡、手消毒液；②治疗车下层备锐器盒、医用垃圾桶、生活垃圾桶。

◗ 护理实施

皮下注射实施，见表 16-7。

表 16-7 皮下注射法实施

护理实施	流程简释	要点说明
准备药液	根据医嘱准备药	• 认真执行查对制度
核对、解释	携用物至床旁，核对患者床号、姓名，查看手腕带，解释操作目的及配合要点	• 确认患者，取得合作
选择部位	常选用上臂三角肌下缘、上臂外侧（中 1/3）、腹部、后背、大腿前侧和外侧等（图 16-9A、B、C）	• 根据注射目的正确选择注射部位 • 长期注射者，应定期更换注射部位，建立轮流交替注射计划
消毒皮肤	常规消毒皮肤，待干	
核对、排气	核对患者床号、姓名、药液，排尽空气	• 操作中查对
进针、推药	（1）一手绷紧患者皮肤，另一手持注射器，示指固定针栓，针尖斜面与皮肤呈 30°～40°，快速刺入针梗的 1/2～2/3（图 16-10） （2）松开绷紧皮肤的手，抽动活塞，如无回血，缓慢注射药液	• 进针角度不宜超过 45°，以免刺入肌层 • 勿全部刺入，以免不慎断针不易处理
拔针观察	注射毕，用无菌干棉签轻压穿刺处，快速拔针后按压	• 按压至不出血为止
再次核对	再次核对患者床号、姓名、药名、浓度、剂量、给药方法及时间	• 操作后查对
整理	（1）协助患者取舒适体位，整理床单位 （2）清理用物	• 所用物品须按消毒隔离制度处理，对一次性物品应按规定处理
洗手、记录	洗手，记录	• 记录注射时间，药物名称、浓度、剂量，患者的反应

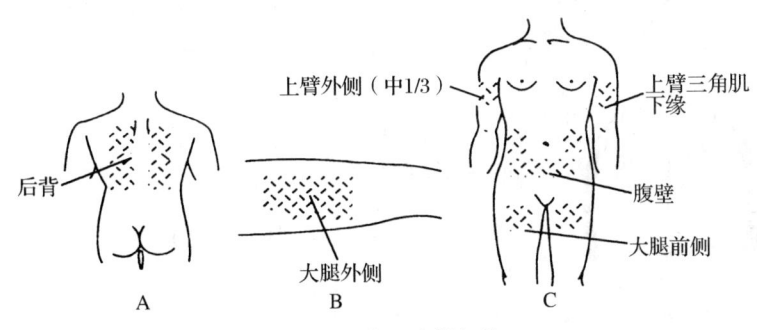

图 16-9 皮下注射部位

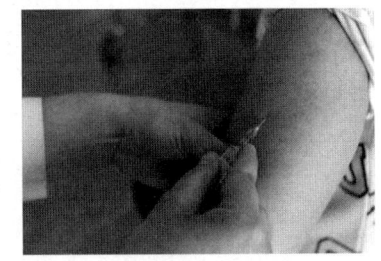

图 16-10 皮下注射

◗ 护理评价

同皮内注射。

◗ 注意事项

1. 严格执行查对制度，遵守无菌操作原则，严格执行遵守消毒隔离制度。
2. 对需长期注射者应有计划地更换注射部位，以免局部产生硬结。如糖尿病患者使用胰岛素治疗时，可采用多部位轮流皮下注射。

3. 过于消瘦者，可捏起注射部位组织并适当减小进针角度。

4. 注射药液不足 1 ml 时，应选择 1 ml 注射器抽吸药液，以保证剂量准确。

5. 刺激性强的药液不宜皮下注射。

考点提示

皮下注射的实施要点及注意事项。

（三）肌内注射

肌内注射（intramuscular injection，IM）是将一定量无菌药液注入肌肉组织的方法。

◆ **护理评估**

1. 评估与解释

（1）评估患者：①核对患者身份，如床号、住院号、姓名、性别、年龄和诊断；②全身情况，如病情、用药目的、有无药物过敏史、意识状态、心理反应及合作程度；③患者对肌内注射的目的和操作方法的了解程度等。

（2）解释：肌内注射操作目的及方法，取得患者的配合。

2. 评估注射部位

（1）注射部位：一般选择肌肉丰厚且远离大血管、神经处。最常用的部位为臀大肌，其次为臀中肌、臀小肌、股外侧肌及上臂三角肌。

（2）注射定位方法

1）臀大肌注射定位法

①十字法：从臀裂顶点向左或向右划一水平线，然后从髂嵴最高点作一垂线，将一侧臀部分为 4 个象限，其外上象限避开内角（髂后上棘至股骨大转子的连线）即为注射区域（图 16-11A）。

②连线法：取髂前上棘与尾骨连线的外上 1/3 处为注射部位（图 16-11B）。

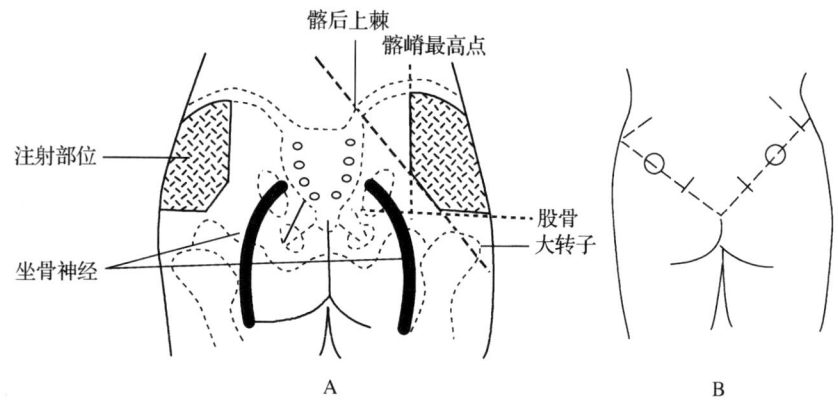

图 16-11 臀大肌注射定位法
A. 十字法；B. 连线法

考点提示

臀大肌的定位方法。

2）臀中肌、臀小肌注射定位法

①构角法：以示指尖和中指尖分别置于髂前上棘和髂嵴下缘处，由两指和髂嵴之间构成一个三角形区域，此区域为注射部位（图16-12）。

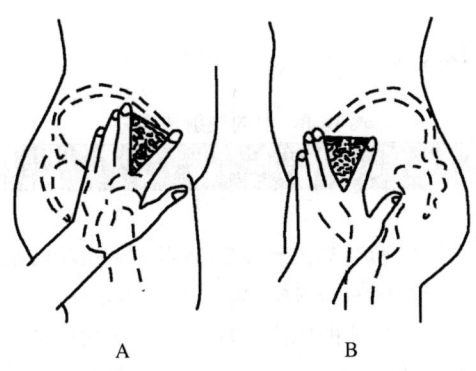

图 16-12 臀中肌、臀小肌注射定位法（三角形法）

②三指法：髂前上棘外侧三横指处（以患者的手指宽度为准）为注射部位。

3）股外侧肌注射定位法：大腿中段外侧，成人一般可取膝关节上 10 cm、髋关节下 10 cm 处，宽约 7.5 cm 的范围（图16-13）。此处大血管、神经干很少通过，且注射范围较广，可供多次注射。

4）上臂三角肌注射定位法：上臂外侧，肩峰下 2～3 横指处（图16-14），该部位注射方便，但此处肌层较薄，只供小剂量药液注射。

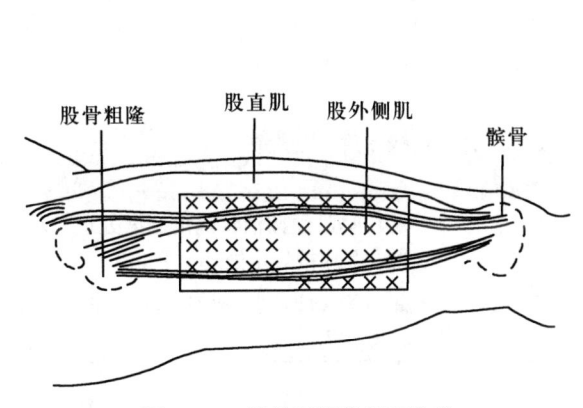

图 16-13 股外侧肌注射定位法

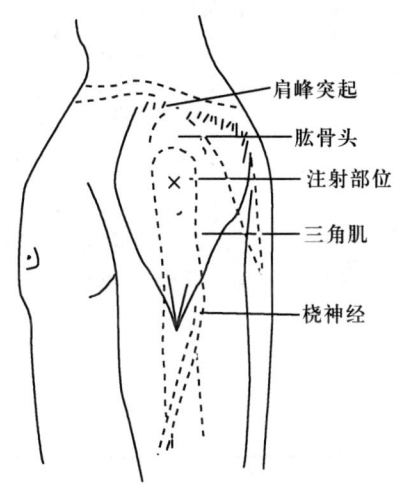

图 16-14 上臂三角肌注射定位法

3. 评估环境　环境安静，整洁，光线充足，符合无菌技术操作要求。

⊃ 护理计划

1. 目的

（1）用于不宜或不能口服或静脉注射，且要求比皮下注射更迅速发挥疗效的药物。

（2）用于注射刺激性较强或药量较大且不宜做静脉注射的药物。

2. 准备

（1）护士准备：同皮内注射。

（2）患者准备：明确肌内注射的目的，了解操作过程，能配合操作。

（3）用物准备：①治疗车上层备注射盘，注射盘内置2～5 ml注射器（可根据药量选择）、6～7号针头、皮肤消毒液、无菌棉签、按医嘱备药液。注射盘外置注射卡、手消毒液；②治疗车下层备锐器盒、医用垃圾桶、生活垃圾桶。

⊃ 护理实施

肌内注射法实施，见表16-8。

表16-8 肌内注射法实施

护理实施	流程简释	要点说明
准备药液	根据医嘱准备药	• 认真执行查对制度
核对、解释	携用物至床旁，核对患者床号、姓名，查看手腕带，解释操作目的及配合要点	• 确认患者，取得合作
选择部位	根据病情协助患者取合适的体位：侧卧位、俯卧位、仰卧位或坐位	• 为使局部肌肉放松，患者侧卧位时上腿伸直，下腿稍弯曲；俯卧位时足尖相对、足跟分开，头偏向一侧；仰卧位用于危重及不能翻身的患者，限于臀中肌、臀小肌注射；坐位时，座椅应稍高，便于操作，常用于门、急诊患者
定位、消毒	正确选择注射部位，常规消毒皮肤，待干	• 避开神经和血管
核对、排气	核对患者床号、姓名、药液，排尽空气	• 操作中查对
进针、推药	（1）护士左手拇指、示指绷紧局部皮肤，右手以执笔式持注射器，中指固定针栓，用前臂带动腕部的力量，针头与皮肤呈90°，迅速刺入肌肉内，深度约为针梗的2/3 （2）松开绷紧皮肤的手，抽动活塞，如无回血缓慢注入药液（图16-15）	• 消瘦者及患儿进针深度酌减 • 勿将针梗全部刺入 • 确保针头未在血管内
拔针、观察	注射毕，用无菌干棉签轻压穿刺处，快速拔针后按压	• 按压至不出血为止
再次核对	再次核对患者床号、姓名、药名、浓度、剂量、给药方法及时间	• 操作后查对
整理	（1）协助患者取舒适体位，整理床单位 （2）清理用物	• 所用物品须按消毒隔离制度处理，对一次性物品应按规定处理
洗手、记录	洗手，记录	• 记录注射时间，药物名称、浓度、剂量，患者的反应

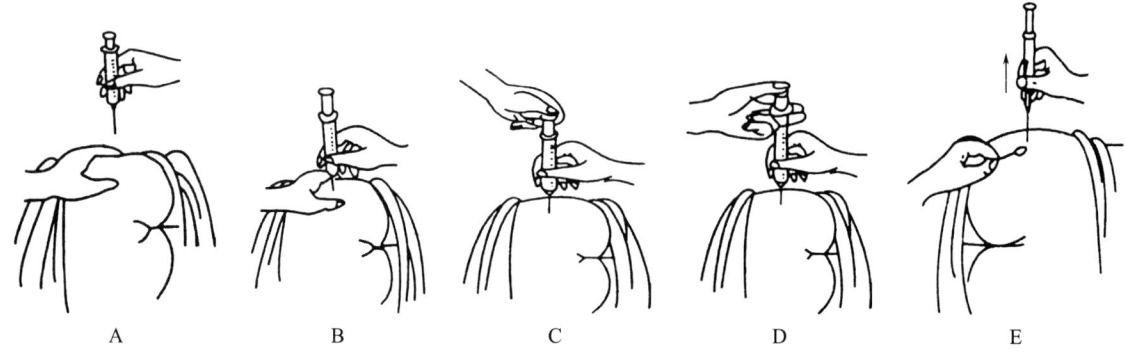

图16-15 肌内注射示意图
A.绷紧皮肤；B.进针；C.抽回血；D.推药；E.拔针

◐ 护理评价

同皮内注射。

◐ 注意事项

1. 严格执行查对制度，遵守无菌操作原则，严格执行消毒隔离制度。

2. 2岁以下婴幼儿不宜进行臀大肌注射，因其臀大肌发育尚未完全，注射时有损伤坐骨神经的危险，可选择臀中肌和臀小肌注射。

3. 切勿将针梗全部刺入，以防针梗从根部折断。若针梗折断，应先稳定患者情绪，并嘱其保持原位不动，固定局部组织，以防针头移位，同时尽快使用血管钳将断端取出。若断端全部埋入肌肉，应速请外科医生处理。

4. 需长期注射者，应经常更换注射部位，选用细长针头，以避免或减少硬结的发生。如长期注射出现硬结时，可采用热敷、理疗等方法处理。

5. 两种或两种以上药物同时注射时，应注意药物的配伍禁忌。

考点提示

肌内注射的实施要点及注意事项。

（四）静脉注射

静脉注射（intravenous injection，IV）是将一定量无菌药液自静脉注入体内的方法。

◐ 护理评估

1. 评估与解释

（1）评估患者：①核对患者身份，如床号、住院号、姓名、性别、年龄和诊断。②全身情况，如病情、用药目的、有无药物过敏史、意识状态、心理反应及合作程度。③患者对静脉注射的目的和操作方法的了解程度等。

（2）解释：静脉注射操作目的及方法，取得患者的配合。

2. 评估注射部位

常用的静脉包括：①四肢浅静脉：上肢常用肘部浅静脉（贵要静脉、肘正中静脉、头静脉）、腕部及手背浅静脉；下肢常用大隐静脉、小隐静脉及足背静脉（图16-16）。②头皮静脉：小儿头皮静脉极为丰富，分支甚多，互相沟通交错成网且静脉表浅易见，易于固定，方便患儿肢体活动，故患儿静脉注射多采用头皮静脉。③股静脉：位于股三角区，在股神经和股动脉的内侧（图16-17）。

3. 评估环境　环境安静，整洁，光线充足，符合无菌技术操作要求。

◐ 护理计划

1. 目的

（1）用于药物不宜口服、皮下或肌内注射，需迅速发生药效时。

（2）由静脉注入药物，做某些诊断性检查。

（3）静脉营养治疗。

2. 准备

（1）护士准备：同皮内注射。

（2）患者准备：明确静脉注射的目的，了解操作过程，能配合操作。

（3）用物准备：①治疗车上层备注射盘，注射盘内置型号合适的注射器（规格视药量而定）、6～9号针头或头皮针、皮肤消毒液、无菌棉签、止血带、小垫枕、胶布或一次性胶贴、一次性治疗巾、按医嘱备药液。注射盘外置注射卡、手消毒液；②治疗车下层备锐器盒、医用

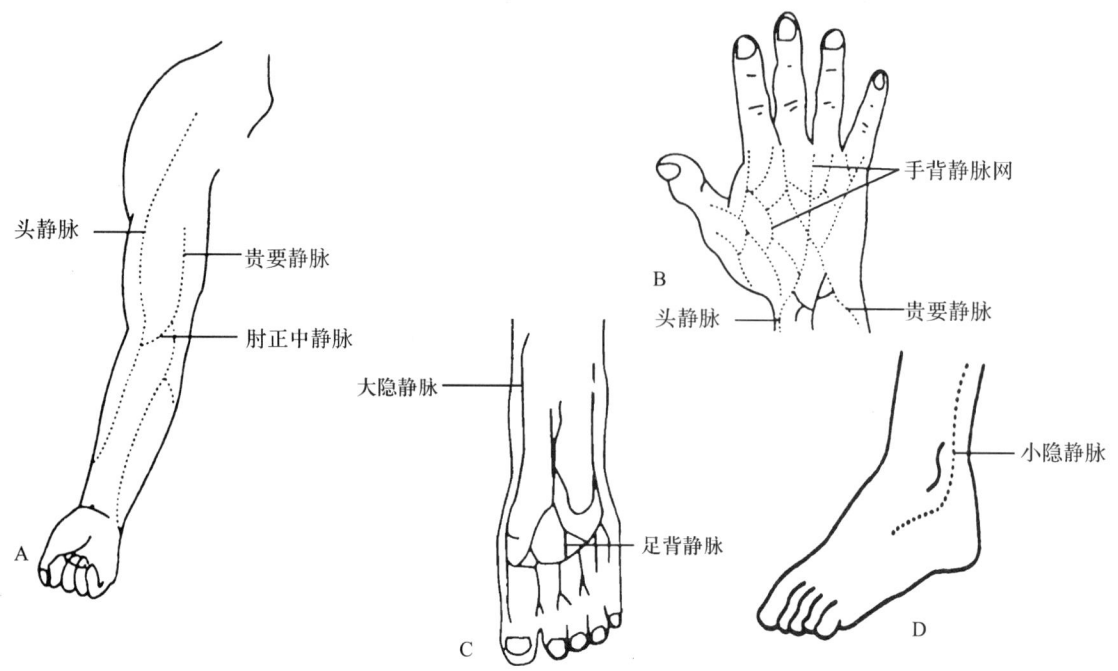

图 16-16 四肢浅静脉注射部位
A.上肢肘部；B.手背静脉网；C.大隐静脉、足背静脉；D.小隐静脉

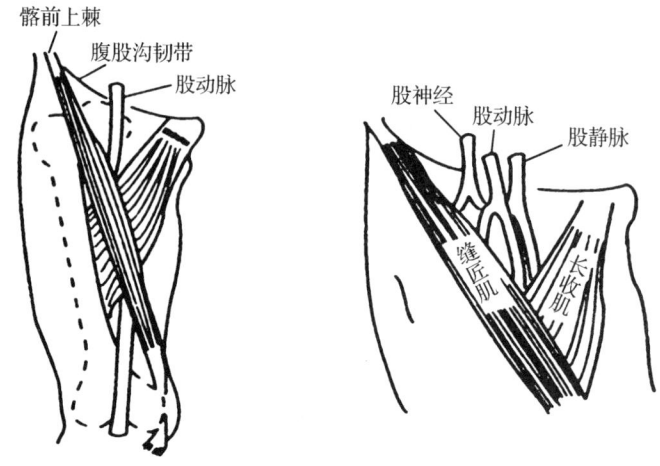

图 16-17 股静脉解剖位置

垃圾桶、生活垃圾桶。

○ **护理实施**

静脉注射法实施，见表 16-9。

表 16-9 静脉注射法实施

护理实施	流程简释	要点说明
▲四肢浅静脉注射		
准备药液	根据医嘱准备药	• 认真执行查对制度
核对、解释	携用物至床旁，核对患者床号、姓名，查看手腕带，解释操作目的及配合要点	• 确认患者，取得合作
安置体位	协助患者取舒适体位	

续表

护理实施	流程简释	要点说明
选择静脉	选择粗直、弹性好、易于固定的静脉，避开关节及静脉瓣	• 对长期静脉用药的患者，要有计划地自远心端到近心端选择静脉
垫巾、扎止血带	（1）将一次性垫巾铺在穿刺部位下方 （2）在穿刺部位上方（近心端）约 6 cm 处扎紧止血带	• 止血带末端向上，以免污染
消毒	常规消毒皮肤，待干	
核对、排气	（1）核对患者床号、姓名、药液 （2）排尽空气	• 操作中查对 • 防止空气栓塞
进针穿刺	（1）嘱患者握拳 （2）以一手拇指绷紧静脉下端皮肤，使其固定。另一手持注射器，示指固定针栓（若使用头皮针，手持头皮针小翼），针尖斜面向上，与皮肤呈 15°～30°角自静脉上方或侧方刺入皮下，再沿静脉走向滑行刺入静脉（图 16-18），见回血后可再沿静脉进针少许	• 如穿刺时局部出现血肿，应立即拔出针头，按压穿刺点，更换针头另选血管重新穿刺
两松、固定	松开止血带，嘱患者松拳，固定针头	• 头皮针用输液贴或胶布固定
注药、观察	缓慢注入药液，注药过程中要试抽回血，确定针头是否在静脉内，观察局部情况及病情变化（图 16-19）	• 推药过程中要与患者沟通，随时听取患者主诉
拔针按压	注射毕，用无菌干棉签轻压穿刺点上方，快速拔针后按压	• 按压至不出血为止，嘱患者不可揉搓
再次核对	再次核对患者床号、姓名、药名、浓度、剂量、给药方法及时间	• 操作后查对
整理	（1）协助患者取舒适体位，整理床单位 （2）清理用物	• 所用物品须按消毒隔离制度处理，对一次性物品应按规定处理
洗手、记录	洗手，记录	• 记录注射时间，药物名称、浓度、剂量，患者的反应
▲股静脉注射		
准备药液	根据医嘱准备药	• 认真执行查对制度
核对、解释	携用物至床旁，核对患者床号、姓名，查看手腕带，解释操作目的及配合要点	• 确认患者，取得合作
安置体位	协助患者取仰卧位，下肢伸直略外展外旋	
定位	在股三角区，髂前上棘和耻骨结节连线的中点与股动脉相交，用手扪及股动脉搏动最明显处，股静脉位于股动脉内侧 0.5 cm 处	
消毒	常规消毒局部皮肤，左手戴无菌手套	• 严格无菌操作
核对、排气	再次核对药物，排尽空气	• 操作中查对
进针、推药	左手再次扪及股动脉搏动最明显部位并予固定。右手持注射器，针头与皮肤呈 90°或 45°，在股动脉内侧 0.5 cm 处刺入，抽动活塞见有暗红色回血，提示针头已进入股静脉，固定针头，注入药液	• 如抽出血液为鲜红色，说明针头进入股动脉，应立即拔针，用无菌纱布加压按压 5～10 min，直至无出血为止

续表

护理实施	流程简释	要点说明
拔针、按压	注药完毕，快速拔针，局部用无菌纱布加压止血3～5 min	• 以免引起出血或形成血肿
再次核对	再次核对患者床号、姓名、药名、浓度、剂量、给药方法及时间	• 操作后查对
整理	（1）协助患者取舒适体位，整理床单位 （2）清理用物	• 所用物品须按消毒隔离制度处理，对一次性物品应按规定处理
洗手、记录	洗手，记录	• 记录注射时间，药物名称、浓度、剂量，患者的反应

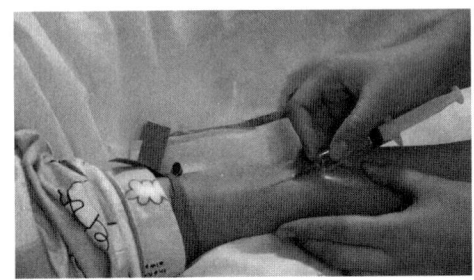

图 16-18 静脉注射进针法

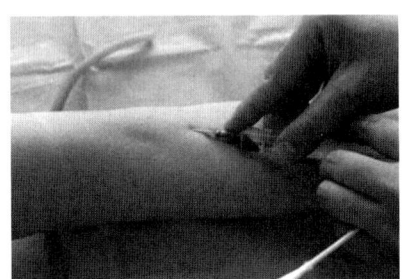

图 16-19 静脉注射推药法

⊃ **护理评价**

同皮内注射。

⊃ **注意事项**

1. 严格执行查对制度，遵守无菌操作原则，严格执行消毒隔离制度。

2. 注射对组织有强烈刺激性的药物时，应先用生理盐水进行穿刺，确认穿刺成功后，再换上装有药液的注射器缓慢推药，以免药液外溢而导致局部组织坏死。

3. 有出血倾向的患者不宜采用股静脉注射。

4. 股静脉注射时如误入股动脉，应立即拔出针头，用无菌纱布紧压穿刺处5～10 min，直至无出血为止。

5. 根据病情及药物性质，掌握推药速度，若需要长时间、微量、均匀、精确地注射药物，有条件的可选用微量注射泵，更为安全可靠。

6. 静脉注射常见的失败原因

（1）针头刺入过浅，针尖斜面未完全刺入静脉内，部分在皮下，部分在静脉内。特点：抽吸可有回血，但推药时局部隆起，有痛感（图16-20A）。

（2）针头刺入较深，针头刺破静脉对侧管壁，一部分仍在血管内。特点：抽吸有回血，无

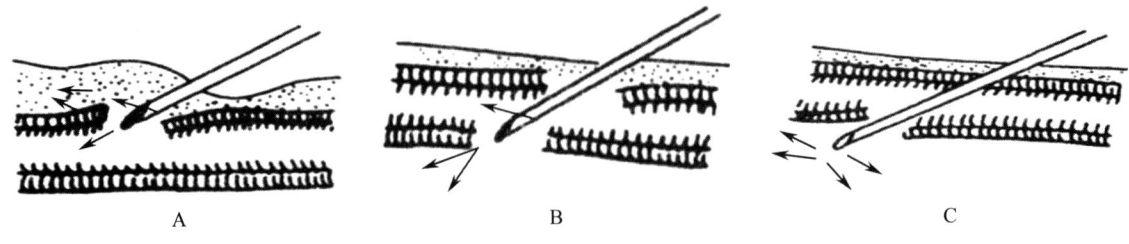

图 16-20 静脉穿刺失败的常见原因

A. 针头穿刺过深，完全刺破下方血管壁；B. 针尖斜面未全部刺入血管；
C. 针头刺破静脉对侧管壁，一部分仍在血管内

局部隆起，推药时有阻力，患者有痛感（图16-20B）。

（3）针头刺入过深，完全刺破下方血管壁。特点：抽吸无回血，注入药液，患者有痛感（图16-20C）。

7. 特殊患者的静脉穿刺要点

（1）肥胖患者：肥胖患者静脉较深、不明显，但较固定。注射时，要摸清血管走向，在静脉上方适当加大进针角度进针。

（2）脱水患者：脱水患者血管不充盈，穿刺困难。可作局部按摩、热敷，待血管充盈后再行穿刺。

（3）水肿患者：对于水肿患者，可沿静脉解剖位置，用手按揉局部，以暂时驱散皮下水分，使静脉充分显露后迅速穿刺。

（4）老年患者：老年患者皮下脂肪较少，静脉活动度大，管壁脆，易刺破。注射时，可用手指分别固定穿刺段静脉上、下两端，再沿静脉走向穿刺。

考点提示

静脉注射的实施要点及注意事项。

知识链接

浅静脉穿刺可视化原理

浅静脉穿刺可视化辅助设备是指利用人体的不同组织对特定波长光的穿透和选择性吸收能力差异的光学特性，使静脉血管和周围组织区分开而直接显示或初步探测静脉，然后将初步探测到的血管采用摄像机原理得到清晰的图像呈现在显示器上，或将初步探测到的血管或清晰的图像通过投影技术显示在皮肤表面，即光源直接显示或与投影技术（或）摄像机原理相互组合，更好地实现浅静脉穿刺的可视化。浅静脉穿刺可视化系统可帮助快速、准确地发现静脉血管，进而快速、成功地进行静脉穿刺。

第四节 雾化吸入法

案例 16-2

患者，男性，70岁。反复咳嗽、咳痰20年，呼吸困难5年，5天前因受凉后上述症状加重，目前出现心悸、痰液黏稠、不易咳出。

问题与思考：

1. 该患者目前出现了什么问题？
2. 护士应为患者进行怎样的护理措施？

雾化吸入法是指用雾化装置将水分或药液变成细微的气雾，经口或鼻吸入呼吸道，以达到湿化呼吸道、减轻局部炎症、祛痰、解除支气管痉挛等目的的给药方法。它具有起效快，局部药物浓度高、用药量少、应用方便等优点，已成为呼吸系统相关疾病重要的治疗手段。常用的雾化吸入法有超声雾化吸入法、氧气雾化吸入法、定量吸入器吸入法。

一、超声雾化吸入法

超声雾化吸入法是利用超声波声能产生高频振荡，使药液转化为细微的气雾，由呼吸道吸入而产生疗效，以预防和治疗呼吸道疾病的方法。超声雾化吸入的特点为雾量大小可以调节、释雾量大、患者感觉温暖舒适（雾化器电子部分产热，对雾化液起轻度加温的作用）等特点。但超声雾化器也存在不足之处，如药物容量大、超声雾化器产生的热能影响糖皮质激素类药物的活性、药物微粒输出效能较低。

（一）基本结构

超声雾化吸入器由超声波发生器、水槽、晶体换能器、雾化罐、透声膜、螺纹管和口含嘴（或面罩）组成。

（二）作用原理

超声波发生器通电后，输出高频电能，使水槽底部晶体换能器转化成超声波声能，声能透过雾化罐底部的透声膜，作用于罐内的液体，破坏药液的表面张力，成为细微雾滴喷出，通过导管随患者的深吸气进入呼吸道。

（三）作用特点

雾量大小可以调节，雾滴小而均匀，药液可随深而慢的吸气到达终末支气管和肺泡。

 考点提示

超声雾化吸入的原理及特点。

⊃ 护理评估

1. 评估与解释

（1）评估患者：①病情、治疗情况、用药史、过敏史、呼吸系统功能状况、自理能力；②评估患者的意识状态、心理反应、合作程度；③评估患者呼吸道是否感染、通畅，如有无支气管痉挛、呼吸道黏膜水肿、痰液等；患者面部及口腔黏膜状况，如有无感染、溃疡等。

（2）解释：超声雾化的目的、方法及配合要点等。

2. 评估环境 环境安静、整洁，光线适中，温湿度适宜。

⊃ 护理诊断

1. 清理呼吸道无效 与痰液黏稠有关。
2. 气体交换受损 与气道阻塞有关。
3. 活动无耐力 与肺功能减退有关。

⊃ 护理计划

1. 目的

（1）控制感染：消除炎症，常用于支气管、肺部感染治疗。

（2）湿化气道：常用于呼吸道湿化不足、长期使用人工呼吸机者等。

（3）改善通气：解除支气管痉挛。

（4）祛痰镇咳：稀释痰液，帮助祛痰。

2. 准备

（1）护士准备：着装整洁，洗手，戴口罩。准确核对医嘱，熟悉药物的用法用量及药理作用，熟练掌握超声雾化吸入器的使用方法。

（2）患者准备：明确治疗目的、配合要点及注意事项。

（3）用物准备：超声雾化吸入器1套、治疗盘内放药液、生理盐水、冷蒸馏水、水温计、

50 ml 的注射器、弯盘、治疗巾、水杯、漱口液。

护理实施

超声雾化吸入法实施,见表 16-10。

表 16-10 超声雾化吸入法实施

护理实施	流程简释	要点说明
检查用物	使用前检查雾化器各部件是否完好,有无松动、脱落等异常情况	
连接加水	(1)将超声雾化吸入器主机与各附件连接,检查性能 (2)水槽内加冷蒸馏水,水量视不同类型的雾化器而定,要求浸没雾化罐底部的透声膜	• 水槽和雾化罐内切忌加温水或热水 • 水槽内无水时,不可开机,以免损坏仪器
加药连管	(1)核对药名并将其稀释至 30～50 ml,加入雾化罐 (2)检查无漏液后,雾化罐放入水槽,盖紧水槽盖,连接管道	• 雾化罐底部的透声膜薄而脆,易破碎,操作中注意不要损坏
核对解释	(1)携用物至床旁,核对床号、姓名并解释操作目的,指导使用方法 (2)协助患者取舒适体位,铺治疗巾于患者颌下	• 取得患者理解和配合 • 可取坐位、半坐位,更有利于吸入药物沉积至肺
开机调节	(1)接通电源,打开开关,预热 3～5 min,设定雾化时间,一般每次雾化 15～20 min (2)调节雾量(大档 3 ml/min,中档 2 ml/min,小档 1 ml/min)	
雾化吸入	气雾喷出时,将口含嘴放入患者口中(或将面罩罩住患者口鼻),嘱患者用口做深而慢的吸气,用鼻呼气(图 16-21)	• 治疗过程需加入药液时,不必关机,直接从盖上小孔内添加即可
观察处理	使用过程中,如果发现水槽水温超过 50 ℃,应关机更换冷蒸馏水。水量不足时应关机后更换或添加冷蒸馏水	
结束雾化	雾化结束后,取下口含嘴或面罩。先关雾化开关,再关电源开关,以免损坏雾化器	
整理记录	(1)擦净患者面部,协助取舒适卧位、漱口 (2)清理用物,倒掉水槽内的水并擦干,雾化罐、口含嘴和螺纹管浸泡消毒 1 h,再清洗擦干备用 (3)洗手、记录雾化时间和雾化效果	• 雾化吸入治疗结束后应漱口、洗脸,避免药物在咽部和面部残留

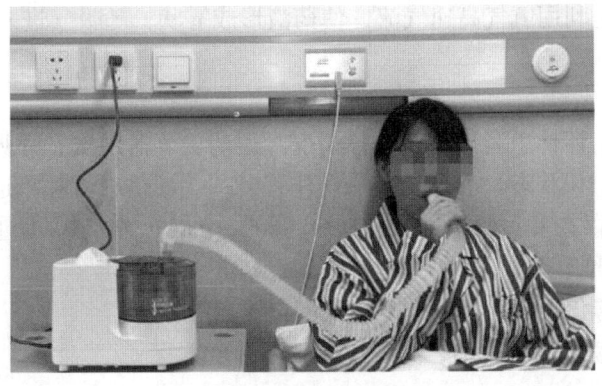

图 16-21 超声雾化吸入法

护理评价

1. 护患沟通有效，患者理解操作目的，愿意配合。
2. 操作正确，机器性能良好。
3. 患者感觉舒适，无不良反应，达到治疗目的。

注意事项

1. 治疗前检查机器各部件，确保性能良好，机器各部件型号一致，连接正确；使用雾化器后及时消毒雾化管道，防止产生感染。
2. 水槽底部的晶体换能器和雾化罐底部的透声膜薄而脆，易破碎，操作及清洗过程中注意保护。
3. 水槽和雾化罐内切忌加温水或热水，水槽内无水时，不可开机，以免损坏机器；水槽内要始终保持有足够的蒸馏水，水温不宜超过 50 ℃，如超过 50 ℃，应先关机，再更换冷蒸馏水；连续使用时，中间需间隔 30 min。
4. 治疗过程中需加药液时，不必关机，直接从盖上小孔添加药液即可；需要给水槽加蒸馏水时，必须关机操作。
5. 治疗时间不宜过长，一般每次雾化时间为 15～20 min，雾量不宜过大，以免引起头晕、胸闷、气短等不良反应。

考点提示

超声雾化吸入的方法及注意事项。

知识链接

超声雾化治疗干眼症的研究进展

干眼症是眼科常见疾病，在治疗过程中，超声雾化可以使药物发挥更好的作用，避免长期局部点眼药可能产生的依赖性和副作用，避免内服药对全身产生的不良影响，有不良反应小、起效快、无痛苦、使用方便等优点，已成为干眼症的研究和治疗的热点。超声雾化疗法缩短了病程，提高了治愈率，提高干眼症患者的生活质量，减轻家庭及社会的经济负担，目前已成为一种较为受欢迎的治疗手段，但其药物选择、制剂浓度、治疗时间等尚需进一步研究完善。

二、氧气雾化吸入法

氧气雾化吸入法是利用氧气高速气流，使药液形成雾状，随吸气进入呼吸道的方法。

护理评估

1. 评估与解释

（1）评估患者：①评估患者病情、治疗情况、用药史、过敏史、呼吸系统功能状况、自理能力；②评估患者的意识状态、心理反应、合作程度；③评估患者呼吸道是否通畅，口腔情况等；④评估患者是否存在 Ⅱ 型呼吸衰竭（PaO_2 降低，$PaCO_2$ 增高），防止因吸入高浓度氧气，抑制呼吸中枢，加重呼吸困难。

（2）解释：氧气雾化吸入的目的、方法及配合要点等。

2. 评估环境　环境安静、整洁，光线适中，温湿度适宜。

第十六章 给 药

⮞ **护理诊断**

同超声雾化吸入法。

⮞ **护理计划**

1. 目的

（1）控制感染：尤其适用于下呼吸道病变或感染。

（2）改善通气：适用于有小气道痉挛倾向患者、低氧血症患者、气管插管患者。

（3）祛痰镇咳：适用于气道分泌物较多患者。

2. 准备

（1）护士准备：着装整洁，洗手，戴口罩。熟悉药物的用法及药理作用。

（2）患者准备：明确治疗目的，配合方法。

（3）用物准备：氧气雾化吸入器、氧气装置1套（湿化瓶内不加水）、药液、弯盘。

⮞ **护理实施**

氧气雾化吸入法实施，见表16-11。

表16-11 氧气雾化吸入法实施

护理实施	流程简释	要点说明
检查用物	使用前检查雾化器各部件是否完好，有无松动、脱落等异常情况	
解释核对	（1）携用物至床旁，核对床号、姓名并解释操作目的，指导使用方法 （2）协助患者取舒适体位，铺治疗巾于患者颌下	• 取得患者理解和配合 • 可取坐位、半坐位，更有利于吸入药物沉积至肺
清洁口腔	漱口，清除口腔分泌物及食物残渣	
加入药液	遵医嘱按照比例将药液稀释，注入雾化器的药杯内	• 不超过规定刻度
连接装置	将雾化器的接气口连接于氧气筒或中心吸氧装置的输氧管上	• 氧气湿化瓶内勿放水，以免液体进入雾化吸入器内使药液稀释
调节流量	调节氧流量，一般为6～8 L/min	
雾化吸入	指导患者手持雾化器，保持与地面垂直，气雾喷出时，将口含嘴放入患者口中，嘱患者用口做深而慢的吸气，用鼻呼气，如此反复，直至药液吸完为止（图16-22）	• 喷雾器保持与地面垂直，防止药液倾斜流出 • 深吸气，使药液充分到达终末细支气管及肺泡，可提高治疗效果
结束雾化	（1）雾化结束后，取下口含嘴 （2）关闭氧气开关	
整理记录	（1）擦净患者面部，协助取舒适卧位、漱口。清洁和消毒口含嘴 （2）洗手、记录雾化时间和雾化效果	• 雾化吸入治疗结束后应漱口、洗脸，避免药物在咽部和面部残留

⮞ **护理评价**

同超声雾化吸入法。

⮞ **注意事项**

1. 当患者呼吸道分泌物多时，可先拍背咳嗽，让呼吸道尽可能保持通畅，减少阻碍，提高雾化治疗的效果。

2. 正确使用供氧装置，注意用药安全，室内应避免火源。

3. 氧气湿化瓶内无渗水，以免液体进入雾化器内使药液稀释影响疗效。

4. 密切关注患者雾化吸入治疗中潜在的药物不良反应。

5. 观察及协助排痰，注意观察患者痰液排出情况，如痰液仍未咳出，可予以拍背、吸痰等方法协助排痰。

考点提示

氧气雾化吸入的方法及注意事项。

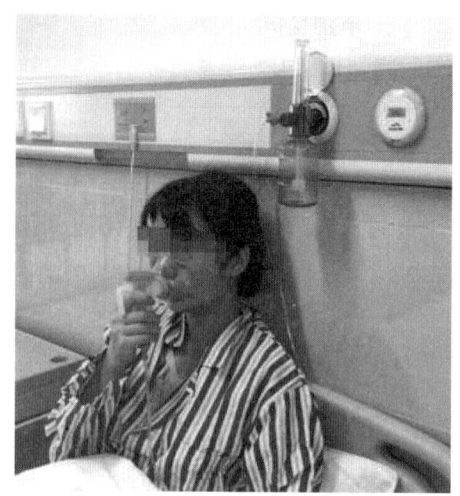

图 16-22 氧气雾化吸入法

三、定量吸入器吸入法

定量吸入器吸入法是指含药溶液、混悬液与合适的抛射剂或液化混合抛射剂共同封装于具有定量阀门系统和一定压力的耐压容器中，使用时借助抛射剂的压力，将内容物呈雾状物喷出，经口吸入进入呼吸道，起到治疗作用的方法。

⊃ 护理评估

1. 评估与解释

（1）评估患者：①病情、治疗情况、用药史、过敏史、呼吸系统功能状况、自理能力；②评估患者的意识状态、心理反应、合作程度；③评估患者呼吸道是否感染、通畅，如有无支气管痉挛、呼吸道黏膜水肿、痰液等；患者面部及口腔黏膜状况，如有无感染、溃疡等。

（2）解释：定量吸入器吸入法的目的、方法及配合要点等。

2. 评估环境　环境安静、整洁，光线适中，温湿度适宜。

⊃ 护理诊断

同超声雾化吸入法。

⊃ 护理计划

1. 目的

改善通气功能，适用于支气管哮喘、喘息性支气管炎的对症治疗。

2. 准备

（1）护士准备：着装整洁、洗手、戴口罩。

（2）患者准备：明确操作目的，了解操作过程，能配合，采取舒适体位。

（3）用物准备：按医嘱准备定量吸入器（内含药液）。

⊃ 护理实施

定量吸入器吸入法实施，见表 16-12。

表 16-12 定量吸入器吸入法实施

护理实施	流程简释	要点说明
检查用物	使用前检查定量吸入器各部件是否完好，有无松动、脱落等异常情况	
解释核对	（1）携用物至床旁，核对床号、姓名并解释操作目的，指导使用方法 （2）协助患者取舒适体位	• 取得患者理解和配合 • 可取坐位、半坐位，更有利于吸入药物沉积至肺

护理实施	流程简释	要点说明
清洁口腔	漱口,清除口腔分泌物及食物残渣	
摇匀药液	取下定量吸入器防尘帽,充分摇匀药液	
雾化吸入	将喷嘴放入口中,平静呼气,将肺内气体呼出。吸气开始时,按压吸入器开关,使之喷药,同时深吸气,药物经口吸入,吸气末尽可能延长屏气时间,再呼气,反复1~2次(图16-23)	• 深吸气,屏气,使药液充分到达终末细支气管及肺泡,可提高治疗效果
吸入结束	(1)漱口,取舒适体位,整理床单位 (2)整理用物,擦净吸入器喷嘴,盖上防尘帽 (3)洗手、记录	• 雾化吸入治疗结束后应漱口,避免药物在咽部残留 • 塑料外壳定期温水清洁,定量吸入器使用后放在阴凉处保存

○ 护理评价

同超声雾化吸入法。

○ 注意事项

1. 使用前检查喷雾器各部件是否完好、有无松动、脱落等,使用后放置阴凉处保存(30 ℃以下),外壳定期清洁。

2. 药液随着深吸气经口腔吸入,尽可能延长屏气时间,然后再呼气,提高治疗效果。

3. 每次1~2喷,两次使用间隔时间不少于3~4 h。

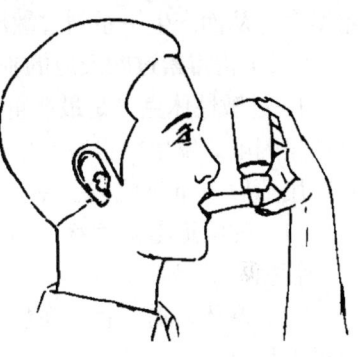

图16-23 定量吸入器吸入法

 考点提示

定量吸入器吸入法的方法及注意事项。

第五节 药物过敏试验法

案例16-3

患者,男性,28岁。主诉头痛、发热5天,加重2天。查体:T 39.3 ℃,P 88次/分,R 22次/分,诊断为:上呼吸道感染。医嘱:青霉素皮试,立即执行。在青霉素皮试约9 min后,患者突然出现胸闷、气促、面色苍白、脉细弱、出冷汗,血压80/50 mmHg。

问题与思考:

1. 患者发生了什么情况?应如何处理?

2. 发生这种情况的原因是什么?

3. 为了减少过敏反应的发生,应采取哪些预防措施?

临床上使用某些药物时,由于患者的过敏体质会引起不同程度的过敏反应。其发生与药物的剂型、剂量和用药途径无关,与患者的过敏体质有关。过敏反应轻重程度不同,严重时可发生危及患者生命的过敏性休克。因此,在使用可引起过敏反应药物前,先询问过敏史、做药物过敏试验,以避免过敏反应的发生。

一、青霉素过敏试验

青霉素主要用于治疗敏感的革兰氏阳性球菌、革兰氏阴性球菌和螺旋体感染，是临床广泛应用的抗生素。青霉素的毒性较低，最常见的不良反应是过敏反应，其发生率在各种抗生素中最高，为3%～6%。

（一）青霉素过敏反应发生的原因

过敏反应系抗原和抗体在致敏细胞上相互作用而引起的异常免疫应答。青霉素本身无抗原性，其降解产物（如青霉烯酸、青霉噻唑酸等）是一种半抗原，进入机体后与组织蛋白结合形成全抗原，刺激机体产生特异性抗体IgE。IgE附着于某些组织的肥大细胞和嗜碱性粒细胞表面，使机体处于致敏状态。当机体再次接受该抗原时，抗原与肥大细胞和嗜碱性粒细胞表面的抗体IgE结合，形成全抗原，发生抗原抗体反应，导致细胞破裂，释放组胺、缓激肽等血管活性物质。这些物质分别作用于效应器官，使平滑肌痉挛、毛细血管扩张及通透性增高、腺体分泌增多，从而产生一系列过敏反应的临床表现。

（二）青霉素过敏反应的临床表现

1. 过敏性休克　是最严重的过敏反应。发生率为万分之五到万分之十，于用药数秒或数分钟内呈闪电式发生，也有发生在用药30 min后，有极少数发生于连续用药的过程中，但大多发生在用药后30 min之内。主要有以下临床表现。

（1）呼吸道阻塞症状：胸闷、气促、呼吸困难和哮喘，伴濒死感。因喉头水肿、肺水肿和支气管痉挛引起。

（2）循环衰竭症状：面色苍白、冷汗、脉搏细弱、血压下降等。因周围血管扩张导致循环血量不足引起。

（3）中枢神经系统症状：头晕目眩、面部及四肢麻木、意识丧失、抽搐、大小便失禁等。因脑组织缺氧引起。

（4）皮肤过敏症状：出现皮肤瘙痒、荨麻疹及其他皮疹。

2. 血清病型反应　临床表现和血清病相似，患者有发热、关节肿痛、腹痛、全身淋巴结肿大、皮肤瘙痒、荨麻疹等症状。一般于用药后7～12天发生。

3. 各器官或组织的过敏反应

（1）皮肤过敏反应：出现瘙痒、荨麻疹，严重者发生剥脱性皮炎。

（2）呼吸道过敏反应：可引起哮喘或诱发原有哮喘发作。

（3）消化系统过敏反应：出现过敏性紫癜，以腹痛和便血为主要症状。

上述症状既可单独出现，也可同时存在，临床最早出现的是呼吸道症状或皮肤瘙痒，故必须注意倾听患者的主诉。

 考点提示

青霉素过敏反应的临床表现。

（三）青霉素过敏性休克的处理

1. 立即停药　立即停药，就地抢救，协助患者平卧、保暖、通知医生。

2. 注射首选药物　立即皮下注射0.1%盐酸肾上腺素0.5～1.0 ml，患儿剂量酌减。症状若不缓解，可每隔半小时皮下或静脉注射该药0.5 ml，直至脱离危险期。盐酸肾上腺素具有收缩血管、增加血管外周阻力、兴奋心肌、增加心输出量及松弛支气管平滑肌的作用。

3. 改善呼吸功能　给予氧气吸入，呼吸受抑制时，应立即进行人工呼吸，并遵医嘱肌内注射尼可刹米、洛贝林等呼吸兴奋剂。喉头水肿影响呼吸时，应立即配合医生行气管插管或气管切开术。

4. 维持循环功能　迅速建立静脉通路，遵医嘱给予右旋糖酐扩充血容量，必要时用多巴胺、间羟胺等升压药。若发生心搏骤停，应立即进行复苏抢救。

5. 遵医嘱给药　遵医嘱给予5%碳酸氢钠纠正酸中毒，应用抗组胺类药物如盐酸异丙嗪或苯海拉明对抗过敏反应。同时应用地塞米松 5～10 mg 静脉注射或氢化可的松 200～400 mg 加入 5%～10% 葡萄糖溶液 500 ml 内静脉滴注。

6. 密切观察病情　密切观察并记录患者生命体征、意识、瞳孔、尿量及其他临床变化。患者未脱离危险前不宜搬动。

考点提示

青霉素过敏性休克的处理。

（四）青霉素过敏反应的预防

1. 使用各种剂型的青霉素前，必须详细询问患者的用药史、过敏史、家族史。对有青霉素过敏史者，禁止做过敏试验；无过敏史者，凡首次用药、已停药 3 天以上再用药或用药途中更换药物批号者，先做药物过敏试验，结果阴性方可用药。对高敏体质者，应慎做过敏试验。

2. 配制试验液的溶媒应选择生理盐水或专用溶媒，因为青霉素试验液在接近于中性溶液时最稳定。试验液与注射液一定要现配现用，因青霉素溶液放置过久，药物效价降低且易分解产生致敏物质，导致过敏反应发生。

3. 做药物过敏试验，必须准确配制试验药液，严格遵守操作规程，准确判断试验结果，结果阴性方可用药。结果阳性者绝对禁止使用青霉素，同时报告医生，在治疗单和患者床头卡上，醒目注明青霉素过敏试验阳性，并告知患者及其家属。

4. 做青霉素过敏试验及使用青霉素前，均应备好 0.1% 盐酸肾上腺素、注射器、氧气及其他急救药物和器械；进行过敏试验或使用药物时，密切观察患者反应；注射后嘱患者观察 30 min，无过敏反应方可离开。

5. 护士应加强责任心，严格执行"三查八对"。

考点提示

青霉素过敏反应的预防。

（五）青霉素过敏试验方法

○ **护理评估**

1. 评估与解释

（1）评估患者：①意识状态、治疗用药情况、青霉素用药史、过敏史和家族史；②患者注射部位皮肤状况，是否空腹；③患者对疾病及用药了解情况，心理状态及合作程度。

（2）解释：向患者及家属解释过敏试验的目的、方法、注意事项及配合要点。

2. 评估环境　清洁、安静、光线适宜。

○ **护理计划**

1. 目的　安全用药，预防青霉素过敏反应。

2. 准备

（1）护士准备：衣帽整洁，修剪指甲，洗手，戴口罩。

（2）患者准备：明确注射目的和注意事项，能配合操作，取舒适体位。

（3）用物准备：治疗车上层放置治疗盘、按医嘱备青霉素、1 ml 和 5 ml 注射器各 1 支、注射单、0.1% 盐酸肾上腺素 1 支、0.9% 氯化钠注射液、手消毒液等。车下层放锐器盒、医用垃圾桶和生活垃圾桶各 1 个。

◉ 护理实施

1. 试验液配制　为每毫升含青霉素 500 U 的皮肤试验液，注入剂量为 0.1 ml（含青霉素 50 U）。临床上青霉素制剂的规格有 40 万 U、80 万 U、160 万 U、400 万 U，以每瓶 80 万 U 青霉素为例进行配制，具体配制方法见表 16-13。

2. 试验方法　核对医嘱，确认患者，再次询问患者无过敏史后，于前臂掌侧下段皮内注射青霉素试验溶液 0.1 ml（含青霉素 50 U），20 min 后观察并判断皮试结果。

表 16-13　青霉素试验液的配制方法

青霉素钠	加 0.9% 氯化钠溶液	青霉素含量	要求
每瓶 80 万 U	4.0 ml	20 万 U/ml	充分溶解
取上液 0.1 ml	0.9 ml	2 万 U/ml	摇匀
取上液 0.1 ml	0.9 ml	2000 U/ml	摇匀
取上液 0.25 ml	0.75 ml	500 U/ml	摇匀

 考点提示

青霉素过敏试验液的配制方法。

3. 结果判断标准

（1）阴性：皮丘无改变、周围无红肿及红晕，无自觉症状。

（2）阳性：皮丘隆起增大，出现红晕硬块，直径>1 cm，或红晕周围有伪足、痒感，严重时可发生过敏性休克。

考点提示

青霉素过敏试验结果的判断标准。

4. 记录结果　将试验结果记录在病历、医嘱单、注射卡上，阴性用蓝笔标注（−），阳性用红笔标注（＋）。

◉ 护理评价

1. 护士操作规范、熟练。试验液配制、试验方法及结果判断正确。
2. 护患沟通有效，患者明确试验目的及配合方法。

◉ 注意事项

1. 青霉素过敏试验前必须仔细询问用药史、过敏史和家族史，对青霉素有过敏史者禁止做此项试验。初次用药者、停药 3 天后再用或在使用过程中改用不同生产批号的制剂时，均需做过敏试验。

2. 患者不宜空腹时进行皮试。因个别患者空腹时注射，会发生眩晕、恶心或低血糖晕厥等，易与过敏反应相混淆。

3. 配制试验液时，抽吸药液量要准确，每次抽吸后应充分混匀，注射剂量必须准确。

4. 过敏试验结果阳性者禁用青霉素，在医嘱单、体温单、门诊病历、床头卡和注射卡上醒目注明"青霉素阳性"，并告知患者及家属禁止使用此类药物。

5. 配制试验液或溶解青霉素的溶媒应专用。试验液与注射液要现配现用，因青霉素溶液极不稳定，放置过久，药物效价降低且易分解产生致敏物质。

6. 若对试验结果有怀疑，应在对侧前臂掌侧下段皮内注射生理盐水0.1 ml，20 min后对照反应，确认青霉素皮试结果为阴性方可用药。

考点提示

青霉素过敏试验的注意事项。

二、头孢菌素过敏试验

头孢菌素类抗生素具有抗菌谱广、疗效高、毒性低等特点，是临床广泛使用的抗生素，但可引起过敏反应，且头孢菌素类与青霉素有部分交叉过敏现象，一般对青霉素过敏者有10%～30%对头孢菌素也过敏，而对头孢菌素过敏者中绝大多数对青霉素过敏，故在用药前需做过敏试验。

● 护理评估

1. 评估与解释

（1）评估患者：①意识状态、治疗用药情况、青霉素用药史、过敏史和家族史；②患者注射部位皮肤状况，是否空腹；③患者对疾病及用药了解情况，心理状态及合作程度。

（2）解释：向患者及家属解释过敏试验的目的、方法、注意事项及配合要点。

2. 评估环境 清洁、安静、光线适宜。

● 护理计划

1. 目的 安全用药，预防头孢菌素过敏反应。

2. 准备

（1）护士准备：衣帽整洁，修剪指甲，洗手，戴口罩。

（2）患者准备：明确注射目的和注意事项，能配合操作，取舒适体位。

（3）用物准备：治疗车上层放置治疗盘、按医嘱备头孢菌素、1 ml和5 ml注射器各1支、注射单、0.1%盐酸肾上腺素1支、0.9%氯化钠注射液、手消毒液等。车下层放锐器盒、医用垃圾桶和生活垃圾桶各1个。

● 护理实施

1. 试验液配制 按照《β内酰胺类抗菌药物皮肤试验指导原则（2021年版）》规定，需将拟使用的头孢菌素加生理盐水稀释至2 mg/ml的浓度作为皮试液。下面以头孢拉定0.5 g为例，具体配制方法见表16-14。

表16-14 头孢拉定试验液的配制方法

头孢拉定	加0.9%氯化钠溶液	头孢拉定含量	要求
0.5 g	2.0 ml	250 mg/ml	充分溶解
取上液0.1 ml	0.9 ml	25 mg/ml	摇匀
取上液0.1 ml	0.9 ml	2.5 mg/ml	摇匀
取上液0.8 ml	0.2 ml	2 mg/ml	摇匀

2. 试验方法　核对医嘱，确认患者，再次询问患者无青霉素或头孢菌素过敏史后，于前臂掌侧下段皮内注射头孢菌素试验溶液 0.02～0.03 ml（含头孢菌素 40～60 μg），20 min 后观察并判断皮试结果。

3. 结果判断、记录以及过敏反应的处理，同青霉素过敏试验法。

 考点提示

头孢菌素过敏试验液的配制。

● 护理评价
同青霉素过敏试验。
● 注意事项
1. 青霉素过敏者对头孢菌素类有交叉过敏现象，使用头孢菌素应慎重，青霉素过敏性休克者禁止使用头孢菌素类。

2. 在进行试验时，为防止出现假阳性，患者短时间内禁忌使用糖皮质激素类药和抗组胺药。

3. 即使试验结果是阴性，在使用过程中仍有可能发生过敏反应，故使用过程中要严密观察患者的反应。

三、破伤风抗毒素过敏试验

破伤风抗毒素（tetanus antitoxin，TAT）是一种免疫马血清，能中和患者体液中的破伤风毒素，临床上常用于破伤风的预防和救治。但 TAT 对于人体是一种异种蛋白，具有抗原性，注射后易引起过敏反应，故首次使用前或曾用过 TAT 但停药时间超过 7 天者，必须做过敏试验。

（一）TAT 过敏试验与过敏反应的处理

1. 试验液配制　为每毫升含破伤风抗毒素 150 IU 的试验液，注入剂量为 0.1 ml（15 IU）。具体配制方法：用 1 ml 注射器抽取 TAT（每支含 1500 IU/ml）原液 0.1 ml 加 0.9% 氯化钠溶液稀释至 1 ml，则 1 ml 内含 TAT150 IU 即为标准试验液。

2. 试验方法　在前臂掌侧下段皮内注射破伤风抗毒素试验液 0.1 ml（含 TAT15 IU），20 min 后观察并判断皮试结果。

3. 结果判断标准
阴性：局部皮丘无改变，周围无红肿，全身无异常反应。
阳性：局部反应为皮丘红肿，硬结直径大于 1.5 cm，红晕范围直径超过 4 cm，有时出现伪足，痒感。全身过敏反应表现与青霉素过敏反应相类似，以血清病型反应多见。

 考点提示

TAT 过敏试验液的配制方法、结果判断。

（二）TAT 脱敏注射法

1. 脱敏注射法　对于破伤风抗毒素过敏试验阳性者，可以采用多次剂量递增的方法将破伤风抗毒素注入其体内，见表 16-15。

2. 脱敏注射原理　当小剂量抗原（TAT）进入人体后，同吸附于肥大细胞或嗜碱性粒细胞膜上的 IgE 结合，使其逐步释放少量的组织胺等活性物质，被机体本身释放的组胺酶分解，不至于对机体产生严重损害。因此，经过多次小量反复注射 TAT 后，可使细胞表面的 IgE 抗体大部分甚至全部被结合而消耗掉，最后大量注射 TAT 时，便不会发生过敏反应。

表 16-15　破伤风抗毒素脱敏注射法

次数	TAT	加入 0.9% 氯化钠溶液	注射方法	间隔时间（min）
1	0.1 ml	0.9 ml	肌内注射	20
2	0.2 ml	0.8 ml	肌内注射	20
3	0.3 ml	0.7 ml	肌内注射	20
4	余量	稀释至 1 ml	肌内注射	20

考点提示

TAT 脱敏注射法。

➲ 注意事项

1. 对 TAT 过敏试验阳性患者采用脱敏注射时，要密切观察患者反应。
2. 若发现患者有面色苍白、气促、发绀、荨麻疹、头晕、心悸等不适或发生过敏性休克时，应立即停止注射，并配合医生进行抢救。
3. 若反应轻微，可待反应消退后，酌情增加注射次数、减少每次注射剂量、同时密切观察患者的反应、以达到顺利完成脱敏注射。

四、普鲁卡因过敏试验

普鲁卡因是一种常用局部麻醉药，偶尔发生轻重不一的过敏反应，故首次应用前须先做过敏试验，结果阴性方可使用。

1. 试验液配制　以 1% 普鲁卡因 1 ml（10 mg）1 支为例，用 1 毫升注射器抽取 0.25 ml 药液，加 0.9% 氯化钠溶液稀释至 1 ml，则每毫升含 2.5 mg，即为普鲁卡因皮试液。注入剂量为 0.1 ml（含普鲁卡因 0.25 mg）。
2. 试验方法、结果判断、过敏反应处理均同青霉素过敏试验法。

考点提示

普鲁卡因过敏试验液的配制方法、皮试剂量。

五、链霉素过敏试验

链霉素因本身的毒性作用及所含杂质（链霉素胍及二链霉胺）能释放组胺，使用时可引起过敏反应或毒性反应。过敏性休克发生率较青霉素低，但比青霉素过敏反应更严重，且死亡率很高，故使用链霉素前，需做过敏试验。

（一）链霉素过敏试验方法

1. 试验液配制　为每毫升含 2500 U 的链霉素生理盐水溶液，注入剂量为 0.1 ml（250 U）。现以 100 万 U（1 g）/ 瓶链霉素为例，具体配制方法见表 16-16。
2. 试验方法　核对医嘱，确认患者，再次询问患者无链霉素过敏史后，于前臂掌侧下段皮内注射链霉素试验溶液 0.1 ml（含链霉素 250 U），20 min 后观察并判断皮试结果。

表 16-16　链霉素皮内试验液配制法

链霉素	加入 0.9% 氯化钠溶液	链霉素含量	要求
100 万 U	3.5 ml	25 万 U/ml	充分溶解
取上液 0.1 ml	0.9 ml	2.5 万 U/ml	摇匀
取上液 0.1 ml	0.9 ml	2500 U/ml	摇匀

3. 结果判断、记录，同青霉素过敏试验法。

（二）链霉素过敏反应的处理

链霉素过敏反应的临床表现和青霉素过敏反应相同，但较少见，链霉素过敏反应的处理和青霉素过敏反应的处理相同。链霉素的毒性反应较过敏反应更常见，可表现为全身麻木、肌肉无力、抽搐、眩晕、耳鸣、耳聋等。发生毒性反应时可缓慢静脉注射 10% 葡萄糖酸钙或 5% 氯化钙 10 ml，因链霉素可与钙离子结合，使中毒症状减轻。

➲ **注意事项**

1. 过敏试验结果阳性者禁用链霉素，同时告知医生，并在医嘱单、体温单、病历卡、床头卡和注射卡上，醒目注明"链霉素阳性"，并告知患者及家属。

2. 即使试验结果是阴性，在使用过程中仍有可能发生过敏反应，故使用过程中要严密观察患者的反应。

 考点提示

链霉素毒性反应的处理。

六、结核菌素过敏试验

结核菌素过敏试验是通过皮内注射结核菌素，致注射部位皮肤产生Ⅵ型（迟发型）超敏反应。用以判断机体是否受到结核菌素感染，为接种卡介苗提供依据，还可以协助诊断和鉴别诊断，进行结核病流行病学调查。

1. 试验方法　以 PPD 为例，取 PPD 原液 0.1 ml（5 U）在患者前掌侧下段做皮内注射，注射后立即记录注射部位、方法、所用结核菌素种类、浓度、剂量、生产单位、批号与患者反应等。

2. 试验结果判断　根据试验部位的皮肤情况进行判断：①无红晕、无硬结，或硬结直径 <5 mm 为阴性（-）；②硬结直径在 5～9 mm 为弱阳性（+）；③硬结直径为 10～19 mm 为中度阳性（++）；④硬结直径≥20 mm 或虽<20 mm 但局部出现水疱、坏死或淋巴管炎为强阳性（+++）；⑤注射 20～36 h，注射区皮肤发红且较软，72 h 反应消退者为假阳性。

➲ **注意事项**

1. 严格检查药品质量，包括对药品的颜色、澄清度、有效期、包装质量等进行检查。

2. 未用的 PPD 皮试液应冷藏。

3. 有发热（体温 37.5 ℃以上）及其他严重疾病时，不宜做结核菌素过敏试验。

4. 不可热敷、按揉、抓挠注射部位，以保证 PPD 活性，避免感染。

5. 做好记录，密切观察患者反应。注射后 48 h 观察反应 1 次，72 h 判断结果，记录试验结果、操作者、观察者和观察时间。

6. 结核菌素过敏试验阳性仅表示曾有过结核菌感染，并不表示一定患病。

第六节 局部给药

案例 16-4

患者，男性，65岁。昨日起眼睛开始发红、痒、痛、畏光、流眼泪，医生诊断为结膜炎，遵医嘱予左氧氟沙星滴眼液滴眼，一日3次，每次1~3滴。

问题与思考：
1. 正确的滴眼方法是什么？
2. 在滴眼过程中，需要注意什么？

一、滴药法

滴药法是指将药液滴入眼、鼻、耳等处，以达到局部或全身治疗的目的，或者做某些诊断检查的一种给药方法。

⊃ 护理评估

1. 评估与解释
（1）评估患者：患者的病情、治疗情况、意识状态、局部疾患情况、心理反应及合作程度。
（2）解释：向患者及家属解释滴药的目的、方法、注意事项及配合要点。
2. 评估环境 安静整洁、光线适中、温湿度适宜。

⊃ 护理计划

1. 目的 将药物滴入某些体腔产生疗效。
2. 准备
（1）护士准备：衣帽整洁，修剪指甲，洗手，戴口罩。
（2）患者准备：明确滴药目的和注意事项，能配合操作，取舒适体位。
（3）用物准备：根据医嘱准备相应的眼药或耳药或鼻药、消毒棉球或棉签。必要时备3%过氧化氢溶液、纸巾、弯盘。

⊃ 护理实施

滴药法实施，见表16-17。

表 16-17 滴药法实施

护理实施	流程简释	要点说明
▲滴眼药法		
核对解释	携用物至床旁，核对床号、姓名，解释目的及操作方法	• 保证准确给药
适宜体位	协助或指导患者取坐位或仰卧位，用棉球或棉签拭去眼部分泌物，让患者头稍后仰，眼睛向上看	
滴入药液	（1）再次核对药物，护士一手将患者下眼睑向下方轻轻牵引，另一手持滴管或滴瓶，手掌根部轻轻至于患者前额上 （2）滴管距离眼睑1~2 cm，将药液1~2滴滴入眼下部结膜囊内 （3）轻轻提起上眼睑，使药液均匀扩散于眼球表面 （4）嘱患者闭目2~3 min，用棉球紧压泪囊部1~2 min	• 用干棉签拭干流出的眼液 • 利于药液充分发挥作用

续表

护理实施	流程简释	要点说明
整理记录	协助患者取舒适卧位，整理用物，洗手记录	
▲滴耳药法		
核对解释	同滴眼药法	
适宜体位	协助或指导患者取坐位或侧卧位，患侧耳道向上	
清洁耳道	洗净耳内分泌物，必要时用3%过氧化氢溶液反复清洗耳内，棉签拭干	
滴入药液	（1）再次核对药物，护士一手将患者耳廓向后拉，使耳道变直，另一手持滴瓶，手掌根部轻轻至于耳廓旁，将药液2~3滴滴入耳道，轻压耳屏 （2）将小棉球塞入外耳道口，以免药液流出 （3）嘱患者保持原体位1~2 min （4）密切观察患者有无出现迷路反应，如眩晕、眼球震颤等	• 注意避免滴管触及外耳道，污染滴管及药物 • 使药物充分发挥作用
整理记录	协助患者取舒适卧位，整理用物，洗手记录	
▲滴鼻药法		
核对解释	同滴眼药法	
适宜体位	协助或指导患者取坐位或平卧位，头向后仰（如治疗上颌窦，额窦炎时则取头后仰，并向患侧倾斜）	
清洁鼻腔	擤鼻，并以纸巾抹净，解开衣领	
滴入药液	（1）再次核对药物，护士一手轻推鼻尖，另一手持滴管距鼻孔约2 cm处滴入药液3~5滴 （2）轻捏鼻翼，稍停片刻恢复正常体位，用纸巾擦去外流的药液	• 充分显露鼻腔 • 使药液均匀地分布于鼻腔黏膜
整理记录	协助患者取舒适卧位，整理用物，洗手记录	

⊃ **护理评价**

1. 患者理解操作目的，主动配合。
2. 护士严格遵守操作规程，护患沟通有效，达到预期目的。

⊃ **注意事项**

1. 滴眼药法注意事项

（1）注意动作轻柔，滴入药量准确，因角膜感觉敏感，药滴不宜直接滴落在角膜上。

（2）勿使滴管末端触及睫毛或眼睑缘，以防污染。

（3）注意用棉球紧压泪囊部，以免药液经泪道流入泪囊和鼻腔后经黏膜吸收而引起全身不良反应。

2. 滴耳药法注意事项

（1）注意动作轻柔，滴入药量准确。

（2）注意使耳道变直，利于药液流入耳内。

（3）勿使滴管末端触及外耳道，以防污染。

（4）迷路反流与药液过量有关，应注意避免。

3. 滴鼻药法注意事项

（1）注意动作轻柔，滴入药量准确。

（2）如果药液是血管收缩剂，连续使用时间不超过3天，以防出现反跳性黏膜充血加剧现象。

考点提示

滴药法的实施步骤及注意事项。

二、插入给药法

插入给药法包括直肠给药和阴道给药。常用栓剂进行插入给药，栓剂的熔点是 37 ℃左右，进入体腔后能慢慢融化而产生疗效。

（一）直肠栓剂插入法

⊃ 护理评估

1. 评估与解释

（1）评估患者：患者的病情、治疗情况、意识状态、局部疾患情况、心理反应及合作程度。

（2）解释：向患者及家属解释用药的目的、方法、注意事项及配合要点。

2. 评估环境　安静整洁、光线适中、温湿度适宜。

⊃ 护理计划

1. 目的　将栓剂插入直肠，产生局部或全身治疗作用。

2. 准备

（1）护士准备：衣帽整洁，修剪指甲，洗手，戴口罩。

（2）患者准备：明确用药目的和注意事项，能配合操作，取舒适体位。

（3）用物准备：治疗盘、治疗巾、直肠栓剂、指套或手套、卫生纸、医用垃圾桶、生活垃圾桶。

⊃ 护理实施

直肠栓剂插入法实施，见表 16-18。

表 16-18　直肠栓剂插入法实施

护理实施	流程简释	要点说明
核对解释	核对患者床号、姓名、腕带、住院号，解释操作目的	
适宜体位	协助或指导患者取侧卧位，双膝屈曲暴露肛门	• 注意遮挡患者，保护隐私
插入栓剂	（1）戴上指套或手套，取出栓剂，嘱患者张口深呼吸，尽量放松 （2）用示指将栓剂沿直肠壁朝脐部方向插入 6～7 cm （3）嘱患者保持该卧位 15 min	• 必须插至肛门内括约肌以上，并确定栓剂附着在直肠黏膜上；若插入粪块中，则不起作用
整理记录	协助患者取舒适卧位，整理用物，洗手记录	

⊃ 护理评价

1. 患者理解操作目的，主动配合。

2. 护士严格遵守操作规程，护患沟通有效，达到预期目的。

⊃ 注意事项

1. 操作前嘱患者先排净大便，使药物与肠黏膜充分接触，增强效果。

2. 操作时动作要轻柔，注意保护患者隐私。

（二）阴道栓剂插入法

⊃ 护理评估

1. 评估与解释

（1）评估患者：患者的病情、治疗情况、意识状态、局部疾患情况、对隐私部位用药的接受程度和配合治疗情况等。

（2）解释：向患者及家属解释用药的目的、方法、注意事项及配合要点。

2. 评估环境　安静整洁、光线适中、温湿度适宜、需要时使用屏风或围帘遮挡。

◉ 护理计划

1. 目的　将消炎、抗菌栓剂插入阴道，达到局部治疗作用。
2. 准备

（1）护士准备：衣帽整洁，修剪指甲，洗手，戴口罩。

（2）患者准备：明确用药目的和注意事项，能配合操作，取舒适体位。

（3）用物准备：治疗盘、治疗巾、阴道栓剂、指套或手套、卫生纸、医用垃圾桶、生活垃圾桶。

◉ 护理实施

阴道栓剂插入法实施，见表16-19。

表16-19　阴道栓剂插入法实施

护理实施	流程简释	要点说明
核对解释	核对患者床号、姓名、腕带、住院号，解释操作目的	
适宜体位	协助或指导患者取仰卧位，两腿分开，屈膝仰卧于检查床上，支起双腿	• 注意遮挡患者，保护隐私
插入栓剂	（1）一手戴指套或手套取出栓剂，嘱患者张口深呼吸，尽量放松 （2）利用置入器或带上手套，将阴道栓剂沿阴道下后方轻轻插入5 cm，达阴道穹 （3）嘱患者至少平卧15 min	• 以利药物扩散至整个阴道组织
整理记录	协助患者取舒适卧位，整理用物，洗手记录	

◉ 护理评价

1. 患者理解操作目的，主动配合。
2. 护士严格遵守操作规程，护患沟通有效，达到预期目的。

◉ 注意事项

1. 操作时准确判断阴道口位置，必须置入足够深度，注意保护患者隐私。
2. 指导患者治疗期间避免性生活及盆浴，阴道出血和月经期禁用。

💡 **考点提示**

插入给药法的实施步骤及注意事项。

三、皮肤给药法

皮肤给药是将药物直接涂于皮肤，起到局部治疗的作用。皮肤用药有溶液、软膏、糊剂等多种剂型。

1. 评估与解释

（1）评估患者：患者的病情、治疗情况、意识状态、局部皮肤情况、心理反应及合作程度。

（2）解释：向患者及家属解释用药的目的、方法、注意事项及配合要点。

2. 评估环境 安静整洁、光线适中、温湿度适宜、需要时使用屏风或围帘遮挡。

◐ 护理计划

1. 目的 将药物直接涂抹皮肤，以起到局部治疗的作用。
2. 准备
（1）护士准备：衣帽整洁，修剪指甲，洗手，戴口罩。
（2）患者准备：明确用药目的和注意事项，清洁局部皮肤。
（3）用物准备：治疗盘、治疗巾、直肠栓剂、指套或手套、卫生纸、医用垃圾桶、生活垃圾桶。

◐ 护理实施

1. 携用物至床旁，核对患者，解释用药的目的及注意事项。
2. 用温水和中性肥皂清洁皮肤，擦干皮肤。
3. 不同药剂，采用不同的方法护理。
（1）浴液类：将塑料布或橡胶单垫在患处下方，用持物钳直接夹取蘸湿药液的棉球，涂抹于患处，直至局部皮肤清洁后用干棉球擦干。主要用于急性皮炎伴有大量渗液或脓液的患者。
（2）软膏类：用棉签将软膏涂于患处，不必涂药过厚，除局部有溃疡或大片糜烂时，一般不需要包扎。
（3）糊剂类：用棉签将药糊直接涂于患处，不宜涂药太厚，还可将药物涂于无菌纱布上，然后贴于受损皮肤处，包扎固定。主要用于亚急性皮炎，有少量渗液或轻度糜烂的患者。
（4）乳膏类：用棉签将乳膏涂于患处，具有止痒、保护、消除轻度炎症的作用。
（5）酊剂类：用棉签将酊剂涂于患处，具有杀菌、消炎、止痒作用。
4. 涂药完毕，协助患者休息，开窗通风。保护好局部，防止污染被服，整理用物，洗手、记录。

◐ 护理评价

1. 患者理解操作目的，主动配合。
2. 护士严格遵守操作规程，护患沟通有效，达到预期目的。

◐ 注意事项

1. 皮肤给药操作前了解患者对局部用药处的主观感觉，有针对性地做好解释工作。
2. 注意观察用药后局部皮肤反应情况，特别是小儿和老年患者。
3. 动态评价用药效果，并给予提高用药效果的措施。

 考点提示

皮肤给药法的实施步骤及注意事项。

四、舌下给药法

舌下给药法是将药物置于舌下自然溶解，通过舌下黏膜吸收，进而分布于全身的一种给药方法。

药物通过舌下口腔黏膜丰富的毛细血管吸收，可避免胃肠刺激，吸收不全和首过消除作用，而且生效快。如目前常用的硝酸甘油片剂，舌下含服一般 2～5 min 即可发挥作用，患者心前区压迫感或疼痛感即可减轻或消除。使用时，告知患者将药物放在舌下，让其自然溶解吸收，不可咀嚼吞下，否则会影响药效。

> **思政园地**
>
> **雾化器的前世**
>
> 一呼一吸，生命之息。自古以来，人们发现呼吸也可以是一种治疗手段。约公元前1554年，古埃及出版了一本记录药学知识的书——《埃伯斯伯比书》(Ebers papyrus)，该书记载了通过吸入莨菪烟雾来治疗呼吸困难，那时的人们是把莨菪叶放在砖块上用火烤，使其中的莨菪碱气化，方便被患者吸入。"医学之父"希波克拉底(Hippocrates)把醋和油浸泡过的草药和树脂，放在一个壶形装置内加热，壶盖上开一个小口，放置芦苇杆，加热后产生的气雾从杆中冒出，而后由患者经口吸入。一直到1858年法国医生塞尔斯-吉洪(Sales-Girons)在此基础上成功研制了便携式雾化吸入装置，这个装置包括放置药物溶液的储槽、气泵、氧气喷嘴和冲击板，这就是现在应用的雾化吸入装置的原型。

自 测 题

一、选择题

1. 某护士在药房领取0.1%盐酸肾上腺素时，发现盒上标签注明每一安瓿2 ml，盒内安瓿需仔细看才能辨识出药名，但剂量模糊不清，该护士正确的处理是
   A. 查问清楚后再用　　B. 酌情少量使用　　C. 退回药房不用
   D. 按医嘱使用　　　　E. 按盒上标签用

2. 患儿，男性，8岁。需要补种乙肝疫苗，护士选择注射的部位是
   A. 前臂掌侧下段　　　B. 上臂三角肌　　　C. 上臂三角肌下缘
   D. 臀中肌　　　　　　E. 臀大肌

3. 皮内注射进针的角度为
   A. 5°　　　　　　　　B. 15°～30°　　　　C. 30°～40°
   D. 40°　　　　　　　E. 90°

4. 患儿，男性，1.5岁。在其臀部做肌内注射，操作方法正确的是
   A. 采用十字法进行肌内注射定位　　B. 部位选臀大肌
   C. 部位选臀中肌、臀小肌　　　　　D. 用50%乙醇消毒皮肤
   E. 进针、推药均要快，拔针要慢

5. 超声波雾化吸入的正确操作步骤是
   A. 添加药液不必关机　　　　　　　B. 水槽内加温水
   C. 停用时先关电源开关　　　　　　D. 先开雾化开关，再开电源开关
   E. 药液用温水稀释后放入雾化罐

6. 抢救青霉素过敏反应的药物是
   A. 盐酸肾上腺素　　　B. 阿托品　　　　　C. 葡萄糖
   D. 葡萄糖酸钙　　　　E. 异丙肾上腺素

7. 患者，男性，46岁。在田间作业时不慎被锈钉刺伤，医嘱TAT肌内注射st。患者行TAT过敏试验，结果阳性，正确的做法是
   A. 分四次注射，剂量逐渐递减　　　B. 分四次注射，剂量逐渐递增

C. 分五次注射，剂量逐渐递减　　　　D. 分五次注射，剂量逐渐递增
E. 分四等份，分次注射

（8～11题共用题干）

患者，男性，27岁。因患过敏性皮疹就诊。医嘱50%葡萄糖溶液40 ml+10%葡萄糖酸钙溶液10 ml，st

8. 应选择的最佳注射部位是
   A. 颈外静脉　　　　B. 肘正中静脉　　　　C. 股静脉
   D. 踝静脉　　　　　E. 足背静脉网
9. 扎止血带的位置应距穿刺点
   A. 2～3 cm　　　　B. 3～5 cm　　　　C. 5～6 cm
   D. 6～8 cm　　　　E. 8～10 cm
10. 注射时，严防钙剂溢于皮下组织的最重要措施是
    A. 拔针后应加压止血
    B. 先注入少量生理盐水，确认在血管后再注入
    C. 选择静脉血管时应避开关节和静脉瓣
    D. 严格掌握推药速度
    E. 严格执行无菌技术操作
11. 医嘱中的st代表
    A. 立即　　　　B. 饭前　　　　C. 每小时
    D. 肌内注射　　E. 必要时

二、简答题

1. 护士在给药的过程中，应遵循哪些原则？
2. 超声雾化吸入的注意事项有哪些？
3. 简述青霉素过敏反应的临床表现。

三、案例分析

患者，男性，25岁。因患大叶性肺炎需青霉素治疗，皮试5 min后患者出现胸闷、气促、皮肤瘙痒、面色苍白、脉搏细弱、血压下降、烦躁不安。

请回答：
（1）该患者出现了什么情况？
（2）护士应该如何处理？

（周玉华　杨润丽）

第十七章 静脉输液与输血

思 维 导 图

- 静脉输液与输血
  - 静脉输液
    - 静脉输液的原理及目的
    - 静脉输液原则
    - 常用溶液的种类及作用
      - 晶体溶液
      - 胶体溶液
      - 静脉高营养液
    - 常用输液部位
    - 常用静脉输液法
      - 密闭式周围输液法
        - 一次性静脉输液钢针
        - 外周静脉留置针
      - 密闭式中心静脉输液法
      - 密闭式头皮静脉输液法
    - 输液速度及时间的计算
    - 常见输液故障及排除
      - 溶液不滴
      - 茂菲滴管内液面过高
      - 茂菲滴管内液面过低
      - 茂菲滴管内液面自行下降
    - 常见输液反应与护理
      - 发热反应
      - 循环负荷过重反应
      - 静脉炎
      - 空气栓塞
    - 输液微粒污染
    - 静脉留置针输液常见并发症的预防与处理
  - 静脉输血
    - 静脉输血的目的及原则
    - 血液制品的种类
      - 全血
      - 成分血
      - 其他血液制品
    - 静脉输血的适应证与禁忌证
    - 血型鉴定及交叉配血试验
    - 静脉输血法
    - 自体输血和成分输血
    - 常见输血反应与护理
      - 发热反应
      - 过敏反应
      - 溶血反应
      - 与大量输血有关的反应
    - 输血反应和意外的监测与报告

第十七章　静脉输液与输血

学习目标

1. 解释静脉输液、输液微粒、静脉输血、溶血反应。
2. 知道静脉输液的目的、常用溶液及作用，输液微粒污染，血液制品的种类及有效期。
3. 描述常用输液部位、交叉配血的方法。
4. 熟记静脉输液原则、静脉输液方法、输液故障及排除、输血的目的、输液及输血反应及护理。
5. 能正确实施密闭式周围静脉输液法、处理输液故障、调节输液速度，能规范实施间接输血法。
6. 养成良好的职业素养，具有以人为本的护理服务理念、爱伤观念，具备高度的责任心和安全意识，严格执行查对制度，遵守无菌操作原则。

第一节　静脉输液

案例 17-1

患者，男性，70岁。今日上午 9:00 入院，诊断"慢性肺源性心脏病、呼吸道感染"。医嘱：① 5% 葡萄糖溶液 250 ml+ 丹参溶液 20 ml，静脉滴注，1 次/日；② 5% 葡萄糖溶液 250 ml+ 环磷腺苷 60 mg，静脉滴注，1 次/日；③ 0.9% 氯化钠 250 ml+ 氨曲南 2 g，静脉滴注，2 次/日；④ 5% 葡萄糖溶液 500 ml+Vit C 3.0 g，静脉滴注，1 次/日。

问题与思考：

1. 根据给药原则，应如何安排输液顺序？
2. 在为患者输液时如何选择合适的血管？
3. 根据患者病情，要求输液速度是 40 滴/分，每天完成输液需要多长时间？
4. 若采用留置针静脉输液法，可能发生哪些并发症？
5. 如果第二日该患者病情缓解，患者恳求护士调快输液速度、尽早结束输液以便休息，护士应如何向患者解释？

静脉输液是临床上常用的基础护理操作技术。通过静脉输液可以纠正人体因疾病造成的水电解质紊乱和酸碱失衡，还可通过静脉输入药物达到治疗疾病的目的。护士必须熟练掌握有关静脉输液的理论知识和操作技能，密切观察不良反应，切实保证患者输液治疗的安全有效。

一、静脉输液的原理及目的

（一）原理

静脉输液（intravenous infusion）是将大量无菌溶液或药物直接输入静脉的治疗方法，是利用大气压和液体静压形成的输液系统内压高于人体静脉压的原理将液体输入静脉内。

（二）目的

1. 补充水分及电解质，预防和纠正水、电解质及酸碱平衡紊乱。常用于各种原因引起的脱水、酸碱平衡失调，如腹泻、剧烈呕吐、大手术等患者。
2. 补充血容量，改善微循环，维持血压及微循环灌注量。常用于严重烧伤、大出血、休克等患者。
3. 供给营养物质，促进组织修复，增加体重，维持正氮平衡。常用于慢性消耗性疾病、胃肠道吸收障碍及不能经口进食（如昏迷、口腔疾病）的患者。

4. 输入药物，治疗疾病。如输入抗生素控制感染；输入解毒药物达到解毒作用；输入脱水剂降低颅内压等。

 考点提示

静脉输液的目的。

二、静脉输液原则

输入溶液的种类和量应根据患者体内水、电解质代谢紊乱及酸碱失衡的程度来决定。一般遵循"先晶后胶、先盐后糖、先快后慢、宁少勿多、宁酸勿碱、见尿补钾"的原则。当尿量增加到 40 ml/h 时，需适当补钾。补钾应遵循"四不宜"原则，即不宜过浓（浓度不超过 0.3%）、不宜过快（成人每分钟 30~40 滴）、不宜过多（成人每日总量不超过 5 g，小儿每日总量不超过 0.1~0.3 g/kg）、不宜过早（见尿后补钾）。在输液过程中，严格控制输液速度，随时观察患者的反应，根据患者的病情变化及时做出相应的调整。

三、常用溶液的种类及作用

（一）晶体溶液

晶体溶液分子量小，在血管内存留时间短，对维持细胞内外水平衡发挥重要作用，对纠正体内的水、电解质失衡效果显著。

（二）胶体溶液

胶体溶液的分子量大，在血管内存留时间长，可以有效维持血浆胶体渗透压，增加血容量，改善微循环，提升血压。

（三）静脉高营养液

高营养液主要供给患者热能，纠正负氮平衡，补充蛋白质、多种维生素和矿物质。

常用溶液的种类及作用，见表 17-1。

表 17-1 常用溶液的种类及作用

种类	分类	溶液	作用
晶体溶液	葡萄糖溶液	5% 葡萄糖注射液 10% 葡萄糖注射液	供给水分和热能
	等渗电解质溶液	0.9% 氯化钠注射液 复方氯化钠注射液 （林格氏等渗溶液） 5% 葡萄糖氯化钠注射液	补充水分及电解质，维持体液容量和渗透压平衡
	碱性溶液	5% 碳酸氢钠注射液 1.4% 碳酸氢钠溶液 11.2% 碳酸氢钠溶液 1.84% 乳酸钠溶液	纠正酸中毒，维持酸碱平衡
	高渗溶液	25%~50% 葡萄糖溶液 20% 甘露醇溶液 25% 山梨醇溶液	利尿、脱水、提高血浆渗透压、消肿、降低颅内压

续表

种类	分类	溶液	作用
胶体溶液	右旋糖酐	中分子右旋糖酐	提高血浆胶体渗透压，扩充血容量
		低分子右旋糖酐	降低血液黏稠度，预防血栓形成，改善微循环
	代血浆	羟乙基淀粉（706）	输入后可增加血浆胶体渗透压和循环血量。适用于急性大出血的患者
		明胶类代血浆	
	血液制品	5% 白蛋白	提高胶体渗透压，补充蛋白质和抗体，促进组织修复
		血浆蛋白	
静脉高营养液		复方氨基酸	供给热能，维持正氮平衡，补充各种维生素和矿物质
		脂肪乳剂	
		维生素	

> 💡 **考点提示**
>
> 静脉输液时常用溶液的种类及作用。

四、常用输液部位

输液时应根据患者的年龄、神志、体位、病情状况、病程长短、溶液种类、输液时间、静脉情况或即将进行的手术部位等情况来选择穿刺的部位。常用的输液部位包括：

（一）周围浅静脉

周围浅静脉是指分布于皮下的肢体末端的静脉。上肢常用的浅静脉有肘正中静脉、头静脉、贵要静脉、前臂静脉、手背静脉网（图17-1）。粗、直、血流丰富的手背、前臂静脉网是成年患者输液时的首选部位；肘正中静脉、贵要静脉和头静脉可用来采集血标本、静脉推注药液或作为经外周中心静脉置管的穿刺部位。下肢常用的浅静脉有大隐静脉、小隐静脉和足背静脉网（图17-2），但下肢的浅静脉不作为静脉输液时的首选部位，因为下肢静脉有静脉瓣，容易形成血栓。3岁以上小儿一般常用四肢静脉进行静脉输液，常用四肢静脉为：手背静脉、足背静脉、贵要静脉、肘正中静脉、头静脉、大隐静脉、小隐静脉。因小儿四肢静脉弹性好、血管壁薄、固定、暴露长度较短，进针不宜多，以防穿破血管，穿刺成功后要特别关注固定。

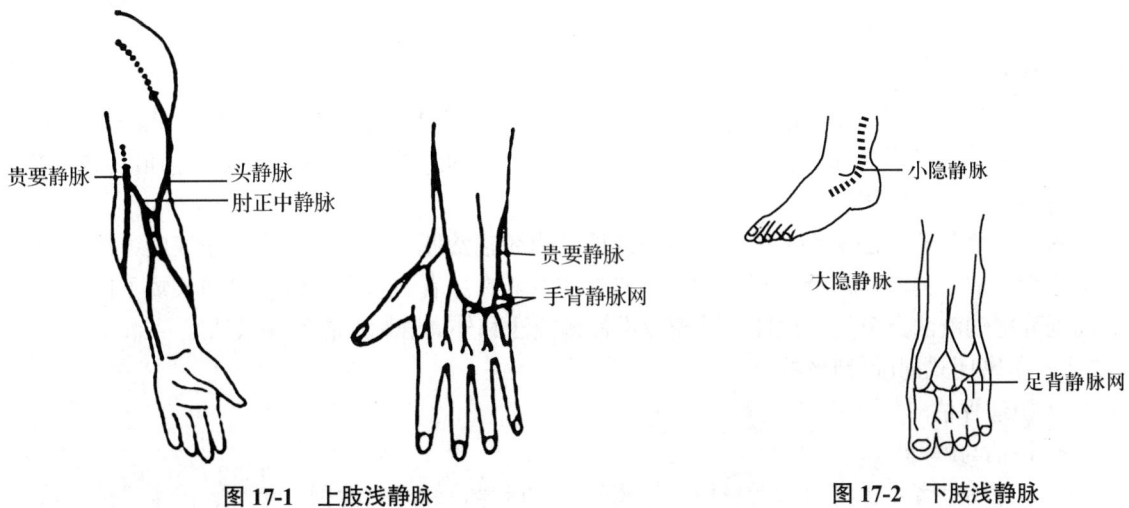

图 17-1　上肢浅静脉　　　　　图 17-2　下肢浅静脉

（二）头皮静脉

头皮静脉（图17-3）分布较广，互相沟通，交错成网，表浅易见，不易滑动，便于固定，可常用于小儿的静脉输液通路之一。较大的头皮静脉有颞浅静脉、额静脉、枕静脉和耳后静脉等。但是因头皮静脉无静脉瓣、血-脑脊液屏障的通透性大，如全身感染，易随着血液循环引起颅内感染，且头皮静脉血管壁薄、弹性纤维少，静脉腔内压力低，在脱水时血管外形易呈扁缩状态，在行静脉穿刺时回血慢，易造成穿刺失败而形成血肿。因此，选择头皮静脉输液需慎重考虑。

（三）锁骨下静脉和颈外静脉

常用于中心静脉置管。需要长期持续输液或输注静脉高营养液的患者多选择此部位。将导管从锁骨下静脉或颈外静脉（图17-4）置入，远端留置在右心室上方的上腔静脉。

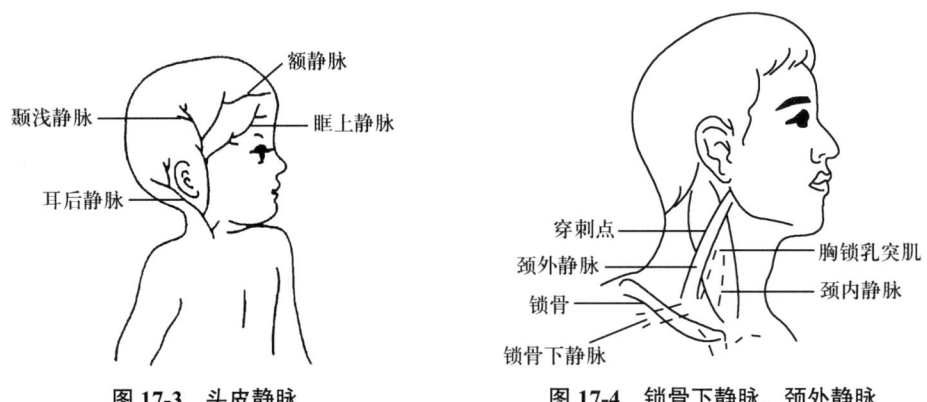

图 17-3　头皮静脉　　　　图 17-4　锁骨下静脉、颈外静脉

护士在为患者进行静脉输液前要认真选择合适的穿刺部位。在选择穿刺部位时要注意以下几个问题：第一，老年人和儿童的血管脆性较大，应尽量避开易活动或凸起的静脉，如手腕部静脉。第二，穿刺应避开皮肤表面有感染、渗出的部位，以免将皮肤表面的细菌带入血管。第三，禁止使用血管透析的端口或瘘管的端口进行输液。第四，如果患者需要长期输液，应注意有计划地更换输液部位，以保护静脉。通常静脉输液部位的选择应从远心端静脉开始，逐渐向近心端使用。

五、常用静脉输液法

按照输入的液体是否与大气相通，可以将静脉输液法划分为密闭式静脉输液法和开放式静脉输液法；按照进入血管通道器材所到达的位置，又可将静脉输液法划分为周围静脉输液法和中心静脉输液法。

开放性静脉输液法是将溶液倒入开放式输液器吊瓶内进行输液的方法。此方法的优点是能灵活更换液体种类及数量，并可随时添加药物。由于采用开放式静脉输液法时药液易被污染，故目前临床上较少应用。

密闭式静脉输液法是将无菌输液器插入原装密闭输液瓶（或袋）中进行输液的方法，因污染机会少，故目前临床广泛应用。按针头的材质及其在患者血管内留置的时间长短不同，密闭式周围静脉输液法又分为一次性静脉输液钢针输液法和外周静脉留置针输液法。

（一）密闭式周围静脉输液法

➲ **护理评估**

1. 评估与解释

（1）评估患者：①核对患者身份，如床号、住院号、姓名、性别、年龄、出生日期、诊断等。②全身情况，如病情、静脉输液的目的、意识状况、心理反应及合作程度。③心脏、肺、肝、肾功能，穿刺部位的皮肤情况（有无感染、破损、皮疹等），静脉状况（解剖位置、弹性、充盈和滑动度），患者的用药史等。④一次性静脉输液钢针可用于单次给药，腐蚀性药物、刺激性药物不应使用一次性静脉输液钢针；外周静脉留置针宜用于短期静脉输液治疗，不宜持续静脉输注具有刺激性或发疱性的药物。⑤患者对静脉输液的目的、操作方法的了解程度等。

（2）解释：静脉输液的目的、方法、时间及配合要点等。

2. 评估环境　环境整洁、舒适，光线明亮，符合无菌操作的要求。

护理诊断

1. 清理呼吸道无效　与呼吸道分泌物多而黏稠、无效咳嗽有关。
2. 气体交换受损　与气道阻塞、通气不足、分泌物过多和肺泡呼吸面积减少有关。
3. 营养失调：低于机体需要量　与食欲下降、摄入减少、呼吸困难、痰液增多有关。

护理计划

1. 目的　同静脉输液的目的。
2. 准备

（1）护士准备：着装整洁，洗手，戴口罩，核对并转抄医嘱。实施静脉治疗护理技术操作的医务人员应为注册护士、医师和乡村医生，并应定期进行静脉治疗所必需的专业知识及技能培训。

（2）患者准备：了解静脉输液的目的、方法、注意事项及配合要点，输液前排尿或排便，取舒适体位。

（3）用物准备：①治疗车上层备注射盘，内备皮肤常规消毒液、无菌棉签、输液器、输液敷贴或胶布，盘外置输液卡及输液瓶贴、输液执行单、砂轮、弯盘、启瓶器、瓶套及手消毒液；静脉留置针静脉法需另备静脉留置针1套、封管液（无菌生理盐水或稀释肝素溶液）。②抽屉内备小垫枕、治疗巾、止血带及其他备用物品。③治疗车下层备生活垃圾桶、医疗垃圾桶、锐器盒、装止血带的容器。④其他，如输液架，必要时备夹板、绷带及输液泵等。

护理实施

密闭式周围静脉输液法实施，见表17-2。

表17-2　密闭式周围静脉输液法实施

护理实施	流程简释	要点说明
▲一次性静脉输液钢针输液法		
核对、检查	（1）根据医嘱备药，核对药物瓶签（药名、剂量、浓度）及给药时间和给药途径 （2）检查药液质量：有效期、包装、摇动后对光检查药液有无浑浊、沉淀及絮状物等。根据输液卡填写输液瓶贴，并倒贴于药液瓶签旁	• 应在洁净环境中完成静脉药物的配置和使用 • 认真执行查对制度，易过敏药物需核对药敏试验结果 • 对光检查时间不少于10 s • 输液瓶贴不能覆盖原有标签
消毒、加药	（1）拉开输液瓶的"拉环"（或用开瓶器启开输液瓶铝盖中心部分，必要时套上瓶套），常规消毒瓶塞 （2）遵医嘱加入所需药物 （3）在输液瓶贴上标注加药日期、时间、签名 （4）根据病情需要有计划地安排输液顺序	• 从瓶塞中心点开始至瓶颈螺旋式消毒 • 注意药物的配伍禁忌 • 若是打印的输液瓶贴，应进行核对

续表

护理实施	流程简释	要点说明
接输液器	检查输液器包装、有效期、质量及输液钢针型号,打开包装袋,取出插头,将插头插入瓶塞直至插头根部,关闭调节器。再次两人查对	• 避免污染插头及已消毒的瓶塞
核对、解释	(1)携用物至床旁,核对患者床号、姓名、腕带、住院号、药名、浓度、剂量、给药时间和给药方法(或扫描PDA核对) (2)解释操作目的及配合要点 (3)洗手	• 确认患者,取得合作 • 防止交叉感染
挂瓶、排气	(1)取出输液器,拧紧乳头,确认调节器已关闭,将输液瓶挂于输液架上 (2)倒置茂菲滴管,抬高下段输液器,打开调节器开关(或挤捏茂菲滴管),使溶液流至滴管1/2~2/3满时,倒转滴管(转正),放低滴管下端的输液管(图17-5),使液体顺输液管缓慢下降至过乳头,关闭调节器。 (3)对光检查滴管下段输液管内无气泡,将输液管末端放入输液器包装袋内,置于治疗盘中	• 高度适中,保证液体压力超过静脉压,以促使液体进入静脉 • 输液前排尽空气,防止发生空气栓塞 • 如果输液管上部分有小气泡,可轻弹输液管,使气泡进入茂菲滴管;如果下段输液管内有小气泡,可轻弹输液管的同时将过滤器垂直向上,使气泡进入过滤器 • 排尽空气,防止发生空气栓塞
选择静脉、扎带、消毒	(1)协助患者取舒适卧位,肢体下放治疗巾、止血带和小垫枕 (2)在穿刺点上方6~8 cm处扎止血带,选择穿刺点、松开止血带 (3)以穿刺点为中心消毒穿刺部位皮肤,由内向外,消毒范围直径≥5 cm (4)待干,备输液敷贴或胶布 (5)再次扎止血带 (6)二次消毒:以穿刺点为中心消毒穿刺部位皮肤,由内向外,消毒范围直径≥5 cm	• 选择粗、直、富有弹性、避开关节及静脉瓣的血管 • 扎止血带,尾端向上,松紧适宜 • 如果静脉充盈不良,可采取按摩血管,嘱患者反复进行握拳、松拳等方法 • 保证穿刺点及周围皮肤的无菌状态,防止感染 • 消毒方向与第一次方向相反
核对、排气	(1)再次核对患者床号、姓名、腕带、住院号、药名、浓度、剂量、给药时间和给药方法 (2)打开调节器再次排气,只有少量药液流出关闭调节器 (3)对光检查,确保钢针、输液管内无气泡	• 操作中查对 • 排药液于弯盘内,尽量减少药液的浪费
静脉穿刺	取下护针帽,嘱患者握拳,一手绷紧皮肤,另一手持针柄,针尖斜面向上,以15°~30°角从静脉上方或侧方刺入皮下,再沿静脉方向潜行刺入。见回血后平行进针少许	• 穿刺时避免消毒范围污染 • 穿刺后针尖斜面必须全部在血管内
畅通后固定、整理	(1)一手拇指固定针柄,另一手松止血带,嘱患者松拳,松调节器("三松"),确认液体滴入通畅、患者无不适后,用输液敷贴或胶布固定针柄,固定穿刺点,最后将针头附近的输液管环绕后固定("U"形或"8"字形)(图17-6)。必要时用夹板固定关节 (2)取出止血带、治疗巾、小垫枕	• 穿刺点处保持无菌 • 无菌敷贴应覆盖住穿刺点和裸露在外的针梗部分 • 不合作的患者,可使用夹板绷带固定肢体

续表

护理实施	流程简释	要点说明
调节滴速	根据患者的病情、年龄、药物性质等调节滴速或遵医嘱调节	• 向患者及家属交代不能随意调节滴速。一般成人 40~60 gtt/min，儿童 20~40 gtt/min
查对	再次核对患者床号、姓名、腕带、住院号，药名、浓度、剂量、给药时间和给药方法	• 操作后查对
宣教、整理	（1）向患者说明所输药物、告知输液中注意事项 （2）协助患者取舒适体位，将呼叫器放于患者易取处，整理床单位。感谢患者配合	• 告知若出现溶液不滴、注射部位异常或全身有不适等均应及时呼叫
洗手、记录	洗手，记录输液开始时间、滴速、输入药物种类、名称、患者的全身和局部状况，签名。将输液卡挂于输液架上	
观察反应	每 15~30 min 巡视病房一次或根据病情加强巡视	• 输液中加强巡视，严密观察有无输液反应及输液故障等。耐心听取患者主诉，观察输液部位状况，及时排除输液故障，保证输液通畅
更换药液	核对无误后，常规消毒瓶塞，从上一瓶中拔出输液管插头插入下一瓶中，观察输液通畅、滴速适宜、滴管下段输液管无气泡后方可离去。每次换瓶后，及时在输液卡上记录	• 如果多瓶液体连续输入，则在第一瓶液体输尽前开始准备第二瓶液体并及时更换，以防止空气栓塞 • 更换液体时，认真执行查对制度，避免发生差错、事故 • 对持续输液超过 24 h 者，应每天更换输液器
拔针按压	确认输液结束，向患者解释，撕下敷贴或胶布，关闭调节器，折叠近针头根部硅胶管以避免回血，先轻按穿刺点上方的输液敷贴，快速拔针后按压 1~2 min 直至不出血为止	• 拔针按压时，拇指指腹沿静脉走向纵向按压针头进皮肤点和进静脉点 • 也可用无菌干棉签或棉球轻压穿刺点上方
整理、记录	（1）将钢针针头和输液插头剪至锐器盒中，取下输液器和液体瓶 （2）协助患者取舒适卧位，整理床单位，整理用物 （3）洗手，记录	• 用物按规定分类处理，避免交叉感染 • 记录输液结束的时间，液体和药物滴入的总量，患者有无全身或局部反应
▲外周静脉留置针（图 17-7）输液法		
		• 可保护静脉，减少因反复穿刺造成的痛苦和血管损伤，保持静脉通道通畅，利于抢救和治疗 • 适用于需长期输液、静脉穿刺困难的患者
同一次性静脉输液钢针输液法"核对、检查~核对、解释"		
连接留置针	（1）将输液瓶挂于输液架上 （2）检查静脉留置针和输液接头的包装、型号、生产日期、有效期后取出，确认留置针针尖及套管尖端完好 （3）打开静脉留置针、输液接头外包装，将输液接头、留置针、输液器连接好	• 高度适中，保证输液系统内压超过静脉压，以促使液体进入静脉 • 连接时注意严格无菌操作

续表

护理实施	流程简释	要点说明
排气	（1）打开调节器，将输液管、留置针内的气体排于弯盘内 （2）关闭调节器，将留置针放回留置针盒内	
选择静脉、扎带、消毒	（1）将小垫枕、治疗巾、止血带置于穿刺肢体下，在穿刺点上方8～10 cm处扎止血带，确定穿刺点，松止血带 （2）以穿刺点为中心消毒穿刺部位的皮肤，由内向外，消毒范围直径≥8 cm，待干 （3）准备胶布及透明敷贴，并在透明敷贴上标注日期和时间，签字 （4）再次在同样的位置扎止血带 （5）二次消毒，以穿刺点为中心消毒穿刺部位的皮肤，由内向外，消毒范围直径≥8 cm	• 标注日期和时间，为更换留置针提供依据 • 消毒方向与第一次方向相反
静脉穿刺	（1）再次核对患者床号、姓名、腕带、住院号、药名、浓度、剂量、有效期、给药时间和给药方法 （2）取下针套，旋转松动外套管（转动针芯，图17-8），再次排气于弯盘中，调整针头斜面朝上 （3）嘱患者握拳，绷紧皮肤，固定静脉，一手持留置针，使针头与皮肤呈15°～30°角进针，自静脉走向刺入皮下，见回血后压低角度（放平针翼），沿静脉走向再继续进针少许，将针芯后撤0.2 cm，继续送外套管直至完全进入血管 （4）松止血带，嘱患者松拳，打开调节器 （5）待输液通畅后撤针芯：一手固定针柄，另一手迅速将针芯完全撤出，放于锐器盒中	• 操作中查对，避免差错事故发生 • 防止套管与针芯粘连 • 固定静脉便于穿刺，也可减轻患者疼痛 • 避免针芯刺破血管 • 避免将外套管带出
畅通后固定、整理	（1）用无菌透明敷贴膜密闭式固定留置针，呈U形固定留置针接头，用胶布以高举平台法固定输液管（图17-9） （2）取出止血带、治疗巾、小垫枕	• 固定牢固，松紧适宜 • 使用无菌透明敷贴可避免穿刺点及周围被污染，且便于观察穿刺点情况
调节滴速	根据患者的病情、年龄、药物性质等调节滴速或遵医嘱调节	
查对	再次核对患者床号、姓名、腕带、住院号，药名、浓度、剂量、有效期、给药时间和给药方法	• 操作后查对
宣教、整理	（1）向患者说明所输药物、告知输液中注意事项 （2）协助患者取舒适体位，将呼叫器放于患者易取处，整理床单位。感谢患者配合	
洗手、记录	洗手，记录输液开始时间、滴速、输入药物种类、名称、患者的全身和局部状况，签名。将输液卡挂于输液架上	

续表

护理实施	流程简释	要点说明
冲封管	输液完毕，进行冲封管 （1）关闭调节器 （2）将输液器与输液接头断开，消毒输液接头，用注射器向输液接头内脉冲式注入封管液，正压封管	• 脉冲式封管可更有效清除固体沉淀，可将残留的刺激性药物、血液冲入血流，避免导管堵塞。常用封管液：成人可用不含防腐剂的0.9%氯化钠溶液；新生儿和儿童可用0.5～10 U/ml稀释肝素溶液或不含防腐剂的0.9%氯化钠溶液 • 输液接头为肝素帽的封管方法：将输液器针尖留在肝素帽内少许，脉冲式推注封管液剩0.5～1 ml时，边推边拔除针头；输液接口为无针接头的封管方法：拔除注射器前将小夹子尽量靠近穿刺点，夹闭小夹子后拔除注射器
再次输液	（1）消毒输液接头 （2）用注射器连接输液接头以脉冲式输入生理盐水，确认导管在血管内 （3）连接输液器，固定输液器，调节滴速	• 输注药物前先注入生理盐水确定导管在静脉内
输液完毕	（1）关闭调节器 （2）轻轻揭开胶布及透明敷贴 （3）用无菌干棉签或棉球轻压穿刺点上方，快速拔除留置针，按压局部直至不出血为止 （4）将静脉输液针头和输液器接头剪至锐器盒中 （5）协助患者适当活动穿刺肢体，并协助取舒适体位 （6）整理床单位，正确处理用物 （7）洗手，记录	• 及时拔针，以防空气进入导致空气栓塞 • 拔针时勿用力按压局部，以免引起疼痛；按压部位应沿血管纵行向心方向按穿刺点1～2 cm • 记录输液结束的时间，液体和药物滴入的总量，患者有无全身和局部反应

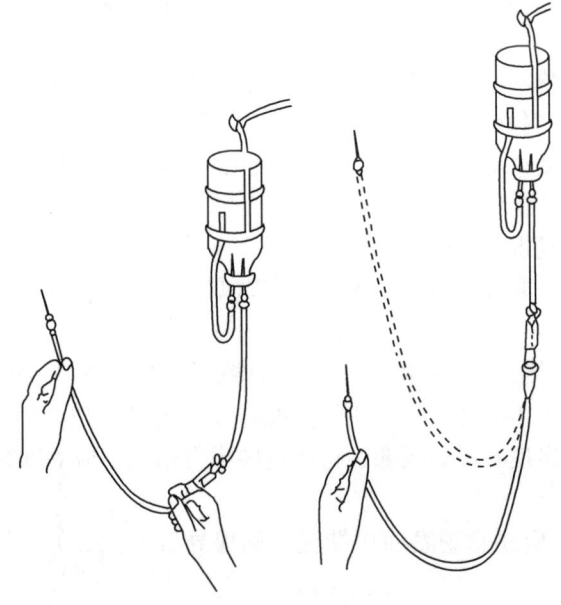

图17-5 排气手法

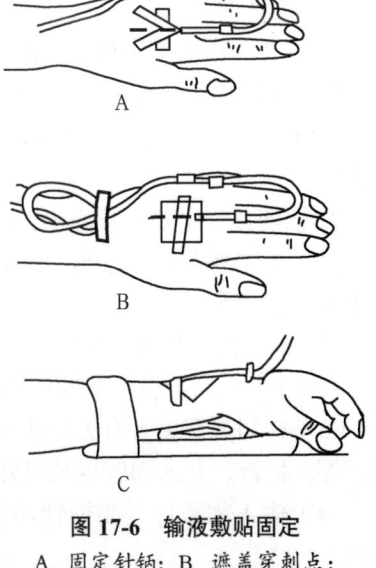

图17-6 输液敷贴固定
A. 固定针锅；B. 遮盖穿刺点；
C. 盘曲硅胶管固定

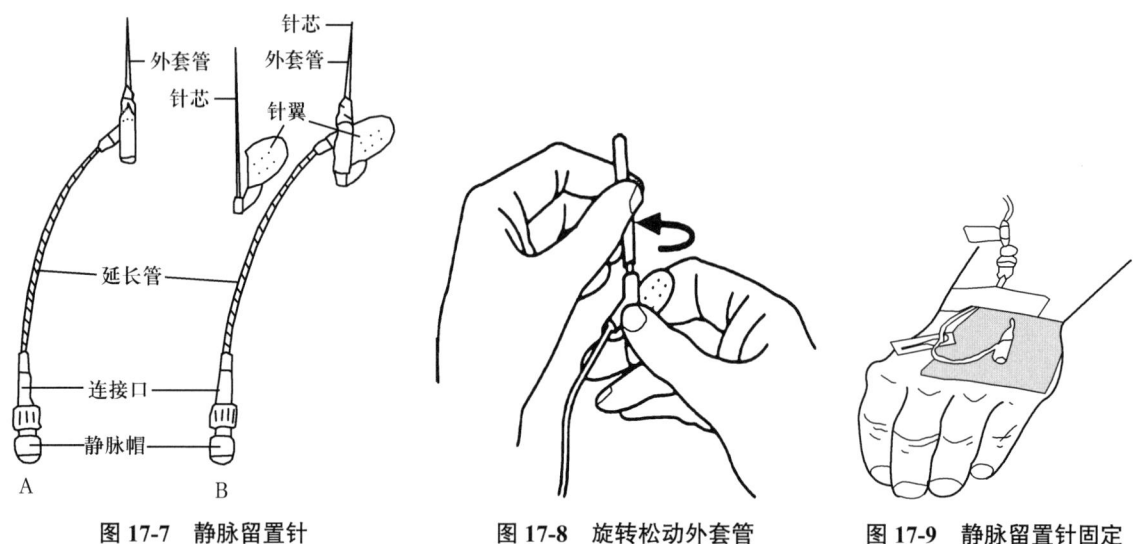

图 17-7 静脉留置针　　图 17-8 旋转松动外套管　　图 17-9 静脉留置针固定

◇ **护理评价**

1. 严格执行无菌技术操作原则和查对制度。操作规范，未发生输液反应及其他并发症，患者安全。
2. 患者获得基本的药物和营养。
3. 充分体现以人为本的护理理念，护患沟通有效，患者主动配合。

◇ **注意事项**

1. 严格执行无菌操作及查对制度，预防感染及差错事故的发生。应做到"一人一带一巾"，即每人一张治疗巾（或小垫枕）和一条止血带。
2. 根据病情需要合理安排输液顺序，并根据治疗原则，按急、缓及药物半衰期等情况合理分配药物。
3. 对需要长期输液的患者，要注意保护和合理使用静脉，一般从四肢远端小静脉开始穿刺（抢救时例外）。
4. 输液前要排尽输液管及针头内的空气，药液滴尽前要及时更换输液瓶（袋）或拔针，以免造成空气栓塞。
5. 注意药物的配伍禁忌，对于刺激性或特殊药物，应在确认针头已刺入静脉内时再输入。
6. 严格掌握输液的速度。对患有心、肺、肾疾病的患者，老年患者、婴幼儿以及输注高渗、含钾或升压药的患者，要适当减慢输液速度；对严重脱水，心肺功能良好者可适当加快输液速度。
7. 输液过程中要加强巡视，注意观察下列情况：

（1）液体滴入是否通畅，针头或输液管有无漏液，针头有无脱出、阻塞或移位，输液管有无扭曲、受压等。

（2）有无溶液外溢，穿刺部位有无红、肿、热、痛、渗出等表现。有些药物如甘露醇、去甲肾上腺素等外溢后会引起局部组织坏死，如发现上述情况，应立即停止输液并通知医生予以处理。

（3）密切观察患者有无输液反应，如患者出现心悸、畏寒、持续性咳嗽等情况，应立即减慢或停止输液，并通知医生及时处理。

（4）输入刺激性、腐蚀性药物的过程中，应注意观察回血情况。确保导管（针头）在静脉内。

（5）每次观察巡视后，应做好记录（记录在输液巡视卡或护理记录单上）。

8. 静脉留置针使用时的注意事项 外周静脉留置针宜 72～96 h 拔除导管。严格按照产品说明执行。

（1）选择血管：①宜选择上肢静脉作为穿刺部位，避开静脉瓣、关节部位及有瘢痕、炎症、硬结等处的静脉；②成年人不宜选择下肢静脉进行穿刺，因易导致下肢静脉炎及血栓；③小儿不宜首选头皮静脉，因易发生药液渗出，可能导致局部皮肤坏死，形成瘢痕，影响头发生长和美观；④接受乳房根治术和腋下淋巴结清扫术的患者应选健侧肢体进行穿刺，有血栓史和血管手术史的静脉不应行静脉留置针穿刺。

（2）选择消毒剂：在穿刺和维护导管时应选择合格的皮肤消毒剂，宜选用 2% 葡萄糖酸氯己定乙醇溶液（年龄<2 个月的婴儿慎用），有效碘浓度不低于 0.5% 的聚维酮碘或 2% 碘溶液和 75% 乙醇。

（3）正确冲管和封管：①输注药物前宜通过输入生理盐水确定导管在静脉内；②冲管和封管应使用 10 ml 及以上注射器或一次性专用冲洗装置；③给药前后宜脉冲式冲洗导管，如果遇有阻力或者抽吸无回血应进一步确定导管的通畅性，不应强行冲洗导管；④输液完毕应用导管容积加延长管容积 2 倍的生理盐水或肝素盐水正压封管。

（4）透明敷贴更换注意事项：无菌透明敷贴应至少 7 天更换 1 次，若穿刺部位发生渗液、渗血应及时更换，穿刺部位的敷贴发生松动、污染等完整性受损时应立即更换。

 考点提示

密闭式周围静脉输液法的实施要点。

（二）密闭式中心静脉输液法

密闭式中心静脉输液法包括颈外静脉穿刺置管输液法、锁骨下静脉穿刺置管输液法和经外周中心静脉导管（peripherally inserted central venous catheter，PICC）输液法。临床上，前两种密闭式中心静脉输液法的操作多由医生完成，护士主要是术中配合及插管后的输液及护理，而 PICC 的操作多由临床专科护士完成。

颈外静脉穿刺置管输液法

颈外静脉是颈部最大的浅静脉，位于颈外侧皮下，位置表浅且较易固定，因此在特殊情况下可输液，但不可多次穿刺。其穿刺点为下颌角与锁骨上缘中点连线上 1/3 处，颈外静脉外缘（图 17-10）。

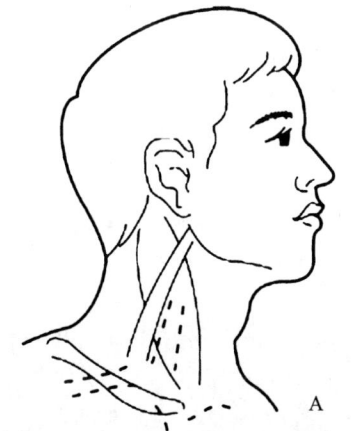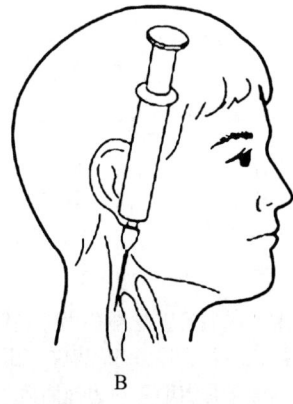

图 17-10 颈外静脉穿刺定位法及进针方向
A. 穿刺定位；B. 进针方向

⊃ **护理评估**

同密闭式周围静脉输液法。

⊃ **护理诊断**

同密闭式周围静脉输液法。

⊃ **护理计划**

1. 目的

（1）需长期输液而周围静脉不宜穿刺者。

（2）长期静脉内输入高浓度或刺激性强的药物，或行静脉高营养治疗的患者。

（3）周围循环衰竭的危重患者，用于测量中心静脉压。

2. 准备

（1）护士准备：同密闭式周围静脉输液法。

（2）患者准备：同密闭式周围静脉输液法，签署知情同意书。

（3）用物准备：除一次性静脉输液钢针输液法的用物外，还需准备以下物品：①无菌穿刺包，内装穿刺针 2 根（长约 6.5 cm，内径 2 mm，外径 2.6 mm）、硅胶管 2 条（长 25～30 cm，内径 1.2 mm，外径 1.6 mm）、5 ml 和 10 ml 注射器各 1 个、6 号针头 2 枚、平针头 1 个、尖头刀片、镊子、无菌纱布 2～4 块、洞巾、弯盘；②其他：无菌生理盐水、1% 普鲁卡因注射液（或 2% 利多卡因）、无菌手套、无菌敷贴、0.4% 枸橼酸钠生理盐水或肝素稀释液。

⊃ **护理实施**

颈外静脉穿刺置管输液法实施，见表 17-3。

表 17-3 颈外静脉穿刺置管输液法实施

护理实施	流程简释	要点说明
安置体位	协助患者去枕平卧，头偏向一侧，肩下垫一薄枕，使患者头低肩高，颈部伸展平直	• 充分暴露穿刺部位，利于穿刺
定穿刺点	术者立于床头，取下颌角与锁骨上缘中点连线的上 1/3 处颈外静脉外缘为穿刺点	
消毒皮肤	常规消毒皮肤	
开包铺巾	打开无菌穿刺包，戴无菌手套，铺洞巾	• 形成一个无菌区，便于术者操作
局部麻醉	（1）由助手协助，术者用 5 ml 注射器抽吸 1% 普鲁卡因，在穿刺部位行局部麻醉 （2）用 10 ml 注射器吸取无菌生理盐水，以平针头连接硅胶管，排尽空气备插管时用	
再次查对	再次核对患者、药液	
穿刺	（1）用刀片尖端在穿刺点上刺破皮肤做引导 （2）穿刺时助手用手指按压颈静脉三角处，术者左手绷紧穿刺点上方皮肤，右手持穿刺针与皮肤呈 45° 角进针，入皮后呈 25° 角沿静脉方向穿刺	• 减少进针时皮肤阻力 • 阻断血流时静脉充盈，便于穿刺
插管	（1）见回血后，立即抽出穿刺针内芯，左手拇指用纱布堵住针栓孔，右手持备好的硅胶管送入针孔内 10 cm 左右 （2）插管时由助手一边抽回血，一边缓慢注入生理盐水 （3）当插入过深，较难通过锁骨下静脉与颈外静脉汇合角处时，可改变插管方向，再试通过	• 插管动作要轻柔，以防盲目插入使硅胶管在血管内打折或硅胶管过硬刺破血管发生意外

续表

护理实施	流程简释	要点说明
接输液器	（1）确定硅胶管在血管内后，缓慢退出穿刺针 （2）再次抽回血，注入生理盐水，检查导管是否在血管内；确定无误后，移开洞巾，接输液器输入备用液体	• 如输液不畅，应观察硅胶管有无弯曲，是否滑出血管外
固定、调速	（1）用无菌敷贴覆盖穿刺点并固定硅胶管 （2）硅胶管与输液管接头处用无菌纱布包扎并用胶布固定在颌下 （3）根据患者的年龄、病情及药物性质调节滴速	• 固定要牢固，防止硅胶管脱出
暂停、封管	（1）暂停颈外静脉输液时，为防止血液凝集在输液管内，可用0.4%枸橼酸钠生理盐水1～2 ml或肝素稀释液2 ml注入硅胶管进行封管，用无菌静脉帽塞住针栓孔，再用安全别针固定在敷料上 （2）每天更换穿刺点敷料，用0.9%过氧乙酸溶液擦拭消毒硅胶管，常规消毒局部皮肤	
再行输液	如需再次输液，取下静脉帽，消毒针栓孔，接上输液装置即可	
输液毕处理	（1）停止输液时，硅胶管末端接上注射器，边抽吸边拔出硅胶管，局部加压数分钟 （2）用75%乙醇消毒穿刺局部，无菌纱布覆盖 （3）协助患者取舒适体位，整理床单位	• 边抽吸边拔管可防止残留的小血块和空气进入血管，避免形成血栓
整理、记录	整理用物，洗手，记录	• 记录拔管时间和患者反应

⊃ **护理评价**

同密闭式周围静脉输液法。

⊃ **注意事项**

1. 严格执行无菌操作及查对制度，预防感染及差错事故的发生。

2. 仔细选择穿刺点。穿刺点的位置不可过高或过低，过高因靠近下颌角而妨碍操作，过低则易损伤锁骨下胸膜及肺尖而导致气胸。

3. 输液过程中加强巡视，如发现硅胶管内有回血，应及时用0.4%枸橼酸钠生理盐水冲管，以免血块阻塞硅胶管。

4. 防止硅胶管内发生凝血，每天暂停输液时，用0.4%枸橼酸钠生理盐水1～2 ml或肝素稀释液2 ml注入硅胶管进行封管。若发现硅胶管内有凝血，应用注射器将凝血块抽出，切忌将凝血块推入血管造成栓塞。

5. 每次输液前要先检查导管是否在静脉内。

6. 穿刺点上的敷料应每日更换，潮湿后要立即更换，并按正确的方法进行消毒。更换敷料时应注意观察局部的皮肤有无红肿，一旦出现红、肿、热、痛等炎症表现，应做相应的抗感染处理。

锁骨下静脉穿刺置管输液法

锁骨下静脉自第一肋外缘处续腋静脉，位于锁骨后下方，向内至胸锁关节后方与颈内静脉汇合成无名静脉，左右无名静脉汇合成上腔静脉入右心房。此静脉较粗大，成人的管腔直径可达2 cm，位置虽不很表浅，但常处于充盈状态，周围还有结缔组织固定，使血管不易塌陷，也较易穿刺，硅胶管插入后可以保留较长时间。此外，锁骨下静脉距离右心房较近，血量多，当输入大量高浓度或刺激性较强的药物时，注入的药物可迅速被稀释，对血管壁的刺激性较小。

○ **护理评估**

同密闭式周围静脉输液法。

○ **护理诊断**

同密闭式周围静脉输液法。

○ **护理计划**

1. 目的

（1）长期不能进食或丢失大量液体，需补充大量高热量、高营养液体及电解质的患者。

（2）各种原因所致的大出血，需迅速输入大量液体，以纠正血容量不足或提升血压的患者。

（3）需较长时间接受化疗的患者（输入刺激性较强的抗癌药物）。

（4）需测定中心静脉压或需要紧急放置心内起搏导管的患者。

2. 准备

（1）护士准备：同密闭式周围静脉输液法。

（2）患者准备：同密闭式周围静脉输液法，签署知情同意书。

（3）用物准备：除一次性静脉输液钢针输液法的用物外，还包括：①无菌穿刺包，内有穿刺针（20号）2枚、硅胶管2条、射管水枪1个、平针头（8～9号）2个、5 ml注射器、纱布2块、镊子、结扎线、弯盘、无菌洞巾2块；②其他：1%普鲁卡因注射液（或2%利多卡因）、0.4%枸橼酸钠生理盐水、1%甲紫、无菌手套、无菌敷贴。

○ **护理实施**

锁骨下静脉穿刺置管输液法实施，见表17-4。

表17-4 锁骨下静脉穿刺置管输液法实施

护理实施	流程简释	要点说明
安置体位	协助患者去枕平卧，头偏向一侧，肩下垫一薄枕，使患者头低肩高	• 充分暴露穿刺部位，利于穿刺
定穿刺点	（1）术者立于床头，选择穿刺点，穿刺点位于胸锁乳突肌的外侧缘与锁骨所形成的夹角的平分线上，距顶点0.5～1 cm处（图17-11） （2）并用1%结晶紫标记进针点及胸锁关节	• 体外标记进针点和方向可避免覆盖洞巾后不易找到事先确定的位置，以提高穿刺成功率，避免发生气胸等并发症
消毒皮肤	常规消毒皮肤	
开包铺巾	打开无菌穿刺包，戴无菌手套，铺洞巾	• 形成一个无菌区，便于操作
备水枪及硅胶管	准备好射管水枪及硅胶管，并抽吸0.4%枸橼酸钠生理盐水，连接穿刺针头备穿刺射管用	
局部麻醉	由助手协助，术者用5 ml注射器抽吸1%普鲁卡因在预定穿刺部位行局部麻醉	
再次查对	再次核对患者、药液	
穿刺	将针头指向胸锁关节，与皮肤呈30°～40°角进针，边进针边抽回血，通过胸锁筋膜有落空感时，继续进针，直至穿刺成功	• 试穿锁骨下静脉，以探测进针方向、角度和深度

第十七章 静脉输液与输血

续表

护理实施	流程简释	要点说明
射管	（1）术者持射管水枪，按试穿方向刺入锁骨下静脉，同时抽回血，如抽出暗红色血液，表明进入锁骨下静脉 （2）嘱患者屏气，术者一手按住水枪的圆孔及硅胶管末端，另一手快速推动活塞，硅胶管即随液体进入锁骨下静脉 （3）压住穿刺顶端，将针退出。待针头退出皮肤后，将硅胶管轻轻从水枪中抽出	• 一般射入长度，左侧为 16～19 cm，右侧为 12～15 cm
接输液器	将已备好的输液器导管连接平针头插入硅胶管内，进行静脉输液	
固定、调速	（1）常规消毒后用无菌敷贴覆盖穿刺点并固定硅胶管；在距离穿刺点约 1 cm 处，将硅胶管缝合固定在皮肤上，覆盖无菌纱布并用胶布固定 （2）根据患者的年龄、病情及药物性质调节滴速	• 一般缝合两针，两个结间距为 1 cm
余同"颈外静脉穿刺置管输液法"		

○ **护理评价**

同密闭式周围静脉输液法。

○ **注意事项**

1. 操作前要先叩诊患者两侧背部肺下界，并听诊两侧呼吸音，以便在术后不适时作为对照。

2. 严格执行无菌操作及查对制度，预防感染及差错事故的发生。

3. 准确选择穿刺点，在铺洞巾前将确定好的穿刺点及穿刺方向进行标记，避免因进针方向过度向外偏移而刺破胸膜产生气胸。

4. 射管时，一定要用手压住水枪圆孔处及硅胶管末端，以免硅胶管全部射入体内。另外，射管时推注水枪活塞应迅速，使水枪内压力猛增而射出硅胶管，如果缓慢推注，即使水枪内的液体注完，仍不能射出硅胶管。

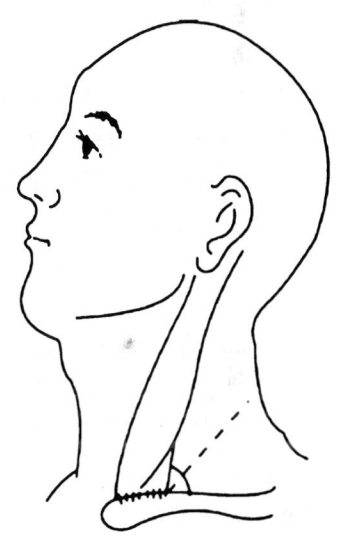

图 17-11 锁骨下静脉穿刺点定位

5. 退针时，切勿来回转动针头，以防针头斜面割断硅胶管。并且在穿刺针未退出血管时，不可放开按压圆孔处的手指，防止硅胶管吸入。

6. 输液过程中加强巡视，如发现硅胶管内有回血，应及时用 0.4% 枸橼酸钠生理盐水冲注，以免血块阻塞硅胶管。

7. 每次输液前要先检查导管是否在静脉内。

8. 防止硅胶管内发生凝血，每天暂停输液时，用 0.4% 枸橼酸钠生理盐水 1～2 ml 或肝素稀释液 2 ml 注入硅胶管进行封管。若发现硅胶管内有凝血，应用注射器将凝血块抽出，切忌将凝血块推入血管造成栓塞。

9. 如输注不畅，可用急速负压抽吸，不能用力推注液体，以防将管内的凝血块冲入血管形成栓子。输液不畅可能与下列情况有关：硅胶管弯曲受压或滑出血管外；头部体位不当；固定硅胶管的线结扎过紧。出现上述情况应及时处理。

10. 穿刺点上的敷料应每日更换，潮湿后要立即更换，并按正确的方法进行消毒。更换敷料时应注意观察局部的皮肤有无红肿，一旦出现红、肿、热、痛等炎症表现，应做相应的抗炎处理。

经外周中心静脉置管输液法

经外周中心静脉置管（PICC）输液法是经上肢贵要静脉、肘正中静脉、头静脉、肱静脉、颈外静脉（新生儿还可通过下肢大隐静脉、头部颞静脉、耳后静脉等）穿刺置管，导管尖端位于上腔静脉或下腔静脉进行输液的方法。此法具有适应证广、创伤小、操作简单、保留时间长、并发症少的优点，常用于中、长期的静脉输液或化疗用药等，一般PICC留置时间不宜超过1年或遵照产品使用说明书。目前临床PICC导管大多采用硅胶材质，柔软、有弹性；导管全长可放射显影；总长度通常为65 cm，可根据患者个体需要进行修剪。常用的PICC导管有两种：三向瓣膜式PICC导管和末端开放式PICC导管。三向瓣膜式PICC导管的三向瓣膜具有减少血液反流、防止空气进入的功能，穿刺成功后，根据患者个体需要进行修剪。末端开放式PICC导管可进行中心静脉压的测定，穿刺前，预先根据患者个体需要进行修剪。

⊃ 护理评估

1. 同密闭式周围静脉输液法。
2. 核对置管医嘱，查看相关检验、检查报告。

⊃ 护理诊断

同密闭式周围静脉输液法。

⊃ 护理计划

1. 目的

（1）需要给予化疗药物等刺激性溶液的患者。
（2）需要给予静脉营养液等高渗溶液的患者。
（3）需中、长期静脉输液治疗的患者。
（4）外周静脉条件差且需用药的患者。

2. 准备

（1）护士准备：同密闭式周围静脉输液法。PICC置管操作应由经过PICC专业知识与技能培训、考核合格且有5年及以上临床工作经验的操作者完成。

（2）患者准备：同密闭式周围静脉输液法，签署知情同意书。

（3）用物准备：①PICC穿刺套件：PICC导管、延长管、连接器、思乐扣、皮肤保护剂、肝素帽或正压接头；②PICC穿刺包：治疗巾3块、洞巾、止血钳或镊子2把、直剪刀、3 cm×5 cm小纱布3块、6 cm×8 cm纱布5块、大棉球6个、弯盘2个；③其他物品：注射盘、无菌手套2副、0.9%氯化钠溶液500 ml、20 ml注射器2个、10 cm×12 cm透明敷贴、皮肤消毒液（0.5%氯己定溶液，或75%乙醇＋聚维酮碘，或2%碘酊＋75%乙醇）、抗过敏无菌胶布、皮尺、止血带；④视需要准备：2%利多卡因，1 ml注射器，弹力或自粘绷带。

⊃ 护理实施

PICC输液法实施，见表17-5。

表17-5 PICC输液法实施（以三向瓣模式导管为例）

护理实施	流程简释	要点说明
评估、选择静脉	常在肘部以贵要静脉、肘正中静脉和头静脉为序选择静脉，首选右侧	• 宜用超声评估穿刺血管走形、深度、直径等，选择导管/静脉管径比≤45%的导管
安置体位	协助患者取平仰卧位，暴露穿刺区域，穿刺侧上肢外展与躯干呈45°～90°	• 充分暴露穿刺部位，便于穿刺

续表

护理实施	流程简释	要点说明
确定穿刺点	根据上臂皮肤及血管的情况选择穿刺点，常规首选肘窝区肘下 2 横指	• 位置过于靠下，血管相对较细，易引起回流受阻或导管与血管发生摩擦出现并发症。位置过于靠上，易损伤淋巴系统和（或）神经系统，且上臂静脉瓣较多
测量长度	自穿刺点到右胸锁关节，向下至第 3 肋间隙的长度即为预置达上腔静脉的长度，如将此长度减去 2 cm 即为达锁骨下静脉的长度	• 如插入过深，导管尖端进入右心房，可能引起心律失常、心肌损伤、心脏压塞等
测量臂围	在肘窝上 9 cm 处测双臂臂围并记录	• 用于监测可能发生的并发症，如渗漏、栓塞等
开包、消毒	（1）打开 PICC 穿刺包，戴无菌手套，将一块治疗巾铺于穿刺肢体下 （2）用 0.5% 氯己定溶液消毒 3 遍，注意消毒范围上下直径≥20 cm，建立最大化无菌屏障，两侧至臂缘，且每次消毒方向需与上次相反，待干	• 或用 75% 乙醇和聚维酮碘分别消毒 3 遍；或用 2% 碘酊和 75% 乙醇分别消毒 3 遍
建立无菌区	更换无粉无菌手套，铺洞巾及治疗巾，并将 PICC 穿刺套件及所需无菌用物置于无菌区域中	• 若为有粉手套，需先将滑石粉冲洗干净
预冲导管	用注射器抽吸 0.9% 氯化钠溶液 20 ml 冲洗导管，检查导管完整性，再将导管置于 0.9% 氯化钠溶液中	• 使导管内充满液体，防止空气进入血管内
系止血带	由助手协助系止血带，注意止血带的末端反向于穿刺部位	• 使静脉充盈
麻醉穿刺	（1）视情况可于穿刺前先由助手用 2% 利多卡因在穿刺部位行局部麻醉 （2）左手绷紧皮肤，右手以 15°～30°角进针，宜采用塞丁格技术，操作成功后，缓慢送入导管至预测量长度	• 置管中可采用超声、心腔内电图等技术辅助定位
抽吸回血	用盛有 0.9% 氯化钠溶液的注射器抽吸回血	
修剪管长	用无菌生理盐水纱布清洁导管上血迹，确认置入长度后，保留体外导管 5 cm，用锋利的无菌剪刀与导管成直角，小心地剪断导管	• 注意勿剪出斜面与毛碴 • 如果留在外面的导管长度≤5 cm，应轻轻将置入的导管外拉，拉出的长度以保证剪去 1 cm 后体外导管长度达 5 cm 为宜
安置连接器	将减压套筒安装到导管上，再将导管与连接器相连	• 确认导管推至根部，但不可出现皱褶
冲封管	连接肝素帽或正压接头，再用 0.9% 氯化钠溶液 20 ml 行脉冲式冲管。如为肝素帽，当 0.9% 氯化钠溶液推至最后 5 ml 时，则需行正压封管，即边推边退针（冲净肝素帽）	• 冲管时，禁止使用小于 10 ml 的注射器，勿用暴力，以免压强过大，导致导管破损

续表

护理实施	流程简释	要点说明
清洁、固定	（1）用生理盐水纱布清洁穿刺点周围皮肤，然后涂以皮肤保护剂 （2）在近穿刺点约 0.5 cm 处放好白色固定护翼，导管出皮肤处逆血管方向摆放 L 形或 U 形弯，使用无菌胶布横向固定连接器翼形部分，穿刺点上方放置无菌纱布块，用 10 cm × 12 cm 透明敷贴无张力粘贴 （3）用已注明穿刺日期、时间及操作者的指示胶带固定透明敷贴下缘，再用无菌脱敏胶布固定延长管	• 皮肤保护剂勿触及穿刺点
健康指导	向患者交代 PICC 穿刺后的注意事项	• 穿刺部位防水、防牵拉。置管手臂尽量减少下垂姿势，不得过度用力或提重物，衣袖不可过紧，不可测血压和静脉穿刺
X 线确认	经 X 线确认导管在预置位置后即可按需要进行输液	• 导管末端应位于上腔静脉的中上段为宜，解剖位置在第 4～6 胸椎水平
记录	操作结束后，应将相关信息记录在护理病历中	• 记录内容：穿刺静脉、穿刺日期、导管刻度、导管尖端位置等，测量双侧上臂臂围并与置管前对照
暂停处理	暂停输液时，同静脉留置针输液法封管	• 输入黏稠性大的药物，应选用无菌生理盐水 10 ml 缓慢推注后再行封管 • 短期内不输液的患者每 3 日冲管 1 次
再行输液	再行输液时，常规消毒肝素帽的橡胶塞，把排好气的输液针插入肝素帽内进行输液	
导管维护	（1）穿刺后第一个 24 h 更换敷料，以后每周更换敷料 1～2 次 （2）每次进行导管维护前，先确认导管体外长度，并询问患者有无不适。再抽回血以确定导管位置，再将回血注回静脉 （3）观察并记录导管体内外刻度 （4）消毒时以导管为中心，直径 8～10 cm，用 0.5% 氯己定溶液消毒 3 遍，或用 75% 乙醇和聚维酮碘各消毒 3 遍，再覆盖透明敷贴	• 注意揭敷贴时应由下至上，防止导管脱出。无菌透明敷料应至少每 7 d 更换 1 次，无菌纱布敷料应至少每 2 d 更换 1 次；若穿刺部位发生渗液、渗血时应及时更换敷料；穿刺部位的敷料发生松动、污染等完整性受损时应立即更换
拔管	拔管时应沿静脉走向，轻轻拔出，拔出后立即压迫止血，并用无菌纱布块覆盖伤口，再用透明敷贴粘贴 24 h，以免发生空气栓塞和静脉炎，并对照穿刺记录观察导管有无损伤、断裂、缺损	• 有出血倾向的患者，压迫止血时间要超过 20 min
整理、记录	（1）协助患者取舒适卧位，整理床单位 （2）清理用物 （3）洗手，记录	• 记录拔管时间和患者反应

⊃ **护理评价**

同密闭式周围静脉输液法。

◐ **注意事项**

1. PICC 输液法的禁忌证　接受乳腺癌根治术或腋下淋巴结清扫的术侧肢体、锁骨下淋巴结肿大或有肿块侧、安装起搏器侧不宜进行同侧置管；患有上腔静脉压迫综合征的患者不宜进行置管；有血栓史、血管手术史的静脉及放疗部位不宜进行置管。

2. 宜选择肘部或上臂静脉作为穿刺部位，避开肘窝、感染及有损伤的部位；新生儿还可选择下肢静脉、头部静脉和颈部静脉。

3. 送管时速度不宜过快，如有阻力，不能强行置入，可将导管退出少许再行置入。

4. 勿将导管放置或滞留在右心房或右心室内，如导管插入过深，进入右心房或右心室，可发生心律失常；如导管质地较硬，还可能造成心肌穿孔，引起心包积液，甚至发生急性心脏压塞。

5. 乙醇和丙酮等物质会对导管材质造成损伤，因此当使用含该类物质的溶液清洁护理穿刺部位时，应待其完全干燥后再加盖敷料。

6. 置管后应密切观察穿刺局部有无红、肿、热、痛等症状，如出现异常，应及时测量臂围并与置管前臂围相比较。观察肿胀情况，必要时行 B 超检查。

7. 置管后应指导患者　①进行适当的功能锻炼，如置管侧肢体做松握拳、屈伸等动作，以促进静脉回流，减轻水肿。但应避免置管侧上肢过度外展、旋转及屈肘运动。②勿提重物。③应尽量避免物品及躯体压迫置管侧肢体。

8. 输血或血制品、抽血、输脂肪乳等高黏性药物后应立即用 0.9% 氯化钠溶液 20 ml 脉冲式冲管，不可用重力式冲管。冲管时禁止使用小于 10 ml 的注射器，勿用暴力，以免压强过大导致导管破损。

9. 疑似导管移位时，应再行 X 线检查，以确定导管尖端所处位置；禁止将导管体外部分移入体内。

（三）密闭式头皮静脉输液法

小儿头皮静脉丰富，分支较多，互相沟通成网，无静脉瓣，表浅易见，不易滑动，且血液可通过侧支回流，故顺行和逆行进针都不影响回流。同时，头皮静脉穿刺便于患儿保暖和肢体活动，不易拉脱，故 3 岁以下婴幼儿静脉输液可选用头皮静脉。对于 3 岁以上肥胖或者肾脏疾病至全身水肿，由于四肢血管不易看清，也应选用头皮静脉。临床常选择颞浅静脉、额静脉、耳后静脉和枕静脉。另外，留置针的使用能避免反复穿刺带给患儿痛苦，因此临床上小儿头皮静脉输液更多选用留置针。

◐ **护理评估**

1. 评估与解释

（1）评估患者：①核对患儿身份，如床号、住院号、姓名、性别、年龄和诊断等；②全身情况，如病情、年龄、头皮静脉输液的目的、意识状态、心理特征、营养状况及合作程度；③心脏、肺、肝、肾功能，穿刺部位的头部皮肤情况（有无感染、破损、皮疹）、静脉状况（解剖位置、弹性、充盈和滑动度）、患儿的用药史等；④患儿及家属对头皮静脉输液的目的、操作方法的了解程度等。

（2）解释：头皮静脉输液的目的、方法及配合要点等。

2. 评估环境　环境整洁、舒适，光线明亮，符合无菌操作要求。

◐ **护理诊断**

略。

◐ **护理计划**

1. 目的　同密闭式周围静脉输液法。

2. 准备

（1）护士准备：修剪指甲，衣帽整洁，洗手，戴口罩。向家长解释并取得合作。

（2）患儿准备：患儿取易操作体位，家属能理解、配合，并签署头皮静脉输液知情同意书。

（3）用物准备：①治疗车上层备注射盘，内备皮肤常规注射消毒液、无菌棉签、输液器、输液贴或胶布、输液卡及输液瓶贴、输液执行单、砂轮、弯盘、启瓶器、瓶套、手消毒液、备皮用具、一次性注射器（5 ml 注射器内盛 0.9% 氯化钠溶液）、小垫枕、小号头皮针；②治疗车下层备医疗垃圾桶、生活垃圾桶、锐器盒；③其他，如输液架，必要时备约束带、输液泵。

○ 护理实施

密闭式头皮静脉输液法实施，见表 17-6。

表 17-6 密闭式头皮静脉输液法实施

护理实施	流程简释	要点说明
同外周静脉留置针输液法"核对、检查～排气"		
核对、解释	携用物至患儿床旁，认真核对患儿信息，向家长或年长儿做好解释	• 确认患儿，取得合作
安置体位	（1）协助患儿取舒适卧位，放治疗巾、小垫枕 （2）助手或家属固定患儿的头部和肢体，操作者位于患儿头端	• 常采用侧卧或平卧位
选择静脉、备皮	选择相对粗、直、清晰的血管。酌情剃去局部毛发	
消毒双手	消毒双手	
挂瓶、排气	同外周静脉留置针输液法	
消毒皮肤	常规消毒皮肤、待干，准备输液敷贴或胶布	• 消毒范围超过 8 cm，避免感染
穿刺	（1）再次核对患儿、药物信息 （2）取下针套，旋转松动外套管（转动针芯），再次排气于弯盘中，调整针头斜面朝上 （3）绷紧皮肤，固定静脉，一手持留置针，使针头与皮肤呈 15°～30° 角进针，自静脉走向刺入皮下，见回血后压低角度（放平针翼），沿静脉走向再继续进针少许，将针芯后撤 0.2 cm，继续送外套管直至完全进入血管 （4）打开调节器 （5）确认滴入通畅后撤针芯：一手固定针翼，另一手迅速将针芯完全撤出，放于锐器盒中	
固定	（1）用无菌透明敷贴膜密闭式固定留置针，呈 U 形固定留置针接头，用胶布以高举平台法固定输液管 （2）取出治疗巾、小垫枕	
余同外周静脉留置针输液法		

○ 护理评价

1. 严格遵守无菌操作原则和执行查对制度。操作规范，未发生输液反应及其他并发症，患儿安全。

2. 患儿获得基本的药物和营养。

3. 充分体现以人为本的护理服务理念,护患沟通有效,家属及年长患儿理解输液目的,年长患儿主动配合。

● 注意事项

1. 护士在输液前应告知患儿家长静脉穿刺前不要喂奶、喂水,以免在穿刺过程中呕吐,造成窒息。

2. 输液过程中应加强巡视,及时发现患儿意识及面色改变、固定胶布松动、针头移位、局部肿胀等异常情况并处理,保证输液顺利进行。

3. 小儿在拔针时因疼痛、恐惧哭闹,头皮血管内压力增高,需按压 3～5 min。切忌边压边揉,以免发生皮下淤血。

知识链接

输液港

输液港(植入式给药装置,implantable venous access port)是完全植入人体内的闭合输液装置,包括尖端位于上腔静脉的导管部分及埋植于皮下的注射座。利用手术的方法将导管末端经皮下穿刺置于人体的上腔静脉,剩余导管和输液管底座埋藏在皮下组织。治疗时,将无损伤针经皮穿刺到注射座的输液槽,即可输液。使用期限一般可长达 8～10 年,适用于需长期、反复静脉治疗或输注的患者。其优点为操作简单且为皮下埋植,降低了感染的风险,维护简单,治疗间歇期每 4 周维护 1 次即可;置管者日常活动不受限制,无需换药,方便患者;减少穿刺血管的次数,保护了血管,减少静脉炎和药物外渗的机会。缺点是价格昂贵且为有创操作。因此,限制了其在临床的广泛使用。

六、输液速度及时间的计算

在输液过程中,每毫升溶液的滴数称为该输液器的点滴系数(gtt/ml)。目前临床常用输液器的点滴系数有 10、15、20 三种。静脉点滴的速度及时间可按照下列公式计算。

1. 已知每分钟滴数与输液总量,计算输液所需的时间。

$$输液时间(h) = \frac{液体总量(ml) \times 点滴系数(gtt/ml)}{每分钟滴数(gtt/min) \times 60(min)}$$

例如:患者需输入 2000 ml 液体,每分钟滴数为 50 滴,所用输液器的点滴系数为 15,请问需要多长时间输完?

$$输液时间(h) = \frac{2000 \times 15}{50 \times 60} = 10(h)$$

2. 已知输入液体总量与计划所用的输液时间,计算输液速度。

$$每分钟滴数(gtt/min) = \frac{液体总量(ml) \times 点滴系数(gtt/ml)}{输液时间(h) \times 60(min)}$$

例如:某患者需输入液体 1500 ml,计划 10 h 输完。已知所用输液器的点滴系数为 20,求输液速度。

$$每分钟滴数 = \frac{1500 \times 20}{10 \times 60} = 50(gtt/min)$$

考点提示

静脉输液速度及时间的计算。

知识链接

输液泵

临床某些危重患者、心血管疾病患者在治疗及抢救时,需严格控制输液速度与输液量。使用输液泵可以将药液精确、均匀、持续地泵入患者体内,常用于输入升压药物、抗心律失常药物等。使用时,可根据患者的具体情况设定输液速度和总量,以达到调节滴速、控制入量、治疗疾病的目的。

七、常见输液故障及排除

(一)溶液不滴

1. **针头滑出血管外** 液体注入皮下组织,回抽无回血,局部肿胀,有疼痛。处理:拔出针头,更换针头,另选血管重新穿刺。

2. **针头斜面紧贴血管内壁** 回抽有回血,但液体滴入不畅或不滴。处理:调整针头位置或适当变换肢体位置,直至滴入通畅为止。

3. **针头阻塞** 回抽无回血,溶液不滴,可轻轻挤压滴管下端靠近针头处的输液管,感觉有阻力,松手又无回血。处理:拔出针头,更换针头后重新穿刺。切忌强行挤压导管或用溶液冲注针头,以免凝血块进入静脉内造成栓塞。

4. **压力过低** 回抽有回血,但滴速缓慢,因输液瓶位置过低,患者肢体抬举过高所致。处理:适当抬高输液瓶位置或降低患者输液侧肢体位置。

5. **静脉痉挛** 回抽有回血,但滴液不畅,因患者穿刺肢体在寒冷环境中暴露时间过长或输入液体温度较低所致。处理:穿刺局部热敷,缓解静脉痉挛。

(二)茂菲滴管内液面过高

当茂菲滴管内液面过高时,可将输液瓶取下,倾斜输液瓶,使插入瓶内的针头露出液面,滴管内液体缓缓下流,直至露出液面,再将输液瓶挂回输液架,继续滴注。

(三)茂菲滴管内液面过低

当茂菲滴管内液面过低时,可反折滴管下端输液管,用手挤压滴管,迫使液体下流至滴管内,当液面升高至所需高度时,松开滴管下端输液管即可。

(四)茂菲滴管内液面自行下降

在输液过程中,若茂菲滴管内液面自行下降,应检查滴管上端输液管和滴管的衔接处是否紧密,有无漏气或裂隙,必要时更换输液器。

八、常见输液反应与护理

输液过程中受多种因素影响,患者可能出现输液反应。临床上常见的输液反应有发热反应、循环负荷过重反应(急性肺水肿)、静脉炎、空气栓塞、液体外渗等。因此,在输液过程中,护士必须加强巡视,严密观察,发现问题并及时处理。

(一)发热反应

发热反应(fever reaction)是输液过程中最常见的一种输液反应。

1. 原因　因输入致热物质引起。多由于用物清洁及灭菌不彻底，输入的溶液或药品不纯，消毒及保存不良，输液器灭菌不严或已被污染，输液过程中未能严格执行无菌操作所致。

2. 临床表现　发热反应多发生在输液后数分钟至 1 h。患者表现为畏冷、寒战、发热。轻者体温在 38 ℃左右，停止输液后数小时内体温自行恢复正常。重者初起寒战，继之高热，体温可高达 40 ℃，并伴有头痛、脉搏细速、恶心、呕吐等全身症状。

3. 预防
（1）输液前，严格检查药液质量、输液用具的包装及灭菌有效期。
（2）严格执行无菌操作。
（3）避免多种药物联用，加药后认真检查药液的澄清度，如发现异常现象，立即弃去。

4. 护理措施
（1）反应轻者，减慢输液速度或停止输液，并及时通知医生。反应重者，立即停止输液，通知医生，做好记录，保留剩余溶液和输液器进行检测，查找引起发热反应的原因。
（2）对症处理，如寒战者给予保暖，高热者给予物理降温。
（3）遵医嘱给予抗过敏药物或激素治疗。
（4）注意观察生命体征变化，每半小时测量体温 1 次。

（二）循环负荷过重反应

循环负荷过重反应（circulatory overload reaction），也称急性肺水肿（acute pulmonary edema）。

1. 原因
（1）输液速度过快：短期内输入大量液体，使循环血容量急剧增加，心脏负荷加重。
（2）患者原有心、肺功能不良：多见于急性左心功能不全者。

2. 临床表现　在输液过程中，患者突然出现胸闷、气短、呼吸困难、咳嗽、出冷汗、面色苍白，咳粉红色泡沫样痰，严重时痰液从口、鼻涌出，听诊双肺可闻及湿啰音，心率快且节律不齐。

3. 预防　严格控制输液速度与输液总量，特别是对年老体弱者、婴幼儿、心、肺功能不良的患者，输液速度不宜过快，液量不可过多。

4. 护理措施　根据患者病情、年龄和药物性质，严格控制输液速度和输液总量。一旦发生此反应，应采取如下护理措施：
（1）立即停止输液，并通知医生进行紧急抢救。保留静脉通道，监测生命体征，备好抢救药品，积极处理。
（2）在病情允许的情况下，将患者置于端坐位，双腿下垂，以减少下肢静脉血液的回流，减轻心脏负担。
（3）加压给氧，氧流量 6～8 L/min，可提高肺泡内氧分压，减少肺泡内毛细血管渗出液的产生，从而增加氧的弥散，改善低氧血症。在湿化瓶内放入 20%～30% 乙醇溶液，以减低肺泡内泡沫的表面张力，使泡沫破裂、消散，从而改善肺部气体交换，减轻缺氧症状。
（4）遵医嘱给予镇静、平喘、强心、利尿和扩血管药物，以舒张周围血管，加速体液排出，减少回心血量，减轻心脏负荷。
（5）必要时进行四肢轮扎，用止血带或血压计袖带适当给四肢加压。要求阻断静脉血流，但动脉血流仍通畅，每隔 5～10 min 轮流放松一侧肢体的止血带，可有效减少静脉回心血量，待症状缓解后，逐渐解除止血带。
（6）安慰患者，给予心理支持，以解除其紧张情绪。
（7）此外，静脉放血 200～300 ml 也是一种有效减少循环血容量的有效手段，但应慎用，贫血者禁用。

(三) 静脉炎

1. **原因** 静脉炎 (phlebitis) 的主要原因是长期输注高浓度、刺激性较强的药液，或静脉内放置刺激性较强的塑料导管时间过长，引起局部血管壁发生化学炎性反应。也可能是在输液过程中未能严格执行无菌操作，导致局部静脉感染。

2. **临床表现** 输液部位沿静脉走向出现条索状红线，局部组织表现为发红、肿胀、灼热、疼痛，有时伴有畏寒、发热等全身症状。

3. **预防**

（1）严格执行无菌操作技术，防止感染。

（2）刺激性较大的药物应充分稀释后使用，确定针头在血管内方可滴注药液，适当减慢滴注速度，并防止药物溢出血管外。

（3）需长期输液者，应有计划地更换输液部位，以保护静脉。

（4）静脉内置管应该选择无刺激性或刺激性较小的导管，留置时间不宜过久。

4. **护理措施**

（1）停止在发生静脉炎的血管处输液，抬高患肢并制动，必要时应停止在患肢静脉输液。

（2）用50%硫酸镁溶液或95%乙醇，每日2次湿热敷，每次20 min。

（3）超短波理疗，每日1次，每次15～20 min。

（4）将药物（如意金黄散）加醋调成糊状，局部外敷，每日2次，可起到清热、止痛、消肿的作用。

（5）如合并全身感染，遵医嘱给予抗生素治疗。

(四) 空气栓塞

1. **原因** 空气栓塞 (air embolism) 常见的原因有以下3种。

（1）输液前，输液管内空气未排尽，输液管连接不紧密，输液管漏气。

（2）加压输液输血时无人守护，液体输完未及时更换药液或拔针，导致空气进入静脉。

（3）拔出较粗的、近胸腔的深静脉导管后，穿刺点封闭不严密。

进入静脉的空气形成空气栓子，随血液经右心房到达右心室，如空气量少，则随着心脏的收缩，从右心室压入肺动脉并分散到肺小动脉内，最后经毛细血管吸收，因而损害较小。如空气量大，则空气在右心室内阻塞肺动脉入口，使血液不能进入肺内，气体交换发生障碍，引起机体严重缺氧甚至死亡（图17-12）。

2. **临床表现** 患者感到胸部异常不适或胸骨后疼痛，出现呼吸困难和严重发绀，有濒死感。听诊心前区可闻及持续、响亮的"水泡声"，心电图呈心肌缺血和急性肺心病的改变。

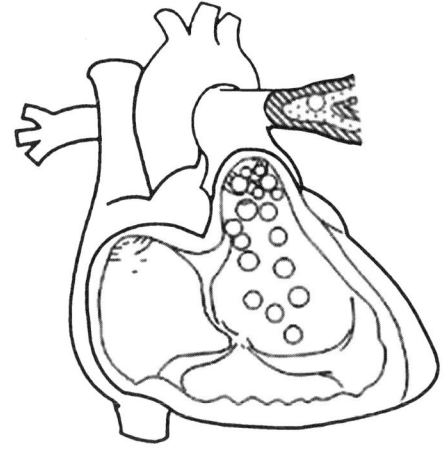

图17-12 空气在右心室内，栓塞肺动脉

3. **预防**

（1）输液前，认真检查输液器的质量，排尽输液管内空气。

（2）输液过程中加强巡视，发现故障及时处理。连续输液者应及时更换输液瓶，输液完毕及时拔针。

（3）拔除较粗、贴近胸腔的深静脉导管时，必须严密封闭穿刺点。

（4）加压输液输血时，应专人守护。

4. 护理措施

（1）如发生空气栓塞，应立即通知医生进行抢救。

（2）为患者取左侧头低足高位（图17-13）。头低足高位在吸气时可增加胸腔内压力，以减少空气进入静脉。左侧卧位可使肺动脉的位置低于右心室，有利于气栓浮向右心室尖部，避开肺动脉入口，随着心脏舒缩，将空气混成泡沫，分次小量进入肺动脉内，逐渐被吸收。

（3）给予高流量氧气吸入，提高患者的血氧浓度，纠正缺氧状态。

（4）如果患者安置中心静脉导管，可从导管中抽出空气，这是快捷的救治方法。

（5）严密观察病情，如有异常变化，及时处理。

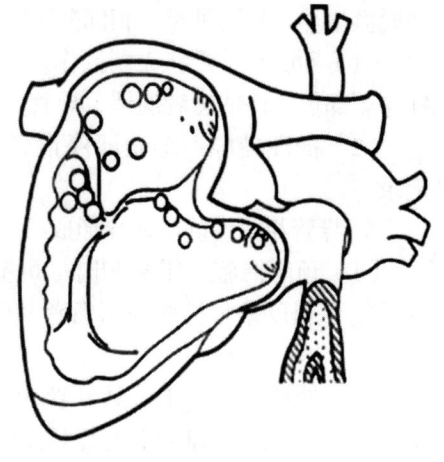

图17-13　患者取左侧卧位，头低足高，使空气避开肺动脉入口

> 考点提示
>
> 常见输液反应的原因、表现、预防及护理措施。

（五）静脉留置针输液常见并发症的预防与处理

1. 静脉炎

（1）预防：①严格执行无菌操作，规范置管；②对血管壁有刺激性的药物应充分稀释后再应用，减慢输液速度，并防止药液漏出血管外；③有计划地更换输液部位，避免在下肢和关节部位穿刺；④净化医疗单位环境。

（2）护理措施：①应拔除留置针，停止炎性部位静脉输液，并将患肢抬高、制动，必要时应停止在患肢静脉输液；② 24 h 内冷敷，24 h 后局部湿热敷；③中药治疗；④如合并感染，遵医嘱给予对症治疗。

2. 导管堵塞

（1）预防：①在静脉高营养输液后应彻底冲洗管道，每次输液完毕应正确封管，根据患者的具体情况，选择合适的封管液及用量；②输注药物时注意配伍禁忌，以免引起液体或药物的沉积。

（2）护理措施：①静脉导管堵塞时，应分析堵塞原因，不应强行推注生理盐水；②确认导管堵塞时，应立即拔除，并遵医嘱及时处理并记录。

3. 药物渗出与药物外渗　药物渗出（infiltration of drug）是指静脉治疗过程中，非腐蚀性药液进入静脉管腔以外的周围组织。药物外渗（extravasation of drug）是指静脉治疗过程中，腐蚀性药液进入静脉管腔以外的周围组织。

（1）预防：①选择粗直、血流丰富、无静脉瓣的血管进行留置针穿刺；②避免在关节部位和不完整的皮肤上穿刺；③应规范置管操作，有效固定；④合理选择输液工具。

（2）护理措施：①停止原部位输液，抬高患肢，及时通知医生，给予对症处理；②回抽药液（尽量减少药液在组织内残留）；③观察渗出或外渗区域皮肤颜色、温度、感觉等变化，以及关节活动和患肢远端血运情况并记录。

4. 导管相关性血流感染　带有血管内导管或者拔除血管内导管 48 h 内的患者出现菌血症或真菌血症，并伴有发热（体温＞ 38 ℃）、寒战或低血压等感染表现，除血管导管外没有其他明确的感染源。实验室微生物学检查显示：外周静脉血培养细菌或真菌阳性；或者从导管段和外周血培养出相同种类、相同药敏结果的致病菌。

（1）预防：①严格无菌操作；②出现静脉炎征象，及时更换外周静脉留置针；③检查留置针穿刺部位，评估患者病情、导管类型、留置时间、并发症等因素，尽早拔管。

（2）护理措施：①立即停止患肢输液，拔出导管；②留取血培养送检；③对症处理并记录。

5. 导管相关性静脉血栓形成

（1）预防措施：①穿刺时尽可能首选上肢粗、直的静脉，注意保护血管，避免在同一部位反复穿刺；②对长期卧床患者，应尽量避免在下肢远端使用静脉留置针，且留置时间不能过长。

（2）处理方法：①可疑导管相关性静脉血栓形成时，应抬高患肢并制动，不应热敷、按摩、受压，立即通知医生进行对症处理；②观察置管侧肢体、肩部、颈部及胸部肿胀、疼痛、皮肤温度及颜色、出血倾向及功能活动情况。

九、输液微粒污染

输液微粒（infusion particles）是指输入液体中的非代谢性颗粒杂质，其直径一般为 1～15 μm，少数可达 50～300 μm。微粒的多少决定着液体的透明度，可由此判断液体的质量。输液微粒污染是指在输液过程中，将输液微粒带入人体，对人体造成严重危害的过程。

（一）输液微粒的来源

1. 药物制作过程中混入异物与微粒。
2. 盛装药液的容器或橡胶塞不洁净，液体存放时间过长，瓶内壁和橡胶塞被药液浸泡时间过久，腐蚀剥脱形成微粒。
3. 输液器与配药用注射器不洁净。
4. 输液环境不洁净，如切割安瓿，开瓶塞、加药时反复穿刺橡胶塞致其撕脱等，均可导致微粒进入液体内。

（二）输液微粒污染的危害

输液微粒对人体的危害主要取决于微粒的大小、形状、化学性质以及堵塞血管的部位，血流阻断的程度和人体对微粒的反应。易受微粒损害的脏器有肺、脑、肝、肾等。

1. 输液微粒可直接堵塞血管，引起局部供血不足，组织缺血、缺氧，甚至坏死。
2. 红细胞聚集在输液微粒上，形成血栓，引起血管栓塞和静脉炎。
3. 输液微粒进入肺毛细血管，可引起巨噬细胞增殖，包围微粒，形成肺内肉芽肿。
4. 出现血小板减少症和过敏反应。
5. 输液微粒刺激组织发生炎症或形成肿块。

（三）预防输液微粒污染的措施

1. 制剂生产　严格执行制剂生产操作规程，选用优质原材料，采用先进工艺和设备，保证生产车间空气净化合格，提高检验技术，确保药液质量。

2. 掌握药物配伍禁忌　配药时，要查对药物配伍禁忌表或按照药物说明书要求配药，配药后检查药液质量。中草药注射液应单独输注。

3. 输液操作　①净化操作环境，配液室或静脉输液药物配置中心净化工作台，病室内安装空气净化装置，以净化空气、消除输液微粒污染。②采用密闭式一次性输液器，合理选择输液配置针头，尽量避免选择大针头，因针头越大，液体中的胶屑越大。安装输液终端过滤器，截留任何途径的输液微粒。③严格执行无菌技术操作，遵守操作规程。药液现配现用，避免污染。④正确切割与擦拭玻璃安瓿，忌用镊子等物品敲开，对"非易折"型安瓿锯痕应小于颈段的

1/4 周，开启前用消毒液擦拭颈段，以减少微粒污染。⑤抽吸药物时不倒置安瓿，将针头置于安瓿中部。⑥不反复使用注射器、针头和反复穿刺橡胶塞。⑦加药速度不宜过快，因大于 50 μm 以上的微粒沉淀较快，可沉淀于针管内，以减少微粒进入药液。

> **思政园地**
>
> **德技并重，仁爱仁术**
>
> 　　2019 年底，新冠疫情突如其来，席卷整个中华大地，尤其是湖北武汉疫情严峻。在这场没有硝烟的战役中，护士化身白衣战士，她们面对被感染的风险，义无反顾，勇往直前，用自己的行动诠释了生命至上，大爱无疆的精神。
>
> 　　静脉输液是护士必须掌握的基本功。2020 年 3 月 10 日，在武汉市第七医院，为最大限度减轻患者病痛，她身着防护服、戴着三层手套，顶着护目镜中视线模糊和操作难度增加的巨大压力，熟练地为患者进行静脉穿刺，一针见血。她就是秦皇岛市中医医院脾胃、泌尿外科护士长，河北省第五批支援湖北医疗队队员，武汉江岸方舱医院先进标兵——李帅。她认真地对待工作中的每一个环节，还发挥中医传统特色，带领轻症患者练习中医八段锦，为患者免费派发辟瘟囊和扶正茶，使住院患者在治疗的同时，调整了心情，强健了体魄。
>
> 　　凭着过硬的专业技术以及"视患者如家人"的态度，在江岸方舱医院工作的这段时间，李帅多次收到住院患者的表扬信，被夸赞"业务精通、工作细致、热情大方、护理周到"。因工作表现突出，李帅被评为"江岸方舱医院先进标兵"。

（邓清红）

第二节　静脉输血

案例 17-2

患者，男性，58 岁。既往体健，2 周前有上呼吸道感染史，3 天前出现畏寒、发热至 38.8 ℃，全身皮肤、黏膜出血，并有大片瘀斑出现。实验室检查显示血小板计数 17×10^9/L，出血时间延长。患者精神尚可，意识清楚。

问题与思考：

1. 该患者输血的目的是什么？
2. 若该患者需进行多种类型血制品输注，应遵循什么顺序？
3. 输血过程中应注意哪些要点？

静脉输血（venous transfusion）是将全血或某些血液成分通过静脉输入体内的一种方法，是临床上急救和治疗的重要措施之一。

一、静脉输血的目的及原则

（一）静脉输血的目的

1. **补充血容量**　常用于失血、失液所致的血容量减少或休克患者，以提升血压，增加心排血量，改善全身血液灌流，促进血液循环。
2. **补充血红蛋白**　常用于血液系统疾病引起的严重贫血和某些慢性消耗性疾病的患者，以增加血红蛋白含量，改善机体的携氧能力，纠正贫血。

3. 补充血浆蛋白质　常用于低蛋白血症、严重烧伤患者，以维持血浆胶体渗透压，减轻组织渗出与水肿，保持有效循环血量。

4. 补充血小板和各种凝血因子　常用于凝血功能障碍（如血友病）及大出血的患者，改善凝血功能，有助于止血。

5. 补充抗体和补体　常用于严重感染、免疫缺陷、烧伤的患者，以增强机体抵抗力，提高机体抗感染能力。

6. 吞噬、吸附、中和毒物作用　常用于一氧化碳、苯酚等化学药物中毒的患者。

（二）静脉输血的原则

1. 输血前必须做血型鉴定和交叉配血试验　输注全血、红细胞制剂、浓缩白细胞以及手工分离浓缩血小板患者，要求交叉配血试验阴性方可输注。输注机器单采血小板时，无须做交叉配血试验，要求 ABO 血型同型血输注。若患者需要再次输血，则必须重新做交叉配血试验，避免机体已产生抗体的情况。

2. 提倡成分输血　成分血不仅可以一血多用，节约血源，还可以避免因输入不必要的血液成分造成可能的不良反应，是医院目前最常用的输血方法。

3. 同型血输血　无论是全血或成分血输入，均应选用同型血液输注。但在紧急情况下，如无同型血，可选用 O 型血少量输入，一般每次全血不超过 400 ml，红细胞制品控制在 2 个单位为宜，且要放慢输入速度。AB 型血的患者除了可以接受 O 型血外，也可以接受少量的 A 型血或 B 型血，但要求直接交叉配血阴性（不凝集）。Rh 阴性者只能接受 Rh 阴性血的输入，Rh 阳性者可以接受 Rh 阴性和 Rh 阳性血的输入。

二、血液制品的种类

（一）全血

全血（whole blood）是由血浆和血细胞组成，能提高血液携氧能力，增加血容量，适用于大量失血及血液置换的患者。全血分为新鲜血和库存血两种。

1. 新鲜血（fresh blood）　指在 2～6 ℃ 环境中保存 5 天内的酸性枸橼酸盐葡萄糖（ACD）全血，或保存 10 天内的枸橼酸盐葡萄糖（CPD）全血。新鲜血基本保留了血液的原有成分，可以补充各种血细胞、凝血因子和血小板，主要适用于血液病患者。

2. 库存血（banked blood）　指在 2～6 ℃ 环境中保存 2～3 周的血液。库存血的各种成分随着保存时间的延长而发生变化，红细胞平均每日损坏 1%，白细胞仅能存活 3～5 天，血小板 24 h 后逐渐减少，3 天后无治疗作用。由于红细胞、白细胞、血小板逐渐被破坏，细胞内钾离子外移到血浆中，导致血液中钾离子含量增多。此外，由于保养液的 pH 为 7.0～7.25，且随着保存时间的延长，血液中的葡萄糖分解，导致血浆中乳酸增加，血液的酸性增高。因此，大量输入库存血时，可以引起高钾血症和酸中毒。库存血主要适用于各种原因所致的大出血。

（二）成分血

成分血（blood components）是将血液中的各种成分进行分离后加工成的各种血液制品。临床上可以根据患者病情的需要，有针对性地输注相应血液成分。成分血有纯度高、针对性强、副作用小等优点。常见的类型有：

1. 红细胞（red blood cell）能增加血液的携氧能力，一般以 100 ml 为一个单位，每个单位的红细胞可以增加红细胞容积约 4%。临床上常见的红细胞制品有以下几种：

（1）浓缩红细胞：是全血经离心或沉淀分离去除血浆后的剩余部分，仍含少量血浆，在 2～6 ℃ 环境中保存，比容通常为 0.65～0.80。适用于携氧能力缺陷和血容量正常的贫血患者，如各种急、慢性失血,心功能不全患者的输血。

(2) 红细胞悬液:是全血经离心去除血浆后的红细胞,加入等量红细胞保养液制成,在 2~6 ℃ 环境中保存,适用于战地急救及中、小型手术患者。

(3) 洗涤红细胞:是红细胞经生理盐水洗涤数次后,再加入适量生理盐水制成。可以去除 99% 血浆、90% 白细胞及大部分血小板。200 ml 中含红细胞 170~190 ml,应在 6 h 内输用,因故未能及时使用者,可在 4 ℃ 条件下保存 12 h,适用于改善慢性贫血或急性失血引起的缺氧症状,如输全血或血浆发生过敏的患者、免疫性溶血性贫血患者、肾功能不全患者的输血等。

(4) 冰冻红细胞:200 ml 中含红细胞 170~190 ml,不含血浆,在含甘油媒介中 -65 ℃下可保存 3 年,适应证同洗涤红细胞。

2. 白细胞浓缩悬液(granulocytes) 新鲜全血经离心后提取的白细胞,保存于 4 ℃ 环境下,48 h 内有效。应尽快输注,室温下保存不应超过 24 h。白细胞浓缩悬液常用于粒细胞缺乏伴严重感染者。

3. 浓缩血小板(concentrated platelets)新鲜全血经离心所得,22 ℃ 保存,24 h 内有效。血小板浓缩悬液适用于血小板减少或血小板功能障碍所致的出血患者。

4. 血浆(plasma) 是全血经分离后所得的液体部分。其主要成分为血浆蛋白质,不含血细胞,无凝集原。血浆可用于补充血容量、蛋白质、凝血因子,常见的有以下 4 种:

(1) 新鲜血浆:含正常量的全部凝血因子,适用于凝血因子缺乏引起的出血或出血倾向的患者。

(2) 冰冻血浆:新鲜冰冻血浆是抗凝全血于 6~8 h 内,在 4 ℃ 条件下离心将血浆分出,并迅速在 -30 ℃ 以下保存,有效期限为 1 年。普通冰冻血浆是全血在保质期以内自然沉降或离心分离的血浆,立即放入 -30 ℃以下保存,有效期限为 5 年。冰冻血浆使用时须在 37 ℃温水中融化,并在 6 h 内输完,适用于凝血因子缺乏的患者。

(3) 保存血浆:适用于低血容量及血浆蛋白质较低的患者。

(4) 干燥血浆:由冰冻血浆在真空装置下加以干燥制成,有效期 5 年,使用时用生理盐水溶解。

(三) 其他血液制品

1. 白蛋白制剂 有 5%、20%、25% 3 种浓度。临床常用浓度为 20%。其作用主要是提高机体血浆蛋白质与胶体渗透压,适用于治疗营养性水肿、肝硬化、其他原因引起的低蛋白血症患者。

2. 纤维蛋白原 适用于纤维蛋白缺乏症、弥散性血管内凝血(DIC)的患者。

3. 免疫球蛋白和转移因子 含多种抗体,可以增强机体抵抗力。

4. 凝血制剂 如凝血酶原复合物、抗血友病因子和浓缩Ⅷ、Ⅺ因子等。凝血制剂适用于各种原因所致的凝血因子缺乏的出血性疾病患者,如血友病。

考点提示

血制品的种类。

三、静脉输血的适应证与禁忌证

(一) 静脉输血的适应证

1. 各种原因引起的大出血 为静脉输血的主要适应证。当机体一次出血量<500 ml 时,可由组织间液进入血液循环而得到代偿。失血量升高至 500~800 ml 时,需要立即输血,一般首选晶体溶液、胶体溶液或少量血浆增量剂输注。失血量>1000 ml 时,应及时补充全血或成分血。值得注意的是,血或血浆不宜用作扩容剂,晶体溶液结合胶体溶液扩容是治疗失血性休克的主要方案。血容量补足之后，输血的目的是提高血液的携氧能力，此时应首选红细胞制品。

2. 贫血或低蛋白血症　输入全血、浓缩或洗涤红细胞可纠正贫血，血浆、白蛋白液可用于低蛋白血症。

3. 严重感染　输入新鲜血可补充抗体、补体，增强机体抗感染能力。一般采用少量多次输入新鲜血或成分血，切忌使用库存血。

4. 凝血功能障碍　对患有出血性疾病的患者可输新鲜血或成分血，如血小板、凝血因子、纤维蛋白原等。

（二）静脉输血的禁忌证

静脉输血的禁忌证包括：急性肺水肿、充血性心力衰竭、肺栓塞、恶性高血压、真性红细胞增多症、肾功能极度衰竭及对输血有变态反应者。

四、血型鉴定及交叉配血试验

（一）血型

血型（blood type）是指红细胞膜上特异性抗原的类型。一般根据红细胞膜所含的凝集原（agglutinogen）不同，将人类的血液分为若干类型。当输入与患者血型不相容的血液时，可发生红细胞凝集和溶血反应，严重者危及患者生命。临床上常用ABO血型系统及Rh血型系统。

1. ABO血型系统　根据红细胞膜是否含有A凝集原、B凝集原，将血液分为A、B、O、AB 4种血型。血清中含有与凝集原相对抗的物质，称为凝集素（agglutinin），分别有抗A凝集素与抗B凝集素（表17-7）。不同血型的人血清中不会含有与自身凝集原相应的凝集素，如A型血者的血清中只含有抗B凝集素，B型血者的血清中只含有抗A凝集素，O型血者的血清中含有抗A凝集素和抗B凝集素，AB型血者的血清中不含凝集素，这也是AB型血的患者可以接受任何血型的原因。因此，在输血前，献血者与受血者的血型必须进行血型鉴定和交叉配血试验，以免发生抗原-抗体反应，造成红细胞的破坏和溶解。

表17-7　ABO血型系统

血型	红细胞膜上抗原（凝集原）	血清中的抗体（凝集素）
A	A	抗B
B	B	抗A
AB	A、B	无
O	无	抗A、抗B

2. Rh血型系统　人类红细胞除含有A、B抗原外，还有C、c、D、d、E、e六种抗原，称为Rh抗原，它只存在于红细胞上，其中D抗原的抗原性最强。在医学上，将红细胞膜上含有D抗原者，称为Rh阳性；红细胞膜上缺乏D抗原者，称为Rh阴性。在我国各族人群中，汉族和其他大部分民族99%为Rh阳性者，仅有1%为Rh阴性。但在少部分民族如塔塔尔族、苗族、布依族和乌孜别克族等Rh阴性者较多，Rh血型问题应受到特别重视。Rh阴性者输入Rh阳性者血液，或Rh阳性胎儿的红细胞从胎盘进入了Rh阴性的母体，就会使Rh阴性者产生抗Rh抗体，当再次输入Rh阳性血液时，就会出现不同程度的溶血反应。

（二）血型鉴定和交叉配血试验

为了保证输血安全，受血者和供血者之间必须进行血型鉴定（blood grouping）和交叉配血试验（cross-matching test）。

1. 血型鉴定

（1）ABO血型鉴定：利用红细胞凝集试验，正（细胞试验）、反（血清试验）定型进行准确血型鉴定。正定型是通过定型试剂和被检红细胞反应所鉴定出的 ABO 血型；反定型是用被检者血清和已知 ABO 血型的试剂红细胞进行反应所鉴定出的血型。

（2）Rh 血型鉴定：主要通过抗 D 血清来鉴定。若受检者的红细胞与抗 D 血清发生凝集，则为 Rh 阳性；反之不发生凝集，则为 Rh 阴性。

2. 交叉配血试验

（1）直接交叉配血试验：将供血者红细胞和受血者血清进行配合试验。目的是检查受血者血清中有无破坏献血者红细胞的抗体。

（2）间接交叉配血试验：将供血者血清和受血者红细胞进行配合试验。目的是检查输入血液的血浆中有无能破坏受血者红细胞的抗体。

交叉配血试验的具体方法，见表 17-8。如果直接交叉配血试验和间接交叉配血试验均没有凝集反应，即为配血相容，可进行输血。交叉配血试验既可检验血型，又能发现红细胞或血清中是否存在其他的凝集原或凝集素，以免引起红细胞凝集反应。

表 17-8 交叉配血试验

	直接交叉配血试验	间接交叉配血试验
供血者	红细胞	血清
受血者	血清	红细胞

五、静脉输血法

目前，临床上均采用密闭式输血法，包括直接静脉输血法和间接静脉输血法。

（一）输血前准备

1. 备血　根据医嘱抽取血标本，与填写完整的输血申请单、配血单一并送往血库，做血型鉴定和交叉配血试验。采血时，禁忌同时采集两名及以上患者的血标本，以免发生混淆。

2. 取血　根据输血医嘱，凭取血单到血库取血，并与血库工作人员共同做好"三查、八对"工作。三查，即查血液的有效期（采血日期）、血液质量和输血装置是否完好；八对，即核对姓名、床号、住院号、血袋（瓶）号、血液种类、血型、剂量、交叉配血试验结果。核对确认无误后在交叉配血单上签全名后取回血液。

3. 取血后　血液取出后，勿剧烈振荡，以免红细胞大量破坏造成溶血。切勿加温，以免血浆蛋白质凝固变性而引起输血反应。如为库存血，可在室温下放置 15～20 min 后再输入。

4. 核对　输血前，须与另一名护士按上述要求再次进行核对，确定无误后方可输入。

5. 知情同意　输血前，应先取得患者的理解并征得其同意，并签署知情同意书。

6. 预防输血反应　为防止输血反应的发生，输血前 30 min 可酌情给患者肌内注射适量抗过敏药物，如地塞米松、苯海拉明等。

> 💡 **考点提示**
>
> 输血前的准备，如备血、取血及取血后要点。

（二）输血法

⮕ **护理评估**

1. 评估与解释

（1）评估患者：①核对患者身份，如床号、住院号、姓名、性别、年龄和诊断。②全身情

况，如病情、静脉输血的目的、意识状态、心理反应及合作程度。③血型，输血史，过敏史，心脏、肺、肝、肾功能，穿刺部位的皮肤情况（有无感染、破损及皮疹）、静脉状况（解剖位置、弹性、充盈和滑动度）等。④患者对静脉输血的目的、操作方法的了解程度等。

2. 评估环境　环境整洁、舒适，光线明亮，符合无菌操作要求。

◐ 护理诊断

1. 皮肤完整性受损　与全身皮肤、黏膜出血，大片瘀斑有关。
2. 体温过高　与呼吸道感染有关。

◐ 护理计划

1. 目的　同静脉输血的目的。
2. 准备

（1）患者准备：了解静脉输血的目的、方法、注意事项及配合要点，签写知情同意书，排空尿、便，取舒适卧位。

（2）护士准备：着装整洁，洗手，戴口罩，转抄医嘱。

（3）用物准备：间接静脉输血法同密闭式周围静脉输液法，将一次性输液器换为一次性静脉输血器，另备 0.9% 氯化钠溶液、血袋、无菌手套等。直接静脉输血法同静脉注射，另备 50 ml 注射器及针头数个、3.8% 枸橼酸钠溶液、血压计袖带。

◐ 护理实施

密闭式静脉输血法实施，见表 17-9。

表 17-9　密闭式静脉输血法实施

护理实施	流程简释	要点说明
▲间接静脉输血法	将已抽出的血液保存在血袋，然后按静脉输血的方法输入到患者体内，是临床上最常用的静脉输血法	
核对、检查～调节滴数	同一次性静脉输液钢针输液法	• 输血器先输入少量 0.9% 氯化钠溶液，建立输血通道，冲洗管道
再次核对	由两名护士进行三查八对，核对无误后，两名护士分别签名	• 严防差错事故的发生 • 将查对内容逐项进行核对和检查，确保无误
消毒、输血	（1）将血袋内血液轻轻摇匀，打开血袋封口处 （2）戴手套，消毒血袋开口处的塑料管，将输血器针头从生理盐水瓶塞上拔下，插入已经消毒的血袋开口处的塑料管内，缓慢将血袋挂于输液架上	• 血袋避免剧烈振荡，以防止溶血 • 戴手套是为了做好自身防护 • 若为双插头，则关闭生理盐水通路，打开输血通路开始输血
操作后核对	核对"三查、八对"内容	
调节滴速	输入血液最初 15 min 内速度应慢，并密切关注患者病情变化，如无不良反应发生，再按病情需要调节滴速	• 开始输血时，速度应小于 20 滴/分，10～15 min 后加快滴速 • 一般成人控制在 40～60 滴/分，老人、儿童酌减，嘱咐患者不能自行调节滴速
整理、记录	（1）取出治疗巾、止血带及小垫枕 （2）整理床单位，协助患者取舒适卧位 （3）将呼叫器放于患者易取处 （4）整理用物 （5）洗手、记录	• 交代患者如有不适及时告知 • 在输血记录单上记录输血开始时间、滴数，患者的全身及局部情况，并签全名

续表

护理实施	流程简释	要点说明
严密观察	勤巡查、细观察，向患者及家属讲解输血有关事宜，如有不适，及时咨询	• 严密观察有无输血反应，如发生反应，应及时处理
续血处理	需输入另一袋血时，在前一袋血液输尽后，输入少量0.9%氯化钠溶液冲洗输血器，再更换另一袋血液继续输入	• 避免两袋血直接发生反应
冲管拔针	（1）输血完毕，再次输入0.9%氯化钠溶液冲管，直至输血器内的血液全部输入体内 （2）轻揭输液贴或胶布，关闭调节器，迅速拔针后，嘱患者按压片刻，至无出血	• 0.9%氯化钠溶液再次冲管可确保输液器内的血液全部输入体内，保证输血量精准
整理、记录	（1）协助患者取舒适卧位，整理床单位 （2）清理用物 （3）洗手、记录	• 输血器针头剪入锐器盒内，输血器集中保管 • 记录输血时间、种类、血量、血型、血袋号、有无输血反应
▲直接静脉输血法	将供血者血液抽出后立即输给患者，适用于无库存血而患者急需输血以及婴幼儿的少量输血时	
准备卧位	供血者和患者分别躺在相邻的两张床上，各露出一侧手臂	• 方便操作
认真核对	认真核对供血者和患者的姓名、血型和交叉配血试验结果	• 严格执行查对制度，防止差错事故的发生
抽抗凝剂	在备好的注射器中加入一定量的抗凝剂	• 避免血液凝固 • 50 ml血中加3.8%枸橼酸钠溶液5 ml
抽、输血液	（1）将血压计袖带缠于供血者上臂并充气，压力维持在100 mmHg（13.3 kPa）左右，使静脉充盈 （2）选择粗大的静脉穿刺，一般选择肘正中静脉，常规消毒穿刺部位皮肤 （3）三人合作，一人用加有抗凝剂的注射器抽取供血者的血液，一人传递，另一人立即行静脉穿刺，为患者输入血液，如此连续进行	• 抽取供血者血液时不可过急，并注意观察供血者面色，询问有无不适 • 为患者输血时，速度不可过快，随时观察患者的反应 • 连续抽血更换注射器时，不必拔出针头，同时放松袖带，用手压迫穿刺部位前端静脉，减少出血
拔针、按压	输血完毕，拔出针头，用无菌纱布按压穿刺点至无出血	
整理、记录	（1）协助患者取舒适卧位，整理床单位 （2）清理用物 （3）洗手、记录	• 记录内容：输血时间、种类、血量、血型、有无输血反应

⊃ **护理评价**

1. 严格遵守无菌操作原则，执行查对制度。操作规范，未发生输血反应，患者安全。
2. 达到了抢救、治疗的目的。
3. 充分体现以人为本的护理服务理念，护患沟通有效，患者知晓输血的目的，主动配合。

⊃ **注意事项**

1. 根据输血申请单，正确采集血标本，严禁同时采集两名及以上患者的血标本，以免发生差错。

2. 严格执行查对制度和无菌操作规程，输血前必须经两名护士认真核对交叉配血试验结果及血袋标签等各项内容，检查血袋有无破损、渗漏，血液颜色是否正常。准确无误，方能输血。

3. 输入库存血时，必须认真检查血液质量和血液保存时间。正常有效期内的库存血分为上下两层。上层血浆呈淡黄色，半透明。下层血细胞呈均匀暗红色，两者之间界限清楚，无凝块。如血袋标签模糊不清，血袋破损漏血，上层血浆有明显气泡、絮状物或粗大颗粒，颜色呈暗灰色或乳糜状，下层血细胞呈暗紫色，血液中有明显凝块，提示可能有溶血，不能使用。

4. 为避免不良反应的发生，在输血前、后及两袋血液之间，都应输入少量生理盐水。血液制品及输血器内不可随意加入其他药物，以防发生凝集或溶解。

5. 在输血过程中应加强巡视，特别是输血开始后 10~15 min，应认真听取患者主诉，严密观察有无输血不良反应。如出现异常情况，应及时向医生报告，并配合处理，保留剩余血液以备送检，查找原因。

6. 输入全血与成分血时，应首先输入成分血（尤其是浓缩血小板），其次为新鲜血，最后为库存血，保证成分血新鲜输入。成分血除红细胞外，均须在 24 h 内输完（从采血开始计时）。一次性输入多个献血者的成分血时，遵医嘱给予抗过敏药物。

7. 加压输血时，必须有专人守护，避免发生空气栓塞。

8. 输完的血袋需送回输血科保留 24 h，以备患者出现输血反应时查找原因。

9. 对于输血时间较长的患者，输血器宜 4 h 更换 1 次。

 考点提示

静脉输血的操作要点及注意事项。

六、自体输血和成分输血

（一）自体输血

自体输血（autologous transfusion）是指采集患者体内的血液和收集患者术中丢失的血液，经洗涤、加工，在术后或需要时再回输给患者本人的方法。自体输血是最安全的输血方法，其优点是不需做血型鉴定和交叉配血试验，节约血源，避免血源性疾病如艾滋病、病毒性肝炎等的传播，防止输血反应。此外，术前多次采血，可刺激骨髓造血干细胞分化，增加红细胞生成，促进患者术后造血。

1. 适应证　腹腔和胸腔内出血；出血量在 1000 ml 以上的大手术；手术后引流血液回输（在术后 6 h 内的引流血液）；患者特殊血型，难以找到供血者时等。

2. 禁忌证　腹腔和胸腔内污染的血液；癌细胞污染的血液；贫血、凝血因子缺乏、腹腔或胸腔开放性损伤 4 h 以上；合并心脏病等患者。

3. 自体输血的方法　自体输血有预存式自体输血、术前稀释血液回输法和回收式自体输血。

（1）预存式自体输血：适用于择期手术的患者，经患者签字同意，术前采集患者自身的血液在血库低温保存，待手术期间使用。术前 2~3 周内采血贮存，需血量多的患者每 3~4 日采集 1 次，每次采血 200~400 ml，术前 3 日停止采集。

（2）术前稀释血液回输法：即术前采集血液，采集的血液可在室温下保存 4 h，一般在手术开始前抽取患者一定量的自体血在室温下保存备用，同时输入采血量 3~4 倍的胶体溶液或等渗晶体溶液以维持血容量。根据术中失血情况将自身血回输给患者，当手术中失血量达 300 ml 即可开始回输自体血，回输的原则是先采集的血液先输。

（3）回收式自体输血（术中失血回输）：将患者体腔积血、手术失血及术后引流血液进行回收，经血液回收机收集后进行抗凝、滤过、洗涤等处理，达到一定的质量标准，然后回输给患者。适用于脾破裂的腹腔内出血，血液在 6 h 内，无污染或无凝血块才能回收。回收总量不宜过多，应限制在 3500 ml。同时应适当补充新鲜血浆和血小板。出现下列情况不能回收血液：①怀疑流出的血液被细菌、粪便、羊水或毒液污染。②怀疑流出的血液含有癌细胞。③流出血液的红细胞已被严重破坏。

（二）成分输血

成分输血（blood components transfusion）是指根据患者的需要，使用血液分离技术，将新鲜血液快速分离成各种成分，再根据患者需要输入一种或多种成分。这种疗法又叫"血液成分疗法"，能起到一血多用、减少输血反应的作用。目前国际上输成分血的比例已达到 90% 以上，发达国家比例已超过 95%。

1. 成分输血的特点

（1）成分血中单一成分少而浓度高，除红细胞制品以每袋 100 ml 为一单位外，其余制品如白细胞、血小板、凝血因子等每袋规格均以 25 ml 为一单位。

（2）每次输入的量为 200～300 ml，即需要 8～12 单位（袋）的成分血，这意味着一次给患者输入 8～12 位供血者的血液。

2. 成分输血的护理

（1）红细胞输注的护理：穿刺时选择较为粗大的静脉血管；选用 170 μm 的滤网输血器进行过滤，过滤面积大于 30 cm^2；输注时间一般不超过 4 h，输注过程中不添加任何药物。

（2）浓缩血小板输注的护理：输注时选用血小板标准输血器，以去除白细胞；输注速度要快，一般 80～100 滴 / 分。

（3）血浆输注的护理：5% 白蛋白输注速度为 2～4 ml/min，25% 白蛋白输注速度为 5 ml/min，儿童输注速度为成人的 1/4～1/2。免疫球蛋白应单独输注，速度宜慢，前 30 min 的速度为 0.01～0.02 ml/（kg·min），如无不良反应，可将速度升至 0.02～0.04 ml/（kg·min）。

3. 注意事项

（1）某些成分血，如白细胞、血小板等，存活期短，为确保输注效果，以新鲜血为宜，且须在 24 h 内输注完成（从采血开始计时）。

（2）除白蛋白制剂外，其他各种成分血在输入前均需进行交叉配血试验。

（3）成分输血时，由于一次输入多个供血者的成分血，因此在输血前应遵医嘱给予患者抗过敏药物，以减少过敏反应的发生。

（4）除红细胞外，成分血每袋仅有 25 ml，几分钟即可输注完成，因此输注时需要护士全程守护在患者身边，进行严密监护，以免发生危险。

（5）若患者在输注成分血的同时还需要输注全血，应按照先成分血，再全血的顺序输注，以保证成分血发挥最好的疗效。

七、常见输血反应与护理

（一）发热反应

发热反应（fever reaction）是最常见的输血反应，发生率为 1%～2%。

1. 原因

（1）血液、保养液、贮血器和输血器等被致热源污染，这是发热反应发生的最主要原因。

（2）输血时无菌操作不严格，造成污染。

（3）多次输血后，受血者血液中产生了白细胞抗体和血小板抗体，再次输血时，对白细胞和血小板发生免疫反应，引起发热。

2. 临床表现　发热反应可在输血过程中或输血后1～2h内发生。先有畏寒或寒战，继之高热，体温可达38～41℃。轻者症状持续1～2h后缓解，体温逐渐降至正常；重者伴有皮肤潮红、头痛、恶心、呕吐等全身症状，甚至出现呼吸困难、血压下降、抽搐、昏迷。

3. 预防

（1）严格管理血液制品和输血用具，有效地清除致热源。

（2）严格执行无菌操作，减少感染。

（3）若患者病情允许，尽量避免多次输血。

4. 护理措施

（1）发热反应轻者，减慢输血速度，症状可自行缓解；反应重者，立即停止输血，给予生理盐水输入，以维持静脉通路，及时通知医生并配合处理，密切观察生命体征的变化。

（2）对症处理，有畏寒或寒战者给予保暖，高热者给予物理降温，并给予相应的生活护理。

（3）遵医嘱给予退热药物和抗过敏药物，如异丙嗪、肾上腺素等。

（4）将输血器、剩余血制品连同血袋一并送检，查找原因。

（二）**过敏反应**

过敏反应（hypersensitive reaction）是输入的血液与受血者血液发生抗原—抗体结合的反应。

1. 原因

（1）患者为过敏体质，对某些物质易引起过敏反应。输入血液中的异体蛋白质与过敏机体的蛋白质结合，形成完全抗原而致敏。

（2）输入血液中含有致敏物质。如献血人员在献血前曾使用过可致敏的药物或食用了可致敏的食物。

（3）多次输血的患者体内可产生过敏性抗体，当再次输血时，抗原、抗体相互作用而发生过敏反应。

（4）供血者的某种抗体输入受血者体内，与相应抗原结合发生过敏反应。

2. 临床表现　多发生在输血后期或输血即将结束时。临床表现轻重不一，症状出现越早，反应越严重。

（1）轻度反应：输血后出现皮肤瘙痒，局部或全身出现荨麻疹。

（2）中度反应：出现血管神经性水肿，表现为眼睑、口唇高度水肿，喉头水肿可发生呼吸困难，两肺可闻及哮鸣音，尿失禁及大便失禁。

（3）重度反应：发生过敏性休克。

3. 预防

（1）勿选用有过敏史的献血人员。

（2）献血人员在采血前4h内不吃高蛋白质和高脂肪食物，可清淡饮食或饮糖水。

（3）有过敏史的患者遵医嘱输血前给予抗过敏药物。

4. 护理措施

（1）发生过敏反应时，反应轻者，减慢输血速度，继续观察。中、重度反应者，应立即停止输血，保留静脉通路。

（2）遵医嘱给予0.1%盐酸肾上腺素、地塞米松、苯海拉明等抗过敏药物。

（3）对于呼吸困难者，给予氧气吸入；对于严重喉头水肿者，行气管切开；对于循环衰竭者，给予抗休克治疗。

 考点提示

过敏反应的临床表现、预防及处理要点。

（三）溶血反应

溶血反应（hemolytic reaction）是指输入供血者的红细胞或受血者的红细胞发生异常破坏或溶解而引起的一系列临床症状，是最严重的输血反应。

1. 原因

（1）输入异型血：多由于 ABO 血型不相容引起。供血者与受血者血型不符而造成血管内溶血，反应发生快，输入 10～15 ml 即出现症状，后果严重，死亡率高。

（2）输入变质血：输血前红细胞已被溶解、破坏，如血液贮存过久，保存温度过高，血液被剧烈振荡或被细菌污染，血液内加入高渗、低渗溶液或影响 pH 的药物等，均可导致红细胞破坏、溶解。

（3）Rh 因子所致溶血：Rh 阴性者首次输入 Rh 阳性血液后，不发生溶血反应，但输血 2～3 周后机体内即产生抗 Rh 阳性的抗体。如再次接受 Rh 阳性血液，即可发生溶血反应。Rh 因子不合所致的溶血反应发生较慢，可在输血后几小时至几日后发生，症状较轻且较少见。

2. 临床表现　溶血反应一旦发生，进展快，后果严重。一般发生在输入血液 10～15 ml 时，可分为以下 3 个阶段。

第一阶段：受血者血浆中的凝集素和输入血中红细胞的凝集原发生凝集反应，使红细胞凝集成团，阻塞部分小血管，造成组织缺血、缺氧。患者可出现头部胀痛、面色潮红、心前区压迫感、四肢麻木、腰背部剧烈疼痛和胸闷等症状。

第二阶段：凝集的红细胞发生溶解后，大量血红蛋白释放于血浆中，可出现黄疸和血红蛋白尿，同时伴有寒战、高热、呼吸困难、发绀和血压下降等休克症状。

第三阶段：大量血红蛋白从血浆进入肾小管，与酸性物质结合，阻塞肾小管。另外，由于抗原－抗体的相互作用，可引起肾小管内皮缺血、缺氧而坏死，脱落，进一步加重肾小管阻塞，导致急性肾衰竭。表现为少尿、无尿、尿内有管型和蛋白、高钾血症和酸中毒。患者常因急性肾衰竭而死亡。

3. 预防

（1）加强工作责任心，认真做好血型鉴定和交叉配血试验。

（2）严格执行查对制度和操作规程，杜绝差错事故的发生。

（3）严格执行血液保存制度，不可使用变质血液。

4. 护理措施

（1）如患者出现溶血反应的症状，立即停止输血，并通知医生紧急处理，同时保留余血，采集患者血液标本重做血型鉴定和交叉配血试验。

（2）给予氧气吸入，维持静脉通道，以备抢救时静脉给药。

（3）静脉注射碳酸氢钠以碱化尿液，增加血红蛋白在尿中的溶解度，减少沉淀，避免阻塞肾小管。

（4）双侧腰部封闭，并用热水袋敷双侧肾区，解除肾血管痉挛，改善肾血液循环，保护肾。

（5）严密观察患者生命体征和尿量变化。对少尿、尿闭者按急性肾衰竭处理，控制入水量，纠正水、电解质代谢紊乱，防止血钾增高，控制感染，必要时行腹膜透析治疗。如出现休克症状，按抗休克治疗。

（6）换血疗法可去除循环血内不合的红细胞、有害物质及抗原—抗体复合物。

 考点提示

溶血反应的发生原因、临床表现及处理措施。

（四）与大量输血有关的反应

大量输血是指24 h内输入相当于或大于患者循环血容量的血液。

1. 肺水肿　同静脉输液反应。

2. 出血倾向

（1）原因：库存血中的血小板、凝血因子破坏较多，长期、反复输血或短时间内输入大量库存血即有出血的危险。

（2）临床表现：在输血过程中或输血后，皮肤、黏膜出现瘀点或瘀斑。穿刺部位可见大块淤血或淤斑或拔针后出血不止，手术切口渗血或出血，牙龈出血，严重者出现血尿。

（3）预防：将库存血和新鲜血或血小板悬液交替输入，以补充足够的血小板和凝血因子。

（4）护理措施：短时间内输入大量库存血时，应密切观察患者意识、血压、脉搏等变化，注意皮肤、黏膜或手术切口有无出血，并给予相应处理。

3. 枸橼酸钠中毒反应

（1）原因：大量输血使枸橼酸钠大量进入体内，如果患者肝功能不全，枸橼酸钠尚未氧化即与血中游离钙结合而使血钙下降，以致发生凝血功能障碍、毛细血管张力减低、血管收缩不良和心肌收缩无力等。

（2）临床表现：患者表现为手足抽搐、出血倾向、血压下降、心率缓慢，心电图出现Q-T间期延长，甚至发生心搏骤停。

（3）预防：每输入库存血1000 ml，遵医嘱静脉注射10%葡萄糖酸钙或氯化钙10 ml，以补充钙离子。

（4）护理措施：严密观察患者病情变化及输血后反应，并按医嘱给予钙剂。

4. 酸碱平衡失调

（1）原因：随着保存时间的延长，枸橼酸钠抗凝的库存血血液成分变化大，血钾升高，酸性增强。

（2）临床表现：出现休克及代谢性酸中毒的表现。大量输库存血时，酸中毒症状反而加重。

（3）预防：避免一次输入大量库存血。反复输血时，应交替使用库存血和新鲜血，遵医嘱每输入库存血500 ml，给予5%碳酸氢钠溶液30～70 ml静脉注射。

（4）护理措施：遵医嘱按血液酸碱度补充碱性药物，纠正酸中毒。

5. 体温过低

（1）原因：大量输入库存血的患者，尤其是手术麻醉的患者，易出现体温过低。

（2）临床表现：体温降至35 ℃以下，可引起心房颤动，心排血量减少，降低组织灌注，心率减慢，甚至引起心搏骤停。

（3）预防：避免一次输入大量库存血，库存血和新鲜血应交替使用。

（4）护理措施：保暖，观察病情变化，做好心理护理。

（五）其他

如空气栓塞、细菌污染反应、微血管栓塞等，要严格把握采血、贮血和输血操作的各个环节，预防上述反应的发生。

八、输血反应和意外的监测与报告

（一）监测与报告的意义

输血反应和意外的监测与报告是一个连续的、规范化的数据收集和分析系统，贯穿于采血到输血的全过程，具有十分重要的意义。

1. 有助于及时发现及高效处理。可以及时发现严重输血反应和意外，多科室合作制订相应的措施和治疗方案，使受血者的损伤减小到最低程度。

2. 有助于提高采供血机构和用血医院的安全输血水平。对严重的输血反应和意外应及时测报，由医院输血管理委员会组织召开输血评估会（或鉴定会），输血科负责人和有关临床科室参加，并将评估（鉴定）意见转报采供血机构。医院和采供血机构应进行内部质量评估，排除一切可能引发严重输血反应和意外的因素。

3. 为制定政策、法规提供决策信息。测报制度有助于收集输血后肝炎等输血传染病的发病率、发生率数据，从而客观了解和分析输血传染病的流行病学状况，为政策、法规的制定提供依据。

4. 有助于输血新技术、新制品的研究和推广。针对输血反应和意外，一些先进的输血技术和新型制品已用于临床，如成分输血、去白细胞过滤血液、经病毒灭活血浆、经 γ 射线照射的血液等。输血传染病和意外的测报、统计工作为比较性研究和新技术、新产品的推广、运用提供客观的依据。

（二）监测与报告的工作程序

1. 填写"输血反应记录单" 医院输血科（血库）在发血的同时，附带发放"输血反应记录单"（表17-10，表17-11），由输血科（血库）人员、医师和护士共同填写。患者在接受输血治疗以及输血后一段时间内，护士应密切观察患者情况。若出现严重输血反应症状，如短时间内体温急剧升高、过敏反应、输血后紫癜、休克、全身出血、血红蛋白尿、少尿或无尿等，应立即停止输血，遵医嘱给予药物治疗，并重新校对用血申请单、血袋的标签等，医师和护士共同填写"输血反应记录单"，并抽取患者血样 5 ml（1 ml 用 EDTA 抗凝，4 ml 不抗凝），连同血袋一起送回输血科（血库）。严重输血反应要记录在受血者的病程记录中。

表 17-10 输血反应记录单（正面）

No.				血型			
医院		患者姓名		年龄		性别	
科别		病区		床号		住院号		诊断	
血液种类：全血、红细胞、血浆、血小板、白细胞、其他（　　　）数量							
献血者姓名（或条形码）				编号		血型	
如果有输血反应发生，请血库人员将患者输血前、后血样及血袋一起送回供血单位的血型参比实验室。							
填卡人　　　　　　　　　　　　　年　月　日							

表 17-11 输血反应记录单（反面）

输血开始至发生反应时间				输入量	
脉搏		次 / 分		血压	/ kPa（mmHg）
科别		病区	床号	住院号	诊断
（ ）发热（指输血后体温比输血前升高 1 ℃）				（ ）输血处痛、发红	
（ ）出汗	（ ）头晕、头痛		（ ）面部潮红、发绀	（ ）恶心、呕吐	
（ ）皮疹	（ ）面色苍白		（ ）荨麻疹	（ ）胸闷、心悸	
（ ）气急	（ ）伤口渗血		（ ）血红蛋白尿	（ ）紫癜	
（ ）出血	（ ）腰背酸痛		（ ）尿少尿闭	（ ）黄疸	
（ ）昏迷	（ ）其他				
如果有严重输血反应发生，请立即停止输血，并抽取患者血 5 ml（1 ml 用 EDTA 抗凝，4 ml 不抗凝），连同血袋一起送回血库。					
		填卡人		年　月　日	

2. 输血科（血库）收到"输血反应记录单"后，应对患者血样和输注的血液进行鉴定和检测，查明原因。对于需要继续输血的患者，在排除引起输血反应的原因后，选用相配血液输注，如经不规则抗体筛选、白细胞抗体的交叉配合试验等的血液，或选用特殊制备的血液成分，如去白细胞血液成分、洗涤红细胞、照射血液等。也可将患者输血前、后的血样及血袋一起送交采血机构做进一步检测。

3. 如果患者在接受输血治疗一段时间内出现输血传染病症状，如病毒性肝炎、艾滋病、梅毒等，除向辖区疾病控制中心报告外，还应向供血机构提供书面报告。

知识链接

临床输血病历书写标准化

临床输血病历书写标准化内容包括以下几种。①病程记录：病情叙述、输血目的、输血成分、血型及血袋编码、输血量、输血过程有无输血反应及其处理、手术及外伤患者出血量。②临时医嘱：输血前检查项目、备血数量及成分血名称、备血目的。③麻醉记录：手术及外伤患者出血量、输血成分、输血量。④术后小结记录：手术及外伤患者术中病情叙述、输血目的、出血量、输血成分、输血量。⑤输血过程护理记录：输血前核对双签名、开始输血时间、输血成分、血型及血袋编码、输血量、输血完毕时间、输血过程中有无输血反应及其处理。

（张泽菊）

自 测 题

一、选择题

1. 患者，女性，38 岁。因突发性头晕、头痛伴恶心、呕吐入院，入院后诊断为高血压性

脑出血。医嘱要求脱水治疗，首选的液体是

 A. 低分子右旋糖酐   B. 中分子右旋糖酐   C. 血浆代用品

 D. 浓缩白蛋白   E. 20% 甘露醇

2. 患者，男性，45 岁。输液 1000 ml，滴速为 50 滴 / 分，滴系数为 15。计划从上午 8：30 开始，估计何时可以输完

 A. 上午 11：10   B. 中午 12：30   C. 下午 1：30

 D. 下午 2：10   E. 下午 2：30

3. 护士巡视病房时，发现溶液不滴，挤压输液管感觉有阻力，松手无回血，应考虑

 A. 静脉痉挛   B. 针头滑出血管外   C. 针头斜面紧贴血管壁

 D. 针头阻塞   E. 输液压力过低

4. 患者，女性，54 岁。因弥散性血管内凝血，需输入新鲜冰冻血浆 300 ml，对冰冻血浆使用方法下列正确的是

 A. 置热源上加温融化后使用   B. 加入适量等渗盐水稀释后使用

 C. 放在 37 ℃温水中融化后使用   D. 加入等量 0.1% 枸橼酸钠后使用

 E. 在室温中放置 30 min 后使用

5. 患儿，男性，1 岁半。需直接输血 100 ml，抽取血液时需准备枸橼酸钠溶液的浓度和量是

 A. 3.8% 10 ml   B. 3.8% 20 ml   C. 3.8% 30 ml

 D. 3.8% 40 ml   E. 3.8% 50 ml

6. 患者，女性，38 岁。因产后大出血遵医嘱输血 500 ml，当输入 12 ml 左右时，出现头痛、四肢麻木、腰背剧痛，伴寒战、高热、呼吸急促等表现。该患者出现了

 A. 发热反应   B. 过敏反应   C. 溶血反应

 D. 循环负荷过重   E. 空气栓塞

7. 患者，女性，38 岁。因宫外孕大出血，输入了 1000 ml 库存血后患者出现手足抽搐、血压下降。处理时可静脉缓慢注射

 A. 10% 葡萄糖 10 ml   B. 10% 葡萄糖酸钙 10 ml

 C. 0.9% 氯化钠 10 ml   D. 地塞米松 10 mg

 E. 0.1% 盐酸肾上腺素 1 ml

8. 某医院将组织全院医护人员进行义务献血活动，急诊科年轻护士甲、乙、丙均积极报名参加。献血前错误的准备是

 A. 不能服药   B. 进食高脂食物   C. 不能饮酒

 D. 适当休息   E. 保证充足睡眠

9. 患者，男性，48 岁。因车祸致下肢骨折急诊入院，因失血过多遵医嘱输血。在输血过程中，患者出现手足抽搐、血压下降、出血倾向。此患者可能出现的情况是

 A. 过敏反应   B. 溶血反应   C. 发热反应

 D. 休克   E. 枸橼酸钠中毒反应

10. 患者，男性，58 岁。行部分胃切除术，术中失血过多，需输全血 400 ml，输血过程中患者出现过敏反应，下列哪项不是输血致过敏反应的原因

 A. 患者是过敏性体质

 B. 输入血中含有致敏物质

 C. 供血者有过敏史

 D. 快速输入低温库存血

 E. 供血者在献血前服用过可致敏的食物或药物

二、简答题

1. 简述静脉输液的目的。
2. 简述溶血反应的预防措施。

三、案例分析

1. 患者，男性，66岁。因病情需要行加压静脉输液。当护士去治疗室取物品回到患者床前时，发现患者呼吸困难，严重发绀。患者自述胸闷、胸骨后疼痛、眩晕，护士立即给患者测量 BP 75/55 mmHg。

请回答：

（1）该患者可能出现了什么问题？
（2）护士应立即协助患者取何种卧位？
（3）护士应采取哪些预防措施以避免此类问题的出现？

2. 患者，女性，48岁。因车祸外伤急诊入院，血压 62/42 mmHg，发生失血性休克行静脉输血治疗，输血约 15 ml 后，患者主诉头部胀痛、四肢麻木、腰背部剧烈疼痛及胸闷，继而出现黄疸，尿液呈酱油色尿。

请回答：

（1）该患者可能发生了什么情况？
（2）可能由哪些原因造成的？
（3）目前应采取哪些处理措施？

（邓清红　张泽菊）

第十八章　标本采集

第十八章数字资源

思维导图

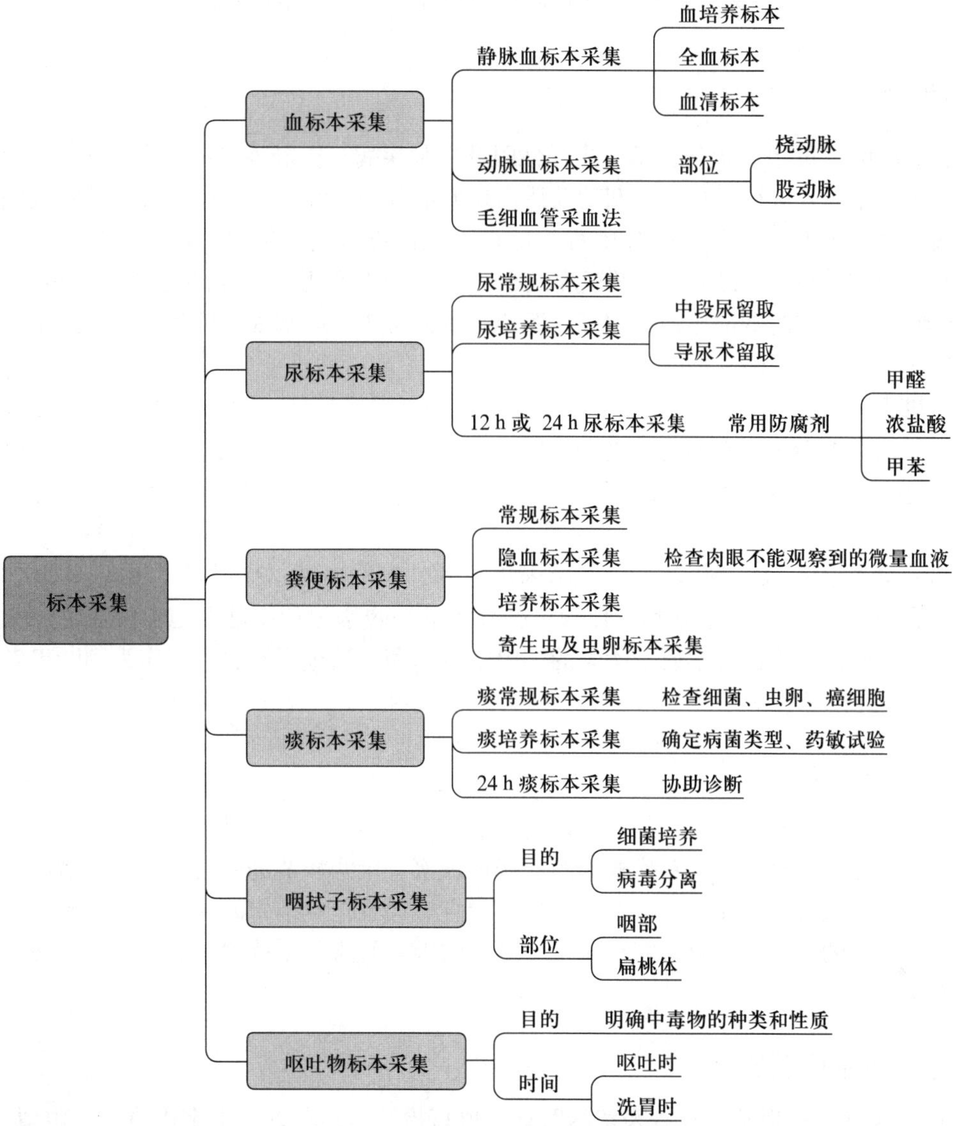

```
标本采集
├── 血标本采集
│   ├── 静脉血标本采集
│   │   ├── 血培养标本
│   │   ├── 全血标本
│   │   └── 血清标本
│   ├── 动脉血标本采集 —— 部位
│   │   ├── 桡动脉
│   │   └── 股动脉
│   └── 毛细血管采血法
├── 尿标本采集
│   ├── 尿常规标本采集
│   ├── 尿培养标本采集
│   │   ├── 中段尿留取
│   │   └── 导尿术留取
│   └── 12 h 或 24 h 尿标本采集 —— 常用防腐剂
│       ├── 甲醛
│       ├── 浓盐酸
│       └── 甲苯
├── 粪便标本采集
│   ├── 常规标本采集
│   ├── 隐血标本采集 —— 检查肉眼不能观察到的微量血液
│   ├── 培养标本采集
│   └── 寄生虫及虫卵标本采集
├── 痰标本采集
│   ├── 痰常规标本采集 —— 检查细菌、虫卵、癌细胞
│   ├── 痰培养标本采集 —— 确定病菌类型、药敏试验
│   └── 24 h 痰标本采集 —— 协助诊断
├── 咽拭子标本采集
│   ├── 目的
│   │   ├── 细菌培养
│   │   └── 病毒分离
│   └── 部位
│       ├── 咽部
│       └── 扁桃体
└── 呕吐物标本采集
    ├── 目的 —— 明确中毒物的种类和性质
    └── 时间
        ├── 呕吐时
        └── 洗胃时
```

学习目标

1. 理解标本采集的意义。
2. 熟记标本采集的原则。

3. 描述血标本、痰标本、尿标本、粪便标本、咽拭子标本采集法的目的。
4. 正确实施各种标本的采集。严格执行查对制度。
5. 养成良好的职业素养，具有以人为本的护理服务理念、严肃认真的工作态度。

临床诊断和治疗的过程中，需借助对患者的血液、体液、分泌物、排泄物以及组织细胞等标本进行检验，以获得能够反映机体功能状态、病理变化或病因等客观资料，再结合其他临床资料进行综合分析。因此，标本对协助临床明确疾病的诊断、病情的观察、防治措施的制订和预后的判断等具有重要意义。标本通常由护理人员采集。掌握正确的标本采集方法、及时送检、检验和保管是保证检验质量的重要环节，是护理人员必须掌握的基本技能。

第一节　标本采集的意义和原则

案例 18-1

患者，男性，76岁，退休教师。患慢性阻塞性肺疾病，反复咳嗽、咳痰、气短6年，伴有高血压病史5年，未规律服药。近期活动后出现明显气短，无咯血及夜间阵发性呼吸困难，入院时出现咳嗽、咳痰、发热、呼吸困难等。查体：神志清楚，焦虑，T38.6 ℃，P106次/分，R28次/分，BP150/95 mmHg，口唇轻度发绀，两肺呼吸音粗糙，肺部可闻及较多细湿啰音。患者主诉头晕，吞咽时咽部疼痛，尿频。医嘱：查血常规、尿常规、肝肾功能，并留取常规痰标本、咽拭子送检以明确诊断。

问题与思考：
1. 为患者采集标本的临床意义是什么？
2. 采集标本时应遵循哪些原则？

标本采集（specimen collection）是指采集患者少许的血液、排泄物（尿液、粪便）、分泌物（痰、鼻咽部分泌物）、呕吐物、体液（胸腔积液、腹水）和脱落细胞（食管、阴道脱落细胞）等样本，通过物理、化学或生物学的实验室技术和方法进行检验，可作为判断患者机体功能有无异常变化的依据。

一、标本采集的意义

在临床工作中，标本检验是基本的诊断方法之一。标本检验结果可在一定程度上反映人体正常的功能状态或病理变化。对疾病诊断、病情观察、推测病情进展、制订治疗措施，以及对患者的抢救等都起着重要作用，标本采集的质量直接关系化验结果的准确性。因此，护士应熟悉各种标本采集的方法，了解可能影响检验结果的因素及避免干扰因素的措施，掌握正确的标本采集方法。

二、标本采集的原则

1. **遵照医嘱**　医生开出标本采集的医嘱，填写检验申请单，要求字迹清楚，申请人签名。护士根据医嘱核实检验单后进行采集，如有疑问，必须经医护双方核实后方可执行。

2. **充分准备**　采集前，应评估患者的病情、心理反应及合作程度，根据检验项目、目的选择适当的采集方法和容器，在检验单副联上标明科别、床号、姓名、检验目的和送检日期，然后将副联贴于容器外。

3. 严格查对　采集前查对医嘱及检验申请单，核对申请项目、患者的姓名、床号、住院号等，向患者解释留取标本的目的和要求，消除患者的思想顾虑，取得患者的信任与合作。采集完毕及送检前再次查对、核实，无误方可送检。

4. 正确采集　培养标本采集应严格执行无菌操作，并将标本置于无菌容器内，检查容器有无裂缝，培养液是否足够，有无浑浊、变质等，不可混入防腐剂、消毒剂及其他药物，以免影响检验结果。细菌培养标本应在使用抗生素前采集。若已使用抗生素，应按抗生素的半衰期计算，在血药浓度最低时采集，并在检验单上注明。

5. 及时送检　为保证检验标本的质量，采集方法、采集量和采集时间要正确。标本采集后要及时送检，不可放置过久，以免发生变质而影响检查结果。特殊标本还需注明采集时间。

第二节　各种标本采集法

一、血标本采集法

通过对血液的检验，不仅可反映血液系统病变，还可协助诊断疾病、判断患者病情进展程度以及为治疗疾病提供依据。血标本采集法包括静脉血标本采集法、动脉血标本采集法和毛细血管采血法。

（一）静脉血标本采集法

◯ 护理评估

1. 评估与解释

（1）评估患者：①核对患者身份，如床号、住院号、姓名、性别、年龄和诊断；②全身情况，如病情、治疗情况、意识状态、心理反应及合作程度；③患者对血标本采集的目的和操作方法的了解程度等。

（2）解释：标本采集的目的、方法及注意事项。

2. 评估环境　环境整洁、舒适，光线明亮。

◯ 护理诊断

1. 活动无耐力　与心肺功能减退有关。

2. 营养失调（低于机体需要量）　与摄入量不足有关。

3. 焦虑　与病程长、家庭负担重有关。

◯ 护理计划

1. 目的

（1）全血标本：是指抗凝血标本，主要用于临床血液学检查，如血细胞计数和分类，形态学检查等。

（2）血浆标本：抗凝血经离心后所得上清液为血浆，适用于内分泌激素、凝血检测等。

（3）血清标本：测定血清酶、脂类、电解质和肝功能等。

（4）血培养标本：检测血液中的病原菌。

2. 准备

（1）护士准备：衣帽整洁，修剪指甲，洗手，戴口罩。

（2）用物准备：①治疗车上层备治疗盘，治疗盘内置真空采血器或一次性注射器（规格根据采集量而定）、压脉带、2%碘酊、75%乙醇、棉签、试管架、标本容器（抗凝试管、干燥试管、血培养瓶），按需备无菌手套、无菌纱布、酒精灯、火柴等。治疗盘外置手消毒液。②治疗车下层备医用垃圾桶、生活垃圾桶。

（3）患者准备：采血局部皮肤清洁，明确采血目的和注意事项。

◐ 护理实施

静脉血标本采集实施，见表18-1。

表18-1 静脉血标本采集实施

护理实施	流程简释	要点说明
备物、核对	（1）根据检验目的选择适当容器，检查容器是否完好，在瓶签上注明科室、床号、姓名、性别、住院号、检验项目，并贴在容器外	• 根据不同的检验目的计算所需采血量
	（2）携用物至患者床旁，核对患者床号、姓名，解释抽血目的和配合方法	• 确认患者，操作前查对，取得合作
选择静脉	选择合适的静脉，垫上小枕，在静脉穿刺点上方5～7.5 cm处扎压脉带，常规消毒皮肤	• 嘱患者握拳，使静脉充盈
再次核对	核对患者身份	• 操作中查对
注射器采血穿刺	（1）持一次性注射器，按静脉注射行静脉穿刺，见回血后抽取所需血量 （2）抽血完毕，松压脉带，嘱患者松拳，迅速拔出针头，用无菌干棉签按压至不出血（两松一拔一按压） （3）及时将血液注入标本容器 ①血培养标本：采集所需血液量后直接将血液注入血培养瓶，如有多种血培养瓶，先注入厌氧瓶，再注入需氧瓶中 ②全血标本：取下针头，将血液沿管壁缓慢注入盛有抗凝剂的试管内，轻轻摇动，使血液与抗凝剂充分混匀 ③血清标本：取下针头，将血液沿管壁缓慢注入干燥试管内	• 凝血功能障碍者应延长按压时间 • 严格无菌，防止污染 • 颠倒混匀，以防血液凝固 • 轻轻摇匀，防止血液凝固，防溶血 • 勿将泡沫注入，避免振荡，以免红细胞破裂溶血
真空采血器采集静脉血标本穿刺抽血	取下真空采血针护套，手持采血针，注射器针头斜面向上，按静脉注射行静脉穿刺 （1）见回血后，固定针柄，将采血针另一端刺入真空管，松开压脉带，采血至需要量 （2）抽血完毕，嘱患者松拳，迅速拔出针头，用干棉签按压至不出血	• 如需多管采血，可再接入所需的真空管 • 宜在开始采集第一管血时松开止血带，使用时间不宜超过1 min • 采血结束后，先拔去真空管，再拔去针头，用干棉签按压止血
再次核对	操作后再次核对患者身份和检查项目	• 防止差错
整理消毒	协助患者取舒适体位，整理衣物、床单位	
垃圾处理	垃圾分类处理，将采血针放入锐器回收盒内销毁。接触过患者的用物放入医用垃圾桶，未接触患者的用物放入生活垃圾桶，将压脉带浸泡于盛有消毒液的容器中	• 防止交叉感染
洗手、记录	（1）取适量手消毒液，洗手，脱口罩 （2）告知相关注意事项，感谢患者合作 （3）记录采血时间，签名	
标本送检	将标本连同化验单及时送检	

> **知识链接**
>
> **各种血标本试管盖的颜色及采血量**
>
> 全血标本：紫色——血常规，2 ml
> 　　　　　蓝色——凝血，2 ml
> 　　　　　黑色——红细胞沉降率，2 ml
> 血清标本：红色——生化检查（肝、肾功能，电解质，酶），5 ml
> 　　　　　金黄色——快速生化检查，5 ml
> 血浆标本：灰色——血糖检查，2 ml
> 　　　　　绿色——快速生化检查，5 ml

◆ 护理评价

1. 严格执行查对制度及遵守无菌操作原则，血标本采集方法正确、规范。
2. 采集的血标本符合检查项目要求，患者采血部位无血肿、感染发生。
3. 充分体现以人为本的护理服务理念，护患沟通有效，患者愿意配合。

◆ 注意事项

1. 严格执行查对制度，遵守无菌操作原则。
2. 做生化检查，如肝功能、肾功能、血脂、空腹血糖等，宜在清晨空腹时采集血标本，应提前告知患者禁食。至少禁食 8 h，以 12~14 h 为宜，宜在上午 7:00~9:00 采血。
3. 一般血培养标本取血 5 ml。亚急性细菌性心内膜炎患者，为提高培养阳性率，采血 10~15 ml。
4. 同时采集不同种类的血标本时，应先将血液注入血培养瓶，再注入抗凝试管，最后注入干燥试管，动作应迅速、准确。
5. 成人首选手臂肘前区静脉，顺序依次为正中静脉、头静脉及贵要静脉；婴儿常选用颈部静脉或股静脉。
6. 严禁在输液和输血的针头处抽取血标本，应在对侧肢体采集。
7. 使用真空管采血时，不可先将真空采血管与采血针头相连，以免试管内负压消失而影响采血。
8. 采血不顺利时，切忌在同一处重复穿刺，容易导致标本溶血或有凝块，影响检测结果。

考点提示

采集静脉血标本的目的、实施及注意事项。

（二）动脉血标本采集法

◆ 护理评估

1. 评估与解释

（1）评估患者：①核对患者身份，如床号、住院号、姓名、性别、年龄和诊断。②全身情况，如病情、治疗情况、意识状态、心理反应及合作程度。③患者对标本采集的目的和操作方法的了解程度等。

（2）解释：标本采集的目的、方法及注意事项。

2. 评估环境　同静脉血标本采集法。

◘ **护理诊断**

同静脉血标本采集法。

◘ **护理计划**

1. 目的　常用于动脉血气分析，判断患者氧合情况，为治疗提供依据。

2. 准备

（1）护士准备：衣帽整洁，修剪指甲，洗手，戴口罩。

（2）用物准备：①治疗车上层备治疗盘，治疗盘内置动脉血气针或一次性注射器（肝素液1∶500）、2%碘酊、75%乙醇、棉签、无菌手套、无菌纱布、无菌软木塞或橡胶塞等。治疗盘外置手消毒液。②治疗车下层备医用垃圾桶、生活垃圾桶。

（3）患者准备：采血局部皮肤清洁，明确采血目的和注意事项。

◘ **护理实施**

动脉血标本采集实施，见表18-2。

表18-2　动脉血标本采集实施

护理实施	流程简释	要点说明
备物、核对	（1）核对检验单，按要求在一次性注射器或动脉血气针外贴上标签，注明科室、床号、姓名、性别、检验目的及送检日期 （2）携用物至患者床旁，核对患者床号、姓名、住院号，做好解释，安置合适体位	• 严格查对，耐心解释，取得合作
选择血管	（1）选择穿刺动脉，充分暴露穿刺部位 （2）常规消毒皮肤，以动脉搏动最明显处为穿刺点，由内向外，直径8~10 cm，常规消毒操作者左手示指和中指或戴无菌手套	• 通常选择桡动脉或股动脉
穿刺采血	（1）核对患者身份 （2）用左手示指和中指触及动脉搏动最明显处并固定动脉于两指间，右手持注射器在两指间垂直刺入动脉或与动脉走行呈40°刺入，见有鲜红色血液涌进注射器，即以右手固定穿刺针的方向和深度，左手抽取血液至所需量	
拔针、按压	采血完毕，迅速拔出针头，局部用无菌纱布加压止血5~10 min，直至不出血为止，必要时使用沙袋压迫止血	• 防止血肿
隔绝空气	针头拔出后，立即刺入软木塞或橡胶塞，以隔绝空气，并轻轻搓动注射器使血液与肝素混匀	• 防止标本凝固
再次核对	操作中再次核对患者身份，检查项目	• 防止差错
整理用物	协助患者取舒适体位，为患者整理衣物、床单位	
垃圾处理	垃圾分类处理，接触过患者的用物放入医用垃圾桶，未接触患者用物放入生活垃圾桶	
洗手、记录	（1）取适量手消毒液，洗手，脱口罩 （2）告知相关注意事项，感谢患者合作 （3）记录采血时间，签名	
及时送检	将动脉血标本连同检验单及时送检	

◘ **护理评价**

同静脉血标本采集法。

◘ **注意事项**

1. 严格执行查对制度，遵守无菌操作原则。

2. 桡动脉穿刺点为前臂掌侧腕关节 2 cm、动脉搏动明显处。股动脉穿刺点在腹股沟股动脉搏动明显处。新生儿宜选择桡动脉穿刺，因股动脉穿刺垂直进针时易伤及髋关节。

3. 如选择一般注射器采血，先抽吸肝素 0.5 ml，湿润注射器管腔后弃去余液，以防血液凝固。

4. 血气分析标本必须与空气隔绝，立即送检。

5. 有出血倾向者慎用动脉穿刺法采集动脉血标本。

6. 血气分析采血量一般为 0.5~1 ml。

（三）毛细血管采血法

◉ 护理评估

1. 评估与解释

（1）评估患者：①核对患者身份，如床号、住院号、姓名、性别、年龄和诊断。②全身情况，如病情、治疗情况、意识状态、心理反应及合作程度。③患者对毛细血管血标本采集的目的和操作方法的了解程度等。

（2）解释：毛细血管采血法的目的、方法及注意事项。

2. 评估环境　同静脉血标本采集法。

◉ 护理诊断

同静脉血标本采集法。

◉ 护理计划

1. 目的　常用于血常规检查，为疾病的诊断和治疗提供依据。

2. 准备

（1）护士准备：衣帽整洁，修剪指甲，洗手，戴口罩。

（2）用物准备：①治疗车上层备治疗盘，治疗盘内置三棱针或专用"采血针"、微量定量吸管、标本容器、75% 乙醇、棉签、无菌手套等。治疗盘外置手消毒液。②治疗车下层备医用垃圾桶、生活垃圾桶。

（3）患者准备：采血局部皮肤清洁，患者明确采血目的和注意事项。

◉ 护理实施

毛细血管采血法实施，见表 18-3。

表 18-3　毛细血管采血法实施

护理实施	流程简释	要点说明
备物、核对	（1）核对检验单，按要求在标本容器外贴上标签，注明科室、床号、姓名、性别、检验目的及送检日期	
	（2）携用物至患者床旁，核对患者床号、姓名、住院号，做好解释，安置合适体位	• 防止差错
选择部位	选择采血部位，用手指按摩采血部位，使之自然充血	• 通常选择中指或环指指尖
消毒皮肤	用蘸取 75% 乙醇的棉签消毒皮肤，待干	
穿刺采血	用左手拇指和示指固定采血部位，右手持消毒刺针，自指尖腹侧迅速刺入 2~3 mm，立即出针，让血液自然流出，用无菌棉签拭去第一滴血后，按需要依次采血	
棉签按压	采血完毕，用无菌棉签按压至不出血为止	
再次核对	再次核对患者身份，检查项目	• 防止差错
整理用物	协助患者取舒适体位，为患者整理衣物、床单位	

续表

护理实施	流程简释	要点说明
垃圾处理	垃圾分类处理，接触过患者的用物放入医用垃圾桶，未接触患者的用物放入生活垃圾桶	
洗手、记录	（1）取适量手消毒液，洗手，脱口罩 （2）告知相关注意事项，感谢患者合作 （3）记录采血时间，签名	
及时送检	将标本连同检验单及时送检	

⊃ 护理评价

同静脉血标本采集法。

⊃ 注意事项

1. 选择的采血部位不能有冻疮、发绀、水肿、炎症等。
2. 皮肤消毒后，一定要待乙醇挥发干燥后采血，否则流出的血会四处扩散而不成滴。
3. 为避免交叉感染，需用一次性使用无菌采血针，并严格实行一人一针。
4. 如穿刺后血液不易流出，可在穿刺部位远端稍加压力或重新穿刺。切忌用力挤压，以免混入大量组织液，使血液稀释，影响检验结果，且血液更易凝固。
5. 进行多项检查时，采取标本的顺序为血小板计数、红细胞计数、血红蛋白测定、白细胞计数等。出血时间测定需另外选择穿刺部位，凝血时间另行测定。

二、尿标本采集法

尿液的组成和性状不仅与泌尿系统疾病直接相关，还受机体各系统功能状态的影响，反映了机体的代谢状况。临床上常采集尿标本做物理、化学、细菌学等检查，以了解病情、协助诊断或观察疗效。

尿标本分为三种：尿常规标本、尿培养标本及12h或24h尿标本。

⊃ 护理评估

1. 评估与解释

（1）评估患者：①核对患者身份，如床号、住院号、姓名、性别、年龄和诊断。②全身情况，如病情、治疗情况、意识状态、患者的排尿情况、心理反应及合作程度。③患者对尿标本采集的目的和操作方法的了解程度等。

（2）解释：尿标本采集的目的、方法及注意事项。

2. 评估环境　环境整洁、舒适，室温适宜，有屏风或床帘遮挡。

⊃ 护理诊断

同静脉血标本采集法。

⊃ 护理计划

1. 目的

（1）尿常规标本：检查尿液的颜色、透明度、尿比重，做尿蛋白及尿糖定性检测，检查有无细胞及管型等。

（2）尿培养标本：取未被污染的尿液做细菌学检查。

（3）12h或24h尿标本：用于各种尿生化检查，如钠、钾、氯、17-羟类固醇、肌酐、肌酸及尿糖定量检查或尿浓缩查结核分枝杆菌等。

2. 准备

（1）护士准备：衣帽整洁，修剪指甲，洗手，戴口罩。

（2）用物准备

1）治疗车上层：①尿常规标本，备容量在 100 ml 以上的清洁玻璃瓶（或一次性尿杯）。②尿培养标本，备有盖无菌培养试管、无菌纱布、无菌棉签、长柄试管夹、便盆、酒精灯、火柴、无菌手套、导尿包（必要时备）、消毒外阴用物。③ 12 h 或 24 h 尿标本，备容量在 3000 ml 以上的清洁带盖的大口容器、防腐剂。

2）治疗车下层：医用垃圾桶、生活垃圾桶。

（3）患者准备：了解尿标本采集的目的、方法及注意事项。

◆ 护理实施

尿标本采集实施，见表 18-4。

表 18-4 尿标本采集实施

护理实施	流程简释	要点说明
备物、核对	（1）查对医嘱，在检验单副联上注明科别、住院号、床号、姓名。根据检验的目的选择适当容器，将副联贴于容器上 （2）携用物至患者床旁，核对患者床号、姓名、住院号，向患者解释采集尿标本的目的和方法，取得配合	• 防止发生差错
收集标本		
▲尿常规标本	（1）对能自理的患者，给予标本容器，嘱其将晨起第一次尿留于容器内，除测定尿比重需留 100 ml 以外，其余检验留取 30～50 ml 即可 （2）对行动不便的患者，协助患者在床上使用便器或尿壶，然后收集尿液于标本容器中	• 晨尿浓度较高，不受饮食的影响，所以检验结果较准确
▲尿培养标本	（1）中段尿留取法：用屏风遮挡，协助患者取适宜的卧位，放好便器，按导尿术清洁、消毒外阴。嘱患者排尿，弃去前段尿，用试管夹夹住试管于酒精灯上消毒管口后，接取中段尿 5～10 ml。再次消毒试管口和盖子，快速盖紧试管，熄灭酒精灯。清洁外阴，协助患者穿好裤子 （2）导尿术留取法：导尿后，留取标本 5～10 ml	• 以屏风遮挡，保护患者隐私 • 卫生纸勿丢入便器内，防止外阴部细菌污染标本，消毒从上至下，一次一个棉球
▲ 12 h 或 24 h 尿标本	（1）留取 12 h 尿标本：嘱患者于 19：00 排空膀胱后，开始留取尿液，至次晨 7：00 留取最后一次尿液 （2）留取 24 h 尿标本：嘱患者于 7：00 排空膀胱后，开始留取尿液，至次晨 7：00 留取最后一次尿液 （3）请患者将尿液先排在便器或尿壶内，然后再倒入集尿瓶内，留取最后一次尿液后，将 12 h 或 24 h 的全部尿液盛于集尿瓶内，测总量 （4）根据检验要求的不同加入相应防腐剂	• 必须在医嘱规定的时间内留取，不可多于或少于 12 h 或 24 h，以得到正确的检验结果
再次核对	操作后再次核对患者身份，检查项目	• 防止差错
整理用物	协助患者取舒适体位，为患者整理衣物、床单位	

续表

护理实施	流程简释	要点说明
垃圾处理	垃圾分类处理，接触过患者的用物放入医用垃圾桶，未接触患者的用物放入生活垃圾桶	
洗手、记录	（1）取适量手消毒液，洗手，脱口罩 （2）告知相关注意事项，感谢患者合作 （3）记录标本采集时间，签名	
标本送检	将标本连同化验单及时送检	

常用防腐剂的种类及用法，见表18-5。

表18-5 常用防腐剂的种类及用法

名称	作用	用法	临床应用
甲醛	防腐和固定尿中有机成分	每100 ml尿液加400 mg/L甲醛0.5 ml	• 艾迪计数（12 h尿细胞计数）等
浓盐酸	保持尿液在酸性环境中，防止尿中激素被氧化，防腐	24 h尿液中加入10 ml浓盐酸	• 内分泌系统的检查，如17-酮类固醇、17-羟类固醇等
甲苯	保持尿液中化学成分不变，防止细菌污染	第一次尿倒入后，每100 ml尿液中加甲苯0.5 ml（甲苯浓度为5～20 ml/L），使其形成薄膜覆盖于尿液表面，防止细菌污染。如测定尿中钠、钾、氯、肌酐、肌酸等，则需加10 ml甲苯	• 尿蛋白定量、尿糖定量检查

◐ **护理评价**

1. 严格执行查对制度，尿标本采集方法正确、规范。
2. 采集的尿标本符合检查项目要求，患者未发生尿路感染。
3. 充分体现以人为本的护理服务理念，护患沟通有效，患者愿意配合。

◐ **注意事项**

1. 女性患者月经期不宜留取尿标本。
2. 会阴部分泌物过多时，应先清洁或冲洗，再留取尿标本。
3. 留取尿培养标本时，应严格执行无菌操作，防止标本污染，影响检验结果。
4. 留取12 h或24 h尿标本，集尿瓶应放在阴凉处，根据检验项目要求在瓶内加防腐剂，防腐剂应在患者留尿液后加入，不可将便纸等混入。

 考点提示

做尿肌酐、肌酸测定时应收集的尿标本。

三、粪便标本采集法

粪便由已经消化的和消化不全的食物残渣、消化道分泌物、大量细菌以及水分组成。通过对粪便标本的检验，可以了解消化道有无炎症、出血、寄生虫感染、恶性肿瘤等病变，还可根据粪便的性状和组成评估消化功能。粪便标本分为常规标本、培养标本、寄生虫及虫卵标本、隐血标本4种。

护理评估

1. 评估与解释

(1) 评估患者：①核对患者身份，如床号、住院号、姓名、性别、年龄和诊断。②全身情况，如病情、意识状态、治疗情况、排便情况、心理反应及合作程度。③患者对标本采集的目的和操作方法的了解程度等。

(2) 解释：粪便标本采集的目的、方法及注意事项。

2. 评估环境　环境整洁、舒适，光线明亮，室温适宜，有屏风或床帘遮挡。

护理诊断

同静脉血标本采集法。

护理计划

1. 目的

(1) 常规标本：用于检查粪便的一般性状、代谢物及寄生虫等。

(2) 寄生虫及虫卵标本：用于检查粪便中寄生虫、成虫、幼虫及虫卵。

(3) 培养标本：用于检查粪便中的致病菌。

(4) 隐血标本：用于检查粪便中是否存在肉眼不能观察到的微量血液。

2. 准备

(1) 护士准备：衣帽整洁，修剪指甲，洗手，戴口罩。

(2) 用物准备

1) 治疗车上层：备治疗盘。治疗盘内置：①常规标本，备标本容器（如蜡纸盒、塑料盒、便盆），竹签。②培养标本，备培养试管或无菌蜡纸盒、无菌长棉签、消毒便盆、无菌生理盐水。③寄生虫及虫卵标本，备带盖容器或便盆、竹签、透明胶带及载玻片（查找蛲虫）。

2) 治疗车下层：备医用垃圾桶、生活垃圾桶。

(3) 患者准备：了解采集粪便标本的目的、方法及注意事项，能主动配合。

护理实施

粪便标本采集实施，见表18-6。

表18-6　粪便标本采集实施

护理实施	流程简释	要点说明
备物、核对	(1) 查对医嘱，贴检验单副联于标本容器（培养瓶）上，注明科室、床号、姓名、性别、住院号及检查项目 (2) 携用物至患者床旁，核对床号、姓名、住院号，指导患者配合的方法，取得患者合作	• 防止差错
采集标本		
▲常规标本	用屏风遮挡，嘱患者排空膀胱，然后排便于清洁便盆内，用竹签取粪便中央部分或黏液、脓血部分约5g，置于标本容器内送检	• 为保证检验结果准确，尽量多处取标本，以提高检验阳性率
▲隐血标本	同常规标本采集	
▲培养标本	嘱患者排便于消毒便盆内，用无菌棉签取中央部分粪便或黏液、脓血部分2～5g，置于培养瓶内，盖紧瓶塞	
▲寄生虫及虫卵标本	(1) 检查寄生虫：嘱患者排便于便盆内，用竹签取不同部位脓血黏液部分5～10g，置于标本容器内送检 (2) 检查蛲虫：嘱患者睡前或清晨未起床前，将透明胶带粘于肛门周围处取下，并将已粘有虫卵的透明胶带面贴在载玻片上或将透明胶带对合，立即送检验室做显微镜检查	• 蛲虫常在午夜或清晨爬到肛门处产卵

续表

护理实施	流程简释	要点说明
	（3）检查阿米巴原虫：将便器加温至接近人体的体温，排便后标本连同便盆立即送检（因阿米巴原虫在低温的环境下失去活力而难以查到，应及时送检，防止阿米巴原虫死亡）	• 保持阿米巴原虫的活动状态
再次核对	操作后再次核对患者身份、检查项目	• 防止差错
整理用物	协助患者取舒适体位，为患者整理衣物、床单位	
垃圾处理	垃圾分类处理，接触过患者的用物放入医用垃圾桶，未接触患者的用物放入生活垃圾桶	
洗手、记录	（1）取适量手消毒液，洗手，脱口罩 （2）告知相关注意事项，感谢患者合作 （3）记录标本采集时间，粪便的形状、颜色、气味等，签名	
标本送检	将标本连同化验单及时送检	

⊃ 护理评价

1. 严格执行查对制度，粪便标本采集方法正确、规范。
2. 采集的粪便标本符合检查项目要求，患者未发生异常及不适。
3. 充分体现以人为本的护理服务理念，护患沟通有效，患者愿意配合。

⊃ 注意事项

1. 采集标本时，如患者无便意，用长棉签蘸 0.9% 氯化钠溶液，由肛门插入 4～5 cm（幼儿 2～3 cm），顺一个方向轻轻旋转后退出，将棉签置于无菌培养瓶内，盖紧瓶盖。
2. 采集隐血标本时，嘱患者检查前 3 日禁食肉类、动物肝、血和含铁丰富的药物及食物，3 日后采集标本，以免造成假阳性。
3. 采集寄生虫标本时，如患者服用驱虫药或做血吸虫孵化检查，应该留取全部粪便。
4. 查阿米巴原虫时，在收集标本前几日不可给患者服用钡剂、油剂、含金属的泻剂等，以免影响阿米巴虫卵或孢囊显露。
5. 患者腹泻时的水样便应盛于容器中送检。

 考点提示

阿米巴痢疾患者留取粪便标本的容器。

⊃ 案例分析

 案例 18-2

患者，女性，33 岁。患者诉近日咳嗽、发热、疲乏、消瘦。体格检查：T 38.5 ℃，R 22 次 / 分，痰结核分枝杆菌检查（+）。初步诊断：肺结核。医嘱：查痰常规标本、24 h 痰标本、培养标本。

问题与思考：

1. 如何为该患者采集标本？
2. 采集标本时应注意哪些事项？

四、痰标本采集法

痰液是呼吸系统（包括肺泡、气管、支气管等）产生的分泌物。在正常情况下，呼吸道分泌物很少，不引起咳嗽和咳痰。当呼吸系统发生病变时，呼吸道黏膜受刺激，分泌物增多，可有痰液咳出。痰液的颜色、气味、量等性质对疾病的诊断和指导用药具有重要意义，而痰标本质量直接影响检验结果。因此，护理人员应掌握痰标本的采集方法，从而保证痰标本检验结果的准确性。

痰标本包括痰常规标本、24 h 痰标本、痰培养标本。

➲ 护理评估

1. 评估与解释

（1）评估患者：①核对患者身份，如床号、住院号、姓名、性别、年龄和诊断。②全身情况，如病情、治疗情况、意识状态、心理反应及合作程度。③局部情况，如口腔黏膜及咽部情况，听诊肺部呼吸音、痰鸣音。④患者对痰标本采集的目的和操作方法的了解程度等。

（2）解释：痰标本采集的目的、方法及注意事项。

2. 评估环境　环境整洁、舒适，光线明亮。

➲ 护理诊断

1. 体温过高　与结核分枝杆菌感染有关。
2. 营养失调（低于机体需要量）　与结核菌毒素导致机体消耗增加和营养摄入减少有关。
3. 知识缺乏　缺乏疾病相关知识。

➲ 护理计划

1. 目的

（1）痰常规标本：用于检查细菌、虫卵或癌细胞等（如涂片查革兰氏阳性菌、肺吸虫卵或癌细胞）。

（2）24 h 痰标本：用于检查 1 日的痰量，观察痰液的性状，以协助诊断。

（3）痰培养标本：用于检查痰液中的致病菌，为用药（尤其是抗生素的应用）提供依据。

2. 准备

（1）护士准备：衣帽整洁，修剪指甲，洗手，戴口罩。

（2）用物准备

1）治疗车上层：备治疗盘。治疗盘内置：①痰常规标本，备清洁痰杯。②痰培养标本，备无菌集痰器、漱口液 200 ml，必要时备吸痰用物。③24 h 痰标本，备容量约 500 ml 的清洁广口集痰器。

2）治疗车下层：医用垃圾桶、生活垃圾桶。

（3）患者准备：了解采集痰标本的目的、方法，协助配合。

➲ 护理实施

痰标本采集实施，见表 18-7。

表 18-7　痰标本采集实施

护理实施	流程简释	要点说明
备物、核对	（1）查对医嘱，选择容器并检查有无破损，贴检验单副联于痰杯（集痰器）上，注明科室、病室、床号、姓名 （2）携用物至患者床旁，核对患者的床号、姓名、住院号、检验项目	• 防止差错 • 确认患者，取得合作
收集标本		
▲痰常规标本	（1）能自行咳痰者：晨起漱口，嘱患者深呼吸数次后用力咳出气管深处的痰液，置于无菌痰盒中	• 用清水漱口，去除口腔中杂菌

护理实施	流程简释	要点说明
	（2）无力咳痰或不合作者：取合适体位，叩击胸背部，如痰液黏稠不易咳出，可配合雾化吸入等方法，然后将集痰器分别连接吸引器和吸痰管吸痰，按吸痰法吸入 2~5 ml 痰液于集痰器中	• 集痰器开口高的一端连接吸引器，开口低的一端连接吸痰管
▲痰培养标本	（1）能自行咳痰者：晨起先用朵贝尔溶液漱口，去除细菌，再用清水漱口，深呼吸数次后用力咳出气管深处的痰液，置于无菌集痰器中	• 无菌操作，防止污染
	（2）无力咳痰者或不合作者：同痰常规标本采集，用无菌集痰器收集	• 物品均需无菌
▲24 h 痰标本	晨起漱口后，嘱患者从当日（7：00）第一口痰至次晨（7：00）第一口痰止，将 24 h 痰液全部收集在清洁广口集痰器内	• 清洁广口集痰器内需加少量清水，贴好标签。由于时间较长，应做好交接班
再次核对	操作后再次核对患者身份、检查项目	• 防止差错
整理用物	协助患者取舒适体位，为患者整理衣物、床单位	
垃圾处理	垃圾分类处理，接触过患者的用物放入医用垃圾桶，未接触患者的用物放入生活垃圾桶	• 防止交叉感染
洗手、记录	（1）取适量手消毒液，洗手，脱口罩 （2）告知相关注意事项，感谢患者合作 （3）记录标本采集时间、痰液的外观和性状，24 h 痰标本应记录总量	
及时送检	将化验单标签贴于标本盒上，连同化验单立即送检	

○ 护理评价

1. 严格执行查对制度，痰标本采集方法正确、规范。
2. 采集的痰标本符合检查项目要求，送检及时。患者未发生异常及不适。
3. 充分体现以人为本的护理服务理念，护患沟通有效，患者愿意配合。

○ 注意事项

1. 采集痰液的时间宜选择清晨，因为早晨痰量多，痰内细菌较多，可提高检验阳性率。
2. 采集痰标本的容器宜清洁，如为痰培养标本，应选择无菌容器并严格无菌操作。如查癌细胞，应用 95% 乙醇或 10% 甲醛固定痰液后立即送检。
3. 如患者切口疼痛无法咳嗽，可适当压迫切口，减轻切口张力，减少咳嗽时的疼痛。如痰液不易咳出，可雾化吸入，以湿化痰液。
4. 不可将唾液、漱口水、鼻涕等混入痰液中。
5. 测定 24 h 痰量和分层检查时，应嘱患者将痰吐在无色广口集痰器内，必要时可加少许苯酚，以防腐。

  考点提示

痰标本采集的目的、实施及注意事项。

五、咽拭子标本采集法

⊃ 护理评估

1. 评估与解释

（1）评估患者：①核对患者身份，如床号、住院号、姓名、性别、年龄和诊断。②全身情况，如病情、治疗情况、意识状态、心理反应及合作程度。③局部情况，如口腔、咽喉部有无溃疡、感染。④患者对咽拭子标本采集的目的和操作方法的了解程度等。

（2）解释：咽拭子标本采集的目的、方法及注意事项。

2. 评估环境　环境整洁，温度及湿度适宜，光线明亮。

⊃ 护理诊断

1. 口腔黏膜受损　与口腔感染有关。
2. 疼痛　与口腔黏膜溃疡有关。

⊃ 护理计划

1. 目的　从咽部及扁桃体取分泌物做细菌培养或病毒分离，以协助诊断、治疗及护理。
2. 准备

（1）护士准备：衣帽整洁，修剪指甲，洗手，戴口罩。

（2）用物准备：①治疗车上层备治疗盘，治疗盘内置无菌咽拭子试管、酒精灯、火柴、压舌板、无菌生理盐水、无菌手套、手电筒、化验单等。②治疗车下层备医用垃圾桶、生活垃圾桶。

（3）患者准备：了解采集咽拭子标本的目的、方法，愿意配合。

⊃ 护理实施

咽拭子标本采集实施，见表 18-8。

表 18-8　咽拭子标本采集实施

护理实施	流程简释	要点说明
备物、核对	（1）查对医嘱，检查试管有无破损，试管外贴标签，注明科室、床号、姓名、性别、检验目的	
	（2）携用物至患者床旁，核对患者床号、姓名、住院号，向患者解释操作目的及配合方法	• 确认患者，取得合作
采集标本	（3）点燃酒精灯，嘱患者张口发"啊"音，充分暴露咽喉部，用培养管内长棉签蘸无菌生理盐水擦拭两侧腭弓、咽部以及扁桃体上分泌物，在酒精灯火焰上消毒试管口，将棉签插入试管中，塞紧	• 必要时用压舌板轻压舌部，动作敏捷而轻柔
再次核对	操作后再次核对床号、姓名、检查项目	• 防止差错
整理用物	协助患者取舒适体位，为患者整理衣物、床单位	
垃圾处理	垃圾分类处理，接触过患者的用物放入医用垃圾桶，未接触患者的用物放入生活垃圾桶	
洗手、记录	（1）取适量手消毒液，洗手，脱口罩	• 防止交叉感染
	（2）告知相关注意事项，感谢患者合作	
	（3）记录标本采集时间，签名	
及时送检	将化验单标签贴于标本盒上，连同化验单立即送检	

⊃ 护理评价

1. 严格执行查对制度，咽拭子标本采集方法正确、规范。
2. 采集的咽拭子标本符合检查项目要求，患者未发生异常及不适。
3. 充分体现以人为本的护理服务理念，护患沟通有效，患者愿意配合。

⊃ 注意事项

1. 避免交叉感染。
2. 做真菌培养时，需在口腔溃疡面上采集分泌物。
3. 注意棉签不要触及其他部位，防止污染标本，影响检验结果。
4. 避免在进食后 2 h 内留取标本，以防呕吐。

 考点提示

做真菌培养时，需在口腔溃疡面上采集分泌物。

六、呕吐物标本采集法

留取呕吐物标本可用于观察呕吐物的性质、颜色、气味，记录呕吐次数及数量，以协助诊断，也可明确中毒患者毒物的性质和种类。

在患者呕吐时（或中毒患者洗胃时），用弯盘或痰杯接取呕吐物后，在容器外贴好标签，立即送检。

自 测 题

一、选择题

1. 不符合标本采集原则的是
   A. 按医嘱送检各种标本　　　　　　B. 采集前重新认真核对
   C. 常规注明采集时间　　　　　　　D. 培养标本需放无菌容器中
   E. 掌握正确的采集方法
2. 血培养标本一般的取血量为
   A. 2 ml　　　　　　B. 4 ml　　　　　　C. 5 ml
   D. 8 ml　　　　　　E. 10 ml
3. 尿标本中加防腐剂浓盐酸，是用于
   A. 尿蛋白定量　　　　　　　　　　B. 尿糖定性
   C. 尿浓缩查结核杆菌　　　　　　　D. 尿 17- 羟类固醇检查
   E. 尿细胞计数
4. 李先生，62 岁。近 3 个月来，无明显原因体重下降 7 kg，出现刺激性咳嗽，持续痰中带血。既往有吸烟史 30 余年，怀疑支气管肺癌。需取痰查癌细胞确定诊断。用于固定痰内癌细胞的溶液应选用
   A. 1% 过氧乙酸　　　B. 浓盐酸　　　　　C. 10% 甲醛
   D. 50% 乙醇　　　　　E. 3% 含氯石灰
5. 王某，32 岁，糖尿病肾病入院，留 24 h 尿标本做蛋白定量检查，总尿量为 2000 ml，应在标本中加入

A. 甲醛 5～10 ml　　　B. 稀盐酸 5～10 ml　　　C. 浓盐酸 5～10 ml
D. 甲苯 40 ml　　　　E. 甲醛 200 ml

6. 李某，女性，13 岁，怀疑为亚急性细菌性心内膜炎，需采集标本做血培养时，取血量为
A. 1～3 ml　　　　B. 2～5 ml　　　　C. 5～10 ml
D. 10～15 ml　　　E. 15～18 ml

(7～9 题共用题干)

李某，2 年前确诊为心绞痛，今日午后无明显诱因出现心前区疼痛，疼痛剧烈，服用硝酸甘油后不能缓解，急诊入院，医嘱要求查 CPK

7. 应何时取血
A. 服药后 2 h　　　B. 即刻　　　　C. 晚饭前
D. 睡前　　　　　　E. 晨起空腹

8. 取血标本时，以下措施不正确的是
A. 取血后回抽注射器活塞，防止血液凝固堵塞针头
B. 采集后直接沿管壁注入干燥试管内
C. 不可将泡沫注入试管内，防止溶血
D. 标本应避免振荡，防止溶血
E. 不可自输液肢体同侧取血

9. 血标本的试管外应贴标签，标签上应注明的内容不包括
A. 床号　　　　　B. 姓名　　　　C. 科室
D. 取血量　　　　E. 送检目的

二、简答题

1. 简述标本采集的原则。
2. 简述采集尿标本常用的防腐剂及用法。

三、案例分析

患者，男性，50 岁。将在硬膜外麻醉下行胆囊切除术，为预防术中失血，医生开出医嘱做血型鉴定。护士遵医嘱为患者抽取血标本并送检，后接检验科通知其血标本发生溶血，需重新采集。

问题与思考：
1. 采集血标本时应如何防止溶血？
2. 为患者采集标本时应注意哪些事项？

(沈　艳)

第十九章 危重患者的护理及抢救技术

第十九章数字资源

思 维 导 图

危重患者的护理及抢救技术
- 危重患者的支持性护理
  - 病情评估
    - 评估的方法
    - 评估的内容
  - 支持性护理
    - 密切观察病情并记录
    - 保持呼吸道通畅
    - 确保安全
    - 加强基础护理
    - 补充营养和水分
    - 维持排泄功能
    - 保持引流管通畅
    - 心理护理
- 危重患者常用的抢救方法
  - 抢救室的组织管理
    - 抢救工作的组织管理
    - 抢救设备的管理
  - 心肺复苏术
    - 概述
    - 原因及临床表现
    - 操作方法
  - 洗胃
    - 概念
    - 常用灌洗溶液及禁忌药物
    - 操作方法
  - 清除呼吸道分泌物
    - 有效咳嗽
    - 叩击
    - 体位引流
    - 吸痰法
  - 氧气吸入法
    - 缺氧分类
    - 缺氧程度
    - 氧流量和氧浓度
    - 供氧装置
  - 人工呼吸器的使用
    - 概念
    - 操作方法

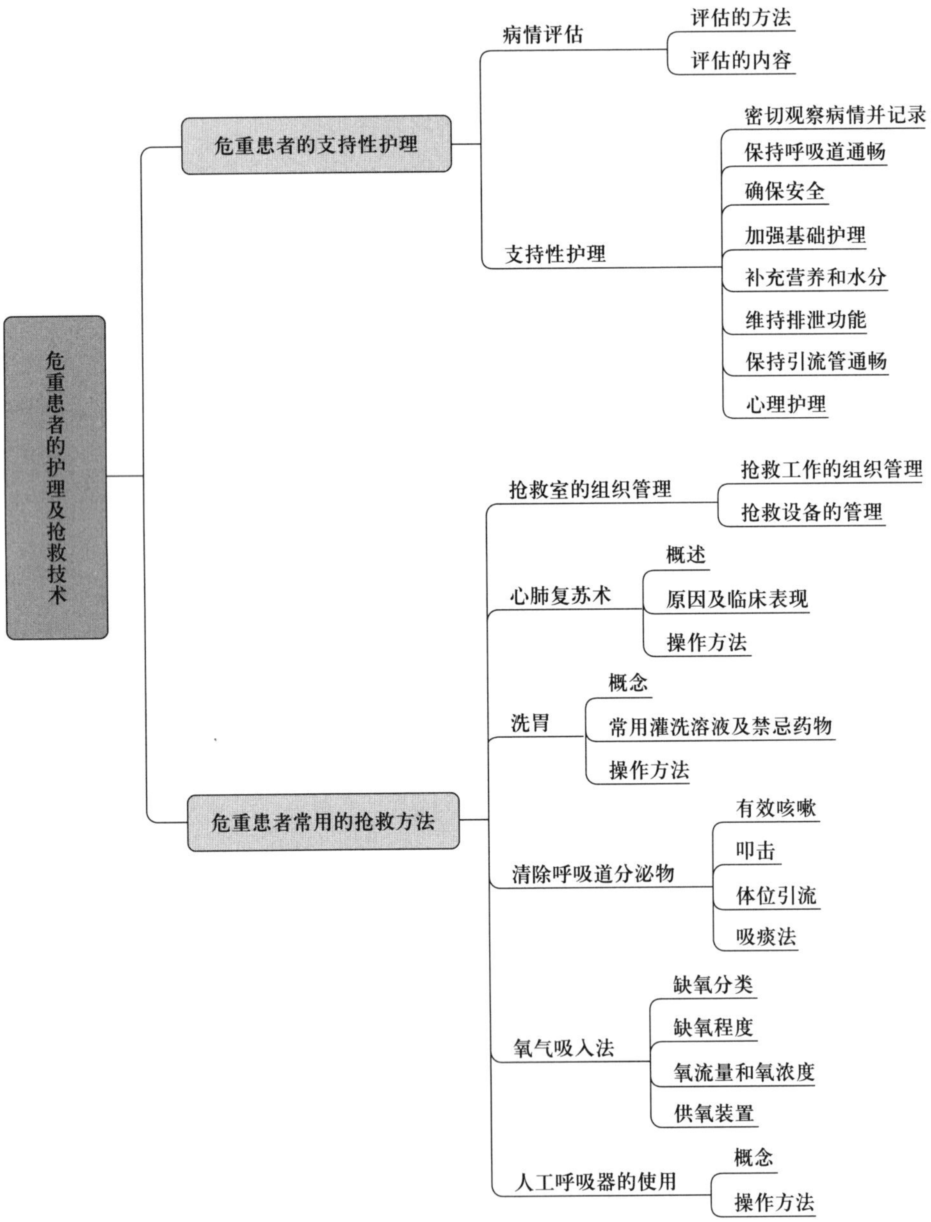

第十九章　危重患者的护理及抢救技术

> **学习目标**
> 1. 描述病情观察的内容及方法、洗胃的注意事项。
> 2. 解释下列概念：意识状态、意识障碍、轻度昏迷、深度昏迷、洗胃、心肺复苏。
> 3. 说出洗胃的目的及注意事项；心肺复苏的注意事项；简易呼吸器的操作要点。
> 4. 识别意识障碍的种类；心搏骤停的临床表现。
> 5. 能够正确使用格拉斯哥昏迷评分表对患者进行分级。
> 6. 能够正确实施心肺复苏术、洗胃法、吸痰法、氧气吸入法、简易人工呼吸器的操作。
> 7. 养成良好的职业素养和慎独修养，具有以人为本的护理服务理念及严肃、认真的工作态度。

危重患者是指病情严重、复杂、变化快，随时可能发生生命危险的患者。护理和抢救危重患者的过程中，要求护士必须及时、准确地观察患者的病情变化并做出有效的判断，熟练地掌握各种抢救技术，熟悉抢救的基本流程和组织管理，注重与医疗团队的配合，保证抢救工作顺利进行。

第一节　危重患者的护理

> **案例 19-1**
>
> 患者，男性，50 岁。诊断为左侧硬膜下血肿、脑挫裂伤入院。入科时患者神志清楚，双侧瞳孔等大、等圆，直径 2.5 mm，对光反应灵敏，体温 37 ℃，脉搏 78 次/分，呼吸 16 次/分，血压 110/89 mmHg。次日晨，患者突然出现头痛加重，继而出现喷射性呕吐，意识由清醒转为模糊，测瞳孔直径左侧增大为 5.0 mm，对光反应消失，视神经乳头明显水肿，右侧瞳孔正常，右侧肢体活动障碍，测血压 130/80 mmHg，脉搏 58 次/分，呼吸 10 次/分。
>
> **问题与思考：**
> 1. 该患者出现什么病情变化？依据是什么？
> 2. 护士应如何给患者实施支持性护理？
> 3. 如何早期发现病情？

病情观察是危重患者护理的重要内容之一。细致、全面地评估患者病情，能够及时发现危重患者的病情变化，有利于保证患者的安全。

一、危重患者的病情评估

（一）病情评估的方法

病情观察（observation of disease）是医务人员运用视、触、叩、听、嗅等方法及辅助工具来收集患者信息的过程。观察病情要做到"五勤"，即勤巡视、勤观察、勤询问、勤思考、勤记录。

1. 视觉观察　通过视觉观察，了解患者的营养状况、意识状态、姿势、体位、肢体活动度、皮肤和黏膜的完整性及颜色、分泌物和排泄物的性状及颜色等信息，可以全面地观察患者全身或局部状态。

2. 听觉观察　通过耳直接听取患者身体各个部位发出的声音（如咳嗽声等），也可借助听诊器或其他仪器听取患者身体各个部分发出的声音（如患者的心音、肠鸣音等）。

3. 触觉观察　通过手的感觉来感知患者身体某个部位有无异常，如感觉患者体表的温度、湿度，脏器的大小、形状、软硬度等。

4. 嗅觉观察　利用嗅觉来感知患者的各种气味，了解患者的健康状况，如患者皮肤、呼吸道、排泄物等的气味。

5. 叩诊　利用手指叩击或手掌拍击被检查部位体表，使之震动而产生音响，根据震动和音响的特点来了解被检查部位脏器的大小、形状、位置及软硬度等。

（二）病情评估的内容

1. 一般情况的评估

（1）面容与表情：疾病可引起患者情绪、面容和表情发生变化。观察患者的面部表情有助于了解病情。急性病容，患者表现为表情痛苦、面色潮红、呼吸急促、鼻翼扇动、烦躁不安等，见于急性感染性疾病（如急腹症、大叶性肺炎等）患者。慢性病容，患者表现为表情淡漠、面色苍白或灰暗、目光暗淡、消瘦无力等，见于慢性消耗性疾病（如结核、恶性肿瘤等）患者。贫血面容，患者表现为表情疲惫，乏力，面色苍白，唇、舌、甲床及结膜色淡，见于各种类型的贫血患者。甲亢面容，患者表现为面肌消瘦、眼裂增大、眼球突出，见于甲状腺功能亢进症患者。

（2）饮食与营养：合理的膳食是人体维持健康的重要基础，是治疗疾病、促进康复的重要措施，营养状态与食物的摄入、消化、吸收等息息相关，是判断健康状况的重要指标之一。

（3）皮肤与黏膜：某些全身性疾病可以引起皮肤及黏膜的变化，应注意观察皮肤及黏膜的颜色、温度、湿度、弹性，有无出血、水肿、皮疹等情况。如贫血患者口唇、甲床、结膜苍白，心源性水肿患者多见于下肢及身体下垂部位水肿，肾性水肿患者多见于晨起眼睑、颜面水肿。

（4）姿势与步态：姿势与步态受个体的年龄、健康状态、精神状态、骨骼及肌肉的发育情况等影响。患者因为疾病的原因，可以出现特殊的姿势和步态，如胃溃疡、胃肠道痉挛引起腹痛的患者常捧腹而行，破伤风患者出现角弓反张等。

（5）体位：患者的体位受疾病的影响，如极度虚弱或昏迷的患者不能自行调整肢体的位置，呈被动体位。

（6）休息与睡眠：休息是维持人体健康、促进组织修复、促进患者康复的重要条件，良好休息的先决条件是充足的睡眠。患者的休息方式和睡眠都受疾病的影响。

（7）呕吐物：呕吐是指胃内容物经口吐出体外的一种保护性的反射动作。呕吐可将胃内有害物质吐出，减轻中毒症状，具有保护性，但剧烈而频繁的呕吐可引起水、电解质代谢紊乱和酸碱平衡失调，不利于患者的健康。呕吐的方式，呕吐物的性状、颜色、量、气味都受疾病的影响。如颅内压增高患者呈喷射状呕吐；急性大出血患者呕吐物呈鲜红色；普通呕吐物呈酸味、胃内出血呕吐物呈碱味；呕吐物含有大量胆汁呈苦味；肠梗阻时，呕吐物呈粪臭味等。

（8）排泄物：详见第十五章排泄护理。

2. 生命体征的评估　详见第十三章生命体征的评估与护理。

3. 意识状态的评估　意识（consciousness）是大脑高级神经中枢功能活动的综合表现，是对环境的知觉状态。意识障碍（disturbance of consciousness）是指个体对外界环境刺激缺乏正常反应的一种精神状态。任何原因引起大脑功能活动异常时，均可引起不同程度的意识障碍。意识障碍由轻到重可分为嗜睡、意识模糊、昏睡、昏迷，也可出现谵妄。

（1）嗜睡（drowciness）：是最轻度的意识障碍，患者处于持续的睡眠状态。轻度刺激或语言刺激可唤醒，醒后能正确、简单而缓慢地回答问题，但反应迟钝，去除刺激后又很快入睡。

（2）意识模糊（confusion of consciousness）：意识障碍程度较嗜睡深。正常的外界刺激不能唤醒，强烈刺激可唤醒。患者表现为思维、语言不连贯，时间、地点、人物的定向力部分或完全发生障碍，可有错觉、幻觉、躁动不安或精神错乱。

（3）昏睡（lethargy）：意识障碍程度进一步加重，患者处于深睡眠状态，不易唤醒。在压迫眶上神经等强烈刺激下患者可被唤醒，醒后答话含糊或答非所问，停止刺激后又进入深睡眠状态。

（4）昏迷（coma）：是最严重的意识障碍，也是病情危重的信号。患者表现为意识持续中断或完全丧失。按程度轻重，昏迷可分为浅昏迷和深昏迷。

1）浅昏迷（shallow coma）：意识大部分丧失，无自主活动，对声、光刺激无反应，对疼痛刺激可有痛苦表情及躲避反应，瞳孔对光反应、角膜反射、吞咽反射、咳嗽反射等可存在，生命体征无明显改变，可有尿、便失禁或尿潴留。

2）深昏迷（deep coma）：意识完全丧失，全身肌肉松弛，对周围的事物及各种刺激均无反应，深、浅反射均消失，偶有深反射亢进及病理反射出现，血压可有下降，呼吸不规则，可有尿、便失禁或尿潴留，机体仅能维持呼吸和循环的最基本功能。

（5）谵妄：又称为急性脑综合征，表现为意识障碍、行为杂乱无章、没有目的、无法集中注意力，患者的认知功能下降，感觉及知觉异常，觉醒度改变，日夜颠倒，常见于老年患者。

 考点提示

意识障碍的种类及判断。

知识链接

意识障碍评定量表（GSC）

目前，世界上使用最广泛的意识障碍评定量表是1974年由苏格兰格拉斯哥大学神经科学研究所的蒂斯代尔（Teasdale）、詹尼特（Jennett）提出的格拉斯哥昏迷量表（Glasgow coma scale，GSC）。它包括睁眼、言语、运动3个子项目。睁眼反应分为4级，从不睁眼、疼痛引起睁眼、呼之睁眼到自动睁眼，分别赋予1~4分。语言反应，从不语、言语难辨、言语错乱、言语不当到言语正常，分别赋予1~5分。运动反应，从无反应、过伸反应、过屈反应、屈曲性反应、定位性反应到按吩咐反应，分别赋予1~6分。总分15分，14分以上为正常，7分以下为昏迷，3分以下为脑死亡或预后不良。

4. 瞳孔的评估 瞳孔的变化是许多疾病（尤其是颅脑疾病、药物中毒、昏迷等）病情变化的重要指征。对瞳孔的观察，应注意两侧瞳孔的形状、大小、对称性、边缘及对光反应。

（1）瞳孔的形状及边缘：正常瞳孔为圆形，边缘整齐，位置居中，两侧等大等圆。眼科疾病可引起瞳孔的形状改变，如青光眼患者瞳孔可呈椭圆形，虹膜粘连患者瞳孔呈不规则形。

（2）瞳孔的大小：在自然光线下，正常瞳孔直径为2~5 mm，瞳孔直径小于2 mm为瞳孔缩小，瞳孔直径小于1 mm为针尖样瞳孔。双侧瞳孔缩小见于虹膜炎症，有机磷农药、氯丙嗪、吗啡等中毒，单侧瞳孔缩小提示同侧小脑幕裂孔疝早期。瞳孔直径大于5 mm为瞳孔散大，双侧瞳孔散大见于颅内压增高、阿托品、颠茄类药物中毒及临终表现，单侧瞳孔散大提示同侧小脑幕裂孔疝的晚期。

（3）瞳孔的对称性：正常瞳孔两侧等大等圆。两侧瞳孔大小不等见于颅脑外伤、颅脑肿瘤。

（4）瞳孔对光反应：在正常情况下，光亮处瞳孔收缩，昏暗处瞳孔扩大，称为瞳孔对光反应灵敏。如瞳孔大小不随光线的强弱而变化，称为对光反应消失，见于深昏迷或危重患者。

5. 心理状态的评估　危重患者由于病情危重，随时可能发生生命危险，心理压力大，常会产生多种不良的心理反应。护士应注意观察患者是否出现记忆减退、反应迟钝、思维混乱等语言及非语言行为的异常，是否出现紧张、焦虑、抑郁、恐惧、猜疑、绝望等心理反应，给予相应的护理。

6. 自理能力的评估　患者因为患病产生了治疗性的自理需求，护士通过观察患者的活动能力及耐力、日常生活料理的能力（如进食、如厕、清洁等），了解患者的自理程度，分析患者疾病诊断和治疗过程中产生的自理需求。根据患者自理能力和自理需求的关系，采取相应的护理措施。

7. 特殊检查或治疗的评估

（1）特殊检查后的评估：在临床工作中，为了明确诊断，常需给患者进行一些特殊的检查，如胃镜、肠镜、冠状动脉造影等。护士应熟悉各项检查的目的、注意事项、常见的并发症及护理措施。检查后，护士应密切观察，如带有引流管的患者应注意观察引流管是否通畅，有无受压、扭曲、逆流等情况发生，观察引流液的颜色、性状及量。

（2）特殊治疗后的观察：危重患者经常会进行一些特殊的治疗，如吸氧、吸痰、输血、手术等，治疗后均应细致观察。如吸痰前后，应观察患者痰液及缺氧情况。吸氧前观察患者的缺氧程度、呼吸道是否通畅等。吸氧后观察缺氧程度有无改善。手术后观察切口有无渗血，血压的变化，切口的愈合情况等。

（3）特殊用药后的观察：护士不仅要准确地完成给药任务，还应注意观察药物疗效和不良反应。如高热患者在给予药物降温后，应注意观察用药后体温有无下降并做好记录。

二、危重患者的支持性护理

（一）密切观察病情并记录

及时、准确地观察及判断危重患者的病情变化是抢救危重患者的前提。护士需要全面、连续、系统地监测患者的病情变化，发现异常应及时向医生报告并配合处理。

（二）保持呼吸道通畅

保持呼吸道通畅是护理危重患者的关键措施之一。昏迷患者取侧卧位或仰卧位头偏向一侧，及时清理呕吐物及呼吸道分泌物，防止异物吸入气管造成窒息或引起吸入性肺炎。

（三）确保安全

危重患者因意识不清、极度虚弱或伴有谵妄、躁动不安，有坠床、自伤的危险，应合理地使用保护具，保证患者的安全。对牙关紧闭或抽搐的患者，可用牙垫或裹上数层纱布的压舌板放于上、下臼齿之间，以防舌咬伤；同时，减少环境因素对患者的刺激，如光线宜暗、控制噪声，避免引起患者抽搐。

（四）加强基础护理

1. 眼的护理　如眼部出现分泌物，应及时用湿棉球或纱布清理干净。对眼睑不能自行闭合的患者，可涂抗生素眼膏、覆盖生理盐水或凡士林纱布，防止因角膜干燥而导致结膜炎或角膜溃疡的发生。

2. 口腔护理　保持患者口腔清洁、湿润，每日做口腔护理2~3次，及时清理口腔分泌物，可预防口臭、口垢、口腔感染等并发症，增进患者的食欲。

3. 皮肤护理　危重患者因病情需要长期卧床，并且没有变换卧位的能力，有皮肤完整性受损的危险。对长期卧床的患者，应定时协助患者翻身，避免局部组织长期受压。按需擦洗、按摩，保持皮肤清洁、干燥，促进血液循环，预防压力性损伤的发生。

4. 肢体活动　危重患者因极度衰弱，活动能力下降，活动减少，容易出现肌萎缩或静脉血栓。长期卧床的患者，要保持关节处于功能位。如病情许可，应协助患者做肢体的被动运动、按摩，每日2~3次，以促进血液循环，增加肌肉张力，预防肌萎缩、关节强直、静脉血栓等并发症。

（五）补充营养和水分

应设法保证患者摄入足够的营养及水分，促进患者康复。对能够经口进食伴有自理缺陷的患者，应协助其进食或给予喂食。对胃肠道功能正常伴有不能经口进食的患者，可采用鼻饲法喂食。对不能经胃肠道摄入营养的患者，应给予静脉营养。对体液不足的患者，应补充足够的水分。

（六）维持排泄功能

协助危重患者维持正常的排泄功能。防止尿失禁、大便失禁或尿潴留的发生。

（七）保持引流管通畅

危重患者身上常被安置多种引流管，如胃管、尿管、输液管等。所有的导管都应妥善安置，防止扭曲、受压、堵塞、脱落，保持引流通畅，防止逆流。按时更换引流管及引流袋，防止并发症的发生。

（八）心理护理

护士应评估患者的心理状态，给予关心、同情、理解、尊重，恰当地利用语言及非语言的交流，满足患者的心理需求，保护患者的自尊，使患者以最佳的心理状态接受治疗和护理，尽快恢复健康。

第二节　危重患者常用的抢救方法

案例 19-2

患者，男性，56岁。急诊入院于21：50分左右突然昏迷，呼之不应，查体血压测不出，呼吸5次/分，大动脉搏动消失，呼吸深大、缓慢，口唇发绀，双侧瞳孔等大等圆，直径约2.0 mm，对光反射存在，双肺呼吸音低，心音消失。

问题与思考：
1. 请根据患者目前的状态，分析支持判断患者出现呼吸心搏骤停的临床资料是哪些？
2. 如果出现心搏骤停，应该实施怎样的急救措施？

一、抢救室的组织管理

（一）抢救工作的组织管理

有效的组织管理是抢救工作及时、准确、有效进行的基本保证。

1. 立即指定抢救负责人，组成抢救小组　抢救一般由科主任、护士长负责组织指挥，各级医务人员是抢救小组的成员。小组成员必须听从指挥，既要分工明确，又要密切配合。

2. 立刻制订抢救方案　根据患者的病情，立即制订抢救方案，保证及时、迅速地抢救患者。护士应参与抢救方案的制订，并根据患者的病情和抢救方案，制订有针对性的护理计划。

3. 医护密切配合进行抢救　在抢救过程中，医护密切配合，护士听从抢救小组负责人的统一安排，医护分工明确，护士负责抢救措施的有效实施，保证抢救工作及时、有效进行。

4. 做好查对工作　在抢救过程中，护士必须严格执行查对制度。执行口头医嘱时，必须向医生复述一遍，双方确认无误后方可执行。各种急救药物须经两人核对无误后方可使用。抢救完毕，及时请医生补写医嘱。抢救过程中的各种空安瓿、输液空瓶、输血空袋等应集中放置，以便抢救结束统计查对。

5. 做好抢救记录　抢救后，应及时做好记录，要求字迹清晰、及时、准确、简明扼要、内容完整，并且注明执行时间与执行者，记录应在抢救结束后 6 h 内完成。

（二）抢救设备的管理

急诊室和各科室均应设立抢救室，病房抢救室宜设在靠近护士站的单独房间内。抢救室应安静、整洁、宽敞明亮、设备齐全，一切物品严格执行"五定"制度，即定数量品种、定点安置、定人保管、定期消毒及灭菌、定期检查维修，完好率达到 100%，有严密的科学管理制度，专人负责。

1. 抢救床　放在抢救室的中间，最好为多功能床，必要时另备一块木板，以便在胸外心脏按压时使用。
2. 抢救车　抢救车内应按要求配置各种常用的急救药品、无菌物品等。
（1）常用急救药品，见表 19-1。

表 19-1　常用急救药品

类别	常用药物
中枢兴奋药	尼可刹米（可拉明）、山梗菜碱（洛贝林）等
升压药	盐酸肾上腺素、去甲肾上腺素、异丙肾上腺素、间羟胺、多巴胺等
抗高血压药	利舍平（利血平）、肼屈嗪、硫酸镁注射液等
强心药	毛花苷 C（西地兰）、毒毛花苷 K 等
抗心律失常药	利多卡因、维拉帕米、胺碘酮等
血管扩张药	甲磺酸酚妥拉明、硝酸甘油、硝普钠、氨茶碱等
止血药	卡巴克洛（安络血）、酚磺乙胺（止血敏）、维生素 K1、氨甲苯酸、鱼精蛋白、垂体后叶素等
镇痛镇静药	哌替啶（杜冷丁）、苯巴比妥（鲁米那）、氯丙嗪（冬眠灵）、吗啡等
解毒药	阿托品、碘解磷定、氯解磷定、亚甲蓝、二巯丙醇等
抗过敏药	异丙嗪、苯海拉明、氯苯那敏、阿司咪唑等
抗惊厥药	地西泮（安定）、苯巴比妥钠、注射用丙戊酸钠（德巴金）、硫酸镁注射液等
脱水利尿药	20% 甘露醇、25% 山梨醇、呋塞米、依他尼酸等
碱性药	5% 碳酸氢钠、11.2% 乳酸钠
激素类药	氢化可的松、地塞米松、可的松等
其他	0.9% 氯化钠溶液、各种浓度的葡萄糖溶液、右旋糖酐 -40、平衡液、10% 葡萄糖酸钙、羧甲淀粉、氯化钾、氯化钙等

> **考点提示**
>
> 常用急救药品的名称及作用。

（2）无菌物品：各种无菌急救包，如静脉切开包、气管插管包、气管切开包、导尿包、开胸包等。无菌敷料、无菌棉签、无菌治疗巾、无菌橡胶手套、无菌刀、剪刀、引流管及引流袋、吸氧管、吸痰管、注射器和输液器、开口器、压舌板及舌钳等。

（3）其他用物：治疗盘、血压计、听诊器、止血带、手电筒、绷带、夹板、火柴、酒精灯及多头电源插座等。

3. 急救器械　给氧系统、负压吸引装置、心电监护仪、电除颤仪、心脏起搏器、简易呼吸器、呼吸机及洗胃机等。

二、心肺复苏术

（一）概述

心肺复苏（cardiopulmonary resuscitation，CPR）是对由于外伤、疾病、中毒、意外低温、淹溺和电击等各种原因，导致呼吸停止、心搏骤停，必须紧急采取重建和促进心脏、呼吸有效功能恢复的一系列措施。

基础生命支持技术（basic life support，BLS）又称为现场急救，是指在事发的现场，对患者实施及时、有效的初步救护，是指专业或非专业人员进行徒手抢救。一旦有意外发生时，可立即做出正确的判断与处理，为急救赢得时间，为患者的进一步治疗奠定基础。在2015年的国际心肺复苏指南中将AHA成人生命链分为院内救治体系和院外救治体系。院外心搏骤停的患者将依赖社区获得救助，非专业救护人员必须识别出心搏骤停、进行呼救、开始心肺复苏并给予除颤，直到专业团队接手；院内心搏骤停的患者依赖于专门的监控系统来预防心搏骤停，一旦发生，应立即启动多学科团队的救治，实施高质量的心肺复苏。

> **知识链接**
>
> **院内心搏骤停与院外心搏骤停生命链**
>
> 国际心肺复苏指南建议对生存链进行划分，把在院内和院外出现心搏骤停的患者区分开来，确认患者获得救治的不同途径。2020版国际心肺复苏指南的生存链中新增了第六个环节-康复。
>
> 院内心搏骤停：及早识别与预防-启动应急反应系统-高质量CPR-除颤-心搏骤停恢复自主循环后治疗-康复
>
> 院外心搏骤停：启动应急反应系统-高质量CPR-除颤-高级心肺复苏-心搏骤停恢复自主循环后治疗-康复

（二）呼吸心搏骤停的原因及临床表现

1. 原因

（1）意外事件：如遭遇雷击、电击、溺水、自缢、窒息等。

（2）器质性心脏病：如急性广泛性心肌梗死、急性心肌炎等均可导致室性心动过速、心室颤动、Ⅲ度房室传导阻滞的形成而致心脏停搏。

（3）神经系统病变：如脑炎、脑血管意外、脑部外伤等疾病致脑水肿、颅内压增高，严重者可因脑疝发生损害生命中枢致心搏呼吸停止。

（4）手术和麻醉意外：如麻醉药剂量过大、给药途径有误、术中气管插管不当、心脏手术或术中出血过多致休克等。

（5）水电解质及酸碱平衡紊乱：严重的高血钾和低血钾均可引起心搏骤停；严重的酸碱中毒，可通过血钾的改变最终导致心搏停止。

（6）药物中毒或过敏：如洋地黄类药物中毒、安眠药中毒、化学农药中毒、青霉素过敏等。

2. 临床表现

（1）突然面色死灰、意识丧失：轻摇或轻拍并大声呼叫，观察是否有反应，如确无反应，说明患者意识丧失。

（2）大动脉搏动消失：因颈动脉表浅，且颈部易暴露，一般作为判断的首选部位。颈动脉位于气管与胸锁乳突肌之间，可用示指、中指指端先触及气管正中，男性可先触及喉结，然后滑向颈外侧气管与肌群之间的沟内，触摸有无搏动。其次选股动脉。股动脉位于股三角区，可于腹股沟韧带稍下方触摸有无搏动。由于动脉搏动可能缓慢、不规律，或微弱不易触及，因此触摸脉搏一般为 5～10 s。确认摸不到颈动脉或股动脉搏动，即可确定心搏骤停。应注意如对尚有心跳的患者进行胸外心脏按压，会导致严重的并发症。

（3）呼吸停止：应在保持气道开放的情况下进行判断。可通过听有无呼气声或用面颊部靠近患者的口鼻部感觉有无气体逸出，同时观察胸腹部有无起伏。

（4）瞳孔散大：需注意循环完全停止超过 1 min 后才会出现瞳孔散大，且有些患者可始终无瞳孔散大现象，同时药物对瞳孔的改变也有一定影响。

（5）皮肤苍白或发绀：一般以口唇和指甲等末梢处最明显。

（6）心尖搏动及心音消失：听诊无心音。心电图表现为心室颤动或心室停顿，偶尔呈缓慢而无效的心室自主节律（心电 - 机械分离）。

（7）伤口不出血。

值得强调的是，心搏骤停时虽可出现上述多种临床表现，但其中以意识突然丧失和大动脉搏动消失这两项最为重要，故仅凭这两项即可做出心搏骤停的判断，并立即开始实施 BLS 技术。由于 BLS 技术的实施要求必须分秒必争，因此在临床工作中不能等心搏骤停的各种表现均出现后再行诊断。一定注意不要因听心音、测血压、做心电图而延误宝贵的抢救时间。

（三）心肺复苏术的操作方法

⊃ 护理评估

评估与准备

（1）患者：①判断意识：拍打、轻摇患者肩部并大声呼唤患者；②评估患者意识、呼吸和大动脉搏动情况（在 5～10 s 完成），报告结果；③呼救，计时。

（2）环境：现场环境符合复苏要求。

⊃ 护理诊断

1. 急性循环障碍　与心脏收缩功能障碍有关。
2. 组织灌注量不足　与急性循环功能障碍有关。
3. 气体交换受损　与缺氧和呼吸形态改变有关。
4. 潜在并发症　吸入性肺炎、MODS、感染、胸骨骨折、肋骨骨折等。

⊃ 护理计划

1. 目的　通过实施基础生命支持技术，建立患者的循环、呼吸功能，保证重要脏器的血液供应，尽快促进心跳、呼吸功能的恢复。

2. 准备

（1）护士准备：着装整洁。

（2）用物准备：病床（带硬板）、生活垃圾桶、医用垃圾桶、锐器盒、屏风、心肺复苏模型、脚踏凳、心脏按压板、隔离膜、纱布、弯盘、手电筒、血压计、听诊器、手消剂、护理记录单、笔。

⊃ 护理实施

心肺复苏术实施，见表 19-2。

表 19-2 心肺复苏术

护理实施	流程简释	要点说明
确认现场安全		• 确保现场对施救者和患者均是安全的
识别心搏骤停	（1）双手轻拍患者，并在患者耳边大声呼唤 （2）无呼吸或仅有喘息 （3）10 s 内同时检查呼吸和脉搏	• 检查患者有无反应 • 即呼吸不正常 • 触摸脉搏一般不少于 5 s，不多于 10 s
启动应急反应系统	呼叫旁人帮忙 /（如果适用）通过移动通信设备	• 如在院内第一时间启动院内应急系统；自取或请他人取得 AED 及急救设备
启动复苏	（1）如没有正常呼吸，有脉搏，给予人工呼吸，每 6 s 一次呼吸，或每分钟 10 次 （2）无呼吸（或仅有喘息）、无脉搏，启动心肺复苏	• 如果 2 min 后，仍未启动应急反应系统，则启动 • 继续人工呼吸：约每 2 min 检查一次脉搏，如果没有脉搏，开始心肺复苏
摆放体位	（1）仰卧位于硬板床或地上，如是卧于软床上的患者，其肩背下需垫心脏按压板 （2）去枕、头后仰	• 注意避免随意移动患者；该体位有助于胸外心脏按压的有效性 • 避免误吸，有助于呼吸
解开衣领口、领带、围巾及腰带		
胸外心脏按压术（单人法）	（1）抢救者站在或跪于患者一侧 （2）按压部位及手法：胸部中央（胸骨下半部分，可以两乳头连线中点为按压点）；定位手掌根部接触患者胸部皮肤，另一手搭在定位手手背上，双手重叠，十指交叉相扣，定位手的 5 个手指翘起（图 19-1） （3）按压方法：双肘关节伸直，依靠操作者的体重、肘及臂力，有节律地垂直施加压力；每次按压后迅速放松，放松时手掌根部不离开胸壁，注意胸廓充分回弹 （4）按压深度：成人 5～6 cm（即不少于 5 cm，也不超过 6 cm），儿童、婴儿至少胸部前后径的 1/3，儿童大约 5 cm，婴儿大约 4 cm （5）按压频率：100～120 次 / 分	• 间接压迫左右心室，以替代心脏的自主收缩；部位应准确，避免偏离胸骨而引起肋骨骨折 • 按压力量适度，姿势正确，两肘关节固定不动，双肩位于双手臂的正上方，施救者必须避免在按压间隙倚靠在患者身上，迅速解除压力，使胸骨自然复位
人工呼吸	（1）开放气道：清除口腔、气道内分泌物或异物，有义齿者应取下 （2）开放气道方法 1）仰头抬颏法：抢救者一手的小鱼际置于患者前额，用力向后压使其头部后仰，另一手示指、中指置于患者的下颌骨下方，将颏部向前上抬起（图 19-2） 2）仰头抬颈法：抢救者一手抬起患者颈部，另一手以小鱼际部位置于患者前额，使其头部后仰，颈部上托（图 19-3） 3）托下颌法：抢救者双肘置于患者头部两侧，持双手示指、中指、环指放在患者下颌角后方，向上或向后抬起下颌（图 19-4）	• 避免误吸，有利于呼吸道通畅，可在胸外心脏按压前快速进行 • 使舌根上提，解除舌后坠保持呼吸道通畅 • 注意手指不要压向颏下软组织深处，以免阻塞气道 • 头、颈部损伤患者禁用 • 患者头保持正中位，不能使头后仰，不可左右扭动；适用于怀疑有颈部损伤患者

续表

护理实施	流程简释	要点说明
	（3）人工呼吸方法 1）口对口人工呼吸法 ①在患者口鼻盖一单层纱布/隔离膜 ②抢救者用保持患者头后仰的拇指和示指捏住患者鼻孔 ③双唇包住患者口部（不留空隙），吹气，使胸廓扩张 ④吹气毕，松开捏鼻孔的手，抢救者头稍抬起，侧转换气，同时注意观察胸部复原情况；呼吸频率：每5~6 s一次呼吸（10~12次/分） 2）口对鼻人工呼吸法 ①用仰头提颏法，同时抢救者用举颏的手将患者口唇紧闭 ②深吸一口气，双唇包住患者鼻部吹气，吹气的方法同上 3）口对口鼻人工呼吸法：抢救者双唇包住患者口鼻部吹气	• 给予患者足够的通气，每次须使胸廓隆起 • 首选方法 • 为防止交叉感染 • 可防止吹气时气体从口鼻逸出 • 患者借助肺和胸廓的自行回缩将气体排出；每次吹气时间>1 s，或潮气量500~600 ml；有效指标：患者胸廓起伏，且呼气时听到或感到有气体逸出 • 用于口腔严重损伤或牙关紧闭患者 • 防止吹气时气体由口唇逸出 • 同口对口人工呼吸法 • 适用于婴幼儿 • 防止吹气时气体由口鼻逸出；吹气时间要短，均匀缓缓吹气，防止气体进入胃部，引起胃膨胀
连续操作	（1）胸外心脏按压与人工通气比例为30∶2 （2）连续操作5个周期	• 次数正确 • 在规定时间内完成
判断复苏效果	（1）颈动脉搏动恢复 （2）自主呼吸恢复 （3）散大的瞳孔缩小，对光反射存在 （4）收缩压大于60 mmHg （5）面色、口唇、甲床和皮肤色泽转红 （6）昏迷变浅，出现反射或挣扎	
复苏后处理	（1）整理用物，垃圾分类处理 （2）洗手，记录患者病情变化和抢救情况	

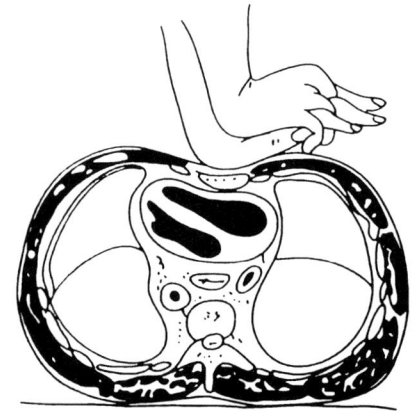

图 19-1　胸外心脏按压手法

图 19-2　仰头抬颏法

第十九章 危重患者的护理及抢救技术

图 19-3 仰头抬颈法

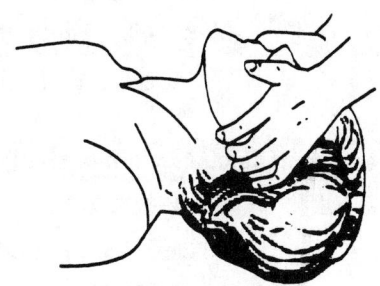

图 19-4 托下颌法

◎ 护理评价

（1）患者复苏是否成功，是否恢复有效循环。
（2）患者心脏功能是否恢复，组织灌注、末梢循环是否恢复。
（3）患者呼吸功能是否恢复。
（4）患者是否发生并发症，或并发症能否被及时发现和处理。

◎ 注意事项

1. 在发现无呼吸或不正常呼吸（喘息样呼吸）的心搏骤停患者时，应立即启动紧急救护系统，立即进行 CPR。

2. 按压部位要准确，用力合适，以防止胸骨、肋骨压折。严禁按压胸骨角、剑突下及左右胸部。按压力要适度，过轻达不到效果，过重易造成肋骨骨折、血气胸，甚至肝脾破裂等。按压深度成人为 5～6 cm，儿童大约 5 cm，婴儿为 4 cm，儿童和婴儿至少为胸部前后径的 1/3，并保证每次按压后胸廓回弹。姿势要正确，注意两臂伸直，两肘关节固定不动，双肩位于双手的正上方。为避免心脏按压时呕吐物逆流至气管，患者头部应适当放低并略偏向一侧。

3. 单一施救者应先开始胸外心脏按压，然后再进行人工呼吸（心肺复苏的顺序是 C-A-B），即先进行 30 次的胸外心脏按压，后做 2 次人工呼吸；尽可能减少按压中的停顿，并避免过度通气。

4. 按压的频率为 100～120 次 / 分。如没有正常呼吸，有脉搏，给予人工呼吸的频率为每 6 s 1 次呼吸或每分钟 10 次呼吸，并每 2 min 检查一次脉搏，如果没有脉搏，则立即开始心肺复苏术。

三、洗胃

（一）洗胃的概念

洗胃（gastric lavage）是将大量的溶液直接饮入胃内或经胃管灌入胃内，利用负压或虹吸的原理，反复注入和吸出一定量的液体，以冲洗并排除胃内容物，减轻或避免毒物吸收的胃灌洗方法。

常用的洗胃方法有：口服催吐法、漏斗胃管洗胃法、电动吸引器洗胃法、全自动洗胃机洗胃法等。临床上可根据患者的病情和医院的条件来进行选择。

（二）常用灌洗溶液和禁忌药物

洗胃时，应根据中毒物质性质的不同，选用有拮抗效果的洗胃溶液，达到中和解毒的效果。临床常见药物中毒的灌洗溶液和禁忌药物见表 19-3。

表 19-3 常用灌洗溶液（解毒剂）和禁忌药物

中毒药物	洗胃溶液	禁忌药物
酸性物	镁乳、蛋清水①、牛奶	
碱性物	5%醋酸、白醋、蛋清水、牛奶	
氰化物	3%过氧化氢溶液引吐后，1:20 000～1:15 000高锰酸钾②洗胃	
1605、1059、4049（乐果）	2%～4%碳酸氢钠洗胃	高锰酸钾③
美曲膦酯（敌百虫）	1%盐水或清水、1:20 000～1:15 000高锰酸钾洗胃	碱性药物④
敌敌畏	2%～4%碳酸氢钠、1%盐水、1:20 000～1:15 000高锰酸钾洗胃	
DDT（灭害灵）、666	温开水或生理盐水洗胃，50%硫酸镁导泻	油性泻药
巴比妥类（催眠药）	1:20 000～1:15 000高锰酸钾洗胃，硫酸钠⑤导泻	硫酸镁
异烟肼（雷米封）	1:20 000～1:15 000高锰酸钾洗胃，硫酸钠导泻	
酚类	50%硫酸镁导泻，温开水、植物油洗胃至无酚味为止，洗胃后多次服用蛋清、牛奶保护胃黏膜	液体石蜡
苯酚（石炭酸）	1:20 000～1:15 000高锰酸钾洗胃	
河豚、生物碱、毒蕈	1%～3%鞣酸	
灭鼠药 （1）磷化锌	1:20 000～1:15 000高锰酸钾洗胃、0.5%硫酸铜⑥洗胃，口服0.5%～1%硫酸铜溶液，每次10 ml，每5～10 min 1次，配合使用压舌板等刺激舌根引吐	鸡蛋、牛奶、脂肪及其他油类食物⑦
（2）敌鼠钠	催吐、温开水洗胃、硫酸钠导泻	碳酸氢钠溶液
（3）氟乙酰胺	0.2%～0.5%氯化钙或淡石灰水洗胃，硫酸钠导泻，服用蛋清水、牛奶、豆浆等	

说明：
①蛋清水和牛奶可黏附于黏膜或创面上起保护性作用，从而减轻疼痛。
②高锰酸钾为强氧化剂，能将某些毒物氧化，改变其性能，从而减轻或去除其毒性。
③高锰酸钾将1605、1059、4049（乐果）氧化成毒性更强的物质，1605、1059、4049（乐果）等中毒禁用高锰酸钾洗胃。
④美曲膦酯（敌百虫）禁用碱性药物洗胃，因美曲膦酯遇碱性药物可分解出毒性更强的敌敌畏，且分解过程可随碱性的增强和温度的升高而加速。
⑤巴比妥类药物中毒采用硫酸钠导泻，硫酸钠可在肠道内形成高渗透压，从而阻止肠道水分和残留巴比妥类药物的继续吸收，促使其尽早排出体外；硫酸钠对心血管和神经系统没有抑制作用，不会加重巴比妥类药物的中毒症状。
⑥磷化锌中毒，口服硫酸铜可使其转化为无毒的磷化铜沉淀，从而阻止其吸收，并促进其排出体外。
⑦磷化锌易溶于油类，应忌用鸡蛋、牛奶、油类、脂肪类食物，以免加速磷的溶解吸收，加重中毒。

（三）洗胃的操作方法

⊃ 护理评估

1. 患者评估 ①核对患者信息，如床号、姓名、住院号、性别、年龄及诊断。②中毒情况，如中毒时间、服毒时间、中毒途径，毒物的种类、浓度、量等。③其他情况，如患者意识状态、生命体征。了解患者有无洗胃禁忌证：强腐蚀性毒物（强酸、强碱）中毒、肝硬化伴食管胃底静脉曲张、食管阻塞、胃癌等。④与操作相关知识，对洗胃知识的了解情况、是否有插管体验、口鼻腔黏膜是否完好、有无活动义齿等。⑤心理状况，有无情绪紧张、焦虑、恐惧等心理反应，是否愿意配合操作，配合能力如何。

2. 环境评估　操作环境宽敞、整洁，温湿度适宜，光线明亮，屏风遮挡。

○ **护理诊断**

1. 急性意识障碍　与农药中毒有关。
2. 有效血容量不足　与催吐，有效循环输出减少有关。
3. 低效性呼吸型态　与农药中毒致肺水肿有关。
4. 清理呼吸道无效　与气管插管致支气管分泌物增多、无法自行咳嗽有关。

○ **护理计划**

1. 目的

（1）解毒：清除胃内毒物，减少毒物的吸收。洗胃用于解毒时需要在中毒后 4～6 h 内进行，适用于经胃肠道中毒的患者。

（2）减轻胃黏膜充血及水肿：清除胃内滞留的食物，减轻胃黏膜水肿和炎症，适用于幽门梗阻患者。

（3）为某些手术或检查做准备：适用于食管下段、胃、十二指肠术前准备。

2. 准备

（1）护士准备：衣帽整洁，修剪指甲，洗手，戴口罩。

（2）患者准备：了解洗胃的目的、方法、配合要点及注意事项。取合适体位，取下义齿并妥善保管。

（3）用物准备：根据不同的洗胃方法准备用物。

1）口服催吐法：①治疗车上层备治疗盘，盘内放量杯、饮水杯、压舌板、毛巾、围裙、水温计、弯盘；②治疗车下层外放水桶 2 只，分别盛洗胃液（量 10 000～20 000 ml，温度 25～38 ℃）和污水。③患者洗漱用品。

2）胃管洗胃法：①治疗车上层备治疗盘，盘内备无菌洗胃包（内有漏斗胃管/胃管、镊子、纱布），治疗巾、塑料围裙或其他防水布、量杯或水杯、压舌板、标本瓶、水温计、弯盘、棉签、润滑油、胶布、手套、50 ml 注射器、手电筒、听诊器、手消毒液。按需准备张口器、舌钳、牙垫。②治疗车下层备物同口服催吐法。③准备患者洗漱用物。④洗胃设备，如全自动洗胃机（图 19-5）或电动吸引器洗胃装置（图 19-6），Y 型三通管、调节夹或止血钳、输液架、输液瓶、输液器。

（4）环境准备：安静整洁、光线明亮、温湿度适宜。

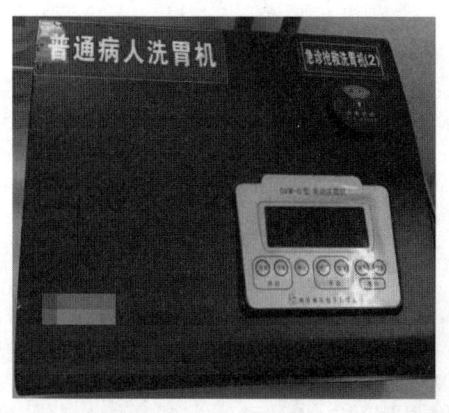
图 19-5　全自动洗胃机

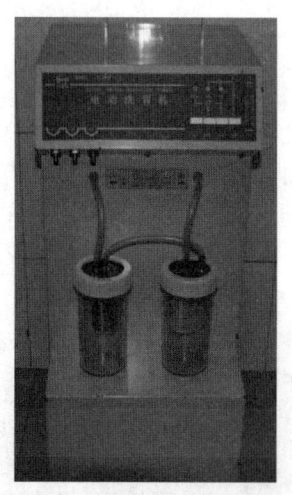
图 19-6　电动吸引器洗胃装置

◐ 护理实施

洗胃法实施，见表19-4。

表19-4 洗胃法实施

护理实施	流程简释	要点说明
▲口服催吐法 备物、核对	适用于意识清醒、愿意配合的患者 （1）备齐用物携至患者床旁 （2）再次核对患者身份，指导患者配合的方法，取得合作	• 确认患者，避免差错
安置体位	（1）取坐位，协助患者穿好围裙 （2）取下义齿 （3）污物桶置于患者床旁	• 保证清洁，防止污染衣物
催吐、留标	（1）用压舌板刺激患者咽后壁或舌根诱发呕吐，吐尽胃内容物 （2）按需留取标本送检	
反复灌洗	指导患者饮入洗胃液，再刺激呕吐，反复进行，直到吐出液澄清、无味为止	• 每次饮入液量300～500 ml • 表示毒物已基本清洗干净
▲胃管洗胃法	适用于意识不清或意识清醒但不愿意配合的患者	
备物、核对	携用物至患者床旁，再次核对患者身份，指导患者配合的方法，取得合作	
安置体位	病情较轻者取坐位或半坐位，中毒较重者取左侧卧位，昏迷患者取去枕平卧位，头偏向一侧	• 左侧卧位可减慢胃排空，延缓毒物进入十二指肠的速度 • 防止洗胃液进入呼吸道
铺巾、置盘	（1）铺橡胶单及治疗巾 （2）置弯盘于嘴角旁 （3）置污物桶于患者床旁 （4）取下活动义齿	
▲漏斗胃管洗胃		
检查，润滑	（1）检查漏斗胃管是否完好 （2）润滑胃管前段	• 不配合者从鼻腔插管
量管，插管	（1）测量插入长度（前额发际至剑突距离加10 cm，成人为55～60 cm） （2）经口腔插入胃管，方法同鼻饲法	• 小儿胃呈水平位，插管不宜过深
证实，固定	（1）证实胃管在胃内 （2）固定胃管	
吸取标本	（1）将漏斗放置低于胃部的位置，挤压橡胶球，吸尽胃内容物 （2）按需留取标本送检	
灌液，引流	（1）将漏斗举高，超过头部30～50 cm，缓慢倒入洗胃液300～500 ml，最多不超过500 ml （2）当漏斗内尚余少量溶液时，迅速将漏斗倒置低于胃部的位置，引流胃内液体于污水桶内	• 利用虹吸原理

续表

护理实施	流程简释	要点说明
反复灌洗	（1）胃液引流完毕后，再举起漏斗注入溶液 （2）如此反复灌洗，直至洗出液澄清、无味为止 （3）如引流不畅，可挤压橡胶球加压吸引	
▲电动吸引器洗胃法		
检查、调压	（1）接通电源，检查电动吸引器的功能 （2）调节负压在 13.3 kPa 左右	
接通、检查	（1）将输液瓶连接输液管，下接 Y 形三通管的主管，Y 型三通管的另两端分别与洗胃管、吸引器上储液瓶的橡胶管相连 （2）夹闭输液管，检查各连接处有无漏气 （3）将洗胃液倒入输液瓶，挂在输液架上	
查管、润滑～证实、固定	同漏斗胃管洗胃法	
注液、灌洗	（1）打开吸引器，吸净胃内容物 （2）关闭吸引器，开放输液管，使溶液流入胃内，流入溶液 300～500 ml （3）关闭输液管储液瓶上的引流管，开放吸引器，吸出灌注液体 （4）如此反复灌洗，直至洗出液澄清、无味为止	• 利用负压吸引的原理 • 负压不可过大，以免造成食管及胃黏膜的损伤 • 吸引器的储液瓶容量应在 5000 ml 以上
▲全自动洗胃机洗胃		
查管、润滑～证实、固定	同漏斗胃管洗胃法	
检查、连接	（1）接通电源，检查机器功能是否完好 （2）连接各种管道，洗胃机的胃管端与患者的胃管连接，药管端放入装有洗胃液的桶内，污管的另一端放入空水桶内 （3）调节药量、流速	• 药管进水端必须浸没在洗胃液液面以下
吸取标本	（1）按"手吸"键吸出胃内容物 （2）必要时留标本送检	
反复冲洗	（1）按"自动"键，机器对胃进行自动反复冲洗，直至洗出液澄清、无味为止 （2）按"停止"键，停止洗胃	• 冲洗时"冲"灯亮，如发现管道堵塞，水流停止或减慢，可交替按"手冲"和"手吸"两键，重复冲洗，直到管路通畅
观察情况	（1）随时观察洗出液的性质、颜色、气味及量 （2）患者面色、生命体征的变化情况	• 患者出现腹痛、休克、洗出液呈血性时，应立刻停止洗胃，采用相应的急救措施
拔管、整理	（1）洗胃完毕，反折胃管拔出 （2）协助患者漱口、洁面 （3）协助患者取舒适卧位 （4）整理床单位 （5）交代注意事项 （6）分类处理用物	• 使患者舒适

续表

护理实施	流程简释	要点说明
清洁、停机	（1）将洗胃机药管、胃管、污管同时放入清水中，按"清洗"键洗净各管腔后将三管同时取出 （2）待机器内水完全排尽后按"停机"键关机	• 避免导管被污物堵塞或腐蚀
清理、记录	（1）清理用物 （2）记录灌洗液的名称、量，洗出液的颜色、气味、性质及量，患者的反应	

○ **护理评价**

1. 严格执行查对制度，根据病情正确选择洗胃液，洗胃方法正确、规范，能正确处理洗胃过程中的突发情况，积极应对患者的反应。

2. 洗胃彻底、有效，患者身心痛苦减轻，安全，无并发症。

3. 充分体现以人为本的护理服务理念，关心、体贴患者，注重保护患者的隐私。护患沟通有效，患者愿意配合。

○ **注意事项**

1. 首先应了解患者中毒的情况，如中毒的时间、途径，毒物的种类、性质及量。当中毒物质不明时，应先抽出少量胃内容物（洗胃前）送检，以明确毒物的种类、性质，可选择温开水或生理盐水洗胃，待毒物性质明确后，再采用拮抗剂洗胃。

2. 强酸及强碱等强腐蚀性毒物中毒、近期内有上消化道出血、肝硬化伴食管-胃底静脉曲张、胸主动脉瘤、胃穿孔及胃癌等患者禁忌洗胃。吞服强酸、强碱等腐蚀性毒物，洗胃容易造成穿孔，可按医嘱给予药物解毒或给予物理性对抗剂，如口服蛋清、牛奶、豆浆、米汤等保护胃黏膜。昏迷患者洗胃应谨慎，如需洗胃，可采取去枕仰卧位，头偏向一侧，以防窒息。

3. 急性中毒的患者应立即采用口服催吐法，必要时进行洗胃，以减少毒物的吸收。插管前应充分润滑胃管，插胃管时动作要轻、稳、快、准，切勿损伤食管黏膜或误入气管。

4. 成人洗胃液每次灌入量以 300～500 ml 为宜，婴幼儿每次以 100～200 ml 为宜，并保持灌入量与吸出量的平衡。如灌入量过多，液体可从口、鼻腔涌出，容易引起窒息，还可导致急性胃扩张，使胃内压升高，促进中毒物质进入肠道，增加毒物的吸收，突然的胃扩张还可兴奋迷走神经，反射性地引起心搏骤停。

5. 在洗胃过程中，应密切观察患者的病情，如面色、生命体征、意识、瞳孔的变化，口、鼻腔黏膜情况及口中的气味。如有血性液体流出或出现休克、腹痛等异常现象，应立即停止洗胃，及时采取措施，并通知医生进行处理。

6. 为幽门梗阻患者洗胃时，宜在饭后 4～6 h 或者空腹进行。洗胃时需记录胃内潴留量，便于了解梗阻情况，胃内潴留量为洗出量减去灌入量，为静脉输液提供参考。

7. 做好心理护理。观察患者的心理状态、合作程度及对疾病康复的信心。向患者讲授操作可能带来的不适，尽量取得患者的合作；告知患者及家属可能存在的风险（如误吸等），取得理解；并介绍洗胃后的注意事项。对自行服毒者，进行有针对性的心理护理，耐心劝导，请家属多陪伴，并做好保密工作，保护其隐私。

8. 洗胃后，应注意观察患者胃内毒物的清除状况，中毒症状有无缓解。

> **考点提示**
> 1. 服毒后 6 h 内洗胃最有效。
> 2. 急性中毒者应迅速口服催吐，必要时进行洗胃。

四、清除呼吸道分泌物

清理呼吸道分泌物的护理技术包括咳嗽、叩击、体位引流等。

（一）有效咳嗽

咳嗽是一种保护性反射动作。有效咳嗽可以帮助患者排出呼吸道内的分泌物及异物，具有维持呼吸道清洁、通畅的作用，适用于神志清醒且能够配合的患者。

1. 有效咳嗽的方法　患者取坐位或仰卧位，双腿屈膝，上身前倾，双手抱膝或在膝盖上置一软枕并用两肘夹紧，嘱患者双手抓紧支持物，利用双手或支托物支托患者的胸腹部，患者深吸气后屏气 3~5 s，用力做爆发性咳嗽，将痰液咳出。

2. 注意事项
（1）操作前需要评估患者病情、耐受能力。
（2）有切口的患者，护士应将双手压在切口两侧，降低切口张力而减轻疼痛。同时，嘱患者连续小声咳嗽，以缓解伤口疼痛。

（二）叩击

叩击（percussion）是用手叩打胸背部，借助震动的力量，使分泌物松脱而排出体外。适用于长期卧床、身体虚弱、无力排痰的患者。

1. 叩击的方法　患者取坐位或侧卧位，护士将手固定成背隆掌空状，手背隆起、手掌中空、手指弯曲、五指并拢，利用手腕的力量，有节奏地自肺底由下向上、由外向内，轻轻叩打，边叩击边鼓励患者咳嗽。

2. 注意事项
（1）不可在裸露的皮肤上直接叩击，可用单层薄布保护皮肤。
（2）叩击可用单手也可双手均匀交替，力度适中，以患者不感到疼痛为宜。
（3）叩击时应避开心脏、乳房、胸骨、肋骨、脊柱等骨隆凸部位。
（4）叩击最好在雾化吸入后或进餐前进行，时间以 15~20 min 为宜。

> **知识链接**
>
> **振动排痰机**
>
> 振动排痰机是定向挤推、震颤、叩击功能集于一体，使患者呼吸道黏膜的代谢物液化、松动、脱落后咳出，从而有效促进痰液排出的一种排痰装置，目前常用的一种排痰方法。工作原理是根据胸部物理治疗原理在身体表面产生特定方向、周期变化的治疗力，其中垂直方向治疗力产生的叩击、震颤可促使呼吸道黏膜表面黏液和代谢物松动并液化；水平方向治疗力产生定向挤推、震颤帮助以液化的黏液按照选定的方向排出体外。（图 19-7）。该排痰法不受患者体位的影响，力量均匀、持续，频率稳定，患者身体摆动较少，不易发生脱管，耐受程度较好，但使用时禁忌证较多。
>
>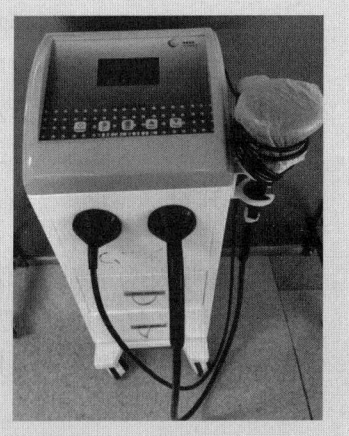
> **图 19-7　振动排痰机**

(三）体位引流

体位引流（postural drainage）是将患者安置于特殊的体位，借助重力的作用，将肺及支气管内积存的分泌物引流至较大的气管，通过咳嗽排出体外的方法。体位引流适用于支气管扩张、肺脓肿等痰液较多，呼吸功能尚好的患者。严重高血压、心力衰竭、极度衰弱者、高龄等患者禁忌使用。

1. 体位引流的方法　根据病变部位，采取相应的体位。使患肺处于高处，引流的支气管开口朝下，便于分泌物顺体位引流而排出。引流时，嘱患者间歇深呼吸并尽力咳嗽，护士轻叩相应部位，以增强引流效果。如痰液黏稠不易引流时，可给予雾化吸入、祛痰药，稀释痰液，有利于痰液的排出。

2. 注意事项

（1）体位引流宜在空腹时进行，每日2～4次，每次15～30 min。

（2）引流时，密切监测患者的病情变化，如出现头晕、面色苍白、出冷汗、血压下降等，应立即停止引流并处理。

（3）注意观察引流液的性质、颜色、量，并做好记录。

（4）如引流液大量涌出，应防止患者窒息。如引流液少于30 ml/d，可停止引流。

（5）叩击与体位引流后，再进行深呼吸和有效咳嗽，有利于分泌物排出。

（四）吸痰法

吸痰法（aspiration of sputum）是利用负压吸引的原理，经由口腔、鼻腔、人工气道将呼吸道的分泌物吸出，以保持呼吸道通畅，预防吸入性肺炎、肺不张、窒息等并发症的一种治疗方法。临床常用于年老体弱、病情危重、昏迷、麻醉未清醒、气管切开等各种原因引起的不能有效咳嗽、排痰的患者。

⊃ 护理评估

1. 患者评估

（1）核对患者信息：如床号、姓名、住院号、性别、年龄和诊断。

（2）全身情况：如病情、意识状况、治疗及用药情况。

（3）局部情况：听诊有无痰鸣音，双肺呼吸音情况，口腔、鼻腔或人工气道情况。

（4）心理状态：患者有无紧张、焦虑、恐惧等心理反应，对吸痰相关知识的了解情况，是否愿意合作，有无配合操作的能力。

2. 环境评估　环境清洁、宽敞，温湿度适宜，光线明亮。气管切开患者病室湿度维持在70%左右，房间空气每天紫外线照射消毒2次，有条件者最好使用空气净化系统。

⊃ 护理诊断

1. 清理呼吸道无效　与呼吸道大量泡沫痰有关。

2. 气体交换受损　与肺间质、肺泡内液体异常增多有关。

3. 体温过高　与疾病本身及感染有关。

4. 恐惧　与严重窒息感有关。

⊃ 护理计划

1. 目的

（1）清除呼吸道分泌物，保持呼吸道通畅。

（2）改善肺通气，促进呼吸功能。

（3）预防吸入性肺炎、肺不张、窒息等并发症的发生。

2. 准备

（1）护士准备：衣帽整洁，修剪指甲，洗手，戴口罩。核对并转抄医嘱。

（2）患者准备：了解吸痰法目的、方法、配合要点和注意事项。体位舒适，情绪稳定。患者如有吸氧，可调高氧流量数分钟，减轻吸痰导致的低氧血症和肺不张。

（3）用物准备

1）吸痰设备：①中心负压吸引装置（图19-8）由负压表、储液瓶构成。②电动吸引器（图19-9）由马达、偏心轮、气体过滤器、负压表、安全瓶、储液瓶等组成。

2）治疗车上层：治疗盘内备无菌生理盐水罐2个（试吸罐和冲洗罐）、一次性无菌吸痰管包若干、装有消毒液的玻璃瓶、弯盘、一次性治疗巾、无菌治疗碗（内盛无菌纱布数块），必要时备开口器、压舌板。

3）治疗车下层：医用垃圾桶、生活垃圾桶，按需备插线板。

图19-8 中心负压吸引装置

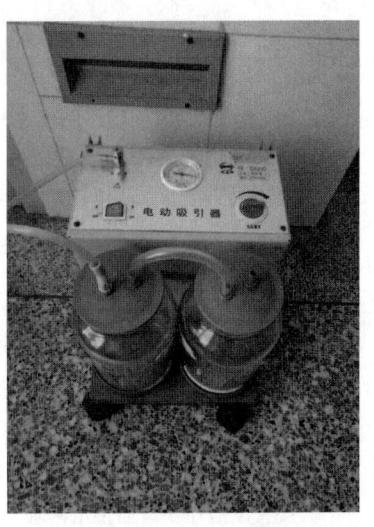

图19-9 电动吸引器吸痰装置

⊃ 护理实施

吸痰法实施，见表19-5。

表19-5 吸痰法实施

护理实施	流程简释	要点说明
▲负压吸痰法		
核对、解释	（1）根据医嘱备齐用物，携至患者床旁 （2）再次核对患者身份，指导患者配合的方法，取得合作	• 确认患者，避免差错
调节负压	（1）将装有消毒液的玻璃瓶系于吸引器一侧床旁，接通电源，打开开关，检查吸引器 （2）调节负压：成人 40~53.3 kPa（300~400 mmHg），儿童 < 40.0 kPa （3）关闭开关，将玻璃接管浸泡在消毒溶液玻璃瓶中备用	• 负压不可过大，以免造成呼吸道黏膜损伤
评估患者	（1）检查口、鼻腔，取下活动义齿 （2）协助患者取舒适卧位，头偏向一侧，面向操作者	• 如有吸氧，应先取下吸氧导管，关闭氧流量 • 昏迷患者可用压舌板或开口器帮助张口

续表

护理实施	流程简释	要点说明
检查吸管	（1）打开生理盐水罐 （2）戴手套，取出吸痰管并连接 （3）打开吸引器开关，在试吸生理盐水罐中试吸少量生理盐水	● 检查吸痰管是否通畅 ● 滑润吸痰管前端
抽吸痰液	（1）一手反折吸痰管末端，另一手持吸痰管前端，将导管插入吸痰部位 （2）放松吸痰管末端反折处，自深部左右旋转、向上提拉吸痰管，吸尽痰液，时间不超过 15 s	● 若口腔吸痰有困难，可由鼻腔吸引。有颅底骨折严禁从鼻腔吸痰，以免引起颅内感染及脑脊液被吸出 ● 气管切开者，先吸气管切开处，再吸口、鼻处 ● 插管时不可有负压，以免损伤呼吸道黏膜
观察情况	（1）吸出液的颜色、量、性状，气道是否通畅，患者的反应如面色、生命体征、血氧饱和度等是否改善 （2）必要时重复吸引	● 痰液黏稠时，配合叩击、雾化吸入
冲洗管腔	（1）吸痰管退出后，用冲洗罐内的生理盐水冲洗吸痰管 （2）分离吸痰管，放入医疗垃圾桶 （3）脱手套	● 防止痰液堵塞吸痰管
按需吸痰	按以上步骤吸尽各处呼吸道分泌物，将玻璃接管浸泡在装有消毒溶液玻璃瓶中备用	● 必要时更换吸痰管，一根吸痰管只能使用一次 ● 吸痰用物应每班更换或每日更换 1～2 次
整理、交代	（1）擦净患者口、鼻，清洁面部，必要时做口腔护理 （2）整理床单位	
洗手、记录	（1）洗手 （2）记录痰液的性质、颜色、量、气味、黏稠度，患者反应等	● 利于评价
▲吸球吸痰法	适用于新生儿娩出时，清除口腔、鼻腔的羊水及黏液	● 新生儿窒息时的紧急抢救；婴幼儿鼻塞时吸出鼻腔黏液；咽喉炎时吸出咽喉部痰液
核对、解释	同负压吸痰法	
抽吸痰液	将吸球的尖端插进婴儿口腔或鼻腔，利用吸球负压将呼吸道分泌物吸出	
整理、交代 洗手、记录	同负压吸痰法	
▲注射器吸痰法	在紧急、无吸引器的情况下使用	
核对、解释	同负压吸痰法	
抽吸痰液	用 50～100 ml 的注射器连接吸痰管进行抽吸	

续表

护理实施	流程简释	要点说明
整理、交代 洗手、记录	同负压吸痰法	
▲口对口吸痰法	适用于条件有限的紧急抢救或儿童咽喉部的痰液比较多时	• 非必要不建议使用
核对、解释	同负压吸痰法	
抽吸痰液	口对口吸痰时,操作者托起患者下颌,使患者头向后仰,捏住患者鼻孔,操作者张口包住患者的嘴,口对口吸出呼吸道分泌物	
整理、交代 洗手、记录	同负压吸痰法	

➲ **护理评价**

1. 严格执行查对制度,吸痰方法正确、规范,能正确处理吸痰过程中的故障及患者的反应。

2. 安全有效清除痰液,患者呼吸道通畅,缺氧症状缓解或解除,无呼吸道黏膜损伤、不适反应及并发症。

3. 充分体现以人为本的护理服务理念,关心、体贴患者。护患沟通有效,患者愿意配合。

➲ **注意事项**

1. 吸痰前,先检查吸痰设备及性能是否良好,连接是否正确。根据患者年龄调节负压、选择适宜的吸痰管,一般成人为 40～53.3 kPa,儿童<40.0 kPa。成人和儿童的吸痰管直径要小于气管插管直径的 50%,婴儿则要小于 70%,小儿吸痰管宜软、细。

2. 有明显的血氧饱和度下降的患者,吸痰前、后可提高吸氧浓度,增加氧气的吸入,减少吸痰引起的低氧血症和肺不张。在吸痰过程中,观察患者的面色、呼吸、吸出物性状、黏膜有无损伤,如有面色发绀,停止吸痰,休息后再吸。

3. 痰液黏稠不易吸出时,可配合叩击、有效咳嗽、雾化吸入,提高吸痰效果。

4. 每次吸痰不超过 15 s,一根吸痰管只能用一次,不可反复上下提插。观察患者呼吸道通畅情况,必要时多次吸引,两次吸痰间隔时间 3～5 min。

5. 气管切开的患者每天消毒气管切开周围的皮肤。

6. 电动吸引器连续使用不能超过 2 h。储液瓶内应该放少量消毒液,防止吸出的痰液黏附于瓶底,便于储液瓶的清洗及消毒。储液瓶内液体不超过 2/3 满,应时倾倒,以免液体过多,吸入马达内,损坏仪器。

7. 口咽吸引法 让患者张口将舌前伸,必要时用纱布包裹协助,昏迷患者可用压舌板、开口器协助开口。从口腔一侧将导管插入 10～15 cm 进入咽部,同时鼓励患者咳嗽,插管时如遇到阻力或患者咳嗽,可向外提出 1 cm。

8. 鼻咽和鼻气管吸引,先浅部再深部。

(1) 鼻咽吸引法:患者吸气时,将导管轻快地插入鼻腔,距离为鼻尖至耳垂的距离,成人约为 16 cm,儿童为 8～12 cm,婴幼儿为 4～8 cm。

(2) 鼻气管吸引法:患者吸气时,将导管轻快地经鼻插入气管,成人约为 20 cm,儿童为 14～20 cm,婴幼儿为 8～14 cm。

考点提示

1. 成年人吸痰的负压为 40～53.3 kPa（300～400 mmHg）。
2. 吸痰时无负压进管，左右旋转，向上提拉。

五、氧气吸入法

氧气吸入法（oxygen inhalation therapy）是通过给氧，提高患者的动脉血氧分压（PaO_2）和动脉血氧饱和度（SaO_2），增加动脉血氧含量（CaO_2），预防和纠正各种原因引起的缺氧状态，促进组织的新陈代谢，维持机体生命活动的一种治疗方法，是临床上常用的抢救及治疗措施之一。空气中氧气的含量为 20.93%，所以，给氧时浓度低于 25% 无治疗价值。

（一）缺氧分类

1. **低张性缺氧** 由于吸入气体中氧分压过低，肺泡通气不足，气体弥散障碍，静脉血分流入动脉而引起缺氧。主要特点是动脉血氧分压（PaO_2）降低，动脉血氧饱和度（SaO_2）降低，组织供氧不足，常见于高山病、慢性阻塞性肺疾病、先天性心脏病等。

2. **血液性缺氧** 由于血红蛋白数量减少或性质改变，造成血氧含量降低或血红蛋白结合的氧不易释放而引起缺氧。主要特点是动脉血氧分压（PaO_2）正常，动脉血氧含量（CaO_2）降低，常见于一氧化碳中毒、贫血、高铁血红蛋白血症等。

3. **循环性缺氧** 由于组织血量减少使组织供氧量减少而引起缺氧。主要特点是动脉血氧分压（PaO_2）正常，动脉血氧饱和度（SaO_2）正常。常见于心力衰竭、心肌梗死、休克等。

4. **组织性缺氧** 由于细胞损伤、组织中毒、呼吸酶合成障碍等，造成组织细胞利用氧异常导致缺氧。主要特点是动脉血氧分压（PaO_2）正常，动脉血氧饱和度（SaO_2）正常。常见于氰化物、砷化物等引起的中毒、大剂量放射线照射等。

吸氧可提高 PaO_2、SaO_2、CaO_2，使组织供氧增加，因此以上四种缺氧中，对低张性缺氧效果最好。

（二）缺氧程度

缺氧程度的判断，以患者的临床表现、血气分析的动脉血氧分压（PaO_2）和动脉血氧饱和度（SaO_2）为依据，见表 19-6。

表 19-6 缺氧程度判断

缺氧程度	动脉血氧分压（PaO_2）	动脉血氧饱和度（SaO_2）	临床表现
轻度	> 6.67 kPa（50 mmHg）	> 80%	无发绀，意识清楚
中度	4～6.67 kPa（30～50 mmHg）	60%～80%	如无发绀，一般不需氧疗；如有呼吸困难，可给予低流量低浓度的氧气；有发绀、呼吸困难，需要氧疗
重度	< 4 kPa（30 mmHg）	< 60%	有显著发绀、呼吸极度困难、出现"三凹征"，是氧疗的绝对适应证

（三）氧流量和氧浓度

1. **氧疗种类** 血气分析结果是监测用氧效果的客观指标，当患者 PaO_2 低于 6.67 kPa（50 mmHg）时，应给予吸氧。根据患者的病情及缺氧程度，决定给氧的浓度。根据给氧浓度的高低，氧疗分为低浓度氧疗，给氧浓度<40%；中浓度氧疗，给氧浓度为40%～60%；高浓度氧疗，给氧浓度>60%。此外，高压氧舱是指在特殊的加压舱内，以2～3 kg/cm² 的压力给予100%的氧气吸入。

2. 氧浓度和氧流量的换算

氧流量是指流量表内调节的供患者使用的氧气的流量，单位为L/min。

氧浓度和氧流量的换算公式为：吸氧浓度（%）=21+4×氧流量（L/min）。

（四）供氧装置

1. 中心管道供氧装置（图19-10） 医院的氧气由供氧中心站负责供给，通过管道输送至各病区、门诊和急诊。供氧中心站设有总开关控制，各用氧单位有固定的装置，连接特制的流量表即可使用。此法方便、快捷，是目前各大医院普遍使用的供氧方法。

装表法：①取下氧气接头上的活塞，用湿棉签擦拭气源接头内的灰尘；②将流量表安装在中心供氧管道氧气流出口处；③接上湿化瓶；④打开流量开关调节流量，检查全套设备完好无漏气后备用。

2. 氧气筒供氧装置（图19-11）

（1）氧气筒：为圆柱形无缝钢筒，筒内可耐高压达14.7 MPa（150 kg/cm²），容纳约6000 L的氧气。在氧气筒的顶部有一总开关，可控制氧气的出入。使用时，将总开关逆时针方向旋转1/4周，即可放出氧气。不使用时，按顺时针方向将总开关旋紧。在氧气筒颈部的侧面有一气门，可与氧气表相连，是氧气从筒中输出的通道。

氧气筒内氧气可供应时数，可按下列公式计算：

$$氧气筒内氧气可供应时数 = \frac{[压力表压力 - 5 \text{ kg/cm}^2] \times 氧气筒容积（L）}{1 \text{ kg/cm}^2 \times 氧流量（L/min） \times 60 \text{ min}}$$

图19-10 中心管道供氧装置

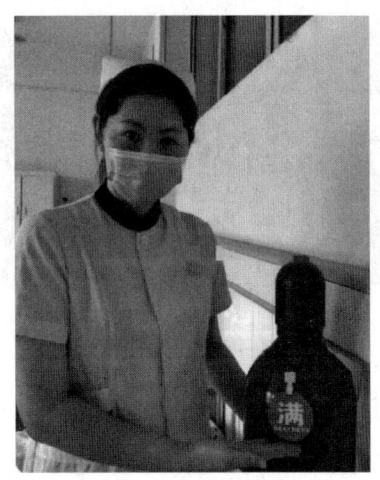

图19-11 氧气筒供氧装置

（2）氧气表：由压力表、减压器、流量表、流量调节阀、湿化瓶及安全阀组成。①压力表：可测知氧气筒内的压力，单位MPa（kg/cm²），氧气表的压力越大，表明氧气筒内的氧气越多。②减压器：是一种弹簧自动减压装置，将来自氧气筒内氧气的压力减至0.2～0.3 MPa（2～3 kg/cm²），使流量平稳，保证患者的安全。③流量表：用于测量每分钟氧气的流出量，单位L/min。流量表内有浮标，氧气流出时浮标被吹起，浮标所指刻度为每分钟氧气的流出量。④湿化瓶：具有湿化氧气及观察氧气流量的作用，湿化瓶内装有1/3～1/2满的蒸馏水或冷开水，氧气流出时通过通气管进入水中，湿化后从出口流出，出口和鼻导管相连。⑤安全阀：是保证用氧安全、防止意外发生的装备，当氧气流量过大、压力过高时，安全阀内部活塞自行上推，使过多的氧气由安全阀四周的小孔流出，确保患者安全。

（3）装表法：氧气筒应置于氧气架上，并挂有"满"或"空"的标志。氧气筒装表应在准备室进行。方法：①选择有"满"标志的氧气筒，取下氧气筒帽，吹尘（逆时针旋转氧气筒的总开关1/4周，放出少量的氧气，随即顺时针迅速关上），达到清洁气门的作用；②氧气表略后倾接氧气筒气门并初步旋紧，再使用扳手拧紧，使之直立于氧气筒旁；③连接湿化管、湿化瓶；④关闭流量开关，打开总开关，检查吸氧装置有无漏气；⑤再打开流量开关，检查吸氧装置流出是否通畅；⑥关紧流量开关，推至病房备用。装表法可简单总结为"一吹、二上、三紧、四查"。

3. 便携供氧装置

（1）氧气枕（图19-12）：为一长方形橡胶枕，枕的一角有橡胶管，橡胶管上有调节器，可调节氧流量。未使用过的氧气枕内有粉尘，初次使用之前，应用清水彻底冲洗，防止粉尘进入呼吸道引起吸入性肺炎或导致窒息。氧气枕充入氧气，接上湿化瓶即可使用，适用于家庭氧疗、危重患者的抢救或转运途中。

（2）便携式制氧机（图19-13）：作用原理是以空气作为主要原料。分子筛与碳分子筛进行联合，碳分子筛的作用是吸附空气中的一些杂质。制氧机器运用一种变压吸附的原理，对氧和氮进行一个有选择性的吸附过程，让氧和氮彻底分开。制氧机具有方便、安全、经济等优点，适用于慢性阻塞性肺疾病、肺气肿等患者的家庭氧疗。

图19-12 氧气枕

图19-13 便携式制氧机

（3）小型氧气瓶：瓶内装医用氧，根据容量不同分为2 L、2.5 L、4 L、8 L、10 L等多种规格。其具有安全、小巧、经济、方便等优点，适用于冠心病、肺心病等慢性疾病患者的家庭氧疗。

（五）常见的给氧方法

⊃ 护理评估

1. 患者评估　①核对患者信息，如床号、姓名、住院号、性别、年龄及诊断；②全身情况，如患者病情、血气分析结果、意识状态、缺氧程度等；③局部情况，如患者气道通畅情况、鼻黏膜情况、肢端皮肤颜色等；④心理状况，有无情绪紧张、焦虑、恐惧等心理反应，是否愿意配合操作，配合能力如何。

2. 环境评估　操作环境宽敞、整洁、安全，温湿度适宜，符合用氧要求。

◐ **护理诊断**

1. 清理呼吸道无效　与痰液黏稠、无力咳嗽有关。
2. 低效性呼吸型态　与呼吸道不通畅有关。
3. 恐惧　与感觉生命受到威胁有关。

◐ **护理计划**

1. 目的

（1）通过吸氧，提高动脉血氧分压（PaO_2），动脉血氧饱和度（SaO_2），增加动脉血氧含量（CaO_2），纠正各种原因造成的缺氧状态。

（2）促进组织的新陈代谢，维持机体生命活动。

2. 准备

（1）护士准备：衣帽整洁，修剪指甲，洗手，戴口罩，明确吸氧相关知识。

（2）患者准备：患者了解吸氧目的、方法、配合要点及注意事项，患者体位舒适，情绪稳定并愿意配合。

（3）用物准备：①治疗车上层备吸氧设备，有中心管道供氧装置或氧气筒供氧装置；②治疗盘内备鼻导管、棉签、纱布、小药杯（内盛冷开水）、弯盘；治疗盘外备扳手、用氧记录单、笔及标签；③治疗车下备医用垃圾桶、生活垃圾桶。

◐ **护理实施**

氧气吸入法实施，见表19-7。

表19-7　氧气吸入法实施

护理实施	流程简释	要点说明
▲ 双侧鼻导管法		
核对、解释	（1）根据医嘱备齐用物，携至患者床旁 （2）再次核对患者身份，指导患者配合的方法，取得合作	• 确认患者，避免差错
清洁鼻腔	（1）用湿棉签清洁鼻腔 （2）检查鼻腔黏膜	• 检查鼻腔是否通畅
检查、连接	（1）检查鼻导管 （2）将鼻导管与湿化瓶的出气口相连	
调节流量	根据患者病情、缺氧程度调节氧流量	• 严格遵照医嘱
湿润导管	（1）将鼻导管前端放入小药杯冷开水中湿润 （2）检查鼻导管是否通畅	
插入导管	将双侧鼻导管插入鼻腔内1 cm（图19-14）	• 动作轻柔，以免损伤鼻黏膜
固定导管	将导管环绕患者耳部向下（或环绕耳部至枕后）放置，调节松紧	• 松紧适宜，避免导管太紧引起皮肤受损
认真记录	记录给氧时间、氧流量、患者反应	• 便于对比吸氧效果
整理交代	协助患者取舒适体位，指导用氧的注意事项	• 告知"四防"，注意用氧安全

续表

护理实施	流程简释	要点说明
观察疗效	经常巡视病房，观察患者缺氧症状有无改善，有无氧疗的不良反应，吸氧装置有无漏气，环境是否安全	• 发现异常及时处理
拔管、停氧	（1）取下鼻导管 （2）擦净鼻部 （3）关闭流量开关 （4）分离鼻导管	• 先拔管，后停氧 • 防止操作不当，导致氧气流过大，造成组织损伤
整理、交代	（1）安置患者，取舒适卧位 （2）整理床单位 （3）健康指导	• 注意人文关怀
卸表	（1）氧气筒：关总开关，开流量开关，放出余氧，关流量开关，卸湿化瓶，最后卸表 （2）中心供氧：关流量开关，取下流量表	
清理用物	（1）垃圾分类处理 （2）氧气筒挂"满"或"空"的标志	
洗手、记录	（1）洗手 （2）记录停止用氧时间及氧疗效果	• 有利于后期评价
▲鼻塞法	（1）基本同双侧鼻导管法。用鼻塞代替鼻导管 （2）此法鼻塞大小以塞住鼻孔为宜，刺激性小，患者较为舒适，且两侧鼻孔可交替使用	• 鼻塞大小以塞住鼻孔为宜 • 适用于长期吸氧的患者
▲面罩法	（1）基本同双侧鼻导管法。将面罩置于患者的口鼻部给氧，氧气自下端输入，呼出的气体从面罩侧孔排出 （2）面罩给氧时必须有足够的氧流量，一般成人需调节为 6～8 L/min，小儿 1～3 L/min（图 19-15）	• 优点：刺激性小，给氧效果好，患者感到舒适 • 缺点：饮食、咳嗽时需去掉面罩而中断给氧 • 适用于张口呼吸，且病情较重患者
▲头罩法	（1）基本同双侧鼻导管法。将患者的头部置于头罩内，罩面上有多个孔，将氧气导管接于头罩的进气孔上 （2）根据患者的病情调节氧流量，保持罩内一定的氧浓度、温度和湿度	• 头罩与颈部之间要保持适当的空隙，防止二氧化碳重复吸入 • 适用于小儿供氧
▲氧气帐法	基本同双侧鼻导管法。将患者的头、胸部置于氧气帐内，将氧气连接于氧气帐进气孔上	• 氧气帐可自行调节适宜的温度，且侧壁上有开口，以便实施护理 • 适用于新生儿、婴幼儿供氧
▲氧气枕法	基本同双侧鼻导管法。患者头部枕于氧气枕上，借助重力使氧气流出	• 新购的氧气枕内有粉，使用前须反复清洗，直至洗净为止，以免引起吸入性肺炎 • 适用于急救和转运患者，也可用于家庭氧疗

◯ 护理评价

1. 严格执行查对制度，根据缺氧程度选择吸氧浓度，吸氧方法正确、规范，环境符合用氧安全。

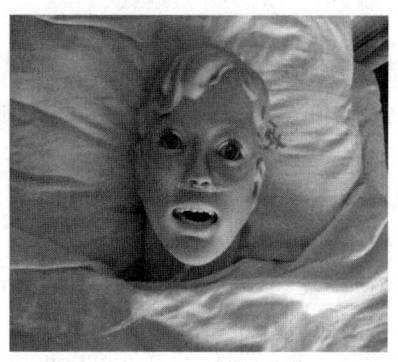 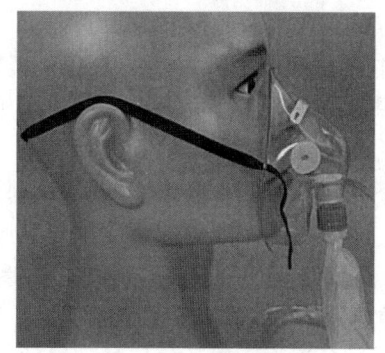

图 19-14　双侧鼻导管法　　　　　　　图 19-15　面罩法图

2. 缺氧症状缓解，无呼吸道黏膜损伤等并发症，患者及家属了解吸氧的相关知识。

3. 充分体现以人为本的护理服务理念，关心、体贴患者，注重保护患者的隐私。护患沟通有效，患者愿意配合。

注意事项

1. 严格遵守操作规程，注意安全用氧。切实做到"四防"，即防火、防热、防油、防震。氧气筒应放在阴凉通风处，周围严禁烟火及放置易燃品，距离明火 5 m 以上，距离热源 1 m 以上，以防引起燃烧。氧气筒上挂有四防的标志。氧气表及螺旋口上勿涂油，也不可用带油的手或工具装卸氧气表，以免燃烧。搬运氧气筒时，避免倾倒及撞击。

2. 常用的湿化液是灭菌蒸馏水，盛 1/3～1/2 满。急性肺气肿患者应可用 20%～30% 乙醇进行湿化，可以降低肺泡内泡沫的表面张力，使泡沫破裂消散，改善肺部气体交换，减轻缺氧症状。

3. 使用氧气时，应先调节氧流量，后插管。停用氧气时，应先拔管，再关闭氧气开关。中途需要调节氧流量时，应先分离鼻导管与湿化瓶连接处，调节好流量后再接上，以免因开关使用错误，大量氧气进入呼吸道而损伤肺组织。

4. 氧气筒内氧气勿用尽，压力表指针降至 0.5 MPa（5 kg/cm^2）时即不可使用，以免灰尘进入筒内，再次充气时引起爆炸。对未用或已用空的氧气筒，应分别悬挂满或空的标志，以免使用时搬错。

5. 持续用氧者，单侧鼻导管每日更换 2 次以上，双侧鼻孔交替插管，及时清除鼻腔分泌物，防止导管阻塞。双侧鼻导管每日更换 1 次。面罩每 4～8 h 更换 1 次。湿化液应每日更换，湿化瓶及通气管应定期消毒。

6. 用氧过程中应加强监护，密切观察患者的缺氧症状，观察血气分析结果，从而判断氧疗效果，同时密切监测患者有无氧疗的副作用。

知识链接

高压氧治疗

高压氧治疗是在高气压（超过常压）的环境下，呼吸纯氧或高浓度氧（吸氧浓度为 85%～99%）以治疗缺氧性疾病和相关疾患的方法。高压氧治疗血氧含量是常压下吸氧的数倍至数十倍，能有效提高血氧分压，增加血氧含量，增加组织内氧有效弥散距离，对治疗某些急、慢性缺氧性疾病有特殊疗效。临床已普遍采用并证明疗效显著的疾病有：急性一氧化碳中毒、急性减压病、急性气栓症、窒息、气性坏疽、颅脑外伤及伤后脑功能障碍、有害气体及氰化物中毒、急性眼底供血障碍、手术或其他原因诱发的急性脑水肿所致颅压升高等。

◯ 氧疗的副作用及预防

1. **氧中毒** 特点是肺实质的改变，表现为胸骨下不适、疼痛、灼热感、干咳、恶心、呕吐、烦躁不安、进行性呼吸困难。预防措施是避免长时间、高浓度吸氧，定期监测血气分析，动态观察氧疗的治疗效果。

2. **肺不张** 患者吸入高浓度的氧后，肺泡内氮气被大量置换，一旦支气管阻塞，其所属肺泡内的氧气被肺循环血液迅速吸收，导致吸入性肺不张。表现为烦躁、呼吸频率、心率加快、血压升高，继而出现血压升高、发绀、昏迷。预防措施是控制氧浓度，鼓励患者做深呼吸，多咳嗽，经常更换体位，防止分泌物阻塞。

3. **呼吸道分泌物干燥** 氧气是干燥的气体，持续吸入未经湿化的氧气可导致呼吸道黏膜干燥，分泌物黏稠、结痂，不易咳出。预防措施是加强吸入氧气的湿化，减轻不良刺激并定期做雾化吸入。

4. **眼晶状体后纤维组织增生** 仅见于新生儿，尤其是早产儿多见。由于视网膜血管收缩，引起晶状体后纤维组织增生，导致不可逆的视力损害，甚至失明。预防措施是新生儿氧疗时严格控制吸氧浓度和持续时间。

5. **呼吸抑制** 多发生于Ⅱ型呼吸衰竭（PaO_2 减低、$PaCO_2$ 升高）的患者。此类患者 $PaCO_2$ 长期处于高水平，呼吸中枢对二氧化碳的敏感性差，其呼吸主要靠缺氧刺激颈动脉窦和主动脉体化学感受器来维持。如果高浓度给氧，则缺氧反射性刺激呼吸的作用消失，导致呼吸抑制甚至呼吸停止。预防措施是对Ⅱ型呼吸衰竭患者应低流量、低浓度持续给氧，维持动脉血氧分压 PaO_2 在 8 kPa（60 mmHg）即可。

> **考点提示**
>
> 1. 在氧疗方法中，氧气头罩法主要用于小儿。
> 2. 用氧过程中做到"四防"，即防火、防热、防油、防震。

六、人工呼吸器的使用

人工呼吸器（artificial respirator）是采用人工或机械装置产生通气，对无呼吸患者进行强迫通气，对通气障碍患者进行辅助呼吸，改善换气功能，达到维持和增加机体通气量，纠正低氧血症的目的。人工呼吸器是进行人工呼吸最有效的方法之一，常用于各种病因所致的呼吸停止、呼吸衰竭的抢救及麻醉期间呼吸管理。

人工呼吸器包括简易呼吸器和人工呼吸机。简易呼吸器又称复苏球、人工气囊等，由呼吸囊、呼吸活瓣、面罩及衔接管构成，是最简单的借助器械加压的人工呼吸装置，适用于心肺复苏（CPR）及需人工呼吸急救的场合。人工呼吸机是借助机械动力建立肺泡与气道通口的压力差，使肺泡充气和排气。按吸、呼气相互切换方式分类，分为定容型、定压型、多功能型，用于各种原因所致的呼吸衰竭、呼吸支持治疗、麻醉期间的呼吸管理和急救复苏。

◯ 护理评估

1. **患者评估** ①核对患者信息，如床号、姓名、住院号、性别、年龄和诊断；②全身情况，如病情、意识状况、生命体征、循环状态及血气分析结果；③局部情况，有无自主呼吸、呼吸形态、呼吸道是否通畅、有无活动性义齿；④心理状态，患者有无紧张、焦虑、恐惧，对人工呼吸器相关知识的了解情况，是否愿意合作，配合能力如何。

2. **环境评估** 环境清洁、宽敞，温度及湿度适宜，光线明亮。

第十九章　危重患者的护理及抢救技术

⊃ **护理诊断**

同吸氧法。

⊃ **护理计划**

1. 目的

（1）维持和增加机体通气量，纠正威胁生命的低氧血症。

（2）麻醉期间的呼吸管理。

2. 准备

（1）护士准备：衣帽整洁，修剪指甲，洗手，戴口罩。

（2）患者准备：①患者了解人工呼吸器使用的目的、配合要点及注意事项；②患者取去枕仰卧位、头向后仰；③取出活动义齿④解开领扣、领带及腰带。

（3）用物准备：简易呼吸器或人工呼吸机。

⊃ **护理实施**

人工呼吸器实施，见表 19-8。

表 19-8　人工呼吸器实施

护理实施	流程简释	要点说明
▲简易呼吸器（图 19-16）核对、解释	（1）根据医嘱备齐用物，携至患者床旁 （2）再次核对患者身份，指导患者配合的方法，取得合作	• 确认患者，避免差错
安置体位	去枕仰卧、头后仰，如有活动性义齿，应取下	
开放气道	（1）解开衣领、领带、腰带 （2）清除呼吸道分泌物	• 保持呼吸道通畅
扣紧面罩	（1）操作者站在患者头侧 （2）托起患者下颌使患者头后仰 （3）将面罩扣紧于患者口、鼻部	• 贴合紧密，避免漏气
挤压通气	（1）挤压呼吸囊，使空气或氧气自气囊进入肺部 （2）放松气囊，使肺内气体随呼气活瓣排出	• 频率：16～20 次/分，一次挤压可有 500～1000 ml 空气进入肺内 • 反复有规律地挤压与放松
观察呼吸	患者若有自主呼吸，挤压气囊应与自主呼吸同步，即患者吸气初顺势挤压呼吸囊，达一定潮气量后完全松开气囊，让患者自行完成呼气动作	• 细心观察，步调统一
▲人工呼吸机（图 19-17）核对、解释	（1）根据医嘱备齐用物，携至患者床旁 （2）再次核对患者身份，指导患者配合的方法，取得合作	• 确认患者，避免差错
安置体位	去枕仰卧、头后仰，如有活动义齿，应立刻取下	
开机准备	连接呼吸机各导管，氧气装置与呼吸机相连接	• 确保运转正常
开机检查	（1）接通电源，打开开关 （2）开氧气阀门，检查机器有无漏气，运转情况如何	
调节参数	根据患者的病情调节各预置参数（表 19-9）	• 参数与病情适宜
连接气道	呼吸机与患者气道紧密相连 （1）面罩法：面罩盖住患者口、鼻后与呼吸机连接 （2）气管插管法：气管内插管与呼吸机连接 （3）气管切开法：气管切开置套管后与呼吸机连接	• 连接紧密，避免漏气

续表

护理实施	流程简释	要点说明
观察、记录	（1）观察患者病情及呼吸机运转情况 （2）记录患者反应、呼吸机参数、时间、效果及特殊处理	• 细心观察，及时清理
撤机护理	（1）根据医嘱撤机 （2）撤机前核对，进行心理护理 （3）分离导管或面罩，拔管，吸氧，关电源开关	• 先适当减少呼吸机通气量，减少患者对呼吸机的依赖，循序渐进地进行撤机
暂留备物	撤离呼吸机后，呼吸机和急救物品应暂留置床边，以备急用	
用物处理	（1）做好人工呼吸机的保养 （2）用物的消毒	
洗手记录	记录撤机时间，患者反应	• 规范、及时、准确

图 19-16　简易呼吸器

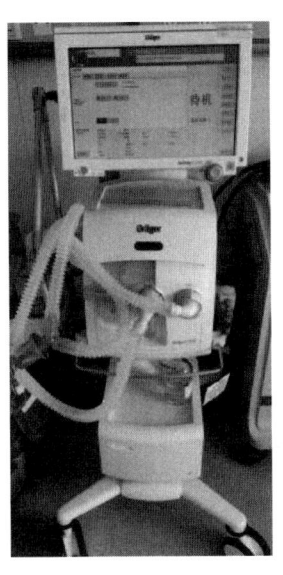

图 19-17　人工呼吸机

○ 护理评价

1. 严格执行查对制度，根据病情调节参数，使用人工呼吸器方法正确、规范。

2. 患者呼吸道通畅，能维持有效的呼吸，循环得以支持。患者了解人工呼吸器的相关知识。

3. 充分体现以人为本的护理服务理念，关心、体贴患者。护患沟通有效，患者愿意配合。

表 19-9　呼吸机参数的设置

项目	数值
呼吸频率（R）	10～16 次/分
每分通气量（VE）	8～10 L/min
潮气量（Vr）	10～15 ml/kg（600～800 ml）
吸呼时间比（I/E）	1∶2.0～1∶1.5

⊃ 注意事项

1. 监测呼吸机工作情况，注意呼吸机运转情况、有无漏气、管路连接处有无脱落、各参数是否符合患者病情需要。

2. 密切观察病情变化，监测患者生命体征和神志变化，定期进行血气分析和电解质测定。观察患者有无自主呼吸，并调整呼吸机与之保持同步。

3. 观察通气量是否符合病情需要。若通气量不足，出现二氧化碳滞留时，患者可出现皮肤潮红、烦躁不安、多汗、血压升高、脉搏加速等。若通气量合适，吸气时能看到胸廓起伏，双肺呼吸音清，生命体征较平稳。若通气过度，患者可出现昏迷、抽搐等碱中毒的症状。

4. 充分湿化呼吸道，防止患者气道干燥，分泌物堵塞，诱发肺部感染。湿化罐内放蒸馏水，减少杂质，使用湿化器将水加温后产生蒸气，混进吸入气体，起到加湿、加温作用。鼓励患者咳嗽、翻身、深呼吸，必要时叩击、吸痰、及时清理呼吸道分泌物，保持呼吸道通畅。

5. 做好生活护理，患者生活不能自理时，帮助患者做好口腔护理、皮肤护理、眼睛护理等，加强营养和水分的摄入，必要时给予鼻饲或静脉营养。

6. 预防感染发生，严格执行无菌吸痰技术，保持面部清洁，做好口腔护理。做好呼吸机各管道、呼吸机接口、螺纹管、面罩等的消毒工作，呼吸机上的滤网应每天清洗，定期进行空气消毒，保持病室清洁。

> 考点提示

1. 挤压气囊频率为 16～20 次/分，每次气量为 500～1000 ml。
2. 人工呼吸机通气过量，患者可能出现呼吸性碱中毒。

思政园地

"妙手护士"苏珊

——巧制导氧管，高铁救治缺氧患儿

苏珊，中南大学湘雅医院神经内科护士，2016 年 5 月当选"见义勇为"湖南好人。

一次普通归途，上演生死时速。2016 年 5 月 2 日，2 个月大的先心病患儿在高铁上突然发病，嘴唇紫青，呼吸困难。苏珊听到列车广播求助后，马上从 2 号车厢飞奔向婴儿所在的 8 号车厢。当时患儿的情况非常不好，有明显的缺氧症状，脸色发青，不停地喘气。当务之急就是如何缓解孩子的缺氧情况。然而火车上物资缺乏，仅有一个成人氧气包。危急时刻，苏珊急中生智把孩子鼻饲管改成婴儿鼻导管，再接上孩子父母带的成人吸氧管，这根自制的氧气导管成功抢救患儿的生命。苏珊说："医者父母心，我必须得挺身而出，"她书写了妙手仁心传奇。

自　测　题

一、选择题

1. 误服强酸后，不宜进行的治疗是
   A. 洗胃 B. 口服镁乳 60 ml 导泻
   C. 灌肠 D. 补液

E. 口服牛奶或生蛋清

2. 患者，男性，32岁，服美曲膦酯中毒，急诊抢救。护士为其洗胃清除毒物，禁用的洗胃液是

 A. 清水   B. 1:20 000～1:15 000 高锰酸钾
 C. 2%～4% 碳酸氢钠   D. 1% 盐水
 E. 0.9% 生理盐水

3. 鼻导管给氧，氧流量 4 L/min，氧浓度是
 A. 25%   B. 29%   C. 33%
 D. 37%   E. 39%

4. 患者，男性，46岁。脑外伤昏迷，$PaCO_2$ 为 27 kPa，为保持呼吸道通畅，护士为其吸痰，下列操作中不妥的是
 A. 用开口器助其张口   B. 先吸口腔内痰液，再吸气管内痰液
 C. 每次吸痰时间不超过 15 s   D. 吸痰管必须每次更换
 E. 吸痰前可先加大吸氧流量再吸痰

5. 患者，女性，50岁，需进行氧气治疗，氧气浓度65%，持续48 h吸氧后，出现烦躁、呼慢、心率增快、血压上升，继而出现呼吸困难，发绀，昏迷，患者可能出现的问题是
 A. 氧中毒   B. 肺不张   C. 呼吸抑制
 D. 呼吸道分泌物干燥   E. 晶状体后纤维组织增生

6. 患者，女性，62岁，支气管肺癌术后3天，一般情况尚可，但有痰不易咳出，应采取的排痰措施是
 A. 指导深呼吸咳痰   B. 给予叩背   C. 给予机械振荡
 D. 给予体位引流   E. 给予吸痰

（7～9题共用题干）

患者，男性，65岁，因肺心病收住院治疗，护士巡视病房时，发现患者口唇发绀，并伴有明显三凹征，血气分析结果显示：PaO_2 4.6 kPa，SaO_2 50%。

7. 根据患者症状及血气分析结果，判断其缺氧程度为
 A. 极轻度   B. 轻度   C. 中度
 D. 重度   E. 过重度

8. 给予患者用氧指征，一般应以动脉血氧分压低于
 A. 10.6 kPa   B. 9.6 kPa   C. 8.6 kPa
 D. 7.6 kPa   E. 6.6 kPa

9. 护士为患者提供的用氧方式是
 A. 低流量、高浓度持续给氧   B. 低流量、高浓度间断给氧
 C. 低流量、低浓度持续给氧   D. 低流量、低浓度间断给氧
 E. 高流量、高浓度间断给氧

二、简答题

1. 简易人工呼吸器使用的适应证有哪些？
2. 吸痰的负压是多少？
3. 叩背的注意事项有哪些？

三、案例分析

患者，男性，24岁，因溺水，心肺复苏30 min后入院。患者半小时前驾车不慎翻入河中，约20 min后被人救起。神志不清，无自主呼吸，现场给予拍背、挤压上腹部，排出气道分泌物内含泥沙样物，并行心前区捶击、胸外按压，约5 min后患者出现自主呼吸，10 min后送往医院。

查体：体温36 ℃，脉搏118次/分，呼吸30次/分，血压110/70 mmHg，浅昏迷，双侧瞳孔直径2.5 mm，对光反射存在，口、咽、鼻见有泥样物，颈软，双侧呼吸对称，双肺呼吸音增粗，可闻及广泛干、湿啰音，心律齐，各瓣膜未闻及杂音，中上腹部饱满，无压痛、反跳痛，肝、脾肋下未及，移动性浊音（-），肠鸣音略亢进，脊柱、四肢无畸形，膝、跟腱反射正常，巴宾斯基征（-）。辅助检查：胸片示双侧肺纹理增粗，双肺弥漫性斑状改变。血气分析：pH 7.36，PaO_2 80 mmHg，$PaCO_2$ 33 mmHg，WBC 8.5×10^9/L。

请回答：
（1）患者目前的诊断是什么？
（2）患者目前的护理措施有哪些？

（黄　芬　高　菲）

第二十章 临终护理

思维导图

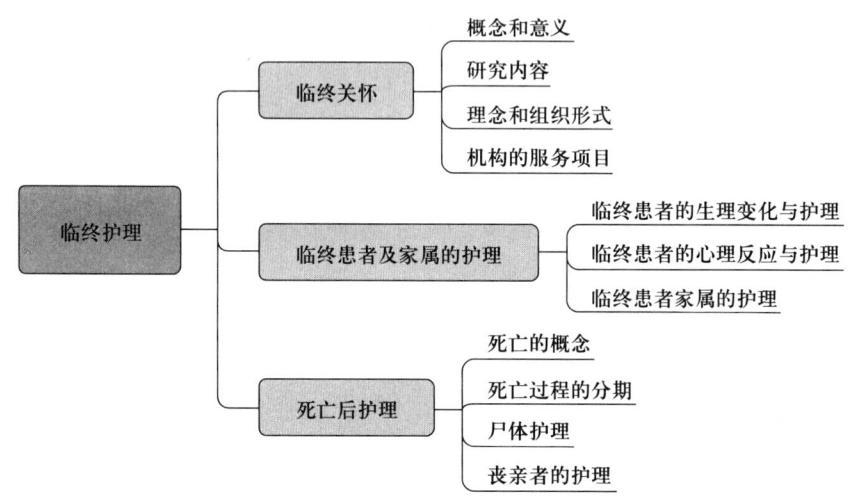

学习目标

1. 解释临终关怀、濒死、死亡。
2. 知道临终患者家属的安抚与护理、丧亲者的护理。
3. 描述临终关怀的研究内容、临终关怀的理念。
4. 阐释临终患者的生理变化与护理，临终患者的心理反应与护理，死亡过程的分期，尸体护理。
5. 正确实施尸体护理。
6. 养成良好的职业素养，充分体现以人为本的护理服务理念，尊重患者及家属的意愿。

案例 20-1

患者，女性，31岁，因膝关节滑膜肉瘤术后7年余，现已广泛转移，呕吐4个月就诊。就诊时一般状况差，精神萎靡，营养中等，平车推入，生命体征正常，右上腹部肿块，左膝关节活动受限、疼痛，可耐受。入院时患者寡言少语，家属诉患者为硕士学历，本人知晓病情，父母在其高中时离异，与母亲长期生活。患病7年余多次手术化疗但肿瘤仍扩散，渐生绝望情绪，不愿朋友探视，常紧张、恐惧，对治疗没有信心甚至抵触治疗，担心母亲以后的生活，常有轻生念头。

问题与思考：
1. 如何帮助患者舒适、安详、有尊严地走完人生？
2. 患者需要哪些心理社会支持？

生老病死是人类自然发展的客观规律,临终和死亡是人生必经的发展阶段。让患者宁静、坦荡地面对死亡,并尽可能减轻患者临终前生理上的痛苦,使之有尊严、安详地度过人生旅程的最后阶段,提高临终前的生活质量,是护理人员应尽的职责。作为护士,必须建立正确的死亡观,掌握相关的理论知识和技术,了解患者身心两方面的护理需要,以便给患者及家属在精神上提供心理支持及进行最佳的躯体护理。

第一节 临终关怀

一、临终关怀的概念和意义

(一)概念

关于临终,世界各国提出的概念各不相同。临终关怀学者普遍认为临终是临近死亡的阶段,无论何种原因所造成的人体重要器官的生理功能趋于衰竭,生命活动将要走向终点的状态,即为临终。

关于临终的时限,目前世界上仍没有统一的标准,不同的国家和地区有不同的标准。中国目前对临终时限的标准为当患者处于疾病末期,预期寿命在 2~3 个月内。

临终关怀(hospice care)是指由社会各层次人员(护士、医生、社会工作者、志愿者以及政府和慈善团体人士等人员)组成的团队向临终患者及家属提供包括生理、心理和社会等方面的全面性支持和照料,又称善终服务、安宁疗护等。其目的在于使临终患者的生命质量得以提高,能够无痛苦、舒适地走完人生的最后旅途,并使家属的身心健康得到维护和增强。

(二)意义

1. 患者方面 患者的自主权得到最充分的尊重,使其按照个人的意愿走完人生最后一段路程,患者的躯体痛苦可以最大程度被关注和减轻,在社会、心理等层面的需求也得到满足,使他们得以善终。

2. 家属方面 帮助他们从"不懂得如何去照顾自己的亲人"到"虽然我有不舍和悲伤,但能够从'亲人善终'中得到欣慰和感动",给家属提供情感支持、减轻家属的痛苦以及权利尊严得到保护。

3. 医院方面 帮助医护人员专业而有温度地面对终末期患者,使他们更有力量,减少职业耗竭感。

4. 医患关系方面 使医患关系由原来的死结(只要人死,就是医疗有问题)得以松动和解决。

5. 社会方面 减少无效医疗,减少重症监护病房以及大型医院的医疗资源过度使用。

二、临终关怀的研究内容

临终关怀不仅是一种服务,也是一门探讨临终患者生理、心理特征和为临终患者及其家属提供全面照料的新兴学科。其研究内容包括以下几个方面。

1. 临终患者及家属的需求 临终患者的需求包括生理、心理及社会方面的需求。临终患者家属的需求包括对临终患者治疗和护理的要求、心理需求及为其提供殡葬服务等。

2. 临终患者的全面照护 控制疼痛和不适,提供医疗护理、生活护理、心理护理。

3. 临终患者家属的照护 进行心理疏导和提供情感支持。为临终患者提供优质护理照护,减少家属的疑虑。

4. 死亡教育 帮助临终患者树立正确的生死观,正确对待和接受死亡,消除对死亡的恐惧心理。

5. 临终关怀的模式　由于东方与西方文化背景的不同，患者对死亡的态度有很大的差异，探讨适合我国国情的临终关怀模式和特点是临终关怀的重要内容之一。

6. 其他　包括临终关怀机构所采用的医疗体系，临终医疗护理原则，临终关怀机构的管理、实施的研究与实践，临终关怀工作人员的构成与培训，临终关怀与其他学科的关系，临终关怀与社会发展的关系等。

> **知识链接**
>
> **安乐死**
>
> 安乐死（euthanasia）一词源于希腊文，意思是"幸福"的死亡。它包括两层含义，一是安乐的无痛苦死亡；二是无痛致死术。我国对安乐死的定义是患不治之症的患者在垂危状态下，由于精神和躯体的极端痛苦，在患者和其亲友的要求下，经医生认可，用人道方法使患者在无痛苦状态中结束生命的过程。
>
> 安乐死的形式可分为主动与被动两种。主动安乐死指由医务人员或其他人采取措施，以结束患者的痛苦或加速死亡过程。被动安乐死指停止对患者采用一切医疗措施，任其自然死亡。

三、临终关怀的理念和组织形式

（一）临终关怀的理念

1. 以照料为中心　临终关怀是针对各种疾病晚期、治疗不再生效、生命即将结束者进行的照护，一般在死亡前3～6个月实施临终关怀。对这些患者不是通过治疗疾病使其免于死亡，而是通过对其全面的身心照料，提供临终前适度的姑息性治疗，是以舒适为目的的治疗，控制症状，减轻痛苦，消除焦虑、恐惧，获得心理、社会支持，使其得到最后的安宁。因此，临终关怀是从以治愈为主的治疗转变为以对症为主的照料。

2. 维护人的尊严和权利　实行人道主义，使临终患者在人生的最后旅程同样得到热情的照顾和关怀，体现生命的价值、生存的意义和尊严。医护人员应注意维护和保持患者人的价值、尊严和权利，在临终照料中应允许患者保留原有的生活方式，尽量满足其合理要求，维护患者个人隐私和权利，鼓励患者参与医护方案的制订等。尊重生命的尊严及尊重濒死患者的权利，充分体现了临终关怀的宗旨。

3. 提高临终患者生命质量　临终关怀不以延长临终患者的生存时间为目的，而以提高临终阶段的生存质量为宗旨。对濒死患者的生命质量的照料是临终关怀的重要环节，减轻痛苦使生命品质得到提高，给临终患者提供一个安适的、有意义的、有希望的生活，在可控制的病痛下与家人共度温暖时光，使患者在人生的最后阶段能够体验到人间的温情。

4. 加强死亡教育以使其接纳死亡　临终关怀将死亡视为生命的一部分，承认生命是有限的，死亡是一个必然的过程。虽然医务人员已经尽力对患者进行了治疗和护理，但仍不可避免地有患者因疾病不能治愈而死亡。临终关怀强调把健康教育和死亡教育结合起来，从正确理解生命的完整与本质入手，完善人生观，增强健康意识，教育临终患者把生命的有效价值和生命的高质量两者真正统一起来，善始善终，以健全的身心走完人生的旅途。

5. 提供全面的整体照护　也就是全方位、全程服务。包括对临终患者的生理、心理、社会等方面给予关心和照护，为患者提供24 h护理服务，照护时也要关心患者家属，既为患者提供生前照护，又为死者家属提供居丧照料。

（二）临终关怀的组织形式

当前，世界范围内临终关怀的机构和服务形式呈现多样化、本土化的特点。英国的临终关怀服务以住院照料方式为主，即注重临终关怀院的发展。美国则以家庭临终关怀服务为主，即开展社区服务。我国的临终关怀服务组织形式有以下几种。

1. 独立的临终关怀院　是指不隶属于任何医疗、护理或其他医疗保健服务机构的临终关怀服务机构。其具有医疗、护理设备，一定的娱乐设施，家庭化的危重病房设置，提供适合临终关怀的陪护制度，并配备一定数量和质量的专业人员，为临终患者提供临终服务，如北京的松堂关怀医院、香港的白普里宁养中心、上海浦东新区老年医院等。

2. 附设临终关怀机构　又称机构内设的临终关怀项目，属于非独立性临终关怀机构，是指在医院、养老院、护理院、社区卫生保健中心等机构中设置的"临终关怀病区""临终关怀病房""临终关怀单元"或"附属临终关怀院"等。附设的临终关怀机构是最常见的临终关怀服务机构类型。主要为临终患者提供医疗、护理及生活照料。如北京中国医学科学院肿瘤医院的"温馨病房"、天津医科大学肿瘤医院关怀科、四川大学华西第四医院姑息关怀科等。临终关怀病房和病区分为综合病种的临终关怀病房和专为癌症患者设立的临终关怀病房。

3. 居家式临终关怀　也称为居家照护，是临终关怀基本服务方式之一，指不愿意离开自己家的临终患者，也可以得到临终关怀服务。医护人员根据临终患者的病情每日或每周进行数次访视，并提供临终照料。在医护人员的指导下，由患者家属做基本的日常照料，使他们能感受到亲人的关心和体贴，从而减轻生理上和心理上的痛苦，最后安宁舒适地离开人间。

4. 共照模式　即临终共同照护模式，引自台湾临终共同照护计划。为了使更多癌症患者接受临终关怀，台湾在2005年提出了"临终共同照护计划"，即在医院中设立临终关怀小组，以会诊的形式对入住在非临终关怀病床的终末期患者，提供照护意见。共照模式旨在实现临终关怀理念全院化，增进非临终关怀病房医护人员、患者及家属的照顾能力，实现跨场域、跨科别的临终关怀照护。此种方式的优点是不需要特定的病房和医护配置，缺点为很难真正做到"临终关怀"。因为患者散住在综合医院的各病房，"临终关怀小组"只是被咨询时才提供协助，且患者接受所住院科室一般的常规作息及治疗，患者也并不一定能得到真正的临终关怀服务。

四、临终关怀机构的服务项目

在临终关怀比较发达的国家和地区，临终关怀机构必须有临终关怀"执照"和"许可证"，在颁发证书前需要验证临终关怀机构的基本服务项目，即核心服务的能力是否符合条件。临终关怀机构的基本服务项目包括：

1. 姑息性医疗照护　临终关怀机构必须拥有一定数量的专业技术人员和设备，能够有效地控制和缓解临终患者的疼痛、吞咽困难及便秘等不适症状，能够为临终患者提供常规的姑息性医疗照护，以满足患者的不同需要。

2. 临终护理　临终护理是采用姑息护理、心理护理以及社会支持等理论和技术为临终患者及家属提供全面的照护，从而达到让临终患者和家属接纳死亡并提高患者临终阶段的生命质量的最终目标。一般临终关怀机构必须拥有一定数量的经过专门培训的专业护士。

3. 临终心理咨询和辅导　临终关怀机构的基本服务项目还包括对临终患者和家属提供临终心理咨询和辅导，对其进行心理和精神上的关怀。

4. 临终关怀社会服务　又称临终社会支持，是临终关怀机构的基本职能之一。包括对临终患者以及家属的社会支持；在临终患者接受照护过程中所得到的各种社会支持以及临终患者去世1年内向其家属所提供的居丧照护。

第二节 临终患者及家属的护理

一、临终患者的生理变化与护理

（一）循环与呼吸

1. 生理变化　临终患者多有循环和呼吸功能减退或衰竭。患者常表现为心音低弱，脉搏快而微弱、不规则，血压下降等，呼吸困难，鼾声呼吸、痰鸣音或有潮式呼吸、间停呼吸等。

2. 护理措施　护士应改善患者的循环和呼吸功能，密切观察生命体征的变化以及皮肤颜色、温度及湿度等。如患者四肢冰冷，应注意保暖，提高室温，必要时使用热水袋。如患者呼吸困难，应给予吸氧，必要时吸痰，以保持呼吸道通畅。如病情允许，可给予半坐卧位或抬高头、肩，改善呼吸困难。昏迷的患者可取侧卧位或使头偏向一侧，防止窒息或发生肺部并发症。

（二）饮食与排泄

1. 生理变化　患者常表现出恶心、呕吐、食欲缺乏、腹胀、便秘和口干，还可出现尿失禁、大便失禁、尿潴留、粪便嵌塞等症状。

2. 护理措施　护士应促进患者食欲，增进营养。了解患者的饮食习惯，注意食物的色、香、味，给予患者少量多餐，以减轻恶心，增进食欲。给予流质或半流质饮食，便于患者吞咽。协助患者进食、饮水，必要时采用鼻饲法或胃肠外营养，保证患者营养供给。

（三）皮肤与骨骼

1. 生理变化　患者常表现为皮肤苍白、湿冷，口唇发绀，四肢冰凉，肌张力降低，肌肉软瘫，不能进行自主活动。

2. 护理措施　护士应促进患者舒适，预防压力性损伤。帮助患者维持舒适的姿势与体位，定时翻身和按摩受压骨隆处，注意保持患者皮肤、衣服、床单位的整洁。

（四）面容、感知觉及意识

1. 生理变化

（1）临终患者常见希氏面容，表现为面肌消瘦、面色呈铅灰色，口微张，眼眶凹陷，双眼半睁、呆滞，瞳孔固定。患者语言逐渐混乱、发声困难，视觉逐渐减退至丧失。但听觉一般最后消失。

（2）若疾病未侵犯神经系统，患者可以始终保持神志清醒。病变侵及或影响中枢神经系统则可出现意识模糊、昏睡或昏迷。

 考点提示

临终患者最后消失的感觉。

2. 护理措施

（1）应减轻患者感知觉改变的影响，环境安静、空气新鲜、通风良好、适当照明，增加安全感。注意眼部的清洁，对于双眼半睁的患者，应用手轻轻将患者眼睑闭合，定时涂抹药膏，并用生理盐水纱布覆盖。由于听力常为最后消失的感觉，护理中应注意语言亲切、柔和、清晰，避免在患者周围窃窃私语，讨论病情，以减少不良刺激。患者视力减退时，应多用语言或使用触摸等方式与患者保持联系，使其感到即使是在生命最后一刻，仍不孤独。

（2）应注意患者安全，必要时用牙垫、床档加以保护。患者神志清醒时，应尊重和尽可能满足患者的特殊需要，观察疼痛的部位、性质、程度、持续的时间等，协助患者选择最有效的方法减轻疼痛。

（五）临近死亡的体征

1. 生理变化　患者各种反射（如瞳孔对光反应、吞咽反射等）逐渐消失，肌张力减退或丧失，脉搏快且弱并逐渐消失，血压下降到测不出，呼吸困难，出现潮式呼吸、间停呼吸和点头样呼吸，皮肤湿冷，瞳孔散大。通常患者的呼吸先停止，随后心搏停止。

2. 护理措施　熟练掌握护理技术帮助患者减轻痛苦。满足患者及家属的心理需要，允许家属陪伴。

二、临终患者的心理反应与护理

临终患者接近死亡时会产生十分复杂的心理和行为反应。美国学者伊丽莎白·库勒·罗斯（Kuble-Ross E）在观察了几百位临终患者的基础上，将临终患者的心理反应过程分为5个阶段，即否认期、愤怒期、协议期、忧郁期和接受期。

（一）否认期

1. 心理表现　患者得知自己病重将面临死亡，其心理反应是"不，这不会是我，这不是真的"，并极力否认，拒绝接受事实，他们怀着侥幸的心理四处求医，希望是误诊。否认是患者应对突然降临的不幸的一种正常的心理防御机制。

2. 护理措施　此期护士与患者之间应坦诚沟通，耐心倾听，既要维护患者的知情权，不能欺骗患者，也不要轻易揭穿患者的心理防御机制，维持其适当的希望，应允许其逐步适应。注意医护人员对患者的言语的一致性，经常陪伴在患者身旁，让患者感受到护理人员的关怀。

（二）愤怒期

1. 心理表现　当否认无法再持续下去时，患者常表现为生气与激怒，产生"为什么是我，太不公平"的心理，往往将愤怒的情绪向医护人员、朋友、家属等接近他的人发泄，或对医院的制度、治疗等方面表示不满，以弥补内心的不平。

2. 护理措施　充分理解患者的痛苦，正确对待患者的发怒、抱怨、不合作行为，认真倾听患者的心理感受，给患者以关爱和宽容。同时，应注意预防意外事件的发生，并取得家属的配合。

（三）协议期

1. 心理表现　患者愤怒的心理消失，承认和接受临终的事实。为了延长生命，做出许多承诺作为交换条件，出现"请帮助我好起来，我一定……"的心理。此期患者变得和善、宽容，对自己的病情抱有希望，表现合作，能配合治疗。

2. 护理措施　主动关心患者，鼓励其说出内心的感受，加强护理，尽量满足患者的要求，使其更好地配合治疗，以控制症状，减轻痛苦。创造良好的环境，指导、协助患者完成角色义务，实现患者的愿望，充实生命的最后历程，提高临终生命质量。

（四）忧郁期

1. 心理表现　当患者发现身体状况日益恶化，认识到协商无法阻止死亡来临，会产生很强烈的失落感，表现出悲伤、退缩、情绪低落、沉默、哭泣等反应，甚至有轻生念头。患者常要求会见亲朋好友，希望有喜爱的人陪伴，并开始交代后事。

2. 护理措施　经常陪伴患者，给予同情和照顾，尽可能满足患者的各种需求，允许其用不同方式宣泄情感。鼓励家属陪伴，并加强安全保护，预防自杀。

(五)接受期

1. **心理表现** 在一切的努力、挣扎之后,患者变得平静,喜欢独处,接受即将面临死亡的事实。由于精神和肉体的极度疲劳和衰弱,患者睡眠时间增加,情感减退,平静地等待死亡的到来。

2. **护理措施** 尊重患者的选择,不强迫患者交谈。提供安静、舒适的环境,减少外界干扰,继续陪伴患者,帮助患者了却未完成的心愿,给予适当的支持,加强生活护理,使其安详地告别人世。

 考点提示

临终患者心理反应的5个阶段。

三、临终患者家属的护理

1. **满足家属照顾患者的需要** 护理人员要关心、理解家属的心情,尽量满足家属对临终患者的陪伴与照顾的需要。

2. **鼓励家属表达感情** 护理人员要与家属积极沟通,取得家属的信任。鼓励家属表达内心的感受和遇到的困难,积极解释临终患者生理及心理变化的原因,减轻家属顾虑。

3. **指导家属对患者的生活照料** 鼓励家属参与护理计划的制订和对患者的照料,使家属在此过程中获得心理慰藉,让患者感到亲情的温暖。

4. **协助维持家庭的完整性** 协助家属在医院环境中营造家庭生活氛围,如共进晚餐等,维持家庭的完整性。

5. **提供对家属的生活关怀** 对家属多关心、体贴,帮助其安排陪伴期间的生活,尽量减轻其实际困难。

第三节 死亡后护理

一、死亡的概念

死亡(death)是指个体生命活动和新陈代谢的永久停止。呼吸、心搏停止是传统的判断死亡的标准。

随着医学的发展,传统的死亡标准受到了强烈的冲击。心肺功能停止的患者仍可依靠药物或机器来维持生命,通过脏器移植技术来替换衰竭的脏器。现代医学已经证明:当人的心搏、呼吸停止时,大脑、肾、肝并不一定死亡,只要大脑功能保持完整,生命活动就有恢复的可能性。因此,目前医学界开始提出以脑死亡作为判断死亡的标准,认为脑死亡后,生命活动将无法逆转。目前医学界基本上沿用1968年美国哈佛大学提出的脑死亡诊断标准:①不可逆的深度昏迷;②自主呼吸停止;③脑干反射消失;④脑电波消失(平坦)。凡符合以上标准,并在24 h或72 h内反复测试检查,结果无变化,排除体温过低(<32.2 ℃)及中枢神经系统抑制剂的影响,即可宣告死亡。

 考点提示

脑死亡判断标准。

> **知识链接**
>
>
>
> **中国成人脑死亡判定标准**
> ——国家卫生健康委员会脑损伤质控评价中心
>
>
>
> 一、判定先决条件
> （一）昏迷原因明确
> （二）排除了各种原因的可逆性昏迷
> 二、临床判定标准
> （一）深昏迷
> （二）脑干反射消失
> （三）无自主呼吸
> 依赖呼吸机维持通气，自主呼吸激发实验证实无自主呼吸。
> 以上三项临床判定标准必须全部符合。
> 三、确认实验标准
> （一）脑电图
> EEG 显示电静息。
> （二）短潜伏期体感诱发电位
> 正中神经 SLSEP 显示双侧 N9 和（或）N13 存在，P14、N18 和 N20 消失。
> （三）经颅多普勒超声
> TCD 显示颅内前循环和后循环血流呈振荡波、尖小收缩波或血流信号消失。
> 以上三项确认试验至少两项符合。

二、死亡过程的分期

死亡不是生命过程的骤然结束，而是一个逐步进展的过程，医学上一般将死亡分为三期：濒死期、临床死亡期、生物学死亡期。

（一）濒死期

濒死期（agonal stage）又称临终状态，是生命活动的最后阶段。这时人体主要器官或系统的功能严重紊乱，趋于衰竭，脑干以上的中枢神经系统功能处于抑制或丧失状态。表现为意识模糊或丧失，各种反射减弱或迟钝，肌张力减退或消失，心搏减弱，血压下降，呼吸微弱，出现潮式呼吸或间断呼吸。此期若得到及时、有效的治疗和抢救，生命仍可复苏。

（二）临床死亡期

临床死亡期（clinical stage of death）即躯体死亡期或个体死亡期，此期中枢神经系统的抑制过程已经由大脑皮质扩散至皮质下部位，延髓也处于深度抑制状态。临床表现为心搏、呼吸停止，各种反射消失，瞳孔散大，但各组织细胞仍有微弱的代谢活动，但持续时间只有 5～6 min，超过此时间，大脑将发生不可逆的变化。此期患者仍有复苏的可能。

（三）生物学死亡期

生物学死亡期（biological period of death）是死亡过程的最后阶段。整个神经系统以及各器官的新陈代谢相继停止，并出现不可逆的变化，机体已经不可能复活。机体相继出现尸冷、尸斑、尸僵、尸体腐败等现象。

1. 尸冷　在死后的 10 h 内，平均每小时大约下降 1 ℃，10 h 以后下降速度减慢，经过 24 h 左右，尸温就降至与环境温度基本接近。

2. 尸斑　人死后血液循环停止，心血管内的血液缺乏动力而沿着血管网坠积于尸体低下部位皮肤出现的紫红色斑块。通常在死亡后 2～4 h 出现，经过 12～14 h 发展到最高度，24～36 h 固定下来不再转移。

3. 尸僵　尸僵一般在死后 1～3 h 出现，尸体肌肉强直一般先出现于数个肌群，经 4～6 h 扩散到全身。经过 24～48 h 或者更长些时间后开始缓解。

4. 尸体腐败　尸体在细菌的作用下，开始腐烂。通常在死后的 24 h 开始出现，夏季腐败会提前出现。

 考点提示

死亡后最先发生的尸体现象。

三、尸体护理

尸体护理是临终关怀的重要内容，是整体护理的最后步骤。确认患者死亡，医生开具死亡诊断书后，护士应尽快进行尸体护理。做好尸体护理不仅是对死者人格的尊重，对死者家属也是极大的安慰，这体现了人道主义精神和护士崇高的职业道德。

⊃ 护理评估

1. 评估患者　①患者死亡时间、原因、死亡诊断书，是否有传染病。②死者面容，尸体清洁程度，有无伤口及引流管等。③死者的民族、宗教信仰。④死者家属对死亡的态度。

2. 评估环境　环境安静、肃穆，安排单独房间或用屏风遮挡。

⊃ 护理计划

1. 目的
（1）使尸体整洁，姿势良好，易于辨认。
（2）给家属以安慰，减轻其哀痛。

2. 准备
（1）护士准备：衣帽整洁，洗手，戴口罩和手套。
（2）用物准备

1）治疗车上层：衣裤、尸单或尸袍、尸体识别卡 3 张（表 20-1）、剪刀、血管钳、不脱脂棉球适量、绷带、松节油、擦洗用具，有伤口或引流管者备换药敷料，手消毒液，必要时备隔离衣及手套等。

2）治疗车下层：医用垃圾桶、生活垃圾桶。

表 20-1　尸体识别卡

姓名_____	住院号_____	年龄_____	性别_____
病室_____	床　号_____	籍贯_____	死亡诊断_____
住址_____			
死亡时间_____年_____月_____日_____时_____分			
			护士签名_____
			_____医院

◐ 护理实施

尸体护理实施，见表 20-2。

表 20-2 尸体护理实施

护理实施	流程简释	要点说明
家属离房	劝慰家属暂离病房，大病房用屏风遮挡	• 家属不在时，应尽快通知来院
撤去用物	撤去一切治疗用物	• 便于进行尸体护理
安置体位	将床放平，使尸体仰卧，头下垫一枕，双臂放于身体两侧，脱去衣、裤，留一大单遮盖尸体	• 防止面部淤血变色
整理遗容	洗脸，闭合口、眼。有义齿者，代为装上。眼睑不能闭合者，应用毛巾湿敷或按摩，协助闭合眼睑。不能闭口者，可轻揉下颌关节处或用绷带托起	• 装上义齿，可避免面型改变，使脸部稍显丰满。将口、眼闭合，以维持尸体的良好外观，符合习俗
清洁躯体	脱去衣、裤，依次擦洗上肢、胸、腹、背、臀及下肢，有伤口者更换敷料，有引流管者需拔除，并缝合伤口或用蝶形胶布封住后包扎，如有胶布痕迹，用松节油擦净	• 维持尸体良好的外观
填塞孔道	用棉球填塞口、鼻、耳、阴道、肛门等孔道	• 防止体液外溢，棉球勿外露
包裹尸体	（1）穿上衣、裤，梳理头发，系一尸体识别卡于死者手腕部，撤去大单 （2）移尸体于平车的尸单上，先用尸单遮盖住头和脚，再用左右两角将尸体整齐包好，在颈、腰、踝部用绷带固定（或将尸体放入尸袍，拉上拉链），系第二张尸体识别卡于尸体腰部绷带上	• 便于尸体的运送与识别
运送尸体	盖上大单。由专人送至太平间，置尸体于停尸屉内，系第三张尸体识别卡于停尸屉外	• 便于识别
洗手记录	洗手，脱口罩。填写、整理各医疗文件，如填写死亡通知书、体温单上填写死亡时间、正确排列出院病历等。按出院手续办理结账	
终末消毒	按出院患者处理床单位、各类用物及病房，传染病按终末消毒处理原则进行处理	
清点遗物	清点遗物，交给家属	• 若家属不在，应由两人共同清点后，列出清单，交护士长保存

◐ 护理评价

1. 尸体整洁，外观良好，便于辨认。
2. 与家属沟通有效，家属对尸体护理结果满意。
3. 具有以人为本的护理服务理念，具备严肃认真、一丝不苟的工作态度。

◐ 注意事项

1. 患者死亡，医生开具死亡诊断书后，护士应尽快进行尸体护理，以防尸体僵硬。
2. 应正确放置尸体识别卡，以便识别尸体。
3. 如为传染病患者，应用消毒液清洁尸体，孔道应用浸有 1% 氯胺溶液的棉球进行填塞，包裹尸体使用一次性的尸单或尸袍，并放入不透水的袋子中，外面放置传染性标记。
4. 护士做尸体护理时，态度应严肃、认真，尊重死者，满足家属的合理要求，使其满意。

四、丧亲者的护理

丧亲者主要是指失去父母、配偶、子女者。失去亲人是一个重大的负性生活事件，直接影响丧亲者的身心健康，因此对丧亲者做好护理工作是十分重要的。

1. 做好尸体护理　体现对死者的尊重，对生者的抚慰。
2. 心理护理　死亡是患者痛苦的结束，而丧亲者的悲哀却达到高峰，这就必将影响其身心健康和生存质量，护理人员应予以陪伴，耐心倾听其诉说，针对不同心理反应，制订不同的护理措施。
3. 尽力提供生活指导、建议　如经济问题、家庭组合、社会支持系统等，使丧亲者感受到人世间的温暖。
4. 随访　临终关怀机构可通过信件、电话、访视对死者家属进行追踪随访。

自 测 题

一、选择题

1. 死亡的诊断依据不包括
   A. 反射消失　　　　B. 呼吸、心搏停止　　　C. 四肢冰冷
   D. 瞳孔散大而固定　E. 心电图呈直线
2. 死亡的三个阶段是
   A. 心搏停止、呼吸停止、对光反应消失
   B. 昏迷、呼吸停止、心搏停止
   C. 肌力消退、肌张力减退、反射消失
   D. 濒死、临床死亡、生物学死亡
   E. 尸斑、尸冷、尸僵
3. 护士在临床上进行尸体护理的依据是
   A. 医生作出死亡诊断后　B. 呼吸停止　　　C. 各种反射消失
   D. 心搏停止　　　　　　E. 意识丧失
4. 濒临死亡患者最后消失的感觉是
   A. 嗅觉　　　　　　B. 味觉　　　　　　C. 触觉
   D. 听觉　　　　　　E. 视觉
5. 患者，男性，63岁。因车祸颅脑损伤，抢救无效，医生确定死亡后，护士进行尸体护理，下列操作哪项不正确
   A. 填写尸体识别卡
   B. 尸体仰卧，取下枕头，洗脸闭合眼睑
   C. 给患者装上义齿，以避免脸部变形
   D. 用不脱脂棉填塞尸体孔道
   E. 态度真诚严肃，表示同情理解
6. 患者，女性，27岁。肝癌晚期，入院时身体虚弱，抗癌治疗效果差，患者情绪不稳定，经常抱怨、与家属争吵，该期心理反应为
   A. 忧郁期　　　　　B. 愤怒期　　　　　C. 否认期
   D. 接受期　　　　　E. 协议期

7. 某冠心病患者死亡 3 h 后，家属为其更换衣服时发现腰背部出现暗红色条纹，这种现象说明尸体出现了

    A. 尸冷　　　　　　B. 尸斑　　　　　　C. 尸僵

    D. 尸体腐败　　　　E. 尸体受伤

8. 患者，女性，67 岁。胰腺癌晚期，自感不久于人世，常常一人呆坐，泪流满面，十分悲哀，相应的护理措施为

    A. 维持患者希望　　　　　　　　B. 鼓励患者增强信心

    C. 指导患者更好配合　　　　　　D. 尽量不让患者流露失落情绪

    E. 安慰患者并允许家属陪伴

（9～11 题共用题干）

患者，女性，56 岁。肺癌骨转移第二次入院，疗效不佳，呼吸困难显著，疼痛剧烈。患者感到痛苦、悲哀、并试图自杀。

9. 此患者的心理反应属

    A. 否认期　　　　　　B. 愤怒期　　　　　　C. 协议期

    D. 忧郁期　　　　　　E. 接受期

10. 对此期患者的护理中，不妥的一项是

    A. 多给患者同情和照顾

    B. 允许家属陪伴

    C. 尽量不让患者流露出失落、悲哀的情绪

    D. 尽可能满足患者的要求

    E. 加强安全保护

11. 随着病情进展，患者出现意识模糊，进而昏迷，护士采取的措施中哪项不妥

    A. 使用床档　　　　　　　　　　B. 躁动不安时可使用约束具

    C. 必要时使用牙垫　　　　　　　D. 为防止口腔并发症应定时漱口

    E. 做好皮肤清洁护理

二、简答题

1. 临终患者通常经历的 5 个心理反应阶段是什么？
2. 临终患者有哪些生理变化？

三、案例分析

患者，女性，70 岁。肝癌晚期，病情日趋恶化，目前患者极度衰弱，生活不能自理，骶尾部发红，咳嗽无力，疼痛不明显，不愿进食。患者情绪尚稳定，并对护士的照顾表示感谢，但对周围事物不关心，不愿意与他人交谈。

请回答：

1. 患者的心理反应属于哪个阶段？护士如何提供心理支持？
2. 针对目前的状况，如何做好患者的躯体护理？

（张玉晶）

第二十一章　医疗与护理文件

思 维 导 图

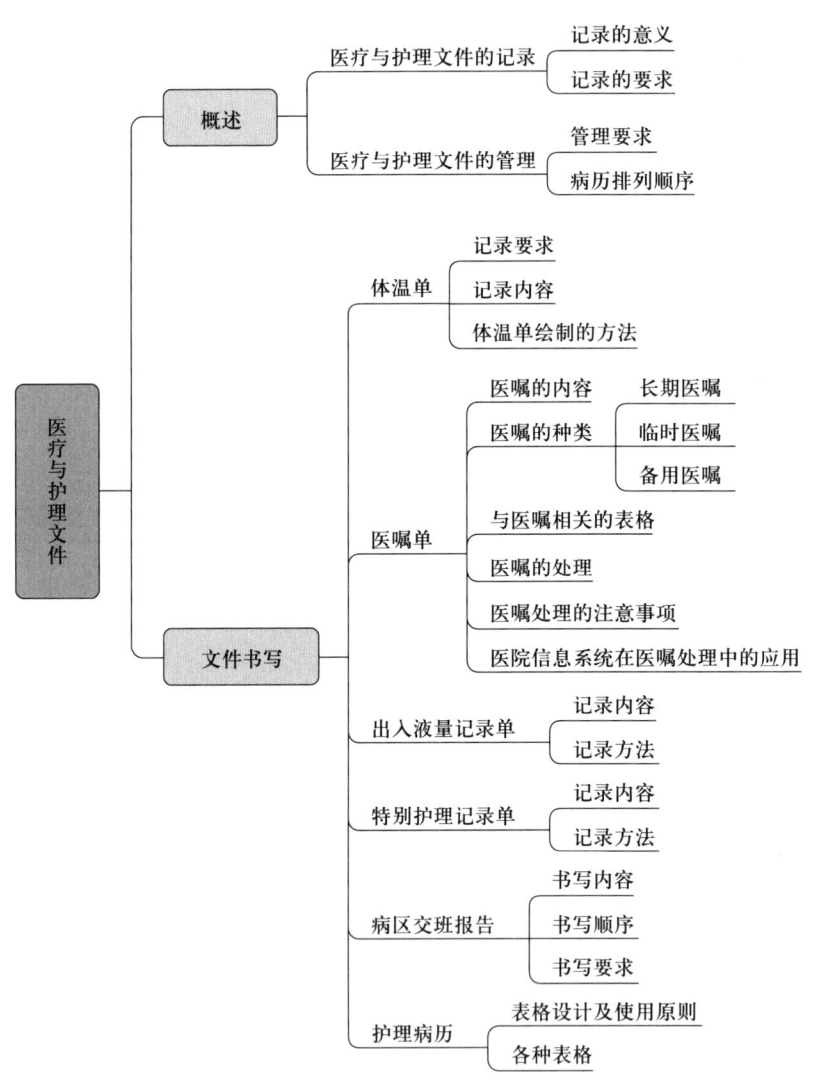

学习目标

1. 知道医疗和护理文件记录的意义、要求和保管要求。
2. 熟记医嘱的分类、处理原则及注意事项。
3. 能正确处理各种医嘱及排列住院病历与出院病历的顺序。
4. 学会体温单、出入液量记录单、特别护理记录单、病区交班报告、护理病历的书写。

5. 养成良好的职业素养，具有以人为本的护理服务理念，具备认真、严谨、一丝不苟的工作态度。

案例 21-1

患者，男性，76 岁，主诉咳嗽 5 天未见好转，于 2023 年 9 月 2 日上午 8 时 30 分来医院就诊，查体：测腋温 36.8 ℃，脉搏 88 次 / 分，呼吸 20 次 / 分，血压 130/88 mmHg，医生开出医嘱：查血常规、心电图、胸部 CT、二级护理、内科护理常规。经过治疗护理后，患者于 9 月 7 日上午 9 时 30 分病情好转出院。

问题与思考：
1. 如何在体温单上绘制患者的体温、脉搏、呼吸、血压？
2. 如何正确处理医嘱？

第一节　医疗与护理文件概述

医疗与护理文件（medical and nursing documents）包括医疗文件和护理文件两部分，是医院和患者的重要档案资料，也是教学、科研、管理及法律上的重要资料。医疗和护理文件记录患者疾病发生、诊断、治疗、护理、发展及转归的全过程，因此医疗与护理文件必须规范书写并妥善保管。医疗和护理文件包括病历、医嘱单、体温单、护理记录单、病室交班报告、特别护理记录单等。护士在医疗与护理文件的记录和管理中必须明确准确记录的重要意义，做到认真、负责、客观，并遵守专业技术规范。

一、医疗与护理文件的记录

（一）记录的意义

1. 提供患者的信息资料　医疗和护理文件是关于患者病情变化、诊断、治疗、护理和疾病转归全过程客观、全面、真实、动态的记录，是患者住院期间病情的连续性记录，是医护人员进行正确诊断、治疗和护理的重要依据，同时也是各级医护人员交流合作的纽带。

2. 实施诊疗及护理计划的依据　医疗和护理文件中记录的治疗和护理信息有助于医护人员明确患者的病情和护理需求，以便制订诊疗和护理计划，实施有针对性的治疗和护理措施。根据记录亦可评价护理计划的有效性和护理的效果。

3. 提供教学与科研资料　完整的医疗和护理文件是教学、科研的重要资料，一些特殊病例可作为教学的良好素材，医疗和护理文件也是临床科研的重要原始资料，对回顾性研究有重要的参考价值。同时，医疗和护理文件也为流行病学研究、传染病管理等提供了统计学方面的资料。

4. 提供质量评价依据　医疗与护理文件记录可在一定程度上反映出医院的医疗护理服务质量、医院管理、学术及技术水平，它既是衡量医院医疗和护理管理水平的重要标志，又是医院进行等级评定及对医护人员考核的参考资料。

5. 提供法律依据　医疗和护理文件是法律认可的证据性文件，其内容反映了患者在住院期间接受治疗与护理的具体情形，可作为医疗纠纷、人身伤害、保险索赔、犯罪刑事案件及遗嘱查验的重要举证材料。因此，对患者住院期间的病情、治疗及护理做好及时、完整、准确的记录，才能为法律提供有效的依据并维护医护人员和患者的合法权益。

（二）记录的要求

1. 及时　医疗和护理文件记录必须及时，不得拖延或提早记录，更不能漏记，以保证记录的时效性。因抢救危重患者未能及时书写记录时，当班护士应在抢救后 6 h 内据实补记，并注明抢救完成时间和补记时间。

2. 准确　是指医疗和护理文件记录的时间和内容真实、无误。尤其对患者的主诉和行为应进行详细、真实、客观的描述，记录者不应带有偏见和主观解释。记录者必须是执行者。记录的时间应为实际给药、治疗、护理的时间，而不是事先安排的时间。有书写错误时应在错误处画线删除或修改，并在上面签全名以及修改时间。

3. 完整　医疗和护理文件的眉栏、页码、各项记录必须逐项填写完整，避免遗漏，记录应连续，每项记录后记录者应签全名。医疗和护理文件不得随意拆散、损坏或外借，以免丢失。上级医务人员有审查、修改下级医务人员书写的医疗和护理文件的责任，修改时应注明修改日期并签全名。如果患者出现病情恶化、拒绝接受治疗及护理或有自杀倾向、意外、请假外出、并发症先兆等特殊情况，应详细记录并及时汇报、交接班。

4. 简要　医疗和护理文件的内容应尽量简明扼要，语句通顺，重点突出，正确使用医学术语，用公认的缩写，以方便医务人员快速获取所需信息。

5. 清晰　医疗和护理文件应按要求分别使用红色、蓝色、黑色钢笔或签字笔书写。字迹清楚、端正，不得随意涂改、剪贴或滥用简化字，保证格式规范。

 考点提示

护理文件记录的基本要求：及时、准确、完整、简要、清晰。

二、医疗与护理文件的管理

医疗与护理文件是医院重要的档案资料，是医护人员临床实践的原始文件记录，对医疗、护理、教学、科研、法律等方面至关重要，因此医疗和护理文件无论是在患者住院期间还是出院后均应妥善管理。

（一）管理要求

1. 各种医疗和护理文件按规定放置，记录和使用后必须放回原处。
2. 必须保持医疗和护理文件的清洁、整齐、完整，防止污染、破损、拆散、丢失。
3. 患者及家属不得随意翻阅医疗和护理文件，不得擅自将医疗和护理文件带离病区。因医疗活动需要将住院病历或复印件带离病区时，应由病区指定专人负责携带和保管。
4. 患者及其代理人有权要求借阅或复印病历，但必须按规定履行申请手续，批准后按医疗和护理文件复印规程办理。
5. 医疗和护理文件应妥善保存。体温单、医嘱单、特别护理记录单作为病历的一部分随病历放置，患者出院后送病案室长期保存。门诊病历应保存不少于 15 年，病区交班报告本应保存 1 年，以备查阅。

（二）病历的排列顺序

1. 住院期间病历排列顺序　体温单（按时间先后倒排）、医嘱单（按时间先后倒排）、入院记录、病史及体格检查、病程记录（手术、分娩记录单等）、会诊记录、各种检验及检查报告、护理记录单、长期医嘱执行单、住院病历首页、门诊和（或）急诊病历。

2. 出院（转院、死亡）病历排列顺序　住院病历首页、出院记录或死亡记录、入院记录、病史及体格检查、病程记录、各种检验及检查报告、护理记录单、医嘱单（按时间先后顺排）、长期医嘱执行单、体温单（按时间先后顺排）。

第二节　医疗与护理文件的书写

一、体温单

体温单是记录患者生命体征等的医疗文件。通过体温单，医护人员可以了解并判断疾病的动态变化与转归。记录体温单是护理人员必须掌握的护理实践技能之一。

（一）体温单的记录要求

1. 数据必须客观、准确、真实，不可主观臆断、凭空杜撰。
2. 字迹清晰，不得随意涂改、粘贴。按规定使用红色、蓝色笔填写及绘制各项内容。
3. 圆点等大等圆，连线平直，达到准确、美观、整洁的目的。

（二）体温单的内容

1. 姓名、科别、病室、床号、入院日期、住院号。
2. 入院日期、住院天数和术后天数。
3. 体温、脉搏、呼吸的绘制与记录，入院、出院、手术、分娩、转科或死亡等时间。
4. 血压、体重、液体出入量、大小便情况、药物过敏、其他等。

（三）体温单的填写方法（图 21-1）

1. 眉栏

（1）用蓝（黑）笔填写患者姓名、科别、病室、床号、入院日期、住院号等。

（2）入院日期：每页第 1 日填写年、月、日，中间用短线隔开，如"2023-11-16"，其余 6 日只填写日。若在 6 日中遇到新的年度或月份开始时，则应填写年、月、日或月、日。

（3）住院天数：用阿拉伯数字填写，自入院日起连续填写至出院。

（4）手术（分娩）后天数：用红笔填写手术或分娩后日期，以手术或分娩的次日为术后（分娩）第 1 日，用阿拉伯数字填写至第 14 日止。如在 14 日内进行第 2 次手术，则将第 1 次手术天数作为分母，第 2 次手术天数作为分子填写。

2. 40～42 ℃之间

（1）填写内容：入院时间、手术时间、分娩时间、转科（注明科别）、出院或死亡时间。

（2）填写方法：用红笔在相应日期与时间内纵行填写，手术不写具体手术名称，转入时间由转入科室填写，死亡时间以"死亡于 × 时 × 分"的方式表述。

3. 体温曲线的绘制

（1）口腔温度以蓝点"●"表示，腋下温度以蓝叉"×"表示，直肠温度以蓝圈"○"表示，均用蓝铅笔绘制，相邻两次之间以蓝实线相连。

（2）物理或药物降温 30 min 后所测的体温，以红圈表示"○"，绘在降温前体温的同一纵格内，并用红色虚线与物理降温前的体温相连，下次所测得的体温应与降温前的体温以蓝线相连。

（3）需每 2 h 测 1 次体温时，其中体温单上规定时间的照常填写，其他时间测得的体温则记录在护理记录单上。

（4）体温低于 35 ℃时，为体温不升，应在 35 ℃线以下相应时间纵格内用红色墨水笔写"不升"，不再与相邻温度相连。

（5）若患者拒测、外出或请假，则在体温单 40～42 ℃之间用红笔在相应时间纵格内填写"拒测""外出"或"请假"，并且前后两次体温断开不相连。

（6）体温若与上次测量结果差异较大或与病情不符时，应重复测量，核实无误后在原体温上方用蓝笔写上一小写英文字母"v"（verified，核实）。

4. 脉搏曲线的绘制

（1）脉率以红点"●"表示，心率以红圈"○"表示，均用红铅笔绘制，相邻两次脉率或心率用红线相连。

（2）当体温与脉搏重叠时，应先绘制蓝色体温符号，在其外用红笔画圈"○"表示脉搏；如是肛温，则先以蓝圈"○"表示体温，其内以红点"●"表示脉搏。

（3）脉搏短绌时，相邻脉率或心率用红线相连，在脉率和心率符号之间用红铅笔连线。

（4）若患者拒测、外出或请假，在体温单 40～42 ℃之间用红笔在相应时间纵格内填写"拒测""外出"或"请假"。前后两次脉率（心率）断开不相连。

5. 呼吸的记录　用红笔以阿拉伯数字填写在相应栏内。

（1）如每日记录呼吸 2 次以上，应在相应栏内上下交错记录，第一次呼吸在上方。

（2）使用呼吸机患者的呼吸以 ⓡ 表示，在体温单相应时间栏内顶格用黑笔画 ⓡ。

6. 底栏　用蓝（黑）笔使用阿拉伯数字记录，免写单位。

（1）血压：以分数式记录，例如：138/76。一日内测量 2 次者，上午、下午血压各占半格。若每日测量次数大于 2 次，则记录在护理记录单上。下肢血压需注明"下"。

（2）出入量：以毫升（ml）为单位，记录前一日 24 h 的出入总量，每天记录 1 次。有的体温单中入量和出量合在一栏内记录，则将前一日 24 h 的出入总量填写在相应日期栏内，分子为出量、分母为入量。

（3）大便：每日记录 1 次，填写前一日 24 h 的大便次数，如未排便记"0"。灌肠以"E"表示，灌肠后排便次数以分数式表示，例如，"$\frac{1}{E}$"表示灌肠后排便一次；"$1\frac{2}{E}$"表示自行排便一次，灌肠后又排便 2 次。大便失禁以"※"表示，人工肛门以"☆"表示。

（4）体重：以千克（kg）计数填入，新入院患者测体重，住院患者应每周测体重 1 次。凡因各种原因不能测体重者，记"卧床"。

（5）身高：新入院患者当日测量身高并记录，单位为厘米（cm）。

（6）空格栏：可作为需观察增加内容和项目，如记录管路情况、特殊药物等。

（7）页码：按页数用蓝（黑）笔连续填写。

 考点提示

绘制体温单的方法。

二、医嘱单

医嘱（physician order）是医生根据患者病情的需要，为其拟订的具体诊疗措施的书面嘱咐。医生开写医嘱，护士负责执行。

（一）医嘱的内容

医嘱的内容包括日期、时间、护理常规、护理级别、饮食、体位、药物（名称、剂量、浓度、用法等）、各种检查、治疗、术前准备以及医生和护士的签名等。

（二）医嘱的种类

1. 长期医嘱（standing order）　指有效时间在 24 h 以上，医生注明停止时间后才失效的医嘱。主要包括护理常规、护理级别、隔离种类、饮食种类、体位、给药医嘱（药物名称、剂量和用法），如一级护理、流质饮食、0.9% 氯化钠 100 ml+ 头孢他啶 2.0 g ivgtt bid。

2. 临时医嘱（temporary medical order）　指有效时间在 24 h 以内，应在短期内执行，一般

体 温 单

姓名李某 **性别**女 **年龄**45 **入院日期**2018年8月28日 **科别**普外 **病室**一 **床号**2 **住院号** 20180852

日期	2018-8-28	29	30	31	9-1	2	3
住院天数	1	2	3	4	5	6	7
手术后天数		1	2	1/3	2/4	3/5	4/6
时间	4 8 12 16 20 0	4 8 12 16 20 0	4 8 12 16 20 0	4 8 12 16 20 0	4 8 12 16 20 0	4 8 12 16 20 0	4 8 12 16 20 0

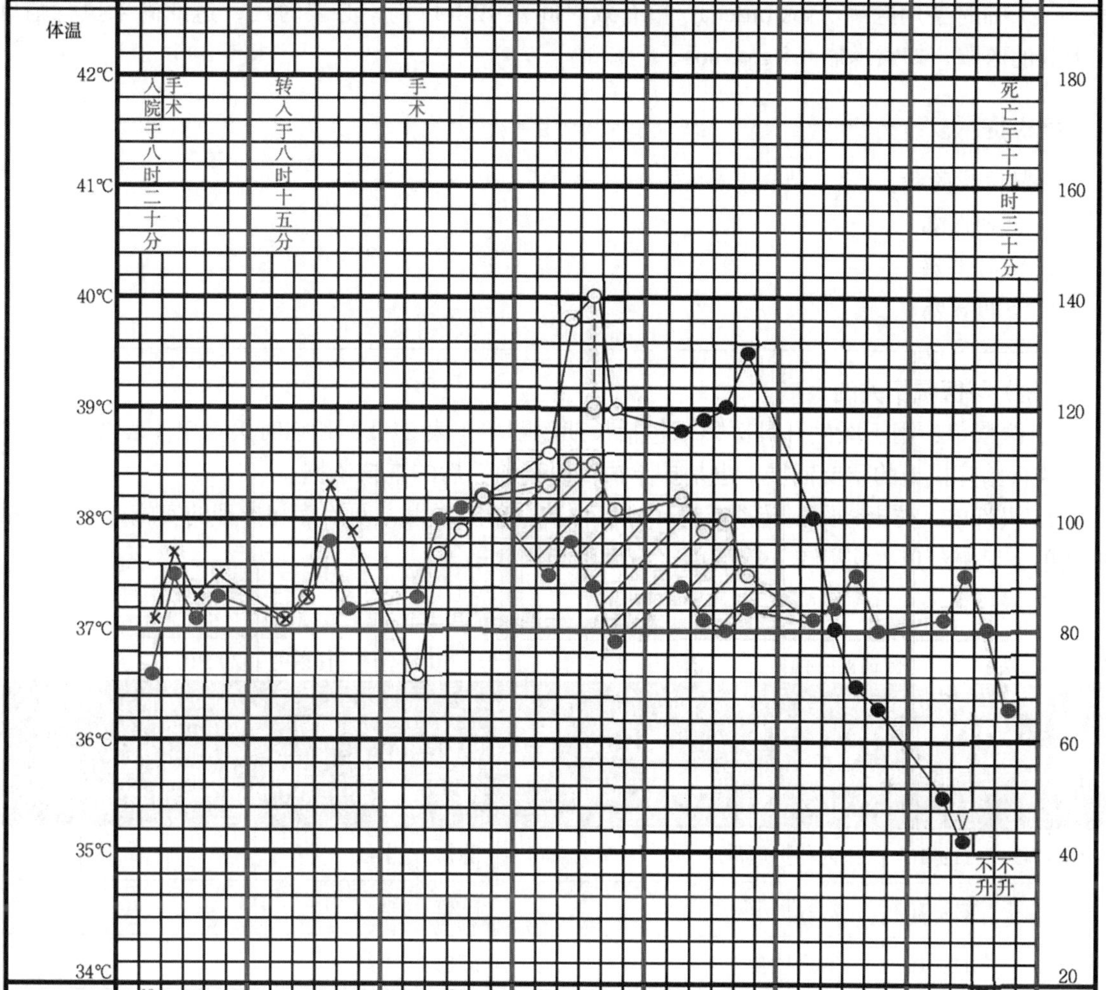
体温
脉搏
42℃
41℃
40℃
39℃
38℃
37℃
36℃
35℃
34℃
180
160
140
120
100
80
60
40
20
入院于八时二十分
手术
转入于八时十五分
手术
死亡于十九时三十分
不升
不升

呼吸	18 24 18 20	18 22 22 20	20 22 24 22	22 20 24 22	24 24 20 24	22 22 24 20	18 20 Ⓡ Ⓡ
大便次数	1	1 2/E	0	1	1	1	※
总入量ml	2100	2250	2600	2200	2100	2000	
总出量ml	1900	2150	2500	2000	1800	1650	
引流量ml							
血压mmHg	120/80	130/90	136/96	124/80	136/80 140/90	126/76 110/70	76/50
身高cm	165						
体重kg	60						
过敏药物	青霉素（+）						

图 21-1 体温单

只执行一次的医嘱。有的需要立即执行，如 0.1% 盐酸肾上腺素 0.5 ml H st；有的需要在限定时间内执行，如手术、药物过敏试验、各种辅助检查、会诊、出院、转科等。

3. 备用医嘱（standby order） 指根据患者病情需要执行的医嘱，又可分为长期备用医嘱和临时备用医嘱。

（1）长期备用医嘱（prn order）：指有效时间在 24 h 以上，必要时用，两次执行之间有时间间隔，医生开具停止医嘱时间后方失效的医嘱，如哌替啶 50 mg im q6 h prn。

（2）临时备用医嘱（sos order）：指有效时间在 12 h 以内，必要时用，过期尚未执行则自动失效的医嘱，如索米痛 0.5 g po sos。

 考点提示

判断医嘱的种类
1. 长期医嘱
2. 临时医嘱
3. 备用医嘱

（三）与医嘱相关的表格

1. 医嘱单　用于医生开具医嘱，包括长期医嘱单（表 21-1）和临时医嘱单（表 21-2），是护士执行治疗措施的重要依据，也是护士执行医嘱前、后的查核依据。

2. 执行单　护士将医嘱转抄或打印到各种执行单上，以方便治疗和护理的实施，主要包括护理单、口服药单、注射单、输液单、治疗单和饮食单等。

表 21-1　长期医嘱单

姓名：王某　　　科别：内科　　　病室：2　　　床号：10　　　住院号：2023072

开始					停止			
日期	日间	医嘱	医生签名	护士签名	日期	时间	医生签名	护士签名
2023-7-2	11：10	内科护理常规	陈梅	李红				
7-2	11：10	二级护理	陈梅	李红				
7-2	11：10	普通饮食	陈梅	李红				
7-2	11：10	青霉素 80 万 U im bid	陈梅	李红	7-12	9：00	陈梅	李红
7-2	11：10	5% 葡萄糖 500 ml ⎫ ivgtt qd	陈梅	李红				
7-2	11：10	10% 氯化钾 10 ml ⎭	陈梅	李红				

表 21-2　临时医嘱单

姓名：王某　　科别：内科　　病室：2　　床号：10　　住院号：2023072

日期	时间	医嘱	医生签名	执行护士签名	执行时间
2023-7-2	9：00	心电图	陈梅	李红	9：10
7-2	9：00	胸部X线片	陈梅	李红	9：10
7-2	9：00	血常规	陈梅	李红	9：10
7-2	9：00	青霉素皮试（ ）	陈梅	王晶	9：10

（四）医嘱的处理

1. 医嘱处理原则

（1）先急后缓：应先判断需执行医嘱的轻重缓急，合理、及时地安排执行顺序。

（2）先处理临时医嘱，再处理长期医嘱。

（3）医嘱执行者必须在医嘱单上签全名。

 考点提示

处理医嘱的原则

1. 先急后缓
2. 先临时后长期
3. 医嘱执行者必须在医嘱单上签全名

2. 各种医嘱的处理

（1）长期医嘱的处理：由医生写在长期医嘱单上，注明日期和时间，在医生栏内签全名。护士先将长期医嘱分别转抄至各种执行单上，如口服给药单、注射单、饮食单、治疗单、护理单，并注明具体执行时间，然后在医嘱单护士签名栏签全名。

（2）临时医嘱的处理：医生将医嘱写在临时医嘱单上，护士将临时医嘱转抄在临时医嘱执行单上，与执行护士（责任护士）一起核对后交给其执行，护士执行后在医嘱单执行护士栏内签名，并注明执行时间。

（3）备用医嘱的处理

1）长期备用医嘱的处理：医生将医嘱写在长期医嘱单上，按长期医嘱处理，但在执行单上须注明"prn"字样，须注明执行的间隔时间。执行后在临时医嘱单上记录执行时间并签全名。

2）临时备用医嘱的处理：医生将医嘱写在临时医嘱单上，患者需要时再执行。护士执行后在临时医嘱单上记录执行时间和签全名。12 h内未用则自动失效，护士在该项医嘱栏内用红笔写"未用"二字。凡需下一班执行的临时医嘱，应交班。

（4）停止医嘱的处理：当医生在长期医嘱"停止"栏下注明日期、时间及签名后，护士执行医嘱时应先在相应的执行卡上将此医嘱注销，并在长期医嘱单"停止"栏下"护士"栏签名。

（5）重整医嘱的处理：医嘱调整项目较多时，应重整医嘱，由医生在原医嘱最后一项下面画一红线，写上"重整医嘱"，再将红线以上有效的长期医嘱，按原日期时间的排列顺序抄在红线下，并核对无误后签全名。医生重整医嘱后，由当班护士核对无误并在整理之后的有效医嘱执行栏内签全名。

（6）手术、分娩或转科医嘱的处理：当患者手术、分娩或转科后，由医生在原医嘱最后一项下面写上"术后医嘱""分娩医嘱""转入医嘱"等，然后再开写新医嘱，原医嘱自行停止。

（五）医嘱处理的注意事项

1. 医嘱必须经医生签名后生效。一般情况下，护士不执行医生的口头医嘱。在抢救、手术过程中，医生需要向护士下达口头医嘱时，护士应将医嘱复述1遍，双方确认无误后方可执行。抢救或手术结束后，应据实补记。

2. 在执行医嘱的过程中，护士如果有疑问，应及时与有关医生沟通，确认医嘱无误后方可执行。

3. 凡需要下一班执行的临时医嘱和临时备用医嘱要交班，并在交班记录上注明。

4. 医嘱及执行治疗时间记录以24 h计。

5. 医嘱执行者须在医嘱单上签全名。

6. 严格执行查对制度，如能打印，直接从医院信息系统打印。必须转抄时，一定要仔细核对转抄的正确性。医嘱经转抄、整理后，须经两人核对无误后方可执行。

7. 医嘱应每班查对、每日核对、每周总查对1次，并签上查对时间和查对者姓名。

（六）医院信息系统在医嘱处理中的应用

医院信息系统（hospital information system，HIS）是指利用计算机软硬件技术、网络通信技术等现代化手段，对医院及其所属部门的人流、物流、财流进行综合管理，对医疗活动各阶段中产生的数据进行采集、存储、处理、提取、传输、汇总、加工生成各种信息，从而为医院的整体运行提供全面的、自动化的管理及各种服务的信息系统。在医院各计算机运行子系统中，医嘱处理子系统占据重要的地位。它的运用改变了护士转抄、查对医嘱的方式，节省了时间和人力资源，减轻了护士的工作强度，为进一步提高临床护理工作质量和效率奠定了基础。医院信息系统处理医嘱的方法包括：

1. 医嘱信息库的建立　在建立医嘱信息库的过程中，结合临床实践，从用药、检验、放射、特检、护理等各个方面广泛收集信息，经过反复调查、运行、修改补充，组成了强大的医嘱信息库，保证了医嘱信息的完整性、系统性，同时对医嘱信息的范围、内容进行了标准化和规范化，以便更好地应用信息。此外，采用数字码和拼音码输入方式建立医嘱信息库，可达到信息共享的目的。

2. 医嘱的录入　医生通过医生工作站直接录入医嘱，并下达护士工作站。

3. 医嘱的处理

（1）提取医嘱：处理医嘱时护士进入医院信息系统，录入工号及个人密码，进入护士工作站系统后提取医嘱。

（2）核对医嘱：处理医嘱前先双人核对医嘱，核对内容包括医嘱类别、内容及执行时间等。无误后方可确认执行。对有疑问的医嘱及时向医生查询，严防盲目执行医嘱。

（3）执行医嘱：医嘱汇总生成后，中心药房根据网络信息摆药，分发针剂等；处理医嘱护士通过终端机直接打印当天各种药物治疗单，包括注射、口服、输液等长期医嘱治疗单并执行。

4. 医院信息系统医嘱的查对方法　医嘱的查对遵循"每班查对、每日核对、每周总查对"的原则。查对内容包括医嘱各种执行单、各种标识（饮食、护理级别、隔离）等。

5. 医嘱处理的监控

（1）在医嘱录入、校对、汇总、生成、总查、删除等每一个处理环节中，实行操作码管理。操作码与操作人员一一对应，由操作人员自行管理，操作人员只有凭借操作码才能进入医院信息化管理系统处理医嘱，操作人员的姓名可在总台显示。

（2）职能部门可通过监控系统浏览、查对住院患者或出院患者的全部医嘱，浏览、查阅全院（包括出院）患者的某一项医嘱等，从而监控各个科室医嘱处理的环节质量和终末质量。

知识链接

移动护士工作站

移动护士工作站，是以计算机医院信息系统为支撑平台，借助个人掌上电脑（personal digital assistance，PDA）硬件及无线区域网络技术，充分利用医院信息系统的数据资源，实现向病房的扩展和延伸。护士可随身携带PDA，通过PDA扫描患者腕带，识别其身份后，对该患者进行信息查询、生命体征录入、护理记录以及执行医嘱。录入的信息保存后，可直接呈现于医生及护士工作站，促进了医护之间信息的及时沟通。医生下达医嘱信息会自动转移至PDA，并显示提示信息，提醒护士按时执行。医嘱执行后，点击PDA相关项目即可自动记录执行时间和操作者，避免了医嘱执行过程中责任不明、执行时间记录随意等不良现象。随着医学信息技术的发展，这必将成为临床护理信息方向发展的趋势。

三、出入液量记录单

正常人体每天液体的摄入量和排出量之间保持着动态平衡。当患者因休克、大面积烧伤、大手术、心脏或肾脏疾病、肝硬化腹水等原因使摄入量和排出量不能保持动态平衡时，就会发生脱水或水肿。因此，护士要正确掌握出入液量记录（recording fluid intake and output）方法。

（一）记录内容

1. 摄入量　包括每日的饮水量、食物含水量、输液量、输血量等。患者饮水或进食时，应使用量杯或固定使用已测定过容量的容器，以便准确记录。凡是固体的食物，除必须记录固体单位数量外，还需要换算出食物的含水量（表21-3，表21-4）。

2. 排出量　主要为尿量，其次包括大便量、呕吐量、咯血量、痰量、胃肠减压吸出液量、胸腔及腹腔吸出液量、各种引流液量及伤口渗出量等。除大便记录次数外，液体以毫升为单位记录。为准确记录尿量，对昏迷患者或需要密切观察尿量的患者，最好留置导尿。为婴幼儿记录尿量，可先测定干尿布重量，然后称湿尿布的重量，两者的差值为尿量。对难以收集的排出量，可根据规定量液体浸湿棉织物的状况进行估计。

表 21-3　医院常用食物含水量表

食物	单位	原料重量（g）	含水量（ml）	食物	单位	原料重量（g）	含水量（ml）
米饭	1中碗	100	240	藕粉	1大碗	50	210
大米粥	1大碗	50	400	鸭蛋	1个	100	72
大米粥	1小碗	25	200	馄饨	1大碗	100	350
面条	1中碗	100	250	牛奶	1大杯	250	217
馒头	1个	50	25	豆浆	1大杯	250	230
花卷	1个	50	25	蒸鸡蛋	1大碗	60	260
烧饼	1个	50	20	牛肉		100	69
油饼	1个	100	25	猪肉		100	29
豆沙包	1个	50	34	羊肉		100	59
菜包	1个	150	80	青菜		100	92
水饺	1个	10	20	大白菜		100	96
蛋糕	1块	50	25	冬瓜		100	97
饼干	1块	7	2	豆腐		100	90
煮鸡蛋	1个	40	30	带鱼		100	50

表 21-4　各种水果含水量表

水果	原料重量（g）	含水量（ml）	水果	原料重量（g）	含水量（ml）
西瓜	100	79	葡萄	100	65
甜瓜	100	66	桃	100	82
西红柿	100	90	杏	100	80
萝卜	100	73	柿子	100	60
李子	100	68	香蕉	100	60
樱桃	100	67	橘子	100	54
黄瓜	100	83	菠萝	100	86
苹果	100	68	柚子	100	85
梨	100	71	广柑	100	88

（二）记录方法

1. 记录数量均以毫升为单位，但免记计量单位。

2. 记录同一时间的摄入量和排出量，应自同一横线上开始，记录不同时间的摄入量或排出量应各自另起一行。

3. 一般于每日19时做12 h的小结1次，用蓝（黑）笔在19时记录的下面画一横线，将12 h小结的液体出入量记录在横线下，然后在小结的下方再画一横线；次晨7时做24 h总结，用红笔在次晨7时记录的下面画一横线，将24 h总结的液体出入量记录在横线下，然后在总结的下方再画一横线，并将24 h总出入液量填写在体温单的相应栏内。

四、特别护理记录单

特别护理记录（special nursing record）是指护士根据医嘱和患者病情对危重、大手术后或接受特殊治疗须严密观察病情的患者所做的客观记录，目的是及时了解患者病情变化，观察治疗或抢救后的效果（表21-5）。

表 21-5　特别护理记录单

科别：消化内科　　姓名：张某　　年龄：53　　性别：女　　床号：1　　住院病历：65379　　入院日期：2023-7-10　　诊断：消化道出血

日期	时间	意识	体温 ℃	脉搏 次/分	呼吸 次/分	血压 mmHg	血氧饱和度 %	吸氧 L/min	入量 名称	入量 ml	出量 名称	出量 ml	皮肤情况	管道护理	病情观察及措施	护士签名
2023-7-10	10:00		36.5	108	24	80/50		鼻导管	10%葡萄糖	500	呕血	400	完整		患者诉心悸，头晕，呕吐1次，呕吐物为暗红色，通知医生，抽血，做血型鉴定	唐妮
								4	维生素K1	2						唐妮
	10:45			110	23	90/55			低分子右旋糖酐	250				胃管通畅	给予止血药物、胃肠减压，密切观察	唐妮
									生理盐水	10						唐妮
	11:30			108	23	90/60			洛塞克 40 mg	4	胃液	100		胃管通畅	血压略有回升，洛塞克 40 mgIV	唐妮
	12:30			100	20	100/60			新鲜血	200					抽出血性液体 100 ml	唐妮
	14:00	36.8		90	20	110/64			新鲜血	200				胃管通畅	输血	唐妮
									平衡液	500					继续输血	
	16:00			88	20	112/64			酚磺乙胺 2 g	4	尿	300			血压恢复正常，继续观察	
									生理盐水	10						
	18:00								洛塞克 40 mg	4	胃液	200		胃管通畅	患者今呕血 400 ml，血压下降，给予胃肠减压，静脉应用止血剂，输液处理，目前血压恢复正常，胃管内有少许咖啡样液体引出，维持输液，继续观察	唐妮
									10%葡萄糖	500						

续表

日期	时间	意识	体温 ℃	脉搏 次/分	呼吸 次/分	血压 mmHg	血氧饱和度 %	吸氧 L/min	入量 名称	入量 ml	出量 名称	出量 排出	出量 ml	皮肤情况	管道护理	病情观察及措施	护士签名
12 h 小结									输入	2184			1000			尿 300 ml，胃液 300 ml，呕血 400 ml	唐妮
	19:00		36.6	82	18	110/76			生理盐水	10				完整	胃管通畅	胃管内引流液转为黄色	陆爽
	22:00			80	18	112/70			洛塞克 40 mg	4						输液完毕	陆爽
	00:00			82	16	100/64									胃管通畅	患者无出血情况，安静入睡	陆爽

(一) 记录内容

记录内容包括患者姓名、年龄、病室、床号、住院号等一般情况及患者生命体征、意识状态、液体出入量、病情动态变化、护理措施、用药情况、治疗及护理效果等。危重患者的记录内容应根据相应专科的特点进行书写。

(二) 记录方法

1. 用蓝（黑）笔填写眉栏各项及页码。

2. 应及时并准确地记录患者的体温、脉搏、呼吸、血压、液体出入量等。计量单位写在标题栏内，记录栏内只填数字。记录液体出入量时，除填写量外，还应将颜色、性状记录于病情栏内，并将24 h液体出入总量填写在体温单的相应栏内。

3. 常规护理不做记录内容，如换床单、晨间护理等。

4. 患者出院或死亡后，特别护理记录单应随病历留档保存。此外，除了特别护理记录单外，护理观察记录单还包括一般护理记录单和手术护理记录单。一般护理记录单是护士遵照医嘱和患者的病情，对一般患者住院期间护理过程的客观记录。手术护理记录单是巡回护士对手术患者手术中护理情况及所用器械、敷料的记录。

五、病区交班报告

病区交班报告（change-of-shift report）是由值班护士针对值班期间病区情况及患者病情动态变化等书写的报告（表21-6）。

(一) 病区交班报告内容

1. 出院、转出、死亡、出院患者写明离开时间。转出患者注明转往的医院、科室及转出时间。死亡患者注明抢救过程及死亡时间。

2. 新入院或转入的患者应报告入院或转入原因、时间、患者主诉、主要症状、体征、既往史、过敏史、存在的护理问题、给予的治疗、护理措施及效果等。

3. 危重患者、有异常情况及做特殊检查和治疗的患者，应报告患者的生命体征、意识状态、病情动态、特殊的抢救、治疗及护理，下一班需要重点观察和注意的事项。

4. 手术后患者应报告实施何种麻醉、何种手术、手术经过、麻醉清醒时间及回病室后的生命体征、切口敷料有无渗血、是否已排尿和排气、各种引流管是否通畅及引流液情况（包括颜色、量、性质等）、输液、输血及镇痛药的应用等有关情况。

5. 产妇应报告胎次、产程、分娩时间、分娩方式、会阴切口和恶露情况、何时自行排尿、新生儿性别及评分等。

6. 预手术、预检查和待行特殊治疗的患者应报告须注意的事项、术前用药和准备情况等。

病区交班报告中还应报告上述各类患者的心理状态和需要接班者重点观察的项目及完成的工作事项。夜间记录应注明患者睡眠情况。

(二) 病区交班报告书写顺序

1. 眉栏　填写用蓝（黑）笔填写眉栏各项，包括病室、日期及页码。

2. 基本情况　包括患者总数、入院、出院、转出、转入、手术、分娩、病危及死亡人数。

3. 按顺序书写报告　先写离开病区的患者（出院、转出、死亡），再写进入病区的患者（入院、转入），最后写本班重点患者（手术、分娩、危重及有异常情况的患者）。

(三) 病区交班报告书写要求

1. 对新入院、转入、手术、分娩患者，在诊断的下方分别用红笔注明"新""转入""手术""分娩"，危重患者做红色标记"*"或用红笔注明"危"。

2. 书写内容应全面、准确、简明扼要、重点突出、无遗漏。

表21-6 病区交班报告

病区：心内科　　　2023年11月17日

病情	上午8:00至下午5:00 患者总数36人	下午5:00至午夜0:00 患者总数36人	午夜0:00至上午8:00 患者总数36人
患者总报告	入院1 出院1 转出2 转入1 手术0 分娩0 出生0 病危1 死亡0	入院0 出院0 转出0 转入0 手术0 分娩0 出生0 病危1 死亡0	入院0 出院0 转出0 转入0 手术0 分娩0 出生0 病危1 死亡0

床号姓名诊断			
3床 王小兰	今日10:00出院		
7床 李红	今日15:30出院		
6床 陈芳	今日15:00转外科，继续治疗		
12床 王红 风湿性心脏病、心房颤动心功能三级"新"	女性，45岁，"因反复咳喘胸闷3年，加重6日"于14:30收治入院。入院时坐轮椅推入，神志清醒，精神萎靡，体温37.2℃，呼吸26次/分，心率96次/分，血压106/70 mmHg，口唇散发绀，不能平卧。遵医嘱给予吸氧、强心、利尿及青霉素抗感染等治疗。现患者半卧位休息，持续低流量吸氧2 L/min，呼吸22次/分，主诉胸闷，气喘好转，输液通畅，请夜班加强病情观察	患者晚间病情平稳，持续给氧2 L/min，呼吸20次/分，未诉不适，半卧位，入睡好，18:00体温36.8℃，心率88次/分，请夜班加强观察	患者夜间取半卧位休息，仍予持续低流量氧气吸入，呼吸平稳，20次/分，睡眠佳。晨起无不适。6:00体温：36.3℃，心率90次/分，血压112/74 mmHg，呼吸18次/分
21床 张力 急性前壁心肌梗死 "转入，危"	患者因"急性前壁心肌梗死"住监护室治疗，今日心梗后第9日，病情平稳，子以转回护理区。现患者精神好，无特殊不适主诉。血压112/76 mmHg，心率80次/分。现输液未完，无反应，无异常。患者目前仍需卧床休息，请夜班加强病情观察	患者晚间呼吸平稳，无胸闷现象，无心前区压痛及胸闷主诉，血压120/76 mmHg，心率80次/分，律齐，21:30主诉入睡困难，给予地西泮5 mg口服，效果好，现安静入睡。23:15输液完毕，请夜班再观察	患者夜间睡眠较好，呼吸平稳，晨起未主诉不适。6:00体温：36.2℃，心率：80次/分，律齐，血压112/74 mmHg

护士签名：刘珊　　　护士签名：周元　　　护士签名：罗丽

3. 字迹清楚，不随意涂改，日间用蓝笔书写，夜间用红笔书写（有的医疗机构采取全部使用蓝笔记录的方式）。

4. 应在经常巡视和了解患者病情的基础上于交班前 1 h 书写，写完后签署全名。

六、护理病历

在临床实施整体护理的过程中，有关患者的健康资料、护理诊断、预期目标、护理措施、护理记录和效果评价均应有书面记录，这些记录构成护理病历。

（一）护理病历表格的设计和使用原则

1. 能及时、准确地反映患者病情及心理状态，避免重复医疗记录。
2. 能体现护理评估、护理诊断、护理计划、护理实施、效果评价的内容，能反映护理质量。
3. 操作简便、全面、准确，符合护理发展的需要，具有实用性和可操作性。
4. 有法律依据，有保存和研究价值。

（二）护理病历中的各种表格

各医院护理病历的组成和设计有所不同，一般包括以下几种：

1. 患者入院护理评估表　用于对新入院患者进行初步的护理评估，为形成护理诊断和护理问题建立资料库。目前，国内常以戈登（Gordon）的功能性健康型态理论和马斯洛的人的基本需要理论为框架设计患者入院护理评估表。

2. 住院患者护理评估表　为及时、全面掌握患者的情况，护士应对其分管的患者进行评估。评估内容可根据病种、病情不同而有所不同。

3. 护理诊断项目表　通过对患者的评估，将确定的护理诊断按主次顺序列于项目表上，出现新问题应及时记入。

4. 护理计划单　是护士对患者实施护理的具体方案，内容包括护理诊断、预期目标、护理措施及效果评价等。

5. 护理记录　是护士运用护理程序的方法为患者解决问题的记录。护理记录单的内容包括患者的护理诊断、护士所采取的护理措施和执行措施后的效果。

6. 健康教育计划和出院指导

（1）健康教育计划：内容可涉及与恢复和促进患者健康有关的各方面知识与技术。主要包括：①疾病的诱发因素、发生与发展过程。②可采取的治疗及护理方案。③有关检查的目的及注意事项。④饮食与活动的注意事项。⑤疾病的预防及康复措施。

（2）出院指导：内容为对患者出院后活动、饮食、服药、切口、随访等方面进行指导，可采用讲解、示范、模拟、提供书面或视听材料等方式。

自　测　题

一、选择题

1. 有效期在 24 h 以上的医嘱是
   A. 肥皂水灌肠 st　　　　B. 二级护理　　　　C. 安定 5 mg hs sos
   D. 血常规　　　　　　　E. X 线片

2. 患者，男性，45 岁，灌肠前自行排便 1 次，灌肠后排便 1 次，正确的记录方法是
   A. $\dfrac{1}{E}$　　　　　　B. $\dfrac{2}{E}$　　　　　　C. 2

D. $\dfrac{1}{2E}$ E. $1\dfrac{1}{E}$

3. 患者，男性，76 岁，胃大部切除术后，主诉切口疼痛，医嘱给予"哌替啶 50 mg im q6h prn"。此项医嘱是

   A. 临时医嘱   B. 长期医嘱   C. 临时备用医嘱

   D. 长期备用医嘱   E. 指定时间的医嘱

4. 患者，女性，35 岁，子宫肌瘤拟行手术治疗。术前 1 日 8：00 医生开医嘱地西泮 5 mg po sos，此项医嘱的失效时间是

   A. 当日 18：00   B. 当日 20：00   C. 次日 10：00

   D. 次日 20：00   E. 至医生停止医嘱为止

5. 患者，女性，83 岁，主诉尿急、尿频、尿痛收入院。测量体温 36.7 ℃。护士小李在记录体温单，以下记录方法正确的是

   A. 40～42 ℃栏内蓝钢笔纵行书写入院时间

   B. 眉栏各项用红笔填写

   C. 总结 24 h 出入量后记录于体温单底栏内

   D. 底栏一律用蓝钢笔书写，注明计量单位

   E. 底栏可以填写手术后日数

（6～7 题共用题干）

患者，男性，32 岁，阑尾炎手术后 5 天，伤口愈合良好，于今日上午出院。

6. 护士为其整理出院病历，出院病历排列顺序的首页应是

   A. 体温单   B. 医嘱单   C. 病程记录

   D. 出院记录   E. 住院病历首页

7. 患者出院后，其体温单作为病历的一部分随病历放置，应保存的时间为

   A. 1 年   B. 5 年   C. 15 年

   D. 30 年   E. 长期保存

二、简答题

1. 如何绘制发热患者降温 30 min 后的体温？
2. 病区交班报告的书写顺序是什么？

三、案例分析

患者，女性，50 岁，行乳腺癌根治手术，患者于 13：00 回病房，一般情况尚好。医嘱：哌替啶 50 mg im q6 h prn。16：00 时，患者主诉手术伤口疼痛难忍。

请回答：护士应如何处理医嘱？

（王维维）

主要参考文献

[1] 杨潇二，唐布敏. 护理学基础. 北京：北京大学医学出版社，2019.
[2] 李丽娟，马国平. 护理学导论. 北京：北京大学医学出版社，2020.
[3] 李小寒，尚少梅. 基础护理学. 7版. 北京：人民卫生出版社，2022.
[4] 张连辉，邓翠珍. 基础护理学. 4版. 北京：人民卫生出版社，2019.
[5] 陈佩仪. 中医护理学基础. 2版. 北京：人民卫生出版社，2017.
[6] 贾建平，陈生弟. 神经病学. 8版. 北京：人民卫生出版社，2018.
[7] 王荣娜，黄修妤，苏汐锡等. 慢性疼痛患者疼痛信念研究的范围综述. 中华护理杂志，2023，58（4）：499-506.
[8] 周宗科，廖刃，唐佩福等. 中国骨科手术加速康复围手术期疼痛管理指南. 中华骨与关节外科杂志，2019，12（12）：929-938.
[9] 刘斌，邱贵兴，裴福兴等. 骨科加速康复围手术期疼痛管理专家共识. 中华骨与关节外科杂志，2022，15（10）：739-745.
[10] 杨巧菊. 护理学基础. 3版. 北京：中国中医药出版社，2021.
[11] 藏谋红，朱春风，吴桃信. 基础护理学. 4版. 上海：同济大学出版社，2020.
[12] 尚少梅，韩斌如. 护理学基础. 2版. 北京：北京大学医学出版社，2023.
[13] 郑锐锋，张艳. 安宁疗护理论与实践. 郑州：郑州大学出版社，2021.
[14] 罗先武，王冉. 全国护士执业资格考试轻松过. 北京：人民卫生出版社，2022.
[15] 罗先武，王冉. 全国护士执业资格考试轻松过. 北京：人民卫生出版社，2023.
[16] 罗仕蓉，周香凤. 基础护理学. 北京：北京大学医学出版社，2019.
[17] 李小寒，尚少梅. 基础护理学. 6版. 北京：人民卫生出版社，2017.
[18] 吴橙香，秦淑英等. 基础护理技术. 2版. 北京：中国中医药出版社，2018.
[19] 王涛，张华，蒙莉萍等. 护理综合案例分析. 北京：科学出版社，2019.
[20] 肖光. 移动护士工作站的应用与进展. 国际护理学杂志，2009，28（7）：868-870.

中英文专业词汇索引

Prince-Henry 评分法（Prince-Henry score） 251

A

爱与归属的需要（love and belongingness needs） 31
安乐死（euthanasia） 456
安全（safety） 153
安全的需要（safety needs） 30
安全注射（safe injection） 164

B

半污染区（semi-polluted area） 103
半坐卧位（semi-Fowler position） 134
保护具（protective device） 157
保护性隔离（protective isolation） 105
北美护理诊断协会（North American Nursing Diagnosis Association，NANDA） 48
备用床（closed bed） 123
备用医嘱（standby order） 472
被动卧位（passive lying position） 132
被迫卧位（compelled lying position） 132
鼻饲法（nasal feeding） 282
比奥呼吸（Biot respiration） 234
便秘（constipation） 302
标本采集（specimen collection） 404
标准预防（standard prevention） 104, 163
濒死期（agonal stage） 461
病区交班报告（change-of-shift report） 479
不规则热（irregular fever） 223
部分补偿系统（partly compensatory system） 37

C

长期备用医嘱（prn order） 472
长期医嘱（standing order） 470
侧卧位（side-lying position） 134
层流装置（laminar flow device） 80
陈-施呼吸（Cheyne-Stokes respiration） 234
肠内营养（enteral nutrition，EN） 281
肠外营养（parenteral nurtion，PN） 285
肠胀气（flatulence） 304
晨间护理（morning care） 202
成分输血（blood components transfusion） 395
成分血（blood components） 388
弛张热（remittent fever） 223
臭氧灭菌灯（ozone sterilization lamp） 79
出入液量记录（recording fluid intake and output） 475
床单位（patient unit） 122
床档（bedside rail restraint） 158
床上擦浴（bed bath） 188
床上梳发（combing hair in bed） 179
床上洗发（shampooing in bed） 181

D

大便失禁（fecal incontinence） 303
导尿术（urethral catheterization） 292
低血压（hypotension） 238
动脉脉搏（arterial pluse） 229
独立性护理措施（independence care measures） 52
端坐位（sitting position） 136

F

发热反应（fever reaction） 382, 395
发作性睡病（narcolepsy） 210
放射性损伤（radiological damage） 163
非快速眼动睡眠（non-rapid eye movement sleep，NREM sleep） 207
非无菌区（non-aseptic area） 90
非无菌物品（non-aseptic supplies） 90
粪便嵌塞（fecal impaction） 302

辐射消毒法（radiosterilization） 78
俯卧位（prone position） 136
负重运动损伤（weight bearing sports injury） 164
腹泻（diarrhea） 303

G

干烤法（dry roasting） 77
高血压（hypertension） 238
格拉斯哥昏迷量表（Glasgow coma scale, GSC） 423
隔离（quarantine） 102
个案护理（case care） 9
功能制护理（functional nursing） 9
关节活动度（range of motion, ROM） 214
灌肠疗法（enema therapy） 304
光照消毒法（illumination disinfection） 78
国际护士理事会（International Council of Nurses, ICN） 4
过敏反应（hypersensitive reaction） 396

H

合作性护理措施（cooperative care measures） 53
洪脉（surging pulse） 230
呼吸（respiration, R） 234
呼吸过缓（bradypnea） 234
呼吸过速（tachypnea） 234
护理（nursing） 12
护理安全（safety of care） 153
护理程序（nursing process） 44
护理措施（nursing intervention） 52
护理计划（nursing planning） 51
护理评估（nursing assessment） 46
护理实施（nursing implementation） 53
护理诊断（nursing diagnosis） 48
护理职业暴露（nursing occupational exposure） 162
护理职业防护（occupational protection in nursing） 162
护士（nurse） 15
护士角色（nurse role） 18
护士职业压力（professional pressure for nurses） 169
环境（environment） 11
环境感染（environmental infection） 74
患者（patient） 15
患者安全（patient safety） 154
患者角色（patient role） 19
患者自控镇痛（patient control analgesia, PCA） 251
会阴部护理（perineal care） 198
昏迷（coma） 423
昏睡（lethargy） 423
活动（activity） 211

J

肌内注射（intramuscular injection, IM） 332
基本饮食（basic diet） 276
基础生命支持技术（basic life support, BLS） 427
稽留热（continued fever） 223
急性肺水肿（acute pulmonary edema） 383
疾病（disease） 12
继发效应（secondary effect） 256
间歇脉（intermittent pulse） 230
间歇热（intermittent fever） 223
健康（health） 11
交叉感染（cross infection） 74
交替脉（alternating pulse） 230
角色（role） 18
角色转变（role transition） 18
截石位（lithotomy position） 137
经皮神经电刺激疗法（transcutaneous electrical nerve stimulation, TENS） 252
静脉输血（venous transfusion） 387
静脉输液（intravenous infusion） 361
静脉炎（phlebitis） 384
静脉注射（intravenous injection, IV） 335

K

空气过滤器（air filter） 80
空气栓塞（air embolism） 384
口服给药（administering oral administration） 321
口述评分法（verbal rating scale, VRS） 250
叩击（percussion） 437
库存血（banked blood） 388
快波睡眠（fast-wave sleep, FWS） 207
快速眼动睡眠（rapid eye movement sleep, REM sleep） 207

L

冷热疗法（cold and heat therapy） 255
临床死亡期（clinical stage of death） 461
临时备用医嘱（sos order） 472
临时医嘱（temporary medical order） 470
临终关怀（hospice care） 455
淋浴（shower） 187
留置导尿术（retention catheterization） 295

M

麻醉床（anesthetic bed） 126
脉搏短绌（pulse deficit） 230
脉压（pulse pressure） 237
慢波睡眠（slow-wave sleep，SWS） 207
梦游（sleepwalking） 210
面部表情疼痛量表法（face pain scale，FPS） 251
灭菌（sterilization） 76

N

内源性感染（exogenous infection） 74
尿失禁（urinary incontinence） 291
尿潴留（retention of urine） 291
凝集素（agglutinin） 390
凝集原（agglutinogen） 390

P

膀胱冲洗（bladder irrigation） 298
盆浴（tub bath） 187
皮内注射（intradermal injection，ID） 328
皮下注射（subcutaneous injection，H） 330
破伤风抗毒素（tetanus antitoxin，TAT） 350

Q

奇脉（paradoxical pulse） 230
器械相关压力性损伤（devices related pressure injury） 191
潜在并发症（potential complication，PC） 50
潜在污染区（potential pollution area） 103
浅昏迷（shallow coma） 423
清洁（clean） 76
清洁区（clean zone） 103
全补偿系统（wholly compensatory system） 37
全血（whole blood） 388

R

燃烧灭菌法（burning sterilization） 76
热力消毒灭菌法（heating disinfection and sterilization） 76
人工呼吸器（artificial respirator） 448
日光暴晒消毒法（sunshine disinfection） 78
溶血反应（hemolytic reaction） 397
入院护理（admission nursing） 120
锐器伤（sharp injury） 163

S

三阶梯镇痛疗法（three steps analgesic therapy） 251
深昏迷（deep coma） 423
慎独（restraining in privacy） 16
生理的需要（physiological needs） 30
生命体征（vital sign） 220
生物学死亡期（biological period of death） 461
失眠（insomnia） 209
试验饮食（test diet） 277
视觉模拟评分法（visual analogue scales，VAS） 250
适应（adaptation） 34
嗜睡（drowciness） 422
收缩压（systolic pressure） 237
手杖（cane） 161
舒张压（diastolic pressure） 237
数字分级评分法（numerical rating scale，NRS） 250
水冲脉（water-hammer pulse） 230
睡眠过度（hypersomnia） 210
睡眠呼吸暂停（sleep-related apnea） 210
死亡（death） 460

T

特别护理记录（special nursing record） 476
特殊口腔护理（special oral care） 174
疼痛（pain） 245
体位引流（postural drainage） 438
体温过高（hyperthermia） 221
头低足高位（trendelenburg position） 136
头高足低位（dorsal elevated position） 137

W

外源性感染（exogenous infection） 74
晚间护理（evening care） 202
温度性损伤（temperature damage） 164
卧床患者更换床单法（change an occupied bed） 128
卧位（patient position） 131
污染区（contaminated zone） 103
无菌技术（aseptic technique） 90
无菌区（aseptic area） 90
无菌物品（aseptic supplies） 90

X

吸痰法（aspiration of sputum） 438
膝胸卧位（knee-chest position） 137
洗胃（gastric lavage） 431
系统化整体护理（systematic holistic nursing） 9
细脉（thready pulse） 230
消毒（disinfection） 76
消毒供应中心（central sterile supply department，CSSD） 114
小组制护理（group nursing） 9
心动过缓（bradycardia） 229
心动过速（tachycardia） 229
心肺复苏（cardiopulmonary resuscitation，CPR） 427
新鲜血（fresh blood） 388
休息（rest） 206
需要（need） 29
血型（blood type） 390
血型鉴定（blood grouping） 390
血压（blood pressure，BP） 237
血源性病原体（blood born pathogen） 164
循环负荷过重反应（circulatory overload reaction） 383

Y

压力（stress） 32
压力反应（stress response） 33
压力性损伤（pressure injury） 191
压力性职业损伤（stress occupational injury） 169
压力源（stressor） 32
压力蒸汽灭菌法（pressure steam sterilization） 77
亚健康（subhealth） 12
仰卧位（supine position） 132
氧气吸入法（oxygen inhalation therapy） 442
腋杖（crutch） 160
医疗与护理文件（medical and nursing documents） 467
医院（hospital） 59
医院感染（nosocomial infection） 74
医院信息系统（hospital information system，HIS） 474
医嘱（physician order） 470
依赖性护理措施（dependency care measures） 53
遗尿（enuresis） 210
意识模糊（confusion of consciousness） 423
语言分级评分法（verbal rating scale） 250
约束带（restraint） 158

Z

暂空床（unoccupied bed） 126
噪声（noise） 164
责任制护理（primary nursing） 9
支被架（overbed cradle） 160
支持-教育系统（supportive-educative system） 37
职业素质（professional quality） 16
治疗性自理需要（therapeutic self-care demand） 36
治疗饮食（therapeutical diet） 276
主动卧位（active lying position） 132
助行器（walking aid） 161
注射给药（administering injection） 324
自理（self-care） 36
自理能力（self-care agency） 36
自理总需要（self-care requisites） 36
自体输血（autologous transfusion） 394
自我实现的需要（self-actualization needs） 31
自尊的需要（self-esteem needs） 31